PEYSSONNEL ET DESFONTAINES.

VOYAGES

DANS LES RÉGENCES

DE TUNIS ET D'ALGER.

I.

A. PIHAN DE LA FOREST,
IMPRIMEUR DE LA COUR DE CASSATION,
Rue des Noyers, n. 37.

PEYSSONNEL ET DESFONTAINES.

VOYAGES

DANS LES RÉGENCES

DE TUNIS ET D'ALGER,

PUBLIÉS

PAR M. DUREAU DE LA MALLE,

Membre de l'Institut
(Académie des Inscriptions et Belles-Lettres).

TOME PREMIER.

PARIS,
LIBRAIRIE DE GIDE,
ÉDITEUR DES ANNALES DES VOYAGES,
—
1838.

RELATION D'UN VOYAGE

SUR

LES COTES DE BARBARIE,

FAIT PAR ORDRE DU ROI,

EN 1724 ET 1725,

PAR

JEAN ANDRÉ PEYSSONNEL,

DOCTEUR-MÉDECIN, CORRESPONDANT DE L'ACADÉMIE DES
SCIENCES, ASSOCIÉ DE L'ACADÉMIE DE MARSEILLE,
DE LA SOCIÉTÉ ROYALE DE LONDRES,
ET DES ACADÉMIES DE ROUEN
ET DE MONTPELLIER.

PRÉFACE.

L'occupation des côtes septentrionales de l'Afrique par les troupes françaises a bien peu ajouté, jusqu'à présent, à la connaissance qu'on avait déjà de l'intérieur du pays. Le fait même de l'occupation, et, il faut le dire, les excès qui en ont souvent été la suite, nous tiennent depuis sept ans dans un état permanent d'hostilité, non-seulement vis-à-vis des peuplades africaines, mais encore vis-à-vis de leurs chefs et de leurs marabouts. Doit-on s'étonner que nous n'ayons plus, pour visiter l'intérieur de l'Afrique, les facilités qu'assurait aux voyageurs du siècle dernier la bienveillante protection des autorités barbaresques?

Si la paix se maintient entre Abd-el-Kader et la France, si la prise de Constantine produit tous les fruits qu'on est en droit d'en attendre, l'exploration du grand Atlas et des vastes contrées qui s'étendent entre cette chaîne de montagnes et la mer deviendra sans doute facile. L'exécution de cette belle entreprise se prépare déjà par ordre de M. le ministre de la guerre et sous les auspices de l'Institut. Une commission de jeunes savans, dont la sûreté sera garantie par une nombreuse escorte, doit explorer l'Afrique entière, depuis les bords de la Méditerranée jusqu'aux limites du désert, et depuis les côtes occidentales du Maroc jusqu'aux frontières de la régence de Tunis. Nous hâtons de tous nos vœux la réalisation de ce beau projet, dont les résultats seraient aussi glorieux pour la France qu'avantageux pour l'histoire, les arts, la géographie et les sciences naturelles. Mais en attendant une riche moisson de renseignemens modernes, on nous saura gré sans doute de multiplier, autant qu'il est en nous, les sources anciennes, qui seules peuvent encore fournir à la science de curieuses et utiles observations.

C'est dans cette vue que nous publions les relations, presque entièrement inédites, des voyages faits dans les régences de Tunis et d'Alger, par Peyssonnel, en 1724 et 1725, et par Desfontaines, de 1783 à 1786. Il a existé entre ces deux savans, au début de leur carrière, une remarquable conformité de goûts, de travaux, et, à certains égards, de destinée. Médecins l'un et l'autre, tous deux embrassèrent de bonne heure la même spécialité; et leur réputation, comme naturalistes, était déjà faite dans un âge où, pour l'ordinaire, on commence à peine à se faire connaître. Ils avaient à peine trente ans, et déjà l'Académie des sciences leur ouvrait ses portes. Chargés d'explorer, dans l'intérêt de la botanique, le sol encore peu connu de l'Afrique septentrionale, ils poussèrent tous deux leurs recherches beaucoup plus loin qu'on ne l'avait fait jusqu'alors, et s'étudièrent à les rendre aussi profitables pour l'histoire et la géographie que pour les sciences naturelles.

On pourrait croire que les relations de deux voyages faits dans les mêmes vues, à travers les mêmes contrées, par deux hommes exerçant la même profession et livrés aux mêmes études, diffèrent nécessairement fort peu, et que la publication du travail de l'un d'eux rend celui de l'autre inutile à connaître.

Il en aurait pu être ainsi si nous avions eu les deux relations complètes ; mais, quelque considérables que soient les fragmens qui nous en restent, ce ne sont, à tout prendre, que des fragmens. Or, nous montrerons ailleurs, et la lecture seule de l'ouvrage le prouverait au besoin, que loin de se nuire entre eux, ces fragmens se prêtent un mutuel appui et se complètent les uns par les autres.

Ce qu'il importe avant tout de constater ici, c'est que nous ne possédions encore, sur la statistique, la géographie moderne et les antiquités de l'Afrique septentrionale, aucun ouvrage assez complet pour rendre inutile la publication de nouveaux documens. Un court examen suffira pour nous en convaincre.

Nous n'avons évidemment à nous occuper ni des écrivains de l'antiquité, ni des géographes arabes du moyen-âge. Léon l'Africain, Marmol, Gramaye lui-même, remontent déjà à une époque trop ancienne, car pour qu'une relation de voyage puisse être utile à la science, il faut, dans le voyageur, une rectitude de jugement, un talent d'observation, et surtout une variété de connaissances préparatoires qui manquaient très probablement à ces trois auteurs. Quant aux compilations géographiques qui ont paru vers la fin du dix-septième siècle, comme *l'Egypte, la Barbarie et la Libye du Beled-el-Djérid*, par John Ogilby, *Description de l'Afrique*, par Dopper, etc., on ne peut leur accorder ni plus de mérite, ni plus d'utilité qu'aux relations originales dans lesquelles leurs auteurs ont puisé.

Dans le cours du dix-huitième siècle, quatre voyageurs, sans compter Peyssonnel et Desfontaines, après avoir parcouru les régences de Tunis et d'Alger, ont publié, avec plus ou moins de détails, les observations qu'ils avaient recueillies : ce sont Shaw, Hébenstreit, Bruce et Poiret [1].

Poiret, naturaliste distingué, a voyagé dans la régence d'Alger pendant les années 1785 et 1786. Il a laissé un ouvrage en deux volumes [2], dans lequel tout ce qui n'est point relatif à l'histoire naturelle roule sur la religion, les coutumes et les mœurs des Maures et des Arabes bédouins. On ne saurait assez louer la justesse de ses observations et l'élégance de son style; mais il n'a fait aucune recherche utile à la géographie, et

---

[1] Nous ne savons point si Laugier de Tassy a voyagé dans l'Afrique septentrionale. Dans tous les cas, nous n'avons point à nous occuper de son livre qui est purement historique, et qui ne contient aucun renseignement géographique ou archéologique.

[2] *Voyage en Barbarie, ou Lettres*, etc.; par M. l'abbé Poiret. Paris, 1789, 2 vol. in-8º.

quant aux antiquités, il s'est borné à signaler les ruines qui se sont trouvées sur sa route, et à reproduire une épitaphe recueillie parmi les ruines d'Announa.

On aurait pu tirer bien plus de fruit pour la science de l'exploration faite par Bruce, consul d'Angleterre à Alger, en 1768. Le rapide tableau qu'il trace de ses excursions en Barbarie, dans l'introduction de son *Voyage en Nubie et en Abyssinie* [1], suffit pour donner une haute idée de l'importance de leurs résultats. Nous avons sous les yeux la liste des nombreux dessins de monumens antiques, exécutés par cet infatigable voyageur dans les régences de Tunis et d'Alger. Une partie de ces dessins et une foule d'inscriptions de toute nature qu'il avait recueillies sont dans le cabinet de la reine d'Angleterre. La famille de Bruce possède l'autre partie avec les notes qui devaient servir à la rédaction de son voyage. On nous fait espérer la prochaine publication de ces précieux matériaux; mais les soins et les dépenses nécessaires pour une telle entreprise en doivent nécessairement retarder encore la réalisation.

Le voyage du médecin allemand Hébenstreit, fait en 1732, ne fut d'abord connu, comme celui du gentilhomme écossais, que par un simple aperçu. C'est une dissertation latine [2] de peu d'étendue, dans laquelle l'auteur s'attache moins à rassembler des faits

---

[1] Voyez la traduction française de cet ouvrage, par Castera. Paris, 1790-1791, 5 vol. in-4°. Introduct., pages xxij-xli.

[2] *De Antiquitatibus romanis per Africam repertis*. Leipzig, 1733, in-4°.

importans, qu'à donner à son récit le charme d'une éloquence cicéronienne. Les détails du voyage d'Hebenstreit étaient renfermés dans quatre lettres en allemand, adressées au roi de Pologne Auguste II. Ces lettres, après la mort de l'auteur, furent recueillies par Bernoulli et insérées dans son Recueil de Petits voyages [1]. L'excellente traduction qu'en a donnée M. Eyriès en 1830[2], n'a pas été sans utilité; mais on doit convenir que le peu d'étendue de cet ouvrage (83 pages in-8°) est la meilleure preuve de son insuffisance.

Il nous reste à examiner les *Observations géographiques, physiques, philologiques et mêlées sur les régences de Tunis et d'Alger*, par le docteur Shaw[3], chapelain de la factorerie anglaise à Alger, de 1720 à 1732. Shaw n'était ni artiste ni archéologue; mais il possédait une vaste érudition. Il joignait à une étude approfondie de l'antiquité, la connaissance de l'hébreu et quelque teinture de l'arabe. Arrivé en Afrique dans la fleur de l'âge, il a pu, pendant un séjour de douze années, parcourir en tous sens les vastes contrées comprises entre l'Atlas et la Méditerranée, et s'il faut s'en rapporter entièrement aux itinéraires tracés sur ses cartes, on doit croire qu'il n'a réellement pas perdu son temps. Son

---

[1] Sammlung Kleiner Reisen. Berlin et Leipzig, 1780, etc., tom. IX, X, XI et XII.

[2] Nouvelles Ann. des Voyages, tom. XLVI, pages 7-90.

[3] En anglais, Oxford, 1738, in-folio. Londres, 1757, in-4°. Traduction française imprimée à La Haye, avec des notes et des corrections fournies par l'auteur, 1743, 2 vol. in-4°.

ouvrage est bien ce qu'on devait attendre d'un homme aussi érudit : c'est moins une relation de voyages qu'une série de dissertations dans lesquelles l'auteur cherche à placer, sur le terrain qu'il a parcouru lui-même, les villes et les régions que lui ont fait connaître les historiens et les géographes de l'antiquité. La géographie, l'histoire naturelle, le gouvernement et les mœurs du pays, sont les importans sujets que le savant voyageur a traités séparément, avec autant de sagacité que d'exactitude. En un mot, le livre du docteur Shaw est encore, depuis un siècle, le seul qu'on ait pu consulter avec fruit sur toutes les questions qui concernent l'Afrique septentrionale.

Mais tout en rendant à cet ouvrage la justice qu'il mérite, on ne peut disconvenir qu'il ne soit encore loin d'être complet. Shaw n'a visité ni le grand Atlas, ni la partie de la régence de Tunis comprise entre les côtes septentrionales et le trente-sixième parallèle [1]. C'est une

---

[1] Shaw, trad. fr. préf. pages xvij, xviij. C'est ici le lieu de justifier Shaw de quelques reproches que lui a faits Bruce, qui, en général, parle de lui trop cavalièrement Bruce. (Introd. p. xxvj, trad. fr.) reproche au docteur *de n'avoir pas dit un mot* des ruines de Dugga. Shaw (t. I, p. 222, trad. fr.) dit qu'on trouve à Dugga plusieurs tombeaux ou mausolées, et le portique d'un temple orné de belles colonnes. C'est bien court, sans doute; mais que pouvait-il dire de plus, n'étant pas allé sur les lieux? Quant à la ville de Sbiba, que Shaw croit être l'ancienne *Tucca Terebenthina*, il a donné une fausse synonymie, mais il n'a point tracé sur sa carte une localité imaginaire, et l'on ne sait comment expliquer l'étrange assurance de Bruce, lorsqu'il *affirme que le nom de Sbiba n'est seulement pas connu dans le pays.* (Ibid. p. xxxv).

chose reconnue, et il en convient lui-même, que le chirurgien hollandais Sanson, qui était esclave du bey de Constantine à l'époque où Shaw était en Barbarie, lui a fourni la plupart des renseignemens qu'il a insérés dans son livre, relativement à la province de Constantine. Le savant docteur dit également quelques mots [1] des obligations qu'il a eues au P. Ximènes et aux manuscrits de Peyssonnel que lui a obligeamment prêtés M. Bernard de Jussieu. Mais nous avons de fortes raisons pour croire qu'il n'a pas avoué tout le parti qu'il a tiré des communications de l'un et des nombreuses notes de l'autre.

La publication des voyages de Peyssonnel et de Desfontaines aura donc un double avantage : elle facilitera la vérification des assertions du voyageur anglais, pour les contrées qu'il a lui-même visitées, et pour celles qu'il n'a point vues, elle remplacera des notions peu sûres par des données exactes recueillies sur les lieux mêmes. Enfin l'ouvrage que nous publions pourra utilement remplacer, dans la bibliothèque des savans, celui du docteur Shaw, dont les éditions anglaises et la traduction française deviennent de jour en jour plus rares.

Nous ne devons pas oublier un livre intéressant récemment publié à Londres par sir Grenville Temple, lieutenant-colonel de cavalerie au service de sa Majesté britannique [2] : c'est la relation d'un voyage fait en Bar-

---

[1] Préf. de la trad. fr. p. xviij.
[2] *Excursions in Algiers and Tunis*, 2 vol. in-8º. Londres, 1835.

barie pendant l'année 1832. Les excursions de sir Temple n'ont pas été aussi étendues, surtout dans la régence d'Alger, que celles des deux voyageurs dont nous publions les œuvres posthumes. Néanmoins on doit convenir que ses observations ont efficacement contribué aux progrès de la géographie, notamment pour les contrées méridionales de la régence de Tunis. Le seul défaut que nous puissions reprocher à cet ouvrage, encore ne peut-il tomber ni sur le livre ni sur son auteur, c'est de ne pas être assez connu. Nous en aurions peut-être entrepris la traduction si nous n'avions pas été portés, par une sorte d'amour-propre national, à rendre d'abord à la science les œuvres de deux voyageurs français depuis long-temps ensevelies dans un injurieux oubli, et dont quelques fragmens seulement, imprimés dans des recueils périodiques, sont parvenus à la connaissance d'un petit nombre de lecteurs.

La lecture d'un ouvrage utile et intéressant inspire naturellement le désir d'en connaître l'auteur. Nous placerons une notice biographique de Desfontaines en tête du second volume, où nous avons rassemblé tout ce qui nous reste de son voyage en Barbarie. Nous allons grouper ici les renseignemens trop peu nombreux que nous avons pu recueillir sur la vie de Peyssonnel.

Jean-André[1] Peyssonnel naquit à Marseille, le 19 juin 1694, de Charles Peyssonnel, médecin, et d'Anne

---

[1] Et non J. Antoine, comme l'a écrit M. Weiss, dans la Biographie de MM. Michaud, tom. XXXIII, p. 556.

Isouard. Sa naissance devança de quatre années celle de Charles Peyssonnel [1], son frère, avec lequel les biographes l'ont confondu [2]. Sa famille, noble depuis longtemps, se soutenait, avec plus de dignité que d'opulence, dans des professions honorables, et tandis que son père s'acquérait à Marseille une réputation distinguée dans l'exercice de la médecine, un de ses proches parens servait dans les armées de Louis XIV, en qualité de colonel [4].

André Peyssonnel dut, comme son frère, faire ses premières études au collége des Pères de l'Oratoire de Marseille; comme son frère, il vint probablement les terminer à Paris. Le comte Marsigli, ami de sa famille, inspira de bonne heure au jeune Peyssonnel le goût de l'histoire naturelle. Il dirigea principalement les études de son élève vers les productions prétendues végé-

---

[1] Charles Peyssonnel, né à Marseille, le 17 décembre 1700, exerça d'abord avec distinction la profession d'avocat dans sa ville natale. En 1735, il fut nommé secrétaire de l'ambassade de France à Constantinople. En 1747, il passa à Smyrne en qualité de consul de France; il mourut dans cette ville le 16 mai 1757.

[2] M. Weiss, dans la Notice qu'il a consacrée à Charles Peyssonnel (Biographie de MM. Michaud), lui applique un passage du Recueil d'Antiquités de Caylus qui concerne réellement J. André Peyssonnel, et que nous aurons occasion de citer plus bas.

[3] Sauveur de Peyssonnel.

[4] Lebeau, Éloge histor. de Ch. de Peyssonnel, dans l'Hist. de l'Acad. des inscr. et belles-lettres, t. XIV, p. 593, éd. in-12.

tales de la mer¹, et prépara ainsi, sans s'en douter, la découverte qui devait modifier plus tard ses propres idées sur la nature des fleurs du corail.

Peyssonnel était dans sa ville natale lorsqu'elle fut décimée par la peste terrible dont le souvenir n'est point encore entièrement effacé dans le pays. Il était alors âgé de 26 ans et commençait à exercer à son tour la profession de son père. Celui-ci, doyen des médecins de Marseille, crut devoir donner l'exemple à ses confrères. Il s'enferma dans l'hôpital du Saint-Esprit, et périt, à l'âge de quatre-vingts ans, victime de son zèle et de sa charité pour les pauvres. Dans le même temps, André Peyssonnel reçut de la munificence royale une pension annuelle. Lebeau² ne voit dans cette libéralité qu'une juste récompense du dévouement de Peyssonnel père; nous croyons y trouver la preuve que Jean-André Peyssonnel avait partagé ce dévouement aussi honorable que dangereux. Nous lisons, en effet, dans le *Dictionnaire de la Provence et du comtat Venaissin*³ que cette pension fut accordée à André Peyssonnel *pour ses services*. En 1722, il publia un ouvrage qui devait être le résultat de ses périlleuses observations; il est intitulé : *La Contagion de la peste expliquée, et les moyens de s'en préserver.* Nous ne connaissons point ce premier travail, mais on peut juger de son mérite par les distinctions qu'il lui attira. Le 21

---

¹ Hist. de l'Acad. de Marseille, par M. Lautard, t. I, p. 207.
² Hist. de l'Acad. des inscr. t. XIV, p. 595.
³ T. IV, p. 83.

août 1723, à l'âge de 29 ans, il fut nommé correspondant de l'académie des sciences, et Antoine de Jussieu fut désigné pour correspondre avec lui. Dans la note où sa nomination est consignée [1], on le désigne comme associé de la société royale de Londres, des académies de Montpellier, de Marseille et de Rouen [2], soit qu'il eût déjà tous ces titres, soit, ce qui nous semble plus probable, qu'il les ait acquis successivement par la suite [3].

L'année suivante, Peyssonnel, sur la proposition de M. l'abbé Bignon, fut désigné par le roi pour aller en Afrique étudier l'histoire naturelle du pays [4]. C'était le but officiel de son voyage, comme on le voit par sa première lettre. La même lettre nous apprend qu'en recevant sa commission il avait, de sa propre autorité, agrandi considérablement le cercle qu'on avait tracé à ses investigations : « Je tâcherai, dit-il, de faire entrer « dans mon journal, des observations sur la géographie « tant ancienne que moderne. Je chercherai et je note- « rai les manuscrits arabes, les inscriptions, les médail- « les et les statues, etc. »

[1] Table gén. des mém. de l'acad. des sciences, t. I, p. cvij et cviij.

[2] M. Weiss, dans la note sur J. André Peyssonnel, qu'il a jointe à la notice biographique de son frère, le fait associé de l'académie de *Rome* : il faut lire de Rouen.

[3] La liste où est consignée la nomination de Peyssonnel à l'académie des sciences a été rédigée seulement en 1765.

[4] C'est par erreur que Caylus dit que Peyssonnel avait été envoyé à Tunis en qualité de consul. *Recueil d'antiquités*, t. III, p. 217.

Après avoir reçu les instructions de l'abbé Bignon, de Dodart, premier médecin du roi, de Chirac, surintendant du Jardin des Plantes, Peyssonnel quitta Paris le 19 avril 1724. Il ne s'arrêta que quinze jours à Marseille, et s'étant embarqué le 19 mai, il arriva le 26 en vue des côtes de Barbarie, dont il releva la direction à la boussole avant de débarquer.

Peyssonnel passa en Barbarie le reste de l'année 1724 et toute l'année suivante. Il parcourut dans tous les sens la régence de Tunis, visita toute la partie orientale de la régence d'Alger, et les résultats qu'ont eus ses voyages pour la connaissance de la géographie et des antiquités de l'Afrique, peuvent faire présumer la richesse des observations qu'il avait recueillies sur l'histoire naturelle du pays. Malheureusement pour cette partie de sa mission, il correspondait avec Chirac, dont la négligente administration aura laissé perdre, non-seulement les notes scientifiques du jeune voyageur, mais encore les herbiers et les graines qu'il a dû envoyer ou rapporter avec lui [1].

Au commencement de janvier 1726, Peyssonnel était de retour dans sa ville natale. L'académie de Marseille,

---

[1] Dans tous les mémoires qu'il envoya depuis à la société royale de Londres, il s'intitule *médecin botaniste ci-devant envoyé par le roi sur les côtes de Barbarie, pour les découvertes en histoire naturelle*. S'il n'avait rien rapporté de ses voyages qui fût relatif à l'objet spécial de sa mission, concevrait-on cette manie de rappeler sans cesse une honorable distinction à laquelle il aurait si mal répondu?

qui existait en fait depuis dix ans, songeait alors à se constituer légalement.

Elle avait choisi pour protecteur le maréchal duc de Villars, membre de l'académie française et gouverneur de la Provence. Grace à l'entremise de ce grand homme, elle obtint des lettres-patentes du roi pour sa formation définitive, et fit ensuite approuver le réglement qu'elle s'était donné. Peyssonnel prit une part active à cette création ; il fut un des quatre examinateurs chargés de juger et de faire connaître aux autres fondateurs les titres des candidats. Mais il paraît que dès le mois de mai de la même année, il avait déjà quitté ou se disposait à quitter Marseille, car il ne fut pas compris dans la liste des membres résidens, dressée à cette époque; on le porta au nombre des associés [1].

Les peines que se donnait Peyssonnel pour créer dans sa ville natale une société littéraire, ne lui faisaient pas oublier les obligations qu'il avait contractées envers l'académie des sciences. En 1727, il fit hommage à cette académie de sa belle découverte sur la nature de ce qu'on appelait alors *plantes marines pierreuses*. Les anciens mettaient au nombre des pierres le corail et les autres productions maritimes d'une formation analogue. Cette erreur s'était perpétuée jusqu'au commencement du dix-huitième siècle. Vers l'an 1710, le comte Marsigli avait observé que la belle substance qu'on appelle corail, quoique de nature pierreuse, était renfermée dans une

---

[1] Hist. de l'Acad. de Marseille, t. I, p. 42, 43.

écorce de nature différente ; qu'à la surface de cette écorce, tant qu'elle était plongée dans l'eau de la mer, apparaissaient de petits points blancs qui s'évanouissaient aussitôt qu'on retirait la branche de corail de l'élément salé. Le savant naturaliste imagina que le corail était une pierre entourée d'une enveloppe végétale, dont les petits points blancs lui semblèrent être les fleurs. Cette opinion s'accrédita, et les productions maritimes que les anciens avaient rangées dans le règne minéral, formèrent un ordre d'êtres particuliers qu'on désigna sous le nom de *plantes pierreuses*.

Des observations nombreuses faites sur les lieux mêmes où se pêche le plus beau corail, convainquirent Peyssonnel que la formation de cette précieuse substance n'avait pas encore été reconnue. Il constata que les points blancs regardés comme les fleurs du corail, d'après l'opinion du comte Marsigli, étaient autant de petits insectes ayant chacun leur cellule, comme les abeilles dans une ruche, et que la réunion de ces cellules formait le tégument qu'on avait pris pour une écorce végétale. Ces insectes restaient à la surface de la plante tant qu'elle était plongée dans la mer ; ils rentraient dans leur coquille aussitôt qu'on les tirait hors de leur élément. Poussant plus loin ses recherches, l'habile observateur reconnut des insectes du même genre sur les pores, les madrépores, les lithophitons et les autres productions de même nature. Il en conclut que ces substances, qu'on avait regardées jusqu'alors, tantôt comme des pierres, tantôt comme des plantes, étaient l'ouvrage des petits insectes qui paraissaient à leur surface, comme le miel et la cire sont l'ouvrage des abeilles.

Ce système parut d'abord si extraordinaire, que Réaumur, dans le compte qu'il en rendit à l'académie des sciences [1], crut devoir en ménager l'auteur en ne le nommant pas. Ce fut seulement en 1742 que des observations répétées plusieurs fois par Bernard de Jussieu, le long de l'Océan, sur des substances d'une nature et d'une formation analogues à celles du corail, prouvèrent d'une manière irréfragable que les prétendues *plantes pierreuses* n'étaient autre chose qu'une réunion de polypes ayant chacun leur cellule particulière.

Peyssonnel attachait à sa découverte une grande importance [2]; l'échec qu'il avait reçu à l'académie des sciences blessa probablement son amour-propre, car nous ne trouvons point dans les mémoires de cette académie qu'elle ait reçu depuis, de son correspondant, aucune communication scientifique.

En 1733, Peyssonnel était à la Guadeloupe avec le titre de médecin royal. L'académie de Marseille, qui, depuis sa fondation, s'était exclusivement occupée de littérature, songeait alors à créer dans son sein une classe des sciences. Ce projet fut vivement encouragé par les communications nombreuses d'André Peyssonnel, qui, des côtes du Nouveau-Monde, entretenait une ac-

---

[1] Mém. de l'*Acad. des Sciences*, ann. 1727, p. 277 et suiv.

[2] Nous avons une gravure de Fessard, qui représente Peyssonnel tenant dans sa main gauche un bocal rempli d'eau de mer, dans laquelle est plongée une branche de corail.

tive correspondance avec les littérateurs de sa ville natale. Il envoya successivement à l'académie marseillaise plusieurs mémoires sur les *zoophites ou plantes animales marines,* — sur la *lèpre et la maladie qui règne dans l'île Grande-Terre Guadeloupe,* — sur les *soufrières de la Guadeloupe,*— sur les *variations de l'espèce humaine,* —sur les *causes de la couleur des Noirs.* Ces mémoires, à l'exception des deux derniers, ont été traduits en anglais et insérés dans les Transactions philosophiques [1]. Ce précieux recueil s'est encore enrichi de plusieurs autres articles du savant naturaliste, tels que Observations sur les *courans de la mer aux Antilles,* — sur les *courans de la Méditerranée à Marseille, à Bizerte et à Bône,*—sur les *vers qui forment le corail,* — sur l'*alga marina latifolia,* — sur un *léger, mais très singulier tremblement de terre,* — sur le *fruit du mancenillier,* — sur la *corona solis marina americana,* — sur la *scolopendre ou le millepieds de mer.*

Peyssonnel ne se contentait pas de contribuer par ses propres travaux aux progrès des sciences ; il voulut aussi encourager les travaux d'autrui. En 1747, il écri-

---

[1] M. Weiss dit que Peyssonnel est connu par dix articles insérés dans *la Traduction des Transactions philosophiques.* Il faut lire : *par dix articles dont la traduction en anglais a été insérée dans les Transactions philosophiques.* Cette erreur est d'autant plus importante à noter, qu'il existe en effet une traduction française des Transactions; mais c'est un ouvrage inachevé qui s'arrête avant l'année 1740, et qui ne contient aucun article de Peyssonnel.

vit de la Martinique, où il était alors, à ses confrères de Marseille, pour leur offrir de fonder à perpétuité un prix annuel destiné au meilleur mémoire sur l'histoire naturelle de la mer [1]. Le fondateur désirait, il est vrai, que le prix fût décerné avec une pompe classique qui aurait pu prêter au ridicule, surtout dans une ville où les sciences n'étaient pas en faveur, et ce fut un des motifs qui s'opposèrent à ce qu'on acceptât la fondation. Mais l'historien de l'académie de Marseille convient lui-même que, dans cette affaire, la forme n'était pas invinciblement liée avec le fond, et qu'on aurait pu, en acceptant l'offre généreuse de Peyssonnel, le faire renoncer à certaines conditions accessoires de son programme. La véritable raison du refus de l'académie fut qu'aucun de ses membres n'était compétent pour prononcer sur le mérite d'un ouvrage purement scientifique. On ne répondit donc pas à la lettre de Peyssonnel et lui-même ne crut pas devoir renouveler sa proposition. Mais il lui reste le mérite de l'avoir faite, et ce n'est certainement pas sa faute si elle n'a point été acceptée.

Comme on le voit, Peyssonnel ne fut pas heureux auprès des deux académies dont il devait rechercher les suffrages avec le plus d'empressement. A Paris, sa découverte sur la formation du corail avait été méconnue; sa proposition à l'académie de Marseille n'avait pas même reçu de réponse. L'espèce de défaveur avec laquelle ses confrères l'avaient accueillie, indisposa

---

[1] Histoire de l'Acad. de Marseille, t. I, p. 207.

probablement l'auteur, car à partir de cette époque, nous ne voyons plus que J.-André Peyssonnel leur ait fait de communications scientifiques. Il est vrai que le Dictionnaire des hommes illustres de Provence, et l'historien de l'académie de Marseille[1], le font mourir en 1749; mais nous soupçonnons qu'il s'est glissé, relativement à cette date, dans le premier de ces deux ouvrages, une faute d'impression qui aura été copiée sans vérification dans le second; et qu'il faut lire 1759 au lieu de 1749. L'histoire de l'académie des sciences, dont Peyssonnel était correspondant, ne nous a fourni aucun renseignement pour ou contre cette conjecture; mais le premier article présenté par Peyssonnel à la société royale de Londres[2], n'a été traduit et inséré dans les actes de cette société qu'en 1752. Et les autres mémoires dont nous avons plus haut donné les titres, ont paru dans les Transactions philosophiques de 1756 à 1759. De plus Lebeau, dans l'éloge de Charles Peyssonnel, prononcé en 1758, parle de Jean-André Peyssonnel, médecin royal à la Guadeloupe, comme d'un homme encore vivant à cette époque.

Quoi qu'il en soit, il est certain que ce savant a quitté la France presque immédiatement après son retour des côtes d'Afrique, et que depuis il n'est plus revenu dans sa patrie. Cette circonstance peut servir à expliquer

---

[1] Dictionn. de la Provence, etc., t. IV, p. 83. Hist. de l'Acad. de Marseille, t. II, p. 313.

[2] C'est celui dans lequel il expose sa découverte sur la nature du corail.

pourquoi les précieux manuscrits qui renferment la relation de son voyage ont été si long-temps perdus pour la science. Les lettres de Peyssonnel étaient adressées à l'abbé Bignon, qui, distrait par d'autres occupations, ne trouvait très probablement pas le temps de les lire.

Le comte de Maurepas, ministre de la marine, désirait qu'on lui fit un rapport sur le mérite de ces lettres et l'utilité qu'on pouvait en tirer ; l'abbé Bignon demanda ce rapport à Bernard de Jussieu : « Je ne puis « mieux m'adresser qu'à vous, monsieur, lui écrivit-« il, pour savoir le mérite des Mémoires que M. Peys-« sonnel a envoyés de la côte de Barbarie. » Le savant abbé croyait évidemment que ces Mémoires étaient uniquement relatifs à l'objet spécial de la mission du voyageur, qui était, comme nous l'avons dit, l'étude de l'histoire naturelle d'Afrique. M. de Jussieu ne trouvant dans les manuscrits soumis à son examen que des observations concernant la géographie, les mœurs des peuples, les antiquités, s'abstint de prononcer sur des matières tout-à-fait étrangères à ses travaux. Peyssonnel n'était pas là pour demander un juge plus compétent et recommander son ouvrage : ses lettres furent oubliées. Si plus tard les savans qui en eurent communication purent avoir l'idée de les publier, l'apparition du livre de Shaw dut les en détourner, car étant peu au fait de la géographie de l'Afrique, ils ne pouvaient ni approfondir ni comparer le mérite des deux ouvrages.

Les manuscrits de Peyssonnel restèrent donc chez

Bernard de Jussieu, et personne ne les ayant réclamés, ils sont arrivés, par succession, jusqu'à M. Adrien de Jussieu, membre de l'académie des sciences et professeur de botanique au Jardin du Roi, qui a bien voulu les mettre à notre disposition [1]. La collection se composait de douze lettres portant les n°⁵ 1, 2, 3, 5, 6, 7, 9, 10, 11, 15, 17 et 18 [2]; il manquait les lettres cotées 4, 8, 12, 13, 14 et 16.

Il manquait encore deux cartes géographiques et tous les dessins qui étaient primitivement joints à ces lettres, et dont la vue inspirait à Caylus une si haute idée des antiquités de l'Afrique [3]. Nos plus actives recherches n'ont pu nous faire retrouver qu'une bien faible partie de ces richesses perdues. Six dessins et deux lettres (8 et 14) [4] sont tout ce qui nous a été permis d'ajouter à

---

[1] M. Jules Desnoyers, bibliothécaire du Muséum, avait obtenu de M. de Jussieu l'agrément de publier ces lettres dans un recueil d'opuscules scientifiques dont il s'occupait; mais ayant appris que nous étions à la recherche de cette précieuse collection, il s'est empressé de s'en dessaisir en notre faveur. Nous le prions d'en recevoir ici nos remercimens

[2] Cette dernière est intitulée *Lettre huitième*; mais en suivant la marche du voyageur, il est aisé de se convaincre qu'elle a été la dernière écrite, et qu'il faut lire *dix-huitième*.

[3] Caylus, *Recueil d'antiquités*, t. III, p. 217.

[4] Elles portent dans l'ouvrage que nous publions les n°⁵ 7 et 11. Nous en avons d'abord pris une copie sur une première copie que possède M. Eugène Coquebert de Monbret. Ensuite la lettre 14ᵉ a été collationnée sur l'autographe de Peyssonnel, qui existe au dépôt de la marine. Enfin nous avons trouvé, dans la bibliothèque de M. Eyriès, les six dessins et l'original de la huitième lettre.

la collection que nous devons à la bienveillance de M. de Jussieu. Heureusement, parmi les quatre lettres qui nous manquent encore, il n'en est qu'une dont la perte doive inspirer d'assez vifs regrets: c'est la 4ᵉ, qui devait contenir des détails ¹ sur l'emplacement de Carthage et les ruines qui s'y trouvaient à l'époque où Peyssonnel l'a visité. Nous avons sous les yeux un croquis fort ancien exécuté sur les lieux mêmes, qui prouve qu'au temps de ce voyageur le sol de Carthage présentait à l'archéologie une mine bien plus riche que de nos jours. Une autre lettre, la 12ᵉ sans doute, devait renfermer les observations faites par le voyageur dans la partie la plus méridionale de la régence de Tunis. Ces lieux ayant été visités depuis par Shaw, Desfontaines et sir Grenville Temple, la partie du voyage de Peyssonnel qui les concerne aurait été d'un intérêt secondaire. La 13ᵉ lettre renfermait probablement les détails que promet ailleurs ² Peyssonnel, sur les Arabes bédouins qui campent dans la partie occidentale de la régence de Tunis. Ces peuplades ne doivent pas être tellement différentes de celles qui habitent les autres parties du royaume, pour que l'on doive regretter beaucoup les renseignemens qui leur étaient spécialement consacrés. Enfin nous n'attachons pas non plus une trop grande importance à la 16ᵉ lettre, qui, d'après la promesse que fait Peysson-

---

¹ Peyssonnel promet formellement ces détails dans sa troisième lettre, page 48.

² Page 67.

nef dans la 15ᵉ[1], devait relater les renseignemens recueillis, *par ouï dire*, sur le désert du Sahara[2].

Toute incomplète qu'elle est, la relation des voyages de Peyssonnel est du plus haut intérêt pour la science. C'est l'œuvre d'un observateur habile dont la sagacité s'était exercée, dès l'enfance, sur des sujets scientifiques peu étudiés, et dont le zèle ne reculait devant aucune difficulté. On ne saurait élever le moindre doute sur la justesse de ses observations. D'habiles architectes MM. Coste et Catherwood, ont levé récemment des dessins des plus remarquables monumens antiques de la régence de Tunis. La comparaison de leur travail avec les descriptions écrites que fait Peyssonnel des mêmes édifices, a prouvé que ces dernières sont exactes à une ligne près. Le judicieux voyageur a certainement apporté la même exactitude dans ses relèvemens géographiques et dans ses études sur les mœurs et les institutions des peuplades africaines. Quant à sa véracité, lui-même, en divers endroits de sa relation, nous en fournit la mesure en distinguant avec le plus grand soin les détails qu'il donne d'après ses propres investigations, des renseignemens qu'il a puisés dans des sources étrangères.

On aurait peu de chose à reprendre dans son ou-

---

[1] La 12ᵉ dans ce volume, page 359.

[2] Il paraît que Peyssonnel avait aussi envoyé à l'abbé Bignon une histoire chronologique abrégée de tous les deys d'Alger, depuis leur institution. (Voyez p. 416, 439, 440.) Cet opuscule devait former le sujet d'une 19ᵉ lettre.

vrage si l'élégance de la forme répondait à la richesse du fond. Malheureusement, il faut en convenir, le style de Peyssonnel fait peu d'honneur au fondateur d'une académie littéraire. Il est quelquefois barbare, souvent incorrect, presque toujours embarrassé. Ces défauts, qui seraient inexcusables dans un autre écrivain, s'expliquent aisément, et peuvent même, jusqu'à un certain point, être justifiés chez un savant provençal du commencement du dix-huitième siècle. A cette époque, quoique la Provence fît partie de la monarchie depuis un temps immémorial, la langue française y parvenait à peine, et ce fut un des plus grands obstacles qui retardèrent, à sa naissance, les progrès de l'académie de Marseille. Les hommes les mieux élevés ne parlaient entre eux que le patois ; les femmes qui recevaient la meilleure compagnie n'employaient, dans leur salon, que l'idiome provençal; pour en être écouté, il fallait se servir de leur langage. Les académiciens eux-mêmes, qui ne parlaient jamais français dans leur famille, avouaient qu'ils pensaient provençal en composant, et qu'ils étaient ensuite obligés de se traduire [1]. Ceux-ci, cependant, adonnés à des lectures et à des compositions purement littéraires, pouvaient aisément réformer et même perfectionner leur style. Peyssonnel, au contraire, poussé par sa vocation dans une direction diamétralement opposée, dut abandonner de bonne heure la lecture de nos écrivains classiques. Il se livra sans doute avec ardeur à l'étude

[1] Hist. de l'Acad. de Marseille, t. 1, p. 50, 51.

de ses auteurs favoris; mais les naturalistes de son temps n'écrivaient pas comme Buffon et Cuvier, et ce n'était pas dans le latin scientifique de Lécluse et des Bauhin que notre voyageur pouvait apprendre à bien parler sa langue. Du reste, cette négligence de style, très excusable comme on voit, ne saurait diminuer en rien le mérite de l'ouvrage, aux yeux de ceux qui cherchent dans un livre autre chose qu'un futile amusement. Bien plus, les lettres de Peyssonnel, tout incorrectes qu'elles peuvent être, ne seraient pas sans attrait même pour un lecteur désœuvré, et nous pourrions, au besoin, citer des relations de voyages moins utiles que la sienne, presque aussi négligemment écrites, qui s'impriment, se vendent et se font lire avec plaisir.

Nous n'osons solliciter aussi vivement l'indulgence du lecteur pour les anachronismes que commet Peyssonnel, lorsqu'il hasarde une excursion dans certaines parties du domaine de l'histoire. Et pourtant cette ignorance, ou plutôt cet oubli des notions historiques les plus vulgaires, tient encore à l'exclusive spécialité de ses études. Peyssonnel, lorsqu'il a interverti l'ordre des événemens, a évidemment écrit de mémoire et sans le secours d'aucun livre. Or, quel est le savant qui pourrait se flatter d'être plus exact, s'il entreprenait dans l'âge mûr de retracer des faits qu'il aurait perdus de vue depuis son enfance?

On pourrait peut-être imputer à Peyssonnel, comme une inexcusable négligence, de n'avoir pas fait entrer dans sa bibliothèque de voyage, les ouvrages des historiens et des géographes anciens qui ont parlé de l'Afrique. Nous ne prétendons pas le disculper entièrement de ce reproche. A en juger par certaines circonstances de son récit, il n'avait avec lui, à part ses livres de botanique, qu'une Histoire Ecclésiastique, l'Itinéraire d'Antonin, la Table de Peutinger, l'Histoire du royaume d'Alger par Laugier de Tassy, et diverses cartes géographiques[1]. Le parti qu'il a tiré de ces faibles ressources nous fait vivement regretter qu'il ne se soit pas donné les moyens de consulter, sur les lieux mêmes, les géographes de l'antiquité, tels que Mela, Strabon, Pline et Ptolémée, dont les indications lui auraient été si utiles. Cependant ne perdons pas de vue l'objet que devait se proposer notre voyageur : ce n'était pas de faire la géographie comparée de l'Afrique septentrionale, mais de recueillir des matériaux pour les érudits qui voudraient l'entreprendre après lui. Peyssonnel avait bien compris sa mission. Il savait que le nom et le relèvement exact d'un point géographique avaient plus de prix pour la science qu'un long mémoire d'érudition: aussi devait-il considérer sa boussole et son quart de cercle comme les pièces les plus essentielles de son bagage scientifique. C'est le fréquent usage qu'il a fait de ces deux instrumens, joint à l'attention qu'il a eue de noter exactement, à chaque station, les distances parcourues dans la jour-

---

[1] Quelques passages de la Xe lettre sembleraient prouver qu'il avait aussi les Commentaires de César. Il va sans dire que toutes les citations d'auteurs anciens qui se trouvent en note dans ce volume, ont été ajoutées par nous.

née, qui rend la partie topographique de sa relation si importante pour la géographie.

Nous devons dire encore un mot d'une autre partie de cette relation qui intéresse particulièrement l'archéologie et l'histoire. Peyssonnel a recueilli un grand nombre d'inscriptions de diverses natures. Quelques-unes sont nouvelles : ce sont en général les moins importantes. D'autres avaient déjà été publiées soit dans les Voyages de Shaw, soit dans le *Museum Veronense* de Maffei. Comme parmi ces dernières il s'en trouve d'un haut intérêt, il est de toute justice de rendre à Peyssonnel la part qui lui revient dans leur découverte. Shaw convient lui-même qu'il a emprunté à notre voyageur toutes celles qu'il donne sur la ville ancienne de Lambasa. Les inscriptions trouvées dans le voisinage de cette ville, à Zainah, par exemple, n'ont également pu être fournies au voyageur anglais que par les manuscrits de Peyssonnel. Quant à la portion de la régence de Tunis qu'il n'a pas visitée, Shaw attribue au P. Ximénès l'honneur des notions géographiques et des inscriptions anciennes qu'il a insérées dans son livre. C'est aussi au religieux espagnol que Maffei s'avoue redevable des nombreuses inscriptions qu'il a publiées sur l'Afrique septentrionale. Parmi ces dernières, celle de Zainah, au moins, appartient tout entière à Peyssonnel; quant aux autres, comme le moine et le savant ont parcouru de compagnie [1] les lieux où elles ont été transcrites, on peut, sans injustice, accorder

---

[1] Voy. p. 166, 167.

à chacun d'eux une part égale dans le mérite de la découverte[1].

 Mais une gloire que personne ne peut contester au savant, et qui lui appartient tout entière, c'est d'avoir retracé le premier, dans des esquisses pleines d'exactitude, les beaux restes d'antiquités épars sur le sol de l'Afrique. Malheureusement, nous ne pouvons douter que la plus grande partie de ces dessins ne soit perdue. Ceux dont la conservation est due au goût éclairé de M. Eyriès, et que nous donnons à la fin de notre second volume, faisaient évidemment partie d'une nombreuse collection; ils sont cotés n°s 130, 131, 132, 133, 134, 135 et 136. Il est vrai qu'indépendamment de cette cote, écrite à l'encre au bas de la page, il y a en tête des dessins une seconde cote au crayon, donnant les n°s 1, 2, 3, 4, 5 et 6. Cette circonstance semblerait prouver qu'ils formaient une série particulière dans une collection de dessins de diverses contrées. Mais la manière dont Caylus s'exprime sur les dessins de Peyssonnel fait présumer que la collection en était assez considérable. Néanmoins, nous ne devons pas dissimuler que Peyssonnel n'avait aucune teinture du dessin. On peut aisément s'en convaincre en jetant les yeux sur les grossières ébauches qu'il a quelquefois tracées en marge de ses lettres. Aucune circonstance de sa relation, n'indique aussi que,

[1] Parmi les inscriptions de Thignica, par exemple, il en est une, page 137, 138, que le père Ximénès a communiquée à Matfei; or c'est Peyssonnel qui avait déterré, dans les fondemens d'un ancien édifice, la pierre sur laquelle elle était écrite.

dans ses excursions, il ait été accompagné par un dessinateur. Il faut donc que sur les esquisses informes qu'il a lui-même prises sur les lieux, il ait fait exécuter ensuite par un habile artiste, et sous sa direction, les dessins qu'il a joints à ses lettres. Un tel procédé n'est point, il est vrai, une garantie d'exactitude. Mais ce qui doit ôter tout prétéxte à la défiance, c'est que sur les six monumens dont les dessins nous restent, deux, le temple de Zawan et l'amphithéâtre d'El-Jem, ont été récemment dessinés par d'habiles artistes, et que la comparaison de leur travail avec celui qu'a dirigé Peyssonnel, prouve d'une manière péremptoire que ce dernier ne laisse rien à désirer ni pour l'ensemble ni pour les détails.

Il nous reste à rendre compte en peu de mots de la manière dont nous avons compris et rempli notre tâche d'éditeur. Nous livrons au public les lettres de Peyssonnel avec toutes leurs incorrections. En agir autrement ç'aurait été imprimer notre propre ouvrage à la place de celui du savant provençal. Nous avons ajouté, par de courtes notes, aux inscriptions qui étaient déjà connues, les variantes que nous ont fournies Shaw, Maffei et sir Grenville Temple. Cette attention pourra aider à leur restitution, et faciliter ainsi les recherches historiques et géographiques dont elles pourraient devenir la base. Quelque altérés que nous aient paru les noms arabes des lieux parcourus par le voyageur, nous n'avons pas pris sur nous de les corriger dans le texte, de peur de donner à ses excursions une direction différente de celle qu'il avait réellement suivie. Nous nous sommes contenté de rétablir en note le nom des lieux, d'après les cartes de Shaw, de Smith, de M. le colonel Lapie, ou du dépôt de la guerre.

De cette manière, le lecteur ayant sous les yeux le nom tel qu'il a été orthographié par Peyssonnel, sera toujours à même de vérifier nos corrections et de les redresser lorsqu'elles seront erronées. Nous avons distingué par les mots *Note de Peyssonnel*, les notes qui sont de lui de celles qui nous appartiennent. Enfin, pour plus de brièveté, nous avons indiqué par des abréviations les sources où nous avons puisé les variantes des inscriptions et les corrections faites, pour les noms de lieu, à l'orthographe du texte. Nous donnons ici la liste de ces abréviations, avec leur signification correspondante.

L. 1829. Carte gravée des régences de Tunis et d'Alger, publiée par M. le colonel Lapie, en 1829.

L. 1833. Carte autographiée des régences de Tunis et d'Alger, publiée en 1833 par le dépôt de la guerre.

L. Cette abréviation indique un nom écrit d'une manière uniforme dans les deux cartes précédentes.

L. 1837. Carte d'une partie de la province de Constantine, ou carte de la province d'Oran, publiée par le dépôt de la guerre en 1837.

M. *Museum Veronense* de Maffei.

Sm. Carte hydrographique des côtes de la régence de Tunis, par Smith.

S., Sh. ou Sw. Voyage de Shaw dans les régences de Tunis et d'Alger.

T. Excursions in Algiers and Tunis, par sir Grenville Temple.

Souvent, lorsque tel ou tel mot d'une inscription donnée par Peyssonnel, ne se retrouve pas dans la même inscription publiée par Shaw ou Maffei, nous nous sommes servi, pour indiquer cette lacune, du mot latin *abest*, suivi de l'initiale servant à désigner l'ouvrage cité.

RELATION D'UN VOYAGE

SUR

LES CÔTES DE LA BARBARIE

FAIT PAR ORDRE DU ROI.

LETTRE PREMIÈRE.

A Monsieur l'abbé Bignon, Conseiller-d'État.

A Tunis, ce 1er juin 1724.

Monsieur,

J'obéis, avec un sensible plaisir, à l'ordre que vous eûtes la bonté de me prescrire lorsque j'eus l'honneur de prendre congé de vous. Vous m'ordonnâtes de vous envoyer un journal de mon voyage et de vous écrire lorsque je serais arrivé en ce pays. Je m'en acquitte, heureux si cette lettre et ce journal peuvent vous être agréables, ou du moins, si j'ai l'avantage de vous prouver mon profond respect et la reconnaissance que j'ai de l'honneur que vous m'avez procuré, en me faisant charger par le Roi de la commission de venir en Barbarie, pour y ramasser les plantes, les fleurs et les graines qui s'y trouveront, et y faire les observations propres à l'histoire naturelle. Je ferai mon possible pour m'en acquitter, et je n'épargnerai ni soins ni peines pour y parvenir.

Vous trouverez, monsieur, ce journal suivant les vues de ma commission. Il sera mêlé d'histoire naturelle, des descriptions des plantes et des animaux, du progrès des maladies et des moyens de les guérir. Je tâcherai même d'y faire entrer des observations sur la géographie tant ancienne que moderne. Je chercherai et je noterai les manuscrits arabes, les inscriptions, les médailles et les statues. Je ne négligerai point l'histoire des pays par où je passerai; enfin ce sera un mélange de tout ce qui peut concerner la physique, l'histoire et les belles-lettres. Cette lettre ne contiendra que mon journal et mes observations depuis Paris jusqu'à Tunis, où je suis arrivé depuis peu de jours.

Après que mon voyage fut arrêté, monseigneur de Maurepas, ministre de la marine, m'ayant fait expédier les passeports et lettres de faveur et de protection qui m'étaient nécessaires, j'eus l'honneur, monsieur, de recevoir vos ordres, ceux de M. Dodart, premier médecin du Roi, de M. Chirac, surintendant du Jardin royal des Plantes, et enfin de recevoir les mémoires de MM. de l'Académie royale des Sciences. Je partis de Paris le 19 avril 1724 par le coche d'Auxerre. Il ne m'arriva rien de considérable dans ma route; mais en allant d'Auxerre à Châlons, à deux lieues d'Arney-le-Duc, au haut d'un monticule près d'un petit hameau, dans une terre labourée que le chemin traverse, j'observai plusieurs coquillages pétrifiés, entre autres une espèce de moule dont le bec, au bout où est la barbe, est crochu et fait en bec de perroquet; un des côtés de ces moules me parut plat : je n'ai jamais rencontré dans les mers des moules de cette espèce. Le chemin et le terrain, qui était très mauvais par les boues, le carrosse même qui avançait, m'empêchèrent de faire d'autres observations. Il serait bon qu'on parcourût cet endroit; l'on pourrait y découvrir de nouvelles preuves du sentiment de M. de Jussieu, professeur de botanique au Jardin royal, sur l'état différent de la terre et les révolutions qu'elle a souffertes, sentiment que ce savant médecin et naturaliste prouve par le mélange des coquilles et des plantes étrangères qu'on trouve pétrifiées dans nos terres, ou dans celles des climats où elles sont aujourd'hui inconnues.

J'arrivai le 29 à Lyon et le 4 mai à Marseille. Je fus rendre mes devoirs à M. de Lebret, intendant, et à MM. les échevins et députés du commerce, qui me donnèrent des lettres de crédit pour MM. les consuls de Tunis et d'Alger.

Le 19 mai, je m'embarquai sur la pinque *Saint-François*, capitaine Pierre Jacques, qui allait à Tunis. Comme nous séjournâmes tout le vendredi aux îles de Marseille où la pinque avait mouillé, je descendis sur l'île de Rotaneau où je trouvai les plantes maritimes ordinaires à cette côte, comme sont les *limonium*, les *gnaphalium roseum*, le *tragacantha*, l'*asphodèle*, etc. Je m'amusai sur le bord de la mer et j'observai une espèce de coquillage attaché au rocher; je le nommai *Lepas balanoïdes*. Ce coquillage est relevé en cône tronqué, composé de quatre ou cinq pièces qui peuvent être séparées dans l'enfance du coquillage, parce qu'elles sont alors jointes par des parties cartilagineuses ; mais les cartilages deviennent ensuite entièrement durs, et forment une coquille d'une seule pièce. Il est fortement attaché au rocher par un muscle semblable à ceux du *lepas, œil de bouc* en français, et *alapédé* en patois provençal. Cette chair ou ce muscle (que M. de Tournefort[1], dans la description qu'il fait du *lepas oblonga vertice perforato*, appelle pectoral), ce muscle, dis-je, est d'un gris-brun noirâtre et forme une surface souple, drapée et couverte d'une liqueur baveuse et gluante, propre à s'insinuer dans les moindres inégalités du rocher auquel il est si fortement attaché, qu'avec un couteau même on ne saurait le détacher. Ce muscle entoure toute la coquille et tapisse toutes les lèvres intérieures; mais au centre de ce muscle, on voit pendre un sac où les organes de la digestion sont enfermés : voilà ce qui le rend semblable au *lepas*.

Il ressemble au *balanus* par sa figure. Il a une ouverture qui se trouve au sommet; elle est formée par un *operculum* de même substance que la coquille. Cet *operculum* est at-

[1] Voyage de Tournefort, t. I, p. 294.

taché par un muscle circulaire, et ne peut que s'élever ou s'abaisser très peu ; il est divisé en deux parties égales qui, s'ouvrant et se séparant, laissent apercevoir une ouverture d'où sort la tête du poisson. Cette tête est composée d'un corps mollasse d'où s'élèvent deux cornes recoquillées en limaçon, qui peut-être s'étendent et se roidissent lorque l'animal le trouve bon. Un peu plus bas que les cornes il y a un *rostrum*, ou bec noirâtre et mollasse presque semblable à ceux des mouches, dont le canal ou l'œsophage aboutit au sac dont nous avons parlé. J'ai cru devoir appeler ce coquillage *lepas balanoïdes*, parce qu'il ressemble au *lepas* et au *balanus*.

Il en naît beaucoup sur les bâtimens lorsqu'ils demeurent trop long-temps dans nos ports. Les matelots l'appellent *rasque*, à cause de la ressemblance que cet amas de coquillages donne aux bâtimens dont le fond en est chargé, avec les pustules galeuses qui nous gâtent la peau lorsque nous sommes affligés de la galle qu'on appelle en provençal *rasque*. Ces coquillages sont petits, n'ayant qu'environ demi-pouce à leur base. Je remarquai en même temps plusieurs sortes de coquillages turbinés et limaces de mer, qui me donneront dans la suite des sujets d'observation, de même que les plantes marines que j'y aperçus.

Le 20 nous mîmes à la voile; le soir nous étions à douze lieues de la terre; le 21, le temps fut calme. Ayant pris hauteur, nous nous trouvâmes par les 42 degrés 7 minutes latitude nord. Nous aperçumes la mer toute couverte d'une espèce d'animal qu'on appelle *véléta* et que j'appellerai *navicula maris*. C'est un petit poisson dont la figure est assez singulière; il est ovale et plat ; en dessous s'élève un petit dôme surmonté d'un corps plat qui s'élève perpendiculairement, coupant tout l'ovale en bande, de sorte qu'il paraît triangulaire. Ce poisson qui est mou, est soutenu par un corps cartilagineux transparent qui, ayant la même forme que le poisson, lui fait conserver sa figure. Ce corps cartilagineux est extrêmement mince et délié; il est ceint par des lignes ou cercles ovales qui vont par degrés en diminuant jusqu'au haut du dôme. Ces cercles sont coupés par des rayons, et ces rayons sont des arêtes qui soutiennent tout le cartilage. La partie qui s'élève perpendiculairement, que j'appellerai *voile*, parce qu'elle ressemble à une voile et qu'elle en fait l'office, forme un angle dont la base est fort large, s'élève en pointe et s'arrondit. Sur le côté il a également des lignes circulaires qui suivent sa figure et qui sont coupées et soutenues par de petites arêtes, dont la plupart aboutissent au centre du cône, et les autres s'articulent avec les arêtes du corps.

Cette espèce d'épine ou os cartilagineux est couvert d'une chair si mollasse et si déliée qu'elle ressemble à un mucilage ; elle couvre tout le dessus de l'animal et s'élève même en pellicule au-dessus de la voile, pour se replier et s'allonger à mesure que le poisson a besoin de plus ou moins de vent. Une veine bleuâtre assez considérable règne tout le long de la circonférence de la voile, à peu près comme le sinus de la dure-mère dans les cerveaux des hommes.

C'est au-dessous du poisson que gît son organisation. Autour de la circonférence du petit dôme on voit la continuation du corps mucilagineux y former un muscle fort large couleur de bleu céleste. En dedans de ce muscle circulaire règne un rayon composé d'une quantité de pieds semblables à ceux des orties ; les pieds sont de différentes grandeurs remplis de veines bleues. Les deux qui répondent aux deux bouts de la voile sont fort longs et servent de gouvernail à l'animal. En dedans de ces rayons il y a une quantité de mamelons, couleur roussâtre, qui sont terminés par une pointe blanche rayonnée et remplissant les fonds ou la partie concave de l'ovale. Ces mamelons s'attachent aux corps qu'ils rencontrent et les sucent. Je crois que c'est par là que l'animal tire sa nourriture. Ils sont attachés à une peau ou muscle qui enveloppe un corps blanc, ferme, long et rond, couché dessous la voile, formant une espèce de sac ouvert par le milieu, qui a un mamelon plus gros que ceux dont nous venons de parler; il est fermé par un sphincter. Je ne sais si le poisson reçoit ou rend par ce gros mamelon sa nourriture.

Ces poissons ovales et triangulaires ont le diamètre d'un pouce ou d'un pouce et demi tout au plus. On les voit flotter sur la mer, ayant la partie plate dans l'eau et la voile relevée au-dessus de la surface de l'eau; ils nagent et voguent avec leurs pieds ou pattes. On en mange en friture ou confits à l'huile; ils sont fort délicats et d'assez bon goût. Imperatus l'avait décrit sous le nom de *vela marina*, *animale di color celestina da molti usata in cibo fritta.* Il en donne la figure folio 688, et la description folio 679. La voile marine, dit-il, est du nombre de ces animaux qui tiennent le milieu entre les plantes et les poissons. D'une consistance cartilagineuse, long de deux pouces, couvert d'une membrane tendre, couleur du bleu céleste, tandis qu'elle vit, on l'appelle *voile*, parce qu'étant triangulaire elle montre une de ses parties relevées comme une voile déployée; on la mange frite ou bouillie dans l'huile.

Le 22, le calme ayant continué, notre latitude fut par les 40 degrés 35 minutes. Nous prîmes quelques petits poissons que j'appelai *urtica solaris minima*, ou petite ortie solaire de mer. C'est un poisson rond, du diamètre depuis demi-pouce jusqu'à deux. Le milieu ou la partie charnue est soutenue par un corps cartilagineux fort mince, presque transparent, relevé en parasol, rayé, au-dessus, d'un blanc bleuâtre et presque argenté. Le dessous est un amas de petits mamelons qui ont une espèce de sphincter à leur bout; ils sont blancs, occupent tout le corps et le centre du poisson.

Autour de ce rond il y a un muscle composé d'une chair bleuâtre, d'où partent une infinité de rayons ou pieds disposés en cinq rangs : le premier rang a environ un pouce de long, le second moins, ainsi successivement. Ils sont divisés entre eux, en sorte qu'entre deux grands un moyen occupe le milieu; entre ce moyen et le grand un moindre s'y trouve, ainsi de suite dans le même ordre très régulièrement posé, ressemblant aux rayons qu'on nous peint environnant un soleil. Ces rayons sont accompagnés de petites cornes aux bouts desquelles il y a des points bleuâtres, comme seraient les point ronds qui sont aux bouts des cornes des limaces. C'est cette figure régulière qui m'a obligé de l'appeler *urtica solaris minima*. J'en ai conservé dans de l'eau-de-vie, je ne crois pas qu'il ait été décrit par aucun auteur.

L'après-dînée, nous vîmes quelques mulats qui sont des espèces de petites baleines ; ils jettent quantité d'eau par un trou qu'ils ont au-dessus du museau. Si on pouvait les trouver facilement, je crois qu'on aurait soin de les pêcher pour en tirer de l'huile. Cette pêche serait moins dispendieuse que celle qu'on fait de la baleine dans le nord; on pourrait se fournir de bois dans l'île de Sardaigne où il est à très bon compte. Nous eûmes le plaisir de voir une compagnie de marsouins, qu'on appelle ici dauphins, sauter et voltiger autour du mulat, enfin, semblables à des papillons qui périssent à la chandelle, s'aller eux-même jeter dans la gueule du mulat pour en être dévorés. Ces pauvres dauphins (car on plaint toujours ceux qui servent de victime), je ne sais par quel instinct, dès qu'ils ont aperçu le mulat, vont lui servir de pâture. Il semble que la nature l'ait ainsi ordonné pour nourrir ces lourdes masses qui ne sauraient autrement peut-être courir après leur proie. Le mulat en gobe tant qu'il peut, mais, ce qui ne paraît pas bien, après s'en être rassasié, il coupe et tue les autres qu'il ne peut avaler. Cette observation me fut confirmée par tous les matelots du bord, qui m'assurèrent qu'ils voyaient tous les jours arriver la même chose.

Nous vîmes le soir l'éclipse du soleil telle qu'on l'avait annoncée, mais comme je n'avais ni instrumens ni horloges assez justes pour l'observer, je n'oserais rien dire là-dessus.

Le 23, le temps fut calme, la hauteur méridienne 41 degrés 11 minutes.

Le 24, nous découvrîmes l'île de Sardaigne. Le soir nous nous trouvâmes vis-à-vis le Porto-Conte; nous vîmes une vingtaine de bateaux qu'on appelle *corallines* qui faisaient la pêche du corail qu'on trouve assez commun dans cette côte, et d'une couleur aussi belle que celle du corail qu'on pêche en Provence.

Le 25, nous nous trouvâmes est et ouest avec le golfe de l'Oristan, le vent souffla au nord-ouest.

Le 26, à 6 heures du matin, le cap Maufatan au sud de l'île de Sardaigne, nous restait au nord-est à 12 lieues au large. Le soir nous découvrîmes la Galitta, île sur la côte de la Barbarie; elle restait au sud-sud-ouest, à onze lieues.

Le 27, ayant pris hauteur, nous nous trouvâmes par 37 degrés 19 minutes nord: à midi, ayant relevé le cap des Gardes de Bizerti, étant à 3 lieues au large, il restait au S. $\frac{1}{4}$ S. O.; la pointe la plus ouest du cap Zibibe à l'E. $\frac{1}{4}$ S. E. quelques degrés sud; les îles dites les Cani au S. E. $\frac{1}{4}$ E. un peu plus E. que la tache blanche qui est au cap Zibibe.

A une heure après midi étant N. S. avec les Cani à demi-lieue au large, le cap Bizerti restait à l'O. S. O. quelques degrés O.; la pointe la plus O. du cap Zibibe au S. E. ¼ E. A 4 heures et demie, étant N. et S. avec le cap Zibibe sur la pointe qui est le plus à l'est, je relevai le cap de Bizerti qui restait à l'ouest-nord-ouest; la pointe qui forme le golfe de Bizerti du côté de l'est restait à l'O. ¼ N. O; les Zimbres, qui sont des îles près le cap Bon, à l'E ¼ S. E. quelque degrés E. A quatre heures et demie, nous passâmes entre l'île Plane et la terre; j'observai que l'île Plane, les Zimbres et la pointe du cap restaient est et ouest.

Si l'on ramasse ces observations, l'on conclura que la côte, depuis le cap de Bizerti jusqu'au cap Zibibe, court E. ¼ S. E. et O. ¼ N. O., telle qu'elle est marquée sur la carte de M. Berthelot, hydrographe de la ville de Marseille, et que les petites îles qui s'y trouvent y sont aussi mises dans leurs véritables positions.

Il paraît par là que les mémoires sur lesquels M. Delisle s'est réglé pour former sa carte de la Barbarie, n'ont pas été justes à l'égard de cette côte; car il l'a fait courir S. E. et N. O, depuis le cap qu'il appelle *Promontorium Candidum*, qui, selon lui, doit répondre au cap des

Gardes de Bizerti, jusqu'au cap qu'il nomme *Promontorium Apollinis*, aujourd'hui cap Zibibe. Il appelle le cap de Bizerti, *Promontorium Candidum*, nom qui semblerait mieux convenir à son *Promontorium Apollinis*, parce que ce dernier, dit cap Zibibe, est presque tout couvert de sable jusque au haut de la montagne, et il paraît tout blanc. Il place à l'O. de ce cap une île assez considérable; cependant il n'y en a qu'une très petite, nord et sud avec sa tache blanche. On appelle cette île Pilau, par quelque idée mal forgée que cette petite île, faite en cône, ressemblait à un pilau, qui est une soupe de riz cuit, sec et dont les grains, faciles à séparer, peuvent former une petite montagne.

De plus, M. Delisle oublie de marquer l'île Plane qui est à l'est du *Promontorium Apollinis*, et les Cani qui sont deux petites îles situées nord et sud avec la pointe qui avance le plus au nord du terrain qui est entre Bizerti et Porto Farina. J'ai cru, monsieur, vous devoir envoyer ces observations et vous prier de vouloir bien me faire communiquer des mémoires par messieurs de l'Académie des Inscriptions, afin que je puisse donner des éclaircissemens sur l'ancienne géographie de ce pays-ci.

A 6 heures, nous découvrîmes Porto Farina qui est le port où le bey de Tunis tient ses vaisseaux. Il est formé par une langue de terre qui avance à l'est, comme le décrit le *Flamme de mer* imprimé en Hollande. Cette langue et le port sont enfermés dans un grand golfe tel qu'il est marqué dans la carte de M. Berthelot.

Le soir, nous entrâmes dans la baie de la Goulette et, après avoir doublé le cap Carthage, nous aperçûmes les 4 vaisseaux du Roi qui conduisaient M. Dandreselle, ambassadeur à Constantinople; nous mouillâmes là même à 10 brasses d'eau.

Le 28 au matin, nous mîmes à la voile et saluâmes les vaisseaux du Roi; nous fûmes mouiller sous la forteresse de la Goulette. Je fus faire la révérence à M. l'ambassadeur qui me graciosa et m'assura de sa protection.

En entrant dans la Goulette, nous laissâmes à gauche le golfe de Soliman où il y a un village qui porte ce nom; c'était, selon M. Delisle, l'évêché de Calpis. On aperçoit de là trois autres hautes montagnes dont l'une s'appelle la montagne de Plomb. Je ne sais laquelle doit avoir porté le nom de mons Aspidis [1].

Je suis avec un très profond respect,

Monsieur,

Votre très humble et très

obéissant serviteur.

PEYSSONNEL.

---

[1] Voyez plus bas, p. 44.

LETTRE SECONDE.

A Monsieur l'abbé Bignon, Conseiller-d'Etat, contenant la description géographique du royaume de Tunis, du côté du levant.

Tunis, ce 25 juin 1724.

Monsieur,

Je continue, suivant vos ordres, de vous envoyer le journal de mon voyage. Comme j'ai déja parcouru une partie de ce royaume, du côté du levant, et que j'ai assez de matière pour fournir à une lettre, j'ai l'honneur de vous entretenir de tout ce que j'ai vu. Celle-ci ne contiendra qu'une relation géographique des villes et villages où j'ai été.

Vous savez, monsieur, que le royaume de Tunis est le pays qu'on appelait autrefois la Mauritanie proconsulaire[1]. Il est situé sur la

---

[1] Cette synonymie est inexacte. Le royaume de Tunis représente la province que les Romains appelaient

côte d'Afrique dans la mer Méditerranée, borné, du côté du septentrion, par la mer qui répond aux îles de Sicile et de Sardaigne; du côté du levant, par le golfe de Tripoli, tirant vers la côte de Malte et va jusqu'au golfe qu'on appelait autrefois *Syrtis minor*; du côté du couchant, par le royaume d'Alger; et du côté du midi, par les déserts de Numidie. Les villes principales et les plus connues sont le long de la mer. En commençant du côté du levant, on trouve les Gerbi vis-à-vis l'île du même nom, les Faz vis-à-vis les îles Querquéni[1], l'Africa[2], le Monestier[3], Suse[4], Ergula[5], Mahomete[6], Galipoli[7]. On rencontre, après, le cap Bon, et l'on entre du côté du nord. La Goulette, Tunis, Carthage, Porto-Farina, Bizerti, le cap Nègre, Tabarque et là

proprement l'Afrique, ou la province proconsulaire d'Afrique.

[1] Sfax, vis-à-vis des îles Kerkines. (L. 1829.)
[2] Mehedia. (Sm.)
[3] Monastir. (L.)
[4] Soussa. (Sm.)
[5] Herklah. (Sm.)
[6] Hammamet. (Sm.)
[7] Probablement Kalibia. (Sm.)

Calle s'y rencontrent : je décrirai tous ces endroits-là dans la suite.

De la Goulette.

Le 28 mai 1724, nous mouillâmes dans la baie de la Goulette. Cette baie sert de port à la ville de Tunis ; elle peut avoir quatre lieues de large sur autant de long ; elle commence au cap Carthage et s'enfonce jusque près de Tunis. C'est un peu au-dessous du cap Carthage que mouillent les vaisseaux de guerre et les gros vaisseaux ; les autres avancent encore près d'une lieue et vont mouiller devant les forteresses de la Goulette. Ces forteresses sont à droite en entrant, vers le milieu de la baie, à une portée de fusil l'une de l'autre, ayant entre deux un canal qui fait la communication avec le lac. On a bâti, depuis quelques années, un quai de chaque côté du canal et on l'a creusé de sorte que deux sandals, qui sont des bateaux plats qui vont dans le lac, et dont on se sert pour charger et décharger les bâtimens, y passent avec facilité ; mais il serait bientôt comblé s'il était nécessaire. La forteresse qui est du côté du midi ou de Tunis est carrée, flanquée de mauvaises petites tours carrées et ce côté, qui regarde la mer, sort en dehors en s'arrondissant. Elle peut avoir cent vingt pas communs sur chaque face; elle a quinze ou dix-huit pièces de canon dans des casemates, un peu plus haut qu'à fleur d'eau.

L'autre est bâtie sur les débris d'une ancienne et bonne forteresse carrée, flanquée de quatre bons bastions réguliers, qui avaient cent pas sur chaque face de bastion; le flanc et la courtine proportionnés. Ces bastions étaient voûtés, et les voûtes étaient de très belles citernes dont quelques-unes subsistent encore. Les Turcs ont conservé un seul bastion de cette citadelle, duquel ils ont formé un fort qui a douze pièces de canon montées. On voit à la porte de ce fort les armes de Charles-Quint qui sont gravées sur le marbre. Cette pièce de marbre forme la première marche de l'entrée du château; on y distingue encore le cordon, le lion de Léon, les tours de Castille et quelques lambeaux des armes d'Aragon.

A une demi-lieue de ces forteresses, il y a des puits, au bord de la mer, où les bâtimens vont faire de l'eau qui est saumâtre et guère bonne.

Reliure serrée

Calle s'y rencontrent : je décrirai tous ces endroits-là dans la suite.

De la Goulette.

Le 28 mai 1724, nous mouillâmes dans la baie de la Goulette. Cette baie sert de port à la ville de Tunis; elle peut avoir quatre lieues de large sur autant de long; elle commence au cap Carthage et s'enfonce jusque près de Tunis. C'est un peu au-dessous du cap Carthage que mouillent les vaisseaux de guerre et les gros vaisseaux; les autres avancent encore près d'une lieue et vont mouiller devant les forteresses de la Goulette. Ces forteresses sont à droite en entrant, vers le milieu de la baie, à une portée de fusil l'une de l'autre, ayant entre deux un canal qui fait la communication avec le lac. On a bâti, depuis quelques années, un quai de chaque côté du canal et on l'a creusé de sorte que deux sandals, qui sont des bateaux plats qui vont dans le lac, et dont on se sert pour charger et décharger les bâtimens, y passent avec facilité; mais il serait bientôt comblé s'il était nécessaire. La forteresse qui est du côté du midi ou de Tunis est carrée, flanquée de mauvaises petites tours carrées et ce côté, qui regarde la mer, sort en dehors en s'arrondissant. Elle peut avoir cent vingt pas communs sur chaque face; elle a quinze ou dix-huit pièces de canon dans des casemates, un peu plus haut qu'à fleur d'eau.

L'autre est bâtie sur les débris d'une ancienne et bonne forteresse carrée, flanquée de quatre bons bastions réguliers, qui avaient cent pas sur chaque face de bastion; le flanc et la courtine proportionnés. Ces bastions étaient voûtés, et les voûtes étaient de très belles citernes dont quelques-unes subsistent encore. Les Turcs ont conservé un seul bastion de cette citadelle, duquel ils ont formé un fort qui a douze pièces de canon montées. On voit à la porte de ce fort les armes de Charles-Quint qui sont gravées sur le marbre. Cette pièce de marbre forme la première marche de l'entrée du château; on y distingue encore le cordon, le lion de Léon, les tours de Castille et quelques lambeaux des armes d'Aragon.

A une demi-lieue de ces forteresses, il y a des puits, au bord de la mer, où les bâtimens vont faire de l'eau qui est saumâtre et guère bonne.

Après avoir passé par ces citadelles, on entre dans le lac de la Goulette. Ce lac est presque rond, ayant deux lieues et demie de long sur une lieue et demie de large. Il n'est pas fort profond, mais il est très poissonneux. Comme il a deux issues, l'une du côté des forteresses, et l'autre vers le fond de la baie, on a mis des pierres et des joncs qui ferment aux poissons la sortie de ce lac, et forment une espèce de labyrinthe où l'on prend le poisson. C'est ce qu'on appelle au Martigues, en Provence, *bourdigou* et ici *peschière*. Ce lac est rempli de diverses plantes marines, telles sont les algues, les *acetabulum*, les *fucus* et autres. Au milieu de cet étang, il y a une petite île où l'on a construit un château carré, garni de quelques pièces de canon. Ce lac, que nous contournâmes pour aller de la Goulette à Tunis, va aboutir à une portée de fusil des murailles de cette ville: il y a là un môle pour débarquer et embarquer les marchandises.

Le 29, M. Pignon, consul à Tunis, ayant été aux vaisseaux du roi pour saluer monsieur l'ambassadeur, eut la bonté de passer, au retour, à bord de la pinque sur laquelle j'étais embarqué et m'obligea fort gracieusement de prendre un appartement chez lui. Nous arrivâmes à Tunis le même jour.

On compte quatre lieues de la Goulette à Tunis.

De la ville de Tunis.

La ville de Tunis est la capitale du royaume à qui elle donne son nom. Elle est située au fond du lac de la Goulette dont nous venons de parler, sise sur le doux penchant d'une colline, de sorte que ce n'est qu'en quelques endroits où l'on s'aperçoit que l'on monte ou que l'on descend. Cependant elle forme un fort beau spectacle et se laisse découvrir tout entière de bien des endroits. Elle est plus longue qu'elle n'est large; son enceinte ne serait pas extrêmement grande s'il ne fallait joindre ses faubourgs, qui font aujourd'hui une véritable partie de la ville, et qui l'augmentent considérablement, de sorte qu'elle a une grande lieue de France de circonférence. Les rues sont étroites et mal percées; il n'y en a que quelques-unes de pavées. Les maisons sont bâties à la turque, c'est-à-dire très basses, contenant un grand espace et peu de logement; presque toutes carrées. Une cour découverte remplit le milieu et tous les appartemens y répondent. La plupart de ces maisons n'ont qu'un étage, peu deux, et plusieurs n'ont que le rez-de-chaussée. Les toits sont plats, terrassés, n'ayant qu'une petite pente pour laisser écouler les eaux. Il y a, dans cette ville, plusieurs mosquées ou églises turques, quelques-unes assez belles; mais aucune ne mérite l'attention particulière des voyageurs. On ne trouve ni places, ni maisons, ni autres édifices remarquables.

Cette ville est entourée de très mauvaises murailles flanquées de quelques tours carrées sans défenses. Je ne sais si elles ont été bâties ou réparées sous Charles-Quint, mais à la porte de la marine on trouve, dans la muraille, une pierre gravée avec cette devise : *Sub Carolo Quinto.*

Tunis est défendue, du côté de la mer, par les forteresses de la Goulette et par le fort qui est sur le lac. Du côté de la terre, elle a trois châteaux qui dominent la ville et la campagne. Le premier, du côté du midi ou sud-est, est attenant aux murailles de la ville; il est très irrégulier. Le second, tirant vers le couchant ou nord-ouest, est une espèce de carré flanqué de quelques grosses tours rondes. Le troisième est à peu près de même. Ces châteaux n'ont ni fossés, ni chemins couverts, ni aucun ouvrage extérieur pour les défendre. Ils ne sont pas dominés, et ils sont garnis de plusieurs canons assez bien entretenus.

Le dernier de ces châteaux doit avoir été bâti sur quelque ancienne forteresse, car l'on voit les murailles anciennes d'un aquéduc qui est destiné pour y porter de l'eau, et qui a été réparé et entretenu pour cet effet. Cet aquéduc est assez beau; il a environ deux mille pas communs de long avec deux cents en tout d'arcades. Les voûtes sont de brique, assez dégagées. Quoique la bâtisse ait quelque chose d'ancien, elle n'a cependant aucun ordre ni rien qui puisse surprendre ou faire plaisir. Cet aquéduc conduit les eaux des puits qu'on élève par des rouages pour l'entretien de la citadelle.

Du Bardou ou palais du bey de Tunis.

Le 30 mai, je fus pour saluer le bey ou le roi du pays. Après avoir passé les châteaux et descendu la douce colline où ils sont situés, j'arrivai au palais du bey, qu'on appelle le palais le Bardou. Ce château ou ce palais est un grand enclos de murailles presque carré, flanqué de quelques tours carrées avec quelques pièces de canon, mais d'une très mauvaise défense. Il est à demi-lieue de Tunis, dominé par le canon des citadelles, situé dans une belle plaine au bord d'un étang.

En entrant dans ce palais, on passe par un corps-de-garde où restent les spahis de la garde du bey. On entre après dans une grande cour qui sert d'écurie et où sont les remises ; on en trouve une seconde où est la mosquée, vis-à-vis de laquelle est l'entrée de la maison. On monte une douzaine de marches de marbre blanc qui forment un mauvais perron aboutissant à un péristyle qui se présente assez bien. A côté est la salle où le bey rend la justice. De ce péristyle on entre dans une grande cour au milieu de laquelle il y a un bassin de marbre. Autour de cette cour règne un cordon de colonnes de différens marbres. Ces colonnes sont de plusieurs ordres et la plupart d'un ordre gothique et particulier à ce pays, qui ne répond précisément à aucun de nos ordres. Autour de cette cour carrée il y a trois grands appartemens qui ne sont que des salles fort longues et faites en croix, pavées de briques vernissées; elle sont ornées d'espèces de peintures dans un goût mosaïque, portant divers ornemens de fleurs et des sentences de l'Alcoran dans une symétrie assez particulière. Au fond et autour de ces salles, il y a un sopha élevé d'un pied, sur lequel il y a des nattes, un matelas, un tapis et de grands carreaux d'une espèce de drap d'or. Les murailles sont tendues de tapisseries d'un goût assez particulier; elles sont de pièces rapportées représentant des vases et des fleurs dans une symétrie gracieuse et belle. Ces trois salles sont presque égales, et ce qui occupe le vide qui serait entre ces salles sont les appartemens des officiers et des domestiques. Ces appartemens sont très pauvres, dénués de meubles et sans aucun ornement.

Le sérail ou l'appartement des femmes se trouve dans l'avant-cour; et de l'autre côté du sérail, il y a un jardin qui est très peu de chose, rempli d'orangers rangés en ligne droite, mais il n'y a ni allées ni promenades. Au milieu de ce jardin, il y a un grand bassin entouré de marbre blanc avec quelques fontaines, et au fond, on trouve une espèce d'appartement ou de pavillon fort gracieux, orné de peintures dans un goût mosaïque.

L'enceinte de ce palais peut avoir environ douze cents pas. Outre la maison du bey, il en renferme plusieurs autres pour les principaux officiers. Elles sont assez gracieuses, mais elles ne méritent pas d'être décrites.

Le bey est gardé dans ce château par quatre ou cinq mille spahis qui sont des troupes de cavalerie toujours entretenues. Des détachemens de ces troupes y vont monter la garde et sont toujours prêts pour faire exécuter les ordres du bey. Il y a, outre cela, quinze cents Turcs, espèce de janissaires entretenus et commandés par le dey et par un aga.

Il est servi par des esclaves chrétiens et par quelques renégats. Ces esclaves même lui servent de valets et d'espèces de gardes-du-corps, l'accompagnent partout, et le bey leur donne sa confiance préférablement aux Maures et aux Turcs. Ils font la garde à la porte de la chambre, les renégats à la porte du château ou de la maison, et les spahis à l'entrée. Les esclaves seraient assez bien dans ce palais, de même que dans la ville de Tunis, si l'esclavitude n'était par elle-même une grande peine. Outre ceux que le bey garde dans son Bardou pour son service, il y en a beaucoup d'autres dans les *baignes*. Ces *baignes* sont de grandes maisons dans la ville de Tunis, où l'on renferme les esclaves et d'où on les tire pour les faire aller au travail. Ils n'y sont pas maltraités et sont heureux lorsqu'ils peuvent parvenir à avoir la permission de vendre du vin ou de l'eau-de-vie, ou lorsqu'ils ont quelques métiers. Alors, ils donnent tant par mois au bey pour se libérer du travail journalier, et gagnent assez aisément leur vie et, bien souvent, leur liberté. On leur permet dans ces baignes le libre exercice de leur religion; en un mot, c'est de toutes les esclavitudes celle qui est la moins rude et beaucoup d'habitans du pays sont bien plus malheureux que ne le sont ces esclaves.

Ce serait ici le lieu de vous entretenir des ruines de l'ancienne Carthage, mais je ne suis pas encore en état de le faire.

De la Galipoli.

Le quatrième juin, je fus à la Goulette et je

m'embarquai sur le même bâtiment qui m'avait amené. En sortant de la baie, le cinq juin, nous fîmes route au nord-est pour joindre le cap Bon autrefois appelé *Promontorium Mercurii*. Le 6 nous nous trouvâmes sur le cap Bon, après avoir passé entre le Zimbre et la terre ferme. Le Zimbre[1] est une île située à l'ouest du cap Bon, à deux lieues au large. Nous fîmes route à l'E. S. E. La côte court à l'est $\frac{1}{4}$ S. E. Le soir, nous nous trouvâmes devant la Galipoli[2], qui répond à l'*Aspis* ou *Clypea* des anciens. Il y a un mouillage. Cet endroit avance un peu par une pointe basse, et, à une petite distance de la mer, il y a un monticule rond au haut duquel il y a une citadelle flanquée de tours carrées. Quoique les murailles soient mal bâties et mal construites, la place ne laisse pas d'être forte par sa situation, n'étant pas dominée et n'y pouvant approcher que par des endroits assez difficiles et tout découverts. Autour de ce monticule, on trouve les restes d'une ville qui paraît avoir été grande et bien bâtie. On aperçoit et l'on

---

[1] Zembra, Zouamoure ou El-Giouamer. (L. Sm.)
[2] Kalibia.

distingue encore les débris des portes de la ville bien construites, d'une architecture gothique et sans ornement; c'est aujourd'hui un très petit village.

C'est à ce village que commence le golfe de la Mahomete[1] dont la côte court, comme elle est marquée dans la carte marine de M. Berthelot, jusques au Monestier.

De la ville de Suse.

Le sept juin, nous mouillâmes dans la rade de Suse. Cette ville se trouve au fond du golfe qu'on appelle aujourd'hui de la Mahomete; c'est une petite ville carrée, qui peut avoir un grand mille ou tiers de lieue de circonférence, entourée de bonnes murailles flanquées de tours carrées. A chaque coin du carré de la ville, il y a des batteries garnies de plusieurs pièces de canon, et sur le coin qui regarde du côté du midi au couchant, il y a une citadelle ou château irrégulier. La bâtisse des murailles, de même que celle des édifices de la ville, ne paraît pas d'une très haute antiquité, mais seulement du temps des premiers siècles de

---

[1] D'Hammamet.

l'Eglise. Elles sont construites de bonnes pierres de taille, solidement bâties et bien entretenues et réparées.

Cette petite ville carrée est fort riante; bâtie sur le penchant d'une colline. La mer arrose tout le côté des murailles qui regarde le levant; le côté opposé est défendu par la citadelle qui se trouve au haut de la ville et qui n'est point dominée. L'enceinte de la ville, le château et la ville même font un joli point de vue qui se laisse découvrir en arrivant par mer. Les maisons sont basses, les rues étroites et assez rudes au haut de la ville. Elle n'a que trois portes. Au bas de la ville, on trouve deux grands enclos de murailles, flanqués de demi-tours rondes, dont on a fait deux mosquées. Ces enclos paraissent avoir été autrefois des monastères, ce que l'on connaît par la structure des portes et l'air de l'édifice. Il y avait un clocher à chacun dont on a fait des minarets qui sont de même fabrique que les murailles. J'ai appris qu'il y avait là-dedans des écritures gravées que les Turcs n'entendent pas; je crois fort que ce doit être des écritures latines. J'y aurais volontiers été s'il était permis aux chrétiens d'y entrer. On y garde même, dit-on, des manuscrits latins. Ce qui me confirme dans cette opinion, c'est un ancien tombeau de marbre, de même fabrique et structure que ceux des premiers chrétiens que nous trouvons en Provence. Ce tombeau se trouve tout entier sous la porte de la ville du côté de la citadelle, où il y a une inscription latine, MARCELI ALFONDI EPISCOPI. Ce qui a été cause que le tombeau a été conservé, c'est qu'il n'y a aucune figure humaine gravée dessus: ce ne sont que des ornemens. Il y a encore, sur une muraille d'une des mosquées, une pierre gravée en bas-relief qui représente Jésus-Christ prêchant à ses apôtres sous un palmier; elle est presque effacée. On trouve encore dans cette ville plusieurs façades de maisons qui dénotent, par leur architecture, avoir été celle de quelque église. Quoique je ne croie l'antiquité de cette ville que des premiers siècles de l'Eglise, une quantité de débris de colonnes de granit et de marbres différens, avec des chapitaux d'ordre corinthien, me feraient facilement croire qu'elle a été bâtie sur les ruines d'une plus ancienne ville : on y voit des inscriptions arabes que je n'ai pu copier.

En sortant de la ville, du côté du château ou du couchant, on trouve les débris d'une forteresse qui a été démolie, il y a environ 25 ans, par Mahamet-Bey, et, un peu plus loin, ont voit de grands débris de maçonnerie dont il reste encore deux masses affreuses par leur grosseur. On voit le fondement de l'édifice en terre, mais on ne peut conjecturer ce que cela était, tellement cela est défiguré.

Les vaisseaux mouillent à la tête des débris d'un ancien môle qu'on avait bâti sur des écueils qui s'y trouvent. C'était alors un très bon port pour les bâtimens; mais ce môle a été détruit par le temps. Le port ne laisse pas d'être bon pour les barques et les petits vaisseaux qui mouillent à sept ou huit brasses d'eau. Ayant relevé de ce port le Monestier, il me restait à l'est $\frac{1}{4}$ sud-est, à cinq lieues au large. La campagne de Suse est très belle, située le long du coteau où la ville est bâtie; elle est pleine d'oliviers, de dattiers et de quelques autres arbres fruitiers. On n'y voit point de rivière, mais il y a beaucoup de puits dont on se sert pour arroser les jardins; elle est toute garnie de mauvaises tours carrées, à deux étages, qui servent de maisons de campagne aux habitans et qui ne laissent pas de donner un fort beau point de vue. Du haut de ce coteau, on découvre plusieurs petits villages dans les terres, qui sont gouvernés par le caïd de Suse qui a soin d'exiger le tribut de vingt-deux villages qui dépendent de lui.

Le treize juin, étant à Suse, je reçus une lettre du chaya ou lieutenant-général du royaume, portant ordre au caïd de Suse de me permettre d'aller où bon me semblerait. Je fus le saluer à un village où il était pour retirer le tribut : il me donna deux spahis ou cavaliers pour ma sûreté. Nous fîmes ensuite route au midi et fûmes dîner à Gimel, village à cinq lieues de Suse. Je passai par les ruines de quelques palais où il reste encore des débris de colonnes de marbre.

De Gimel et des villages de cette côte.

Gimel[1], de même que tous les villages situés sur cette côte et dans les terres qui y répondent, sont de très mauvais endroits. Les maisons n'ont que dix ou douze pieds de haut,

---

[1] Ojammel. (L.′ 1833.)

bâties de terre et de fiente de chameau, les habitans y sont très misérables.

Toute cette côte, jusques à quinze ou vingt lieues dans les terres, autant que nous pûmes découvrir, est remplie de plaines à perte de vue, séparées par des coteaux et coupées par des bosquets d'oliviers. On n'y trouve ni sources ni rivières; on n'y boit que de l'eau des puits que l'on a creusés. Cela dure tout le long de la côte, depuis le cap Bon jusques aux Gerbi, qui est la fin du royaume, l'espace de quatre-vingts ou cent lieues. Ce terrain, fort bon par lui-même, devient dans l'été une terre brûlante et aride, desséchée par les ardeurs du soleil, sur laquelle il ne paraît point de plantes si ce n'est quelques gramens, et des herbes aromatiques que les moutons broutent comme du foin.

L'après-dînée, nous continuâmes notre route au midi: nous nous trouvâmes sur un coteau, à trois lieues de Gimel, d'où nous découvrîmes deux étangs. L'un était à l'est, à quatre lieues de nous, le long du bord de la mer; l'autre à l'ouest, à trois lieues d'où nous étions et à huit lieues de la mer. Ce dernier, assez considérable, peut avoir sept ou huit lieues de circuit, produit par les égoûts des eaux des pluies qui, desséchant dans l'été, donne une grande quantité de sel très blanc. Ces lacs sont par le travers de l'Africa ou du Thysdrus[1] des anciens : ainsi l'étang que M. Delisle met près de la ville de Suse est plus au midi qu'il ne le marque dans sa carte.

De là nous fûmes coucher à Augen.

De l'amphithéâtre d'Augen.

Augen[2] est un mauvais village situé à la côte du levant de ce royaume, à trois grandes journées de Tunis, à douze lieues au midi de Suse, à sept lieues à l'ouest de la mer, et à six lieues au sud-ouest d'Africa, nommée par les Turcs Media, qui répond au Thysdrus des anciens. Nous couchâmes dans un *fondou*, où maison où les passans logent. On nous y apporta des œufs et ce qu'ils pouvaient avoir que nous acceptâmes par bienséance.

Le quatorzième juin, dès qu'il fit jour, je fus pour voir et prendre les dimensions de l'am-

---

[1] Synonymie inexacte. Le Thysdrus des anciens est à El-Jemme.

[2] El-Jemme. (L.)

phitéâtre posé sur le haut d'un coteau, dans une espèce de plaine un peu élevée. C'est un grand corps de bâtiment dont l'ovale, en dehors, est si doux qu'il paraît rond. Sa circonférence est de treize cents pieds ou deux cents soixante pas géométriques; sa hauteur de cent vingt pieds.

Trois rangs de portiques se présentent et font la façade et le tour de ce bâtiment. Il y a cent quatre-vingts portiques, soixante à chaque rang, entre chacun desquels sort un pilastre ou demi-colonne d'ordre corinthien. Ces pilastres sont surmontés de leurs chapiteaux et soutiennent la frise et la corniche du même ordre, qui règnent tout autour. L'ouverture des portiques du rez-de-chaussée est de douze pieds; la voûte cintrée en rond. Le diamètre des pilastres est de deux pieds et demi, sur vingt-cinq pieds de long, et cinq pour la corniche et la frise font trente pieds qu'a le premier rang, le second vingt-huit, le troisième vingt-cinq; le quatrième a vingt pieds de haut, le pilastre du même ordre; mais au lieu de portiques il y a des fenêtres carrées.

Quoique cet édifice, bâti de pierres de taille d'une médiocre grosseur (les plus grosses n'ayant que cinq pieds de long), soit d'une grande simplicité pour la sculpture (car à peine les feuilles d'acanthe des chapiteaux sont marquées), il ne laisse pas d'être d'une grande beauté et d'un excellent goût pour l'architecture. Il se présente très bien, et donne une grande idée de ses auteurs et de la puissance de ceux à qui il devait servir.

Une place ovale, de soixante-dix pas de long sur quarante de large, au milieu de laquelle il y a un puits, occupe le milieu de cet édifice. Six rangs de voûtes soutenaient les degrés de l'amphithéâtre. Le premier avait douze pieds de large, et soutenait un corridor qui régnait tout autour de l'édifice, éclairé par les portiques de la façade. Un degré remplissait la seconde voûte; la troisième était un corridor; la quatrième un second escalier; la cinquième un troisième corridor, et la sixième soutenait la balustrade. Tous ces corridors donnaient des issues à l'amphithéâtre.

Le premier corridor, en dehors, soutenait trois rangs de voûtes; le second, moins; ainsi successivement. Les voûtes étaient de très bonne maçonnerie; l'épaisseur des voûtes du premier rang avait dix pieds, les autres proportionnelles, et le tout ensemble avait quarante pas communs ou cent vingt pieds de large, soutenant des degrés de deux pieds d'épaisseur sur autant de haut.

L'amphithéâtre avait deux issues, l'une au nord et l'autre au midi, avec de beaux souterrains proportionnés aux voûtes de l'édifice. Voilà quel devait être l'état de ce superbe monument, lorsqu'il était dans son entier et qu'il servait de lice aux combats des gladiateurs ou des bêtes sauvages, ou à donner l'affreux spectacle des hommes dévorés par des lions, des tigres ou par des animaux carnassiers.

Aujourd'hui, les murailles du dehors sont encore en bon état, à la réserve du plus haut rang qui est détruit, et du rez-de-chaussée qui est, en quelques endroits, ruiné et, en d'autres, comblé par la terre qui s'y est ramassée. La porte ou l'entrée du midi est entièrement détruite : il y a même une grande brèche de tout l'édifice qui a vingt-cinq pas de large. L'on avait commencé d'en faire une de même du côté du nord ; mais on n'a détruit que la façade. Ces deux brèches furent faites par ordre de Mahamet-Bey, il y a une trentaine d'années. Les Arabes s'étaient retranchés dans cet édifice ;

il eut beaucoup de peine pour les réduire, et, crainte d'un second retranchement, il fit faire ces brèches. Les degrés de l'amphithéâtre sont tous ruinés de même que la plupart des voûtes. La seule forme et quelques lambeaux qui restent font conjecturer ce qui manque. Il semble que cet édifice ait été fait sur le modèle de l'ancien colysée de Rome. Autour de ce monument antique, on voit diverses ruines qui paraissent avoir appartenu à quelque superbe ville ; on y voit diverses statues de marbre qui marquent l'habileté des ouvriers de ces temps, et qui sont toutes mutilées par les Turcs, qui ne peuvent souffrir aucune figure humaine par un principe de religion.

Les habitans de ce village, qui m'avaient vu prendre les dimensions de cet édifice et écrire en même temps, prirent ombrage de mes démarches, s'assemblèrent autour de moi et commencèrent à murmurer, de sorte qu'il ne me fut pas possible d'examiner à fond les ruines qui sont autour de cet édifice. Je n'ai pu rien découvrir qui m'ait donné des connaissances du temps ni de ceux qui l'ont bâti. On n'y voit rien qui le dénote ; l'on n'y voit qu'une tête de lion et une d'une femme assez grossièrement sculptées sur deux clefs des portiques du premier rang, du côté du couchant. Je partis le même jour quatorze juin, d'Augen et fus coucher à Gimel et le lendemain à Suse.

Le 17 juin, nous partîmes de Suse pour venir à Tunis; nous fûmes dîner à Ergula[1], mauvais village à cinq lieues de Suse. Après dîner, nous entrâmes dans une plaine qui a huit lieues de long sur quatre ou cinq de large. Elle commence le long de la mer et finit par des coteaux du côté de la terre. Cette plaine est noyée, dans l'hiver, par les eaux des pluies. Des restes de vieilles murailles très épaisses subsistent encore le long de cette plaine, sur le bord de la mer; elles paraissent avoir servi à quelques châteaux ou maisons fortes, j'en comptai cinq posées à une lieue de distance l'une de l'autre. Attenant la plus éloignée de Suse, on voit une tour d'une bâtisse moins ancienne que celle des fondemens (elle subsiste encore dans son entier), sous laquelle il y a un tombeau avec une inscription latine que je ne pus copier à cause qu'il était nuit. Nous campâmes près de

[1] Herklah.

cette tour au bord du puits qui est le long du chemin, à deux lieues de la ville la Mahomete[1] qui répondait au Neapolis ou au Pulput des anciens. Cette ville est petite, sise sur une colline, le long de la mer sans aucun mouillage assuré ; la campagne est assez belle, et la ville paraît riante.

La nuit nous partîmes et traversâmes le bois de la Mahomete, qui a quatre à cinq lieues de travers sur une largeur très considérable, car il se perd dans les montagnes des Zawans et de la Emmelif[2]. Ce bois, à l'endroit où nous le traversâmes, n'était composé que de tamariscs, de genévriers et d'autres arbrisseaux ; il est, dit-on, rempli de lions, de tigres qui restent du côté des montagnes.

Nous continuâmes de passer par des pays plats et, après avoir traversé ce bois, nous découvrîmes des ruines d'une ville qui répondraient à Tuburbo, mais qui ne donnent aucune idée d'une défunte grandeur. Nous nous trouvâmes là dans une magnifique plaine, qui

---

[1] Hammamet.
[2] Hammam-Lynph. (Sm. L. 1829.) — Hammam-El-Enf. (L. 1833.)

va d'une mer à l'autre, s'étend depuis les montagnes du cap Bon, jusques à celles de la Emmelif. Elle contient plusieurs villages, entre autres la Colombaire et Soliman. La Colombaire est un petit village autour duquel il y a de très beaux vergers d'oliviers, tirés au cordeau et très bien peignés. On ne peut pas voir une plus agréable campagne. Soliman est un autre village situé sur la baie de la Goulette; il a été habité par des Maures andaloux qui conservent encore la langue espagnole.

On ne voit point de montagnes dans cet isthme de terre, depuis le cap Bon jusques près de Tunis; ainsi je ne sais pourquoi M. Delisle y a placé le *mons Aspidis* qui ne peut être que la montagne qu'on appelle aujourd'hui les Zawans [1].

A midi nous passâmes devant la Emmelif, où il y a des bains d'eau chaude très salutaires. Je fus dîner à un très beau jardin où je trouvai M. le consul, qui y était venu pour prendre les bains de la Emmelif. Cette source d'eau chaude sort du pied d'une montagne qui est le com-

---

[1] Le *mons Aspidis* était à l'extrémité de la péninsule du cap Bon, près de Kalibia.

mencement d'une chaîne qui s'étend le long et au sud de ce royaume. On aperçoit de Tunis, trois monts considérables; le premier est celui de la Emmelif, le second est la montagne de Plomb, où il y a une mine de plomb qu'on ne travaille point, et le troisième est appelé la montagne des Zawans. Elle est très haute, à 10 lieues au sud de Tunis; nous la découvrîmes lorsque nous étions à Augen. Il y a, à cette montagne, de très belles sources d'eau et des bains d'eau chaude. Ce soir, nous traversâmes des belles plaines où il y a plusieurs jardins très mal ordonnés, remplis d'arbres fruitiers et d'herbes potagères, qu'on arrose avec l'eau des puits. Nous arrivâmes à Tunis qui est éloignée de 4 lieues de la Emmelif et de 24 lieues de Suse.

J'ai l'honneur d'être, etc.

PEYSSONNEL.

LETTRE TROISIÈME.

A Monsieur l'abbé Bignon, Conseiller-d'État, contenant diverses relations sur divers sujets, et principalement sur le pays pétrifié qui se trouve dans le royaume de Tripoli, en Barbarie.

Tunis, ce 24 juin 1724.

Monsieur,

Je n'aurais jamais entrepris de vous envoyer des éclaircissemens sur ce pays de Barbarie, persuadé que rien ne vous est nouveau, si vous ne me l'aviez ordonné. Le journal de mon voyage et mes observations depuis Paris jusques à Tunis font le sujet de la première lettre que j'ai eu l'honneur de vous écrire, le journal, les observations géographiques et la description des lieux que j'ai vus dans le royaume de Tunis, font le sujet de la seconde. Elles contiennent des faits assurés, mais celle-ci va être remplie de rapports. Ce sera toujours un *on m'a dit* qui sera la caution de ce que j'avancerai, et si la cour ne veut pas croire ce *on m'a dit* que je rapporte, je suis en état d'aller moi-même sur les lieux m'informer de la vérité; elle n'a qu'à me l'ordonner précisément et efficacement; je ferai de mon mieux pour remplir cette commission. Quoique je sois dans un pays où règne l'ignorance, on ne laisse pas d'y trouver des gens qui vous donnent quelques lumières et l'on trouve des amateurs des belles-lettres. Vous aurez, monsieur, peut-être peine à le croire, on y trouve des Mécénas, des Agrippa, des Bignons. Le kazanadar[1] de ce royaume est le Mécénas dont je parle. Cet homme, plein de bon sens, a beaucoup d'amour pour les belles-lettres, et son mérite l'ayant rendu le premier ministre et le principal conseil du bey, il soutient la littérature dans ce pays autant qu'il le peut. Il fait entretenir par le bey quatre-vingts écrivains qui, non-seulement sont occupés à transcrire les livres de la loi, mais encore copient et forment les histoires des pays qu'ils connaissent. M'ayant

---

[1] Ou kaznadji, trésorier, ministre des finances.

fait appeler pour voir une plaie qu'il avait à l'épine du dos par suite d'un anthrax très considérable, il m'assura qu'il faisait travailler à une histoire fort juste, qui comprendrait le règne de tous les beys de ce royaume et les principaux évènemens arrivés depuis que Selim, empereur ottoman, en fit la conquête. Un semblable manuscrit ne me serait pas échappé si j'avais eu le moyen et le temps de l'acquérir, le faire copier et traduire. On pourrait encore tirer plusieurs mémoires et manuscrits qui seraient très utiles à l'histoire; peut-être en trouverait-on pour la médecine, quoiqu'elle soit ignorée dans ce pays.

Outre les monumens antiques qui sont où était l'ancienne Carthage, que j'aurai l'honneur de vous décrire, il subsiste encore un ancien édifice ou amphithéâtre à Augen[1], à trois journées de Tunis, du côté du golfe de Tripoli; voici ce qu'on m'en a rapporté. C'est un amphithéâtre, m'a-t-on dit, qui a trois cents pas de circonférence, avec plus de deux cents portiques, entre lesquels il y a des colonnes

---

[1] El-Jemme. Peyssonnel a déja décrit cet amphithéâtre *de visu* dans la deuxième lettre. *V.* p. 37 et suiv.

d'un grand goût pour l'architecture. Cet édifice a plus de cent pieds d'élévation; on y trouve plusieurs statues mutilées et d'autres enterrées tout entières. Près de là on aperçoit de très belles colonnes de marbre et les débris d'une ancienne ville où l'on découvre quantité de médailles antiques.

Au rapport de quelques esclaves du bey, il y a de très beaux restes d'antiquités à trois journées de Constantine, sur les confins de ce royaume; mais pour faire ces voyages, il faut des fonds considérables. Voici, à ce sujet, ce qui m'a été rapporté par le docteur Mendoze, juif, médecin du bey. Il dit qu'ayant suivi le bey au camp d'hiver l'année 1722, ils furent bien plus avant dans les terres que de coutume. Entre deux villes ruinées, dont une est à huit journées de Tunis et à peu près à la même distance de Tabisa, ville dans le royaume d'Alger, près le désert de Sahara, on trouve une ville entourée d'un lac formé par une rivière assez considérable. Cette ville, dont on ignore le nom, possède beaucoup de statues et une foule d'autres choses merveilleuses. Elle a une porte très somptueuse, et quatre tours sur lesquelles sont gravées, en caractères romains, les inscriptions suivantes :

Inscription tracée sur une des tours :

. . . .
LEG. III. AVGVST. LEG. XVI. LEG. IIII LEG. III APOLLINARIS LEG. II ADIVTRICIS CONSECVTVS OB VIRTVTEM IN EXPEDITIONEM PARTHICAM CORONAM MVRALEM VELAREM TORQVES ET PHALERAS... AGIT IN DIEM OPERIS PERFECTI LXXX....

Au revers de la même tour :

. . . .
SIBI ET CLAVDIAE MARTIAE CAPITOLINAE CONIVGI CHARISSIMAE QUAE AGIT IN DIEM OPERIS PERFECTI ANNOS LXIV. ET MARCO PETRONIO FORTVNATO FILIO MILITAVIT ANNOS VI. LEG. XVIII PRIMO GENITO LEG. II AVG. VIXIT ANNOS XXXV. CVI FORTUNATVS ET MARTIA PARENTES CHARISSIMO MEMORIAM FECERVNT.... COLONIA SIMPLICIBVS QUONIAM FELIX CIVIBVS SPARTHAM DIRIPVERE ROMANORVM HAEC POSSESSA FVERE.

Sur une autre tour on lit cette inscription :

FLAVIVS SECVNDVS FILIVS EPAMINONDAE FLA-

VIAE VXORI REGINAE SPARTHAE SORORI EMILIANI
FILIAE POSVIT HIC VXORI PRIMO FLAMINI PRAE-
SIDENTIS IVSSV RECONDITAE KALEND..... IDVS IX
MENSE AVGVSTO FLAVIVS EPAMINONDAE SECVNDVS
IVRISCONSVLTVS AD PERPETVAM REI MEMORIAM
ANNO LX. REGINA VERIA BIENNIO XXXV. AGESILAO
SECVNDO COLLOCATA FVIT IN MATRIMONIO ABSO-
LVTE LIBERAM POSVIT HIC TER STATVAM VXOR PIA
VIXIT ANNOS..... L. A. V. MAXIMILIANO II ET HE-
REDIBVS HIC FVERE.

Je ne saurais, monsieur, passer sous silence ce que je viens d'apprendre de deux Français et de quelques Turcs qui ont été dans le golfe de Tripoli en Barbarie. On m'a d'abord assuré que la côte de Tripoli était pleine d'anciens débris des fameuses villes qui y étaient situées, qu'à Derné[1] et à Bergasi[2] on trouvait quantité de médailles, de pierres gravées et d'autres antiquités. Mais voici le rapport des Turcs revenus du royaume du Faizan. A huit journées de Bergasi, du côté du sud, on rencontre un pays uniquement composé de sable grossier et dans lequel on ne trouve rien pour subsis-

[1] Dern (carte de d'Anville).
[2] Bernic ou Ben-gazi (*Ibid.*).

ter, pas même de l'eau. Ce pays est rempli de dattiers et d'oliviers pétrifiés. Les arbres, les animaux et les hommes mêmes ont été convertis en pierres. Il faut que ce prodige soit arrivé en peu de temps puisque les dattes et les hommes ne sont ni vides ni desséchés, mais conservés avec leurs incarnations [1].

[1] Voici comment le docteur Shaw exprime son opinion sur le prétendu pays pétrifié :

« Les sables mouvans qui sont dans le voisinage de « Ras Sem, dans le royaume de Barca, couvrent « beaucoup de palmiers, d'hérissons de mer et d'autres « pétrifications que l'on y trouve communément sans « cela. *Ras Sem* signifie *la Tête de poisson* et est ce « que l'on appelle *le Village pétrifié*, où l'on pré- « tend qu'on trouve des hommes, des femmes et des « enfans en diverses postures et attitudes qui, avec « leur bétail, leurs alimens et leurs meubles, ont été « convertis en pierre. Mais à la réserve de ces sortes « de monumens du déluge dont il est ici question et « qui ne sont pas particuliers à cet endroit, tout « ce qu'on en dit, sont de vains contes et fable toute « pure, ainsi que je l'ai appris, non-seulement par « M. Le Maire qui, dans le temps qu'il était consul à « Tripoli, y envoya plusieurs personnes pour en « prendre connaissance, mais aussi par des gens gra- « ves et de beaucoup d'esprit qui ont été eux-mêmes « sur les lieux. » (Tom. II, p. 84, not. tr. fr.) Il est à

Le janissaire du fondou, ou maison consulaire de Tunis, avait accompagné Ali, bey de Tripoli, qui fut dans le pays pétrifié. Il m'a rapporté qu'à quinze journées de Derné, y a un pays appelé *Cyra* : ce pays renferme trois villages situés sur des collines. Le premier est actuellement habité par des noirs; il est bâti sur le haut d'une colline dont la base donne naissance à une source d'eau chaude très considérable, avec laquelle on arrose et l'on inonde même le pays, de sorte que ce lieu reste isolé. A une portée de canon de ce lieu, on trouve, sur une autre montagne moins élevée, une ville dans laquelle tout a été changé en pierre. Toutes les maisons, qui sont petites, sont dans leur entier. On trouve dedans les meubles, les hardes pétrifiées; les hommes, qui semblent dormir, sont des statues naturelles. Les Turcs disent que c'étaient des chrétiens blancs qui habitaient cette ville, mais que Dieu, pour les

regretter que Peyssonnel n'ait pas visité ce pays. Sa véracité et la minutieuse exactitude de ses descriptions nous sont de sûrs garans qu'il ne se serait pas laissé égarer par des idées préconçues et que nous saurions aujourd'hui à quoi nous en tenir sur ces prétendues pétrifications.

punir, les pétrifia tous et tout ce qui leur appartenait, arbres et plantes. La troisième montagne renferme un volcan. On y voit une grande fosse d'où il sort du feu et de la fumée, et l'on peut même s'approcher des bords. Ils prétendent qu'il y a là dedans de l'or et de l'argent que le diable garde. Ce lieu est situé entre Derné et Ongéla, à quinze journées de l'un et de l'autre. On ne peut y aller que dans le mois d'octobre et de novembre, parce qu'on trouve alors des caravanes qui y vont chercher les dattes fort abondantes dans ce pays. On pourrait éclaircir la vérité de tous ces faits en suivant ces caravanes.

Jugez, monsieur, quel plaisir et quel avantage on retirerait d'être éclairci sur des phénomènes aussi considérables et aussi particuliers, d'en savoir le *quomodo* et le *quando*, de rapporter de ces statues naturelles. Quelle en serait la beauté et la curiosité! Ce serait une belle entreprise d'essayer de sauver les débris de ces précieux monumens des Romains ou autres peuples qui ont possédé ce pays.

Si la cour le juge à propos, je me porterai dans ce pays pour exécuter les ordres qu'elle me prescrira. J'espère, monsieur, que vous voudrez bien m'honorer de vos nouvelles et de vos ordres ; je les attends à la Calle ou à Alger. Je compte y arriver au mois d'août ou de septembre. Ce serait la saison favorable pour aller à Tripoli ; j'y arriverais en octobre ou en novembre pour suivre les caravanes.

J'ai l'honneur d'être, etc.

PEYSSONNEL, doct. méd.

LETTRE QUATRIÈME.

A Monsieur l'abbé Bignon, Conseiller-d'État, contenant le gouvernement et l'état présent du royaume de Tunis, l'habillement, la manière de vivre, le commerce, le génie et les mœurs des habitans.

Tunis, le 20 juillet 1724.

Monsieur,

Après avoir été informé de tout ce que j'ai vu dans ce pays, après avoir lu la description des villes où j'ai été, je crois que vous serez bien aise de connaître le gouvernement, l'état présent de ce royaume, l'habillement, la manière de vivre, le génie, les mœurs des habitans; je vais traiter successivement tous ces articles.

Après que Soliman, empereur ottoman, eut conquis le royaume de Tunis, il laissa subsister le dey, roi du pays, mais changea la forme du gouvernement. Il y mit un pacha qui en était comme le vice-roi pour le grand seigneur, prescrivant au dey les ordres de la Porte. Ce pacha occupait les places les plus considérables avec les janissaires que la Porte Ottomane y envoyait.

Outre le dey, suivant la coutume du pays, il y avait un bey ou général des troupes, qui restait toujours à la campagne pour exiger les tributs ou kharadj des villages et de tout le royaume, et qui rendait compte au dey de sa conduite.

Le pacha, conjointement avec le divan composé des bolouk bachis ou conseillers d'état, élisait le dey et rendait la justice au peuple. Voilà quel était autrefois le gouvernement de ce royaume : tout cela subsiste encore, d'une manière toute différente, quoiqu'avec les mêmes apparences.

Le bey qui, comme nous avons dit, était le lieutenant-général des troupes ou, si vous voulez, le connétable, qui avait soin de tenir soumis les gens de la campagne et de leur faire payer le tribut, gagna insensiblement l'amitié du peuple et, se trouvant avec l'argent et les troupes en état de faire la loi, il s'appropria la suprême autorité. Mais, crainte de s'attirer de fâcheuses affaires avec la Porte, il laissa subsister la forme du gouvernement, se contentant d'avoir toute l'autorité, et laissant au pacha et au dey des titres et des honneurs apparens qui le disculpaient auprès du grand seigneur et qui ne lui portaient aucun préjudice. Ce fut environ l'an 1660 que Mourat-Bey, renégat corse du lieu de Bonifacio, revenant du camp, au lieu d'aller rendre compte de sa conduite au dey suivant l'usage, feignit d'être malade et, le dey ayant été le visiter, il prétendit l'année d'après que cette visite lui était due. Comme il était fin politique, il commença dès lors à diminuer l'autorité du dey et amena insensiblement les choses dans l'état où elles sont aujourd'hui.

Le bey (car ce titre ne signifie que général) est à présent le véritable roi de ce pays monarchique. C'est lui qui commande les villes, la campagne et les troupes, qui donne tous les ordres, qui reçoit tous les honneurs de la royauté, qui rend la justice au peuple et qui a le droit de vie et de mort. Le bey, qui était autrefois nommé par le dey, n'est à présent ni héréditaire, ni électif. Quoique, par une espèce de droit, le plus proche héritier doive succéder, c'est toujours par la force ou par la brigue qu'on monte à ce trône. Ainsi, après la mort du bey, ses fils, ses neveux ou ceux qui ont le plus de crédit, s'emparent de l'autorité et se font élire par le dey et le divan qui cèdent à la force. Le nouveau bey a ordinairement la précaution de faire mourir ceux qui peuvent lui faire ombrage, pour s'affermir sur le trône.

Le dey, qu'on appelle aussi douleti, est la seconde personne de ce royaume. C'est un Turc élu par le divan, mais que le bey nomme indirectement. Quoiqu'il ait le nom de roi, il n'a plus que l'ombre de l'autorité. Sa puissance consiste à présider au divan, à rendre justice aux troupes turques qui restent soumises au bey quoique commandées par le dey et par un aga. Le dey va souvent au Bardou recevoir les ordres du bey et lui rendre compte de sa conduite.

La troisième personne est le pacha qui est un Turc envoyé et nommé par la Porte comme vice-roi du grand seigneur. Ce pacha devrait être le véritable commandant et le vice-roi de ce royaume conquis : il n'en a que le titre et quelques honneurs qu'on lui rend par habitude ; mais il est sans crédit et sans autorité et peu considéré. Comme le bey appréhende qu'il ne reprenne son autorité par le crédit des Turcs, il ne lui permet pas de sortir de chez lui sans son autorisation et lui défend d'avoir aucune communication avec les Turcs qui sont à la solde. Il reste comme prisonnier chez lui, on ne le laisse que pour ne pas irriter la Porte et pour ne pas faire une rupture ouverte, afin qu'en cas de guerre avec les princes chrétiens, on puisse être assuré de la protection du grand seigneur. On se contente de n'être plus tributaire et soumis et on laisse subsister les apparences de tribut et de soumission.

Le divan est le conseil ou les états du royaume ; il est composé du dey, du pacha, d'un aga ou président, et d'un nombre de bolouk bachis ou conseillers turcs. Le divan devrait connaître et décider toutes les affaires de l'état et rendre la suprême justice ; mais le bey s'est tout approprié et n'envoie au divan que la connaissance de ce que bon lui semble et, principalement, toutes les affaires qui regardent les Turcs.

Le chaya vient après. C'est le lieutenant-général du bey ; il assiste au paiement des troupes et il réside ordinairement dans la ville de Tunis, car le bey, suivant l'ancienne coutume, fait sa résidence au Bardou et ne vient que rarement dans la ville.

Les autres puissances et charges de ce royaume sont les bolouk bachis, officiers du divan et des troupes, le moufty, les secrétaires, les écrivains, le kazanadar, les chiaoux, les cadis ou gens de loi, les agas, les caïds et plusieurs autres emplois qu'il serait trop long de détailler et d'expliquer.

Les agas sont les commandans des troupes, les gouverneurs des places et des citadelles. Les uns sont à vie et les autres commandent à tour de rôle pendant six mois.

Les caïds sont les gouverneurs et commandans des pays ou districts. Les caïds, qui répondent à peu près à nos intendans, quoique gouverneurs et commandans, sont encore des espèces de fermiers généraux. Ils donnent au bey une somme déterminée et ils ont soin de retirer le tribut et les impôts dus par les habitans des lieux où ils commandent.

Les troupes entretenues dans ce pays sont,

en commençant par les moins considérées, les galobeya, espèces d'archers ou gardes de la maréchaussée commandés par les caïds, il y en a environ mille; trois mille zouaves, anciennes troupes des Maures qu'on a conservées; cinq cents madefias ou canoniers et bombardiers; deux mille spahis ou cavaliers dont les uns sont Maures et les autres Turcs, et environ quatre ou cinq mille Turcs entretenus à la paie. Tous ces soldats, principalement les Turcs, n'ont pas, comme chez nous, des paies égales; mais ils commencent par avoir quatre aspres par jour ou quatre sols, et leur paie augmente ensuite jusqu'à trente. Ces augmentations arrivent de trois en trois ans, à la mort de chaque bey et à celle de chaque dey ou douleti, et en plusieurs autres rencontres. Quoiqu'ils soient parvenus aux charges ils conservent toujours leur paie de soldat; les enfans même du bey sont à la paie comme soldats.

Le bey entretient à Porto-Farina trois vaisseaux de guerre de quarante à cinquante pièces de canons, commandés par des raïs ou capitaines. Il y a des détachemens de Turcs commandés pour monter sur les vaisseaux, et d'autres pour suivre le bey lorsqu'il va exiger le tribut. Les équipages de ces vaisseaux sont composés de Turcs et d'esclaves qu'on occupe à la manœuvre; il y a outre cela plusieurs galiotes et barques appartenant à des particuliers qui, étant armés en course, vont faire parfois des prises et des esclaves sur les côtes d'Italie; mais toutes ces prises sont de peu de conséquence.

Le bey sort deux fois l'année pour aller à la campagne exiger le tribu ou le kharadj, il est accompagné par des détachemens de janissaires et de spahis. Ces troupes marchent une journée avant lui et il vient ensuite escorté par sa maison. La campagne d'été se fait dans le mois de juillet, après la récolte du blé. Il va à Bège, du côté du couchant de ce royaume, vers celui d'Alger, et reste environ quarante jours dehors. Celle d'hiver se fait dans le mois de novembre, du côté du sud, vers le royaume de Tripoli, après la récolte de l'huile et des dattes. Celle-ci est beaucoup plus longue que celle d'été. Les habitans ne paieraient aucun tribut, si le bey n'allait l'exiger par force; il campe, et il envoie des détachemens de tout côté pour exiger les droits dus qui peuvent monter à [1]....

L'argent que le bey tire et exige était, suivant l'ancienne coutume, porté au pacha qui l'employait à la paie des troupes et des officiers, paie qui se monte à environ six cent mille piastres par an. Le dey, le bey et le pacha recevaient leur paie comme officiers. Cette coutume subsiste encore quoique le bey soit le maître de tout l'argent. C'est chez le pacha que la paie se fait tous les deux mois. Le bey y reçoit la sienne qui est d'un sequin par jour et qui lui est portée au Bardou dans un mouchoir de soie. La plus forte paie des officiers et même des principaux agas n'est que de trente aspres ou environ trente sous par jour, valeur intrinsèque, et environ quarante-cinq sous sur le pied des monnaies d'aujourd'hui.

La justice est rendue ici dans divers tribu-

---

[1] Il y a ici une lacune. Desfontaines dit qu'il n'a pu se procurer des renseignemens précis sur les revenus de la régence. La plupart des personnes qu'il a consultées les ont estimés à dix ou douze millions, quelques-unes les ont fait monter à vingt millions.

naux, les procès n'y sont pas si longs qu'en France. Les parties y plaident elles-mêmes leurs causes; on n'y connaît ni avocats, ni procureurs. Le bey, au Bardou, assis sur un sopha dans une grande salle, accompagné des chiaoux et des écrivains, connaît toutes les affaires particulières, disputes, querelles, meurtres, dettes et autres, et fait exécuter sur-le-champ les arrêts qu'il prononce. Lorsqu'il va à la campagne il rend de même justice sur tous les cas qui se présentent et qu'on laisse à décider pour l'époque de sa venue, si les particuliers n'ont pas les moyens d'aller à Tunis les faire juger.

Le dey, le pacha et le divan instruisent et finissent de même les affaires des Turcs, et il y a des cadis, gens de loi et juges, qui connaissent des affaires où il y a des écritures, contrats, obligations et autres pièces de cette nature : elles leur sont toutes renvoyées. Ces cadis ou juges vont, tous les jeudis, au Bardou rendre compte au bey des principales affaires et lui faire part de leurs décisions.

La plupart des emplois de ce royaume sont occupés par les Turcs et par les renégats qui sont regardés comme Turcs. On entend par ce mot de *Turc*, non tous ceux qui suivent la religion de Mahomet, mais les personnes qui, envoyées autrefois par le grand seigneur, ou bien demandées par le bey pour occuper les emplois militaires et être soldats, ou bien enfin attirées par le négoce, se sont établies dans le royaume de Tunis. On les distingue des naturels de ce pays qu'on appelle *Maures* qui ne peuvent occuper aucun emploi. Hassem ben-Aly-Bey, qui règne aujourd'hui depuis vingt ans dans une grande tranquillité, est un fin et habile politique. S'étant aperçu que l'autorité des Turcs était trop grande et qu'elle avait été cause de la mort de ses prédécesseurs qu'on avait presque tous assassinés, il a eu grand soin qu'il n'en vînt aucun de nouveau et a fait périr ceux qui pouvaient lui faire ombrage; il a conservé ceux de qui il n'avait rien à craindre et a donné presque tous les emplois principaux à des renégats; il a, par cette politique, affermi son autorité et son règne est fort tranquille.

On peut ranger tous les habitans de ce royaume en trois classes, les Turcs forment le premier rang : ils y sont nécessaires pour tenir en crainte et subjuguer les Maures, surtout ceux de la campagne. Parmi les Maures, les principaux habitans, bourgeois, marchands et autres forment le second état, et les Bédouins ou paysans de la campagne sont ceux qu'on peut comprendre sous la troisième classe. Ces trois états ont des habillemens différens, et des manières de vivre également différentes. J'aurai l'honneur de vous entretenir une autre fois des Arabes bédouins qui campent du côté de l'ouest de ce royaume.

Quant à la religion, elle est la même pour tous, ils suivent la loi de Mahomet. Je n'ai rien à ajouter ni à diminuer à ce qu'en dit M. de Tournefort, dans la quatorzième lettre de ses voyages du Levant.

Les personnes que nous avons dit composer le premier rang, Turcs ou renégats, et tous ceux qui possèdent des emplois militaires et autres dans le royaume, toutes ces personnes, dis-je, tant hommes que femmes, ont l'habillement et la coiffure qui sont en usage dans le Levant. Ainsi, je n'ai rien à ajouter à tout ce qui se trouve écrit sur cet article dans les relations du Levant.

Les personnes aisées qui composent la seconde classe, marchands et bourgeois, et principaux habitans, sont vêtus avec des caleçons, une chemise à grandes manches, une tunique de laine sans manches, une cape ou bernous fait d'une pièce avec un capuchon de même que les capes de nos bergers. Ces bernous sont de laine et la plupart blancs.

Les bédouins et Arabes paysans de la campagne qui composent la troisième classe sont la plupart nus, n'ayant qu'une pièce de laine comme serait une pièce de toile sortant des mains du tisserand. Leurs bernous ont dix pieds ou quatre aunes de long. Ils en attachent un bout au col et sous le bras gauche, ils le font descendre jusques aux pieds, le font remonter sur la tête en le faisant passer du côté droit, et le font enfin retomber sous le bras gauche. Les femmes ont quelquefois une chemise de toile; bien souvent elles n'ont qu'une tunique de laine, la moitié rouge l'autre moitié bleue et un bernous qu'on appelle *sufficieli*, mis presque de la même manière que nous venons de le dire. Elles ont de plus quantité d'anneaux aux bras, aux pieds, aux oreilles et à la tête. Ces anneaux sont d'or, d'argent, de métal ou de verre, suivant leurs moyens. Elles ont aussi des colliers de verre, ou de graines enfilées de corail ou de métal.

Les meubles suivent les trois classes. Les gens de la première classe ont des sophas garnis d'une natte, d'un matelas, de tapis et de carreaux, et se servent des meubles ordinaires aux Turcs du Levant. Ceux de la seconde classe possèdent des meubles suivant leurs moyens : pour ceux de la troisième, ils n'ont absolument qu'une natte et une peau de mouton qui leur tiennent lieu de meubles, de lit, de chaise, de table, etc. Leur vaisselle consiste en un pot à l'eau qu'on appelle *bardac*, un plat de bois pour détremper la farine, boire son lait, mettre les viandes ou les fruits, de sorte que quatre aunes de toile de laine qu'on appelle bernous, un plat de bois, un bardac, une natte et une peau de mouton sont les meubles, l'habillement, la vaisselle et, bien souvent, tout le vaillant d'un habitant de ce pays qui, avec cela, ne se croit pas pauvre.

On sait que les Turcs vivent d'une manière

très frugale et très simple, qu'ils ne connaissent aucun de nos plaisirs. La bonne chère, le plaisir de boire du vin et des liqueurs, les jeux, les spectacles, les promenades même leurs sont interdits ou défendus; ils n'ont que le plaisir des femmes dont le bas peuple ne peut jouir à cause de sa misère.

Les Turcs vivent ici de même que dans tout le Levant. Le bey même ne fait pas meilleure chère que tous les autres. On lui sert du pilau, du riz, des couscoussous de viande bouillie et coupée par morceaux, quelquefois des volailles rôties ou des brochettes de viande de mouton, quelques viandes hachées, mises en ballottes, cuites sous la cendre et enveloppées avec des feuilles de vigne ou autres, quelques fruits, du pain sans levain, assez blanc, qu'on lui sert coupé par morceaux. On fait quelques mauvaises confitures avec le sucre, le miel et la farine cuite dans la mentèque, qui est le beurre, ou dans l'huile, et ils ne boivent que de l'eau après avoir fini le repas.

Les Maures ne connaissent guère ici le pilau à cause que le riz est trop cher. Ils ne mangent que des couscoussous. Ces couscoussous sont faits avec la *semid* ou la semouille qui est la partie la plus grasse du froment. Ils font cuire ces couscoussous au bain de vapeur et à la vapeur même de leurs pots, dans un plat percé. On les saute après dans la mentèque ou beurre, et on achève de les faire cuire à la même vapeur. On orne le plat avec des morceaux de viande cuite et on les mange fort proprement avec les doigts. Ils en font des ballottes dans leurs mains, avalent la ballotte et secouent leurs mains et ce qui reste dans le plat. Quand on a servi les couscoussous, tous se mettent accroupis autour du plat comme aussi ceux qui arrivent sans être priés ni conviés ; ils avalent ce qu'ils peuvent fort vite se retirent ensuite sans attendre les autres, vont boire de l'eau et font quelques vents par la bouche. Ils avalent si avidement les alimens, tant solides que liquides, qu'ils ne permettent pas à l'air, qui est dans la capacité de l'estomac, de sortir pour faire place aux alimens qu'ils dévorent. L'air se trouve ensuite comprimé et est obligé de sortir avec force et avec bruit par la porte la plus prochaine. Outre les couscoussous, ils mangent encore la basine qui est une farine cuite avec de l'eau, de la mentèque et du miel, qu'ils battent ensemble jusques à une dure consistance. Ils en font des ballottes qu'ils dévorent sans mâcher. Ils mangent quelques poissons, quelques œufs et des melons si mûrs qu'ils sont souvent obligés de se servir de cuillères; ils boivent de l'eau et quelquefois du lait aigre, mais leur chère est si mauvaise et si simple qu'ils ne mangent que pour vivre et pour se soutenir et non par le goût et le plaisir de manger. Leur pain est fait avec la semid ou la semouille qui est la partie grasse du blé. Ils ont soin de séparer le son de la fleur de la farine, à cause qu'il est trop grossier et qu'il rend le pain extrêmement noir; ils ont des moulins à bras pour moudre leur blé. On pétrit cette farine avec de l'eau, et ils font cuire le pain sous la cendre ou dans des fours assez particuliers. Ils ont un grand pot de terre où ils mettent du feu, et quand les parois du pot sont chaudes, ils y appliquent la pâte et le pain cuit ainsi. Ils soupoudrent ce pain ou plutôt cette pâte échauffée avec une certaine graine.

Les bédouins ou les Maures de la campagne, mènent une vie encore plus misérable,

Ils ne mangent guère de couscoussous ; ils vivent de la *bzisa* qui est la farine d'orge dissoute dans l'eau et quelquefois dans du lait fort clair, de sorte qu'ils mangent et boivent en même temps. Cela ressemble au son détrempé que l'on donne aux cochons en Europe. Ils mangent aussi de l'*assida* qui est la même farine dissoute dans de l'eau et un peu d'huile épaissie et mise en ballotte. A peine se servent-ils de quelques œufs et de fruits; enfin, on ne peut mener une vie plus misérable que celle de ces bédouins maures. Elle n'est pas concevable; il faut le voir pour le croire. Dans le pays des dattes, au midi de ce royaume, on voit des vieillards qui n'ont jamais mangé de pain. Ils ne vivent que de dattes et d'eau. Ils mangent, par ragoût, quelques sauterelles qu'ils font bouillir dans de l'eau et du sel. Ainsi qu'on ne s'étonne plus si l'on a vu de saints anachorètes ne se nourrir que de dattes et d'eau par un esprit de pénitence, puisque certains habitans de ce royaume vivent de même, non par vertu ou par nécessité, mais par coutume, étant ainsi élevés dès leur enfance. Il n'est point difficile d'expliquer de quelles sauterelles saint Jean-Baptiste se nourrissait dans le désert, puisque les habitans de ce pays en mangent et s'en nourrissent au milieu de l'abondance du blé et des choses nécessaires à la vie. Ces sauterelles sont jaunâtres, semblables à celles que nous voyons en Europe; je n'en ai point mangé, mais l'on m'a assuré que c'était un fort mauvais ragoût; si j'en trouve l'occasion j'en goûterai.

Les habitans de ce royaume sont d'une taille entre la moyenne et l'avantageuse. La couleur de leur peau ou le sang du pays est différent suivant les trois états que nous avons établis. Le premier rang a le sang assez beau et blanc. Comme les enfans sont issus de Turcs et de renégats, de Turques ou d'esclaves chrétiennes, leur sang est assez beau. Le second rang est assez basané a cause du mélange qui se fait des naturels maures avec les esclaves chrétiennes. Le troisième tient un milieu entre le blanc et le noir; le mélange de sang blanc, noir, mulâtre et autres espèces, et les ardeurs du soleil, rendent les gens de cette classe plus noirs que des mulâtres quoiqu'ils ne le soient pas précisément. On peut dire qu'ils sont d'un brun foncé approchant de la couleur de café.

Le royaume de Tunis est assez peuplé. Mais quoique la pluralité des femmes, permise dans ce pays, semblât lui promettre une postérité sans nombre, il n'est pas aussi peuplé qu'il devrait l'être. La raison de cela est premièrement, qu'il y a quantité de femmes inutiles; telles sont les esclaves blanches et noires : car un seigneur qui aura, par exemple, cent femmes à son service, légitimes, concubines ou esclaves, n'habitera qu'avec peu d'elles et n'aura des enfans que de quelques-unes. Secondement, les femmes concubines, et même les légitimes, se font avorter pour n'avoir pas un trop grand nombre d'enfans que le mari ne pourrait nourrir, et il n'y a point de pays où les hommes tâchent d'être plus lubriques et les femmes plus stériles par artifice, et où les avortemens soient plus fréquens. Outre les remèdes dont elles se servent pour se faire avorter et que l'on vend publiquement, elles introduisent dans leurs vagins et dans la matrice une plume de poule, vont déchirer les membranes du chorion de l'amnios qui enveloppent l'enfant, et se procurent ainsi l'avortement à quelque temps quelles soient de leur grossesse. Troisièmement, la peste contribue aussi à le dépeupler, peut-être est-elle la punition de Dieu pour les horribles crimes qu'ils commettent, soit par ces avortemens, soit par la sodomie à laquelle ils sont très portés. On sait que c'est un crime commun et ordinaire parmi les Turcs dans tout le Levant.

Le commerce de ce pays consiste en deux principaux articles : premièrement, à tout ce qui sert aux fabriques de bonnets rouges que les Turcs mettent sous leurs turbans, à la sortie de ces bonnets très beaux et très estimés qui se répandent dans tout le Levant : le second article est la sortie des denrées de ce pays consistant en huile, blé, laines, cuirs, cires, éponges et dattes.

Pour l'entretien des fabriques de bonnets, on tire d'Europe environ huit cents balles de laine de Ségovie, première, seconde et troisième sorte, que l'on travaille; environ dix caisses de cochenille, quatre cents quintaux de vermillon de Portugal, de Provence ou d'Espagne; six cents quintaux d'alun, deux cents quintaux de bois de campêche, autant de brésillet et de garance, six cents quintaux de tartre rouge. Tout cela sert à la teinture des bonnets dont on fait environ quarante mille douzaines qui occupent plus de quinze mille personnes.

On tire, outre cela, pour l'usage du pays, du sucre et cassonade assortis, du poivre, des épiceries, du papier, des draps de Londres première et seconde qualité, des londrines, du drap de Carcassonne, du benjoin, du camphre, du miel, du vif argent, de l'arsenic, du sublimé, de l'étain en lingots, du fil de fer, du coton, du corail pour des colliers, des coûteries rassades et verres de Venise pour des colliers, et autres marchandises qui viennent en partie à l'adresse des marchands français, et en partie à l'adresse des marchands juifs. Les marchands français, qui peuvent être au nombre de douze, sont logés dans un fondou ou grande maison comme serait un cloître de religieux. Ils y ont chacun leurs appartemens particuliers. Ils sont sous la protection de leur roi, qui y fait résider un consul pour tenir la main à l'exécution des traités de paix, et pour maintenir le bon ordre parmi les marchands. Il y a encore un chancelier, qui est le secrétaire de la nation, et le notaire par-devant qui tous les contrats se passent. Ils sort de ce pays environ quatre mille balles de laine qui font vingt mille quintaux, trente mille cuirs salés en poils, cinq cents quintaux de cire jaune, quatre cents d'éponges et huit cents de dattes. On pourrait tirer quarante mille milleroles d'huile, qui feraient cinquante ou soixante mille quintaux, presqu'aussi bonne que celle de la rivière de Gênes, si la sortie en était permise; mais le bey ne veut pas l'accorder pour obliger les Turcs et les Maures marchands de la porter à Alexandrie, et en retirer du riz, des lins, de la toilerie et quelques autres marchandises nécessaires à ce royaume. L'on paie trois pour cent de droits de douane pour les marchandises qui entrent et qui sortent du royaume. Mais cette douane est fort commode et l'on n'y est pas beaucoup chagriné.

Outre ce commerce, il arrive dans ce pays, toutes les années, plusieurs caravanes. Il en vient une du côté du royaume de Fez, qu'on appelle la caravane des Maugrebins [1]; elle est de plus de cent chameaux; elle apporte du vermillon, des sequins, des *sufficielis* ou

---

[1] Caravane des gens de l'ouest.

bernous espèces de draps qui servent pour voiler les femmes, du cuivre ouvré, etc. Elle remporte des bonnets, de la soie et autres marchandises.

Deux caravanes viennent du royaume du Faizan, apporter des nègres, de la poudre d'or; elles remportent des draps de Carcassonne, des épiceries, du fil de coton, des colliers de corail et de verre et des coûteries de Venise. Il part enfin et il arrive régulièrement deux caravanes de la Mecque, elles emportent des bonnets, du corail ouvré, et apportent les marchandises de la Mecque comme mousselines, café, toilerie fine et autres nécessaires à ce royaume.

Il y a dans la ville de Tunis quelques fabriques de damasquettes, de velours et autres fabriques d'étoffes de soie et de laine du pays pour les toyoles, sufficielis, bernous, etc.

Voilà quel est en gros le commerce de ce pays; il se fait presque tout dans la ville de Tunis que l'on reconnaît être, par ce récit, assez considérable. Les Turcs nolisent et frêtent plus de cent bâtimens français toutes les années, pour porter leurs huiles à

Alexandrie, les nègres et les bonnets dans plusieurs autres ports du Levant et en rapporter les marchandises dont ils peuvent avoir besoin.

Les Turcs et les renégats qui sont, pour ainsi parler, la noblesse du pays, occupent tous les emplois du royaume qui ne peuvent être remplis que par eux. Après que les Turcs eurent conquis ce royaume ils établirent cette loi par une fine politique, afin d'ôter par-là aux Maures les moyens de reprendre l'autorité et de pouvoir se révolter, n'ayant aucun chef titré ni riche à leur tête, et pour les tenir toujours pauvres et soumis. Les Turcs traitaient autrefois les Maures très rudement, c'est de là qu'est venu le proverbe *ils vivent et ils se traitent de Turc à Maure.* Les Turcs d'Afrique, de même que tous ceux du Levant, ont beaucoup de bon sens et de politique, une conduite très régulière, et ne sont occupés qu'à faire leur cour, pour parvenir à des emplois : le seul mérite ou la brigue les donnent ; on a peu d'égards à la naissance. Ceux qui ne sont point dans les charges sont des soldats, ou espèces de janissaires avec des paies assez considérables pour le pays, ils suivent le bey lorsqu'il va à la campagne exiger les droits, le dévancent d'une journée, forcent les Maures à payer le karadj et des détachemens sont commandés pour aller sur les vaisseaux où on les voit assez bons soldats.

Les marchands et principaux habitans maures, sont des gens très attachés à leurs intérêts qu'ils entendent fort bien. On trouve chez eux beaucoup de bonne foi ; la preuve en est que nos marchands vendent, achètent, livrent et reçoivent les marchandises sans autre assurance de leur part que la parole donnée, et l'on n'a pas d'exemples qu'ils aient nié ce qu'ils avaient reçu, ni qu'on ait eu de procès où l'on pût soupçonner la mauvaise foi. La plupart des disputes et des procès viennent par la faute des interprètes qui n'expliquent pas toujours bien les pensées des uns et des autres. Il est surprenant de voir nos marchands livrer sans difficulté pour deux ou trois mille piastres de marchandises à des Maures presque tout nus, n'ayant qu'un bernous qui les couvre, arrivés de la caravane sans être connus de personne, et que jamais ces pauvres en apparence n'aient fait des banqueroutes. Le bey et les caïds sont les principaux marchands de ce royaume. Ils sont forcés de recevoir bien souvent les denrées du pays pour être payés de leurs droits, et ils les vendent ensuite indirectement, ou les remettent à des Maures pour les porter dans le Levant et en rapporter le retrait sans qu'eux-mêmes paraissent ouvertement. Les Turcs, accoutumés à faire de mauvaises querelles aux Maures pour leur faire payer amende, en faisaient bien souvent aux Français : c'est ce qui a donné lieu au proverbe *c'est une avanie mauresque*. Mais cela n'arrive plus aujourd'hui : il n'y a pas de pays où le commerce soit plus libre et plus aisé. Il est vrai qu'on trouve ici, comme partout ailleurs, des coquins, mais le nombre en est beaucoup moindre à proportion.

Quant aux Maures bédouins, ils sont si misérables qu'il est surprenant qu'ils ne soient pas plus fripons ; encore même ne les trouve-t-on fripons que dans les villes où ils se gâtent par la fréquentation des juifs dont le caractère est assez connu. Quoique les Maures soient très fainéans, défaut qu'on dit être la source de tous les vices, ils ne sont ni querelleurs, ni malfaisans. Les chemins sont libres, et s'il y a des risques, c'est plutôt pour les étrangers que pour les gens du pays; on n'entend pas parler de meurtres, ni d'autres crimes horribles qu'on commet en Europe. Autrefois, dit-on, il n'en était pas de même; mais c'était une suite ordinaire des guerres civiles qui déchiraient ce pays. Le bey d'aujourd'hui, nommé Hassem-ben-Aly, ou Hassem fils d'Aly, empêche les meurtres, les vols, et détruit les voleurs et les meurtriers d'une manière fort aisée et par une politique fort subtile. Dès qu'il y a eu un meurtre ou un vol considérable dans un quartier du royaume, il oblige tous les habitans à payer préalablement une forte somme nonobstant la punition du coupable. Ainsi, pour ne pas payer ces *avanies mauresques*, les habitans mettent la paix partout et veillent eux-mêmes sur les voleurs et les vagabonds sans avoir besoin de gardes ni de maréchaussée.

Quoique les Turcs et les Maures soient fort jaloux de leurs femmes, et qu'ils aient grand soin d'empêcher qu'on ne les puisse voir (car c'est un crime ici comme dans tout le Levant de voir le visage d'une femme), il ne laisse pas de s'y passer des intrigues galantes, et la fidélité conjugale ne s'y observe que par force et faute d'occasions. Le bey souffre des femmes publiques : il y a même dans la ville de Tunis un lieutenant de police qu'on appelle *mizoar*, qui tient une liste des femmes de joie qui paient un tribut proportionné à leur beauté et à leur âge, et qui punit sévèrement celles qu'il trouve en faute sans en avoir la permission, où sans être enregistrées. On noie dans la mer les femmes adultères, surtout quand elles sont trouvées en faute avec leurs esclaves ou avec des chrétiens, et l'on force les chrétiens à renier leur foi et à se faire Turcs sans quoi ils les font mourir, si l'on n'accommode promptement l'affaire avec de l'argent, qui est ici, plus que partout ailleurs, un grand mobile.

J'ai l'honneur d'être, etc.

PEYSSONNEL, doct. méd.

LETTRE CINQUIÈME.

A monsieur l'abbé Bignon, conseiller-d'Etat, contenant la suite de la description géographique du royaume de Tunis.

Tunis, le 20 juillet 1724.

Monsieur,

J'ai eu l'honneur de vous envoyer, dans mes précédentes lettres, la description géographique du royaume de Tunis, que j'avais parcouru du côté du levant ou de l'est. Aujourd'hui, ayant pris la route du côté du ponant[1], j'aurai l'avantage de vous décrire ce que j'ai observé; ce sera tout simplement les observations que j'ai faites, denuées de réflexions et de faits historiques.

Nous partîmes, le 11 juillet 1724, de Tunis pour aller à la montagne de Zawan. Nous fîmes route vers le sud-ouest : permettez,

---

[1] Du couchant.

monsieur, que je me serve des termes de marine pour plus de facilité et d'exactitude. Après avoir marché environ trois lieues dans des plaines et sur de petites élévations, nous arrivâmes dans une grande vallée au milieu de laquelle passe la rivière ou plutôt le torrent appelé Ouelt Meliane[1] qui est à sec dans l'été. Cette vallée a environ une lieue de large. Les eaux qui passaient autrefois de Zawan à Carthage, traversaient la vallée dans des aqueducs qui peuvent avoir environ cent vingt pieds d'élévation. Vers le fond de cette vallée, à quelque distance des aqueducs, il y a une maison forte qui paraît avoir été le réservoir des eaux qu'on y conduisait pour arroser la vallée ; après la maison on trouve les ruines d'une ville qui pourrait être Aptunga[2]. Il reste les débris d'une des portes et quelques morceaux de murailles ; sur le chemin on rencontre une source d'eau très bonne que jadis on conduisait jusques à un château dont il reste quelques débris. Nous déjeunâmes à cette

---

[1] Oued Miliana.

[2] Morcelli place dans la Proconsulaire une ville d'Abtuca qu'il conjecture être la même que l'*Oppidum Abutucense* de Pline. (Afr. christ. t. I, p. 77.)

fontaine et passant ensuite par diverses collines, nous arrivâmes, sur les deux heures après midi, au pied de la montagne de Zawan.

Je ne saurais passer sous silence une aventure fâcheuse qui nous arriva. Les Maures, suivant leur coutume, avaient mis le feu aux guérets et le feu avait pris et suivi aux herbes de la montagne, de sorte qu'outre la chaleur du soleil, qui était ce jour là très violente, nous eûmes à souffrir celle d'un petit vent qui passait sur les guérets brûlés, et le feu des montagnes qui nous dardait de tous côtés et qui nous incommodait fort.

De la montagne de Zawan.

La montagne de Zawan est la plus élevée de celles qui paraissent aux environs de Tunis. Elle est située au sud-ouest de cette ville, à environ huit lieues. Au bas de cette montagne, qui est assez escarpée, il y a un village bâti sur un monticule tout environné de plusieurs sources d'eau. Toutes ces sources, dispersées après avoir servi à plusieurs moulins et à la teinture des bonnets qu'on fabrique à Tunis, vont arroser le penchant du monticule et une partie de la plaine [1], et donnent les moyens d'y entretenir de beaux jardins garnis de plusieurs arbres fruitiers, d'herbes potagères, aquatiques et médicinales, et même de plantes particulières que j'observai et dont je ramassai autant qu'il me fut possible.

Ce village a été rebâti par les Maures venus d'Andalousie, sur les ruines d'une ville dont il reste quelques débris, entr'autres une porte d'une fabrique antique : sur cette porte il y a une tête de mouton en bas-relief, et une espèce de couronne de laurier au milieu de laquelle on trouve écrit en caractères romains :

AVXI
LI
O

Dans une maison pavée en mosaïque, on lit en caractères romains faits avec des pierres de diverses couleurs :

---

[1] Ce sont ces eaux qui étaient amenées à Carthage par un aqueduc dont il reste encore des débris. Voy. Shaw, t. I, p. 193. tr. fr. et mes *Recherches sur la topographie de Carthage*, append. IV, par M. Dusgate.

EMILIVS MAVR. FACVN.

FLAMINIA BICIORINA

FECERVNT ET PROFECERVNT.

A deux cents pas de ce village, on voit les débris d'un ancien temple bâti à l'endroit où l'on prenait les eaux destinées pour être conduites à Carthage, ville éloignée de cette montagne d'environ douze lieues en droite ligne. L'aquéduc avait près de seize ou dix-huit lieues de long. Comme ce temple est d'une construction assez particulière, j'espère que vous serez bien aise d'en savoir la figure et les dimensions.

Une façade se présentait qui avait cent douze pieds de large; le milieu en était découvert et ne contenait qu'une terrasse élevée de quinze pieds : une balustrade de soixante pieds la bordait. Au-dessous de la balustrade, il y avait un bassin où les eaux s'assemblaient pour entrer dans le canal de l'aquéduc. Au-dessus du bassin, il y avait trois marches, faites en demi-arc, qui se rencontraient dans le milieu, et de chaque côté était un escalier accompagné d'un terre-plein qui aboutissait aux côtés de la balustrade. La façade était terminée par deux grands portiques qui avaient chacun douze pieds de large, au haut desquels il y avait des bas-reliefs ou des inscriptions qu'on ne trouve plus. Ces portiques, surmontés de leurs inscriptions, pouvaient avoir vingt-cinq pieds d'élévation sur le ras de la balustrade. La terrasse découverte qui remplissait le milieu de l'édifice avait quatre-vingts pieds de large sur quatre-vingt-dix de long; elle s'arrondissait vers le fond et était entourée de vingt-quatre colonnes d'ordre corinthien. On les voit encore dans une mosquée du village. Chaque colonne soutenait une arcade qui avait dix pieds de large, quinze d'élévation jusques à la corniche, et vingt jusques au haut de la voûte. Il y avait donc douze arcades de chaque côté, et une arcade et l'autre non, il y avait une niche pour y placer des divinités[1]. Au fond de l'édifice, il y avait une arcade ou espèce de chapelle un peu plus enfoncée que les autres, où devait être la divinité principale, élevée sur un autel bâti

---

[1] C'est-à-dire que de deux en deux arcades il y avait une niche renfermant une statue, de manière qu'entre deux arcades ayant une niche, il existait une arcade vide.

qui subsiste encore. Cet édifice d'un goût particulier était bâti avec des pierres froides qui sont encore en bon état. Les voûtes, quoique construites en maçonnerie, étaient si solides qu'elles subsistent encore en partie quoique dénuées des colonnes qui les soutenaient. Nous n'avons rien trouvé qui nous ait indiqué ni le temps ni les auteurs de ce monument, du canal et de l'aquéduc qui portaient les eaux à Carthage.

A deux lieues de Zawan, tirant vers l'est-sud-est, il y a des bains chauds appelés de la Emmamelreyra semblables à ceux de la Emmamelif. Cette source d'eau chaude sort entre deux montagnes assez escarpées. On y trouve les débris des maisons où les malades allaient loger et, sur la route, on rencontre les ruines d'une ancienne ville où l'on ne découvre rien qui donne à connaître ce qu'elle était autrefois.

Cette montagne, si fameuse par ses eaux presque les seules qu'il y ait dans le pays, par les débris de plusieurs villes et par la prise d'eau des aquéducs, doit être sans doute le *mons Aspidis* connu des anciens, que M. Delisle place au nord-est de Tunis quoiqu'il soit au sud-ouest. Il se peut que d'Aspidis on ait fait *As-*

pis, *Aupas*, *Awan* et *Zawan*, la corruption du mot est assez probable[1].

Le treize juillet, nous partîmes de Zawan, à deux heures après minuit, faisant route au nord-ouest. Nous suivîmes, pendant près de deux lieues, les aquéducs dans la grande vallée de Zawan. Ils sont là fort bas et en plusieurs endroits enterrés. Nous les quittâmes pour traverser la plaine près du torrent ou rivière Meliane. Nous rencontrâmes des douars, ou campemens des maures bédouins; car dans cette côte on ne trouve presque aucun village ni ville bâtie. Elles sont toutes ambulantes : ce ne sont que tentes, qu'on change de lieu à chaque récolte ou toutes les fois qu'on le trouve bon : on nous conduisit sur les ruines d'une ancienne ville où il ne reste aucun monument debout. On n'y voit que pierres renversées d'un côté et d'autre; fort peu de colonnes. A l'entrée de cette ville qu'on appelle aujourd'hui Hinsir-Cigisa ou ruines de Cigisa[2], il y a un puits où nous vîmes les maures bédouins venir abreuver leurs troupeaux; en

---

[1] Voyez plus haut, p. 44.

[2] L'itinéraire d'Antonin place une ville de Cigisa à 18

parcourant ces ruines, nous découvrîmes les inscriptions suivantes, sur des piédestaux ou des marbres à demi-enterrés.

Inscription trouvée sous les ruines d'un temple :

>PII. IMP. V. COS. P. I[1].
>PROCOS. MVNICIPI
>VM GIVF. DEVOTVM
>NVMINI MAIESTATI
>QVE EIVS D. D. P. P.

A côté du puits, sur une petite élévation :

>AGENTI
>APOLLINI AVG. SACR.
>D. FVNDANIVS PAPPRIMIANVS[2]
>FVNDANI FELICIS AEDILICI. FIL.
>FVNDANI PRIMI. FIL[3].....

milles de Carthage (p. 44, éd. Wessel.); mais les inscriptions suivantes prouvent qu'il s'agit ici de la ville nommé par Shaw *Mesherga* ou *Elmesherka*. (Shaw, t. I, p. 231, tr. fr. Voyez *Museum veron.*, p. 457.)

[1] Le P manque dans Shaw. — PP. (M.)

[2] Paprimianus. (S.) Primianus. (M.)

[3] FL. (S.) Ces deux lettres manquent dans Maffei, ainsi que le P qui commence la ligne suivante.

P. NEPOS[1] AEDILIS OB HO
NOREM AEDILITATES QVE MEI[2]
ORD. SVO[3] SVFFRAGIO DECREVIT
HANC STATVA LIMITA[4]....
....

Sur un piédestal à l'autre extrémité de la ville :

PESCENNIA QVOD VVLT DEVS
H. M. F. BONNIS[5] NATALIBVS
NATA MATRONALITER
NVPTA [6] VXOR CASTA
MATER PIA GENVIT FILI
OS. III ET FILIAS II. VIXIT

[1] Nepotis. (S.)

[2] Met (S.) ædilitatis quem, etc. (M.)

[3] Ordo suus. (S. M.)

[4] Hanc statuam, imitatus patris exemplum, H-S VIII millibus N sua liberalitate, numerata prius a se reipublicæ summa, honorariam posuit, eandemque dedicavit; et ob dedicationem, simul cum Mannio Memiano collega suo, ludos scenicos et gymnasium populo, epulas decurionibus dedit DDD. (S.M.)

[5] Bonis. (M.)

[6] Nuper. (M.)

ANN. XXX. F.[1] VICTORI

NA[2] ANNIS VII. F....

SVNNIVS VIXIT ANNIS

III. F. MARCVS VIXIT ANNIS

II. F. MARCELVS[3] VIXIT.

ANN VI[4]. F................

FORTVNATA VIXIT ANNIS

XIII. MEN. VIII. MARCELLVS

..COS[5] SED ET FILIIS ET

FILIABVS[6]............ ME...

VIVO MEMORIAM FEC[7].

OMNIBVS ESSE PERENNEM[8].

Cette ville est située à dix lieues au sud de Tunis et à quatre de Zawan. De là, faisant route vers le nord, nous traversâmes plusieurs collines et nous arrivâmes sur le haut d'un

---

[1] Cette F manque dans Maffei et dans Shaw, ainsi que toutes celles qui précèdent les autres noms propres.

[2] Vixit. (S. M.)

[3] Marcellus. (S. M.)

[4] Anno I. (S. M.)

[5] Procos.... civ. sed etc. (S. M.)

[6] Nostris. (S. M.)

[7] Feci. (S. M.)

[8] Perennem. (S. M.)

monticule où nous trouvâmes les débris d'une ancienne ville. Il subsiste encore une partie de la façade d'une maison, qui ne contenait que huit petites cellules voûtées dont l'entrée ne paraissait pas. Nous y aperçûmes les débris d'un temple que nous conjecturâmes avoir été considérable, car les colonnes qui le soutenaient avaient plus de trois pieds de diamètre. On y trouve encore plusieurs magasins et des citernes dont les murailles ont quinze pieds d'épaisseur. Cette ville, appelée aujourd'hui Amouraba, est située à l'extrémité de la colline d'où l'on découvre une très belle plaine au nord, et quantité d'autres de toute sorte, car ce pays (je parle des environs de Tunis), à dix ou douze lieues, n'est qu'un composé de très belles plaines, coupées par des coteaux et de petites montagnes couvertes de romarins, de lentisques et de quelques autres plantes. Ce serait un des pays les plus fertiles s'il y avait de l'eau; mais dans tous les endroits où j'ai été jusques à présent, je n'ai encore rencontré que la source de Zawan et la rivière du Megerdas[1] ou de Porto-Farina. Ailleurs

---

[1] Le Mejerdah, autrefois Bagradas.

on y voit quelques puits ou des citernes anciennes auprès desquelles les Bédouins vont ordinairement camper. Le terrain des plaines est gras, noirâtre, nerveux, arrosé et presque noyé par les pluies de l'hiver, sec et plein de crevasses dans l'été.

Nous logeâmes dans une tente d'un douar qui avait planté le piquet auprès d'Amouraba ; nous y fûmes régalés de lait aigre et d'un gâteau fait avec de l'eau et de la farine qu'on détrempa devant nous et qu'on fit cuire sur des briques chauffées avec de la bouze de vache. On servit ce gâteau avec un mélange de miel et de mentèque ou beurre, comme un grand régal. Enfin ces pauvres gens nous firent beaucoup d'honnêtetés à leur manière et ne voulurent après rien recevoir de nous. En parcourant les ruines de cette ville nous trouvâmes, à quelque distance, des inscriptions si maltraitées que nous ne pûmes en déchiffrer aucune. Nous y distinguions quelques lettres romaines que nous ne pouvions lier ensemble. L'après-dînée nous partîmes et, continuant notre route au nord, nous traversâmes la plaine et fûmes coucher à deux lieues de là, dans un autre douar posé sur les ruines d'une ville. Mais toutes ces villes sont si ruinées que la charrue passe partout; on n'y voit aucun reste de monument. Nous fûmes régalés dans une de ces tentes où nous couchâmes. On nous y apporta une pierre qu'on avait sortie de terre depuis peu de jours, elle était rompue et le dessus manquait. On y lisait :

. . . .
. . . .
NIS IRAM. . . . . ROCAIT....
MARMORVM COLVMNARIVM....
NIVS FELIX AD AMPLIANDVM.....
PLIANDVM KALENDARIVM.....
H. S.

Il y a ici un marabout dédié à Sidy Mozaet.

Le 14 au matin nous partîmes et fîmes route au nord-est. A une lieue de l'endroit où nous avions couché, nous trouvâmes le camp des Turcs commandé par Aly-Bey, neveu du bey, qui allait du côté de Bège. Après avoir marché quatre heures, nous trouvâmes la rivière de *Megerdas*, autrefois Bagradas, qui se décharge du côté de Porto-Farina, vers les ruines d'Utique. Bien loin que cette rivière vienne du sud, comme elle est décrite dans les cartes, elle vient du côté de l'ouest et court à l'est. Elle est peu considérable dans l'été; mais c'est un torrent rapide en hiver. Nous la passâmes à un quart de lieue de Tuburbo qui conserve encore son ancien nom. Je ne sais si c'est le Tuburbo majus ou le minus; mais il y avait un colysée très beau qui a été détruit par Mahamet-Bey, il y a une vingtaine d'années, pour construire un pont. Il disait qu'il voulait détourner la rivière et la conduire à Tunis; mais son véritable dessein était tout autre. Il a jeté les fondemens d'un pont qui est presque achevé. Ce pont a environ quatre cents pieds de long sur quatre-vingt-dix de large et vingt-deux arcades de douze pieds chacune. La chaussée du milieu a trente pieds de large et chaque trottoir autant. Il avait pratiqué une écluse ou prise d'eau que les fondemens du pont formaient, de sorte que les eaux arrivant à ce pont ont une chute considérable, tombent sous les premiers parapets, font tourner un rang de vingt-deux meules de moulins, puis se reposant sous la chaussée, retombent de nouveau et font tourner un second rang encore de vingt-deux meules. Ainsi, lorsque la rivière aurait pu fournir assez d'eau, il y aurait eu quarante-quatre meules tournantes, ce qui aurait donné à ce bey un revenu très considérable. Il n'y a que quatre de ces moulins d'achevés et même la rivière, dans cette saison, ne peut fournir de l'eau que pour deux moulins.

A côté de ce pont, très beau et très solidement fait, le bey avait élevé une maison assez jolie : la porte est faite de trois grandes pièces de marbre blanc et au-dessus on lit gravé en caractères romains, le mot VALENTI. Aux environs de ce bardou ou palais royal nous trouvâmes une pièce de marbre d'environ douze pieds de long sur trois de large et autant d'épaisseur. Cette pierre, chargée d'ornemens en bas-reliefs, faisait sans doute le dessus de la porte de l'ancien amphithéâtre. Elle était écornée; nous y avons trouvé ces caractères romains gravés en grosses lettres[1] :

..... PRONEP. T.[2] AELIO HADRIANO......
.... RVM GENTIQVE MVNICIPIVM AELIVM AVI.[3]
.... PROCOS ET Q. EGRILIO P.[4] LARIANO LEG. PR.

[1] Shaw, t. I, p. 243, tr. fr.
[2] Cette lettre manque dans Shaw.
[3] Abest. (S.)
[4] Abest. (S.)

Et à côté, sur une pierre qui est sur le chemin, près d'un puits couvert [1] :

SEX. CAE. F. E. LII. O. Q. F.
QVESS. CRESCENT [2]
VOLVSIANO PRAEFECT [3] :
FAB. SACERD. CVRION.
SACRIS FACIEND. ADVO
CATO FICCI [4] ROMAE PROC.
X [5] HER. AB EPIST. VI [6]
VI [7] ANTONINI AB.....
IST. VI AVGVSTORVM [8] PA
TRONO MVNICIPI DD. PP.

Après avoir passé la rivière on trouve un très beau verger d'oliviers qui peut avoir deux lieues de circuit. Tous les arbres sont rangés au cordeau et forment une avenue des plus gracieuses. Cette avenue a environ une demi-lieue de long sur quinze pas de large, elle

---

[1] Maffei, p. 462.
[2] Sex. Cæcilio q. f. qu. crescen. (M.)
[3] Praf. (M.)
[4] Fisci. (M.)
[5] XX. (M.)
[6] Vic. (M.)
[7] Abest. (M.)
[8] Ab epist. vic. augustorum. (M.)

aboutit à Tuburbo, petit village que les Maures revenus d'Andalousie ont rebâti sur les ruines de l'ancienne ville; les maisons y sont couvertes de briques rondes, comme en Provence, et bâties la plupart dans le goût européen. Les habitans de ce village y parlent presque tous espagnol, langage qu'ils ont conservé de père en fils. On nous conduisit dans une mosquée où nous trouvâmes sur un piédestal cette épitaphe[1] :

D. M. S.
MEMORIAE SANCTISSI
MAE FAEMINAE
DONATAE QVAE VIXIT ANN.
XLVI MENSIBVS VIII.

La ville de Tuburbo se trouve située au nord-ouest de Tunis, à sept lieues de distance. L'après-dînée nous partîmes et fîmes route au sud-est le long de la rivière, nous entrâmes après dans la plaine d'Utique, où il y a deux mauvais villages, l'un dépeuplé, appelé Seida et l'autre récemment bâti nommé Gidida. Cette plaine a cinq lieues de large sur autant

---

[1] Shaw, t. I, p. 213; Maffei, p. 463.

de long. Après l'avoir passée, nous rencontrâmes les aquéducs de Carthage; ils durent ici environ une lieue sur terre, élevés de près de cent pieds en certains endroits. Ces aquéducs sont bâtis de pierres froides taillées à pointe de diamans; ils sont en très bon état. Le canal de dessus est en maçonnerie plus dure que le roc, plusieurs arcades de cet aquéduc ont dû être autrefois démolies et elles ont été réparées d'une manière assez particulière. Au lieu que les premiers piliers et les arcades étaient de pierre, comme je l'ai déjà dit, les piliers des seconds ne sont que de terre sans aucune pierre, les voûtes de briques, et le canal de terre, qui paraît une terre ordinaire. Je ne sais quelle composition c'était, mais cette terre a résisté jusqu'à aujourd'hui; les piliers et les voûtes sont très solides et cette bâtisse est beaucoup plus dure qu'aucune de nos bâtisses modernes. On voit même de ces piliers, presque entièrement sapés par le bas se soutenir et rester en état sans menacer ruine. Ces aquéducs se trouvent à deux lieues au sud-est de Tunis où nous arrivâmes le soir.

J'ai l'honneur d'être, etc.

PEYSSONNEL, doct. méd.

LETTRE SIXIÈME.

A Monsieur l'abbé Bignon, Conseiller-d'État, contenant la suite de la description géographique du royaume de Tunis.

Tunis, le 16 août 1724.

Monsieur,

Comme dans le voyage que j'avais fait à Augen[1] je n'avais pu observer toutes les villes qui se trouvent de ce côté et les parcourir exactement, j'entrepris, dans un second voyage, de faire le tour du royaume pour pouvoir en donner des mémoires certains; j'aurai l'honneur, Monsieur, d'en dresser une carte et de vous la présenter.

Je partis de Tunis le 22 juillet, je fus à Suse[2] par la route que j'ai eu l'honneur de vous marquer dans ma seconde lettre, passant

---

[1] El Jemme.
[2] Souza.

par la Emmamelif, la Colombaire, le bois de la Emmamette, la Manaire, Ergula¹, et j'arrivai le 25 à Suse où je pris la latitude de la ville qui est de 35° 30′ nord.

Le 27, je partis de Suse et suivant le bord de la mer, j'arrivai au Monestier, situé sur la pointe qui forme le golfe de la Emmamette² du côté du sud. La côte court à l'est depuis Suse, éloignée de quatre lieues, et va ensuite au sud jusques à l'Africa ou Madia³. Le Monestier est une petite ville entourée de murailles flanquées de quelques tours carrées. Elle était autrefois beaucoup plus petite qu'elle n'est aujourd'hui ; mais on l'a augmentée en entourant d'une muraille le faubourg. Il y a une citadelle du côté de la mer, vis-à-vis de laquelle sont de petites îles d'une espèce de tuf dans lequel on a creusé des grottes. Cette ville n'a rien d'ancien ; bâtie à peu près comme les villages de cette côte, elle n'a que de mauvaises maisons, la plupart en terre. Nous y logeâmes dans la maison du caïd où

¹ Voyez plus haut, p. 19, 43, 44.
² De Hammamet.
³ Africa ou Mehdia.

nous trouvâmes deux pauvres esclaves malades des blessures qu'ils avaient reçues lorsqu'ils avaient été pris. Je les secourus de mon mieux et quoiqu'ils fussent dans un état très misérable, ils étaient aussi bien que s'ils eussent été les premiers de la ville, et l'on avait assez de soins pour eux. Ils eurent le malheur, lorsque j'y étais, d'être piqués d'un scorpion. D'abord le patron fit lier la jambe où était la piqûre et envoya chercher un barbier qui leur fit quelques découpures pour faire couler le sang. C'est tout le remède qu'ils font contre les scorpions, qui sont en grand nombre dans ce pays et fort venimeux. Je mis sur la plaie de la thériaque et le lendemain ils se trouvèrent soulagés et ne ressentirent plus la douleur brûlante que leur avait causé la piqûre du scorpion. On prétend que c'est un remède assuré contre la piqûre du scorpion que de frotter avec le gland de la verge l'endroit piqué; c'est ce qu'ils firent aussi. Nous vîmes les enfans aller le soir par la ville avec des torches allumées chercher les scorpions, les enfiler dans une broche de fer et, le lendemain, les montrer par la ville demandant quelqu'argent pour leur récompense.

Le terroir du Monestier est assez joli; il y a beaucoup d'oliviers, de vignes, de figuiers, de dattiers et quantité d'aloës dont les habitans se servent pour garnir le dessus des murailles de leurs jardins qui ne sont que de terre surmontée de ces aloës. L'espèce que l'on trouve ici est [1] *l'aloës vera, costa spinosa inst.* R. H. qui est *l'aloës africana foliis erectis, superficie muricatis.* PLUK. PHYT.; mais les habitans n'en connaissent pas la vertu. Le mouillage des vaisseaux est à environ une demi-lieue de la ville, dans une anse qui est au sud-est.

Le 28, nous fîmes route au sud, le long de la côte de la mer : nous passâmes par les villages de Hanis [2], à deux lieues du Monestier, par Zeiba [3] à une lieue, par Lempta ou *Leptis minor* et Tuburbo [4]. On voit les débris de ces deux dernières villes qui paraissent avoir été assez grandes, mais qui ne marquent pas avoir été riches en monumens; elles sont à une

---

[1] Agave Americana. LINN.

[2] Akgnica? (L. 1829.)

[3] Sayadda? (*id.*)

[4] Tobulba. (Sw. L.)

demi-lieue l'une de l'autre. De là nous fûmes à Caltha [1] à une lieue et ensuite à l'Africa à deux lieues et à environ neuf lieues du Monestier. Au-dessous de Tuburbo, c'est-à-dire du côté du sud, à une demi-lieue dans les terres, on trouve le commencement de l'étang formé par les égoûts des pluies, où il se forme dans l'été un sel nitreux; il peut avoir six lieues de long sur trois de large. J'ai eu l'honneur, monsieur, de vous dire que les villages de ce pays sont composés de mauvaises huttes bâties de terre et le plus souvent couvertes de chaume; ainsi ils ne méritent pas d'être décrits plus amplement.

L'Africa, que les Turcs appellent Madia [2], répond au Thysdrus des anciens. Cette ville est par les 35° 3′ latitude nord, située sur une langue de terre ovale qui avance dans la mer qui l'entoure de trois côtés et qui baigne ses murailles flanquées de tours carrées. Le côté qui regarde la terre est défendu par de grosses tours fort élevées. Celle du milieu, où est la porte, la seule qu'il y ait dans cette ville,

[1] Makalta. (L.)
[2] Mahdia. (Sw. L.)

forme une espèce de château que les Turcs ont entretenu. Outre ces murailles, il y avait un second rempart en maçonnerie avec des tours rondes qui la défendaient, de sorte qu'elle était très forte par sa situation et par la bonté de ses murailles. Cette ville était assez longue mais peu large, elle est aujourd'hui presque toute détruite. Les murailles tombent en ruines et n'ont plus aucune défense ; mais au milieu de la ville, sur un monticule, on a bâti une citadelle carrée avec quatre bastions mal flanqués et de peu de défense. Il ne reste de considérable à voir que les murs et les débris d'une église dont on a fait une mosquée. Auprès de la ville, du côté du sud, il y a un mauvais mouillage pour les bâtimens.

Le 29, nous passâmes par Arreges [1], à une lieue au sud de l'Africa, par Surseph [2], au sud-ouest demi-lieue. De là nous retournâmes au bord de la mer pour voir Selarta, où il reste les débris d'une vieille forteresse [3], et de là à

---

[1] Arregis. (L. 1829.)

[2] Surseff. (L. 1829.)

[3] Solecto. (L. 1829, 1833.)

Saba¹, au sud-ouest cinq lieues. Nous fûmes, dans cette route, attaqués par des voleurs qui, nous croyant en défense, se retirèrent et tout se passa en insultes que nous nous dîmes de part et d'autre. De là nous allâmes à Melunzi² au S.-S.-O. deux lieues, et à Aseph, où nous couchâmes.

Le 30, nous vîmes la tour de la Capoule³ où sont les ruines d'une forteresse, où il y a aussi un mouillage : c'est là que commence le passage qui est entre les îles de Querqueni⁴ et la terre ferme. Passant par Oribe⁵ et Zéunque⁶, sud-sud-ouest, nous arrivâmes aux Faz⁷, éloigné en droit chemin de quinze lieues de l'Africa et ayant, avec le quart de cercle, pris la latitude, je me trouvai par les 34° 30′⁸.

Les Faz est une petite ville située sur

---

¹ Chebbah. (L. 1829, 1833)
² Melounuch ou Melounich. (L. 1829, 1833)
³ Capoudia? (L. 1829, 1833.)
⁴ Kerkines. (L. 1829, 1833)
⁵ Laibidy? (L. 1829, 1833.)
⁶ Inchilla? (*Ibid.*)
⁷ Sfax. (*Ibid.*)
⁸ Shaw place Sfax par 34° 39′ latitude nord, et M. le colonel Lapie par 34° 50′.

une pointe à l'entrée du golfe des Gerby, appelé autrefois *Syrtis minor*. Elle est entourée de murailles de peu de défense et n'a rien d'ancien ni de particulier. Il y a un mouillage assez bon. Un peu au-dessus des Faz, vers le nord-est[1], on voit les îles de Querqueni entourées de bas-fonds; il y a un passage entre elles et la terre ferme, et l'on a coutume de prendre des pilotes côtiers lorsqu'on va mouiller ou charger dans ces endroits.

Le 1er août nous fîmes route au nord-ouest quart de nord pour venir à Augen[2] dont je vous ai entretenu : je fis fouiller dans les ruines de la ville ; il y reste quantité de colonnes et de statues toutes mutilées. Je fis déterrer la statue d'un empereur ; elle était de marbre blanc avec de très beaux bas-reliefs sur le corps de cuirasse, qui représentaient, entre autres choses, un griffon dévorant un animal

---

[1] Ceci semblerait prouver que la latitude mesurée par Peyssonnel est exacte, car Shaw, qui diffère de 9′ dans son estimation, a soin de placer les îles Kerkines au nord-est de Sfax, tandis que dans les cartes de M. Lapie, où Sfax est à 34° 50′ de latitude, les îles Kerkines sont à l'E. et au S. E. de cette ville.

[2] El Jemme.

que je ne pus bien distinguer. Sur une pierre de marbre d'environ huit pieds de long, il y avait gravé :

 IVLIA CAES............S
  AED...............VVB
  R......AE........LEG III.

Cette pierre paraissait avoir contenu d'autres caractères, mais le temps l'avait gâtée. Sur une autre on lisait :

  IVLIVS
  ABINVS
  LECOR V.
  ANN. LVI
  P. M. MR.
  H. I. S.

Tout le terrain, depuis Suse jusqu'aux Faz et des Faz à Augen', est assez ingrat. Ce ne sont que des collines avec des plaines sablonneuses. On n'y voit que des arbrisseaux, des lentisques, des tamarins et quelques pins. Je ne découvris aucune plante qui méritât attention. On y trouve parfois des plaines cultivées, avec des oliviers et des figuiers auprès des villages ; on a soin de les arroser avec de l'eau des puits qui est saumâtre.

Le 2 août nous fîmes route au nord-ouest-quart d'ouest pour aller au Caïrouan; nous passâmes à deux lieues d'Augen par un marabout appelé Sidy-Nazer, et ensuite nous entrâmes dans une espèce de lac ou terrain salé d'où l'on tire tout le salpêtre nécessaire à ce royaume. Cet étang, formé par les pluies de l'hiver, est presqu'à sec dans l'été. Il commence près de Gimel et s'étend vers le sud près de vingt lieues; il a quatorze lieues de large [1]. La chaleur fut extrême ce jour-là; nous fûmes coucher à un douar de Maures bédouins.

Le 3 août nous arrivâmes, sur les huit heures du matin, au Caïrouan, éloigné de quatorze lieues d'Augen. La montagne de Zawan restait au nord-nord-est à 16 lieues. La latitude du Caïrouan est de 35° 35′ [2].

Le Caïrouan est une ville des plus considérables de ce royaume; située dans une plaine salée, elle a une demi-lieue de circuit, est très peuplée et fort marchande. Elle a été ruinée plusieurs fois et a été bien réparée sous le bey

---

[1] Cet étang n'est point marqué sur les cartes.

[2] *Id.* dans Shaw; 35° 40′ dans les cartes de M. le colonel Lapie.

Hassem ben Aly. Elle est entourée de murailles de peu de défense avec un château très mal fortifié ; il n'y paraît rien d'antique et il n'y a aucun monument remarquable. Le bey y a un bardou qui n'a rien de beau, où il loge pendant la campagne d'hiver lorsque le camp va du côté du Gérid. Le khasnadar y a fait bâtir un fondou ou auberge assez belle pour le pays. Au milieu de la ville on trouve une source de bonne eau. On y fait beaucoup d'étoffes de laines, bernous, sufficielis et autres propres pour le pays, et dans la campagne on brûle quantité de kali pour faire de la soude.

Du Caïrouan nous continuâmes notre route quatre lieues au nord-ouest, dans la même plaine salée et nous arrivâmes vers les ruines de Geloula[1], au commencement des montagnes. Nous vîmes dans cet endroit quelques lambeaux de murailles qui subsistent encore, mais nous ne trouvâmes aucune inscription. Nous entrâmes après dans les montagnes d'Ousela[2] où nous vîmes quantité de mauvais villages situés au sommet de ces montagnes qui

[1] Jelloulah. (S. L.)
[2] Uselett. (S. L.)

sont fort hautes et escarpées. On dit qu'il y a, dans cette chaîne de montagnes, plus de deux cents villages qui peuvent fournir, en cas de besoin, près de quatre-vingt mille hommes armés la plupart de fusils. Nous rencontrâmes quelques sources d'eau douce et deux vestiges de villes. Sur la route, nos chevaux sentirent le frai de quelques bêtes féroces ; ils hennissaient et ne voulaient point avancer. Ces montagnes sont remplies de lions, de tigres[1], de gros serpens et de plusieurs animaux sauvages qui, dans l'hiver, font quelquefois bien du mal aux hommes mêmes, mais nous n'en vîmes point. La route valut le nord-nord-ouest trois lieues dans les montagnes. Nous entrâmes après dans une grande vallée qui paraît avoir été fort peuplée par quantité de débris de villes rasées de fond en comble que nous apercevions. Nous couchâmes ce jour-là auprès des ruines de Mansous[2], autrefois Marazana[3],

---

[1] Il y a dans l'Afrique septentrionale des panthères, des onces et des léopards ; mais le tigre proprement dit ne s'y trouve pas.

[2] Mansoure. (L.)

[3] M. Lapie place Marazana ou Marazania bien plus

éloignées des montagnes d'Ousela de trois lieues; la route N. N. O. Mansous ou Marazana était une ville située au pied d'une montagne, au commencement d'une vallée fort grande, entre les montagnes d'Ousela et celles de Menlou[1] ou de Suffetula. Elle répond à la montagne de Zawan qui reste au nord-est. Cette ville a été détruite de même que les autres. On y voit les débris d'un temple dont la nef du milieu était soutenue par de grosses colonnes, et entre ces colonnes étaient de grosses pierres qui avaient quinze pieds de long sur trois d'épaisseur. On en voit encore plusieurs chargées d'ornemens en bas-relief; elles servaient de plates-bandes pour soutenir la voûte entre les colonnes. A côté de cet édifice on trouve une pierre qui a dix-huit pieds de long où on lit écrit en gros caractères :

O / DIVI MAGNI ANT. / O

et sur d'autres quartiers de pierres rompues :

PRINCIPI PECVNIA / CASTRVM EXORNAVI /

au sud, à l'endroit appelé aujourd'hui Kisser. (Carte de 1833).

[1] Mégala. (S. L.)

On y trouve quantité de pierres portant les noms des morts sur lesquels elles avaient été posées; d'autres où l'on ne trouve rien d'intéressant. Voici deux de ces épitaphes :

DOMITIVS	ANTONIVS
ANTONINVS	LAVSIANVS
VIXIT IN PACE	NEPOS PII
ANN. LIII	VIXIT ANN.
S. I. S.	LXXI. M. XIII.
	D. IV. S.P.

Ce qui me surprit en arrivant à cette ville, ce fut un édifice qui est sur le chemin : c'est une espèce de niche ou oratoire tel qu'on en voit sur nos chemins, surtout en Provence. Il est carré et a douze pieds de large sur environ vingt-quatre de haut, creux en dedans, bâti sans ciment, en pierres sèches de médiocre grosseur, séparé en deux. On entre dans le caveau ou dans le bas, qui est au rez-de-chaussée, par un trou qui est derrière la façade. On trouve dedans de petites niches creusées dans la muraille; je ne sais à quoi elles servaient. Le haut est entièrement ouvert du côté de la façade qui regarde le nord-est, et la séparation de ces appartemens est formée par quatre grosses pierres qui traversent l'édifice. Le haut est en dos d'âne, couvert par de grosses pierres. La façade est ornée de deux pilastres d'ordre corinthien et sur le haut il y a une couronne de laurier avec ces lettres D. M. Sur des lambeaux de pierres qui devaient être par dehors on lit : CARI ROMANI. ET. AV. / PARENTVM MEMORIA, et sur une pierre plate on lit cette double inscription :

D. M. S.	D. M. S.
CAMILIVS	M. ANTONIVS
DONATIANVS	DONATIANVS
VIXIT ANN.	NEPOS PII
S. C. XXII.	V. ANN. XXII.
...IIII...	M. VI.
S. I.	S. P.

Ma surprise était de voir comment cet édifice, si léger et si peu solide, avait pu subsister pendant que les autres temples et bâtimens, qui paraissaient immortels, avaient été détruits soit par le temps soit à dessein prémédité.

Le 5 nous poursuivîmes notre route au S.-O., le long de la vallée ou plaine entre les montagnes, et, après avoir fait environ six lieues[1] au

---

[1] Il est à remarquer que Peyssonnel place Suffetula à six

S.-O., nous arrivâmes à Suffetula. Cette ville était bâtie sur le penchant d'une montagne assez haute ; elle n'a pas été entièrement démolie comme les autres, mais elle est toute ruinée. Nous y vîmes quantité de débris de vieux bâtimens, temples et églises ; les restes d'un ancien château ruiné posent avantageusement au haut de la ville. On y voit plusieurs pierres avec des épitaphes ; j'en citerai seulement quelques-unes, attendu que je crois inutile de les donner toutes.

M. AVELIVS
NAVRIVS
VIXIT. ANN.
LXXII. M. VI.
D. XVI
S. I. S.

A côté d'un temple qui paraît avoir été très beau, par les débris des colonnes d'ordre co-

lieues environ de l'ancienne Marazana. Shaw (t. I, p. 259) dit que Spaitla ou Suffetula est à douze lieues au sud de Keff. Or, dans la carte de M. Lapie, Keff et Spaitla sont à vingt-cinq lieues de distance, et il y a quinze lieues au moins entre Spaitla et Marazania. M. Lapie a placé Spaitla environ 24' plus au sud que ne l'a fait Shaw.

rinthien qui subsistent encore, on lit sur une grosse pierre fort longue : DIVI MARCI SACRVM/, et à côté d'une des portes de la ville :

IMP. CAESAR. AVG,
............[1]............
....
SVFFETVLENTIVM
HANC EDIFICAVERVNT
ET DD. PP.

Sur une autre pierre :

M. C. LINARIO PROCONS.
REIP. ROMAE OB PIE
TATEM ET OBEDIENCIAM
DD. PP.

et plusieurs autres dont on ne peut que déchiffrer des lambeaux qui donnent peu d'éclaircissemens.

De Suffetula je voulus passer à Vescetra[2] qui est, dit-on, une ville qui a plus de deux lieues de circuit, pleine d'anciens monumens encore bien en état, superbes et magni-

[1] ONIN. (S.)
[2] Vegesela?

fiques, couverts d'inscriptions. J'espérais de mieux m'y satisfaire; mais les spahis turcs que j'avais ne voulurent pas y aller à cause que cette ville appartient au dey d'Alger et que les Maures de cette terre ne sont guère traitables; elle est à une journée et demie de Suffetula. Je retournai le même jour à Marazana, où nous arrivâmes un peu tard.

Le 6, je repartis de Marazana, traversant les montagnes et faisant route au N.-N.-O. trois lieues; nous aperçûmes encore des traces de bêtes féroces. Nous arrivâmes dans la plaine de Toelsen où il y a quantité de débris et de traces de villes ruinées.

Nous dînâmes à Toelsen, où il reste encore un mausolée ou niche semblable à celle de Marazana, mais un peu plus grande; elle a seize pieds en carré et trente de haut, avec une porte du côté du sud par où l'on entrait. Le bas de la cloison est rompu, nous n'y découvrîmes aucune inscription. De là allant au nord $\frac{1}{4}$ de nord-ouest, nous fûmes dans la plaine d'Ouseph, très belle et très longue, où nous trouvâmes près de quarante douars ou villages ambulans de trente ou quarante cabanes chacun. Cette plaine est traversée par la rivière Seiliane qui, coulant vers le nord, va se décharger dans le Bagradas. Je fus me promener dans les ruines d'Ouseph, où je ne trouvai rien de remarquable.

Le 7, nous traversâmes une chaîne de montagnes et nous arrivâmes au Sec[1] ou *Sicca venerea*. Le Sec est une des clefs de ce royaume faisant les limites avec celui d'Alger. Cette ville est bâtie sur le penchant d'une montagne. Au haut de la ville il y a une citadelle assez bonne et bien entretenue; quoiqu'elle soit irrégulière elle ne laisse pas d'être bien située et forte[2] : il y a garnison de ce royaume et beaucoup de canons. Tous les anciens monumens et les églises sont entièrement ruinés; aucune portion ne paraît avoir été fort belle. La ville est bâtie dans une situation assez rude et il y a beaucoup à monter. On y trouve une belle et bonne source d'eau qui sort du milieu de la ville et qui va arroser des jardins. Parmi quantité de pierres écrites, portant des épitaphes, de même que celles que j'ai déja décrites,

[1] Keff.
[2] Cette citadelle fut démolie en partie quelque temps après qu'elle eut été vue par Peyssonnel. Shaw, t. I, p. 228, tr. fr.

on en trouve quelques-unes de particulières. Voici les plus remarquables. Dans une maison, sur la porte d'un temple :

HERCVLI SACRVM
M. TITVCIVS[1] PROCVLVS PROCV
RATOR AVGVSTI SVA PECVNIA FECIT.

et sur d'autres pierres :

VICTORI	IOVI OPT. MAX.	SEX. IVLIO. GIMNAS;..
CENTVRIONI	CONSECRAVIT VI.	TRIARCHO EIS VB.....,
LEGIONARIO	SANCTISSIMO	PROFICII MESVI.....,
EX EQVITE	PRINCIPI CAES	OPVLENTIAE ET ME
ROMANO OB	D. D.	LIVIO ORICVLONI.....
MVNIFICEN-		ET HERAE.....
TIAM ORDO		
SICCENTIVM[2]		
CIVI ET		
CONDECVRIONI		
DD. PP.		

Les enfans et le peuple, qui m'avaient environné, m'empêchèrent de continuer de lire cette dernière pierre dont le restant était écrit sur deux colonnes, l'une latine, l'autre hébraïque ressemblant à la table qu'on nous peint avoir contenu les lois de Moïse.

[1] Titacius. (M.) Tuticius. (T.)
[2] SICCENSIUM. (M. T.)

Je fus insulté dans cette ville de Sicca; on tira des pierres aux fenêtres et à la porte de la maison où j'étais; il fallut l'autorité des chefs pour faire retirer cette populace qui devisait différemment sur mon sujet. Les uns croyaient que je venais chercher de l'or, les autres pour épier et pour connaître ce pays, et les autres pour savoir par les écritures quand les chrétiens devaient venir le reprendre. Il n'y a point d'ordures ni d'injures qu'on ne me criât; par bonheur je ne les entendais pas et mon chagrin était moindre; mais les coups de pierre me faisaient beaucoup plus de peine que toutes les insultes en paroles.

Le 8, nous partîmes de Sicca et ayant suivi la vallée faisant route au N. N. E., nous passâmes encore par un grand nombre de villes ruinées qui n'ont d'autres noms que celui de *hensir*, qui signifie ruine, auquel on ajoute celui de Sidi tel ou tel marabout. Ainsi nous couchâmes auprès des ruines appelées Hensir Sidi Abdelabou[1] à cause qu'un marabout de ce nom y a été enterré, où nous vîmes les

---

[1] Sidi Abd el Abus (Shaw, L.) autrefois Musti.

débris d'une ville qui avait été belle. Il y avait de grosses pierres qui avaient jusqu'à dix-huit pieds de long, toutes écrites; mais je ne pus les lire tant à cause de la nuit que parce quelles étaient presque enterrées et que je n'avais rien pour les découvrir. Nous y vîmes les restes d'un arc-de-triomphe à peu près dans le goût de la porte St.-Denis de Paris et de la même hauteur. Sur les pierres qui étaient à côté on lisait :

INVICTISSIMO FELICISSIMOQVE
IMPERATORI TIBERIO IVLIO [1]
AVGVSTO CAESARI ORBIS
PACATORI MVSTICENSIVM
DD. PP.

Il y avait encore d'autres pierres à cet édifice que je ne pus déchiffrer parce qu'elles étaient en lambeaux dispersés.

De Tucca [2].

Le 9 août j'arrivai à Tucca, éloigné de trois lieues de Musti. La ville de Tucca était située sur le penchant d'une petite colline où nous

---

[1] Ces deux mots manquent dans Maffei.
[2] Aujourd'hui Dugga ou Tugga.

trouvâmes plusieurs restes d'édifices, entre autres le portique d'un temple encore en bon état; il était soutenu par six grosses colonnes dont quatre faisaient la façade et les deux autres étaient sur les côtés. Chaque colonne avait quatre pieds de diamètre sur environ quarante de hauteur. Sur le haut du portique il y avait une aigle déployée et accroupie et le haut de la porte du temple, qui n'était pas fort grand, avait une niche; au fond on lisait.....[1] :

IOVI OPTIMO....... NERVAE. AVG. SACRVM

.... ERI. AVG. ARMENIA. COR.

............IMPLEX. REGILLIANVS. S. P. F.

Cette porte n'était composée que de quatre pierres dont les deux montants avaient trente pieds de long sur vingt de large. A côté du temple on lisait sur une pierre :

[1] Il y a ici une lacune. S. Temple a donné une partie de l'inscription du temple de Tugga qui se compose de trois lignes, mais qui est fort endommagée. Nous la reproduisons ici d'après lui. Il y en avait une autre sur la porte de la cella ; elle était ainsi conçue:

L. MARCIVS. SIMPLEX. ET. L. MAR.

CIVS. SIMPLEX. REGILLIANVS. S. P. F.

(Temple, II, 71; Maffei, 463; Shaw, t. I, p, 222.)

IMPERANTE CAESAR[1] DIVI ANTONINI MAG[2]....
MARCO[3] AVRELIO SEVERO ALEXANDRO
PONTIFICI MAXIMO[4] TRIBVNITIA POT.
ET CASTRORVM ET SENATVS ET PA.[5]
...LIVM[6] LIBERVM TVGGA[7].

A côté d'un autre édifice qui est un peu éloigné de la ville :

IMP. CAES. DIVI
NERVAE NEPOTI
TRAIANI DACICI
PARTHICI FIL. L[8].
TRAIANO HADRIANO AVG.
PONTIF. MAXI. TRIBVN.
POTEST. COS II. PP.
CIVITAS TVGGE[9] DD. PP.

[1] IMP. CAES. (M.)

[2] Ce mot manque dans Maffei.

[3] M. (M.)

[4] MAX. (M.)

[5] P. (M.)

[6] S. Temple écrit L. I. VM. Les lettres L. I. ne sont pas dans Maffei.

[7] Thugga. (M.)

[8] Cette lettre manque dans Maffei et dans S. Temple.

[9] Thugga. (M.)

Et dans un autre endroit :

CLAVDIO CAES. AVG.
MAXIMO TRIBVNITIA POT.
R. CRASVS AEDIL. ORNAM. T. R. M
TI VIR AVGVS. II̅ VIR. QVINQVE.
C. FAC. PERPETVVS SACERI.
VS[1] PAGI THVGGENSIS NOM.
ET PERPETVI ARCIS..........

On y trouve les débris d'un temple qui était en arc ouvert au milieu, une grande façade se présentait qui pouvait avoir cent pas de large; le temple s'enfonçait en demi-rond. La façade était soutenue par des colonnes et les colonnes soutenaient encore un corridor tout autour du temple. Sur ces colonnes il y avait de grosses pierres écrites en caractères romains; mais nous ne pûmes jamais ramasser assez de lambeaux pour former un sens, attendu que tout est détruit et renversé. Au milieu du temple il y avait un autel élevé qui avait six pieds sur quatre de façade, et tous ces débris marquent une grande magnificence ou un bon goût dans l'architecture et l'ordre

---

[1] Peut-être SACERDOS.

de l'édifice plus beau que celui de Zawan, quoique d'une forme à peu près semblable.

L'on trouve encore là un mausolée dans le goût de ceux de Marazana et de Toelsen. Celui-ci est encore plus grand. Il y avait en dedans quatre chambres destinées à des morts; il était surmonté de statues, et l'appartement supérieur n'était point ouvert. On y trouve une inscription en caractères hébraïques[1] que je ne pus déchiffrer. Il reste encore les débris de plusieurs palais et de plusieurs temples qui annoncent avoir été superbes. Voici les épitaphes que nous y trouvâmes :

   TIRINIVS FŎRTV
   NATVS VIR ARMIS
   INGENIO ET ANIMO
   MAXIMO QVI CVM
  …… ME ET GRECIS
  …… TIMIS H. I. T. P.
  ………………
  ………………

[1] C'est une inscription en caractères phéniciens ; elle est lithographiée dans le deuxième volume de l'ouvrage de Sir Temple, qui en a donné la traduction en caractères hébraïques. *Excursions in Algiers and Tunis* (t. II, p. 316).

VIXIT QVE

...... I. OCTO DVOS

ZOZIMOS JOVIS P. V. XXXIIII

H. S. I.

L'épitaphe suivante était sur un sépulcre de marbre[1] :

Detrahe serta comis et, amorum oblita tuorum,
   Tristis in obscura veste Thalia veni.
Non manus idalia lasciviat improba virga,
   Nec fluat ante tuos lucida palla pedes.

[1] Cette inscription a été donnée aussi par Sir Temple (*Excursions*, etc., t. II, p. 343), et par Maffei, d'après le père Ximenès (*Mus. Veron.*, p. 467). La pierre où elle est gravée devait être endommagée déjà du temps de Peyssonnel et du père Ximenès, et bien plus encore lorsqu'elle a été vue par Sir Temple On peut en juger par l'imperfection des trois copies qui nous en restent. Nous avons combiné ensemble ces copies de manière à donner un sens aux vers qu'elles contiennent. Avant l'inscription en vers, il y en a une autre en prose qui a été publiée par Sir Temple, et que nous croyons devoir reproduire ici pour justifier la manière dont nous lisons les noms propres dans les vers :

LIVIVS FELIX CVPITIANVS MELLITVS HOC MOSOLAE
VM MIHI ET VIRIAE VXORI VIRISQVE (liberis?) NOBIS
VIVIS POSTERITATI QVE NOSTRAE ET IN MEMORIAM
CVPITI PATRIS ET VENVSTAE MATRIS OPTIMORVM
PARENTIVM INSTITVIT ET DEDIC.

Livius hoc feci, Mellitus qui vocor, olim
  Cupito patri, matri Venustæ meæ.
Deposui conjugemque meam, mihi juncta, Rogatam,
  Ut sit in æternum condita fama loci.

Viximus ad satiem, pietatem implevimus ambo,
  Præstitimus sobolem femineam duplicem.
Vos quoque qui legitis versus et facta probatis,
  Discite sic vestros merito sancire parentes.
Hos ut ego pius excolerem titulosque relinquam
  Vivus ut hoc facerem fata dedere mihi.
Livius hoc peto nunc a te dominator averni
  Cum moriar. . . . .
Manibus ut jaceant ossa quieta mihi.

On voit encore les restes des aquéducs qui conduisaient l'eau dans la ville. Quelques Bédouins habitent encore dans ces masures et se servent d'une petite source d'eau qui se trouve au bas de la ville. A quelque distance sont d'autres masures sur lesquelles on lit :

MAGNIS ET INVICTISSIMIS DDDD NNNN
DIOCLETIANO [1] MAXIMIANO PERPETVIS AVGG.
ET CONSTANTINO [2] MAXIMIANO NOBB. CAESARIBVS
RESPVBLICA [3] . . . . ACBIENSIVM DEDICAVIT

[1] ET (M.)
[2] CONSTANTIO ET (M.).
[3] MVNICIPII (M.).

MARCO IVLIO PROCONS. PA.[1] MAIESTATIQVE EIVS DICATO [2].

Ailleurs on lit l'inscription suivante : [3]

PRO SALVT. IMP. M. ANTONINI AVG. PII
LIBERORVMQVE EIVS
CINTIVS C. F. R.... VICTOR AD TVENDAM
REMPVBLICAM CONSENSV DECVRIO
NVM OMNIVM IAMPRIDEM PATRONVS
PACTVS ET TVTOR CVM..... RERVM VETVS
TATE CONSVM.......... A SOLO
. . . .
MVNICIPI CIVILIS ACBIENSIVM [4] ET
VNIVERSIS CVRIIS D. D. P.P.

Ces ruines contenaient en outre plusieurs épitaphes.

De là nous fûmes à Tabourse ou Thibursa-Burcé[5], qui n'est éloignée que d'une lieue vers le nord de Tucca. C'est une petite ville assez

---

[1] Abest (M.).

[2] MAIESTATIQVE EORVM DIC (M.).

[3] Le manuscrit de Peyssonnel ne contient que les trois premières lignes de l'inscription. Nous avons ajouté le reste d'après Shaw et Maffei.

[4] Ce *municipium Acbiensium* était dans le lieu nommé par Shaw Beissons à demi-lieue de Dugga et à une lieue environ de Tubersoke.

[5] Tubersoke.

peuplée, bâtie au pied d'une montagne; elle est entourée de murailles. Au milieu de la ville est une fontaine sur laquelle on lit en caractères romains l'inscription suivante :

NEPTVNO AVG. SACR. PRO SAVUTE IMP. CAESARVM
L. S. H. TIMIS.

Taburse renferme en outre une assez grande quantité d'inscriptions et d'épitaphes. Voici celles que j'ai recueillies :

VRBI ROMAE AETERNAE AVG.
RESP. MVNICIPI SEVERIANI ANTO
NIANI LIBERI THIBVROENSIVM BVRE.

SALVIS DOMINIS NOSTRIS CHRISTIANISSIMIS ET IN
VICTISSIMIS IMPERATORIBVS
IVSTINO ET SOPHIA[1] AVGVSTIS HANC MVNITIONEM
THOMAS EXCELLENTISSIMVS PREFECTVS FELICITER AEDIFICAVIT[2]

AEDEM NOVAM L. PALACIVS. HONORATV..... ET BONITATE

[1] SORIA (S. M.).
[2] Cette inscription, dans le *museum véronense*, contient encore trois lignes que Shaw donne comme une inscription tout-à-fait distincte de celle-ci. Nous allons retrouver ces trois lignes dans Peyssonnel à une place différente de celle que lui ont assignée les deux autres auteurs.

AE. VXORIS SVAE X̅X̅ MIL. NEX[1].....
MVLTIPLICATA PECVNIA EXCOLVIT ET OMNI RE PERFECIT.

QVAM IN HOC TEMPLO OB..........
VAP. SVA PEC. RESTITVIT OPERI....... M.......
PAVET H. L. M. P. I. E. B.

Q. ACILIO C. PAPIR..... TVSCO V. E. PROCON.....
INONIAE.[2] AVGG. NN........
SICCENSIVM PROC........
RES TEATHRI PONT........
IB. C. ADVOCATO CODIC........
ADMINISTRATIONIS HEREDI........
IN ME ET COHERENTIVM CV
..... LAVRENTIVM VICO AVGVSTINORVM
SACERDOTEM LAVRENTIVM........
COC..... APIVM..... RESP.
MVNICIPI SEVERIANI ANTO.....
NINI[3] LIB. THIB. BVRE........
.... PATRONO[4] SEXTO C. CETOANI........

---

[1] XXXX N. EA... (M.)

[2] ANNONAE. (M.)

[3] ANTONINIANI. (M.)

[4] L'inscription finit ici dans Shaw et dans Maffei; les trois lignes qui suivent sont celles dont Shaw fait une inscription à part et que Maffei place à la suite de

CIO FAVSTO PAV.......

LINO PROC. PROVINCIAE FI

NE RESPVBLICA.......

LICINIAE....... AVGVSTAE.

D. M. S.	D. M. S.	D. M. S.	D. M. S.
MARCVS HERCVLEIVS	HERCVLEIA	HERCVLEIVS	HERCVLEIVS
IANVARIVS	MARCIANA	VICTOR PIVS	VBIDIANVS
P. V. A. LV.	PIA V. A. XXI	V. A. XIII	V. A. XIII
			H. S. E.

De Tabourse nous fûmes à Thignica[1], éloignée de deux lieues vers le sud-est. Nous y vîmes les murailles d'une forteresse ancienne bâtie ou, du moins, réparée avec les débris de la ville qui était grande et considérable. Autour des murailles de la forteresse et dans la forteresse même on trouve plusieurs fragmens d'inscriptions. Voici ceux que j'ai recueillis :

ANTONINI PII.......

.......CASTRORVM.......

l'inscription commençant par ces mots : SALVIS DOMINIS, etc.

[1] Aujourd'hui Tunga ou Tannica (S.)

THINICA DEVOTVM [1]

Ailleurs :

VERO ALEXAN.....
COLI ABSVM [2]

Au milieu de la citadelle:

ALTISSIMO SAECVLO DDD. NNN.
OVI O LITORI INDVLTAE [3] PAC.......
...CIPI THIGNICENSIS PROC.

A côté de celle-là :

CONSTANTINI MAX. V
NIA A FVNDAMENTIS ET S........
VLATVDO DOMICENO [4] FILIO.......

Auprès du temple, dont le portique était semblable à celui de Tugga, ce que l'on con-

---

[1] C'est ainsi que l'inscription est donnée par Shaw. (t. I, p. 219, tr. fr.) S. Temple (*Excursions*, etc. t. II, p. 308.) l'écrit de cette manière :

M. ANTONINI PII. FIL
AVG. ET CASTRORVM ET SE......
RVM THIGNICA DEVOTVM.

[2] .... COLLAPSVM ......ASO......IOA........ (T.)
[3] ORB.... TORI.... INDVLTA PACE (S.).
[4] DOMITICENO (S.).

naît par les fragmens de colonnes et par des pierres d'une grosseur énorme :

MERCVRIO
IMP. C. S. T. S. M. AVRELIO
PONT. MAX. TRIB. POT. XXIIII.

Près d'un autre temple demi-circulaire comme celui de Tugga, mais où on ne voit point de colonnes :

S. DIVI M. ANTONINI PII. C.....
..... THICI ET DIVI NERVAE.

Ailleurs, sur un fragment de pierre :

... IRM... SORMITI... DIVI. COMMODI. FRAT.
ET ADNIPOTIS M. AVRELII ANTONINI
.....SEPTIMIVM.....

Sous les fondemens d'un superbe monument qui a dû être un arc-de-triomphe ou un beau mausolée, j'ai trouvé une pierre encore bien conservée sur laquelle on lit :

C. MEMMIO FELICI
FLAMINI AVG. PERP.
VTRIVSQVE PARTIS
CIVITATIS THIGNICEN

SIS C. MEMMIVS
FORTVNATVS FLAM.
AVG. PERPET. VTRIVS
QVE PARTIS CIVI
TATIS THIGNICENSIS
PROPTER EXIMIAM
PIETATEM ET AFFECTIO
NEM FRATERNAM QVAM [1]
C... CAES ET TIBERIQ
L. X. H. B. T. POSVIT.

Après avoir quitté Thignica, nous passâmes la rivière Seiliane, qui se décharge dans le Bagradas à demi-lieue de Tastour [2] où nous couchâmes.

Tastour est un village habité par des Maures-Andaloux, il est bien percé et bâti comme les villages d'Europe. Les maisons ont des fenêtres sur les rues; les toits sont couverts en briques rondes comme en Provence. Il est situé près du confluent du Bagradas et de la rivière de Seiliane, dans une plaine au pied

---

[1] *Quam exhibet posuit.* C'est ainsi que se termine l'inscription dans le *museum veronense*.

[2] Testor (S.), Testour (L.).

des monticules qui s'étendent jusqu'à Tunis. Il n'y reste aucun débris d'anciens édifices; mais on ne laisse pas que d'y trouver quelques inscriptions ; la suivante est dans le marché :

D. N. IMP. VALERIO LICINI

ANO [1] LICINIO. AVG. MAXI.

SARMATICO MAX. GERMANICO

MAX. TRIBVNITIA POTES

TATE. X. CONS. V. IMP. X PATER PATRIAE PRO

CONS. COL. BISICA LVCANA DEVOTA NVMINIBVS

MAIESTATIQVE EIVS.

Sur une colonne qui a été apportée d'ailleurs :

D. D. N. N FLAVI. F.

VALENTINIANO ET VA

LENTI PII FELICES VIC.

SEMPER AVGG.

MVN. RVRA... DO...

TERENI...

Les inscriptions et les épitaphes suivantes

---

[1] LUCINIANO (S.).

ont été également recueillies à Tastour :

SANCTAE TRES.	FORTISSIMO IMP.	IMP... CAES... C.
MAXIMA	ET PACATORI	VALERIVS
ET DONATILLA	ORBIS M. CLAV	DIOCLETIA
SECVNDA	DIO TACI	NVS PIVS
BONA PVELLA	TO PIO FEL...	FELIX
	AVG...	AVG...

———

POLLENTES IN FINE IMPERIO
DD. NN. HONORI ET THEODOSI PPS. L. IMP. AVG.
ADMINISTRANTE FELICI INNODIO V. CAMP.
PROC...

. . . .

. . . .

———

SATVRNO AVGVSTO
SAC...
M. AFINIVS FE
LIX SAC.
V. S. L. A.

———

DIIS MANIBVS SAC.

FELIX PRON. A
NONI ET PIVS VIXIT
ANN. XXVIII.
H. S. E. S. T. OT. B. Q. H. L. S.

PATRVCIVS PRIMVS VIXIT AN. V.
H. S. E. O. T. I.

HORTENTIVS
FAVSTINVS
PIVS
CARISSIMVS.
H. S. E. T. T. I. S.

VOLVSIONA
CASTVLA VIXIT ETC.
H. S. P. O. T. P. Q. T. H. S.

Nous demeurâmes toute la journée à Testour, harassés de fatigue, et le lendemain nous partîmes pour arriver à Tunis, éloigné de quinze lieues. Nous fîmes route à l'est-sud-est; à deux lieues nous trouvâmes le marabout de Sidi-Agad, où il y a quelques ruines. Puis, suivant le Bagradas, nous passâmes cette rivière sur un beau pont près de Bebo.

Bebo ou Basil-el-bab est un village rebâti sur une ancienne ville située près de la rivière de Bagradas. On y voit encore une ancienne porte faite en arc-de-triomphe où il reste deux figures mutilées dont une tient une tête à la main, l'autre les a jointes ensemble, on y lit les inscriptions suivantes :

SALVIS ET PROPITIIS DDD. NNN GRATIANO
VALENTINIANO THEODOSIO INVECTISSIMIS PRIN
CIPIBVS DD PACIS EX MORE CONDITO DECRETO [1]

. . . .

Sous le pont qu'on a bâti nouvellement on trouve une figure au-dessous de laquelle on lit :

D. M. S.
ANAEIVS SA
TVRNINVS
ASILIANVS

[1] DE PA.... EX MORE CONDIT. DECRET. (M.)

VIXIT ANNIS XXXXI.
H. S. E.

On nous assura qu'il y avait dans les mosquées et dans les maisons particulières d'autres inscriptions que nous ne pûmes voir.

De là nous nous éloignâmes un peu de la route pour passer à Selougia[1], village établi par les Andaloux, où nous trouvâmes les inscriptions suivantes :

PRO SALVTE IMP. C...
QVINTVS MVRCIVS FELIX N...
DEI LIBERI PATRIS.

―――

H. DIANAE AVG. SAC.

―――

JOVI OPTIMO
. . . . . . MO AVG.
SACR.

―――

SATVRNO

[1] Slougeah ou Slouguia (S. L.).

IMP.

FELICIS ANTONINI.

PRO SALVTE IMP. CAES.

M. MVNISIVS DONATVS FIL. P. P. CONTIC...

SOLI INVICTO

CAES. M. AVRELI PROBI PII

DOMVS EIVS MVNICIPIVM CEL. EL...

IMP. CAES. DIVI M.

ANTONINI PII GER...

[1] DIVI HADRIANI...

PRONEPOS DIVI

TRAIANI PART. AB...

[2] NERVAE

SEPTIMO SEVERO [3]

PERTINACI AVG. ARAB...

N. PP PONT. MAX. TRIB.

POTEST. IMP. VII COS II

HIDIBELENSES

[1] Nep. (S. M.)
[2] nep. divi. (M.)
[3] septimio (S. M.).

Et à une colonne dans la montagne :

IMP. CAES.
MARCO AVRELIO
PROBO
PIO
FELICI
AVG.

De là nous fûmes à Grassilouet et fûmes coucher à Sidy-Adelata, où il y avait des puits ou citernes sur le chemin. Le lendemain, douzième jour d'août, continuant la route à l'est et à l'est-sud-est, nous arrivâmes bien fatigués à Tunis. Vous trouverez ci-joint la carte où ma route est marquée[1].

J'ai l'honneur d'être, etc.

PEYSSONNEL, doct. méd.

[1] Cette carte est malheureusement perdue.

LETTRE SEPTIÈME.

A M. Delisle, géographe du roi et pensionnaire de l'académie royale des sciences, contenant des observations géographiques sur le royaume de Tunis, autrefois la Mauritanie proconsulaire.

Tunis, le 29 août 1724.

Monsieur,

Les recherches sur la botanique et sur l'histoire naturelle, que je fais par ordre du roi dans le royaume de Tunis, autrefois appelé la Mauritanie proconsulaire[1], m'ayant donné l'occasion de le parcourir, j'ai voulu profiter des secours que pouvait me procurer la carte de l'Afrique ancienne que vous avez dressée pour l'intelligence des conciles.

Le public vous doit beaucoup, Monsieur, de lui avoir conservé les noms et la situation

---

[1] Voyez plus haut, p. 18, not.

des villes où le christianisme a fleuri, et qui sont si célèbres par le nombre des saints martyrs, confesseurs et évêques qui les ont illustrées. Il ne saurait assez reconnaître les soins que vous vous êtes donnés pour ramasser les noms de tant de villes épiscopales, leurs distances des unes aux autres et leurs positions dans un pays qui est devenu aujourd'hui véritablement barbare, et où à peine on a la connnaissance de l'Être suprême en suivant les lois de Mahomet.

M. l'abbé Bignon, à qui j'ai envoyé la relation de mes courses et le détail de tout ce que j'ai vu de remarquable dans ce pays, pourra vous avoir communiqué mes lettres. Mais je vous sais trop ami de la vérité pour n'être pas bien aise qu'on vous fasse connaître les observations particulières qui peuvent corriger les erreurs dans lesquelles les mémoires qu'on vous a communiqués ou les anciens lieux sur lesquels vous avez dressé votre carte vous ont pu faire tomber. J'aurai donc l'honneur de vous donner connaissance des observations que j'ai faites afin que, si vous voulez faire regraver votre carte, vous puissiez la rendre plus juste qu'elle n'est, quoique je rende témoignage qu'on ne peut travailler avec plus d'exactitude que vous l'avez fait, lorsqu'on compose une carte sur des mémoires anciens et peut-être confus.

Ce qu'il y a de principal à réformer dans votre carte, c'est toute la côte de la mer qui n'est pas précisément dans sa position véritable, ni exacte pour les contours. Vous la mettez quarante minutes ou quinze lieues plus nord qu'elle n'est. Voici le détail des premières observations que je fis en arrivant dans ce royaume.

Le 27 du mois de mai 1724, passant de France en Barbarie, nous atterrâmes vers Biserti, et ayant pris la latitude, nous nous trouvâmes par les 37° 19'. A midi, ayant relevé les Gardes de Bizerti étant à trois lieues au large, le cap restait au sud-quart de sud-ouest; la pointe la plus à l'est du cap Zibibe à l'est-quart de sud-est quelques degrés sud; les îles dites les Conits[1] au sud-est quart-d'est quelques degrés plus à l'est que la tache blanche qui est au cap Zibibe.

A une heure après midi, étant nord et sud

---

[1] Les Cani.

avec les Conits a demi-lieue au large, le cap de Bizerti restait à l'O.-S.-O.; la pointe la plus à l'est du cap Zibibe au S.-E. ¼ E.

A quatre heures après midi, étant au nord du cap Zibibe sur la pointe qui est la plus à l'est, le cap de Bizerti restait à l'O.-N.-O. La pointe qui forme le golfe du côté de l'est restait à l'O. ¼ N.-O., les Zimbres[1]; qui sont de petites îles du côté du cap Bon, à l'E. ¼ S.-E. quelques degrés à l'est; et à cinq heures et demie nous passâmes entre l'île Plane[2] et la terre. J'observai que l'île Plane, les Zimbres et le cap Bon restaient est et ouest ensemble. Si l'on ramasse les observations, l'on conclura que la côte, depuis le cap des Gardes de Bizerti jusqu'au cap Zibibe, court à l'est ¼ S. E. et à l'O. ¼ N. O. telle qu'elle est marquée dans la carte marine de M. Berthelot, hydrographe de la ville de Marseille, et que les petites îles s'y trouvent aussi mises dans leurs véritables positions.

Il paraît par là que les mémoires sur lesquels vous vous êtes réglé pour former votre

---

[1] Zembra.

[2] Piana ou Gieziret. (L)

carte n'ont pas été justes à l'égard de cette côte. Vous la faites courir S. E. et N. O. depuis le cap que vous appelez *Promontorium Candidum* qui, selon vous, doit répondre aux Gardes de Bizerti, jusqu'au cap que vous nommez *Promontorium Apollinis*, aujourd'hui cap Zibibe. Vous appelez, Monsieur, le cap de Bizerti *Promontorium Candidum*, nom qui paraît mieux convenir au *Promontorium Apollinis*[1], parce que ce dernier est presque tout couvert de sable jusqu'au haut de la montagne et qu'il paraît tout blanc. Vous placez à l'ouest de ce cap une île asssez considérable; il n'y en a qu'une très petite nord et sud avec la tache blanche; on appelle cette île Pelau[2].

De plus, vous oubliez de marquer l'île Plane qui est à l'est de votre *Promontorium Apollinis* et les Conits, qui sont de petites îles situées nord et sud avec la pointe qui

---

[1] Shaw (t. I, p. 177 et suiv. tr. fr.) place aussi le *Promontorium Candidum* au cap des Gardes ou Ras-el-Abeadh. Ce même cap est nommé le cap Blanc dans les cartes de M. Lapie.

[2] Pilloe. (Sh.)

avance le plus au nord du terrain qui est entre Bizerti et Porto-Farina. Les erreurs sur cette côte vous font tomber dans la difformité du golfe d'Utique qui est tout autre que vous le représentez.

Vous ne donnez pas assez de fond ou d'avancement vers l'ouest au golfe où vous posez Pulput et Adrumetum et qu'on nomme aujourd'hui de la Emmamette[1]. Le golfe avance jusqu'à être presque nord et sud avec la baie de la Goulette ou de Tunis. Il y a outre cela près de trois ou quatre lieues de pays noyé ; ainsi quantité de villes que vous posez au sud et au S. S. E. de Tunis ne pouvaient pas s'y trouver, ou du moins elles étaient plus à l'ouest. Le même étang ou terrain salé et marécageux continue bien avant vers le sud, et descend jusques au golfe des Gerbi, selon vous *Syrtis minor*. Ainsi, les villes de Marazana et de Suffétula étaient ailleurs que vous les marquez, comme vous le verrez dans la suite de cette lettre.

Bien loin que la côte, depuis la pointe de Tapsus, aujourd'hui le Monestier, jusqu'à

---

[1] Voy, plus haut, p. 105, not.

Thysdrus ou l'Africa[1], court au S. E., elle ne donne guère plus que le sud. En un mot, j'ai examiné votre carte et celle de M. Berthelot; j'ai trouvé cette dernière très juste dans mes observations. L'expérience de plusieurs années et les observations de tous les navigateurs sur cette côte rendent le même témoignage que moi; on peut se régler sur elle et la copier en formant une nouvelle carte géographique.

Les erreurs que j'avais aperçues à votre carte, par rapport à la côte maritime, me firent prendre des précautions pour, lorsque j'irais dans les terres, me munir d'une boussole et d'un quart de cercle afin de diriger mes routes, de relever les endroits et de prendre les latitudes. Ce fut avec ces circonstances que je marchai en m'arrêtant à des distances pour faire mes observations.

Je pris d'abord la ville de Tunis pour point fixe et je relevai les endroits suivans :

Le cap Carthage à l'est, quatre lieues.

Les forteresses de la Goulette à l'E. S. E., deux lieues.

---

[1] Voy. plus haut, p. 37, not.

Le cap Bon à l'est ¼ S. E.

La Montagne de Plomb au S. S. O.

Les montagnes de Zawan au S. O. huit lieues.

L'isthme du cap Carthage court au S. E. et N. O. depuis le cap jusques à la Goulette. La côte va à l'O. S. O.

Ne voyant pas de montagnes considérables à l'endroit où vous marquez le *Mons Aspidis*, que celles qui sont à l'extrémité de cette côte qu'on appelle cap Bon et, chez vous, Promontorium Apollinis, j'ai cru que la montagne de Zawan, qui est célèbre par ses sources d'eau, par ses bains chauds, par le commencement des aquéducs qui portaient les eaux à Carthage, et parcequ'elle est comme au centre du royaume, devait être le Mons Aspidis que vous placez ailleurs[1]. Vous marquez dans votre carte une montagne avec le mot d'*Uzan;* mais quand ce serait la montagne de Zawan, elle ne serait jamais bien située, parce qu'elle est à l'O. N. O. de Tunis cinquante milles, et qu'elle se trouve véritablement au S. O., trente milles.

---

[1] Voy. plus haut, p. 44. not.

Carthage, chez vous, resterait au N. N. O., vingt milles de Tunis; cependant, par l'observation, elle est à l'est, quatorze milles.

En voilà assez, Monsieur, pour ce qui regarde les côtes maritimes, je vais commencer à vous décrire mes routes par terre et mettre en parallèle votre carte avec mes observations.

Nous partîmes le 11 juillet de Tunis pour aller à la montagne de Zawan. Nous fîmes route au S. O. huit lieues. Après avoir marché trois lieues par des plaines et sur de petites élévations, nous arrivâmes dans une grande vallée au milieu de laquelle passe la rivière ou plutôt le torrent appellé Meliane, qui est à sec dans l'été. Après cette vallée on trouve les débris d'une ville ruinée, et nous arrivâmes au pied de la montagne où est le village de Zawan, bâti sur les ruines d'une ville.

Le 13 nous fîmes route au N. O. quatre lieues, et après avoir encore traversé la rivière Meliane, nous arrivâmes aux ruines de Cigissa, situées à l'O. S. O. sept lieues de Tunis et au N. O. quatre lieues de Zawan; de là, faisant route au nord, nous arrivâmes à une ville détruite qu'on appelle Amouraba, située à l'extrémité d'une colline assez élevée. Continuant la route au nord deux lieues, nous arrivâmes et nous couchâmes près les ruines de Sidy Mazaet.

Le 14, route au N. E. quatre lieues : nous traversâmes la rivière de Bagradas, aujourd'hui Megerdas. Bien loin que cette rivière vienne du sud comme vous le marquez, elle court à l'est-nord-est, venant de l'O. S. O., commençant vers Tagaste, passant par Tastour, et près de Thignica : elle se décharge à Utique près de Porto-Farina. De là nous fûmes à Tuburbo, éloigné de demi-lieue de la rivière.

Quant à Tuburbo, j'ai trouvé deux endroits qui conservent ce nom, l'un à cinq lieues au-dessous du Monestier et près de votre Thysdrus[1], l'autre au nord-ouest, sept lieues de Tunis, le long du Bagradas. Il y a apparence que le second est le Tuburbo minus que vous posez au S. O. de Tunis à trente-six milles. Il y avait un ancien amphithéâtre où nous avons trouvé des inscriptions. Il fut détruit, il

---

[1] C'est probablement le lieu qui est nommé Tobulba dans les cartes de Shaw et du colonel Lapie.

y a une vingtaine d'années, par Mahamet-Bey pour la construction d'un pont qu'il faisait faire sur la rivière de Bagradas. L'autre dont je parle doit être le Tuburbo majus, bien plus au sud que vous ne le marquez, puisqu'il se trouve au-dessous de votre Tapsus. De Tuburbo minus, faisant route au sud-est sept lieues, nous arrivâmes le soir à Tunis. Vous voyez par là, Monsieur, que le Mons Aspidis, Uzan et vos deux Tuburbo seraient mal placés dans votre carte.

Voici le détail de la grande route que je fis en contournant le royaume.

Le 27 juillet je partis de Tunis. Faisant route au sud-est quatre lieues, nous arrivâmes à la Emmamelif où sont les bains chauds, au pied de la montagne qui est une suite de celle de Zawan. De là, continuant la même route deux lieues, nous arrivâmes à la Colombaire; faisant ensuite le S. S. E. nous arrivâmes dans les bois de la Emmamette. Nous vîmes, au commencement de ce bois, les débris d'une ville et nous fûmes coucher à la Tour de la Manaire, à douze lieues de Tunis. Nous fîmes ensuite route au S. S. O. et au S. S. E. jusqu'à

Ergula [1] (peut-être Horrea Cœlia ou Adrumetum), éloigné de huit lieues de la Manaire, et continuant au sud-est quatre lieues, nous arrivâmes à Suse, suivant toujours le bord de la mer, passant entre elle et un terrain salé qui est un étang dans l'hiver.

Suse se trouve par les 35° 30′ [2] nord, au S. S. E. vingt-quatre lieues de Tunis et au sud $\frac{1}{4}$ S. E. de la baie de la Goulette : le fond du golfe de la Emmamette est presque nord et sud avec la baie de la Goulette.

De Suse, suivant le bord de la mer qui court à l'est, nous arrivâmes au Monestier, éloigné de quatre lieues. Nous fîmes ensuite route au sud passant par les villages de Hanis deux lieues, par Zeiba une lieue, par les ruines de Lempta qui doit être Leptis minor, par Tuburbo (les ruines de ces deux villes sont à une demi-lieue l'une de l'autre, à cinq lieues du Monestier et à trois lieues de l'Africa) et ensuite par Caltha [3]. C'est au-dessous de Tuburbo que commence l'étang salé qui conti-

---

[1] Voy. plus haut, p. 19, not.
[2] 35° 46′ 3″. (Sm).
[3] Makalta. (L. 1829.)

nue cinq ou six lieues sur trois de large. De Caltha nous fûmes coucher à l'Africa, que les Turcs appellent Media et qui répond à votre Thysdrus, ville fort ancienne par les débris qui restent. De l'Africa nous fûmes à Selarta[1] dans un enfoncement de la mer qui avance vers l'ouest. Nous voyons de là la Capoule[2] qui finissait cet enfoncement où commence le canal entre la terre ferme et les îles de Querquéni. Cette côte est bien différente de ce que vous la représentez. Nous fûmes ensuite coucher aux Faz, qui se trouvent où vous marquez Tenæ. On trouve quantité de villages sur la route qui paraissent tous de nouvelle fabrique. Les Faz est une petite ville éloignée de quinze lieues de l'Africa, la route sud-sud-ouest. Elle est par les 34° 20'[3] latitude nord. Des Faz, faisant route au nord quart de nord-ouest nous fûmes à Augen qui devait être une ville principale par les ruines qu'on y trouve et par le beau colisée qui subsiste encore; il est au S. O. ¼ S. de l'Africa sept lieues, au

---

[1] Solecto.
[2] Capoudia, autrefois Caput Vada. (L. 1829.)
[3] Environ 34° 48'. (L. 1829.)

sud de Suse douze lieues, au N. ¼ N. O. onze lieues des Faz. Je ne sais si ce ne serait point la Nova Cæsarea ou quelqu'une des villes que vous n'avez pu placer. Voici une inscription que j'y ai trouvée :

IVLIA CAES...............
AED....................,......
ROMAE.......... LEG III.

Et quoique vous ayez marqué à peu près dans le même endroit Marazana, ce n'est pas certainement elle, comme vous le verrez. Marazana est beaucoup plus au nord-ouest que vous ne le marquez. Toute cette côte, depuis Suse jusques aux Faz, est pleine de petites collines sans eau ; le terrain est sablonneux et il ne reste presque aucun vestige de villes anciennes.

D'Augen faisant route au N. O. ¼ O. quinze lieues, nous passâmes toujours dans un étang ou terrain marécageux et salin, plein d'eau pendant l'hiver et presque à sec dans l'été. Ce terrain ingrat et sans eau dure depuis quelques lieues au-dessous de Suse ou pour mieux dire depuis le bois de la Emmamelle jusques aux Faz, aux Gerbi ou au golfe de

Syrtis minor. Il a ainsi près de cent lieues d'étendue nord et sud, sur dix, seize ou dix-huit de large. Ainsi il est impossible qu'il y ait eu un grand nombre de villes dans cet espace de terrain salé et marécageux où il ne croît que du kaly et où l'on ne trouve point d'eau; c'est pourtant dans cet endroit que vous placez Marazana; Suffetula, Tebestes et plusieurs autres villes.

Le 2 août nous arrivâmes au Caïrouan, ville aujourd'hui très considérable et très peuplée, à trois lieues des montagnes, située près d'une source dans la plaine salée, et ayant relevé la montagne de Zawan, elle restait au nord vingt lieues. Continuant la route au N. O. nous arrivâmes à l'entrée des monta-tagnes où nous trouvâmes d'abord les ruines de Géloula. En entrant dans les montagnes, on trouve des sources d'eau douce. Nous vîmes les ruines d'Ousela, qui doit être Vegessela que vous marquez à l'ouest de Suffetula et qui, par cette observation, se trouverait au sud-est de Marazana et à l'est-nord-est de Suffetula. Dans les montagnes d'Ousela ou de Vegesela on trouve quantité de mauvais villages perchés aux sommets les plus élevés de ces montagnes fort hautes et escarpées. Après avoir passé cette chaîne qui dure quatre lieues, nous entrâmes dans une vallée que nous traversâmes pour aller à Marazana, éloigné de onze lieues de Caïrouan, la route ayant valu le N. N. O. un peu de l'ouest. Marazana, aujourd'hui Mansous[1], devait être une ville considérable; on y trouve de beaux restes de temples que j'ai décrits. Elle se trouve à l'ouest de Suse à vingt lieues de distance, et non au sud-ouest cinquante-cinq milles comme vous le marquez.

Suivant la vallée de Marazana, qui court au sud-ouest, on arrive à Suffetula qui conserve encore son nom et qui est véritablement l'ancienne Suffetula, ce qui se prouve par les inscriptions qu'on y trouve et par les débris des temples qui subsistent encore à demi. Ainsi Suffetula serait véritablement au S. O. de Marazana, à la même distance que vous le marquez, mais non pas dans la même position. Toutes les chaînes de montagnes vont N. E. et S. O. et par conséquent les vallées de même.

---

[1] Voy. plus haut, p. 115.

Ayant relevé le mont Zawan il restait au N. N. E. seize lieues ou environ.

J'aurais voulu aller à Vescetra, qu'on me dit être une ville très grande qui avait deux lieues de circuit, pleine d'édifices bien conservés et superbes, remplis d'inscriptions. Cette ville se trouve à l'ouest de Suffetula à environ douze lieues, mais il me fut impossible parce qu'elle était hors du royaume et que les spahis que j'avais ne voulurent pas me suivre. Nous retournâmes à Marazana le même jour. De là, ayant fait au N. N. O. trois lieues à travers les montagnes, nous arrivâmes dans une belle plaine appelée Toelsen où nous vîmes beaucoup de débris de villes et une petite rivière qui se jette dans celle de Seiliane. Continuant au N. O. dans la plaine et traversant d'autres collines, nous arrivâmes à la plaine d'Ouseph qui a plus de six lieues d'étendue, traversée par la rivière Seiliane qui la serpente et l'arrose. Cette rivière prend sa source dans les montagnes de Suffetula, et coulant vers le nord va se décharger dans le Bagradas.

Le jour d'après, traversant une troisième chaîne de montagnes allant toujours au N. N. O.

sept lieues, nous arrivâmes à Keff, qui est le Sicca Venerea de votre carte, et ayant pris la latitude de la ville je me trouvai par les 36° 5′ nord qui est la même latitude où vous mettez cette ville, et à la même distance de Marazana. Outre les ruines considérables que nous trouvâmes dans cette ville, aujourd'hui une des clefs de ce royaume, les inscriptions nous prouvèrent que c'était le Sicca des anciens.

De là, faisant route au N. E. et suivant la vallée de Sicca, nous vîmes un nombre considérable de ruines de villes qui n'ont d'autre nom aujourd'hui que celui de Hensir ou ruines de Sidy tel ou tel marabouts qui y ont été enterrés. Après avoir fait six lieues nous arrivâmes aux ruines de Musti, qui se trouve plus au nord de Sicca qu'il n'est marqué chez vous; nous y trouvâmes un arc-de-triomphe avec des inscriptions qui dénotent que c'était Musti. A trois lieues de là, vers le nord, nous fûmes à Tugga, où nous vîmes des portiques et des inscriptions.

Tugga est bien différemment posé des deux Tucca de votre carte. L'un est à l'ouest de Tagaste, l'autre au N. O. de Marazana; mais le Tugga dont je parle est au nord de

Sicca à huit lieues. Les inscriptions l'appellent Thugga. De là, faisant au N. N. O. deux lieues, nous fûmes à Tubursica, ville qui subsiste encore et conserve son nom. Dans les inscriptions nous trouvions *Thibursicensium Buræ*. Ainsi bien loin que cette ville soit au sud de Sicca Venerea, comme vous le marquez, elle se trouve au nord du même Sicca à dix lieues. ayant relevé la montagne de Zawan, elle restait à l'E. S. E. De Tubursica faisant route au N. E. deux lieues, nous arrivâmes à Thignica, qui est à peu près où vous le marquez, mais c'est en retranchant quarante minutes de chemin que votre carte avance de trop vers le nord. En allant de Thignica à Tastour, qui n'en est qu'à une grande lieue, nous traversâmes la rivière Seiliane à l'endroit où elle se décharge dans le Bagradas. Cette rivière du Bagradas vient du nord-ouest de votre Tagaste, va à l'est-sud-est et finit à l'est-nord-est, lorsque de Tuburbo elle se rend à la mer. Nous la suivîmes près de deux lieues jusques à Bebo et nous la traversâmes pour aller à Selougie. De là, faisant route à l'est-sud-est, nous nous rendîmes à Tunis, éloigné de Tastour et de Thignica de 12 à 13 lieues.

J'espère, Monsieur, que vous ne désapprouverez pas la liberté que je prends de corriger votre carte, je n'en estime pas moins l'auteur, quoique je critique en quelques endroits ce qu'il a fait, aussi bien qu'il a été possible en travaillant sur des mémoires anciens. Je connais tout le mérite de l'ouvrage et les difficultés qu'il y a eu à le composer ; mais ces disputes sont permises dans le pays littéraire, elles servent à éclaircir la vérité que nous devons tous chercher. D'ailleurs, comme les voyages dans ce pays-ci ne sont pas fréquens, j'ai lieu de croire que vous verrez avec plaisir mes observations quoique contraires à votre carte. J'ai pris toutes les mesures et me suis appliqué à observer exactement.

J'en ai même dressé une carte[1] étant sur les lieux, que j'ai l'honneur de vous envoyer, en vous assurant que personne n'est avec plus d'estime et de vénération que

J'ai l'honneur d'être, etc.

PEYSSONNEL, doct.-méd.

[1] Cette carte est aussi perdue.

LETTRE HUITIÈME.

A Monsieur l'abbé Bignon, Conseiller-d'Etat, contenant la description de l'isthme du cap Bon et les coutumes des Maures andaloux établis dans le royaume de Tunis.

Tunis, le 6 octobre 1724.

Monsieur,

Je continue à vous envoyer la relation de mes voyages et la description des endroits que je parcours; je viens d'en finir un assez dangereux quoique peu éloigné de la ville de Tunis. C'est à l'isthme où à la péninsule du cap Bon que j'ai été. J'y joins la relation des coutumes des Maures andaloux établis dans ce royaume, en attendant de vous envoyer celles des Arabes Bédouins; je souhaite que le tout puisse vous être agréable.

Le 23 septembre je partis de Tunis, accompagné du R. P. François Ximenès, Espagnol, administrateur de l'hopital royal des esclaves de Tunis, entretenu par le roi d'Espagne. Ce père est fort curieux et il m'a accompagné dans la plupart de mes voyages. Nous prîmes le chemin de Suse et, après avoir traversé la rivière de Meliane, appelée par Ptolémée Catada [1], nous passâmes devant la Emmamelif [2], où il y a des bains chauds dont j'ai eu l'honneur de vous parler dans ma seconde lettre. On y trouve deux petits réservoirs couverts pour la commodité des malades, l'un destiné pour les hommes et l'autre pour les femmes, et plusieurs petites chambres pour s'y reposer et loger. Nous laissâmes après le chemin de Suse à droite et nous arrivâmes à Soliman [3] à deux heures après midi. Comme nous avions des lettres de recommandation de Sidy Mahmout, Maure andaloux natif de ce village, et qui est kazanadar ou trésorier du bey, un des principaux conseillers dont je vous ai fait l'éloge dans ma troisième lettre, nous fûmes logés et défrayés de toute dépense pendant notre séjour.

[1] Ptolem. IV, III, p. 109, éd. Bert.
[2] Hammam-el-enf.
[3] Suleïman. (L.)

De Soliman.

Il y a apparence que Soliman est l'ancienne Casula[1] qui, comme l'on croit, fut ruinée par les Sarrasins vers l'an 644 de J.-C.[2]. Elle fut rebâtie en 1611 par les Maures andaloux et tagarins qui furent chassés d'Espagne par Philippe III[3]. On l'appelle Soliman à cause que le territoire et une maison qu'il y avait appartenaient à un Turc appelé Soliman qui la leur vendit assez chèrement et qui leur permit de jeter les fondemens de leur ville. C'est à peu près dans ce même temps que tous les autres villages des Andaloux furent commencés. Tels sont Tastour, Mezengelbeh[4], Grassilouët[5], les Zawans, Tuburbo, Sélougie[6], Hadromon, Grassigibel[7], Mezelgelmin[8], la

---

[1] Voy. Itin. d'Anton. p. 57, éd. Wessel.

[2] On verra dans les notes de la lettre suivante que les Arabes n'ont pénétré dans l'intérieur de l'Afrique que vers l'an 665.

[3] En 1609 et 1610.

[4] Basilbab, Meses-el-Bab. (L.) Misaz-el-Bab. (T.)

[5] Grich-el-Oued. (L. 1833.)

[6] Slougeah. (L.)

[7] Ras-el-Djebel. (L.)

[8] Mezeljemeine. (Sw.)

Halia[1], en un mot, presque tous les villages qui subsistent et qui, par le travail de ces Andaloux, font la richesse principale de ce royaume.

Soliman est situé dans une plaine à cinq lieues de Tunis et à une lieue de la baie de la Goulette. Il est presque rond, entouré de mauvaises murailles de terre, les rues étroites et mal percées, les maisons basses, les unes couvertes de briques rondes et les autres terrassées à la mauresque avec un *pati* ou une cour au milieu[2] à laquelle tous les appartemens aboutissent. Ils ont souvent dans ces cours des plantes aromatiques ou des vases de fleurs pour leur plaisir et pour l'ornement. Tous les appartemens sont au rez-de-chaussée et peu de maisons ont un étage. Il y a six mosquées et une zaunia, qui est comme un refuge pour les criminels et pour ceux qui ne peuvent payer leurs créanciers. Le marabout de cette zaunia donne à manger à ceux qui s'y

---

[1] El-Aleab. (L. 1829.) Elatia. (Sw.)

[2] Shaw dit que cette cour intérieure se nomme, chez les Arabes, el-woost (t. I, p. 353, tr. fr.); les Maures andaloux ont conservé le terme espagnol *patio* qui a la même signification.

réfugient. Il y a pour cela des fonds légués par des personnes pieuses et dévotes à un marabout qui y a été enterré. Il y a aussi plusieurs marabouts dans de petites chapelles où l'on a enterré des personnes qu'on regarde comme saintes; ces marabouts sont souvent des maîtres d'école obligés par la fondation d'enseigner les enfans. Au milieu de la ville il y a une petite place carrée qui sert de marché pour les provisions nécessaires à la vie. La salle du café se trouve vers la façade de cette place qui regarde le sud. C'est là que les Maures s'assemblent pour converser, pour manger des espèces de confitures faites de miel et de farine, pour fumer du tabac, pour prendre du café et pour entendre jouer de certains instrumens, comme sont les guitares et les hautbois et autres, suivant l'usage du pays. Il y a un marché tous les vendredis où les Maures du voisinage s'assemblent pour acheter et vendre. Il y a plusieurs bains publics, les uns pour les hommes et les autres pour les femmes; car les Mahométans ont coutume de se baigner presque tous les jours par un principe de religion.

Trois cents familles de Maures andaloux et

six cents d'Arabes habitent cette ville. Les Maures originaires d'Espagne ont le gouvernement de la justice, de même que dans tous les endroits où ils sont établis depuis que Uzan, bey de Tunis, le leur accorda lorsqu'ils fondèrent ces lieux, et les Maures arabes n'y peuvent exercer aucune charge. Le siége de la justice est composé d'un gouverneur qu'on appelle sheick, qui est la personne la plus considérable, trois jurés et trois alguasins[1]. Le premier est perpétuel et est créé par la voix et le suffrage de tous les Andaloux, ensuite approuvé par le bey; les autres sont annuels. Dix ou douze notables maures andaloux des plus considérables s'assemblent à ce sujet dans la mosquée principale et font, toutes les années, l'élection de ces officiers. L'office du sheick est de donner les ordres, de rendre la justice au civil et au criminel, de condamner et d'absoudre suivant les lois; mais il ne peut condamner personne à mort sans un ordre exprès du bey. Les trois jurés sont comme les conseillers, et les alguasins sont comme les archers qui saisissent, donnent la

---

[1] Alguazils.

bastonnade et exécutent les arrêts des juges. On voit dans plusieurs villages d'Espagne les mêmes officiers qui ont le même nom et le même emploi.

Tous les Andaloux sont exempts de tribut; mais ils paient le dixième de tous les fruits qu'ils recueillent. Cette exemption leur fut accordée par Uzan-bey lorsqu'ils se retirèrent d'Espagne. Depuis quelques années ils paient quelques droits pour le louage des lieux qu'ils occupent dans les bazars ou marchés, lorsqu'ils vont vendre leurs denrées. Les Arabes bédouins paient la garame, qui est un droit imposé sur les terres labourées. Il y a un fermier du bey pour retirer ces droits; mais ce commis n'a aucune autorité et est soumis à la justice des Andaloux. La religion des Andaloux est la même que celle des Arabes; ils professent tous la loi et la religion de Mahomet, mais leurs manières de s'habiller et leurs coutumes sont différentes en bien des endroits. Je ne parlerais pas à présent des coutumes des Bédouins, espérant de le faire amplement dans une lettre particulière, je me contenterai de vous faire une courte relation des coutumes des Andaloux.

Après que ces Maures andaloux se furent retirés d'Espagne, ils quittèrent leurs anciennes manières de s'habiller à l'espagnole et prirent les habillemens à la turque ou du moins ceux que portaient les gens des villes et les personnes principales du pays. Ils permirent seulement à leurs compatriotes d'achever d'user leurs anciens habits qui étaient très beaux, comme on le trouve écrit dans les anciens manuscrits de ces Andaloux. Voici un extrait d'un de leurs livres : « Il au-
« rait été d'importance, dit l'auteur, qu'on
« eût été habillé humblement depuis qu'on
« était arrivé à Izlam[1], mais le diable *luzbel*,
« l'esprit du monde et la vanité ne donnèrent
« pas lieu à tant de bien. On fut d'abord prié
« de montrer les joyaux et les ornemens dont
« on n'avait jamais vu de semblables et qu'on
« ne connaissait pas dans ce pays. Ces riches-
« ses et ces ornemens pouvaient égaler ceux
« des grands d'Espagne ; principalement dans
« les dorures des femmes. Il y avait des
« femmes qui avaient elles seules plus d'é-

---

[1] Le pays de l'Islamisme. (Voy. d'Herbelot, *Biblioth. orient.*, au mot *Islam*.)

« toffes d'or qu'il n'y avait d'étoffes de laine
« dans les tentes des riches Arabes, de sorte
« que les plus misérables parmi nous étaient
« mieux parées que les reines de cette terre
« n'avaient de vaillant lorsque nous vînmes
« dans ce pays, etc. » Cet esprit de vanité les
tient encore; ils veulent se parer comme ceux
des villes et se mettre aussi bien que les riches
habitans de Tunis; excepté les pauvres, qui,
quoique habillés de robes de moindre valeur,
suivent pourtant les modes des villes, ne pouvant s'accoutumer à l'habillement des arabes.

Les Andaloux sont plus courtois et plus
polis que les autres Maures du royaume [1],
sobres au manger et au boire, se contentant
de ce que les Espagnols appellent la oille [2] qui
est leur manger le plus délicat. Ils mangent
aussi des couscoussous et des autres apprêts
des Maures. Ils sont amis de la gloire, circonspects, arrêtés [3], graves, charitables et laborieux; en un mot ils ont toutes les coutu-

[1] Voy. Shaw, t. I, p. 198, tr. fr.

[2] *Olla.* Mets composé de viande fraîche, de porc salé,
de pois, etc. (*Dict. de l'acad. esp.*, au mot *Olla*.)

[3] Résolus.

mes et le génie des Espagnols, excepté quelques-uns qui les ont corrompus par la longue fréquentation avec les Maures bédouins.

Les cérémonies de leurs mariages sont les mêmes que celles des autres mahométans, mais ils se distinguent par la pompe avec laquelle ils les célèbrent. Ils ont aussi une coutume qu'on pratique dans quelques villages d'Espagne; c'est que non seulement les parens, mais encore tous les Andaloux du lieu assistent à la *boda* ou aux fiançailles. Les hommes mariés et les jeunes gens donnent des régals, des présens et même de l'argent au marié, et les femmes et les filles à la mariée, suivant le pouvoir et la qualité d'un chacun, coutume louable, puisque l'époux qui commence son ménage a par là le moyen de s'accommoder et de s'intriguer. Nous apprîmes toutes les coutumes en voyant célébrer un mariage pendant notre séjour à Soliman. La fête dura huit jours.

On connaît la libéralité des Maures de cette nation par le nombre considérable d'œuvres pies qu'ils ont fondées. N'est-ce pas une chose considérable pour un petit lieu qui n'a guère plus de cent ans de fondation, d'avoir déja plus de deux cents piastres de rente fixe pour soulager les pauvres ? Cela se répartit fidèlement par un ministre de la justice tous les vendredis de l'année qui est le jour de fête comme le dimanche parmi les chrétiens. Il donne une certaine quantité d'argent, suivant la nécessité et le besoin des pauvres, pour leur nourriture pendant la semaine. A leurs pâques, qui sont des fêtes principales, il double l'aumône et les habille de surplus, et il donne tous les jours aux pauvres malades de quoi manger et les choses nécessaires à la vie.

Les villes et les villages étaient bien rares dans ce royaume avant la venue des Andaloux. La plupart des villes qu'on trouve aujourd'hui leur doivent leur fondation ou du moins leur rétablissement, parce qu'avant eux, les naturels ou Maures bédouins aimaient mieux vivre sous des tentes à la campagne que dans les villes comme la plupart le pratiquent encore.

Ils surpassent les Arabes à la culture des arbres, comme il est facile de voir dans les endroits qu'ils habitent. Presque tous les environs de leurs villes sont remplis de jardins, garnis d'arbres fruitiers et d'herbes potagères, bien entretenues et bien travaillées.

Ils vont les vendre, la plus grande partie, à Tunis. Dans les endroits éloignés de cette ville ils ont des vignes, des vergers d'oliviers, tous bien alignés et bien entretenus; ils nourrissent des vaches, des brebis, font du fromage, du beurre qu'ils appellent mentèque; ils ont des colombiers, des basses-cours, et, pour le dire en un mot, ils s'appliquent à tous les exercices d'un bon laboureur.

Ils sont d'un tempérament assez robuste; leur couleur est basanée, penchant vers le mulâtre; mais ils sont un peu plus blancs, presque semblables aux Espagnols, suivant les provinces d'où ils ont tiré leur origine. Ils conservent le langage espagnol; leurs filles se marient avec répugnance à d'autres qu'à des Andaloux, et eux ne se mésallient guère volontiers, quoique la misère les ait quelquefois obligés de se mêler avec les Maures du pays.

Antiquités et inscriptions.

Dès que nous fûmes arrivés à Soliman, nous demandâmes s'il n'y avait pas quelques édifices anciens. Il reste encore un temple fait de grosses pierres qui sert aujourd'hui de mosquée. Dans une maison on trouve une pierre de marbre blanc qui appartenait à un temple dédié à Saturne, comme on le voit par cette inscription :

SAT. AVG.
SAC.
M. IANNONI
VS FELIX
PET. SACER.
V. S. L. A.

Sur le seuil de l'entrée de la mosquée principale des Andaloux, on trouve deux pierres écrites en caractères romains, dont une est si maltraitée qu'on ne peut y déchiffrer que ces lettres : AVG. L'autre est de marbre blanc et contient ce fragment d'inscription [1] :

. . . . . IVLIVS V. C. TEMPLVM. . . . . .
. . . . DVOBVS A FVND. VOTO RES. . . . .
. . . . SVB CVRA ALCIBIADIS ACTO. . . . .

Sur une pierre qui est dans un jardin à la sortie du village :

---

[1] Dans Maffei cette inscription commence par cette ligne, qui manque ici : AVG. SAC.

PAVLVM.
IN PACEM.

Dans un verger d'oliviers, près de Soliman, qu'on appelle *Sagurona*, il y a les ruines d'un vieux édifice ; et aux fondemens des murailles est un ancien sépulcre qu'on a découvert depuis peu, dans l'idée d'y déterrer quelques trésors. Il est revêtu de pierres de diverses couleurs si petites que quatre pourraient entrer dans l'espace d'un ongle ; la diversité des couleurs de ces pierres les fait paraître d'une peinture délicate. Cette peinture mosaïque représente deux hommes nus pêchant au bord de la mer. On voit deux poissons dans les filets, dont l'un tâche de s'enfuir. Sur le côté on voit un homme nu qui dort. Ce tombeau est fait en arc, et la peinture est dans la façade du fond. Le sol est pavé de pierres semblables, mais plus grandes, qui représentent des vases et des fleurs. Ce sépulcre méritait d'être vu, par l'art avec lequel il a été fabriqué ; mais il a été maltraité par les Maures, à cause qu'ils sont ennemis des figures, comme il leur est défendu d'en avoir par leurs lois. Le frontispice, le haut et les côtés ont été gâtés lorsqu'on l'a découvert. Il se peut qu'il contint le nom de la personne qui y a été enterrée, mais nous ne pûmes le découvrir. En allant voir ce sépulcre, nous observâmes que non seulement on arrosait les jardins avec de l'eau qu'on tire des puits, mais encore on arrose les oliviers et les arbres fruitiers. A Soliman il n'y a ni rivière ni fontaine ; on n'y trouve que de l'eau des puits, assez bonne, légère, et qui passe fort vite.

Des autres lieux de l'isthme du cap Bon.

Le vingt-quatre septembre, nous partîmes de Soliman, faisant route au N. O., et fûmes au château dit de Chabon, situé sur le bord de la mer, à une lieue de Soliman et à quatre lieues de Tunis. Ce château, à présent ruiné, était bâti de pierres de taille. On y voit plusieurs sépulcres des gentils. Ce sont de grosses pierres creuses comme des piles [1] que l'on fait pour abreuver les bestiaux. Il se peut aussi qu'ils aient été faits au temps des premiers chrétiens. Sur une pierre qui est sur le haut d'un coin, on lit cette inscription très difficile à déchiffrer :

[1] Des auges.

De là nous fûmes au commencement des montagnes qu'on appelle de Borgani[1], nom qui signifie des deux pointes. Il n'y a point d'édifices, à cause qu'elles sont si rudes et si escarpées qu'on ne peut les grimper qu'avec beaucoup de peine. On nous dit qu'il y avait beaucoup de mouches à miel qui faisaient leurs ruches au haut de ces sommets si escarpés, qu'on ne pouvait y aller pour prendre le miel et la cire. Malgré cela, on sait que Mourat-Bey y fut. Le motif qui l'obligea à y aller, c'est qu'il était passionnément amoureux de la fille d'un riche Arabe dont il voulait jouir. On dit à Mourat-Bey que le père de cette fille l'avait cachée dans les montagnes ; il partit du Bardo accompagné de sa garde, monta jusques au sommet de ces montagnes pour chercher cette fille, visita partout sans trouver ce qu'il cherchait. De rage, il fit précipiter du haut de ces rochers celui qui lui avait donné ce faux avis,

---

[1] Ce mot rappelle le mont Burgaon de Procope (Bell. Vand. II, 12), qui est aussi formé de deux pics jumeaux et inaccessibles.

et lui fit donner mille coups de bâton avant de le faire jeter ; il méritait ce châtiment afin qu'il servît d'exemple aux flatteurs qui sont auprès des princes.

Nous poursuivîmes notre voyage prenant le chemin de Suse ; nous prîmes peu après le chemin à droite pour entrer dans les montagnes de la Emmamelif. Nous trouvâmes les ruines de quelques villages, et parmi elles celles d'un lieu appelé Chemacher, où nous vîmes les ruines d'un grand temple et celles d'un village de peu de conséquence. Nous fûmes dormir à un lieu appelé la Colombaire, sur le chemin de Suse.

De la Colombaire [1].

La Colombaire, dont j'ai eu l'honneur de vous parler dans ma seconde lettre, est un petit lieu où il y a une seule rue, une trentaine de maisons et une mosquée. Nous y rencontrâmes une vieille femme qui nous dit en espagnol qu'elle était fille d'un Maure venu d'Espagne. La principale maison appartient à Mahamet-

---

[1] Kroumbalia, entre Soliman et le monte Piombo.

Bey, frère d'Assem-Bey, régnant aujourd'hui. Elle avait été bâtie par un maure appelé Moustapha de Cordenas, un de ceux qui vinrent ici de la nation espagnole. Il y a deux beaux jardins avec un grand bassin, quantité de fontaines, une basse-cour et de grands appartemens à l'espagnole. Il y a aussi des fontaines aux appartemens d'en haut, ce qui les rend très gracieux. Ce Moustapha, entre autres choses, avait fait planter un verger d'oliviers qui doit contenir environ trente mille pieds d'arbres, et entre eux il avait mis des amandiers très bien disposés. Pour arroser les arbres, il fit conduire de l'eau des montagnes voisines sur de petits aquéducs, et fit dans cet endroit une dépense très considérable. Il avait dans sa maison trente métiers de *tayoles* de soie, et trois cents esclaves, chrétiens ou nègres, pour le travail de la terre. Le bey de Tunis le chassa parce qu'il était riche et puissant, car c'est ici un crime très considérable que d'être trop riche. Les biens qu'il avait étaient ceux qu'il avait apportés en se retirant d'Espagne. Sans autre motif que celui de sa richesse, Achmet-Bey voulut le faire périr pour jouir de ses biens ; mais il fut avisé de cette résolution par les amis qu'il avait à la cour de ce prince, et, ayant ramassé le reste de ses biens, ses principaux effets et son argent monnoyé, il s'enfuit à Constantinople, où, ayant montré quelques pièces par écrit qui témoignaient des services qu'il avait rendus à la Porte, il fut honoré et qualifié des titres qu'on donne ordinairement à semblables personnes. De là il passa au Caire et vint ensuite à Bône, où il fit planter presque tous les oliviers et les arbres qui s'y trouvent aujourd'hui, et qui surpassent le nombre de ceux qu'il avait laissés à la Colombaire.

Le vingt-cinq, nous partîmes de la Colombaire, accompagnés d'un renégat espagnol qui reste dans la maison de Mahamet-Bey. Nous fîmes route à l'ouest, traversant le bois d'oliviers qui a près d'une lieue d'étendue; nous entrâmes dans une terre labourée passant par Sidy-Busieri. Il y a là un puits d'eau qui n'est pas bonne à boire, mais elle a une vertu spéciale contre la rage lorsqu'on s'y baigne ou qu'on en boit. L'expérience, dit-on, prouve que toutes les personnes et les animaux enragés ou qui ont été mordus par des animaux attaqués de l'hydrophobie, ont été guéris ou garantis, lorsqu'on a eu soin de les baigner dans l'eau de ce puits. On nous rapporta quantité d'expériences là-dessus. Cette année même, nous dit-on, cinq personnes du lieu de Soliman ont été mordues d'un chien enragé; quatre furent se baigner dans cette eau, et la cinquième n'y fut pas, parce que le chien, disait-elle, ne lui avait mordu que la robe. Avant les quarante jours, elle fut attaquée de la rage, dont elle mourut; les autres en furent préservées. Les Maures attribuent la vertu de cette eau aux mérites d'un marabout qui est enterré près de là. Je crois, si la chose est véritable, que la vertu de cette eau vient des minéraux cachés dans les montagnes par où l'eau de ce puits passe, car on trouve dans ces montagnes [1] des mines de plomb.

Suivant le même chemin [2], nous passâmes par les ruines appelées Quelvia. Sur les murailles d'un vieux château on trouve des fragmens de pierres qui doivent avoir appartenu

---

[1] Le Djebel Erressas, ou monte Piombo. (L.)

[2] C'est-à-dire le chemin de Suse. Il se dirige par conséquent au sud-est.

à des ouvrages plus anciens; on y lit ces fragmens d'écriture :

QVAQVE PERDVCTAM LIMENTO ET STATVRAS ILL....
VS HONORATVS GAVDENTIVS EI LO..........

―――

CORAM TE ADHERENTIS TRIVM T.....
A. P. P. CVRATOR RERVM..........

Nous passâmes plus avant et nous trouvâmes une grande ville ruinée qu'on appelle encore Taburnoc; peut-être est-ce une des *Tuburbo* de ce royaume[1]. Elle était située dans le fond d'un vallon entouré de hautes montagnes qui l'environnaient de tous côtés, ce qui faisait que l'air de cette ville ne pouvait pas être salutaire; sa figure était en arc courbé dans le milieu. De la manière que les ruines paraissent, elle avait plus de trois quarts de lieue de long, et guère plus de deux cents pas de large. Elle ne pouvait avoir davantage : car c'est tout le plan qui reste entre ces deux montagnes. Les Andaloux rétablirent cette

[1] Tubernok; cette ville est regardée comme l'ancien *Oppidum Tuburnicense* de Pline. (L. Sw.)

ville après leur arrivée d'Espagne; mais une maladie épidémique, espèce de peste, fit mourir tous les habitans; ainsi elle fut une seconde fois ruinée et abandonnée. On y distingue les débris de la ville vieille et de la nouvelle. On trouve une pierre sur une porte avec ce fragment d'inscription :

....TINIANO AVGG. SOLIVM STABILIVM THERA....
..IS VT. PVTO FONTE PVLCHRIOR EDERETVR ASPE..

A la fin de ces ruines, à peu de distance de la ville, il y a un mausolée semblable à ceux que je vous ai décrits de Marazana, de Toelsen et de Tugga. C'est une espèce de tour carrée qu'on appelle la *Foguera*[1]. J'entrai dedans par une petite porte, et j'y trouvai à terre quatre sépulcres de pierre ouverts, deux

---

[1] Shaw (t. I, p. 207, tr. fr.) parle d'un tombeau nommé *le Menarah*, situé sur la côte, à deux lieues au S. O. d'Hammamet. Sur ce tombeau il y avait trois espèces d'autels avec des inscriptions, et sur lesquels les Maures prétendaient qu'il y avait eu autrefois des fanaux pour guider les matelots. C'est probablement à une tradition pareille, vraie ou fausse, que le tombeau, dont parle Peyssonnel, a dû sa dénomination espagnole *la Foguera*, le foyer.

étant vis-à-vis l'entrée, les autres à côté. Et vis-à-vis l'entrée, au-dessus des sépulcres, il y avait quatre niches qui pouvaient avoir contenu les statues ou les dieux de ceux qu'on y avait enterrés; mais nous n'y trouvâmes aucune inscription.

Après dîner nous retournâmes vers le chemin que nous avions quitté[1]. A peu de distance nous nous trouvâmes à un endroit appelé Cazarelouse[2], où nous trouvâmes sur une pierre d'un vieux édifice cette inscription :

AB RE COLVMNIS IMPOSITVS EX ALIA.......
ORE PERFECIT ET EXCOLVIT........

Avançant plus avant, nous rencontrâmes d'autres ruines de villages où l'on ne trouvait rien de considérable. On trouve dans ces collines beaucoup d'arbustes, de lentisques, sabines, tamarix, genets; on emploie le bois et les racines à faire du charbon pour l'usage de Tunis. Du côté du Levant et du midi on voit quelques tentes ou douars d'Arabes. Ces en-

---

[1] Le chemin de Suse.
[2] Serait-ce le Cassir Aseite de Shaw ?

droits ont divers noms comme sont Nabel, Giuf, Tarqui, Veli, Niare et autres. Nous repassâmes à la Colombaire et fûmes coucher à Soliman.

Le vingt-six, nous partîmes de Soliman; faisant route vers le nord, nous fûmes à une ville ruinée appelée Marsa Corbos, qui répond à l'ancienne Mazula de Ptolémée, que d'autres appellent Maxula[1]. Elle était située au bord de la mer, vis-à-vis les ruines de Carthage, au pied d'une montagne appelée Gibel-Corbos, où il y a des bains d'eau chaude comme ceux de la Emmamelif, et c'est là où commence la péninsule ou l'isthme du cap Bon. Il se pourrait que ce fût ici le mont Aspidis des anciens, car M. Delisle le place sur cet isthme[2]. On n'y voit d'autres montagnes considérables

---

[1] Le voyageur semble confondre ici deux villes en une seule : Moraisah, qui paraît avoir été l'ancienne Maxula, et Gurbos où il y a réellement des bains chauds, et qui représente les *Aquæ Calidæ* que Tite-Live (XXX, 24) place vis-à-vis de Carthage.

[2] Le *mont Aspidis* doit se trouver, comme nous l'avons déjà dit, à l'extrémité de la péninsule, près de Kalibia, l'ancienne *Aspis*.

que celles de la Emmamelif et de Zawan dont je vous ai parlé. On nous dit qu'il y avait quantité d'édifices anciens près de ces bains chauds; nous ne pûmes y aller à cause que la montagne était trop rude et que nous n'avions pas de guides.

De Mazula.

Mazula[1] est à deux lieues de Soliman et à six de Tunis; cette ville était entourée de murailles avec une bonne citadelle dont on aperçoit encore les ruines; il subsiste encore une grande citerne qui a quarante-trois pieds de large et trente de long. Il y a quatre rangs d'arcades qui soutiennent la voûte, et chaque rang a sept arches de pierres de taille; le tout enduit de bon bitume pour retenir l'eau que l'on conduisait par un aquéduc, depuis une fontaine à une lieue de là près la rivière de Buzir, formée par divers torrens. Cet aquéduc est aujourd'hui détruit; on aperçoit dans la mer, tout auprès de la ville, plusieurs édifices ruinés qui vont jusques au commencement de la montagne de Corbos. Les Maures disent

---

[1] Aujourd'hui Moraisah. (Sw. L.)

que c'était là une ville qu'on appellait Malca. Je crois qu'ils ont corrompu le nom de Mazula en celui de Malca. Lorsque la mer est tranquille et que les eaux sont claires, on voit encore dans la mer les maisons et les rues qui ont été approfondies [1] peut-être par quelque tremblement de terre; mais on ne sait ni quand ni comment cela est arrivé [2]. De là nous fûmes voir trois autres vieux édifices, mais nous n'y trouvâmes rien de considérable, et ayant repassé la rivière de Busir [3], nous fûmes coucher à Soliman.

Le 28 nous osâmes entreprendre d'aller à la péninsule, qui va jusques au cap Bon; nous partîmes de grand matin, et à une lieue de Soliman nous traversâmes la rivière de Buzir, qui se jette dans la mer entre Chabon et Masula [4].

---

[1] Englouties.

[2] Shaw fait, sur des ouï-dire, une remarque analogue pour les ruines qui existent à Gurba et à Nabal.

[3] C'est une des deux rivières marquées par le capit. Smith, entre Moraisah et Soliman. Voy. aussi la carte de M. le col. Lapie, 1833.

[4] Cette indication rétrécit singulièrement l'espace dans lequel il faut chercher le château de Chabon, déjà mentionné plus haut, et dont aucun auteur n'a parlé.

Nous laissâmes le village à main gauche et nous prîmes le chemin de Gibel Corbos. A la fin de cette montagne on trouve les ruines de Mensulalem ; il y avait là une grosse pierre écrite que nous ne pûmes pas lire, parce que les Maures l'avaient laissé tomber dans une fosse qu'ils avaient faite ; l'écriture était cachée ; ils l'avaient arrachée dans l'idée d'enlever quelques trésors, s'imaginant que là où il y a des écritures il doit y avoir des richesses cachées.

Nous poursuivîmes notre route ; passant du côté qui regarde le nord, nous y vîmes la ville ruinée que les Maures appellent Tabur. Sur une petite élévation il y avait une citadelle démolie, et tout auprès un arc triomphal avec deux niches sur le côté, vers le rez-de-chaussée. Il est presque semblable à celui qu'on voit à Mezengelbeb. De là nous fûmes à Brest et à Duala, qui sont deux petits hameaux. On y voit une église qui paraît avoir appartenu aux anciens chrétiens. Il y reste deux rangs de colonnes qui soutenaient sa voûte qui, aujourd'hui tombée, laisse tout le temple à découvert. Les colonnes ne paraissent avoir eu aucune symétrie : les unes sont de marbre noir cannelé, les autres de marbre blanc uni. Dans une niche il y a deux petites colonnes toutes jolies de marbre blanc, et sur la façade de cette église il y a une pierre écrite en caractères gothiques de cette manière :

DDI. ET CRIS
TI FECIT AV.
DEO DATVS.

Tout auprès il y avait une autre pierre maltraitée où on lisait, en lettres gothiques, MEMORIE. Passant plus avant, nous arrivâmes à une forteresse qui est sur une élévation, du côté de la mer qui regarde le nord; on appelle cet endroit Mersa ou le port de la Marnaque. Nous dînâmes là, et fûmes coucher à un endroit peu éloigné de la mer, appelé Guatel, où il y avait un douar de Bédouins. Nous eûmes beaucoup à souffrir des murmures des Maures, qui, n'ayant jamais vu des chrétiens voyageurs dans ce pays-là, s'imaginaient que nous y étions pour les enlever et les mener en servitude. Une vieille nous avertit de veiller toute la nuit, car on avait conspiré contre nous, croyant que nous devions donner quelques signaux pour aviser les corsaires de vénir enlever le douar.

Le 29, à peine fut-il jour que nous partîmes. Passant près la rivière de l'Abid [1], nous suivîmes la côte jusqu'à un endroit appelé Gerès qui était une vieille ville. Nous vîmes le reste d'une citadelle et une rade où les bâtimens mouillent. Nous voulions de là aller à l'ancienne Carpis [2] où il y a un marabout enterré auquel les Maures sont très dévots; ils y vont souvent en pélérinage. Nous avions dessein de passer à un château plus avancé du côté du cap Bon; mais nous ne pûmes y aller, dans la crainte de donner trop de soupçons aux Maures : nous résolûmes de passer dans les terres, espérant y être moins suspects.

Nous poursuivîmes notre voyage en passant par les ruines de Horain et de Gomeray. Celui qui nous conduisait nous mena dormir dans un hameau de dix ou douze maisons appelé

---

[1] Oued el Abeyde. (Sh. L.)

[2] Shaw la place à Gurbos. Il peut se faire que Peyssonnel ait ici en vue Sidy-Doude, l'ancienne Misua, où il y a en effet un marabout renommé. (Voy. Shaw, t. I, p. 199, tr. fr.)

Garia[1], a une petite lieue de la mer; il y avait là autrefois un village considérable, comme les ruines le dénotent. Avant d'arriver à cette ville nous vîmes une grande route creusée dans le rocher vif; elle avait cent cinquante pas de long sur trente de large; mais elle n'est pas partout égale. Ce qui est le plus considérable à voir dans ce pays, c'est la grotte qu'il y a dans la montagne. On nous dit que cette grotte était si grande qu'elle ressemblait à une ville souterraine à cause des diverses maisons et rues qui y sont; elles forment une espèce de labyrinthe dont la sortie est très difficile à ceux qui n'y sont pas experts. Toutes les maisons et les rues sont taillées dans la pierre vive, et les pierres sont transparentes et luisantes en bien des endroits. On dit qu'il y en a de semblables à celles de Syracuse en Sicile; ce sont sans doute des congellations. On trouve surprenant qu'il n'y puisse vivre aucun animal venimeux : c'est pour cela que plusieurs Turcs et Maures de Tunis prennent des morceaux de ces pierres, les mettent dans leurs

---

[1] Probablement à Laouhariah, l'ancienne Aquilaria. (Sh. L.)

appartemens et même les portent sur eux. Par ce moyen ils croient qu'il ne peut vivre aucun animal venimeux dans les appartemens où il y a de ces pierres, et que les scorpions ne peuvent les piquer ni leur nuire lorsqu'ils en ont dans leurs vêtemens.

Nous ne pûmes savoir à quoi cette grotte servait autrefois; peut-être c'étaient des catacombes comme on en voit en Egypte.[1] Les Bédouins, en temps de guerre, ou lorsque le bey envoie des troupes pour les châtier, conduisent et cachent dans cette grotte leurs femmes, leurs enfans et leurs bestiaux; et les hommes même, lorsqu'ils ne peuvent se défendre, s'y réfugient. Il nous fut impossible d'y aller, parce qu'on ne voulut pas nous en enseigner le chemin. On n'aime pas à voir des chrétiens dans ce pays-ci. Ils craignent toujours qu'il ne leur arrive quelque accident funeste. Souvent les corsaires de Malte ou les autres débarquent dans ces quartiers, y font des

---

[1] C'étaient, suivant Shaw, les carrières dont parle Strabon (lib. XVII, p. 834), d'où les habitans de Carthage, d'Utique et d'autres villes voisines, pouvaient tirer des pierres pour leurs bâtimens.

embuscades et prennent des esclaves. Il n'y a pas même long-temps qu'un vaisseau alla mouiller sur cette côte avec pavillon français; il envoya sa chaloupe à terre sous prétexte d'acheter des vivres; ils achetèrent et feignirent de donner le prix qu'on demandait. Les Arabes ne se doutèrent d'aucune surprise, persuadés que les chrétiens étaient libéraux. Les matelots leur dirent de venir chercher leur paiement à bord. Ceux-ci s'embarquèrent sous la bonne foi et, dès qu'ils furent arrivés, le vaisseau mit à la voile et les mena en esclavage. Depuis ils regardent comme corsaires tous les bâtimens qui abordent sur cette côte. L'on voit par là comme une fraude d'un particulier peut être nuisible à toute la nation et même à tous les alliés. Car ici, dans la campagne, toutes les nations d'Europe ont le nom de chrétiens et sont regardées comme ennemies, sans distinction entre les Français les Espagnols et les Italiens, excepté dans les ports de commerce, où l'on a pour les nations amies les égards qu'on doit avoir.

Les Arabes soupçonnaient de nous quelque chose d'approchant; ils commençaient à murmurer hautement, même à nous menacer et à conspirer. S'ils ne voulurent pas, de leur côté, nous enseigner la grotte et les endroits où il y avait des ruines, de notre côté nous ne souhaitions rien tant que de voir la nuit bientôt passée, pour nous retirer et quitter ce pays si dangereux. Nous aurions voulu passer à la Galipoli[1], du côté de l'est; mais le murmure des Arabes nous faisait tout craindre: nous déterminâmes de nous retirer au plutôt.

Le 30, nous partîmes dès le matin pour venir à Soliman; et afin de ne pas repasser par un chemin qui était pour nous si périlleux, nous en fûmes chercher un autre qui passait par le milieu de la péninsule du cap Bon. Nous rencontrâmes quelques villages ruinés, comme sont Lougrin, Zaguiera, qui étaient entourés de murailles et de fossés, Fostumgram, et Socac où nous dinâmes; ce dernier est un petit village de neuf ou dix maisons. Le commandant nous y régala d'un pain d'orge très noir et d'une poignée d'olives pour nous tous : c'est tout ce qu'il y avait. Dans les débris des murailles d'une vieille mosquée on trouve cette inscription :

[1] Kalibia.

. Ι Π Ρ.
Π̃ Π Ξ Σ
Ι Γ Ι Π Ρ.

Toute la péninsule est pleine de petites collines. Il y a diverses plantes, la plupart maritimes; je n'en vis aucune de particulière. On y trouve des arbrisseaux semblables à ceux de tout le reste du pays que j'ai rappelés ailleurs; il y a des lions, des tigres[1], quelquefois dangereux. Les vaches et les chèvres sont comme sauvages, n'y ayant presque aucun berger pour en avoir soin. On y trouve des lièvres et des perdrix, qui sont très communes de même que dans tout le reste du royaume, et qui ne sont point du tout farouches. On y voit des faucons que les Maures dressent à la chasse; enfin il y a des sources d'eau bonne à boire.

Nous poursuivîmes notre chemin par les ruines de Sarabey, Tabin, et plusieurs autres sans nom; et après avoir passé la Dascala[2], qui est le nom qu'on donne à tout ce quartier, de-

---

[1] Voyez p. 115.

[2] C'est probablement le Dackhul de Shaw, t. I, p. 202.

puis la montagne de Corbos jusqu'au cap Bon, nous fûmes dormir à un douar, où l'on nous reçut dans une maison qui appartient à un Maure de Tunis.

Le 31, nous passâmes par les ruines de Mansula et de la Mornaquitta, de Beniquitania, Visemorica et autres, où nous ne trouvâmes rien de considérable[1]. Nous arrivâmes sur les six heures à Soliman, et le jour d'après nous nous retirâmes à Tunis.

J'ai l'honneur d'être, etc.,

PEYSSONNEL, doct.-méd.

---

[1] Tous ces lieux sont dans l'intérieur de la péninsule, où Peyssonnel est jusqu'ici le seul voyageur qui ait passé.

LETTRE NEUVIÈME.

A M. Chirac, surintendant du Jardin royal des Plantes de Paris, premier médecin de S. A. R. Monseigneur le duc d'Orléans, et membre de l'Académie des Sciences, touchant le génie, les mœurs, les coutumes, la manière de vivre, l'habillement et la médecine des Arabes-Bédouins de la Barbarie.

Tunis, le 6 octobre 1724.

Monsieur,

J'aurai l'honneur de répondre au Mémoire que vous eûtes la bonté de me donner lorsque je fus recevoir vos ordres en partant de Paris pour aller en Barbarie. Vous m'ordonnâtes de m'instruire particulièrement « de la
« position des lieux par rapport aux vents qui
« y règnent, de la qualité de la terre, sèche,
« sablonneuse ou marécageuse, de la disposi-
« tion des montagnes, de leur distance respec-

« tive, de la manière de vivre des habitans,
« de leurs boissons particulières, du temps
« que les maladies populaires y règnent;
« quelles espèces et quelles sortes de remèdes
« on emploie communément pour les guérir;
« surtout quelle est la conduite des habitans
« en temps de peste, si cette épidémie est aussi
« meurtrière dans ce pays qu'elle l'est en Eu-
« rope, à quelle cause on l'attribue, et les rai-
« sons qu'ont les Africains de ne pas en craindre
« la contagion et la communication; enfin de
« ramasser toutes sortes de graines des plantes
« et des arbustes que je trouverais et de faire
« un herbier des plantes inconnues et rares. »
Je vais tâcher de satisfaire à tous ces différens
articles.

Le royaume de Tunis est renfermé dans les
bornes de l'ancienne Mauritanie proconsulaire[1] et dans celles de la province qu'on appelait Byzacena. Il est entre le 37ᵉ degré de
latitude nord et descend jusque vers le 32ᵉ : il a
donc environ 100 lieues du nord au sud, et
n'a guère plus de 40 lieues du levant au couchant. Il a, pour ainsi dire, trois faces diffé-

---

[1] Voy. lettre IIᵉ, p. 18, note.

rentes. Toute la côte de la mer, du côté du levant, jusqu'à douze ou quinze lieues dans les terres, est un pays de plaines entre-coupées de petites élévations. Le terrain est sablonneux et salin; les plaines sont la plupart noyées pendant l'hiver, et remplies de sel dans l'été. On n'y trouve guère que du kali ou des plantes maritimes; point de bois; seulement quelques bosquets d'oliviers que l'on a plantés auprès des villages, situés dans des recoins assez bons, surtout du côté de Suse et du Monestier. On n'y rencontre d'autre eau que celle des puits qu'on a creusés, et qui est presque partout saumâtre et de mauvais goût. Les habitans vivent dans des villages bâtis avec de la terre et de la fiente de chameaux [1]; ils y sont en petit nombre et sont très misérables.

Au sud, vers le fond de ce royaume, est la province qu'on appelle aujourd'hui le Gérid, qui répond à celle qu'on nommait anciennement *Byzacena* [2]. Ce pays ressemble beaucoup

---

[1] Le voyageur veut parler des constructions en pisé, fort communes dans la régence de Tunis.

[2] Cette synonymie n'est pas encore bien exacte; le Gérid, ou le Beledulgérid, est au midi de l'ancienne Byzacène.

à celui que je viens de décrire; mais il est tout couvert de dattiers et de grenadiers qui y poussent presque naturellement, car dans le reste du royaume, les dattiers ne viennent qu'à force de soins, et il est rare que leurs fruits arrivent à leur maturité.

Les contrées du nord et de l'occident de la régence présentent un tout autre aspect : là, le pays est couvert de montagnes dont plusieurs sont très hautes et fort escarpées. Ces chaînes de montagnes courent presque toutes nord-est et sud-ouest, ainsi que les plaines et les vallées situées entre les montagnes et dont quelques-unes ont jusqu'à trois lieues de large sur une longueur très considérable. Elles sont fertiles et belles ; on y trouve parfois des sources d'eau douce bonne à boire. On y voit les rivières du Bagradas, celles de Seiliane et de Méliane, qui sont considérables dans l'hiver, grossies par les pluies et les torrens qui descendent des montagnes. On rencontre une quantité de villes ruinées de fond en comble, sur lesquelles passe la charrue. On y voit dans certains endroits des fragmens d'édifices, des inscriptions et principalement des épitaphes, même des mausolées, dont quelques-uns, quoique d'une bâtisse légère, sont encore debout ; tandis que des monumens qui paraissaient devoir être éternels par leur solidité, sont entièrement détruits. Les habitans y vivent campés sous des tentes, et y sont assez misérables.

Les vents du nord et du nord-ouest sont ceux qui règnent et qui amènent la pluie dans l'hiver. Le vent de nord-est rafraîchit la terre dans l'été, et les chaleurs sont extraordinaires lorsque le vent du midi souffle. Il ne pleut presque jamais dans l'été. D'ailleurs, les vents varient ici comme dans toute la Méditerranée.

Histoire du pays. — L'histoire sacrée nous apprend que dans les premiers siècles de l'église, la régence de Tunis était un pays florissant, fécond en saints martyrs, confesseurs et évêques. C'est de ce pays que sont sortis les Augustin, les Cyprien, les Tertullien, les Fulgence, les Victor d'Utique. C'est sous ces fameux évêques et docteurs qu'on a tenu une grande quantité de conciles et d'assemblées œcuméniques, convoqués dans les principales villes de ce royaume, où l'on a vu jusqu'à trois cents évêques rassemblés [1].

---

[1] Le concile tenu en 411, à Carthage, se composait de 576 membres, dont 279 évêques donatistes.

L'histoire de ces conciles prouve que dans les second, troisième et quatrième siècles de l'église, le pays fourmillait de savans et de saints. Mais que les temps sont changés! Nous trouvons dans l'histoire profane, et principalement dans la romaine, le récit des guerres célèbres que le pays a soutenues. Carthage, rivale de Rome, avait mis cette maîtresse de l'univers à deux doigts de sa ruine sous les Annibals. Je laisse, Monsieur, aux historiens à rappeler tous ces faits; je n'ai ni le moyen ni le temps d'y travailler; d'ailleurs, c'est là une occupation de cabinet et qui ne convient pas à un voyageur aujourd'hui errant, et dont le principal soin est de s'appliquer à l'histoire naturelle.

Parmi les événemens les plus considérables qui sont arrivés depuis la venue du Sauveur, l'invasion des Vandales a été un des plus remarquables. Ces peuples, issus d'Allemagne, après avoir ravagé les Gaules et l'Espagne, vinrent établir leur royaume dans l'Afrique. C'est sous eux principalement qu'arrivèrent les cruelles persécutions des chrétiens, à l'occasion des ariens. L'église était désolée par les hérétiques, et les Vandales, qui les favorisaient, ruinèrent ce pays. Leur domination dura un peu plus de cent ans[1]; depuis 427 jusqu'en 534.

Les Sarrasins suivirent de près les Vandales. Ces peuples, venus du désert d'Arabie, et qui se disent descendus d'Ismaël et d'Agar, commencèrent à paraître dans le septième[2] siècle, et, chrétiens dans le principe, ils embrassèrent la loi de Mahomet, né parmi eux, qui, par la force des armes, forçait les peuples à suivre sa doctrine. Les Arabes sortirent du désert vers l'an 600, et six cent mille personnes sous la conduite d'Occuba, général d'Osman, calife successeur de Mahomet, vinrent dans le pays après avoir traversé l'Égypte, le désert de Barca, le royaume de Tripoli, et prirent Carthage en 660[5]. Ce fut

[1] Cent cinq ans, depuis 429 jusqu'à 534 inclusivement; c'est en 534 que Bélisaire anéantit la puissance des Vandales, et amena prisonnier à Constantinople leur dernier roi Gélimer.

[2] La lettre autographe de Peyssonnel, que nous avons entre les mains, porte en toutes lettres : *Dans le cinquième siècle;* mais c'est évidemment une inadvertance du voyageur.

[3] Ce récit renferme bien des inexactitudes. Osman

donc sous les Vandales que ce pays commença à être désolé et les habitans persécutés pour la religion. Mais ce fut bien pis lors de la ve-

ou Othman, troisième successeur de Mahomet, commença à régner en 644. Son frère utérin, Abdullah, entra en Afrique, gagna la célèbre bataille d'Iacoubé, prit Spaïtla avec plusieurs autres villes, et s'en retourna chargé de butin au bout de quinze mois. Les entreprises des Arabes en Afrique se renouvelèrent sous Moavia I. Ibn-Khudüdge, l'un de ses généraux, nommé aussi Ben-Hadidje, entra dans ce pays en 665. Ses exploits se bornèrent à la prise de Jelloulah. Il fut remplacé par Occuba ou Occba, qui fonda la ville de Kaïrowan vers l'an 670. Ce général périt dans une bataille contre Kuscilé, prince Maure, qui, à la tête des Berbères réunis aux débris des armées romaines, avait entrepris d'arrêter les progrès des Arabes. Kuscilé s'empara de Kaïrowan. Zobeïr, général d'Abdomelek, dixième calife, passe en Afrique vers l'an 688, et reprend Kaïrowan à la suite d'une bataille dans laquelle Kuscilé avait perdu la vie. Le général arabe marcha aussitôt contre Carthage; mais une flotte romaine avait débarqué en Afrique. Zobeïr, arrêté dans sa marche par une armée supérieure en nombre, fut défait et périt dans le combat, après avoir fait des prodiges de valeur. En 697, Abdomeleck entreprit en Afrique une nouvelle expédition dont il confia le commandement à Hassan, gouverneur d'É-

nue des Arabes sarrasins : ils détruisirent et rasèrent toutes les villes; brûlèrent tous les édifices, et l'on ne sait même ce que devinrent les habitans. Pardonnez, Monsieur, cette petite digression historique; elle était nécessaire pour venir à mon sujet, ayant à vous entretenir, dans cette lettre, des Arabes bédouins habitans de ce royaume, descendans de ces anciens Arabes sarrasins dont ils ont conservé toutes les coutumes.

Le royaume de Tunis que je viens de parcourir est habité par trois différens peuples. Au premier rang sont les Turcs, qui s'en rendirent les maîtres sous Soliman II, empereur ottoman, du temps de Charles-Quint et de Barberousse[1], dey d'Alger, vers l'an 1530.

---

gypte. C'est ce général qui s'empara de Carthage et acheva de conquérir le pays, où la ville d'Hippône (aujourd'hui Bône) fut presque la seule ville que les Romains purent conserver.

Voyez l'*Art de vérifier les dates*, t. V, Chronologie historique des califes. — Voy. aussi la Relation sommaire de la conquête de l'Afrique par les Arabes, par Otter, *Hist. de l'Acad. des inscr. et belles-lettres*, t. X, p. 190, édit. in-12.

[1] Connu aussi sous son prénom de Khaïr-Eddin.

Tous les Turcs forment, pour ainsi parler, la noblesse de ce pays. Ils occupent seuls tous les emplois militaires et les principales richesses du royaume, vivent dans les villes, et suivent en tout les coutumes des Turcs du Levant.

Après les Turcs viennent les Maures, qui, sortis d'Espagne, sont venus se réfugier dans ce pays. Ils habitent dans des villages qu'ils ont bâtis partout dans les positions les plus avantageuses. Ils conservent, pour la plupart, le langage espagnol et les anciennes coutumes qu'ils pratiquaient en Espagne. C'est à eux que l'on doit, dans le royaume, la culture des arbres fruitiers et des herbes potagères.

Je place au troisième rang les Arabes bédouins, ainsi nommés parce qu'ils vivent sous des tentes, dans la campagne. Les Arabes bédouins de la Barbarie, qu'on appelle aussi communément Maures, sont divisés en plusieurs nations, et ces nations sont autant de familles issues d'une même tige. Ces familles forment des espèces de petits villages qu'on appelle *douars*, composés de huit ou dix tentes, plus ou moins, et chaque tente contient encore une famille particulière.

Chaque nation a un sheick qui la commande, et chaque douar en a un autre inférieur au sheick de la nation. Sheick signifie ancien, vieillard, prince, docteur, chef. On choisit ordinairement pour sheick un vieillard, ou la personne la plus considérable de la nation, ou le plus ancien du douar. Parmi ces nations, les unes sont soumises au bey, les autres sont indépendantes. Celles qui habitent les plaines et les endroits où les armées turques peuvent aller ont été subjuguées, et paient le tribut; mais celles qui demeurent dans les montagnes escarpées et presque inaccessibles sont indépendantes des beys, soit de Tunis, soit d'Alger. Ainsi les Azouagues, dans le royaume d'Alger, les Comires sur les frontières de ce royaume, les Ouseletis dans la régence de Tunis, ne paient aucun tribut. Quelques nations reçoivent même des beys, non des tributs, mais des présens qu'on leur fait pour les engager à laisser les chemins libres. Chez les nations indépendantes le sheick a la suprême autorité; dans les tribus qui dépendent du bey, il n'a que la basse justice. C'est le bey, lorsqu'il va lever les impôts ou lorsqu'on vient à Tunis lui soumettre la décision des procès, qui décide de tout, qui punit et condamne à mort, qui rend, en un mot, la justice suprême.

Le bey de Tunis actuellement régnant, s'apercevant que l'autorité du sheick dans une nation était trop grande, et qu'un seul sheick portait toute une tribu à la révolte, a augmenté le nombre de ces dignitaires, et donné à chacun d'eux une autorité égale à celle du scheik principal. Ainsi, plus de têtes, plus d'opinions et, conséquemment, plus de divisions dans les conseils.

Les Arabes sont tyrannisés par les Turcs depuis que ces derniers ont conquis ou usurpé la régence sous Soliman II, par le moyen de Barberousse. Dès lors tous les Maures furent exclus des charges et des emplois du royaume et traités avec la dernière rigueur. Aujourd'hui ils sont forcés de payer des tributs au-delà même de leurs moyens; tous les ans, les Turcs vont exiger ces tributs les armes à la main. Peut-être cela est-il nécessaire : ils forcent par là les Arabes à être plus laborieux qu'ils ne le seraient s'ils n'avaient aucune charge; car, n'ayant rien à payer, ils ensemenceraient beaucoup moins. On ne voit pas, en effet, que les peuples qui ne paient pas de tribut soient plus riches que les autres.

Les Arabes se font souvent la guerre de nation à nation, et se volent réciproquement leurs bestiaux. Autrefois ils étaient armés de lances; mais à présent ils ont tous des fusils. En général, ils sont tous bons écuyers; ils montent des chevaux légers à la course et les gouvernent avec facilité. Les guerres sont rarement cruelles parmi eux; ils ne visent qu'au butin, et rarement ils se tuent. Ils respectent toujours les femmes, qui ne sont jamais ni maltraitées ni insultées. Par une politique du bey, on ne voit dans les nations soumises, soit en temps de guerre, soit en temps de paix, ni collisions sanglantes entre plusieurs personnes, ni assassinats particuliers. Dès qu'on assassine quelqu'un ou qu'il se commet un vol considérable, la nation de l'assassin ou celle du voleur est obligée de donner une somme d'argent, sans préjudice de la punition du coupable : c'est ce qu'ils appellent payer le sang. Ainsi la crainte d'une forte amende qui se répartit sur tous les particuliers, fait que tout le monde veille à la sûreté des chemins et tâche de pacifier les querelles qui peuvent survenir.

Quant à la religion, ils suivent tous la loi de Mahomet; mais ils sont très ignorans, n'ayant personne pour les enseigner. On estime un homme savant qui sait lire et écrire.

C'est une espèce de loi ou de coutume chez les Arabes, d'épouser leurs cousines-germaines; les filles même ne peuvent point se marier à d'autres, que leurs cousins n'aient préalablement déclaré ne vouloir pas les épouser. L'on règle la dot que le mari doit faire à sa femme, et qui consiste ordinairement en bœufs ou en argent, suivant la qualité ou la beauté de la fille. Il y a des nations où la dot est réglée parmi eux[1]; on remet la dot promise au père de la fille. Ces coutumes sont très anciennes, car il est dit dans la Genèse qu'Isaac, épousant Rebecca, sa cousine-germaine, lui donna des vases d'or et d'argent, des vêtemens pour elle et des présens pour les parens; et Jacob épousa Rachel, fille de Laban, frère de sa mère.

Le père de la fille convie ensuite tous les

---

[1] Peyssonnel veut dire, je crois, que chez quelques peuplades africaines, lorsqu'un particulier se marie, la dot est réglée dans une assemblée de la tribu.

parens et amis, tant ceux de sa nation que ceux des nations voisines. Tous les conviés, le jour de la noce, se rendent au douar de l'épousée, et donnent chacun un présent au père de la fille. Un notaire écrit et spécifie tous les présens qu'on apporte, parce que, lorsque les conviés marient leurs filles, ont est obligé de leur rendre l'équivalent de ce qu'on a reçu d'eux. Les mariages, de même que la circoncision des enfans, sont toujours accompagnés de fêtes, de courses de chevaux, de danses burlesques exécutées par les joueurs d'instrumens, et de festins. Les femmes du voisinage et celles des conviés s'y trouvent, et accompagnent l'épousée jusqu'au douar du mari en faisant un certain bruit d'allégresse : lu, lu, lu, lu, lu! Il arrive parfois des mariages forcés : les Arabes enlèvent leurs maîtresses lorsque les parens ne veulent pas les leur accorder. La belle une fois enlevée par force ou par persuasion, ils la déposent dans la tente d'un ami d'une nation différente. L'ami la prend sous sa protection ; elle reste chez lui, comme dans un lieu d'asile, jusqu'à ce que les parens aient consenti au mariage, et la personne qui a reçu dans sa tente la fille enlevée est obligée de l'habiller le jour de la noce. Les femmes arabes ne sont pas voilées; on les voit et l'on confère avec elles sans difficulté, quoique leurs maris soient jaloux en bien des occasions, et très sévères sur ce qu'on appelle le point d'honneur ou, si vous voulez, cocuage.

Lorsqu'il meurt quelqu'un de considération on en donne avis aux parens et aux amis; alors tous ceux qui ont été avertis vont à la tente du mort faire un compliment de condoléance. Les hommes se déchirent le front et les femmes le visage en signe de douleur; elles poussent des cris sourds : ho, ho, ho, ho! et forment un branle en rond, tournant ainsi des heures et des journées entières, se lamentant, disant du bien du défunt et priant pour le repos de son ame. On enterre ensuite le mort, qu'on a eu soin de laver, de parfumer et de mettre dans un suaire. On fait un tas de pierres sur la fosse, qui devient un lieu sacré sur lequel on ne sème jamais. Il y a quelques nations chez lesquelles les femmes du mort sont obligées de se couper les cheveux et de les laisser sur la tombe.

Les Arabes bédouins sont d'une taille moyenne assez bien prise; leur teint est très basané et couleur de café; leurs cheveux sont crépus et courts. Ils tiennent un milieu entre les noirs et les blancs et ressemblent assez aux mulâtres. Les traits de leur visage n'ont rien de beau ni de désagréable; leurs yeux, quoique petits, sont assez vifs; leur nez est petit sans être écrasé; leurs oreilles sont fort grandes.

Ils aiment l'argent, l'indépendance et la fainéantise; ils sont très sobres et naturellement éloquens, souples dans l'adversité, arrogans et superbes dans la prospérité, menteurs et voleurs subtils, grands jureurs et fort lubriques. On dit pourtant qu'ils ne sont enclins ni à la sodomie ni à la bestialité. Ils se font une loi d'être très hospitaliers, se piquant d'une fidélité à toute épreuve; il est bon néanmoins de ne pas s'y abandonner avec une aveugle confiance.

Leur habillement est fort simple : une pièce d'étoffe de laine qu'ils appellent sufficiéli, ayant quatre aunes de longueur sur une aune de large, fait tout leur vêtement et leur tient lieu de bas, de culotte, de chemise, de veste et de bonnet. Ils en attachent un bout sous le bras gauche, le font tomber jusqu'aux pieds, remonter sur le côté droit et passer sur la tête.

Les femmes ont également une pièce d'étoffe de laine de trois aunes mise différemment. Elle est en travers, soutenue sur les épaules par deux boucles ou deux morceaux de bois, en guise d'épingles, qui attachent le côté de derrière avec celui de devant; elle est plissée et retenue sur les reins par une ceinture; et voilà leur chemise, leurs cotillons et leur robe. Leurs cheveux sont tressés; elles ont souvent un morceau d'étoffe de toile bleue sur la tête avec une espèce de turban. Elles portent plusieurs anneaux d'argent, d'un autre métal ou de verre aux pieds et aux bras, et différents colliers autour du col. Elles se tatouent, par forme d'ornement, le visage, les bras et la gorge. Elles étendent sur les parties qu'elles veulent tatouer une liqueur bleue, rouge ou noire; et ensuite, avec des aiguilles elles se piquent la peau, et y tracent des dessins à leur fantaisie; ces marques sont ensuite ineffaçables[1]. Elles se teignent les cheveux, les

[1] Les hommes ont aussi quelquefois les bras tatoués. (*Note de Peyssonnel.*)

sourcils, les ongles et les mains avec le henné. Elles font sécher la plante, réduisent ensuite les feuilles en poudre, détrempent cette poudre avec de l'eau, et en font une pâte qu'elles appliquent sur les parties auxquelles elles veulent donner une teinte jaune. J'ai envoyé à M. de Jussieu une plante de henné; il est très commun du côté des Gerbis, vers le Gérid.

Les Arabes vivent dans la campagne, logés sous des tentes, comme faisaient nos premiers pères. Ces tentes sont faites avec de longues pièces d'une toile grossière composée de laine mêlée avec du poil de chèvre. Leurs femmes et leurs filles les tissent elles-mêmes sans métier. Toute une famille campe sous une même tente : le père, les femmes, les garçons et les filles. Les animaux y sont admis pendant la nuit ou dans les extrêmes chaleurs. La cuisine, ou l'endroit pour faire cuire le pain, est dans la partie antérieure de la tente. Trois pierres forment le foyer.

Leurs meubles consistent en une natte de jonc et une peau de mouton. Ils dorment enveloppés de leur sufficiéli, qui sert de matelas, de linceul et de couverture. Ils mangent et restent assis dessus toute la journée.

Leur vaisselle consiste en un pot de terre pour cuire la viande[1], et un second pot percé de trous pour mettre sur celui qui bout, en guise de couvercle. On remplit celui-ci de couscoussou, que la vapeur du pot inférieur fait cuire. Ils ont encore une outre de peau de chevreau et un plat de bois qui leur servent de gobelet et d'assiette. Ainsi une seule bête de charge porte la maison et tous les meubles d'une famille entière, quand même elle serait nombreuse.

Leurs richesses, comme celles de nos premiers pères, consistent en troupeaux de bœufs, de moutons, de chèvres, de chevaux et d'ânes. Les Arabes du côté du levant ont des chameaux; mais ceux du côté du nord n'en peuvent point élever à cause des froids et de la rudesse des montagnes qu'ils habitent. Chaque nation possède encore un certain espace de terrain plus ou moins étendu, suivant qu'elle est plus ou moins

---

[1] Il faut observer que les Arabes bédouins ne mangent de la viande que lorsqu'ils ont des étrangers ou lorsque quelqu'un de leurs bestiaux est près de mourir; alors ils l'égorgent et prononcent, suivant la loi, *le bism allah*, ou *au nom de Dieu*.   (*Note de Peyssonnel*).

nombreuse; il y en a qui comptent jusqu'à mille individus et qui possèdent dix ou quinze lieues de pays; mais elles sont rares. Les plus communes sont de trois ou quatre cents personnes et occupent quatre ou cinq lieues de pays. Chacun connaît son département pour les terres labourables. Les Arabes changent souvent leurs douars pour laisser reposer les terres, et dans l'hiver ils vont se poster à l'abri de quelque montagne : ainsi on ne rencontre pas toujours au même endroit ces villages ambulans. Ils sont pauvres en argent, et ils ont soin d'enterrer le peu qu'ils peuvent avoir.

Ils sont extrêmement paresseux et ne travaillent que dans deux saisons de l'année: aux temps des semences et des moissons. Le reste de l'année ils ne font absolument rien. Ils n'ont aucun soin des arbres fruitiers ni des herbes potagères; ils ne sèment que du blé, de l'orge, quelques fèves, des pois chiches et du maïs; ils font même peu de cas de ces légumes. Leurs enfans sont occupés à la garde des bestiaux, et leurs femmes ont soin de faire du bois, de traire les vaches, de moudre le blé avec des moulins à bras, et d'aller le soir chercher de l'eau pour les hommes et les bestiaux.

Il est dit dans la Genèse que Rebecca sortit avec son outre sur les épaules pour aller chercher de l'eau, qu'elle en donna à Isaac, et qu'elle en versa dans les canaux pour abreuver les chameaux; on se sert de même ici de canaux pour abreuver le bétail.

Les Arabes sont hospitaliers et charitables; ils reçoivent sans distinction tous ceux qui leur demandent l'hospitalité, mahométans ou chrétiens; ils leur fournissent tout ce qui peut leur être nécessaire, soignent les hommes et les chevaux, et leur font faire la meilleure chère qu'ils peuvent; mais elle est ordinairement assez misérable, car il est impossible de pousser la sobriété aussi loin qu'ils le font. Ils se lèvent dès qu'il fait jour; sur les neuf heures ils mangent un peu de pain sec ou bien trempé dans du miel ou de l'huile, puis ils boivent de l'eau ou du lait aigre; ils ne mangent plus que le soir quand le soleil se couche; ils font alors cuire du couscoussou ou de la viande. Ils vont dormir aussitôt qu'il fait nuit.

Une vie aussi unie et aussi réglée les met à l'abri de quantité de maux auxquels nous sommes exposés, et que nos mille ragoûts différens nous procurent. Cependant ils sont sujets à divers maux, tels que fièvres malignes, fièvres tierces, fièvres quartes, pleurésies; ils sont souvent affligés de hernies, du scorbut, de la gale, de dartres et de plusieurs autres maladies cutanées engendrées par la malpropreté.

Leur ignorance est si grande qu'ils ne connaissent et ne font aucun remède. Lorsqu'ils sont malades ils restent couchés; ils jeûnent au commencement de la maladie et, quand elle augmente, ils mangent pour se donner des forces. Ils guérissent si Dieu le veut, et meurent si telle est sa volonté. Ils appliquent le feu aux parties où ils ont des douleurs, font des scarifications et sucent le sang avec un instrument que je crois ancien et particulier : c'est un cône de coton au bas duquel il y a un petit tuyau. Après les scarifications faites, ils appliquent le cône dessus et sucent pour tirer le sang. Ces gens-ci ne vivent pas plus que les autres hommes. On y trouve, à la vérité, beaucoup de vieillards; mais plusieurs paraissent vieux à cause de leur barbe blanche, quoiqu'ils soient d'un âge peu avancé.

Les Arabes sont fort superstitieux ; ils prétendent guérir leurs maladies avec des passages de l'Alcoran qu'ils écrivent sur les pieds, sur les mains et sur les bras des malades. Ils attachent aussi des billets symboliques aux pieds et au col du malade. L'on trouve parmi eux des personnes attaquées d'épilepsie ; ils s'imaginent qu'elles sont possédées du diable, qu'ils appellent *ginon.* Ils vont autour de l'épileptique danser une danse particulière et exorciser le diable. Dans plusieurs autres maladies ils emploient le même remède et vont jusqu'à faire danser le malade. Cette pratique réussit quelquefois, surtout dans les fièvres. Ils font danser, tourner et agiter si fort le patient, que bien souvent l'agitation du sang et les sueurs que procure cet exercice amènent la guérison. Les femmes abusent de ce remède dans leurs vapeurs hystériques; elles se disent possédées du ginon : alors elles font venir les danseurs, et, à la fin de la danse, elles déclarent que le ginon demande des pendans d'oreilles, des anneaux ou quelque autre article de toilette; et afin de guérir la malade, le mari est contraint d'acheter ce que demande le ginon.

Les Arabes sont d'une ignorance extrême dans tout ce qui a rapport aux sciences et à l'histoire ; à peine savent-ils comment s'appelait leur grand-père. En général, on ne saurait imaginer des personnes plus ignorantes que ces peuples sur toutes sortes de matières.

Je n'ai appris dans ce pays-ci que l'usage de quelques plantes qui, peut-être, ne sont pas nouvelles ; encore ai-je reçu ces renseignemens, non des Arabes, mais des habitans des villes.

Une de ces plantes est le fungus rouge ; je ne l'ai vu que désséché. Il croît auprès de la Goulette, le long de l'étang, vers Tunis. On l'appelle ici *tourton*. Je le crois le *Fungus orbicularis in palustribus L. B. P. — Fungi rubri perelegantis et ruffi. J. B.* — XXIII *genus noxiorum fungorum*, Clus. hist. On s'en sert dans les flux de sang, dyssenteries, hémoptysies et autres pertes de sang. C'est un très bon astringent, à la dose d'un drachme en poudre, pris dans du bouillon ou dans une liqueur convenable.

On se sert encore de la renouée de mer, *vulgo lingua passerina; polygonum maritimum Hispanicum, caulibus longissimis, calice florum albo. I. R. H. Centinodia maritima procumbens, ultra tres ulnos longua, flosculis albis; Merz.* On la dit un très bon diurétique. On s'en sert dans les gravelles, dans les rétentions d'urine, dans toutes les affections des reins. Pour en faire une tisane, on emploie indifféremment la tige, la racine ou les feuilles, à la dose de deux onces par pot d'eau. Le malade doit prendre cette tisane plusieurs jours de suite, trois ou quatre verres par jour. Il faut observer de l'adoucir avec quelque racine rafraîchissante pour en diminuer l'âcreté.

On use encore du *Globularia africana frutescens, chimeleæ folio lanuginoso.* I. R., ou *Frutex æthiopicus lanifer, cneori salici æmulus*, Breng. *Vulgo : Herbe du bon pasteur.* On dit que cette plante est purgative prise en guise de tisane royale, au lieu de celle que l'on fait avec le séné. On en met une poignée dans quatre verres d'eau qu'on fait un peu bouillir, et qu'on laisse infuser pendant toute la nuit. Outre qu'elle est purgative, cette plante est anti-vénérienne; on s'en sert dans les tisanes sudorifiques au lieu de séné, à la dose d'environ une poignée : alors on prend la tige, la racine et les feuilles; mais lorsqu'on ne veut que purger, on n'emploie que les feuilles. Elle est amère, et la décoction qu'on en fait ressemble à celle du séné; mais elle n'en a pas le déboir e désagréable.

On emploie encore avantageusement la cendre de la canne ou roseau, *Arundo vulgaris*, pour guérir toutes les blessures.

Il règne dans le pays fort peu de maladies endémiques. Cependant, du côté de Bége et le long de la rivière du Bagradas, vers la côte du nord, il arrive toutes les années que, dans les mois de juillet et d'août, beaucoup de personnes sont affligées de fièvres tierces et quartes; quelquefois même il survient des fièvres malignes. On en attribue la cause aux eaux des rivières; les habitans s'en abstiennent, et ne boivent que de l'eau de puits et de citerne.

Il y a près de vingt ans que la peste n'a ravagé ce pays; mais j'ai appris de M. de Lapérouse, directeur et gouverneur pour la compagnie des Indes au cap Nègre, et de plusieurs autres personnes qui étaient dans ce pays en 1690 et en 1705, pendant que la peste y sévissait, qu'elle est aussi meurtrière ici qu'en Europe. On me fit voir un Maure qui avait fait partie d'un douar composé de quarante-cinq personnes, sur lesquelles il en était mort quarante en très peu de jours. Il périt, dit-on, quarante-quatre mille personnes dans la ville de Tunis, et au cap Nègre il ne resta personne en vie. Les Maures se comportent en temps de peste tout comme dans un autre temps; ils ne savent et s'embarrassent fort peu de savoir d'où elle vient, d'où elle procède, ni quelle en peut être la cause; ils la regardent comme un effet de la volonté de Dieu, et, résignés à cette volonté, ils en attendent les effets sans tâcher de les prévenir ni de les arrêter. Cependant Mahamet-Bey, dans la dernière peste, sortit de Tunis, fit entourer son camp de chameaux, avec des gardes pour empêcher toute communication extérieure. Ils rendent aux malades les secours et les services ordinaires. Si la peste se développe avec des symptômes favorables, ils tâchent de faire suppurer le bubon en mettant dessus de la scille ou oignon d'Espagne, très commun dans ce pays, ou quelque autre remède ordinaire; et pour suppuratif, du beurre mêlé avec le miel, et le tout battu ensemble. Si le malade meurt, ils prennent sans façon les dépouilles du mort et s'en servent à l'instant même.

La loi leur défend de quitter le pays à cause

de la peste ; mais elle ne les oblige pas d'aller où elle est. C'est sur cette restriction ou défaut d'obligation que le bey et les puissances de Tunis se fondent pour prendre des précautions contre la peste, les chrétiens leur ayant persuadé qu'elle est contagieuse, qu'on peut s'en garantir en évitant toute communication avec les malades, et que c'est au moyen de ces précautions que les chrétiens peuvent vivre au milieu des terres pestiférées sans être atteints de la contagion. Le bey et les puissances de ce royaume, adoptant ces idées, ne veulent plus accorder l'entrée à aucun bâtiment venant des lieux infectés. Ils l'ont refusée aux Français pendant que la peste a ravagé la Provence ; ils ne voulaient recevoir aucun bâtiment, pas même sous l'obligation de la quarantaine. Il y a des ordres à tous les agas des places maritimes, de visiter les patentes des bâtimens venant du Levant, et de leur refuser l'entrée lorsqu'ils auront patente brute, c'est-à-dire lorsqu'ils viendront d'un endroit suspect. J'en ai vu refuser plusieurs pendant mon séjour dans le royaume, et les habitans croient que c'est à ces précautions qu'ils sont redevables de s'être garantis de la peste. Voilà, Monsieur, quelles sont, au sujet de cette terrible maladie, les idées et les opinions des peuples, et celles des puissances qui gouvernent ce royaume.

J'aurai soin d'exécuter vos ordres au sujet des semences, des graines et des plantes.

J'ai l'honneur d'être, etc.,

PEYSSONNEL, doct.-méd.

LETTRE DIXIÈME.

A monsieur l'abbé Bignon, Conseiller-d'État, contenant la suite de la description géographique du royaume de Tunis, du côté de l'ouest.

Au cap Nègre, le 18 novembre 1724.

Monsieur,

J'ai déjà eu l'honneur de vous faire une description exacte des contrées et des villes que j'ai vues, tant sur la côte du levant que dans l'intérieur du royaume de Tunis. Je continue avec la même exactitude à vous décrire les endroits qui restent du côté du nord et de l'ouest de ce même royaume.

Nous partîmes de Tunis le 10 octobre, en bonne compagnie. MM. les consuls de France, de Hollande et de Gênes s'étaient réunis pour aller passer quelques jours à Bizerti. Nous traversâmes quelques petits bois d'olivier qui sont sur les côteaux aux environs de Tunis, nous prîmes la route du côté du nord, et nous entrâmes ensuite dans une grande plaine qui, comme j'ai eu l'honneur de vous le marquer dans ma cinquième lettre, commence au-dessous de Tuburbo et finit près de Porto-Farina[1]. Elle est traversée par la rivière de Bagradas. Au milieu de cette plaine il y a un monticule assez long, escarpé du côté de la mer, sur lequel est le village appelé aujourd'hui Geoula[2]. Cette plaine est noyée dans l'hiver et devient toute marécageuse. Je ne doute pas que ce pays noyé n'ait beaucoup changé depuis César, et que la rivière, qui charrie continuellement, n'ait beaucoup fait retirer la mer et accru l'étendue de la plaine[3]. Nous traversâmes le Bagradas sur un pont assez beau, mais dont les arcades sont mal construites. Nous vîmes près de là quelques vestiges de la ville d'Utique, où il ne reste presque rien. On trouve cependant les débris d'un quai et les

---

[1] Peyssonnel, dans sa cinquième lettre, p. 102, donne, il est vrai, les dimensions de la plaine en question; mais il n'en fixe pas les limites.

[2] Gellah. (Sh. L.)

[3] Voy. pour les alluvions du Bagradas et le changement survenu dans son lit, Shaw, t. I, p. 184, tr. fr., et mes *Recherches sur la topographie de Carthage*, p. 30, 119.

anneaux où l'on liait les vaisseaux. Ces ruines sont à présent à près d'une lieue dans les terres. Continuant notre route à travers cette plaine, nous passâmes à Aucha, village où il reste quelques vieilles masures, mais qui ne paraît pas avoir été grand'chose. De là nous fûmes à Porto-Farina, éloigné de Tunis, en droit chemin, de huit lieues, et de neuf en passant par le pont, qui est le chemin que nous avions pris.

Utique n'était pas précisément à l'endroit où est aujourd'hui Porto-Farina, encore moins sur l'emplacement actuel de Bizerti. Il est impossible qu'elle ait été où est Bizerti : car, premièrement, les anciens auteurs n'auraient pas oublié de parler de l'étang sur lequel cette ville est bâtie. En second lieu, on chercherait vainement aux environs de Bizerti ces vastes plaines, *magnos campos*[1], qui pouvaient contenir plusieurs armées ; le voisinage du Bagradas, sur les bords duquel combattirent les armées de Juba et de César[2] ; le monticule où

---

[1] Tite-Live, XXIX, 35, XXX, 8.
[2] Cæs., *De Bell. civ.*, liv. II, 39, sqq. Appian. *De Bell. civ.*, liv. II, 45.

Scipion avait établi son camp, et les marais qui coupaient la plaine dans laquelle s'élevait ce monticule[1]. Au contraire, près de Porto-Farina on trouve une plaine très belle et très longue, car elle a cinq ou six lieues de large sur sept ou huit de long; elle est traversée par la rivière de Bagradas. On y voit ce mont escarpé du côté de la mer où est à présent le village de Geoula, et qu'on doit présumer avoir été le camp de Scipion[2]. La plaine est marécageuse en bien des endroits : voilà tout le terroir d'Utique parfaitement décrit. Quant à la véritable position de cette ville, je n'oserais facilement décider si elle était à côté du monticule où l'on voit un reste de quai et plusieurs autres débris, ou bien à une lieue de là, vers Porto-Farina, où l'on trouve encore quelques vestiges de vieille bâtisse[3]. Comme la chose est problématique et qu'il est de peu de conséquence de savoir si elle était un peu plus ou

---

[1] *De Bell. civ.*, liv. II, 24.

[2] Voy. Shaw, t. I, p. 188, tr. fr.

[3] A Bouchatir. C'est là réellement l'emplacement de l'ancienne Utique; mais Shaw place Bouchatir à deux lieues de Gellah.

un peu moins dans la plaine, je me contenterai de vous assurer, Monsieur, que la vieille Utique, plus fameuse par la mort de Caton que par sa propre grandeur et par les siéges qu'elle peut avoir soutenus, était véritablement à huit lieues au nord-ouest de Carthage, près de l'endroit qu'on appelle aujourd'hui Porto-Farina.

Nous couchâmes à Porto-Farina, que les Turcs appellent Gramela[1]. C'est un petit endroit fameux par sa rade et son port très bon et très sûr, le meilleur et presque le seul qu'il y ait sur toute la côte de la Barbarie; il est situé au-dessous d'une grosse montagne qui forme le cap Zibibe, appelé autrefois *promontorium Apollinis*; cette montagne le met à couvert des vents de nord-nord-ouest et de nord-est, les plus dangereux dans ce pays. Sa rade est un grand bassin; elle a environ une lieue de long sur une demi-lieue de large; l'entrée en est étroite et le devient tous les jours davantage, parce que la rivière de Bagradas, qui se décharge directement à son entrée, charrie beaucoup de sable et la comble peu à peu. Il

---

[1] Gar-el-Mailah ou la Cave au sel. (Sh.)

est à craindre que dans quelque temps elle ne se ferme entièrement. Je me suis convaincu, par des observations, que depuis dix ans le fond avait diminué de plus de dix pieds; de sorte que les vaisseaux de guerre touchent presque tous, en entrant, aux endroits où ils passaient autrefois fort à l'aise. Au fond de cette rade on a jeté plusieurs môles qui forment un bassin carré capable de contenir une trentaine de bâtimens en toute sûreté. Cette rade est défendue par quatre petits châteaux garnis de canons, dominés du côté de la terre, mais en état de bien défendre la rade. Il n'y a pas plus de soixante ans qu'on a commencé à construire quelques maisons autour de ces châteaux. L'endroit est aujourd'hui petit, mal bâti et très irrégulier. C'est là que le bey de Tunis entretient quatre vaisseaux de guerre et où il a son arsenal, qui n'est pas trop bien fourni, ni pour les manœuvres, ni pour le bois de construction, ni même pour l'artillerie.

Le lendemain nous partîmes de Porto-Farina pour aller à Bizerti, nous repassâmes par le village d'Aucha; et après avoir traversé un très beau bois d'oliviers qui a près de deux lieues de circonférence, nous montâmes sur de douces montagnes et nous trouvâmes un village appelé Halia[1], qui est bâti sur des ruines anciennes. Nous découvrîmes l'étang de Bizerti. Nous entrâmes dans une plaine assez jolie, au bout de laquelle, près de l'étang, on trouve le village de Mezelgelmin[2], éloigné d'une lieue de Bizerti où nous fûmes coucher. De Porto-Farina à Bizerti on compte sept lieues en passant par Halia, et cinq lieues en passant par une autre route plus courte, mais beaucoup plus rude. Nous fûmes loger dans une maison de la compagnie d'Afrique, qui est un des plus belles de cette ville.

Avant que de quitter Porto-Farina, j'aurai l'honneur de vous dire que je fus de Bizerti à cette ville pour y herboriser. On m'avait dit que les montagnes voisines étaient remplies de plantes rares; mais je n'y trouvai que des plantes aromatiques et quelques plantes maritimes communes en bien des endroits. Chemin faisant, je fis plusieurs observations géographiques. Du fond du golfe de Bizerti j'observai :

---

[1] El Aleah (L. 1829), Elatia. (Sh.)
[2] Mezeljemeine. (Sh.)

Bizerti au nord-nord-ouest;

La pointe du cap, N. ¼ N. O.;

Les Conits [1], E. N. E.

Au haut du cap du golfe de Bizerti, du côté de l'est :

Bizerti, N. O. ¼ O.;

Zimbre [2], E. S. E.;

Cap Zibibe, S. E. ¼ E.;

Zawan, S. ¼ S. O.

Porto-Farina, S. E.

Après avoir passé le long du golfe de Bizerti, par le bord de la mer, je montai la montagne, après laquelle on trouve un village appelé Maclin [3]. On rencontre ensuite une belle plaine remplie d'oliviers, tous alignés et bien entretenus. On passe par un gros village appelé Grossigibel [4], et l'on monte la montagne de Porto-Farina. J'observai :

Le cap Cartage au S. S. E.;

La Emmamelif au S.;

Zawan au S. S. O.;

---

[1] Les îles Cani.

[2] Île de Zembra ou Zouamoure.

[3] Mallin (Sh.) — Malin. (L. 1833.)

[4] Ras el Djebel. (L.)

Le fond du golfe de Porto-Farina, S. ¼ S. O.

Étant arrivé à Porto-Farina, j'observai :

L'entrée de la rade avec le château du milieu, N. N. O. et S. S. E. ;

Avec le château le plus près de la pointe, N. et S. ;

Le cap Cartage, S. ¼ S. E. ;

Tunis au S. ¼ S. O. ;

Le fond du golfe, S. O. ;

Zawan, S. O. ¼ S.

Je retournai le 15 octobre, par la même route, à Bizerti. Je ne dois pas oublier de vous marquer que je fus accompagné dans cette route par un *hamal*, ou voiturin, qui avait cent huit ans. Ce bon vieillard nous suivit à pied, et grimpa la montagne aussi légèrement qu'un jeune homme de trente ans. Il avait vu sept fois la peste dans son village. Il me montra son petit-fils, qui avait soixante et dix ans, et un fils de huit ans qu'il avait eu de sa dernière femme. Il avait épousé vingt-quatre femmes successivement, et lorsque je lui demandai combien il avait eu d'enfans, il porta la main à sa barbe et me dit qu'il n'en savait pas le nombre.

Bizerti, que les Arabes appellent Benezert[1], autrefois appelée *Hippozaritos*, est une petite ville fort riante située au pied d'une montagne, sur le canal qui fait la communication de l'étang avec la mer. Ce canal, orné d'un beau quai très solidement bâti, forme, avant d'arriver à la mer, une petite île, et la ville est bâtie partie sur cette île et partie sur le bord occidental du canal. Les maisons sont semblables à celles de tout le reste de ce royaume. Il y a une espèce de citadelle, ou grand enclos de murailles, bâtie sur le bord de la mer, au commencement du canal ; elle est remplie de maisons, et les murailles sont garnies de canons. Du côté qui regarde la mer, la ville est défendue par une citadelle dont les seules faces des bastions forment le flanc et la courtine, et se joignent en forme de rayons d'une étoile. Elle est située sur un monticule, dans une position fort avantageuse. Il y a un autre fort ou pâté sur le bord de la mer, qui défend et commande la rade[2]. Le reste de la ville

---

[1] Ben-Shert. (Sh.)

[2] Cette rade est dangereuse avec les vents de nord et de nord-est. (*Note de Peyssonnel.*)

était entouré de mauvaises murailles de terre, aujourd'hui presque toutes détruites. On trouve, dans quelques maisons, de vieilles colonnes qui paraissent avoir appartenu à quelque ancienne ville ; mais il ne reste aucun débris qui marque ni l'ancienneté ni la magnificence passée d'une grande cité.

On fait quelque commerce dans cette ville, et les Turcs y arment beaucoup de galiotes pour aller contre les chrétiens. C'est proprement là leur port : en effet, elles y sont en toute sûreté ; elles entrent dans le canal, qui a assez de fond pour les recevoir et qui pourrait en avoir assez pour donner accès à de gros bâtimens, si les Turcs avaient soin de faire creuser et nettoyer l'entrée obstruée par les sables que la mer y jette.

Ce canal, dont l'abord est fermé avec une chaîne de fer, fait, comme j'ai dit, la communication de l'étang avec la mer. Il a près d'une lieue de long avant que d'arriver à l'étang. Il court N. E. et S. O. L'étang s'élargit allant vers le sud et vers l'ouest ; il a plus de trois lieues de long sur autant de large.

Au fond de cet étang, vers le sud-ouest, il y a un second canal de communication avec un autre étang qui arrose le pied d'une haute montagne appelée Gibel Esquel [1]. Le second étang est presque aussi grand que le premier. Je fus m'y promener jusqu'au second canal, et j'y trouvai les ruines d'une ancienne ville appelée *Thimida*, et aujourd'hui Tingia; mais il n'en reste presque rien : tout est renversé. Au fond de ce second étang, on voit les ruines de Madurus [2], appelée à présent Mater ou Matera, située dans une grande plaine.

De Thimida ou Tingia, j'observai :

Bizerti, N. E. $\frac{1}{4}$ N. ;

Le fond du premier étang, E. ;

Mater, S. S. O. ;

Gibel Esquel, S. O. $\frac{1}{4}$ S. ;

Le fond du deuxième étang, O. S. O.

Ces lacs sont fort poissonneux et profonds. On a dressé deux bourdigues ou *pesquières* au commencement des deux canaux, où l'on prend une grande quantité de poissons, et surtout de mulets ou *muges*, dont on enlève les œufs dans les mois d'août et de septembre, pour les saler et les sécher : c'est ce qu'on ap-

---

[1] Iskell. (Sw.)

[2] Oppidum Materense. Plin. V, 4, éd. Hard.

pelle ensuite botargue [1]. Je ne sais pourquoi, selon M. Delisle, ce lac était appelé *Lacus Dulcis;* ils sont cependant l'un et l'autre d'eau salée. Voici une observation particulière qui peut servir à l'explication des courans de la Méditerranée [2]. J'avais appris qu'il y avait sur ces étangs des courans considérables, que les eaux de la mer entrent lorsque les vents sont à l'ouest, et que, lorsque les vents d'est soufflent, les eaux sortent. En effet, lorsque nous arrivâmes à Bizerti, je vis les eaux sortir de l'étang avec une rapidité considérable; les vents étaient alors à l'est et à l'est-nord-est. Elles sortirent pendant huit jours que ces vents soufflèrent. D'après mes observations, l'étang diminua d'un pied et demi aux arches du pont. Les vents changèrent ensuite et vinrent du côté de l'ouest; les eaux rentrèrent alors avec la même rapidité qu'elles étaient sorties. J'observai même au bourdigue, où les

---

[1] *Quasi dicas* ώσταριχα, id est ova salita. G. Pancirole, cité par Shaw, t. I, p. 195, 196. Not.

[2] Voy. Shaw, t. I, p. 180, tr. fr. La même observation avait déjà été consignée par Pline le Jeune (lib. IX, ep. 33.)

cannes et les pierres dont il est composé forment une digue, que les eaux de la mer, étant plus hautes de quatre ou cinq pouces que celles de l'étang, rentrèrent tant que le vent d'ouest souffla. Quelques jours après les vents varièrent, et je voyais en un même jour les eaux entrer et sortir, l'étang diminuer et augmenter, suivant que les vents soufflaient du côté de l'est ou de l'ouest. On observe que dans l'hiver les eaux sortent quelquefois, quoique les vents soient à l'ouest. La raison en est que, comme dans l'hiver les étangs reçoivent les eaux des montagnes, du côté de l'ouest, par la rivière de Cantara et par celle de Matera, ils sont obligés de rendre à la mer plus qu'ils n'en reçoivent, et de donner cours aux eaux qu'ils ont reçues par les deux rivières et par les ruisseaux qu'ils ont tout autour. Ces ruisseaux ne sont que des torrens à sec dans l'été, car à peine la rivière de Cantara a-t-elle de l'eau dans le temps des chaleurs. Nous séjournâmes une vingtaine de jours à Bizerti, où j'eus le loisir de faire toutes ces observations. La campagne était encore dénuée de plantes, les pluies n'ayant pas encore arrosé le pays.

Vous serez peut-être bien aise de savoir une

cérémonie religieuse que je vis à Bizerti. Il y arriva un marabout ou religieux de considération, qui a coutume, toutes les années, de visiter les mosquées des environs de Tunis. Il avait donné avis de sa venue : le caïd et les principaux officiers, accompagnés de tout le peuple, furent au-devant de lui à environ une demi-lieue de la ville. L'on portait devant les étendards des mosquées. Lorsqu'ils arrivèrent près de la ville tous mirent pied à terre, et l'on forma trois corps de chantres qui chantèrent à tour de rôle, sur un chant approchant du grégorien, et le peuple, vers la fin de chaque chant ou antienne, répondait : *Louange soit à Dieu et à son prophète envoyé!* La marche commençait par les étendards de la loi. Ensuite venaient les trois chœurs de chant, entre lesquels il y avait une grande affluence de peuple. Le marabout suivait après, appuyé et soutenu par deux hommes sur lesquels il se laissait aller fort négligemment d'une manière véritablement hypocrite, affectant le vieillard quoiqu'il n'eût environ que trente-cinq ou quarante ans. Tout le monde venait l'embrasser. Les uns baisaient le visage, les autres la barbe, et les autres l'habit, et il les bénissait tous. On nous conta beaucoup de miracles qu'il avait faits. Il fut ainsi conduit à la mosquée principale, et de là à la maison du caïd, où il fut régalé tant qu'il resta à Bizerti.

Le 3 novembre, nous partîmes avec la même compagnie que nous avions à Bizerti, pour aller au cap Nègre, appartenant à MM. de la compagnie d'Afrique. Nous fîmes route vers le S. O., et fûmes vers le fond du second étang, éloigné de quatre lieues de Bizerti. Après avoir traversé la rivière de Cantara, nous fîmes route à l'ouest, dans une vallée couverte de bois de liége, et nous passâmes à travers des montagnes. Nous arrivâmes ensuite dans une grande plaine qui a environ six lieues de long, habitée par une nation d'Arabes appelés Mogodis[1]. Toutes les montagnes des environs sont presque entièrement couvertes de bois et d'arbrisseaux en abondance. Nous couchâmes dans la plaine, qui est marécageuse dans l'hiver. On y sème beaucoup de tabac, et on y nourrit quantité de bestiaux. Vers le milieu de la plaine, il reste les débris d'un village où il ne paraît rien de remarquable qu'un

---

[1] Mogody. (Sw.)

bain dont la structure est la même que celle qu'on emploie aujourd'hui dans ces sortes d'établissemens. Le lendemain, après avoir traversé toute la plaine, nous passâmes une chaîne de montagnes assez rude pour arriver au cap Nègre, éloigné d'environ dix-huit lieues de Bizerti.

Le 20 novembre, je partis du cap Nègre pour aller à Bège [1] et finir de voir ce qui me restait à examiner dans ce royaume. Nous fîmes route au S. S. E., et après avoir marché environ quatre lieues dans les montagnes, traversant des vallons pleins de bois de chêne et de liége, nous arrivâmes dans le pays des Amedous [2], où nous trouvâmes quantité de coteaux très fertiles en blé. On rencontre dans cette route, et même dans les montagnes, beaucoup de sources d'eau, des rivières et des torrens dangereux dans l'hiver, après les grandes pluies. Nous vîmes sur notre chemin, à environ cinq lieues du cap Nègre, une mine

---

[1] Béja, l'ancienne Vacca.

[2] Peyssonnel a voulu peut-être désigner par ce mot l'ancienne tribu des *Medini*, que M. le colonel Lapie place, en effet, auprès de Béja.

de plomb très abondante. Les Maures qui y travaillent nous dirent qu'elle avait été ouverte par les anciens chrétiens. A l'entrée de la carrière il y a une pièce de marbre avec un cheval en bas-relief. Nous nous arrêtâmes à l'endroit où l'on fondait le plomb. Ils mêlent la mine avec du bois sec dans de mauvais fourneaux faits avec de l'argile, et font ainsi très imparfaitement la séparation et la fonte de leur plomb. Continuant notre route, nous trouvâmes des ruines de villes et de villages où, à l'ordinaire, il ne reste rien d'entier; et nous arrivâmes le soir à Bège, après avoir traversé une petite rivière qui va se décharger dans le Bagradas.

Bège est une petite ville des plus considérables de ce royaume, située à 9 lieues S. S. E. du cap Nègre, à 16 lieues à l'O. de Tunis. Elle est triangulaire, bâtie sur un coteau en amphithéâtre. Une des pointes du triangle se trouve au haut du coteau, où il y a une espèce de château de peu de défense. La ville vient en s'élargissant vers une petite plaine. Elle est bâtie sur les débris de quelque ancienne ville. On trouve encore des lambeaux de vieilles murailles et, dans toute la ville, on voit des pierres écrites en caractères romains; mais la chaux qu'on passe dessus pour blanchir les maisons est cause qu'on ne peut lire les caractères.

Voici quelques inscriptions que j'ai pu déchiffrer. Sur une pierre, dans les murailles de la ville, près de la porte de la Fontaine :

D. M. S.
I. MAMNIVS PRIMVIVS
PIVS VIX. ANNIS LXXVII.
H S E

Autre :

D. M. S.
MERSITANA PIA
VIXIT ANNIS XXXIII
H. S. E.

M. JVLIO. M. TILIRB......
DECVRIONI AEDJECTO EDORATI [1].
SAC. [2] ANN. XXIII [3].. PRAEFECTVS.
VR. DEC. II. VIR. QQ TEPPE [4]....

[1] Shaw ne donne pas ces deux mots, qui, du reste, nous paraissent défigurés.

[2] Fac. (Sw.)

[3] XXII. (Sw.)

[4] Ces cinq lettres manquent dans Shaw.

VICVM[1] ORDO SPLENDIDISSIMVS
OB MERITA SVA STATVAM
P. P. FIERI DECREVISSET[2].

FELIX AVVNCVLO SVO MAGNO
PRO PIETATE SVA DATO IBI
APRODINE[5] SVO S. P.
FECIT. D. D.

Sur un fragment de pierre :

,......MANIC. SARMAT. TRIB. POTEST XVI.......
..............ANI PART. ET DIVI. NER...............
...............SEPT. M. A VACANO [4]...............

Dans la maison d'un juif, près le fondou :

D. M. S.
M. TREBIVS RIBI
ANVS SILONIANVS
TRIBVN. POPVLI VIXIT.
ANN. LVII.
S. H. I.

[1] V. Cvm (Sw.)

[2] Decrevit (Sw.).

[3] Les deux premières syllabes de ce mot manquent dans Shaw.

[4] Ce mot rappelle l'ancien nom de la ville. On ne trouve aucune indication de ce genre dans les inscriptions données par Shaw.

Dans une maison près d'une fontaine ancienne environnée de vieilles murailles, on trouve cette épitaphe :

D. M. S.
D. C. ANINIVS
C. E. FELIX PIVS
VIXIT ANN. LX.

Cette ville est très considérable par son commerce, principalement en blé, et par le séjour que le bey y fait pendant la campagne d'été. Il y a construit un bardou à quelque distance de la ville, accompagné d'un jardin assez joli et considérable pour le pays. Le camp des Turcs avance davantage du côté de l'ouest, et va se placer dans la plaine de Bouzodière[1], le long de la rivière de Bagradas. De là, le bey envoie des détachemens de ses troupes dans toutes les nations de son royaume, pour retirer les tributs qui lui sont dus, et qui sont répartis sur toutes les terres labourées qu'il fait enregistrer toutes les années.

Quoique ce pays ne soit pas un pays de

---

[1] De Busdera. (Sw.)

plaines, il ne laisse pas de fournir une grande quantité de grains. Les coteaux sont très fertiles en blé et en orge; mais on ne trouve ici, non plus que dans presque tout le reste du royaume, aucun arbre, excepté aux endroits où les Andaloux sont établis.

Le 22, nous partîmes de Bège pour aller coucher à Tastour[1], éloigné de cinq ou six lieues vers l'est-sud-est. Nous traversâmes, à quelque distance de Bège, une petite rivière qui va se rendre dans le Bagradas. Je crois vous avoir dit ailleurs que les eaux de toutes ces rivières sont dangereuses dans l'été, et qu'elles causent des fièvres d'accès et donnent quelquefois des fièvres malignes qui incommodent beaucoup les troupes du bey. Les habitans s'en abstiennent, et ne boivent que de l'eau des puits ou des citernes. On évite même d'en laisser boire aux chevaux, sans quoi ils s'en trouvent eux-mêmes incommodés.

Nous partîmes le lendemain de Tastour, et nous passâmes par Selougie, Mezengelbeb et Grassilouet[2]. J'ai eu l'honneur de vous parler

---

[1] Testour. (Sw. L.)
[2] Slougeah, Basilbab, Grich el Oued.

de tous ces endroits dans ma sixième lettre, et je n'y ai rien aperçu de nouveau. Nous prîmes ensuite le chemin de Tubourbe[1], quittant celui de Tunis à Grassilouet. A quelque distance de là, nous trouvâmes un moulin et un foulon pour les bonnets, bâtis sur la rivière de Bagradas. Au-dessus de la porte du foulon on lit cette ancienne inscription :

```
           HERENNIA EQVES.
           ARN. QVARTA.....
         PERP... QV... OB HONO
         REM  AR [2]........ STA
           TVAM...... IMPERATORI
             ...AVG. BESICANO
              ....... ARMENI
            ACO....... AVRELIANO
          [3].......ANTONINIANO
              .......MAXIMO
              ...DECVRIONES
              ..............
            I..... MAGNIFICENTIA
```

[1] Tuburbo.
[2] Ordo. (Sw.)
[3] Le reste manque dans Shaw.

EIVS ET. . . . . . . SPECT.

MARTINI. . . . . . PERPET.

D. D.

De là nous suivîmes tout le long du Bagradas, et nous arrivâmes sur le soir à Tubourbe, dont je vous ai parlé dans ma cinquième lettre[1].

Le lendemain, 24, nous fîmes route à l'ouest, six lieues traversant des collines et de petites montagnes, où nous rencontrâmes plusieurs ruines de villes, et nous entrâmes ensuite dans la plaine de Mater ou Matera, qui est l'ancienne *Madurus*[2]. C'est un petit village semblable à tous ceux de ce royaume, situé sur un petit monticule, au milieu d'une grande plaine presque toute noyée dans l'hiver, traversée par une rivière qu'on appelle la rivière de Mater, qui reçoit les eaux des montagnes des environs, et se décharge dans l'étang de Bizerti. A une demi-lieue de Matera on trouve la montagne de Gibel Esquel dont je vous ai parlé. Le jour d'après, passant à l'est du second étang et traversant le canal de commu-

---

[1] Voyez plus haut, page 102.
[2] Voyez plus haut, page 242.

nication à Tingia, nous nous rendîmes à Bizerti en suivant le premier étang du côté de l'ouest. Je séjournai quelques jours dans cette ville, et nous fûmes ensuite au cap Nègre par la même route que nous avions prise en y allant la première fois. J'y arrivai le 30 novembre 1724.

Le cap Nègre est situé sur une langue de terre qui avance dans la mer environ un demi-quart de lieue, courant à l'ouest-nord-ouest. Le commencement de cette langue ou de ce cap est un pays plat qui va ensuite en s'élevant, formant une longue colline d'environ quatre cents pas de large, environnée de trois côtés par la mer. Le mouillage se trouve du côté de l'ouest; le fond en est mauvais et coupe les câbles des bâtimens qui s'y trouvent dans le mauvais temps : c'est ce qui fait que ce port est toujours dangereux et qu'il y arrive de fréquens naufrages.

Cet anse ou ce port est terminé par une plage ou rivage de sable. Il s'y présente d'abord une grande muraille à travers laquelle il y a des coulisses par où l'on fait passer le blé des magasins, pour l'embarquer avec plus de diligence : car, comme le port est dangereux, il n'y a point de pays où l'on charge plus promptement et où les bâtimens restent moins de temps mouillés. L'on y embarque par jour deux ou trois mille charges de blé, et les vaisseaux sont toujours expédiés au bout de deux ou trois jours. Il y a dix grands magasins capables de contenir soixante mille charges de blé. Ils soutiennent un grand terre-plein qui est la place du marché et qu'on appelle bazar. Ce marché est entouré de halles où l'on reçoit les marchandises et le blé qu'on jette dans les magasins. L'entrée de la place se trouve à côté du marché. De là l'on monte sur une jolie terrasse où il y a sept pièces de canon. Vis-à-vis est la maison du directeur de la Compagnie, et par-derrière, diverses loges pour les employés. Plus haut est l'église, et sur le sommet du cap il y a une fortéresse mal bâtie et mal fortifiée, avec dix pièces de canon.

Les Français y ont un comptoir ou établissement à l'instar de celui qu'ils formèrent, sous Henri IV, au Bastion de France, dans le royaume d'Alger ; c'est-à-dire que sous prétexte de la pêche du corail, en payant six mille piastres au bey et mille au dey de Tunis, ils ont la permission de pêcher et de négocier, exclusivement à tous autres marchands, avec les Maures de ce royaume. Ils paient mille piastres de *lithsme* ou de présent aux nations maures voisines de la place, pour les engager à ne faire aucun dommage aux commerçans qui leur apportent des marchandises.

Le principal commerce consiste en blé ; on y achète aussi de la cire, de l'huile, des cuirs et quelques légumes. Lorsque la disette est en France, on tire jusqu'à cent mille charges de blé de ce pays, qui a souvent été d'un grand secours à la France, soit par sa proximité, soit par le peu de risque qu'il y a de transporter le blé en temps de guerre. Aussi l'établissement du cap Nègre a toujours été regardé comme une chose très utile et nécessaire à la France. Cet établissement avait été commencé par des particuliers français. Les Génois le prirent, et les Anglais le possédèrent après eux ; mais depuis l'an 1686 il a toujours été aux Français, qui l'ont occupé sous le nom de la compagnie du cap Nègre. Cette compagnie a souvent changé d'intéressés, et elle est aujourd'hui réunie à la compagnie d'Afrique. Elle y entretient un directeur qui est gouverneur de la place, quatre ou cinq commis, un aumônier, un chirurgien, et environ quatre-vingts personnes, soit pour la garde, soit pour le service du comptoir.

Auprès du cap Nègre, le long de la mer, on trouve dans les rochers, qui sont une espèce de jaspe extrêmement dur, de ces pierres qu'on appelle communément pierres d'aigles. Elles sont d'une matière qui paraît ferrugineuse, et creuses en dedans. Les unes contiennent un peu d'argile bleuâtre et mollasse qui, se desséchant, fait l'office d'un noyau de grelot; les autres renferment une espèce de terre rouge fort dure qui ne remplit jamais bien leurs cavités.

Je me joignis un jour à MM. les commis, qui furent à la chasse dans le terroir qu'occupe une nation d'Arabes appelés Nevesins[1], à cinq lieues du cap Nègre, sur le chemin de Bège. Chemin faisant, nous fûmes voir des trous qu'on trouve dans les montagnes, taillés à la pointe du marteau dans un roc vif. Ils ont une entrée de trois pieds en carré, et le

---

[1] Nifigeni. (Sw. L.)

dedans a cinq pieds d'élévation, autant de largeur et autant de profondeur. On croit bonnement que ce sont des ermitages des premiers chrétiens ; mais ce n'est pas mon opinion : car comment les ermites auraient-ils fait la dépense de creuser ces rochers avec ces dimensions et cette régularité ? D'ailleurs, ces trous sont tout auprès des villes. Tout près de ceux dont je parle l'on voit les débris d'un village, et j'en ai vu plusieurs de semblables dans le voisinage de l'ancienne Tabraca [1]. On n'y trouve aucune croix ni aucune marque du christianisme. J'en ai vu dans des rochers escarpés, à 15 ou 20 pieds d'élévation les uns sur les autres, et l'on ne pouvait aller au plus élevé qu'avec une échelle. Il y en a de fort petits ; d'autres sont doubles, en sorte qu'au fond du premier on en trouve un second plus petit. On y trouve dedans plusieurs petites niches semblables à celles que j'avais observées dans les mausolées dont j'avais eu l'hon-

---

[1] J'ai rapporté ailleurs des observations analogues faites par Shaw, Hebenstreit et Poiret. *Province de Constantine*, p. 223, 224.

neur de vous parler[1] : ce qui me fait présumer que ces trous servaient à recevoir les corps morts, et qu'ils étaient fermés par de grosses pierres carrées.

Le 25, nous fûmes à Tabraca. En suivant le bord de la mer, après avoir passé les montagnes du cap Nègre, on descend dans une plage ou rivage de sable. On rencontre deux rivières : l'une s'appelle Oulige, l'autre est celle de Tabraca[2], qui vient des montagnes des Comires. Nous marchâmes environ sept lieues, et nous trouvâmes ensuite les ruines de l'ancienne Tabraca, qui était située au pied d'une montagne, partie le long de la rivière qui arrose une belle plaine, et partie sur le penchant de la montagne, assez scabreuse du côté du nord-est, par où elle regarde la mer. On y trouve quantité de débris d'édifices qui paraissent avoir été assez considérables et avoir fait partie d'une grande ville. On y voit de belles citernes, beaucoup de voûtes enterrées et quelques pierres sépulcrales

[1] Voyez plus haut, pages 117, 121.
[2] Oued el Zéine. Les mots Zeine et Tabraca ont une signification analogue. Voy. Shaw, t. I, p. 123, tr. fr.

écrites : j'en ai copié quelques-unes. Parmi ces masures, les Turcs ont conservé et fabriqué une espèce de fort qu'on appelle *Bourge*[1], dans lequel il y a quelques pièces de canon, des soldats turcs, et un aga qui perçoit un droit sur toutes les marchandises que les Maures apportent à l'île de Tabarque.

Épitaphes :

DIIS
MANIBVS
L. AVRELIVS
NARCISSVS
PIVS VIX. ANN.
LX. HIC SIT.
EST.

D. M. S.
L. MARCELLVS
MINVTII FIL.
VIX. ANN. LXVI
H. S. E.

D. M. S.
NEVIA GEMIS
TA PIA CASTA
VIX. ANN. XXII
MENS. VI. H. XI.
H. S. E.

D. M. S.
ARCINA
VICTORIA
VIXIT. ANN.
XXXIII.

De là nous passâmes à l'île de Tabarque, occupée par les Génois. Cette île est située vis-

---

[1] Serait-ce l'ancien mot Byrsa ?

à-vis l'ancienne Tabraca, à une portée de fusil de la terre ferme. Elle est presque triangulaire, ayant environ un mille ou tiers de lieue de circonférence. Elle renferme une montagne escarpée du côté du nord, et d'une pente assez facile du côté du sud ou de la terre. Au haut de la montagne il y a un château d'une très bonne bâtisse. Le côté du nord est sur le bord d'un rocher très escarpé, très élevé et inabordable. Du côté de l'ouest se trouve une tour sur laquelle il y a un donjon avec quatre pièces de canon en bronze aux armes de Messieurs de Lomellini, de Gênes. Deux bastions assez réguliers commandent l'île et la terre ferme du côté du sud, et un demi-bastion défend le côté de l'est, où est la porte avec un pont-levis. L'île est d'ailleurs bien fortifiée : sa situation la défend au nord et à l'ouest ; son extrémité orientale est défendue par un bastion et au milieu de l'île s'élève une tour octogone. Vers le sud-est, à l'endroit où sont les magasins et où se font les chargemens et les débarquemens des marchandises, on trouve une batterie à ras d'eau et deux forts élevés. Tout auprès des magasins, au sud-est de l'île, est un banc de rochers qui avancent dans la mer, et sur lesquels on pourrait jeter un môle où les vaisseaux seraient en sûreté, car le mouillage y est bon. En descendant vers le sud, on trouve encore des fortifications et une muraille de circonvallation. Vis-à-vis la terre ferme il y a une plage où abordent toutes les chaloupes, et où l'on tire à terre les bâtimens destinés pour la pêche du corail. Cette plage est à couvert de la mer par un banc de rochers sur lequel on a commencé un môle qui la protége, et qui forme un second port assuré, défendu du côté de l'ouest par un autre fort. Toutes ces fortifications rendent cette île très forte et très sûre, et la mettent en état de ne craindre ni les Turcs ni les Arabes de la Barbarie, auxquels je crois qu'il serait impossible de la prendre, pour peu qu'elle fût secourue. Elle est habitée par des Génois qui font le même commerce que les Français font, au cap Nègre, avec les Maures, et qui y entretiennent quarante bateaux, qu'on appelle frégates corallines, pour la pêche du corail, comme les Français font à la Calle. On y entretient cent soldats pour la garnison, trois cent cinquante pêcheurs de corail, et cinquante porteurs et crocheteurs, qui, avec leurs familles, forment un total de quinze cents habitans. Il y a une paroisse servie par les révérends pères Augustins, qui sont soumis à l'évêque de Gênes.

En 1530 ou environ, Jean Doria, qui commandait quatre galères d'André Doria son oncl eet son père adoptif, ayant eu nouvelle que Dragut, fameux corsaire d'Alger, était à l'île de Corse avec six galères, marcha contre lui, l'attaqua et le prit. Doria raillant Dragut sur ce qu'étant si fameux corsaire il s'était laissé prendre, Dragut, homme fier, lui répondit que ce qui le fâchait le plus, c'était d'avoir été pris par un *ragassou* ou jeune homme. Doria, piqué de cette réponse, le fit mettre aux fers, et Dragut tomba en partage à la galère d'un M. Lomellini, de Gênes, qui traita de sa rançon, et, entre autres choses, Dragut s'obligea de lui faire donner l'île de Tabarque pour la pêche du corail. Il tint sa promesse, et le don fut confirmé par les firmans de Soliman II, empereur ottoman, qui avait conquis le royaume de Tunis. MM. Lomellini s'accordèrent après avec Charles-Quint, qui s'obligea d'y faire bâtir une citadelle et d'y entretenir une garnison pour la défense de l'île, à condition que les Gènois qui y trafiqueraient lui paieraient cinq pour cent de tout le commerce qu'ils y feraient. L'accord fut tenu pendant quelque temps, et Charles-Quint y fit bâtir le château que je viens de décrire. Il prit les pierres de l'ancienne Tabraca : car l'on trouve dans le château plusieurs pierres avec des épitaphes. Mais depuis, les rois d'Espagne négligèrent de payer la garnison, et les Gènois y ont suppléé. Ils prétendent avoir toujours payé le droit de cinq pour cent et, en outre, les dépenses de la garnison, qu'ils demandent au roi d'Espagne. Enfin, l'exacteur des droits que le roi d'Espagne y tenait s'est retiré, et depuis lors, au lieu qu'on mettait le pavillon d'Espagne au château, on y déploie aujourd'hui le pavillon génois ; mais le gouverneur qui y est reçoit les commissions de la cour d'Espagne, et est soumis à en rendre compte aux MM. de Lomellini, ou à la compagnie qui agit pour eux. Voilà quel est aujourd'hui l'état de cette place, qui a encore un établissement au cap Rouge, sur les confins des royaumes de Tunis et d'Alger. Ce pays est habité par des nations qui ne sont soumises ni au bey de Tunis ni au dey d'Alger.

Mais je crois vous avoir assez entretenu du royaume de Tunis : j'ai fait, sur ce sujet, toutes les réflexions et les observations qui m'ont été possibles, et je ne crois pas même qu'il m'en soit échappé beaucoup d'importantes. Je serais charmé d'apprendre que le tout vous ait été agréable, et qu'il ait pu vous prouver le profond respect avec lequel j'ai l'honneur d'être, etc.

PEYSSONNEL, doct.-méd.

LETTRE ONZIÈME.

A M. l'abbé Bignon, Conseiller d'Etat, contenant la relation d'un voyage fait dans la Numidie nouvelle ou la province de Constantine, partie du royaume d'Alger.

La Calle, le 15 février 1725.

Monsieur,

Après avoir parcouru tout le royaume de Tunis, et y avoir observé ce qu'il m'a été possible de voir, j'ai eu l'honneur de vous informer de tout ce que j'ai jugé digne d'être rapporté. Je suis entré ensuite dans le royaume d'Alger, au pays que les anciens appelaient *Numidie*, quoique, sous ce nom, plusieurs géographes aient entendu parler du pays qu'on appelle Gerid ou Bélédulgerid, comme il paraît par les bornes qu'ils lui donnent. Ce n'est pourtant pas cette Numidie que je viens de voir; c'est la Numidie nouvelle[1], une des sept[2] provinces que les Romains avaient établies en Afrique, qui avait la Zeugitanie et la Byzacène au levant, la Mauritanie Sitifense au couchant, la mer Méditerranée au nord, et s'étendait dans le désert du côté du midi. Ses villes principales étaient Cirta, Zama, Vescetra, Tébestes, Bagaï, Milevis, Tagaste, Hipporegius, Tabraca, Tibilis, Tigisti et plusieurs autres. Cette province romaine qui, auparavant, avait des rois particuliers dont les plus illustres ont été Massinissa, Jugurtha, Hiempsal, Juba, connus pour avoir été vaincus par les Romains; cette province, dis-je, qui ensuite a pris le nom de province de Constantine, fait aujourd'hui partie du royaume d'Alger, et

---

[1] Nouvelle par rapport à la Numidie telle qu'on la considérait avant l'invasion des armées romaines, et qui renfermait tout le pays compris aujourd'hui entre les frontières de Maroc et celles de la régence de Tunis, avec quelques contrées méridionales de cette régence. (D'Anville, *Géogr. Anc.* t. III, p. 90.)

[2] Ces sept provinces étaient les trois Mauritanies, Tingitane, Cæsarienne et Sitifense, la Numidie, la Zeugitanie, la Byzacène et la Cyrénaïque.

est gouvernée par un bey Turc dont l'autorité s'étend depuis les portes d'Alger jusqu'au royaume de Tunis. Elle renferme ainsi deux provinces romaines : la *Mauritanie Sitifense*, que l'on a appelé le royaume de Bugie; et la *Numidie*, qui a eû le nom de royaume de Constantine[1]. Elle a à présent environ cent lieues de l'est à l'ouest, et s'étend depuis la mer Méditerranée, qui la borne au nord, jusqu'au désert du Sahara au sud. Voilà donc, Monsieur, le pays que je viens de voir, et dont je dois avoir l'honneur de vous entretenir.

Le 10 janvier 1725 je partis du cap Nègre, d'où j'avais eu l'honneur de vous écrire. Nous passâmes devant Tabarque et devant le cap Roux, confin du royaume de Tunis, et j'arrivai le 12 à la Calle. Je fus obligé de faire ce trajet par mer, la route par terre n'étant pas praticable, parce que les nations des Maures qui habitent ces quartiers sont révoltées et

---

[1] Léon l'Africain donne à la province de Bougie le titre de royaume, et appelle roi le prince de la famille régnante de Tunis qui commandait à Constantine (Leo. Afr. pp. 531, 540, ed. Elzévir, 1632.)

ne reconnaissent ni le dey d'Ager ni le bey de Tunis.

La Calle est un établissement ou un comptoir que les Français ont dans ce pays, destiné pour le commerce et pour la pêche du corail. En 1604, sous Henri-le-Grand, une compagnie de marchands français, sous la protection de leur roi, passa un traité avec le divan, le dey et les puissances d'Alger, par lequel le divan d'Alger leur accorda la libre pêche du corail et le commerce des marchandises du pays, moyennant trente-quatre mille doubles d'or par an, et leur permit, à diverses conditions, de s'établir dans les ports de mer de cette côte, avec le libre exercice de la religion romaine et plusieurs autres avantages. Les Français s'établirent d'abord à une petite anse qu'on appelle le Bastion de France. Mais en 1681, pendant la guerre que nous eûmes avec les Algériens, on fut obligé d'abandonner cet endroit-là, et l'on vint s'établir, après la paix faite, à trois lieues à l'est du Bastion, dans un lieu appelé la Calle.

Le port de la Calle est le premier endroit que l'on trouve sur la côte du royaume d'Alger, du côté du levant; c'est une presqu'île qui se joint à la terre-ferme par une plage de sable, mais qui devient véritablement île dans les mauvais temps, lorsque la mer est agitée par les vents de nord-ouest. L'isthme où est l'entrée de la place est au sud. On trouve dans l'île une maison pour le gouverneur et directeur de la compagnie, et plusieurs maisons où logent les officiers et les pêcheurs de corail. Une grande place occupe le milieu de la presqu'île. A côté sont six grands magasins. Au fond, du côté de l'ouest, vers l'entrée du port, il y a un hôpital et plusieurs batteries de canon. Vis-à-vis de la pointe, du côté de la terre-ferme, on a bâti un moulin sur une élévation qui domine; on y a joint quelques fortifications. L'air de cette place est mauvais et donne une grande quantité de fièvres malignes et intermittentes, causées par les exhalaisons des étangs qui sont dans les terres aux environs de la Calle; mais j'aurai l'honneur de vous parler plus amplement de cet endroit lorsque je vous écrirai sur le corail qu'on y pêche.

Je séjournai quelques jours à la Calle, et le 21 janvier nous partîmes avec le sieur Daubergne, drogman de la compagnie d'Afrique, escortés de quelques deïres ou soldats du caïd, pour aller à Bône et, de là, passer à Constantine. Nous prîmes notre route à l'ouest. Après avoir traversé quelques coteaux sablonneux, nous trouvâmes une forêt de bois de liége, et, à une lieue de la côte, un étang dit de la Mazoule, et par nous du Bon Marchand. Cet étang court nord et sud, ayant environ deux lieues de long sur une de large. Il y a sur le bord de la mer un autre étang qui a près de trois quarts de lieue de circonférence; il communique avec la mer vers l'ancien Bastion de France, d'où l'étang a pris son nom. Nous fûmes coucher à quatre lieues de la Calle, dans un douar très considérable composé d'environ deux cents tentes de la nation des Ouled Darix. Sur le soir nous entendîmes un grand cri que firent les gardiens des troupeaux : c'était à l'occasion d'un lion qui vint leur enlever une vache au douar même; il fut la manger à près d'une lieue de là, dans un endroit où les bergers, le jour d'après, trouvèrent les ossemens de l'animal mort.

Comme ce pays est rempli de lions, de tigres[1]

---

[1] Voyez plus haut, page 115.

d'ours et de plusieurs autres animaux sauvages, les troupeaux des Arabes sont souvent inquiétés, et les Arabes mêmes ne sont pas en sûreté dans leurs tentes; de sorte qu'ils sont obligés de mettre des sentinelles qui crient toute la nuit et qui font aboyer les chiens, afin d'éloigner les animaux sauvages et féroces. Le lion, ce roi des animaux, n'est pas aussi cruel ni aussi à craindre que l'on croit. Il est rare qu'il attaque les hommes. L'on trouve cependant ici plusieurs Arabes qui se sont battus et qui ont tué des lions avec leurs couteaux, après avoir reçu quantité de blessures que ces terribles animaux leur avaient faites avec leurs ongles et avec leurs dents. Sur la côte de la mer, où il y a des bois et quantité de sangliers et de cerfs dont les lions se nourrissent, ils sont moins à craindre que dans les déserts. Cependant l'on m'a assuré que les lions allaient souvent enlever les bœufs et les moutons au milieu du douar et des tentes des Maures, qu'alors les Arabes, et les femmes surtout, couraient après eux, arrachaient des dents du lion le bœuf ou le mouton, et l'obligeaient de quitter prise soit en criant au lion, soit en lui donnant même des coups de bâton. On dit que le lion a plus peur des femmes que des hommes, et que les femmes arabes voyant un lion, se retroussaient devant lui et lui craient : *Ne vois-tu pas que je suis une femme!* et continuaient à lui dire des injures jusqu'à ce que l'animal eût pris la fuite[1]. Le lion distingue, dit-on, fort bien quand on lui parle avec mépris ou quand on le caresse. On m'a assuré que cela ayant été rapporté au bey de Constantine, il en voulut faire l'expérience ; qu'ayant été averti qu'un lion était tombé dans une fosse qu'on avait faite à dessein, comme en font souvent les Arabes pour prendre des bêtes féroces, le bey y fut et parla au lion ; qu'à mesure qu'il le louait le lion baissait la queue et la tête, et prenait une posture humble et caressante ; mais que lorsqu'on le maltraitoit de paroles, il rugissait et devenait furieux. Quoique les lions de ce pays ne soient pas aussi timides que ceux qu'on dit être dans la province d'Ayla, vers le royaume de Maroc, dont la timidité a donné lieu à ce proverbe : *Vaillant comme un lion d'Ayla à qui les veaux*

---

[1] Voyez Léon l'Africain, p. 755.

mangent la queue, ils sont moins cruels que les tigres et que bien d'autres bêtes féroces. Il n'y a pas apparence que le lion, comme on le dit, prenne la fuite au chant du coq[1], car, si cela était, les Arabes ne manqueraient pas d'avoir une grande quantité de coqs. Mais il se peut fort bien que, comme les coqs chantent à diverses heures de la nuit, leur chant fasse écarter les lions comme ferait un autre bruit aigu.

Il m'a été rapporté que bien des Arabes ayant été attaqués par des lions, étaient devenus furieux et presque enragés, de sorte qu'ils s'élançaient contre les lions et que leurs compagnons avaient autant de peine à les retenir et à empêcher que l'homme n'allât contre l'animal, qu'ils en avaient pour combattre l'animal même. Tous ces faits m'ont été rapportés par quantité de personnes dignes de foi, sur le rapport desquelles on peut les affirmer.

Le 22 janvier, nous traversâmes encore plusieurs collines toutes sablonneuses couvertes d'arbrisseaux, et nous découvrîmes ensuite

---

[1] Plin. VIII, 19, éd. Hard.

la plaine de Boubias, traversée par la rivière du même nom. C'est là que commence la grande plaine de Bône, qui dure environ dix lieues sur quatre ou cinq de large, bordée par de hautes montagnes au sud, par la mer au nord, et terminée du côté de l'ouest par un étang assez considérable appelé Fetzara.

A quatre lieues de l'endroit où nous avions couché et à huit de la Calle, nous traversâmes la rivière de Boubias, autrefois Armua [1], près de son embouchure dans la mer. Elle peut avoir une portée de pistolet de large. On la passe sur un radeau fait avec quelques pièces de bois et des joncs très mal liés ensemble; les chevaux la traversent à la nage. On entre après dans la plaine de Bône, habitée par diverses nations d'Arabes. Cette plaine est très fertile en blé; mais les semences sont sujettes à être

---

[1] Peyssonnel désigne ici la Mafrag. Le nom de Boubias s'applique probablement à un des affluens de cette rivière. Dans la carte de la province de Constantine, M. le colonel Lapie en indique un assez considérable qui prend sa source dans le Djebel Balarak et qui coulant est-ouest, se jette dans la Mafrag, à peu de distance de l'embouchure de cette rivière.

noyées dans l'hiver et à souffrir des grandes sécheresses de l'été, ce qui rend les récoltes fort variables et très souvent médiocres. Après avoir marché quatre ou cinq lieues dans cette plaine, nous traversâmes deux rivières. L'une dite de Seibouse, appelée dans Moréri Iadoc[1]. Elle vient des montagnes du côté de Constantine, et commence au même endroit que le Bagradas. Une même fontaine, dit-on, appelée Aine Séquénie, donne naissance à ces deux rivières. L'autre s'appelle Bégéma[2]; elle n'est pas très considérable. Ces rivières, entre lesquelles sont les ruines de l'ancienne Hippone ou Hipporegius, sont profondes à leur embouchure; elles se joignent toutes les deux avant d'arriver à la mer, où elles forment une barre; leur confluent se trouve à une portée de fusil de Bône où nous arrivâmes le soir. Cette ville est éloignée de 13 ou 14 lieues de la Calle. Nous logeâmes à la maison de la Compagnie, qui y fait un commerce très considérable en laine, en cuirs et en cire.

[1] Iadoc ou Iadog est le nom que Léon l'Africain donne à la Seybouse (Léon, p. 738).
[2] La Boudjemah.

Bône, que les Arabes appellent Beledaneb, ou ville des jujubes, est une petite ville située sur le penchant d'une élévation escarpée du côté de la mer. Il y a deux forts : l'un, dit le fort Cigognes, bâti par les Génois vers l'année 1540, ressemble à une tour octogone avec quelques pièces de canon; l'autre est une redoute bâtie en même temps que le fort. Ces deux forts commandent la mer du côté de l'est. La ville est presque ronde, ayant un quart de lieue de circuit, bâtie à la mauresque, presque toute en briques. Les rues, mal percées et très étroites, sont remplies d'un pied de boue dans l'hiver et de presque autant dans l'été. Cette boue est causée par la fiente des bœufs et des vaches que les habitans nourrissent et qu'ils font coucher dans leurs maisons. On n'y trouve ni places, ni aucun édifice qui mérite attention; elle est entourée de murailles flanquées de petites tours, mais de peu de défense, et qui tombent aujourd'hui en ruines. Il n'y a rien qui paraisse fort ancien: aussi est-ce une nouvelle ville que les rois de Tunis commencèrent à rétablir vers l'an 1500. Ce pays leur appartenait alors; ce fut là que Barberousse se réfugia après avoir été chassé de Tunis par l'empereur Charles-Quint en 1533, Mulei-Assem, roi de Tunis, s'en départit en faveur de l'empereur, et André Doria fut s'en saisir. Les Génois l'occupèrent pendant quelque temps, et firent construire les forteresses qui y sont, pour mettre en sûreté les pêcheurs de corail qu'ils avaient sur cette côte. Ils furent ensuite chassés par les Turcs, qui bâtirent un grand enclos de murailles en guise de citadelle sur le sommet d'une petite montagne. Cette citadelle, qui forme un arc dont l'ouverture est du côté de la terre et le rond du côté de la mer, est dans une position très avantageuse, mais elle a de grands défauts: l'un, d'être trop grande; l'autre, de n'avoir aucun ouvrage sortant ni rentrant, ni tours, ni aucune fortification extérieure pour la protéger. Ainsi on peut la regarder comme un enclos de peu de défense. Cette citadelle a plusieurs pièces de canon et quatre-vingts Turcs de garnison, pris dans la milice d'Alger. Les Turcs, commandés par un aga, sont maîtres de tout le pays, et il y a un caïd qui gouverne la ville et la contrée. On ne trouve dans cette ville d'autres édifices que la grande mosquée appelée Boumouronait. On y voit quelques colonnes anciennes qu'on y a apportées des ruines d'Hippone. Le côté de la mosquée qui regarde la mer paraît d'une bâtisse bien meilleure et plus vieille que le reste des fortifications. Le terroir de cette ville s'étend dans la plaine; il est très fertile. On y voit une grande quantité de jujubiers fort hauts et bien entretenus, plusieurs jardins, et des figuiers en abondance. Ce sont presque les seuls jujubiers que l'on trouve en Barbarie. Ils ont fait donner à la ville le nom de Beledaneb, ou ville des jujubes.

A deux portées de fusil, au sud de Bône, on trouve les ruines de l'ancienne Hippone, ou Hipporegius, dont saint-Augustin était évêque en 430[1], où il fonda les religieux cénobites et où il mourut. C'était alors une des plus fortes places de toute l'Afrique septentrionale. Le comte Boniface, après avoir été défait par les Vandales, s'y réfugia. Genséric, alors roi des Vandales, l'assiégea pendant quatorze mois; saint Augustin mourut durant ce siége. Les Vandales la prirent et la réduisirent en

---

[1] Saint Augustin avait été élu évêque d'Hippone en 395; il mourut le 28 août 430.

cendres, à la réserve de l'église et de la bibliothèque de saint Augustin, qui furent conservées presque par miracle. L'ancienne Hippone était donc située à une portée de fusil de la mer, entre deux rivières, l'une à l'est, l'autre à l'ouest. La ville était posée sur deux monticules; il reste encore[1].....

Le 26, nous partîmes de Bône. Après avoir passé la rivière de Bégéma sur un pont d'une fabrique antique où il y a douze petites arcades peu élevées, on trouve les ruines de l'ancienne Hippone dont je viens de parler. Nous traversâmes ensuite la plaine de Bône, qui dure près de huit lieues, et nous couchâmes à un douar au milieu de la plaine à cinq lieues de Bône; la route valut le sud sud-ouest. Le 27, nous continuâmes notre marche. Après avoir traversé la plaine nous entrâmes dans une chaîne de montagnes qui courent est et ouest le long de cette côte. Nous trouvâmes à cinq lieues de l'endroit où nous avions couché, et à une lieue dans les montagnes, les

---

[1] Il y a ici, dans la copie, une lacune d'une demi-page. Cette lacune existe aussi dans la lettre autographe de Peyssonnel qui se trouve au dépôt de la marine.

ruines d'une ville appelée aujourd'hui Ascour[1], qui répond au Tubernica de M. Delisle. Il reste une vieille mesure qui a environ trente pas de long sur dix de large. La bâtisse en est assez belle; la voûte souterraine de cet édifice subsiste en entier par-dessus; du côté du nord-est on trouve deux espèces de portes. Cet ouvrage était détaché, et je ne pus bien conjecturer à quoi il servait car il est fort étroit, assez long et très élevé. A côté d'une des portes on voit une inscription dont je n'ai pu deviner que ces mots :

CAESARI INVICTISSIMO
. . . . . VCATANNIS
. . . .
. . . HINC VIAY . .
. M. D. HADRIANO. .

On rencontre ensuite un chemin pavé qui conduit jusqu'aux eaux de Tibilis[2], éloignées de trois lieues de cette ville. On voit, en chemin,

---

[1] C'est l'ancienne *Ascurus*.

[2] Aquæ Tibilitanæ, aujourd'hui Hammam Berda.

les ruines d'un pont sur lequel on passait. Nous couchâmes au douar de Sidy Berénis, de la nation des Guierphes[1]; la route fut le sud-sud-ouest sept lieues.

Le 28, à une lieue du douar où nous avions couché, nous trouvâmes des ruines, et près de là une belle source d'eau chaude. Il y a un bassin d'environ trente pas de circonférence dans lequel on voit bouillonner l'eau. Sur un des côtés de ce petit étang est une ouverture par laquelle l'eau s'écoule de la grosseur du corps d'un homme. Cette eau forme aussitôt un ruisseau considérable; elle est chaude, mais sa chaleur est modérée. J'en bus; elle n'a aucun goût particulier. Je crois que c'étaient là les eaux qu'on appellait Aquæ Tibilitanæ[2], qui devaient être fameuses. Autour de cette source on voit plusieurs ruines de bâtimens; et assez

---

[1] Des Girfah.

[2] Les Aquæ Tibilitanæ sont les mêmes que les eaux de Tibilis, indiquées plus haut par Peyssonnel lui-même comme étant seulement à trois lieues d'Ascurus. Les eaux chaudes dont il parle ici doivent être différentes des premières et de celles dont il va parler tout à-l'heure sous le nom de Mézoutin.

pour former une ville considérable. On découvre de là les ruines d'une ville appelée aujourd'hui Gelma, peut-être le Gazaufula des anciens[1]. Nous continuâmes notre route par diverses petites montagnes, et nous trouvâmes ensuite la rivière qu'on appelle Oued-Hammam, ou rivière des Bains, et qui vient effectivement d'une source très singulière que je vis à mon retour; on l'appelle Mézoutin[2]. Nous cotoyâmes la rivière de Seibouse vers l'endroit où elle reçoit celle de Hammam. Nous trouvâmes encore la continuation du chemin pavé, qui allait jusqu'aux montagnes aboutir à une grande ville qu'il y avait. Après cette rivière l'on rencontre trois grandes montagnes: l'une à l'est, dite de Seibouse; l'autre, d'Anoune; et la troisième à l'ouest dite de Meaune, après laquelle sont les montagnes d'Altayá[3]. Nous montâmes sur celle d'Anoune. La pluie et la grêle, qui nous avaient incommo-

---

[1] Guelma est la Suthul de Salluste *Bell. Jug.* c. 41; la Calama d'Orose, lib. V, c. 15. Les Turcs l'appellent Kalma.

[2] Meskoutin.

[3] Artyah.

dés tout ce jour-là, se changèrent en neige et en brouillard si fort, que nous fûmes obligés par la neige, le froid et le brouillard, d'aller chercher au plus tôt un gîte. Nous nous détournâmes de notre chemin, et, passant à travers cette montagne, le hasard nous conduisit aux ruines d'Anoune, peut-être l'ancienne *Tipasa* ou le *Castellum Fabatianum*. La grande quantité d'ouvrages en pierres de taille qui subsistent encore dénote qu'il y avait là une grande et belle ville. Il reste encore quatre portes semblables à celles de Paris, mais plus petites: ce sont des ouvrages détachés, avec des pilastres d'ordre corinthien ionique. Deux de ces portes sont doubles comme celle de Saint-Bernard de Paris. Du côté de la montagne l'on trouve les ruines d'une église. Au-dessus de la porte il y a une croix pattée, avec un A et un P sous les bras de la croix. L'on trouve de très gros morceaux de colonnes, dont quelques-unes ont quatre ou cinq pieds de diamètre sur trente et quarante de long; d'autres moins considérables. En parcourant les ruines, autant que le mauvais temps nous put le permettre, nous ne trouvâmes d'autre inscription que cette épitaphe[1].

MEMMI
VS, M. F.
PRVDENS,
V. AN. XV.

Nous couchâmes à un douar où les habitans sont d'une misère inconcevable. La route valut le sud-sud-ouest; 7 lieues.

Le 29, après avoir traversé cette montagne, nous trouvâmes quantité de collines; le pays est assez beau. Nous eûmes la neige tout ce jour-là et passâmes par les ruines de Bazer[2] où il n'y a rien de considérable. Nous dînâmes à une source d'eau que l'on appelle la Fontaine de la Terre, et fûmes coucher dans une grande plaine appelée de Temlouca. Cette plaine a quelques pâturages en hiver; mais elle doit être très aride en été. On y trouve quan-

---

[1] On a découvert depuis dans les ruines d'Announa, une assez grande quantité d'inscriptions, dont quelques-unes ont été copiées et envoyées à l'Académie des Inscriptions et Belles-Lettres.

[2] Cassar Bezzeg? (Lap. 1837.)

tité de plantes maritimes. La route fut toujours le sud-sud-ouest 7 lieues.

Le 30, nous continuâmes le long de cette plaine, et traversâmes quelques collines après lesquelles l'on trouve les ruines d'une ville considérable nommée aujourd'hui Touille, autrefois Tigisis[1]. Nous vîmes en chemin plusieurs restes de bâtisses qui ne méritent aucune attention. De là, nous dirigeant vers le sud-ouest, nous trouvâmes, auprès d'une source appelée Birtange[2], une masure construite avec de grandes pierres froides de quatre pieds en carré. C'est un corps de bâtiment de trente pas de long sur douze de large. Nous ne vîmes rien qui pût nous dénoter ce que ce pouvait être. Au-dessous, il reste une espèce de caveau avec quelques ornemens en dedans; on y entre par un trou qu'on a forcé; à trente pas de là il y a d'autres masures moins considérables. Sur une pierre à demi enterrée, longue d'environ douze pieds, on lit :

---

[1] C'est en effet dans la direction suivie par Peyssonnel, à peu près à six lieues de Temlouke, que M. le colonel Lapie place l'ancienne Tigisis.

[2] Birstall. (Sw.)

```
. . . AR. TATIORVM
. . . O NEPTVNALIS
. . . FECIT.
```

Nous fûmes coucher au douar d'un marabout. La route valut le sud-ouest six lieues ; nous eûmes de la neige pendant toute la journée.

Il faut observer que depuis les montagnes d'Anoune jusqu'à celles de Séquénie [1], environ vingt lieues nord et sud, et dans presque tout le reste du pays, surtout dans les plaines, on ne trouve pas un seul pied d'arbre, et qu'on rencontre très peu d'eau bonne à boire.

Le 31, nous contournâmes la montagne de Séquénie ; on y trouve quelques ormeaux et quelques oliviers sauvages. Après avoir marché environ trois lieues nous entrâmes dans une belle plaine au fond de laquelle était le camp du bey. Nous passâmes près d'une belle source d'eau qui porte le nom de Séquénie. On y trouve des débris de bains et les ruines d'une ville appelée autrefois Sigus, à six lieues est-sud-est de Constantine. Nous arrivâmes au camp du bey, éloigné alors d'environ trente-six lieues de Bône, après

---

[1] Ziganeah.

avoir essuyé tous les jours la pluie et la neige; il y avait un pied de neige sur le terrain aux endroits où nous passions.

Le bey de Constantine était campé au milieu de la grande plaine de Séquénie, éloignée de cinq lieues au nord-nord-est d'un petit étang salé. Son armée était composée alors de douze pavillons turcs, chaque pavillon de vingt-cinq hommes, ce qui faisait environ trois cents hommes, la plupart renégats. Toutes les tentes étaient posées sans aucun ordre, et il y avait plusieurs douars d'Arabes, dont les tentes formaient le rond et entouraient le camp. Ces Arabes sont presque tous entretenus et forment un secours aux Turcs. Le bey avait trois tentes: une pour lui, l'autre pour ses femmes et la troisième pour sa cuisine. Le bey, nommé Assem, est un vénérable vieillard âgé de plus de soixante-dix ans, et qui règne depuis treize ou quatorze ans. Nous le trouvâmes assis au milieu de sa tente sur un matelas avec trois grands carreaux, les officiers à ses côtés, d'autres Turcs assis formant un rond, et les Arabes derrière ceux-ci, les uns accroupis, les autres à genoux et le dernier rang debout, ce qui faisait un spectacle fort joli. Quelques renégats et les esclaves étaient derrière lui. Le bey, ou général turc, n'a rien de superbe ni de grand dans son train; il n'a aucune garde particulière, quoique son autorité soit suprême. Il ne connaît d'autre loi que sa volonté; tout tremble à son commandement. Il est étonnant qu'avec un si petit nombre de Turcs il puisse tenir soumis tant de pays où il commande, et qu'habitent des Arabes toujours prêts à se révolter. Son gouvernement s'étend depuis les portes d'Alger jusqu'aux confins du royaume de Tunis, et n'a pour bornes, du nord au sud, que la mer et le désert; cependant il n'a pas plus de douze pavillons ou trois cents hommes dans l'hiver, et huit cents spahis entretenus à Constantine. Dans l'été, le divan d'Alger lui envoie soixante et jusqu'à cent pavillons faisant environ deux mille cinq cents Turcs, espèces de janissaires avec lesquels il force tous les Arabes à payer le tribut. Il va lui-même, au mois de mars, ou il envoie son calife à Alger, pour y conduire vingt-deux mulets chargés chacun de deux mille piastres, ce qui fait quarante-quatre mille piastres effectives, et il conduit le camp des Turcs, qu'il est obligé d'entretenir.

Ces troupes, si redoutables dans tout le royaume, sont obligées de baisser leurs étendards et leurs armes en passant par un détroit fâcheux appelé la Porte-de-Fer, entre des montagnes escarpées. La nation dite Benia-Beïd[1], qui habite ces montagnes, les force à cette soumission.

Le bey disperse ensuite les Turcs en plusieurs camps, et les rassemble tous lorsqu'il faut donner sur quelque nation rebelle et qu'on veut punir. Un seul Turc fait trembler tout un douar et donne des coups de bâton à ces misérables, qui ne sont plus hommes en la présence d'un Turc. On ne peut exercer une tyrannie plus affreuse et plus cruelle que celle des Turcs envers les Arabes de ce pays; mais je réserve cette matière pour une autre lettre. Le bey, au mois de septembre, est encore obligé d'amener à Alger vingt-deux mulets chargés de quarante mille piastres. Ces mulets doivent avoir de plus, pour ornement, un Nègre ou un animal sauvage, ou du moins la peau d'un de ces animaux. Il donne de plus quatre mille piastres tous les deux mois; de

---

[1] Beni-Abbess.

sorte que le bey paie de *lithsme*, de rente ou de ferme si l'on veut, au divan d'Alger, cent douze mille piastres, qui entrent aux coffres du dey ou au trésor royal, sans compter les présens qu'il est obligé de faire pour se faire maintenir bey.

Les Sheicks et les nations arabes de ce pays-ci diffèrent de celles du royaume de Tunis. Les nations sont très nombreuses, et il y a des chefs qui peuvent mettre sur pied quatre ou cinq mille cavaliers et un plus grand nombre de piétons. Tels sont Boisis, chef des Anenchas[1]; Agi-Brain, chef des Guierphes; Ali-ben-Ali, chef des Fervats; Hasnor-ben-Heltan, chef des Tises. Ces chefs, presque tous alliés entre eux, se disent indépendans, de familles très anciennes et nobles; ils reçoivent le caftan du dey d'Alger et ont rang de bey. Le premier de ces chefs, Boisis, donne bien souvent de la peine tant au bey de Tunis qu'à celui de Constantine : il fut attaqué l'année dernière par ces deux puissances, et ce qui se passa à cette attaque mérite d'être rapporté.

[1] Henneicha.

Sultan Boisis est le chef ou le sheick d'une nation arabe qui habite un pays appelé des Anenchas, situé sur les frontières des royaumes de Tunis et d'Alger, dans la Numidie, et s'étend dans le désert du Sahara. Ce chef, qui se dit d'une ancienne maison, s'est rendu redoutable à sa nation et en a même soumis d'autres. Il a toujours repoussé le joug des Ottomans ou des Turcs, de sorte qu'il est souvent en guerre ou avec le bey de Tunis, ou avec celui de Constantine. Il est assez puissant, et on lui a vu mettre jusqu'à huit mille cavaliers sur pied. L'année dernière (1724), le bey de Constantine et celui de Tunis furent l'attaquer à l'improviste : car c'est la coutume des Turcs de donner sur les nations qu'ils veulent soumettre sans leur laisser le temps de se mettre en défense et de faire retirer leurs bestiaux. Sultan Boisis (c'est le titre que ceux de la nation lui donnent) fut attaqué et défait en même temps par Assem, bey de Constantine, qui lui enleva plus de huit mille chameaux, les bœufs et même les tentes. Le bey, non content de cette capture, voulait le prendre et le faire périr. Il laissa son khalife pour le poursuivre, avec le camp des Turcs.

Boisis fit assembler ses troupes pour les encourager à se bien défendre ; mais il trouva des esprits faibles à qui l'avantage que les Turcs venaient de remporter avait ôté le courage, et qui lui dirent nettement qu'ils avaient résolu de se soumettre. Ce pauvre sultan était au désespoir et se voyait perdu, lorsque sa fille, appelée Elgie-ben-Boisis-ben-Nazer (Elgie, fille de Boisis, petite-fille de Nazer) se fit apporter ses vêtemens les plus beaux et, s'étant vêtue, monta à cheval, appela les femmes et les filles ses parentes ou ses amies, qui montèrent aussi à cheval. Elle harangua les femmes en leur disant : « Puisque ces hommes n'ont « pas le courage d'aller contre les Turcs, qui « viendront bientôt nous violer à leurs yeux, « allons nous-mêmes vendre chèrement notre « vie et notre honneur, et ne restons plus « avec ces lâches. » Puis, découvrant sa gorge et la montrant aux hommes, elle leur cria : « Enfans de Nazer, qui voudra sucer de ce « lait n'a qu'à me suivre ! » Les Arabes piqués de l'héroïsme de cette fille, donnèrent sur les Turcs avec tant de violence qu'ils défirent le camp, remportèrent une partie du butin qui leur avait été enlevé, firent prisonnier le khalife, et dépouillèrent tous les Turcs. Voilà une action qui mérite d'être conservée dans l'histoire. L'on voit que dans tous les pays on trouve des femmes fortes, des Jeanne-d'Arc, des Pucelle d'Orléans.

Elgie n'est pas la seule femme qui se soit rendue recommandable dans ce pays. La princesse Aumoni était la femme d'un chef qui commandait dans le désert de Sahara; après la mort de son mari, elle prit la tutelle de ses enfans encore petits et s'acquit le commandement de ses peuples, qui lui sont soumis. Elle va elle-même à la tête de son armée; elle a livré plusieurs combats aux Turcs et fait des actions de bravoure mémorables, qui l'ont fait considérer et craindre tant de ceux de sa nation et de ses voisins que des Turcs eux-mêmes. Elle a battu plusieurs fois le bey de Constantine, qui, pour s'acquérir son alliance et son amitié, a épousé, l'année passée, la fille de cette princesse. Il est curieux de voir cette véritable amazone commander et régner sur des peuples qui méprisent si fort le sexe féminin.

Ce fut l'année passée, lorsque le bey fut pour traiter son mariage avec la fille d'Aumoni et pour poursuivre Boisis qui s'était retiré dans le Sahara, entre le pays d'Aumoni et le Gérid, que le camp des Turcs fut se poster sur la montagne d'Aurès [1], autrefois *Aurasius Mons*. Là ils virent une fontaine miraculeuse. Voici la relation qu'Assem-Bey, tous ses ministres et tous les renégats et les Turcs du camp m'en ont faite avec serment. Ils me dirent donc qu'étant campés dans la montagne d'Aurès, à quatre lieues au nord de l'ancienne Bagaï et à cent-cinquante milles au sud-est de Constantine, on leur parla de la fontaine appelée Aine-Louët, qui ne coule que les vendredis. Le bey regarda cela comme une fable. Il y fut cependant le jeudi au soir. On trouva un gros rocher taillé; à côté une grotte avec six cellules de chaque côté, le tout travaillé à pointe de marteau dans un roc vif, et par-dessous, un grand trou où il n'y avait presque point d'eau. Le vendredi, incontinent après midi, ils virent sortir et monter à gros bouillons l'eau qui pouvait à l'instant-même former un ruisseau considérable. Tout le camp y fut et but de cette eau très bonne, qui coula ainsi depuis

[1] Auras.

midi jusqu'au soir et cessa entièrement aussitôt le soleil couché. On assure que cette espèce de prodige arrive régulièrement tous les vendredis et de la même manière.

La curiosité m'aurait porté à y aller pour l'observer moi-même; mais les neiges, les froids et les risques qu'il y avait à faire cette route dans cette saison m'en empêchèrent. Le bey m'a promis, si je retournais cet été, de me faire accompagner par son beau-frère, le fils de la princesse Aumoni, et de me faire parcourir tout ce pays et les déserts de Sahara.

Le 2 février, nous partîmes du camp de Séquénie et fîmes route au N.-O., trois lieues dans la plaine. Nous entrâmes après dans des montagnes fort élevées, couvertes de neige; nous passâmes sur des collines assez douces. L'on rencontre un grand chemin pavé qui subsiste encore et qui conduit, dit-on, de Constantine jusqu'à Bagaï : nous vîmes des ruines de peu de conséquence, et nous arrivâmes sur le soir à Constantine éloignée de huit lieues de Séquénie au nord-ouest. Nous étions accompagnés par Amet Cherebi, caïd de Bône. L'escorte fut, ce jour-là, très considérable. Il n'en est point ici comme dans le royaume de

Tunis, où l'on peut aller en sûreté avec un ou deux spahis. Dans ce pays, outre les bêtes féroces que l'on craint, le peu de gîtes ou de douars que l'on trouve fait que l'on est souvent obligé de camper à la belle étoile. L'on craint encore extrêmement les voleurs et les Arabes mécontens, ce qui fait qu'il faut être au moins vingt ou trente personnes pour oser voyager, encore n'est-on pas en toute sûreté. Nous étions, ce jour-là, plus de cent personnes lorsque nous arrivâmes à Constantine.

Constantine, appelée autrefois Cirta, était la capitale de la Numidie et le séjour ordinaire des rois de ce pays. Cette ville a toujours été célèbre et une des plus fortes places de l'Afrique. Du temps de la première guerre punique, Jugurtha l'assiégea et contraignit Haderbal, fils de Micipsa, roi de Numidie, de se rendre. L'ayant pris, Jugurtha le fit périr avec ses plus considérables partisans[1]. Lélius, consul romain, et Massinissa, un des rois de ce pays assiégèrent Cirta, qui était alors défendue par Syphax. Ce roi avait d'abord embrassé le parti

---

[1] Cet événement eut lieu après la troisième guerre punique et la destruction de Carthage.

des Romains, mais il l'avait ensuite quitté pour prendre celui des Carthaginois. Il fut pris dans Cirta, avec sa femme Sophonisbe[1]. Dans la seconde guerre punique[2], lorsque César eut l'avantage sur Metellus Scipion, Publius Sittius et le roi Bocchus l'assiégèrent et la prirent. Alexandre, originaire d'Afrique, s'était révolté contre l'empereur Constantin-le-Grand, et, ayant été salué empereur à Carthage, fut poursuivi par Maxence, qui le prit et le fit étrangler à Cirta. Elle a encore soutenu plusieurs siéges du temps des Vandales et des Sarrasins, et en dernier lieu, l'an 1705, Mourat, bey de Tunis, étant en guerre avec les Algériens, vint à Constantine avec une armée de trente mille hommes, mit le siége, qui dura six mois, sans pouvoir la soumettre. Les Turcs d'Alger envoyèrent un camp d'environ cent pavillons ou deux mille cinq cents hommes. Mourat fut au-devant du camp dans une plaine à l'ouest de Constantine; mais ces deux mille Turcs, ayant

---

[1] Ceci se passait dans le cours de la deuxième guerre punique, avant la bataille de Zama.

[2] Lisez : Dans la guerre de César contre les restes du parti de Pompée.

mis leurs bonnets aux dents, donnèrent sur l'armée de Mourat avec tant de furie, qu'ils la défirent entièrement et firent Mourat prisonnier. Les Tunisiens furent contraints de lever le siége, d'abandonner le camp et les canons, et de s'enfuir au plus vite. Mais ce qui ternit la gloire des vainqueurs fut, qu'ayant fait plusieurs prisonniers et que même deux mille Tunisiens ayant mis les armes bas et s'étant rendus à discrétion, ils furent renvoyés en apparence; mais peu après on envoya des troupes après eux qui les coupèrent et les massacrèrent tous.

Si Cirta ou Constantine a été fameuse dans les histoires romaines et autres, elle ne l'a pas moins été dans celle de l'église. En 257, saint Cyprien y fut exilé; en 305, Secundus, primat de Numidie, y fit assembler un concile pour examiner l'affaire des Traditeurs, nom qu'on donnait à ceux qui avaient livré les ornemens, les vases ou les livres sacrés pendant la persécution, et cette assemblée fut l'origine et la cause indirecte du schisme des donatistes. Sylvain, primat d'Afrique, tint un second concile en 412, où saint Augustin assista. Les actes de ce concile furent perdus

Pétilien, faux évêque de Cirta, parut à la tête des donatistes et soutint leurs erreurs. Sa réputation était grande, quoique sa science et son esprit fussent médiocres. C'est presque la seule ville de la Barbarie qui ait conservé son ancien éclat; elle est encore aujourd'hui la capitale de ce royaume, à qui elle donne son nom. Elle est assez grande et a une lieue de circonférence; sa situation est si particulière qu'elle demande une description un peu détaillée.

La ville de Constantine se trouve entre deux montagnes assez élevées, posée sur un rocher escarpé de tous côtés. Les rivières Oued-Madou[1], dont l'eau est chaude à sa source et qui vient du côté du sud-est, et celle du Rummel qui vient du sud, se joignent ensemble à deux portées de fusil de la ville. A leur jonction, il reste une partie d'un aqueduc très beau. Deux arcades de vingt-cinq pieds de large sur vingt d'épaisseur, bâties de pierres froides très bien taillées subsistent encore dans leur entier. La dernière arcade a près de quatre-vingts pieds de hauteur; les arcades étaient ensuite doubles,

---

[1] La Boumarzouk.

et sur la rivière il y avait une triple arcade dont le dernier rang avait deux cent cinquante pieds d'élévation; mais les eaux ont tout emporté.

Le rocher sur lequel la ville est posée forme un losange imparfait. La pointe du côté du sud-est a environ cent pieds d'élévation, puis on trouve un fossé naturel dans lequel coule la rivière, qui prend alors son nom de Constantine et qu'on appelait autrefois Ampsagas. Ce fossé que la nature a formé a, au commencement, cinquante pieds de large sur cent de profondeur tout taillé à pic, puis il devient plus profond, de sorte que vers le milieu de la ville, on trouve un pont d'une très belle fabrique, qui a trois rangs d'arcades et environ deux cent cinquante pieds d'élévation; mais il est assez étroit. Après ce pont, dont deux arches sont tombées[1], la nature en a formé trois autres, chacun d'environ trente pas de large, sous lesquels la rivière s'enterre et prend son cours. Les voûtes de ces ponts sont remplies de belles congellations. Ils se trouvent situés vers le milieu de la hauteur

[1] On a dit qu'il avait été détruit par Achmet bey.

du fossé, de manière qu'il reste encore une élévation de cent cinquante pieds depuis les ponts jusqu'au haut de la ville. Tous ces rochers sont élevés et inaccessibles.

Vis-à-vis ces ponts, de l'autre côté du fossé, il y a une petite plaine au niveau du plan de la ville, où l'on trouve un arc de triomphe très bien conservé. Trois grandes portes le forment : celle du milieu a environ vingt-cinq pieds de large ; les autres proportionnées, mais plus petites. On n'y trouve ni bas-reliefs, ni inscriptions. Après cet arc de triomphe, on voit une grande muraille qui soutenait quelque édifice considérable ; et sur le haut de la montagne, de ce côté-là, il y a les débris d'une citadelle qui a été rasée après le siége de Mourat-Bey, dont j'ai parlé.

Après avoir passé les ponts, le fossé continue à devenir encore plus profond ; de sorte que vers la pointe qui regarde l'ouest, l'élévation du rocher du côté de la ville a plus de cinq cents pieds, toujours escarpé et taillé à pic. Quittant la rivière, qui court au nord-ouest à côté de quelques jardins et d'arbres fruitiers, et venant du côté du sud, le rocher sur lequel est la ville continue à être de la même manière. L'on rencontre une source d'eau chaude qui sort à environ trois cents pieds perpendiculairement au-dessous de la ville[1]. Les Romains y avaient formé un bassin couvert dont la voûte très élevée subsiste et paraît toute récente. Aux environs il y avait plusieurs bâtimens. Voici les inscriptions qu'on y trouve :

POMPEIO	
RESTITVTO	M. MACHENTIVS
IVDEO	FELIX QVIET.
POMPEIA CARA	SECRETIVS
PATRI CARIS	VIX. AN. XXV.
SIMO	
FECIT	
	D
AELIASO...	PASSIDINI
SO S. A. V. M.	V. A.
XVII. D. III[2].	PASSIDIN. PA....
	MARTIR....
	MO. POSVIT.

C'est à cette source d'eau et à une autre qui

---

[1] Shaw appelle cette source les eaux chaudes du marabout Sidy-Mimon, t. I, p. 160, tr. fr.

[2] Peut-être faut-il lire A. XV. M. VII.

est du côté du nord-ouest de la ville, que l'on trouve des tortues regardées par la populace comme des esprits malins qui y résident depuis le temps des Romains. Les femmes vont tous les printemps s'y divertir, et donnent à manger aux tortues.

Le terrain, hors de la ville, s'élève ensuite et forme un isthme qui joint le rocher où est la ville avec la montagne du côté du sud. Cet isthme va nord et sud, et a deux descentes très difficiles, l'une à l'est, l'autre à l'ouest. C'est à cet isthme que sont les deux principales portes de la ville, la troisième étant du côté du pont dont j'ai parlé. La ville est donc entourée de précipices affreux, n'ayant que le côté du sud par où l'on puisse l'approcher. On trouve de ce côté-là quantité de ruines qui dénotent avoir été des fortifications considérables, ce qui devait rendre cette ville très forte avant l'usage du canon.

On entre par les portes dans la ville qui a une double muraille du côté de l'isthme ; la seconde enceinte paraît très ancienne et les montans de la porte sont en marbre blanc assez beau. La ville est très peuplée, les maisons mal construites, bâties partie de briques

cuites et partie de briques de terre simple,
couvertes de tuiles rondes; les rues très étroites et mal percées, mal propres dans l'hiver,
sans pavé, sans aucune place, sans aucun édifice qui mérite la moindre attention. Je ne sais
pourquoi les auteurs que Moreri cite en parlent
autrement[1]. On voit cependant, par les débris et
les pierres qui restent, qu'il devait y avoir des
édifices considérables et beaux ; mais tout a
été renversé. On trouve encore quatre arcs qui
soutenaient le dôme de quelque temple, et
quelques pierres où on lit des lambeaux d'inscriptions si mal traitées qu'on n'y comprend
rien. Il reste l'enceinte et les débris d'un château posé sur la pointe de la ville du côté du
nord-ouest. C'est un grand enclos d'une belle
bâtisse, sans tours ni défense. A la porte de cette
citadelle, l'on garde une couleuvrine qui a dix
pieds de long, comme celle qu'on a au château
de Tunis. Il y a encore un corps de cuirasse
et un casque de fer suspendus sur cette porte.
Le dedans de cette forteresse est rempli de

---

[1] Moreri cite Marmol, écrivain contemporain de
Léon L'Africain. De leur temps les villes d'Afrique
étaient encore florissantes.

maisons comme la ville. La maison où logent les soldats était le temple ou l'église, ce que l'on connaît par la structure des murailles, celle de la porte et celle même du grand autel. On y voit quantité de pierres écrites, mais toutes bouleversées, de manière qu'on ne peut rien comprendre. A côté, il reste quatre piédestaux qui devaient soutenir des colonnes d'une hauteur très considérable, car les piédestaux et les chapiteaux d'ordre ionique qu'on trouve encore ont six pieds de diamètre, mais on ne voit point les colonnes qui devaient être très élevées à proportion du diamètre des piédestaux et des chapiteaux. A la pointe de l'ouest de ce château, l'élévation du rocher a plus de six cents pieds. Il y a un endroit d'où l'on précipite les putains et les malfaiteurs : c'est assurément un des plus beaux sauts que l'on puisse faire. On dit que le bey ayant fait précipiter une femme de joie, le vent entra dans son bernous et qu'elle arriva dans la rivière sans se faire presque aucun mal, mais le bey la fit précipiter une seconde fois. A côté, il reste les anciennes citernes encore en bon état. Il y en a quinze, chacune de vingt-cinq pas de long sur vingt-cinq de large. Un canal de quatre pieds règne au milieu de ces citernes et les coupe en large : ce canal est d'une belle pierre creuse encore dans son entier.

Nous restâmes trois jours dans Constantine et le six nous partîmes avec le caïd de Bône. Nous fîmes route au nord-est, sept lieues, passant toujours par des montagnes considérables et très stériles, car le beau pays ou terroir de Constantine et les endroits où se font les récoltes abondantes sont du côté de l'ouest, du nord-ouest et du sud-ouest. Le côté du nord et de l'est est assez stérile; à peine y trouve-t-on quelques herbes dans l'hiver. Nous couchâmes à un douar d'Arabes de ceux de la nation de la suite du bey.

Le sept, nous continuâmes notre route, passant par des montagnes très rudes et élevées. Le pays est toujours ingrat et désert, sans aucun douar ni habitant, la route nord-est huit lieues, et nous fûmes coucher près des eaux de Mézoutin[1]. Cette source que nous ob-

[1] Hammam-Meskoutin.

servâmes le jour d'après, mérite une description détaillée[1].

Ces eaux se trouvent à une lieue à l'ouest de la montagne de Meaune et à trois lieues de celle d'Altaya, à mi-chemin de Constantine à Bône, entre des montagnes assez rudes. L'endroit d'où l'eau sort a environ trois cents pas de circonférence, et il était entouré de murailles dont il reste de beaux lambeaux. En approchant nous vîmes sortir de cet endroit-là une fumée très considérable et nous sentîmes l'odeur de soufre. Nous découvrîmes après quantité de cônes dont quelques-uns avaient jusqu'à trente pieds d'élévation. Le tout ressemble aux camps des Arabes. C'est aussi ce qui a fait dire aux habitans que ce fut un camp pétrifié, et ils font là-dessus des histoires si ridicules que je croirais perdre le temps que de les rapporter.

L'eau de cette source est si chaude qu'il serait impossible d'y tenir la main la moitié d'une minute. Les Arabes mettent leurs pots dans un des bouillons : la chaleur de l'eau fait bouillir

---

[1] Voy. Poiret, t. I, p. 154 et suiv. Shaw, t. I, p. 299 et suiv. tr. fr.

le pot, et ils font ainsi cuire leur viande au bain-marie. Cette eau, en s'élevant par bouillons séparés, quoiqu'elle soit claire, porte et pousse avec elle les parties insensibles d'une matière qui ressemble à la chaux ou au tuf. Ainsi l'endroit d'où elle sort paraît être un rocher calciné et réduit en chaux. Cette matière s'arrête autour des endroits où l'eau bouillonne, et forme des corps assez remarquables. Tous les cônes, ou pyramides rondes, qui sont plus de deux cents en nombre, quelques-uns hauts, comme je l'ai déjà dit, de plus de trente pieds, sont formés par cette matière. L'eau montant en jet se fait un tuyau, déposant son tuf pour former le cône; arrivée au plus haut que sa force lui permet, elle se ferme elle-même la sortie par une croûte qui bouche le tuyau; c'est pour cela que plusieurs de ses cônes, et surtout les plus élevés, ne fournissent plus d'eau. L'on voit les autres ouverts et le tuf former insensiblement la pyramide. Dans d'autres endroits l'on voit des croûtes que l'eau forme et sous lesquelles elle s'enterre. Ces croûtes sont en des endroits fort minces en d'autres très épaisses et fermes. Mais ce qu'il y a de plus particulier ce sont les champignons pétrifiés qu'on y trouve. Le tuf montant par les bouillons de l'eau forme, sur un pédicule très petit, des corps ressemblant entièrement à des champignons, excepté qu'ils ne sont pas feuilletés en rayons. Les uns sont formés par diverses couches très subtiles, les autres par des cristallisations au milieu d'une eau bouillante. L'on voit les parties, comme celles des cristallisations artificielles, luisantes et attachées les unes aux autres. Le dessus de ces champignons est uni et un peu convexe, et le dessous est concave et rayé; on les prendrait pour de véritables fongus pétrifiés. Les eaux qui sortent des divers endroits forment, du côté de l'ouest, une superbe nappe d'eau. Divers petits bassins que le tuf a formés soutiennent l'eau et font des nappes naturelles, accompagnées, comme c'est l'ordinaire, de congellations de figure bizarre qui donnent un beau spectacle. Au-dessous il y a des voûtes; le bruit de l'eau qui tombe et celui du bouillon font entendre divers sons qu'on compare aux cris de divers animaux, suivant que l'on a l'imagination frappée. Ce tuf ou cette chaux n'a aucun goût. Nous en prîmes pour faire des observations, et des champignons pour les garder comme curiosité. L'eau a un goût sulfureux, comme c'est l'ordinaire des eaux chaudes.

Ce jour là (8 février), nous fûmes coucher à un douar à quatre lieues des eaux de Mézoutin.

Le 9, nous suivîmes le même chemin que nous avions pris en allant à Constantine et, après avoir traversé la plaine de Bône, nous arrivâmes à cette ville sur le soir.

Route N.-N.-E., 12 lieues.

Le 10, je fus au Port Génois, qui est à une lieue au nord de Bône : c'est le mouillage ou la rade où restent les bâtimens qui viennent charger à Bône. Il n'y a que les petits bâtimens qui puissent avancer jusqu'à la ville. Ce mouillage est un des meilleurs de la Barbarie. On n'y craint que le vent d'est-nord-est; mais le fond en est bon : il est rare que les bâtimens s'y soient perdus. Je fis plusieurs observations géographiques; mais comme elles ne portent aucun changement à la carte marine de M. Berthelot, je la donne comme un modèle sur lequel on peut se régler.

Je m'embarquai sur une tartane qui était chargée de vin pour la Calle. Nous partîmes la nuit. Le 11 au matin, nous nous trouvâmes sur le cap de Roses[1] ; à midi, nous étions vis-à-vis le Bastion de France. Il reste encore les débris des anciennes fortifications et des magasins qu'on y avait construits lorsque le comptoir de la Compagnie occupait cette place, et que les pêcheurs de corail allaient s'y retirer ; mais elle fut abandonnée dans la dernière guerre avec les Algériens. Depuis, on s'est établi à la Calle, où j'arrivai sur le soir. J'espère y rester quelque temps, pour y faire des observations sur le corail et sur les plantes marines.

J'ai l'honneur d'être, etc.,

PEYSSONNEL, doct.-méd.

[1] Cap Rosa. (L.)

LETTRE DOUZIÈME.

A M. l'abbé Bignon, contenant la relation d'un voyage fait dans la Numidie, depuis la ville de Bône jusqu'à celle d'Alger.

Alger, le 10 août 1725.

Monsieur,

Après avoir passé l'hiver à la Calle, y avoir fait plusieurs observations sur ce qu'on appelle *plantes marines pierreuses*, qui ne sont que des coquillages ou, du moins, des corps formés par des animaux testacés, espèces de petites orties, et après avoir herborisé et fait la recherche des plantes terrestres qui se trouvent dans ces quartiers, je profitai, dans le printemps, de la commodité du caïd de Bône, pour aller avec lui au camp du bey de Constantine, et de là passer à Alger. Ce royaume est différent de celui de Tunis, où, avec un ou deux spahis, on passe en sûreté partout et sans aucun risque considérable. Ici on ne marche qu'avec de fortes escortes, dont on ne peut disposer comme un voyageur curieux le souhaiterait, et même comme il lui serait souvent nécessaire.

J'eus l'honneur, Monsieur, de vous marquer, dans ma précédente lettre, la route et les observations que j'avais faites cet hiver pendant mon voyage à Constantine; ainsi je passerai légèrement la route jusqu'à cette ville. Je partis de la Calle le 24 mai, et je fus par mer à Bône, où je restai quelques jours. Voici une observation particulière que j'y fis :

Le 4 juin 1725, le temps fut très variable; il plut l'après dînée. Le vent souffla ensuite au S.-O.; sur les six heures du soir il devint calme, et la mer fut tranquille. Comme j'étais sur la terrasse de la maison de la Compagnie d'Afrique, demi-heure avant le soleil couché, nous observâmes que les eaux étaient pleines et hautes. Il arriva tout d'un coup un courant; les eaux de la mer, dans une minute de temps, se retirèrent très promptement, et diminuèrent de plus de dix pieds.

Le rivage se trouva à sec à plus de deux cents pas de ses bornes ordinaires. Le courant surprit les poissons qui restèrent à sec sur le rivage. On en prit plusieurs, entre autres une espèce de raie grisâtre et verdâtre, qui pesait environ soixante livres, dans laquelle on trouva quatre petites raies qu'elle avait dans la matrice. On voit par là qu'il y a beaucoup de poissons vivipares. Trois minutes après, les eaux entrèrent avec la même vivacité qu'elles étaient sorties. J'observai jusqu'à la nuit que le mouvement irrégulier de la mer se calma peu à peu, et que de deux en deux minutes, les eaux entraient et se retiraient, perdant insensiblement leurs mouvemens, tout comme les ondulations d'un vase plein d'eau qu'on a secoué diminuent et cessent peu à peu.

Le 6 juin, nous partîmes de Bône, avec le caïd et l'aga des spahis, qui, suivant l'usage, vont toutes les années au camp, lorsqu'il arrive d'Alger, pour s'y faire confirmer dans leurs charges, et pour y porter la garame, ou droits qu'ils ont perçus ou qu'ils doivent payer. Nous conduisions au bey deux mille bœufs, cent jumens d'une mince apparence, et de plus un misérable Maure, fils d'un chef, et lui-même chef de la nation des Senages[1]; voici son histoire :

Après la mort de son père, son frère fut le chef de la nation; mais comme il désirait ce poste, il donna au caïd de Bône mille piastres, moyennant quoi le caïd fit mourir le frère et fit celui-ci chef. Le caïd ayant ensuite jugé que, puisque celui-ci avait donné mille piastres pour être chef et pour la mort de son frère, il en devait avoir bien davantage, et qu'il avait sans doute connaissance de la cache de feu son père qui avait gouverné la nation pendant trente ans, il chercha une avanie à ce chef, disant qu'il avait dessein de fuir et de se retirer, avec sa nation, dans le pays des Kabayles. Là dessus, il le fit saisir et lui fit donner cinq cents coups de bâton. Ce misérable fut obligé, outre le mauvais traitement, de donner encore mille piastres; car on ne donne jamais de coups de bâton, que celui qui les reçoit ne paie au surplus une somme considérable. Comme il avait payé en bonnes et vieilles pièces, elle confirmèrent le caïd dans l'idée qu'il devait savoir le trésor de feu son

[1] Les Senadjah, Kabayles des environs de Bougie.

père ; là-dessus on le saisit avec sa mère, et on les conduisit au bey pour les faire périr s'ils ne livraient pas tout ce qu'ils pouvaient avoir. Le bey les épouvanta, et les livra une seconde fois au caïd de Bône, pour en tirer tout ce qu'il serait possible, et pour les faire périr sous le bâton s'il le jugeait nécessaire. Voilà la justice qu'on exerce dans ce pays. Cette histoire, jointe à celle de Amet Ben Belabès, chef de la Masoule aux environs de la Calle, que je vais avoir l'honneur de vous rapporter, suffiront pour vous donner une juste idée du gouvernement de ce pays.

Amet Ben Belabès était fils de Belabès et petit-fils de Sidy Trac. Ce dernier était un marabout en odeur de sainteté mahométane, et qui depuis sa mort a fait plusieurs miracles dont voici un des principaux. La marmite dont il se servait pendant sa vie était en grande vénération; on venait de tous côtés l'emprunter pour y faire cuire le festin des noces, auxquelles elle donnait un succès heureux. Après les noces on mettait la marmite hors de la cabane, et elle partait et retournait d'elle-même à la mosquée du saint. Ce miracle était cru et le serait encore; mais, par malheur, un marabout vivant, aussi grand saint que Sidy Trac mort, ayant emprunté la marmite pour ses noces, la garda et oncques on ne la vit plus retourner miraculeusement. Le grand saint Sidy Trac habitait dans les montagnes du Telf[1], auprès d'une source d'eau chaude, dont les environs sont les meilleurs terrains et les plus fertiles de la contrée. Les saints turcs choisissent, comme les moines, les meilleurs pays. Il avait bâti dans cet endroit un oratoire; sur la fin de sa prière il se mettait une corde au col, passait le bout de la corde à une pièce de bois, s'y suspendait jusqu'à ce qu'il fût presque étranglé; alors il lâchait la corde, tombait évanoui et restait quelque temps immobile jusqu'à ce qu'il eût repris la respiration. Notez qu'il y avait des Arabes auprès de lui qui lui ôtaient la corde du col, et qui se retiraient après pour laisser le marabout en conférence avec le prophète Mahomet qui venait le trouver; quelquefois ils se disputaient ensemble. Il en imposait ainsi, et non-seule-

[1] Ces montagnes, comme on le verra plus bas, sont sur le territoire de la Mazoule, c'est-à-dire entre la Calle et Bône.

ment il passait pour saint, mais encore il avait par ce moyen le commandement absolu de tout le pays. Les ruses, en dévotion, sont souvent très utiles, et font bouillir la marmite des imposteurs qui les mettent en pratique et qui en imposent ainsi au peuple ignorant et crédule.

Sidy Trac vivait vers l'an 1680. Il eut plusieurs enfans desquels Belabès, l'aîné de tous, succéda au commandement du pays. Celui-ci se maria et eut d'une négresse Amet Ben Belabès dont nous devons parler. Amet parut dans sa jeunesse fort brave et remuant. Ses oncles conçurent de la jalousie contre lui, et son père ne put faire autre chose que de lui donner un petit douar à commander. Lorsqu'il se vit maître d'un douar, il proposa à ses camarades et amis d'aller en maraude. Il se trouva plusieurs braves qui le suivirent. Ils ne vivaient que des vols qu'ils faisaient sur leurs voisins, et tous les jours c'étaient de nouvelles *gazes*, c'est-à-dire des courses pour enlever des bœufs et des bestiaux. Une vie si douce en apparence, qui les exemptait du travail que les Arabes haïssent extrêmement, et qui leur donnait les moyens de vivre aux dépens de qui avait le malheur d'être attaqué, lui attira encore quantité de braves qui se joignirent à lui et qui firent connaître et craindre Amet Ben Belabès de tous les Arabes ses voisins. La jalousie de ses oncles augmenta encore plus, et, Belabès le père étant mort, le pays et toute la nation de la Masoule furent divisés. Les oncles prétendirent commander ; le neveu le voulait aussi : la guerre s'alluma ; plus de chef principal et beaucoup de chefs particuliers brouillés les uns contre les autres. Belabès fut un jour attaqué et surpris près de la rivière de Boubias par quelques-uns de ses oncles ; il reçut dans le combat un coup de fusil dans la cuisse. Il ne fit alors que descendre de cheval et se bander la plaie avec un demi-turban qu'il avait, puis, étant remonté avec un courage de lion, feignit d'avoir beaucoup de monde peu éloigné de lui, appela les plus braves et les plus connus, poursuivit ses oncles, les mit en fuite et se sauva par cette ruse, avec très peu de cavaliers, d'un pas où il devait absolument périr, sa mort ayant été jurée.

La guerre ne finit point là. Quelque temps après ses parens lui donnèrent encore dessus. Il eut alors le malheur de perdre son frère, un des plus braves de sa troupe. Ce dernier coup l'obligea à faire la paix; mais comme il gardait sur le cœur et la mort de son frère et quantité de blessures qu'il avait reçues de ses parens, il fit si bien qu'il trouva le moyen d'empoisonner deux de ses oncles des principaux de la Masoule. Il arriva quelque temps après que les Maures, sous de mauvais prétextes, firent la guerre aux Français de la Calle, et qu'un jour, ayant surpris dix Français qui étaient à la chasse, ils en tuèrent cinq et blessèrent les cinq autres. M. de Marle, qui commandait alors à la Calle, voulut avoir raison de la mort de ces cinq hommes. Le comptoir avait fait de grosses avances aux chefs de cette nation pour se la conserver en paix, car elle seule est capable d'empêcher tout le négoce qu'on y fait. Ainsi, non-seulement on leur donne une *lithsme*, ou droit qu'on leur paie, pour les obliger à laisser les chemins libres, mais bien souvent on est encore obligé d'appointer les chefs et de leur donner au-delà de leur lithsme. C'est ce que l'on avait été contraint de faire pendant ces troubles et guerres civiles. Amet Ben Belabès avait toujours été ami des chrétiens, car on observe qu'il ne leur a jamais fait de mal ; au contraire, pendant qu'il était brouillé avec eux, un bateau corailleur ayant fait naufrage sur ses côtes, il sauva tout l'équipage et le renvoya à la Calle avec les agrès et les coraux sauvés du naufrage. Belabès vint donc offrir de venger le sang des morts, à condition qu'on le ferait le seul chef du pays, ce qu'on lui promit. M. de Marle envoya de son côté au bey de Constantine, demander justice pour la mort des Français, et l'on y conclut qu'il fallait faire périr huit des principaux de ces petits chefs, et mettre Belabès à la tête de la nation de la Masoule, pour empêcher les désordres qui suivent la multitude des chefs, et pour la sûreté de la vie des chrétiens. Il s'agissait d'exécuter le projet et de saisir ceux que la politique avait fait condamner, quoique peut-être innocens de la mort des Français. Pour y réussir, le bey demanda une somme considérable qu'aucun ne voulut payer du sien. Mais Belabès, qui les trahissait tous, les porta à venir emprunter la somme nécessaire, leur disant que les chrétiens ne la leur refuseraient pas lorsqu'ils la demanderaient tous ensemble. Ils furent donc tous à la Calle, et M. de Marle, qui avait ordre de les arrêter, leur chercha une querelle d'allemand, les fit d'abord désarmer, et en même temps environ trois cents Maures qui les avaient suivis. Il emprisonna ces chefs et en fit donner avis au khalife du bey. C'est à cette occasion que l'on a établi l'usage qui subsiste encore, qu'aucun Maure ne peut entrer avec des armes dans la place de la Calle et du cap Nègre. Ils sont obligés de laisser jusqu'à leurs couteaux à la porte, sans quoi on leur donne fort bien la bastonnade si on les trouve armés.

Le khalife envoya prendre ces huit chefs, et pour recevoir le présent promis pour leurs têtes, il les fit périr tous les huit, donna le titre de chef à Belabès, qui, se voyant alors chef absolu, renouvela ses cruautés, et l'on compte quatre-vingts de ses parens qu'il a assassinés, empoisonnés ou tués de sa propre main ou par ses satellites. Il a rendu aujourd'hui sa nation très puissante et gouverne tranquillement et absolument, massacrant qui bon lui semble et mettant les impôts qu'il juge à propos. Il est haï et craint des Turcs, qui, outre qu'ils ne peuvent souffrir par politique un chef puissant et brave, se ressouviennent encore des vols et des pillages que Belabès a faits aux douars de la plaine de Bône, dont les Turcs sont les chefs. Il reste quelques fils de ces parens assassinés, que le sang de leurs pères révolte et porte à la vengeance. Ils font tous les jours des courses sur la nation de Belabès. Ils ont tué deux de ses fils, et, retirés dans les montagnes, ils chagrinent souvent notre Belabès. Lorsque nous étions avec lui au Telf, où je fus herboriser le long du ruisseau d'eau chaude et près de l'ermitage de Sidy Trac dont je viens d'avoir l'honneur de vous parler, Belabès offrait 1000 piastres au caïd de Bône pour l'obliger à couper la tête à trois de ses neveux et à deux chefs qui les avaient reçus et qui les protégeaient. Telle est la politique de ce pays: les caïds et les chefs vendent à prix d'argent la tête des hommes et les font mourir sans forme de procès ni raison apparente. Les Arabes ne se poussent, ne deviennent chefs et ne se soutiennent que par des voleries, des rapines, des meurtres, des assassinats et des crimes semblables, et l'on est ensuite obligé de ménager et de feindre estimer de semblables coquins dignes des plus affreux supplices, qui sont cependant princes et maîtres absolus de leurs pays. La politique veut que les Français soient amis de Balabès et le soutiennent, parce que, tout méchant qu'il est, il entretient la paix dans le pays, étant craint et redouté, et en état de soumettre les autres nations qui voudraient faire tort au commerce et à la tranquillité des Français établis à la Calle, et, qu'outre cela, en changeant on trouverait peut-être pis.

Avant de quitter ce pays, je vous rapporterai, monsieur, une circonstance des plus ridicules et des plus extraordinaires que les Maures observent dans leurs mariages. Ils prient quatre de leurs amis d'assister au *congrès*, et de tenir les membres de la future épouse le premier soir de la consommation du mariage. Voilà une coutume qui choque la pureté, et qui paraît être impossible parmi des gens assez jaloux de leurs femmes. Elle est pourtant véritable ; car, outre que je la tiens de gens dignes de foi, bien des Maures m'ont assuré avoir été employés à ce bel office.

Nous partîmes donc de Bône avec le caïd et l'aga ; ils faisaient porter leurs étendards, moitié rouges et moitié jaunâtres ; c'est une marque de distinction et de commandement. Ils avaient environ quatre-vingts personnes, soit spahis ou cavaliers turcs, soit *deires*, cavaliers arabes, sous les ordres des caïds.

Le 6 juin nous couchâmes à un douar, au bout de la plaine de Bône; le 7, au douar de Sidy Brenis, de la nation des Guierphes[1]. Le 8, nous passâmes près d'Anoune[2], et nous campâmes près des ruines d'un petit endroit appelé El Horia[3]. Le 9, nous arrivâmes à Sidy-Mabrouc, qui est une mosquée ou ermitage fort fameux, à un quart de lieue de Constantine. Je fus à cette ville pour quelques affaires particulières; nous y apprîmes des nouvelles du camp du bey, et le jour suivant nous nous mîmes en route pour nous y rendre.

Le 10 juin, nous prîmes notre route à l'O. S. O., et passâmes sur le tombant d'une haute montagne qui est au sud de Constantine. Nous traversâmes, à deux lieues de Constantine, la rivière Escaud[4], qui va se jeter dans celle de

---

[1] Les Girfah sur la Seybouse.
[2] Announa. (L.)
[3] El Harria, ruines d'Alligah. (L.)
[4] C'est probablement la première rivière venant du Sud, qui se joint au Rummel au N. O. de Constantine. Elle est marquée sans nom dans la carte de la province

Constantine ; puis nous trouvâmes les ruines de Lausa[1], qui ne devait être qu'un petit village tout auprès de la rivière des Moineaux ; mais toutes ces rivières ne sont proprement que des ruisseaux où il y a à peine de l'eau pour abreuver les chevaux. Nous couchâmes à un douar de marabouts, qui, quoique exempts de tribut, ne sont pas plus riches que les autres Arabes, parce que, suivant l'usance, ils sont plus fainéans. Comme nous n'étions qu'à deux lieues de Bononasse[2] ou l'ancienne Babacurus, qu'on m'avait dit être une ville souterraine très belle et très particulière qui s'étendait fort avant dans les terres, et plusieurs autres contes qu'on m'avait faits sur son sujet, je fus curieux d'y aller. Je priai le caïd de me donner une escorte pour m'y accompagner ; mais jamais mes peines n'ont été plus mal récompensées. Je trouvai, entre deux montagnes, un vallon assez rude et escarpé. Du

---

de Constantine publiée récemment au Dépôt de la Guerre et insérée dans les *Nouv. Annales des Voyages*, année 1837.

[1] Lauza ou Merdjay (L. 1837).
[2] Bonassa (L. 1827).

côté du midi, on voit quelques ruines de vieille bâtisse ; mais rien ne paraît ni beau, ni particulier. Nous passâmes par un chemin très difficile, et fûmes à un endroit où il y a un trou rond qui s'élève environ trente pieds. Ce trou est formé dans des lits de rochers séparés par des safres. Il peut avoir trois pieds de diamètre sur la hauteur que je viens de dire. Au haut, entre ces lits de safre, on a pratiqué un canal carré qui a quatre pieds, et qui court horizontalement, avec quelques cellules d'un côté et d'autre. Il s'enfonce environ trente pas, ensuite il contourne une dizaine de pas et finit ; c'étaient, je crois, des catacombes. On prétend qu'il passe à une vieille masure éloignée de deux cents pas ; c'est à quoi se réduit cette belle ville souterraine dont on m'avait tant parlé. Les Arabes savent souvent exagérer ; je fus cependant bien aise d'y avoir été, afin de n'être pas obligé d'admettre dans ma relation des contes, ou de passer sous silence des choses qui méritent l'attention des curieux. A deux lieues de là, l'on me montra les ruines de Fouga[1], qui est l'ancienne No-

---

[1] Aïn el Fouah. (L.)

bos Fusciani, éloignée de cinq lieues de Constantine, à l'O.-S.-O., et à quatre lieues de Mille, ou Milevis[1], qui se trouve à l'O.-N.-O., sept lieues de Constantine, et non à l'O.-S.-O., comme M. Delisle l'a marqué. Tout ce pays est rempli de coteaux très fertiles en blé et en orge. C'est de là que Constantine et tout le royaume tirent l'abondance des denréesdans les années fertiles. La route fut l'O.-S.-O., cinq lieues.

Le 11, nous passâmes par les ruines de Binoa, qu'on appelle aussi Cazercir; on y trouve un ruisseau avec de la bonne eau; on y voit aussi quelques vieilles masures; mais tout est renversé. Nous fûmes coucher à un douar de la nation des Ouled Abdenour. La route valut l'O. ¼ S.-O., quatre lieues. Le pays est encore fertile; mais depuis quelques années, les récoltes sont dévorées par les sauterelles. C'était pitié de voir les moissons bien accrues, la paille et l'épi d'une belle venue, mais pas un seul grain de blé; les sauterelles l'avaient tout mangé. Il y a neuf années, nous dit-on, que ces insectes dévorent toutes les

---

[1] Milah.

semences de ce pays. Elles viennent des déserts de Sahara, et dans un ou deux jours elles mangent tout le grain d'une campagne, où elles se reposent ensuite. Elles font leurs œufs, et meurent après dans un même endroit. Elles forment plusieurs tas, comme les tas de fumier qu'on range pour les disperser dans une terre. Il semble que ces tas ont été formés par les soins des hommes. Nous rencontrâmes plusieurs terres garnies de ces tas de sauterelles mortes, qui causaient une grande puanteur. Elles laissent leurs œufs dans la terre, et principalement aux endroits pierreux. Lorsque les œufs sont éclos, et que les sauterelles ont la force de voler, elles suivent le vent qui les mène selon qu'il souffle ; mais l'on observe que si un vent du sud, par exemple, les chasse d'un lieu et qu'un vent du nord les y ramène, elles n'en sortent plus qu'elles n'aient fait leurs œufs ; alors elles dévorent les moissons et tout ce qu'il y a de végétaux sur la terre. L'on a vu à Alger qu'elles dévoraient les oliviers et tous les arbres fruitiers, les pins mêmes. Elles vont en si grand nombre qu'elles couvrent la terre et obscurcissent le soleil. J'eus un jour le chagrin de les voir arriver dans un champ qu'elles dévorèrent en moins de douze heures. Elles volent bien haut, et elles avaient traversé l'étang de la Masoule, où j'étais alors. Cet étang a plus de trois lieues de large. On a beau y courir, crier pour les chasser, rien ne les détourne. Ce n'est pas le seul insecte qui cause la perte des semences dans cette terre : on en trouve encore un qu'on appelle *boubousis*. Il ressemble à la dépouille d'une cigale, marche lentement, est privé d'ailes, et rend un bruit comme les grilets[1]. Cet animal cause un grand dégât lorsqu'il donne dans un champ semé.

Le 12, nous fîmes route à l'O. $\frac{1}{4}$ S.-O., cinq lieues ; nous couchâmes à un douar de la même nation des Ouled-Abdenour, près d'une fontaine appelée Aine Querbe[2].

Le 13, nous passâmes dans une plaine stérile au milieu de laquelle il y a une mosquée dite Gelme-mour[3]. C'est dans cette plaine que Mourat, bey de Tunis, qui assiégeait Constantine en 1700, apprenant qu'un camp de

---

[1] Les grillons.
[2] Karept ou Keraba (L. 1833, 1837.)
[3] Voir la carte de M. le colonel Lapie, 1833.

Turcs algériens, composé de cent tentes, ou quatre à cinq mille hommes, venait au secours de la ville, fit avancer ses troupes, qu'on disait au nombre de trente mille, ce que j'ai peine à croire ; mais enfin elles étaient bien plus nombreuses que celles d'Alger. C'était afin de combattre avec plus d'avantage dans la plaine; mais à peine eut-il posé son camp, que les Algériens, sans lui donner le temps de se préparer au combat, mirent leurs bonnets aux dents, ce qui est une marque de rage, donnèrent sur les troupes de Mourat, et le défirent entièrement. Il y eut un si grand nombre de morts cette journée, qu'on ne put les enterrer. L'on trouve encore de ces ossemens épars dans la campagne. Nous traversâmes cette plaine, et nous rencontrâmes ensuite des montagnes que nous coupâmes par un beau vallon, pour entrer dans une seconde plaine fort grande où l'on ne trouve point d'eau. Il mourut cette journée-là plusieurs bœufs et chevaux, soit par la fatigue, soit par le manque d'eau. Il nous fallut traverser cette plaine, où nous vîmes les ruines d'une ville qui devait être considérable, appelée aujourd'hui Lamaza, peut-être autrefois Lamasba, qui serait au nord de Diana, au lieu qu'elle est marquée au sud dans la carte de M. Delisle. Il n'y reste rien de remarquable. Nous fûmes coucher auprès d'une belle source d'eau appelée Aine Sultan, ou Fontaine du roi. Cette source forme un joli ruisseau qui va se perdre du côté des étangs salés. Nous ne trouvâmes point de douar. La route fut le S.-O.; onze lieues.

Le 14, nous arrivâmes au camp du bey, situé alors près d'Izana[1]. La route S.-E. trois lieues. Izana est l'ancienne Diana. Elle était située au pied d'une grande montagne qu'on appelle aujourd'hui Arquet[2], auprès d'une belle source d'eau où il y a quantité de sangsues, tellement qu'il nous fallait passer l'eau[3] pour éviter d'en avaler. La situation était gracieuse et la ville devait être considérable. Il reste encore deux arcs ou portes triomphales : l'une regarde l'E. et a une porte avec quatre petites colonnes d'ordre corinthien ; l'autre à peu de distance, a également une seule porte,

---

[1] Zainah (L.)
[2] Arkuet, ou Hirkaut. (L.)
[3] A travers un linge.

mais plus grande et plus superbe, avec deux grandes colonnes d'ordre corinthien. La porte a environ 25 pieds de large sur 38 de haut, et, avec la corniche et une grande inscription qui est au-dessus, environ 50 pieds. Le tout est d'un bon goût. On y lit :[1]

IMP. CAES. M. AVRELIO SEVERO....... FELICI
AVG. PONT. MAX. TRIB. POTEST. COS. DESIGN.......
PROVIDENTISSIMO ET SANCTISSIMO PRINCIPI..... ET ANTONINO
NOBILISSIMO CAESARI PRINCIPI JVVENTVTIS DIANENSIVM
EX DECRETO D. D. P. P.

Ces deux portes sont des ouvrages détachés, de quatre pieds d'épaisseur, et sont très bien conservées. Il reste à côté d'elles un grand corps de logis tout démoli ; il était carré, et aux quatre coins il y avait un pavillon ou bastion carré. Ce devait être un fort beau palais. On y voit encore diverses autres ruines qui ne méritent pas beaucoup d'attention.

Nous trouvâmes le bey campé avec ses troupes auprès de ces ruines. Il avait avec lui vingt-cinq pavillons, ou environ six cents

---

[1] Cette inscription est incomplète dans Shaw et dans Maffei.

Turcs. Il avait dispersé le reste de ses troupes que le divan lui avait envoyées. Dix pavillons avec le chef étaient du côté de Storax[1] et de Gigeri[2], vers le pays des Kabayles, et un autre de ses officiers commandait dix autres pavillons du côté des Anencha. Il nous reçut fort gracieusement, donna une belle *gandoure*, ou robe sans manches de damas rouge avec des galons d'or, au caïd Cherebi : c'est la marque du caïd et une assurance de confirmation dans l'emploi. Le lendemain de notre arrivée, le bey décampa, et nous marchâmes avec lui. La cérémonie qui se pratique à la marche et à l'arrivé du bey dans son camp est assez particulière et mérite d'être décrite.

Le soir, les chiaoux, qui répondent à nos sergens-majors, avertissent à haute voix que le camp doit partir et que chacun ait à se préparer. Le matin, personne ne peut abattre son pavillon que celui du bey ne soit abattu; mais à peine est-il bas, que dans un instant tous les autres qu'on a préparés le sont aussi.

[1] Stora.
[2] Gigel.

L'aga des janissaires, escorté d'un nombre de soldats, attend le bey. Cependant toute l'armée marche sans ordre. Il y a des gens destinés pour porter et donner de l'eau et du feu aux soldats, et les chiaoux portent une grande bourse de tabac pour les faire fumer.

L'aga, devancé du premier chiaoux, de trois ou quatre chevaux de main harnachés appartenant au bey et de deux étendards, marche à cheval fort lentement; puis suivent quelques janissaires à pied. Le bey vient ensuite suivi de plusieurs pavillons, et principalement de celui de la loi qui est vert, avec des caractères arabes en blanc et des croissans; les étendards sont suivis de hautbois, de tambours et de tymbales. Enfin la cour du bey, les renégats et les esclaves ferment la marche. Il arrive souvent que le bey ne veut pas se soumettre à ce cérémonial: il commet un de ses confidens qui tient sa place et essuie la fatigue de la cérémonie, pendant que le bey part avec les bolouk-bachis ou capitaines des soldats qui devancent l'armée, vont marquer l'endroit et l'ordre du campement, font dresser les tentes. Celle du bey est au milieu; vis-à-vis d'elle, celle de l'aga; et les pavillons des Turcs contournent ces deux tentes ; c'est l'ordre du campement. Dès que l'armée est arrivée à l'endroit où elle doit camper, elle fait halte, et si le bey a pris les devans, il vient alors reprendre sa place ; tous les janissaires ou Turcs à la paie, se rangent et marchent deux à deux. Arrivés à l'entrée du camp, ils bordent la haie pendant que les spahis ou cavaliers vont se ranger à l'entrée de la tente du bey. Le bey passe au milieu d'eux et les salue avec la main sur sa poitrine, et un chiaoux a soin de crier : *Sala-malichem!* toutes les fois que le bey salue. Puis arrivé à sa tente, il descend, et l'aga, dont la tente est toujours posée vis-à-vis celle du bey, descend devant la sienne. Les chiaoux de l'armée, rangés en haie, devant ces deux puissances, les saluent à plusieurs reprises; puis deux chiaoux, habillés de bleu, les mains à la ceinture, avancent en sautant et en courant fort vite et d'une manière extravagante, s'adressent à l'aga et lui demandent s'ils auront de l'eau au camp ; l'aga répond que oui. Ils demandent s'ils auront du pain et tout ce qui leur est dû ; il répond de même ; — si c'est pour les affaires du divan qu'ils travaillent, et si l'argent que le bey recevra sera porté à la maison du roi. L'aga ayant répondu à toutes ces demandes, il envoie ses chiaoux pour communiquer au bey tout ce que les soldats lui ont fait dire. Le bey répond qu'il y a de l'eau au camp où ils sont, que, si Dieu le permet, ils auront du pain et ce qui est nécessaire et dû, et que l'argent sera porté à la maison du roi. Les chiaoux ayant rapporté cette réponse à l'aga, les premiers reviennent encore et déclarent qu'au cas que cela ne soit pas, ils feront pendre le bey et lui couperont la tête; mais tout cela se dit en criant et parlant d'une vitesse extraordinaire, après quoi ils saluent le bey et l'aga, et la cérémonie finit.

Ce jour-là, deux Italiens, qui avaient renié à Bône et qui étaient venus avec nous, firent leur profession publique. On les fit monter sur des chevaux bien harnachés; ils étaient suivis par les pavillons de la loi et par plusieurs Turcs montés à cheval. On les conduisit ainsi par tout le camp. Ils allaient le doigt levé en disant les paroles de la loi : *La ilah, illa allah Mohammed rassoul allah*, Dieu seul est Dieu et Mahomet est son prophète. L'histoire de ces coquins est si particulière, qu'elle mérite d'être rapportée. C'étaient deux matelots qui furent punis à Marseille pour quelque désordre qu'ils avaient fait chez des femmes de mauvaise vie. Ils se lièrent ensuite à des Turcs qui leur promirent chacun 100 piastres s'ils les aidaient à se sauver. Les Italiens le leur promirent, et ils enlevèrent une felouque génoise armée de quinze rames, de mâts et d'antennes sans voiles. Ils embarquèrent quelque peu de provisions de bouche, sortirent du port et furent prendre les dix Turcs à un lieu où était le rendez-vous. Ils les embarquèrent et se mirent en mer. Le vent de N.-O. les favorisa le premier jour; ils avaient fait des voiles avec leurs chemises. Mais, le second jour, le vent fut si violent, qu'il les obligea à jeter tous ce qu'ils avaient embarqué. Ils restèrent ensuite huit jours dans les dangers plus qu'évidens d'une mort certaine, sans presque rien manger. Enfin, Dieu les ayant conservés par miracle, ils abordèrent à 20 milles à l'ouest de Bône, excepté deux qui moururent en chemin. Dès que les Turcs furent à terre, chacun prit son parti, et ils laissèrent les deux chrétiens qui furent dépouillés et maltraités par les Arabes, et conduits enfin au caïd de Bône, qui voulait les faire esclaves. Alors, comme ils n'avaient point de religion et que leur vie n'était qu'un tissu de crimes, ils quittèrent sans peine celle dans laquelle ils étaient nés pour embrasser celle de Mahomet. Ce fut là toute la récompense qu'ils eurent pour le service qu'ils avaient rendu aux Turcs, et le risque qu'ils avaient couru pour leur rendre la liberté aux dépens de la leur. Ils vinrent avec nous, et dans la route je leur fournis du pain, le bey ne leur en ayant donné que très peu pour le temps que nous devions camper sans douar. Aujourd'hui ils sont misérables à Alger, où, comme dans toute la Turquie, on n'a de considération pour les renégats qu'autant qu'il ont du mérite, ou lorsque, quoique renégats, ils sont esclaves de puissances qui ont soin d'eux.

Le 15, nous vînmes à un lieu appelé Taca[1], où nous trouvâmes quelques chênes et une source d'eau. La route fut l'Est ¼ S.-E., quatre lieues. Le 16, nous fîmes encore la même route quatre lieues, et campâmes à Amoula-Senab[2], près l'étang salé qui court

---

[1] Aïn Taca ou Yaccoute (L. 1833.)
[2] Amoula Senab ou Tattubt (L. 1833).

E. et O. C'est une grande plaine qui devient marécageuse dans l'hiver et qui ne produit aucune plante que du kali. Elle dure une vingtaine de lieues, sur trois ou quatre de large, ayant au sud les montagnes d'Aurès[1], et au nord celles de Constantine, de Séquénie[2] et des Guierphes. Ce jour-là M. de Salve, agent de la Compagnie d'Afrique à Bône, et le truchement turc qui m'avait accompagné pour me recommander au bey et pour parler à ce général de quelques affaires qui regardaient la Compagnie, retournèrent avec le caïd à Bône. Je restai avec le camp, car j'avais manqué l'aïa bachi qui vient tous les mois d'Alger pour prendre 4,000 piastres que le bey est obligé d'envoyer. Il me fallut rester au camp jusqu'à l'arrivée d'un autre aïa bachi, quoique le bey m'eût donné le choix de rester avec lui ou à Constantine; mais je préférai le séjour du camp, attendu qu'il me procurait les moyens de remplir ma mission et de visiter ces terres désertes.

Le 17, à deux lieues de l'endroit où nous

---

[1] L'Auras.
[2] Ziganeah (Sw. L.)

avions couché, dans un lieu nommé Métaca-sem[1], nous rencontrâmes un très-beau mausolée qui mérite d'être décrit.

C'est un grand corps de bâtiment rond qui a 600 pieds de circonférence; 60 pilastres d'ordre toscan, hauts de 25 pieds avec leurs corniches, contournent l'édifice qui se termine en pyramide par 32 degrés, chacun de 2 pieds d'élévation sur 2 1/2 de largeur. Sa hauteur est d'environ 90 pieds. Il est construit avec des pierres de la première grosseur. Elles ont chacune 7 à 8 pieds de long sur 2 et 3 de largeur et épaisseur. Je n'y ai trouvé aucune inscription. Peut-être que les Arabes, qui ont tâché de pénétrer dans cette montagne artificielle, ont détruit les endroits où il y avait des écritures. Ils y ont fait deux petites brèches et ont pénétré jusqu'au quart du diamètre, dans l'espérance ordinaire d'y trouver des trésors; mais, trouvant tout solide, ils ont abandonné leurs recherches. Après le premier rang de ces grosses pierres on trouve le solide du bâtiment formé par des

---

[1] Medraschem, voy. Bruce, *Voyage en Nubie*, introd. p. xxx, tr. fr.

pierres de grès plates et peu épaisses. C'est un des beaux morceaux d'antiquité qu'on puisse voir. Tout auprès on trouve quelques vestiges d'une ville qui ne paraît pas avoir été bien considérable; elle est entre les montagnes d'Arquet et l'étang ou plaine salée. La route fut l'Est $\frac{1}{4}$ S.-E., quatre lieues.

Nous campâmes auprès d'une petite source d'eau qui n'est guère bonne. Ce jour-là nous vîmes beaucoup d'autruches. Le bey me fit donner le divertissement de la chasse; un détachement de cavaliers courut après elles dans la plaine. Elles allaient d'une vitesse extraordinaire, leurs ailes déployées. On en détourna une du côté de la montagne et on la tua : le bey me fit présent de la peau.

Le 18, nous fîmes route au sud, cinq lieues, traversant la montagne d'Arquet par un beau vallon. Nous passâmes près des ruines d'Ager-Souda ou Pierre-Noire, et nous campâmes dans une fort belle plaine auprès d'un ruisseau appelé Ouelt-Serga[1]. Le bey avançait dans la montagne d'Aurès pour poursuivre le sultan

---

[1] Oued Serkah. (L. 1833).

Boisis dont j'ai eu l'honneur de vous parler dans ma précédente lettre. Ce sultan s'était joint au beau-frère du bey qui commande dans ces montagnes. Dès que nous fûmes arrivés dans la plaine que la nation du beau-frère du bey avait semée, le bey fit lâcher tous les chevaux et les chameaux dans le blé, et le soir il y fit mettre le feu. Ainsi nous achevions de détruire les moissons du pays. Dans des endroits, la sécheresse avait empêché le grain de germer; dans d'autres et dans presque tout le royaume, les sauterelles avaient tout dévoré et nous gâtions le peu qui restait. Les Maures, de leur côté, mettaient aussi le feu aux endroits par où nous devions passer: telle est la politique de ce pays, de tout détruire et de tout abîmer. Nous restâmes, le 19 et le 20, dans ce camp où je traitai Agi Abès, grand écrivain ou ministre du bey. L'on tua aux environs plusieurs gazelles, espèces de petites biches, et des autruches. Le vent du sud-est, qui soufflait dans cette plaine, nous causa de très-grandes chaleurs.

Le 21, nous fûmes remiser près des ruines d'Avèges, qui est peut-être l'ancienne Vaga, où l'on ne trouve rien de considérable. Nous étions toujours auprès du même ruisseau, Ouelt-Serga, qui vient des montagnes d'Aurès et se perd dans l'étang salé; peut-être est-ce le fleuve que M. Delisle appelle Abissas, mais l'on m'assura qu'il ne se rendait pas dans la rivière de Constantine, et les attentions que j'eus, à mon retour, à le poursuivre me le confirmèrent. D'ailleurs cette rivière se trouve à l'E.-S.-E. de Constantine; et les rivières qui passent à cette ville viennent de l'O.-S.-O., et à mon retour nous le laissâmes toujours à l'est sans le passer.

Le 22, nous entrâmes dans les montagnes d'Aurès, autrefois *mons Aurasius*. Ces montagnes sont la continuation de celles qui viennent depuis le royame de Tunis, dont la montagne de Zawan fait le commencement, est suivie de celle de Végeséla¹; et courant, comme j'ai eu l'honneur de vous marquer, N.-E. et S.-O. viennent jusqu'ici, et continuent jusque dans le royaume de Fez et de Maroc. Elles sont fort hautes, rudes, escarpées, ingrates et stériles, remplies pourtant de plusieurs sources d'eau très bonne et très fraîche.

¹ Uselett. (L.)

Il est à remarquer qu'au lieu qu'en Provence l'on observe que la plus grande quantité des sources se trouvent du côté de la montagne qui regarde le midi, ici, au contraire, on ne trouve de l'eau qu'au côté de la montagne qui tourne vers le nord. Elles sont habitées par des peuples braves, descendans de ces anciens Chauvies dont parle Marmol. Réfugiés dans ces montagnes, ils craignent fort peu les Turcs, qui ne peuvent les forcer dans les retranchemens que la nature leur a donnés. Cependant, comme ils sont obligés de descendre dans des endroits praticables pour y semer, alors les Turcs les obligent à payer la garame, sans quoi ils brûlent ou enlèvent leurs moissons. Ces peuples, qu'on appelle Ouled-bel-Cassem ou qui ont d'autres noms, parce qu'il y a plusieurs nations ou familles dans ces montagnes, étaient commandés par le sultan Sistera, un des plus braves hommes qui aient paru dans ces quartiers. Il fut trahi et tué par les ordres du bey, qui épousa sa fille quelque temps après. Son fils, beau-frère du bey, commande aujourd'hui. J'avais vu, cet hiver, ce jeune prince, beau, bien fait et assez blanc, car ces peuples ne ressemblent pas tout-à-fait aux autres Arabes. Ils ont le sang blanc, de grands cheveux et sont bien faits ; ils parlent une langue particulière, que les Arabes, les Turcs ni les chrétiens ne peuvent entendre s'ils ne l'ont apprise; on l'appelle la langue chauvia. J'en ai appris quelques mots pour pouvoir les comparer à l'ancien punique, s'il reste encore quelque notion de ce langage.

Noms en langue chauvie.

Soleil.	Tafouct.	Eau.	Haman.
Lune.	Iourc.	Cheval.	His.
Étoile.	Iteran.	Ville.	Tamedin.
Terre.	Tamour.	Rivière.	Hierral.
Roi.	Amgar.	Pierre.	Assequeriou.
Pain.	Agrum.		

J'ai appris que, quoiqu'ils soient mahométans en apparence avec les Turcs et les Maures, ils n'ont essentiellement aucune religion. On prétend qu'ils sont multiplians, et que, certains jours de l'année, ils vont se laver dans les rivières et connaissent la première femme qu'ils rencontrent. Ils troquent leurs femmes comme ils souhaitent et aux conditions qu'ils règlent entre eux dans le troc. En un mot, ils sont, m'a-t-on dit, différens en bien des choses des autres Arabes.

Nous marchâmes environ quatre lieues dans cette montagne et campâmes auprès d'une fontaine appelée Meger[1]. La route fut le S.-S.-O., quatre lieues. Nous séjournâmes le 23 et le 24; l'air y est tempéré, les nuits sont fraîches et les eaux bonnes.

Le 24, le sultan Boisis et le beau-frère du bey envoyèrent deux courriers avec des lettres pour se ménager un accommodement; mais le bey, qui ne veut plus rien entendre depuis l'année passée que son khalife fut défait par les Arabes de Boisis commandés par sa fille Elgie, fit couper la tête à ces deux envoyés sans autre forme de procès. Ainsi, après cela, nous n'étions pas trop en sûreté dans ces montagnes. Le 25, les Arabes tuèrent deux Turcs qui s'étaient écartés à la chasse, et l'on ne sut ce qu'ils étaient devenus.

Le 26, le bey donna une fête aux Turcs. Cette fête, où je fus convié, consista à manger du riz et quelques mauvais ragoûts, pren-

[1] Aïn Megar (L. 1833).

dre du café, fumer et tirer au but auprès de la source d'eau, où nous étions assez au frais. Il faut observer que lorsque le bey fait tirer au but on le met fort près et fort grand, afin que les Maures, observant qu'on donne souvent au but, soient effrayés et qu'ils aient bonne idée de la justesse des Turcs à tirer les armes à feu.

Le 27, mercredi, le bey me fit la grâce de me donner un détachement de cinquante cavaliers, qui me conduisirent aux ruines d'une ancienne ville appelée Lamba, qui est l'ancienne Lambasa. Nous fîmes route au N. N.-O., quatre lieues. Nous passâmes par les ruines d'une ville appelée aujourd'hui Texouda [1]. Je vis en passant l'endroit où l'on avait tué le sultan Sistera; c'est l'usage, lorsqu'on a tué quelqu'un, que les parens élèvent un tas de pierres à l'endroit du meurtre, jusqu'à ce que la mort de l'assassiné ait été vengée. Après avoir passé Texouda, nous vîmes les belles ruines d'une ville qui devait avoir plus de trois lieues de circonférence, riche et superbe en monumens. On y compte quarante portes ou arcs

---

[1] Tezzoute.

de triomphe, ouvrages détachés semblables et dans le goût des portes de Paris. J'en ai vu encore quinze en bon état, plusieurs à trois portiques : celui du milieu très-grand, proprotionnellement aux autres. Ces portes ont jusqu'à cinquante à soixante pieds d'élévation, sans bas-reliefs, mais d'un ordre très-beau. Sur une de ces portes, j'ai lu ce lambeau d'inscription :

RESPVBLICA ET. . . .
DEDICAVIT
M. AEMILIO MACRO ET SA. . . .

Au revers de la porte, il y a une grande inscription que je ne pus lire. On aperçoit les traces des palais qui se trouvaient le long de la rue dont la porte faisait l'entrée. D'un autre côté, l'on découvre la façade d'un temple dédié à Esculape. Il y a six colonnes cannelées d'ordre ionique, élevées de vingt pieds, et au-dessus de la corniche trois pierres contenant cette inscription :

ESCVLAPIO ET SALVTI
IMP. CAES. MARCVS AVRELIVS ANTONINVS AVG. PONT. MAX.
IMP. CAES. LVCIVS AELIVS VERVS AVG.

Cette façade forme un péristyle, et le temple qui est détruit a une porte fort simple, proportionnée au tout. A côté il y a une rivière avec un beau pont et des aquéducs, dont il reste plusieurs arcades. On trouve, à côté de ce temple, cinq de ces superbes portes et quantité d'inscriptions; voici celles que j'ai copiées :

D. FONTEIO FRONTEVIANO	PROC. SPRAT.
STERNIO RVTINO	SILVIVS..... ISSIMO
LEGATO AVGVSTORVM	FF..... BENIGNISSIMO
P. R. P. R. COS. DESIGNATO	CAES. VENTVS
SEX. TERENTIVS SATVR	IANVARIVS.
NINVS LEG.	LEG. III AVG.
AVGVSTVS.	

D'un autre côté, où devait être le cimetière de la ville, on voit les débris de plusieurs temples, et entre autres un mausolée dans le goût de ceux qui sont dans le royaume de Tunis, et que j'ai eu l'honneur de vous décrire; c'est-à-dire une espèce de niche ou oratoire bien conservé. On y trouve encore une quantité infinie de pierres sépulcrales, presque toutes sur le même modèle. Elles ont environ cinq ou six pieds de long, deux de large, et trois de haut, carrées par le bas, arrondies en haut, travaillées et sculptées d'un côté en espèce de rets, ou autre sculpture, sans aucune marque de christianisme. Sur un des fonds on trouve des inscriptions. Voici la seule que j'ai prise :

D. M. S.
FLAVIA IN
GENVA VIXIT
ANNIS XVI
TEL. SVCCESSVS
SORORI PIISSI
MAE FECIT.

Dans un autre endroit, on trouve un amphithéâtre ruiné, qui ne paraît pas avoir été aussi beau ni aussi grand que celui d'Augen[1]. Les murailles du dehors sont détruites, il ne reste que les degrés en dedans. Il peut avoir trois cents pas de circonférence; à côté on trouve cette inscription :

MAXIMIANO
INVICTO AVG.
LEG. III, AVG.
P. F.

[1] El Jemme.

Auprès d'un temple ruiné, où l'on voit de très beaux morceaux de colonnes, chapiteaux et autres débris d'architecture, les Arabes ont construit une espèce de mosquée. Au-dedans on trouve cette inscriptiton :

IMP. CAESARI
M. AVRELIO
ANTONINO
ARMENIACO
PARTHICO
TRIB. POTEST.
PONT. MAX.
LAMBASENTIVM
D. D. P. P.

Auprès d'un magnifique arc de triomphe :

IMP. CAES.
AELIO HADRIANO
ANTONINO AVG.
PONT. II MAXIMO
TRIB. POTEST. X
IMP. II. COS. IIII. P. P.
DEDICANTE
INOVIO CRIPINO
LEG. AVG. P. R. P. R.

On trouve à Lamba un superbe arc de triomphe d'une forme particulière. C'est un grand enclos de murailles à quatre façades, plus long qu'il n'est large. Les deux façades qui regardent le nord et le sud ont vingt-huit pas ; elles contiennent une grande porte de trente pieds sur quarante d'élévation, et deux petites portes de dix pieds chacune. Entre ces portes, pour l'ornement des façades, il y a six colonnes d'ordre corinthien, posées sur des piédestaux de dix pieds de haut. La colonne a vingt pieds ; la corniche et les ornemens complètent les quarante pieds, hauteur de la porte. Au-dessus, il y a une grande fenêtre carrée, et un rang de colonnes proportionnées d'ordre ionique au-dessus du grand portail. On y voit des inscriptions que je ne pus lire. Je découvris seulement, sur les clés des voûtes des petites portes, cette légende :

LEG. III. AVG.

Les façades qui donnent du côté de l'est et de l'ouest ont trois portes comme les autres, et de plus un quatrième portail qui paraît hors œuvre, et capable de gâter la symétrie de l'ouvrage qu'il allonge d'environ dix pas.

Le dedans est un grand carré qui paraît avoir été toujours vide ; il n'y a que quelques pilastres qui montent simplement jusqu'au haut de tout l'édifice, qui est encore aujourd'hui très bien conservé. Au-devant, il y avait quatre grosses colonnes détachées et hors œuvre, d'un ordre corinthien ; elles avaient environ cinquante pieds d'élévation et quatre de diamètre. Il n'en reste plus que deux. Au reste, cet édifice ne paraît pas avoir été voûté ni couvert. Cette ville devait être très belle et pleine de superbes monumens. Sa situation est avantageuse, au commencement des montagnes d'Aurès, dans une belle et fertile plaine, arrosée d'un petit ruisseau ou rivière. On trouve, de plus, quantité de sources dispersées dans toutes ces ruines. C'est ici l'ancienne Lambæsa, ou Lampasa ad fluvium Ampsagam, où, en 240, quatre-vingt-dix évêques assemblés tinrent un concile sous le pontificat du pape Fabien, contre Privat, évêque de cette ville, accusé d'hérésie et de crimes atroces. C'est ce Privat qui fit élire Fortunat, évêque de Carthage, du vivant de saint Cyprien (Hist. ecclésiastique); nous revînmes le même jour au camp.

Comme j'avais fait connaître au bey que j'avais une extrême envie de voir cette fontaine miraculeuse qui ne coule que les vendredis, et dont j'ai eu l'honneur de vous entretenir dans ma précédente lettre, il voulut satisfaire mes souhaits. Le jeudi 28 juin, il me donna un détachement de cent cavaliers pour m'y accompagner. Nous partîmes le matin et fîmes route au S. S.-E., quatre lieues. Nous arrivâmes sur les neuf heures aux ruines de Bagaï. Cette ville était fort grande, et contenait de très beaux édifices; mais tout a été détruit, et il n'y reste plus rien qui mérite attention. Ce fut en cette ville qu'en 394 on tint un concile où Primien, évêque de Carthage, que Maximien, son diacre, avait chassé, fut remis à sa place par trois cent dix évêques assemblés.

En allant à Bagaï, nous traversâmes quantité de montagnes, du haut desquelles nous voyions les fameux déserts de Sahara. Il n'y a de ce côté ni arbres ni dattiers; ce ne sont, au pied des montagnes, que des terrains salés qui se perdent en se joignant à une mer de sable qui a ses agitations, et dont les vagues sont des montagnes mobiles que les vents forment, transportent et détruisent suivant leurs caprices. A peine fûmes-nous arrivés à Bagaï, situé sur la fin de ces montagnes, tout auprès des déserts, que nous eûmes avis que le sultan Boïsis, avec qui le bey était en guerre, n'était pas bien éloigné de nous, et que si nous poursuivions notre route jusqu'à Aïne-Louët[1], nous pourrions être attaqués. Le commandant ne jugea pas à propos d'y aller, attendu de plus que le chef de la Momara, qui est de la nation qui habite ce pays, était avec Boïsis, et qu'il n'y avait personne au camp qui pût répondre de nous, de sorte enfin, qu'au lieu d'aller dormir à cette fameuse fontaine où je devais rester le jeudi, le vendredi et le samedi, pour y faire toutes les observations nécessaires, je fus obligé de retourner au camp, bien chagrin de n'avoir pu observer ce que je souhaitais. Je suis donc obligé, monsieur, de m'en rapporter à tout ce qu'on m'en a dit ; mais la conduite du bey là-dessus est une confirma-

[1] Si c'est le lieu appelé Aïn Ouheide, dans la carte de Shaw et dans celle du colonel Lapie de 1829, cette localité doit être placée trop à l'ouest sur ces deux cartes.

tion de ce qu'il m'avait assuré avec serment sur ce sujet, n'étant pas probable qu'il se fût exposé à être reconnu menteur lorsqu'il m'envoya à dessein de reconnaître la vérité de ce qu'il m'avait dit. J'aurai l'honneur, monsieur, de vous rapporter, dans une autre lettre, tout ce que j'ai appris du désert de Sahara, où le manque de fonds m'empêche d'aller, la relation de mon voyage étant aujourd'hui assez longue, et me restant encore bien des faits à vous rapporter.

Nous séjournâmes le 29 et le 30 au même camp. Le 1er juillet, je fus avec le bey à Aradem, à deux lieues au sud de l'endroit où nous étions. C'est une jolie plaine au haut des montagnes où l'on trouve les ruines d'un château et une bonne source d'eau. Les 2 et 3, nous séjournâmes.

Le 4, le camp marcha. La route fut au S.-O. quatre lieues. Nous passâmes par des endroits assez rudes, et fûmes camper près la montagne de Taxes, où l'on trouve une quantité de pierres remarquables. Elles ressemblent à des modèles de boutons dont le dessus est à côtes de melon; mais quelques instances que je fisse pour pouvoir être conduit sur le lieu, pour observer quelque chose sur la formation de ces pierres, je ne pus obtenir ce que je demandais, parce qu'en y allant avec peu de monde, je courais beaucoup de risques, et avec un détachement, nous aurions été attaqués, ce que les intérêts du bey ne permettaient pas. Ce jour-là, le truchement que j'avais avec moi tomba malade d'une diarrhée bilieuse avec une grosse fièvre, qui l'abattit extrêmement, et lui ôta le moyen d'être conduit sur des chevaux. Je vous laisse à penser dans quel embarras je me trouvais, avec un homme malade dangereusement, et dans un pays si éloigné, où je n'avais aucun secours pour soulager cet homme âgé de soixante ans, à qui les forces manquèrent tout d'un coup. Je fus pourtant assez heureux ; avec quelques remèdes je lui arrêtai la diarrhée, je fixai la fièvre ; mais il lui restait un grand dégoût : cependant il fut en état, deux jours après, de monter sur une mule et de suivre le camp. C'est ce qu'il y a de plus à craindre dans ces routes que ces maladies.

Le 6, nous fûmes à deux lieues du camp pour voir un arbre qu'on m'avait dit miraculeux. Cet arbre portait toutes sortes de fruits,

On y trouvait des dattes, des figues, des poires, et plusieurs autres. Je n'avais rien vu de plus beau. Il est en telle vénération que, lorsqu'un homme meurt, les femmes y vont prier pour le mort, et y pendent leurs cheveux, qu'elles coupent à cette occasion. Je m'empressai pour voir cet arbre miraculeux, où tant de choses se trouvaient; mais je ne trouvai que la fente d'un rocher où un olivier était crû, et d'où, à diverses élévations, il sortait de la terre un figuier, un palmier et quelques autres arbrisseaux et plantes qui n'avaient rien de commun entre eux que la proximité de leurs racines. Les Arabes sont de bons rhétoriciens et savent amplifier; ils trouvent du miraculeux où il n'y en a point, et ne voient point les beautés où elles sont véritablement. Tout auprès de cet arbre on me montra les pieds d'un cheval qu'on me dit être ceux du cheval de Sidy-Hali, un des plus grands de leurs chefs et de leurs législateurs.

Le 7, nous retournâmes à Meger par le même chemin. Le bey s'était contenté de quelques contributions en bœufs et en mules, que les habitans de ces montagnes lui donnèrent. De Meger, nous allâmes par Avèges et par

Cerca[1], suivant la même route que nous avions prise en entrant dans les montagnes ; mais, comme de Cerca pour aller à Séquénie, il faut traverser l'étang ou le terrain salé, où l'on ne trouve point d'eau et où il y a des fentes dangereuses dans la terre, nous décampâmes le soir à l'*assero*[2] ou à quatre heures ; nous traversâmes cette grande plaine salée qui a environ quatre lieues du nord au sud, sur vingt ou trente de l'est à l'ouest, et nous arrivâmes à Moyonie qui est dans la plaine de Séquénie, auprès d'une belle source d'eau. La route valut le N. N.-E., sept lieues.

Le 10, nous décampâmes encore, et le camp fut se reposer sous la montagne de Séquénie, près des anciennes ruines de Sigus, au bord d'une belle fontaine dont j'ai eu l'honneur de vous parler dans ma précédente lettre.

Le 11, l'aïa-bachi, qui était arrivé d'Alger à Constantine depuis dix jours, et qui n'avait osé venir au camp dans les montagnes d'Aurès, à cause des risques qu'il y avait d'y venir et de

---

[1] Peyssonnel désigne peut-être ici la rivière qu'il appelle plus haut Serga.

[2] La sera, en italien.

retourner avec les 4,000 piastres que le bey est obligé d'envoyer au divan d'Alger, arriva enfin ici, au camp, avec l'écrivain des troupes qui leur portait la paie. Ces paies étaient toutes comptées et enfermées dans des mouchoirs; de sorte que chaque soldat venait, et on lui remettait le mouchoir où était son décompte. C'est ainsi que les paies se font dans ce pays-ci. Je me disposai à partir.

Je ne dois pas passer sous silence toutes les gracieusetés que j'ai reçues d'Assem-Bey. Ce général, après que M. de Salve m'eut quitté, me fit donner un *gueiton* ou pavillon pour y loger avec mon équipage et ordonna qu'on apportât à manger pour moi et mes domestiques, et qu'on donnât de l'orge à mes chevaux; car ils ne mangent pas d'avoine, n'y en ayant point dans ce pays-ci. Outre cela, j'avais l'honneur de manger souvent avec lui; j'allais prendre le café et fumer dans sa tente, et il me conviait d'y passer le gros des chaleurs, attendu que la sienne étant plus grande, elle était bien plus fraîche que le gueiton qu'il m'avait donné. J'étais d'ailleurs bon ami de son ministre, qui faisait bien meilleure chère que le bey, et chez qui je mangeais tous les jours. Enfin je trouvai dans ce camp tous les agrémens, non pas ceux qu'un chrétien pourrait souhaiter, mais ceux auxquels une puissance turque pourrait prétendre. Lors de mon départ, il m'envoya son kazanadar, ou trésorier, avec ordre de me donner pain, riz, confitures, dattes, couscoussou, bougies, enfin tout ce qui pouvait m'être nécessaire, et, par comble d'honnêteté, il me fit présent d'une fort jolie jument le jour de mon départ. C'est là le présent le plus honnête et celui qu'on fait à ceux qu'on veut le plus honorer et gracieuser. Je puis dire que je quittai ce seigneur avec une espèce de regret, et même tout le camp de qui j'avais reçu toute sorte d'honnêtetés. Si même j'ose me flatter, on me faisait connaître qu'on était fâché de mon départ et qu'on m'y regrettait, ce qui n'est pas ordinaire dans ce pays où l'on vit ensemble sans s'aimer et l'on se quitte sans regret ; un chacun n'y pense qu'à soi. J'aurai l'honneur, dans une autre occasion, de vous marquer le gouvernement de ce général ; je crains que ma lettre ne vous ennuie par sa longueur.

Le 12 juillet, nous partîmes du camp où j'étais depuis vingt-huit jours, avec l'aïa-bachi, une trentaine de spahis et quantité de Maures de Constantine, qui portaient à Alger des bernous et des tapis. Nous passâmes dans une plaine où nous trouvâmes les ruines d'un village appelé Misica; il n'y a rien de particulier. Puis nous vînmes nous reposer à un douar, près de Bonassa[1], le long de la rivière des Moineaux. La route fut l'O.-N.-O., neuf lieues.

Le 13, nous fûmes coucher à un douar de la nation des Ouled-Abdenour, vers le même endroit où nous avions reposé avec le caïd de Bône. Il est à propos que je vous rapporte, monsieur, de quelle manière les Turcs se comportent avec les Maures pour le logement, et comment ceux-ci pratiquent l'hospitalité. Dès qu'un spahi arrive à un douar, il choisit la meilleure tente. En abordant, le maître le salue et lui dit qu'il est le bien arrivé; le Turc répond par des paroles injurieuses, le traite de cocu, de maq...... et autres ordures, lui ordonne de vider la moitié de la tente et de porter à manger à ses chevaux. Après être descendu, il lui ordonne d'aller tuer un mou-

---

[1] C'est probablement le lieu qu'il nomme plus haut Bononasse.

ton. Le Maure le refuse; le Turc lui dit des injures, et bien souvent lui donne des coups de bâton. Le Maure apporte le mouton et, s'il ne convient pas au Turc, il lui dit qu'il n'est pas assez beau, le renvoie et s'en fait apporter un autre. Pendant ce temps, la femme prépare le *rafis*, qui est une espèce de gâteau cuit dans une terrine de grès, ensuite coupé en morceaux et mêlés avec le miel et la mentèque, et quelquefois entremêlés de dattes. Le soir, il demande de l'orge pour les chevaux, et veut une double mesure. Dans ces quartiers, comme les sauterelles avaient tout dévoré, ces pauvres misérables étaient hors d'état d'en fournir et le refusaient; mais, à grands coups de bâton et à force de mauvaises paroles, il les forçait d'en apporter. Le soir, on fait cuire le mouton avec le couscousson, et ce qui reste le spahi le prend. Si l'hôtesse est jolie, souvent le Turc s'en accommode, et le matin tout est payé par un grand *beselemen* ou bon voyage, que le Maure souhaite au Turc sans autre paiement que le plaisir de ne l'avoir plus dans sa tente. Tout cela est suivant l'usage, et il n'y a rien à dire; c'est la justice, l'équité et le droit du pays.

Au reste, je crois qu'il est inutile de vous parler des Arabes; ils sont à peu près les mêmes que dans les royaumes de Tunis, à la réserve qu'ils sont plus maltraités, plus tyrannisés dans ce royaume : aussi sont-ils par force plus misérables, plus malheureux et plus méchans.

Le 14, au lieu de suivre le grand chemin dans la plaine qui conduit à Sitifi, nous prîmes la route un peu dans les montagnes pour pouvoir y rencontrer des douars. Nous passâmes devant une haute montagne faite en pain de sucre; au haut de laquelle il y a une mosquée que les anges, disent-ils, ont bâtie : on l'appelle la mosquée de l'Ânesse, parce qu'on chargea une ânesse et que d'elle-même elle porta de l'eau à un marabout qui restait à cet ermitage. Nous couchâmes, suivant l'usage, à un douar de la nation des Ouled-Abdenour, très nombreuse et puissante. La route fut l'O., cinq lieues.

Nous continuâmes notre chemin dans la montagne, et trouvâmes plusieurs sources d'eau. Nous vîmes les ruines de Gimili[1], au-

---

[1] Jimmilah. (Sw. L.)

trefois Gemellæ. Au lieu que M. Delisle la marque, à dix lieues au S.-O. de Sitifi, elle est à six lieues à l'E. N.-E. Il reste les débris d'un temple et quelques vieilles masures que je ne pus observer, n'osant pas m'y arrêter. Nous entrâmes après du côté de la plaine de Gelme-Mour, et traversâmes la rivière de Ouelt-Oudes, ou rivière des Sequins[1], qui va se décharger du côté de Gigeri. Nous logeâmes à un douar d'Arabes qui décampèrent presque tous en nous voyant arriver. Ils étaient de la nation des Ouled-Beni-Fouda. La route O., six lieues. Nous étions à six lieues de Gibel-Bericie[2], autrefois Berice ou Burulh, où l'on me dit qu'il y avait une ville et des ruines considérables. On m'assura que du haut de cette montagne on voyait la mer.

Le 16, nous continuâmes dans les montagnes et passâmes par les ruines de Mège, qui est peut-être le Mepti de M. Delisle, à peu près dans sa juste position; puis nous détournâmes deux lieues au S., la route ayant été

---

[1] C'est très probablement un des affluens de l'Oued-el-Dsahab ou Rivière d'Or.
[2] Djebel Megreise?

l'O., six lieues, pour trouver des douars. Nous campâmes dans la Jumelle¹, ou douar du chef de la nation des Ouled-Bouchouch² où il ne manquait pas de put.... Nous étions alors à deux lieues à l'E. de Sitifi, où j'allai après m'être reposé une heure.

Sitifi était la capitale de la province romaine qu'on appelait *Mauritania Sitifensis*. Elle était située sur une petite éminence auprès de plusieurs belles sources d'eau; il ne paraît pas que la ville ait jamais été bien grande. On n'y trouve aucun reste de beaux monumens. Il subsiste encore les murailles d'une citadelle qui était moitié dans la ville et l'autre moitié dehors. C'est un carré long avec quatorze bastions ou tours carrées. Les murailles, en partie détruites et en partie en état, ne marquent pas avoir été fort élevées. Au milieu de cette forteresse, on trouve des souterrains remplis de beaux fragmens de colonnes et d'autres pièces d'architecture. L'enceinte de la ville est toute ruinée, et l'on voit des débris de quantité de

---

¹ Peut-être faut-il lire Dgibel ; nous campâmes dans la montagne.

² Utchoure? (Sw. L.)

vieux monumens entièrement démolis. A quelque distance de la ville on trouve une espèce de mausolée dans le goût de ceux dont j'ai eu l'honneur de vous parler; c'est un grand carré de trente pieds de large sur cinquante de long et soixante d'élévation, avec un avancement et une niche toute ouverte et très élevée. La bâtisse en est belle, et il y avait, de plus qu'aux autres, une place qui l'environnait, entourée d'une balustrade dont on voit les débris[1].

La princesse Aumoni, qui avait semé de ce côté, avait aussi posé ses douars tout auprès de cette ville. Je fus bien aise de voir une femme si illustre et si guerrière, qui commande une nation considérable dans ce pays. Je fus donc à son douar : je la trouvai dans sa tente, assise avec les principaux Arabes de sa nation. Je lui touchai la main; elle me fit asseoir auprès d'elle et me demanda des nouvelles du bey. C'est une grande femme, assez bien faite, de l'âge de soixante ans, d'une belle prestance et d'une physionomie fort heureuse; je ne saurais mieux vous la représenter qu'en

---

[1] Voir l'Histoire ecclésiastique au sujet de Sitifi. (*Note de Peyssonn.*)

la comparant à madame de Ventadour. Elle était assise sur un tapis, habillée, comme les Mauresques, d'un bernous simple mais propre, avec une espèce de mante qui lui passait sur la tête et qui était tenue avec une boucle d'or ; ses bracelets étaient d'acier, et rien n'était superbe que sa bonne mine, mais tout sentait la propreté dans sa tente. Comme elle eut appris que j'étais médecin, elle me pria de voir un de ses fils très malade. J'y fus, et je le trouvai avec une fièvre maligne, la langue noire, le pouls élevé, les yeux vitreux, le visage cadavéreux, et fort abattu. Je lui dis que je pourrais le soulager ; elle me donna un détachement de cavaliers, et m'offrit des présens si j'étais assez heureux pour lui rétablir la santé. Je retournai au douar où était l'aïa-bachi, pour prendre de l'émétique et les remèdes convenables au malade de qui j'avais porté un pronostic mortel, afin d'éviter les fâcheuses suites qui auraient pu arriver si le malade fût mort pendant que le remède opérait. On pria l'aïa-bachi de m'attendre au cas que je ne revinsse pas le lendemain. Je passai la nuit auprès du malade. Les remèdes opérèrent suivant mes intentions, et le malade se trouva bien. Mais ce fut bien une autre peine lorsque je voulus partir ; on ne voulut pas me laisser aller, et l'on délibérait si l'on me retiendrait par force, m'offrant, après le rétablissement du malade, de me faire conduire au sultan Bouzit qui commande aux Portes-de-Fer, et de là à Alger. On me promettait de me donner des jumens et des mules ; mais ce n'était pas là mon compte. Je manquais de vin et d'autres provisions ; les chaleurs me fatiguaient. Enfin j'usai de ruse ; je feignis de condescendre à ce qu'on me proposait, savoir à rester un mois moyennant le prix d'une mule ou d'un cheval qu'on me donnerait : c'était la valeur d'une trentaine de piastres ; mais je demandai de retourner à l'aïa-bachi pour prendre mes hardes et mes remèdes. L'on m'y conduisit, et lorsque je fus arrivé au douar, je les remerciai de leurs faveurs ; je leur dis que j'avais des affaires qui m'empêchaient de rester en chemin ; je leur fis présent de quelques remèdes pour achever de rétablir la santé du malade, et je poursuivis ma route avec l'aïa-bachi.

Le 17, nous suivîmes la grande route, passant par des plaines et des coteaux fertiles.

Nous rencontrâmes les ruines de Zada, qui est l'ancienne Sava, auprès d'une source de bonne eau. Nous traversâmes plusieurs petits ruisseaux et vîmes diverses ruines et villages. Nous couchâmes dans un douar de la nation des Ouled-Ayea, près le marabout de Sidy Bouage[1]. La route fut l'O.-S.-O. 5 lieues.

Le 18, nous vîmes les montagnes de Zamoure[2], où il y a une petite ville peuplée et et une garnison turque. On y fait quantité de bernous très fins, des tapis et autres ouvrages de laine à l'usage du pays. Le territoire est, dit-on, beau et fertile, et les habitans y sont encore plus industrieux. Nous fûmes camper à un douar, et les Arabes nous ayant aperçus, enlevèrent leurs tentes et les cachèrent dans la montagne; ils foulaient leur blé. Nous y fûmes, et à grands coups de bâton et à force de mauvais traitemens nous les obligeâmes à aller chercher leurs tentes, et à nous donner ce que l'usage voulait que nous prissions de gré ou de force. La route fut l'O.-S.-O. cinq lieues.

[1] Sidi Bouaga (L. 1833).
[2] Zammourah (*ibid.*).

Le 19, nous entrâmes dans le pays de sultan Bouzit, qui commande dans les montagnes où se trouvent les Portes-de-Fer. Ce sultan, roi ou chef des Arabes, a une nation formidable et qui se réfugie dans les montagnes à l'abri des insultes des Turcs. Nous passâmes à travers une plaine remplie de douars de la nation du sultan, et nous fûmes obligés de camper à Méjana, auprès d'une fontaine, sans tentes ni arbres, ni rien qui pût nous garantir des ardeurs du soleil, qui fut ce jour-là très violent. C'est ici que la peur fit bien changer de ton à messieurs les Turcs. Nous étions au milieu des douars et des monceaux de paille, sans oser en prendre; les moutons venaient boire auprès de nous et personne n'osait y toucher, quoique plusieurs n'eussent que du pain à manger. Sultan Bouzit, chef de cette nation, ne permet pas que l'on fasse la moindre insulte; il ne paie aucun tribut, et l'on s'estime encore heureux d'être en paix avec lui, sans quoi il faudrait aller passer dans le Sahara pour aller d'Alger à Constantine. On veilla toute la nuit, crainte des voleurs ou de quelque surprise. Nous partîmes deux heures avant le jour pour entrer dans les montagnes de Biben ou des Portes-de-Fer. La route fut O.-N.-O. six lieues.

Le 20, nous grimpâmes des montagnes assez rudes, puis nous nous trouvâmes dans des vallons couverts d'arbres, de pins, de chênes, d'oliviers et de quelques autres arbres et arbrisseaux. Il est à observer que, dans tout le pays que je viens de parcourir, on ne trouve pas un seul pied d'arbre, depuis les montagnes d'Anoune, près de Bône, jusqu'à celles d'Aurès, et depuis Aurès jusqu'à celles de Biben. Après avoir marché huit heures, nous descendîmes une montagne très haute et dont la pente est fort droite et dure environ une demi-heure. Nous trouvâmes au bas une source d'eau douce et, à quelques pas de celle-ci, des sources d'eau salée qui forment un ruisseau qui donne une grande quantité de sel. Peut-être est-ce ici les *salinæ nuborenses* marquées dans la carte de M. Delisle. Nous suivîmes ce ruisseau d'eau salée, et ayant marché une heure, nous arrivâmes enfin à El Biben ou aux fameuses Portes-de-Fer, autrefois *are* ou *ære*, ou Porte-d'Airain. Toute la caravane fit halte pour se joindre ensemble. Une partie des spahis se mit à la tête, et l'autre, avec l'aïa-bachi, fit l'arrière-garde. Avant de décrire ce fameux passage, je vous dirai, Monsieur, qu'il y a une chaîne de montagnes très hautes et très rudes, qui commence à la mer du côté de Bougie, et, courant N. et S., va jusqu'au désert de Sahara. Ces montagnes sont si escarpées et si difficiles, qu'il est impossible de les traverser à aucun autre endroit qu'à ce fameux détroit. Il n'y a que des chèvres, ou des hommes aussi agiles qu'elles, qui puissent monter et descendre les rudes élévations qui s'y trouvent. En un mot, il faut que cela soit, puisque les Arabes et les habitans de ce pays n'ont trouvé que ce seul endroit pour les traverser, et que, lorsque les Turcs sont brouillés ou en guerre avec la nation du sultan Bouzit, ils sont obligés de passer au Sahara en faisant un contour de cinq à six journées, et d'en passer deux sans eau, pour pouvoir aller d'Alger dans le royaume de Constantine.

Voici à présent la description de ce détroit si renommé. Ayant suivi le ruisseau salé, on voit de grands lits de rochers à pic qui courent N. et S., épais de quinze à vingt pieds; entré ces lits, un terrain inégal haut et bas, sans aucune régularité de pente. On trouve ensuite un de ces lits de rochers qui s'ouvre pour laisser passer l'eau, et, à cette première porte, deux chameaux peuvent y passer. On rencontre après des rochers élevés et irréguliers, puis un second lit ou muraille qui n'a qu'une séparation carrée comme une porte, où une bête de charge a peine de passer. A vingt pas de celle-ci on en trouve une seconde, puis une troisième et une quatrième. Il y a entre elles des distances de vingt à trente pas, où l'on se trouve enfermé sans qu'on puisse se défendre ni se secourir après les avoir passées. Ces portes sont si serrées qu'il semble que la nature et l'art les aient faites conjointement. On trouve ensuite un grand canal qui court N. et S., pendant que les portes se répondent E. et O. Ce canal est entre deux lits de rochers coupés à plomb, élevés de plus de cent pieds de chaque côté, où, suivant toujours le cours de l'eau, il faut passer les uns après les autres. Ce canal dure trois ou quatre cents pas. L'on passe ensuite par des passages difficiles, et l'on rencontre enfin un terrain où il se forme beaucoup de sel. On est une bonne heure à sortir de ce difficile passage, où dix hommes, à coups de pierres, peuvent arrêter et défaire une armée quelque nombreuse qu'elle soit, en l'accablant avec des rochers. Ainsi, ce n'est pas sans raison que les Turcs tremblent et appréhendent si fort ce passage, qu'ils abaissent leurs pavillons et leurs armes, font cesser leurs bruits de guerre et ménagent les habitans de ce pays, de qui il dépend de leur ôter la communication du royaume d'Alger avec celui de Constantine.

Nous vînmes camper auprès d'Oled-Mansou[1], sur le bord d'une rivière qui arrose un beau et riche vallon, rempli d'oliviers sauvages et de lentisques aussi hauts que les plus grands oliviers. Nous passâmes à travers trois petits villages modernes bâtis en terre et couverts de chaume, habités par des Arabes qu'on appelle Kabayles. Les Arabes de toutes ces montagnes, depuis le Collo jusqu'auprès d'Alger, sont différens des autres. Ceux-ci n'ont ni chefs, ni nation, ni commandans. Chacun est maître et libre dans ses volontés. Ils sont, la plupart, des voleurs, ou plutôt des bêtes féroces qui habitent ces montagnes. Les Turcs ni personne n'ont pu les soumettre; ils vivent misé-

[1] Beni Mansour (L. 1833).

rablement et à leur gré. Nous veillâmes toute la nuit pour nous garder des voleurs qui viennent, à quatre pieds, enlever ce qu'ils peuvent. Lors même que nous allions, pour nos nécessités, à quelque distance des oliviers où nous étions campés, il fallait être deux, armés et alertes. Vis-à-vis de l'endroit où nous étions, du côté du nord, il y a deux montagnes fort élevées, l'une dite Gibel-Gergera[1], remplie de singes petits et sans queue; l'autre est la montagne des Azouagues[2], où l'on dit qu'il y a de la neige presque pendant toute l'année, peut-être le *mons Ferratus*[3] de M. Delisle. Les Azouagues, ne sont que des Kabayles ou espèces de sauvages, gens indomptés qui habitent ces montagnes. M. Moreri, dans l'extrait qu'il fait de Marmol, confond quantité de peuples sous le nom d'Azouagues et de Bérébères; les Ouseletis qui habitent les montagnes de Végésela[4], dans le royaume de Tunis; les Comires, qui restent auprès de Ta-

---

[1] Le Jurjura.
[2] Peut-être les Inshlowa ou les Ashnowa de Shaw.
[3] *Mons Ferratus* est l'ancien nom du Jurjura.
[4] Uselett.

barque; les Chauvias, dans la montagne d'Aurès, et les Kabayles ou Azouagues, qui habitent les montagnes qu'on appelle ici du Couco; mais il est nécessaire que je lise Marmol que Moreri peut avoir confondu ou mal entendu. Tous ces peuples parlent effectivement une langue particulière; mais la barbe qu'ils ne rasent point, et les figures et croix qu'ils portent sur leur peau, ne leur sont pas particulières. Tous les Arabes, les Maures, les noirs ou nègres ont la même coutume; les sauvages même de l'Amérique la pratiquent. J'espère, Monsieur, vous envoyer une dissertation plus ample sur ce sujet.

Le 21, quoique nous n'eussions pas beaucoup de chemin à faire, et que même le chemin fût assez beau, ce fut pourtant une des plus rudes journées que j'aie essuyées. Il était passé devant nous un troupeau d'environ 4,000 moutons qu'on amenait au dey d'Alger pour la fête des moutons ou leurs grandes Pâques. Les deires qui les conduisaient avaient été attaqués dans le Biben; ils y avaient perdu vingt-cinq moutons, mais ils y avaient tué des Kabayles. Ils prièrent l'aïa-bachi de les escorter cette journée où les Kabayles, au travers de ces lentisques et de ces arbrisseaux, ne manqueraient pas de les attaquer et de leur enlever quantité de leurs moutons; il fallut donc marcher au pas des moutons, depuis le matin au faîte du jour jusqu'à la nuit. La route fut le N.-N.-O. huit lieues. Nous reposâmes auprès d'un ruisseau dans un lieu appelé Ampsa[1]. Le 22, nous côtoyâmes la montagne des Azouagues et, après avoir traversé divers coteaux où il y a quelques mauvais hameaux de Kabayles, nous rencontrâmes la rivière de Ouelt-Zeitoun ou la rivière des Oliviers, assez considérable, surtout en hiver. Cette rivière arrose un beau et riche vallon rempli d'oliviers sauvages et de plusieurs autres arbres. On la traverse plusieurs fois ; dans l'hiver elle est très dangereuse, et beaucoup de mulets et de chameaux s'y noient ou sont emportés par les eaux. Nous campâmes auprès de cette rivière ; la route fut le N.-N.-O. huit lieues.

Enfin, le 23, nous grimpâmes une montagne dite du Couco, du haut de laquelle nous découvrions Alger, la mer et la grande plaine

---

[1] Hamza ou Sour Guzlan, l'ancienne Auzia.

de Mitija. Nous suivîmes un ruisseau qu'on appelle la rivière de l'Arache, qui se décharge à une lieue d'Alger. L'aïa-bachi s'arrêta dans la plaine de Mitija; je poursuivis ma route jusqu'à Alger, et je fus à la maison de M. Durand, consul du Roi, à qui je présentai mes lettres de créance. Il me reçut très gracieusement. Je crains, Monsieur, de vous ennuyer; jamais lettre n'a été plus longue: ainsi je réserve pour une autre fois la description de cette ville et de son gouvernement.

J'ai l'honneur d'être, etc.,

PEYSSONNEL, doct.-méd.

LETTRE TREIZIÈME.

A M. l'abbé Bignon, Consellier-d'Etat, contenant la description du gouvernement d'Alger.

La Calle, le 10 septembre 1725.

Monsieur,

Les lettres que j'ai eu l'honneur de vous écrire ont contenu la relation des pays que j'ai parcourus; j'ai tâché de les rendre aussi simples, aussi courtes qu'il m'a été possible; mais elles sont sincères et exactes au dernier point. Je n'ai pas été embarassé à les faire. Il ne s'agissait que d'exposer ce que j'avais vu; il n'en est pas de même de celle-ci, et mon embarras à vous décrire le gouvernement d'Alger n'est pas peu considérable. J'y ai vu un ordre assez beau et des lois si justes et si équitables, que je ne sais comment les exposer en contredisant l'opinion commune que nous avons de ce gouvernement. En même temps, j'ai aperçu tant de choses infâmes, et la malice des hommes a corrompu si fort les idées des législateurs; il s'y est introduit tant d'abus, et tant de coutumes y sont contradictoires, qu'il est très difficile de les exposer nettement et de les rendre croyables. Si je n'avais à écrire qu'à une personne comme vous, Monsieur, que le ciel a favorisé de ses dons, et dont l'esprit, libre de tout préjugé, examine tranquillement tout ce qu'on lui expose, je me contenterais de vous faire un simple récit de ce gouvernement et vous réfléchiriez après sur les beautés et les défauts de cet état politique. Mais comme je crains que vous ne communiquiez ma lettre à d'autres personnes, j'appréhende, en même temps, de ne pas toujours trouver des lecteurs aussi équitables que vous. Ils seront peut-être persuadés que les Turcs d'Alger sont des gens sans foi, sans loi, dénués de bon sens, inhumains, barbares, cruels, sans politesse. Les histoires que les religieux ont données de l'esclavage d'Alger et qu'ils auront lues, auront rempli leur esprit de préjugés. Le zèle de ces bons religieux est louable; il leur convient d'attribuer beaucoup d'inhumanité aux Turcs pour exciter la compassion et les aumônes des fidèles, mais il semble que la vérité doit toujours paraître partout, et qu'on doit exposer le bien comme le mal, sans dire l'un et taire l'autre. Enfin, les personnes ainsi prévenues n'ajouteront, peut-être, nulle foi à tout ce que je dirai en faveur des Algériens : je les excuse, car je sais que moi-même autrefois, prévenu comme eux contre les écumeurs de mer, je n'aurais jamais cru leur état si bien gouverné qu'il l'est et leur politique si belle. Mais enfin comme mon dessein n'est que de vous plaire et de satisfaire aux ordres que vous m'avez donnés, je vous écrirai naturellement toutes les observations et les connaissances que j'ai du gouvernement d'Alger.

Les révolutions de ce royaume sont les mêmes que celles que toute la Barbarie a ressenties. Ainsi, pour en faire une histoire suivie, il faudrait remonter aux premiers temps et vous rappeler quel était l'état de ce pays avant que les Romains l'eussent conquis. Les guerres puniques nous instruisent à fond de tout ce qui s'est passé de remarquable du temps de

Jules César et d'Auguste[1], et des conquêtes des Romains en Afrique. L'histoire ecclésiastique nous apprend ce qui s'est passé sous la domination des Romains, jusqu'à l'invasion des Vandales, et c'est pendant cet espace de temps qu'a duré le lustre et le plus grand éclat de ce pays. C'est dans ce temps que ces superbes monumens dont il reste des débris somptueux ont été élevés. Nous lisons dans l'histoire des Vandales leur irruption dans les provinces et le commencement de leur destruction. L'histoire de l'Arianisme nous instruit suffisamment là-dessus. Nous voyons la continuation de la décadence de ce royaume étant sous la domination des empereurs chrétiens d'Orient; enfin nous apprenons sa destruction entière en lisant l'histoire des Sarrasins ou des Arabes mahométans qui, accoutumés

---

[1] Nous n'avons pas besoin de relever l'anachronisme que commet ici le voyageur, en supposant que l'histoire des temps de Jules César et d'Auguste se trouve dans celle des guerres puniques. Nous avons trouvé les mêmes erreurs dans ses réflexions historiques au sujet de Constantine.

à loger sous des tentes, détruisirent toutes les villes de ce vaste pays, de sorte qu'il n'en reste que très peu qui aient la forme de ville, et les ruines des autres qui ont, pour la plupart, conservé les anciens noms.

Les Sarrasins arabes ayant donc conquis ce pays, brûlèrent et ruinèrent toutes les villes, détruisirent tous les habitans et, suivant leurs maximes et leurs coutumes, continuèrent à loger sous des tentes, divisés en nations ou tribus qui avaient des chefs particuliers. Les uns restèrent établis dans ce pays ; les autres poussèrent leurs conquêtes en Europe, occupèrent l'Espagne pendant un très long temps. Les histoires de ce royaume nous détaillent toutes ces guerres et, en partie, celles qui survinrent entre les nations arabes de ce pays qui, ne pouvant rester en paix, s'armèrent les unes contre les autres, et qui, suivant l'esprit, la prudence et la bravoure de leurs chefs, devinrent plus ou moins nombreuses et formidables. L'indolence, l'ignorance et le défaut des écrivains de ce temps, ne nous en laissent que des relations et des histoires ou peu intéressantes ou mêlées de tant de fables, qu'il est difficile de développer la vérité. Les guerres alors étaient peut-être les mêmes que celles qu'on voit régner encore parmi eux ; car les nations sont presque toujours armées les unes contre les autres, sans qu'on en puisse savoir ni le sujet ni la cause. Il arrive bien souvent que c'est un bœuf ou un cheval pris, une dot de femme qui n'aura pas été rendue, ou un autre petit sujet qui armera deux nations: quelquefois aussi la jalousie entre les chefs, ou l'ambition de quelques-uns de vouloir commander aux dépens d'un autre formeront des guerres civiles, et intéresseront d'autres nations.

Le secours que les Arabes d'Afrique étaient obligés de donner à ceux qui étaient passés en Europe, les courses qu'ils faisaient sur les chrétiens et la fréquentation des esclaves changèrent les mœurs de quelques-uns qui quittèrent l'usage des tentes et des cabanes pour vivre dans les villes maritimes, et c'est de là qu'a commencé la différence des Arabes maures, habitans des villes qui sont presque toutes sur la côte de la mer, et des Arabes bédouins ou habitans de la campagne.

Après que les Espagnols eurent repoussé et chassé les Maures de l'Espagne, qui s'y étaient établis depuis plus de deux cents ans, ceux qui furent chassés se joignirent à ceux qui habitaient dans les villes maritimes de l'Afrique. Les Espagnols poussèrent à leur tour leurs conquêtes jusques dans cette partie du monde; et ce fut sous le règne de Ferdinand et sous le ministère du cardinal Ximenès, en 1509, que les troupes Espagnoles prirent d'abord *Marzaquibir*[1], fort auprès d'Oran, et firent ensuite la conquête d'Oran. Ils poussèrent plus avant ; ils prirent Alger, Bougie et autres places sur cette côte, et ils commencèrent à y faire des fortifications. Alger, qui fut alors conquis, n'avait presque que de simples murailles. Les Espagnols n'étaient pas en assez grand nombre pour tenir soumises toutes les villes qu'ils subjuguaient, qui d'ailleurs étaient soutenues par les Arabes de la campagne. Ainsi ils se contentèrent d'en fortifier quelques-unes ; ils bâtirent une tour sur une petite île qu'il y avait devant Alger, à l'entrée du port, pour empêcher les corsaires d'y venir et pour y avoir une retraite assurée, et, de là, exiger des droits de la ville. Les Arabes dont l'ancienne valeur était amortie, et qui, semblables à bien des peuples, avaient changé

---

[1] Mers-el-Kebir, ou le Grand Port. (L.)

cet esprit martial en une indolence capable de souffrir le plus servile et le plus bas esclavage, supportaient le joug des Espagnols qui les tyrannisaient dans leur ville. Alors les conquêtes et le lustre de cette nation, ses découvertes dans l'Amérique, et les cruautés qu'elle y exerçait rendaient sa domination si rude, que plusieurs raisons jointes à celles de la religion, grand et puissant motif auprès des Mahométans, les portèrent à appeler à leur secours Aroudj Barberousse.

Cet Aroudj Barberousse était de Métélin, île de l'Archipel appelée autrefois Lesbos. Le Grand Seigneur lui avait donné une escadre de galères et de barques avec lesquelles il croisait et avait fait quantité de prises sur les chrétiens. Il était mouillé sur la côte de Barbarie lorsque les députés d'Alger vinrent implorer son secours pour être délivrés de la tyrannie espagnole, et lui offrirent des présens en reconnaissance du secours qu'il leur donnerait. Barberousse accepta ces propositions et envoya dix-huit galères et trente barques au secours d'Alger, tandis qu'il s'achemina par terre avec des Turcs et des Maures affidés. Pendant ce temps-là, les Algériens avaient également imploré le secours de Sélim Eutémi, chef de la nation qui habitait la plaine de Mitija (où était l'ancienne Tigissi) qui se trouve tout auprès d'Alger, et ce sheick Arabe commandait dans Alger. Il reçut favorablement Barberousse qui, se voyant avec ses troupes maître de la ville, conspira contre Eutémi, ne pouvant souffrir un compétiteur au commandement et l'assassina lorsqu'il était au bain. Après cet assassinat il ne se mit point en peine d'arrêter les licences de ses soldats qui, maîtres de la ville, commettaient mille désordres. Son crime découvert, il voulut se laver en faisant mourir son ministre qui fut accusé par de faux témoins d'avoir commis l'assassinat. Puis, fier de son pouvoir, il s'appropria de force la suprême autorité et se fit déclarer commandant en chef ou, si l'on veut, roi d'Alger, y exerça toutes sortes de crimes et de cruautés, et les soldats en faisaient de même à l'exemple de leur chef. Ce fut alors que les habitans sentirent la faute qu'ils avaient commise en appelant les Turcs, leurs frères de religion, à leur secours contre les chrétiens qu'ils appelaient infidèles et giaours.

Alors les habitans, voyant que d'un mauvais

état ils étaient tombés dans un pire, voulurent conspirer contre Barberousse ; mais leurs desseins ayant été découverts, il en coûta la vie à vingt des conjurés dont les cadavres furent jetés dans les rues. Cette action de cruauté donna une si grande frayeur aux habitans que personne n'osa plus retomber dans le même cas.

Cependant le fils de Sélim Eutémi, qui s'était réfugié à Oran, animé de désespoir, implora le secours des Espagnols contre l'usurpateur et l'assassin de son père. Le marquis de Comarez, gouverneur d'Oran, sollicita pour lui et l'envoya à la cour d'Espagne où le cardinal Ximenès lui accorda une flotte et dix mille hommes commandés par Francisco de Véra. Cette flotte, après avoir secouru Bougie, attaqua Alger; elle avait débarqué et en formait le siége, lorsque Francisco de Véra, ayant divisé son armée en quatre corps pour donner un assaut général, fut repoussé avec perte et obligé de retourner en assez mauvais état. Cette aventure fâcheuse pour les chrétiens et pour les Arabes du parti de Sélim Eutémi, augmenta beaucoup le cœur de Barberousse qui commença alors à avancer dans les terres. Les Arabes en ayant pris ombrage, Hamid-

Alahdes, sheick du côté de Tennez, vint avec dix mille Maures contre les nations de la Mitija soumises à Barberousse, qui, en étant averti, disposa les Maures à résister à Hamid-Alabdes et, avec le secours de mille Turcs armés avec des armes à feu, ils défirent l'armée de Tennez qui ne put leur résister n'ayant que des lances, des zagayes et des armes blanches. Ce sheick ayant été défait, fut obligé de se retirer dans les montagnes d'Atlas. Cette victoire augmenta la valeur et le courage des Turcs ; ils poursuivirent leurs ennemis, prirent Tennez, la pillèrent et y commirent mille désordres et cruautés. La réputation de Barberousse et des Turcs se répandit dans toute la Barbarie. Les Maures regardaient ce chef comme un Hercule, ses soldats comme des gens invincibles, de sorte que, suivant leur usage, étant en guerre les uns contre les autres, ils imploraient le secours des Turcs pour défaire leurs ennemis; ainsi les Turcs en les secourant, les subjuguaient et se servaient de leurs armes et d'eux-mêmes pour les ruiner et les soumettre à leur domination.

Les habitans du royaume de Tremesen, mécontens d'Abuzijen, leur sheick ou leur roi, appelèrent Barberousse qui, profitant de ces belles dispositions, envoya chercher quelques pièces d'artillerie et des munitions de guerre à Alger, où il avait laissé Khaïreddin Barberousse, son frère, et marcha pour attaquer Tremesen. Ses troupes grossirent en chemin : l'espérance d'un gros butin, le génie des Maures de ne pouvoir souffrir une nation plus puissante que la leur, lui attirèrent quantité de nations arabes qui augmentèrent ses troupes en se joignant à elles. Le roi de Tremesen se disposa à les recevoir ; il avança avec ses troupes, qui consistaient en 6,000 chevaux et 3,000 hommes de pied. Les armées se rencontrèrent dans la plaine d'Aghad, de la dépendance d'Oran ; mais les armes à feu des Turcs furent victorieuses, et le roi ou sheick Abuzijen ayant été défait, Tremesen se soumit au vainqueur, qui fit fortifier la ville à cause qu'elle était au voisinage d'Oran. Barberousse en craignait la garnison espagnole et les troupes qu'elle pouvait y envoyer. Il fit en même temps une ligue offensive et défensive avec Muley-Hamet, sheick ou roi de Fez, qui, pour lors, était séparé du royaume de Maroc.

Les conquêtes de Barberousse ayant fait

beaucoup d'ombrage aux Espagnols, Charles-Quint envoya en 1517, au gouverneur d'Oran, dix mille hommes qui, s'étant joints avec les Arabes du parti d'Abuchenmen, successeur au royaume de Tremesen, et avec ceux du parti du fils de Sélim Eutémi, avancèrent vers Tremesen où Barberousse était. A cette nouvelle, Barberousse somma le roi de Fez de lui envoyer le secours dont ils étaient convenus; mais ce secours tardant, et les Espagnols, sous la conduite du marquis de Comarez, étant arrivés près de Tremesen, il prit le parti de se retirer avec ses Turcs, n'osant se fier aux Maures qui murmuraient contre lui, fatigués de sa tyrannie. Il se mit en marche avec les 1,500 Turcs qui l'avaient suivi. Le général espagnol, informé de son évasion, lui coupa le chemin et le joignit au passage de la rivière Huexda, à huit lieues de Tremesen. Barberousse, se voyant perdu, fit semer dans le chemin tout son or et son argent, pour amuser les chrétiens; mais les Espagnols, méprisant ces richesses, chargèrent vigoureusement les Turcs qui faisaient l'arrière-garde. Barberousse passa la rivière avec l'avant-garde, et, après un rude combat, les Turcs cédèrent au nombre, et Barberousse fut massacré.

Dès que les Algériens surent la nouvelle de la mort de Barberousse, ceux qui restaient dans la ville élurent Khaïreddin Barberousse, son frère, pour roi ou général de la Mer. La première année de son règne fut assez tranquille ; mais, considérant qu'il ne pouvait se soutenir avec le peu de monde qu'il avait, et craignant la révolte des Arabes, il eut recours à Sélim, empereur ottoman, et, de concert avec les troupes qu'il avait, il députa au grand-seigneur pour lui offrir de mettre le royaume sous sa protection, en lui payant tribut, à condition que Sa Hautesse lui fournirait les forces nécessaires pour s'y maintenir. En cas de refus, Khaïreddin offrit de céder sa souveraineté, pourvu qu'il fût nommé pacha ou vice-roi. (Année 1519).

Sélim accepta la dernière proposition et envoya 2,000 janissaires bien armés, avec le secours desquels Khaïreddin acheva de soumettre tous les Arabes, se servant d'une nation qu'on flattait pour en soumettre une autre : politique que l'on pratique encore aujourd'hui, qui fait la force des Turcs en ce pays, et sans laquelle ils ne sauraient se soutenir.

Le royaume d'Alger était alors gouverné comme une province appartenant à la Porte Ottomane; le grand-seigneur y envoyait le bacha, des recrues toutes les années pour remplacer les soldats morts ou hors de service. Plusieurs Turcs chargés de crimes ou de misère y passaient, et le nombre en devint si considérable, qu'ils furent en état de chasser les chrétiens de tous les petits ports qu'ils occupaient; et, comme la tour que les Espagnols avaient bâtie sur l'île qui était devant Alger gênait beaucoup les Turcs, on résolut de la détruire et d'en chasser les Espagnols. On chercha à la surprendre : on y envoya des espions, sous prétexte de vouloir changer de religion ; ils devaient donner le signal et favoriser l'entrée des Turcs, pendant que les chrétiens seraient à la messe. Leur menée fut découverte et ils furent pendus, ce qui piqua si fort Khaïreddin, qu'il fit résoudre en plein divan de commencer le siége de cette forteresse, et on jura de ne le pas abandonner jusqu'à ce qu'elle fût réduite. Le même jour, en 1530, qu'on fit cette délibération, on somma

Martin de Vargas, gouverneur, de se rendre sous des conditions honorables. Il refusa : on dressa une batterie de canons à la porte de la Marine ; on dit qu'on se servit des canons d'un bâtiment français qui carenait et qu'on prit de force. La place fut battue pendant 15 jours et 15 nuits ; enfin les Turcs, embarqués sur des radeaux, y donnèrent l'assaut et la prirent. La garnison y ayant presque toute péri, le gouverneur fut blessé, mené dans la ville, où il guérit de ses blessures ; mais il mourut après sous le bâton, pour avoir parlé trop haut.

Après cette conquête, Khaïreddin ne différa plus d'exécuter le dessein qu'il avait de construire un môle, de joindre l'île à la terre ferme et de former ainsi un port où les bâtimens fussent en toute sûreté. Il y fit travailler tous les esclaves ; il rétablit le fort, y mit une bonne garnison pour empêcher qu'aucun bâtiment n'y pût aborder, et, en moins de trois ans, tout fut achevé. Après que Khaïreddin eut fini ce môle, et fortifié la ville d'Alger par quelques batteries aux lieux où l'on pouvait débarquer, il passa à Constantinople. Il inspira au Grand-Seigneur le dessein de conquérir le royaume de Tunis. Il fut fait capitan-bacha, chassa Muley-Assem qui était roi de Tunis, et fut ensuite lui-même chassé par l'empereur Charles-Quint qui remit Muley-Assem sur le trône, et obligea Barberousse de s'enfuir du côté de Bône et de retourner dans le Levant. Pendant ce temps-là, on avait nommé pour bacha à Alger Assem-Aga, renégat de Sardaigne, homme courageux et intrépide élevé à la guerre, qu'il avait faite sous les deux Barberousse.

Charles-Quint, empereur et roi d'Espagne, enflé des victoires qu'il avait remportées à Tunis, en prenant cette ville et en remettant Muley-Assem sur le trône en 1535, fit un grand armement : quelques-uns croient qu'il l'avait destiné pour la conquête de la Provence; mais il se détermina pour Alger. Il n'y avait alors dans Alger qu'environ 800 Turcs et 5000 Maures. L'empereur y arriva avec une armée très considérable; il fit sa descente sans aucune opposition, forma le siége, traça les lignes de circonvallation, commença une forteresse qu'il plaça sur une élévation, et croyait facilement enlever cette place. Mais il survint une tempête mêlée de grêle, de vent et de pluie, qui dura deux jours. Ceux d'Alger avaient empêché que les femmes et les enfans ne sortissent, pour exciter les habitans à combattre avec plus de vigueur. Jugeant que les soldats de Charles-Quint devaient être fatigués par le mauvais temps, ils firent une sortie qui leur réussit, ils battirent les chrétiens, et eurent tout l'avantage. La même tempête de N. E. avait fait un si grand tort à la flotte, que plus de 150 bâtimens avaient été jetés sur la côte avec 15 galères. Les Turcs, profitant de l'avantage du premier combat, donnèrent sur ceux qui avaient échappé à la fureur des flots, en firent un grand carnage. La perte que fit alors Charles-Quint l'obligea de lever le siége, et de se retirer au plutôt avec les débris de sa flotte. Ce fut sur la pointe de Matifou, à 3 lieues au levant d'Alger, qu'il fit rembarquer ses troupes. Ainsi finit cette grande entreprise de Charles-Quint, qui lui a fait beaucoup d'honneur en apparence, peu réellement, et encore moins de profit. L'Arétin, lorsqu'au retour de cette campagne Charles-Quint lui fit présent d'une chaîne d'or, en la recevant répondit : *Voilà bien peu pour une si grande sottise.* Cette épigramme fait connaître que cette expédition ne fut pas généralement approuvée de ce temps-là. Alger resta ensuite fort tranquillement entre les mains des Turcs. Le Grand-Seigneur lui envoyait un bacha, des soldats et la paie, et retirait le tribut que son bacha et les officiers lui consignaient. Le pays était gouverné comme l'étaient les autres provinces de l'empire ottoman, et les habitans s'occupaient en partie à la course : car les Algériens, Turcs ou Maures, ont toujours été de fameux corsaires, et ont causé de grands maux aux côtes d'Espagne qu'ils allaient piller, et au commerce qu'ils interrompaient. Nous n'avons pas la connaissance d'aucune action mémorable qui se soit passée dans ce temps-là. Nous savons qu'ils conquirent le royaume de Constantine, et soumirent les Maures depuis le royaume de Fez jusqu'à celui de Tunis. Leurs conquêtes se faisaient, comme elles se font aujourd'hui, à l'aide d'une nation arabe qui les secondait pour en soumettre une autre. Pendant la domination des bachas, qui dura jusqu'en 1658, le gouvernement eut plusieurs faces. Ordinairement c'étaient des beys qui gouvernaient, toujours sous des bachas, et non des deys, comme quelques-uns l'ont assuré. On a vu les femmes de ces beys gouverner : telles ont été Sara-Bey et Halaï-Bey, qui avaient le suprême gouvernement. Le divan venait les consulter et savoir leur volonté avant de s'assembler, et allait leur rendre compte des délibérations après l'assemblée où elles ne pouvaient entrer.

Les agas, ou généraux de la milice turque, eurent pendant quelque temps le haut bout; puis les aïa bachis ou les anciens du divan, et après eux les bolouk-bachis, ou capitaines des troupes, gouvernèrent. Tous ces gouvernemens étaient remplis de troubles, de divisions, et le bacha, qui tenait toujours le haut bout, faisait des concussions criantes. Non-seulement, suivant l'usage de l'empire ottoman, les vice-rois se molestaient les uns les autres, mais encore ils s'emparaient de l'argent des droits du pays, et d'une partie de celui que la Porte envoyait pour la paie des soldats, de sorte que bien souvent les troupes n'étaient point payées, et que le nombre en était fort médiocre. Tant de désordres firent prendre la résolution au divan d'Alger d'envoyer, en 1658, à la Porte pour porter plainte contre les bachas, et proposer au Grand-Seigneur qu'il voulût permettre à la milice d'Alger d'élire un dey pour la gouverner ; que le dey recevrait tout l'argent provenant du pays et l'emploierait au paiement des troupes ; que le royaume d'Alger resterait toujours sous la domination du Grand-Seigneur qui enverrait un bacha ; que ce bacha serait payé et entretenu par la république d'Alger, sans qu'il pût se mêler en rien du gouvernement. Le grand-visir goûta ces propositions d'autant mieux que, sans diminuer la puissance du Grand-Seigneur, il épargnait des sommes considérables que la Porte envoyait pour le paiement des troupes d'Alger, qui, d'ailleurs, seraient mieux gouvernées. Le Grand-Seigneur ordonna qu'on expédiât une ordonnance conforme aux propositions de la milice d'Alger. L'on établit alors de nouvelles lois, tant pour le dey que pour la milice et les sujets, et l'on jura de les observer de part et d'autre sous peine de la vie ; ce sont les réglemens que l'on garde encore aujourd'hui, et dont j'aurai l'honneur de vous parler.

Avant que de décrire le gouvernement d'Alger, il faut savoir que ce corps redoutable qu'on appelle milice est composé de douze mille Turcs, soldats ou gens à la paie, parmi lesquels sont compris le dey, les beys, l'amiral, tous les officiers du royaume, et les soldats vétérans et invalides dont le nombre est toujours considérable.

Tous ces Turcs sont ordinairement des gens sans aveu et sans ressources, tirés la plupart de la lie du peuple, ou des proscrits qui, fuyant la juste punition de leurs crimes, viennent se réfugier dans ce pays ; d'autres, misérables et pauvres, que l'espérance de parvenir aux emplois ou de gagner à la course y attire. On reçoit aussi dans ce pays les renégats et quelques kourouglis, qui sont des enfans, nés dans le pays, de pères turcs et de mères maures ou arabes ; mais ils ne peuvent jamais posséder certaines charges capitales de l'état, par la crainte qu'on a qu'ils n'envahissent la suprême autorité, et que l'amour de la patrie ne les porte à secouer le joug des Turcs. Les Maures et les Arabes en sont entièrement exclus, étant regardés comme suspects ; on les tient dans une dépendance qui diffère peu de la servitude. C'est cette milice ou ce corps redoutable qu'on qualifie d'illustres et magnifiques seigneurs; c'est elle qui possède tous les emplois et les charges du gouvernement. Ils y parviennent, aux unes par simple ancienneté, aux autres par choix et élection. Il semble qu'un corps qui a une telle origine ne peut avoir qu'un gouvernement défectueux; mais combien d'empires, de royaumes et de républiques se sont élevés de la même manière depuis le commencement du monde! Ce serait un grand ouvrage de faire l'énumération des états établis et conquis par la force, par le crime et l'usurpation. Pour peu qu'on lise l'histoire on en sera convaincu : ils n'ont pas laissé que de fleurir et de durer sous des lois que les usurpateurs ou un assemblage de gens chargés de crimes avaient dictées.

Cependant, ce corps composé de telles gens s'est toujours rendu redoutable. Il tient soumis tout ce vaste pays, depuis le détroit de Gibraltar jusqu'au royaume de Tunis. Il a battu souvent les Tunisiens, et leur a donné plusieurs fois des lois et des rois. Le roi de Maroc a ressenti les effets de sa valeur. Toute la chrétienté est affligée par les courses qu'ils font, et les princes chrétiens les ménagent, les uns par politique et intérêt, les autres par crainte. Le refus qu'ils viennent de faire au Grand-Seigneur, qui leur a envoyé quatre vaisseaux et son vice-amiral pour les exhorter à faire la paix avec l'empereur, prouve le cas qu'on fait d'eux. Mais ce que je trouve de plus beau, c'est que, sans être excités par l'espérance des richesses, par les honneurs, par une réputation et l'espoir de ce que nous appelons nom ou mémoire, par l'avancement de leur famille, motifs qui obligent presque tous les peuples à agir, les Algériens travaillent tous, sacrifient leur vie et leurs biens pour leur état, leur royaume, ou, si l'on veut, leur république. Ils n'espèrent point de richesses, puisque leur fortune est bornée à cinquante écus par an, après avoir passé par tous les emplois de l'Etat. Les honneurs ne les touchent point, puisque, sortis des charges les plus considérables, ils redeviennent cordonniers, savetiers ou barbiers, tels qu'ils étaient auparavant. L'espérance d'un nom ne les flatte pas, puisqu'ils sont persuadés qu'à leur mort ils tomberont dans l'oubli, comme ils voient qu'il arrive à ceux qui les ont précédés. Enfin ils ne travaillent point pour leur famille, la plupart n'étant point mariés, et ceux qui le sont savent qu'après leur mort leurs enfans seront regardés comme des chiens, et plus haïs que s'ils étaient de misérables Turcs nouvellement arrivés. Cependant, pour quatre pains par jour et environ vingt piastres l'an, au commencement de leur service, ils travaillent toute l'année, vont aux camps et en course faire tous le service de l'Etat et exposer leur vie. Après avoir vieilli sous le harnois à vivre misérablement, ne mangeant que du pain et parfois du riz ou du blé bouilli, ils arrivent dans les charges et ont cinquante écus. Enfin ils sont agas de la milice pendant deux mois, après quoi on les remercie en leur continuant les cinquante piastres par an: Leur amour pour l'État va au-delà du croyable. En voici un exemple : un Turc avait un fils qui se plaignait de ce qu'il n'était pas avancé à cause qu'il était kourougli, et qui disait : *Ah! si nous, kourouglis, avons un jour l'avantage, nous exclurons bien les Turcs.* Le père, piqué des sentimens de son fils si contraires à l'État, le tua lui-même pour donner un exemple, et pour l'amour qu'il portait au gouvernement. Les Romains ont-ils jamais poussé plus loin l'amour de leur république? Les Romains, avec quatre mille hommes, en ont-ils battu trente mille, comme Dely-Hibrahim, dey d'Alger, fit lorsqu'il attaqua Mourat, bey de Tunis? Ces mêmes troupes, avant que d'attaquer Mourat, avaient défait, la même année, Muley-Ismaël, roi de Maroc, qui était entré dans le royaume d'Alger du côté de Tremesen avec quarante mille hommes; et ces hommes étaient des soldats qui avaient défait plusieurs fois les troupes européennes, lorsque les Espagnols les avaient attaqués du côté de Ceuta, au détroit de Gibraltar. Les Romains ont-ils avec cent hommes tenu 200 lieues de pays soumis à leurs lois? Ont-ils été plus vaillans soldats sur mer que les Algériens le sont? Cela est, et on aura peut-être de la peine à le croire.

C'est cette milice qui donne les lois, fait la paix, la guerre; c'est elle enfin qui, pour les raisons que nous avons dites ci-devant, envoya en 1658 des députés au Grand-Seigneur, pour lui représenter le mauvais gouvernement du royaume d'Alger sous les bachas, et qui obtint la permission d'élire un gouverneur ou roi sous le nom de dey ou douleti. Ce fut alors qu'on établit les lois suivantes.

Le dey doit être choisi et pris parmi les

soldats de la milice, et être ensuite reconnu et approuvé par la voix générale de tous les Turcs. Lorsque cette place est vacante par la mort ou la fuite de quelque dey, toute la milice s'assemble dans la maison du roi. L'aga ou le général de la milice demande à haute voix qui on veut élire pour dey; alors chacun est maître de désigner qui bon lui semble. Lorsque celui qu'on a nommé agrée à la milice, on le revêt du caftan, et on le porte, bon gré mal gré, sur le siège royal, en disant : *A la bonne heure ! Que Dieu donne à un tel félicité, prospérité ! Ainsi soit-il !* Après quoi tous lui baisent les mains, en lui promettant fidélité et soumission. L'on tire alors le canon de la ville, et ainsi se fait dans une heure de temps l'élection, le sacre et le couronnement du roi ou gouverneur d'Alger. Après quoi le cadi, en présence du divan où assistent le moufty et les gens de loi, lui lit tout haut ses obligations, en lui faisant une courte récapitulation des lois de l'État, qui sont de conserver le royaume, de rendre bonne et prompte justice, de protéger l'innocent et d'exterminer les méchans, de punir l'adultère, et de ne point laisser sortir les grains et les denrées de manière que le peuple en puisse souffrir, de taxer même les grains selon l'abondance et la disette, d'empêcher l'usure sur les pauvres. Il est averti que s'il contrevient lui-même à tous ces articles, il sera puni de même qu'il doit punir les autres.

Quoique ce soit là les lois pour l'élection d'un dey, il est rare qu'il soit élu suivant ces formalités, car, comme la plupart des deys ont été assassinés, les soldats qui se sont trouvés à la maison du roi, ont élu les deys, sans aucune convocation et les ont installés. Ces deys ont été ensuite reconnus comme légitimement élus; les soldats de leur parti les ayant proclamés, criant à haute voix : Prospérité à un tel que Dieu a voulu appeler au gouvernement du royaume de la milice guerrière d'Alger! Quelquefois c'est par hasard que l'élection se fait, comme il arriva, en 1694, après la mort de Chaban-Kodja. On résolut d'élire le premier vieux officier que l'on rencontrerait en entrant dans la ville. Alacha-Amet se trouva assis sur son tabouret de paille, faisant des souliers; on le prit et on le couronna roi malgré lui. Il régna trois ans, et il mourut de maladie, aimé, craint et respecté des Turcs qu'il avait su dompter. D'autre fois l'assassin même du roi s'est endossé le caftan du dey tout ensanglanté ; s'est allé lui-même asseoir sur le trône ; ainsi fut reconnu Ibrahim-Dey, qui avait assassiné Bactat en 1710.

Le dey a le gouvernement monarchique et même despotique; il est maître absolu du pays, et ne rend compte de sa conduite à personne; il punit et récompense qui bon lui semble, et rend la justice au peuple. Pour cela il est obligé de rester presque toujours assis sur son siége royal qui est un banc de pierre, garni de briques, couvert d'une natte, d'un tapis et, par-dessus, d'une peau de lion, au fond de la grande salle au rez-de-chaussée, qu'on appelle la salle du divan où le divan s'assemble. Il s'y rend après la première prière du matin qui se fait à la pointe du jour, et il y reste jusqu'à midi. Dès qu'il a dîné il y retourne jusques à l'*assero* qui est vers les trois ou quatre heures du soir. Il reste avec les secrétaires, assis à sa droite devant un petit bureau où ils ont leurs registres pour écrire, examiner et vérifier ce que le dey ordonne. Le trésorier de l'État, le bachaoux, les chiaoux et le truchement sont toujours auprès de lui tant qu'il reste sur son siége.

Là le dey règle, ordonne, décide généralement toutes les choses, excepté les affaires de religion et celles où il y a des écritures qui sont renvoyées au cadi. Chacun, depuis le plus grand jusques au plus petit, vient porter au dey les causes tant civiles que criminelles, les explique lui-même sans avocat, procureur ni solliciteur et elles sont décidées sur-le-champ, sans frais et sans appel. Vis-à-vis la maison du roi il y a des boutiques où se tiennent assemblés les officiers, lorsque le dey est à son siége, et dès que le dey a besoin de quelqu'un on le trouve d'abord, et les chiaoux vont chercher et amènent sur-le-champ toutes les personnes qui sont appelées en jugement, pour répondre aux demandes ou accusations sur quoi elles sont absoutes ou condamnées. Cette espèce de justice qu'on pratique par toute la Turquie, a son pour et son contre : c'est aux législateurs à raisonner là-dessus.

Tout l'argent qui provient du royaume est porté au dey qui le conserve pour la paie des soldats et les dépenses de l'Etat. Le dey n'a légitimement en propre que sa paie comme soldat, le surplus devant être porté au trésor royal ou bourse commune de la république, où l'on ne touche que pour de grandes nécessités. Cela doit être ainsi ; mais comme le dey ne tient aucun compte, il peut disposer de l'argent indirectement et en cachette, comme il le juge à propos, prenant pourtant garde de ne rien laisser péricliter, surtout de ne point retarder la paie des soldats et d'être secret s'il fait sortir de l'argent du royaume, car il serait d'abord accusé de concussion et de vol. Il doit taxer le prix de toutes les denrées et tenir la main à la punition de ceux qui vendent plus cher, ou fraudent les mesures, et les punir sans rémission.

Ainsi Hibrahim-Dey se déguisa en esclave et fut, avec un Hambourgeois esclave, acheter des denrées d'un marchand qu'il soupçonnait et qui lui surfit les marchandises. Revenu à son palais, il ordonna à son esclave de lui porter plainte, et ayant fait venir le marchand, il le condamna à cinq cents piastres d'amende et à cinq cents coups de bâton, après quoi il le fit pendre. Je laisse à penser les effets que de tels exemples font.

Il a la disposition et la nomination de certaines charges ; telles sont celles des beys et des caïds qui, suivant l'ancien usage, ne peuvent être remplies par des Turcs, crainte qu'ils ne deviennent trop puissans et cela n'est plus observé. Il nomme aussi les écrivains, le kazanadar, le mizoar, le bethmegi et autres charges qu'il donne et qu'il ôte à qui bon lui semble, et souvent au plus offrant. Mais il ne saurait disposer des charges parmi les soldats, comme celles d'aga, de boloukbachi, aïa bachi et autres que l'ancienneté et le rang donnent, sans qu'on puisse faire la moindre injustice à qui que ce soit.

Il fait battre monnaie à son coin, et règle la valeur des espèces et leur cours, tant des siennes que des monnaies étrangères. Il donne, de plus, les camps et les garnisons, ayant soin de faire marcher chacun à son tour, sans complaisance ni injustice. Il peut déclarer la guerre et la paix avec le consentement du divan qu'il assemble toujours avant de rien faire, afin de se disculper ; alors tous les soldats ont droit de dire leur avis. On dit qu'il y a quelques années, qu'ayant résolu de déclarer la guerre à quelque prince chrétien, on balançait de la déclarer aux Français, mais qu'un soldat remontra que cela ne convenait point parce que les Français pouvaient faire cuire leur soupe chez eux et la venir manger à Alger ; on délibéra de la déclarer aux Hollandais.

Enfin, il a le droit de vie et de mort sur tous ses sujets, sans en rendre compte à qui que ce soit, mais il ne peut lui-même punir les soldats turcs qui, après leur condamnation, sont envoyés à la maison de l'aga pour y subir l'arrêt prononcé contre eux : c'était là, sans doute, un moyen qu'on avait trouvé pour borner le despotisme auquel les Turcs sont d'ailleurs accoutumés.

On voit par ce récit que le dey d'Alger a tous les droits de la royauté. Choisi par élection, il a la suprême justice sans appel, la disposition de l'argent et des troupes, la police, la nomination aux charges, les monnaies, l'autorité de déclarer la guerre ou de faire la paix et, qui plus est, l'autorité despotique de vie et de mort sur ses sujets. Tous ces pouvoirs lui ont été donnés pour contenir le peuple, maintenir les lois, gouverner et régir l'État.

Mais aussi, de crainte qu'il n'empiétât sur ces pouvoirs et qu'il ne devînt tyran, il est soumis à toutes les mêmes lois et il dépend du moindre de ses sujets de l'accuser d'injustice, de concussion et de se plaindre de son mauvais gouvernement et de sa conduite. Si les plaintes sont fondées, il est puni de mort et assassiné, sans autre forme de procès. Ainsi sur ces prétextes, la mort d'un dey n'est pas, chez les Algériens, un crime si grand qu'on le pense, puisqu'il est fondé sur les lois et sur l'accord des peuples avec le dey. Je laisse aux politiques à raisonner sur l'équité, le bon et le mauvais de ce gouvernement, et de ces conventions entre le peuple et le roi.

Je me contenterai de faire observer que, tout comme les deys abusent de leurs droits despotiques en accusant de haute trahison ceux qu'ils veulent faire périr, le peuple et les mécontens prennent aussi des prétextes spécieux lorsqu'ils veulent faire périr leurs deys : c'est ce que je pourrai avoir l'honneur de vous mieux prouver dans l'histoire abrégée que je me propose de vous donner des deys d'Alger, depuis ce dernier établissement. Quoique le gouvernement d'Alger, tel que je viens de le représenter, soit monarchique et despotique, il ne laisse pas d'être, en bien des occasions, démocratique, car tous les soldats qui forment la guerrière milice d'Alger, sont d'illustres et magnifiques seigneurs et ont même plus d'autorité que les nobles de plusieurs états. Ainsi doit-on être surpris de trouver parfois quelque fierté brutale chez des gens qui, par une politique forcée, sont obligés d'être toujours brutaux, sévères et cruels envers les Maures qu'ils ne sauraient tenir soumis sans cela ? Mais ensuite cette fierté est réprimée par l'égalité qu'ils trouvent entre eux et le reste de subordination qui existe entre un simple soldat et une puissance. Cependant, chose qui paraît contradictoire, malgré cette aisance et cette familiarité, il y a une subordination outrée dès qu'il s'agit du service de l'État ; tout cela forme un contraste extraordinaire et assez difficile à exposer clairement. Outre que la démocratie est absolue lorsqu'il faut élire un dey, ou qu'il faut faire la paix ou déclarer la guerre, c'est aussi souvent la volonté des soldats qui donne la loi au dey, et lorsque cette milice veut quelque chose, il faut souvent que le dey s'y soumette. Elle est plus difficile à gouverner qu'on ne le pense ; le dey même, sachant qu'il est observé et soumis à des lois, s'observe lui-même à ne rien faire d'injuste, mais il se sert souvent du prétexte de haute trahison pour se défaire de ceux qui ne lui conviennent pas, auquel cas ses ordres tiennent lieu de toute preuve. Avant de finir cet article, il est à propos d'y ajouter l'extrait d'un livre nouvellement imprimé en Hollande, intitulé Histoire du royaume d'Alger, par M. Laugier, page 316.

« On se récrie extraordinairement, dit cet
« auteur, sur ce que les Algériens font mourir
« leurs rois par voie d'assassinat. C'est un
« fait incontestable. Ils sont mis quelquefois
« à mort, parce qu'ils violent les lois et les
« statuts de l'État, qu'ils ont juré, à leur avè-
« nement au deylick, de faire observer et
« d'observer eux-mêmes, sous les mêmes
« peines que les sujets; d'autrefois, pour avoir
« mal régi et administré les affaires du gouver-
« nement, ou dissipé les fonds publics et sou-
« vent par des cabales de gens mal intention-
« nés, qui les assassinent en trahison; d'autres
« enfin sont quelquefois assez heureux pour
« prévenir par leur fuite cette rude catas-
« trophe.

« Nous ne manquons pas de ces tristes exem-
« ples parmi nous; on a malheureusement vu

« de bons rois mourir par une main crimi-
« nelle et assassine, au milieu de leur cour et
« entourés de gardes. Des rois chéris, res-
« pectés et qui faisaient la joie de leurs peu-
« ples, n'ont pu se garantir du fer meurtrier
« d'un scélérat ou d'un fanatique. Ne trou-
« vons donc pas étrange que, parmi la fière
« milice d'Alger, dont les sujets sont égaux
« à leur chef, il s'en trouve d'ambitieux ou de
« vindicatifs qui, sous prétexte du bien pu-
« blic ou par malice en portent d'autres qui
« agissent souvent de bonne foi, à assassiner
« et à massacrer les deys.

« On a vu d'autres rois en Europe qui ont fui
« de leurs États, ou que leurs sujets ont dé-
« gradés de la souveraineté par des résolutions
« authentiques, et leur ont fait perdre la tête
« sur un échafaud. Les yeux des peuples se
« sont repus du sang de leurs souverains dont
« ils avaient auparavant suivi et respecté les
« ordres. Il est vrai que ces spectacles tragi-
« ques se sont faits avec beaucoup de forma-
« lités, d'éclat, de pompe et d'appareil, et il
« n'y a que la bruyante cérémonie qui dis-
« tingue, en cela, les peuples chrétiens d'avec
« ceux de la barbarie.

« Personne ne doit ignorer aussi de quels
« noirs attentats est capable une populace ef-
« frénée, lorsqu'elle peut avoir le dessus. Les
« histoires anciennes et modernes de tous les
« pays ne nous en fournissent que trop de
« preuves. On a vu à la Haye un exemple qui
« frappe encore les esprits : c'est l'horrible
« massacre de messieurs Jean de Wit, con-
« seiller pensionnaire, et Corneille de Wit,
« bourguemestre de Dort, commissaire plé-
« nipotentiaire de l'armée navale en 1662, ar-
« rivé dans le mois de juillet de la même année.
« N'est-ce pas une chose terrible d'apprendre
« que les souverains furent forcés, pour cal-
« mer la fureur des séditieux, de dégrader de
« ses emplois le bourguemestre, de le faire
« mettre en prison sur l'accusation d'un im-
« posteur et d'un scélérat, de lui faire donner
« une horrible torture, de le condamner à un
« bannissement, à des amendes et des dépens
« et de renvoyer absous le traître accusateur?
« Peut-on penser sans horreur qu'une sen-
« tence si terrible, envers un membre respec-
« table du sénat, ne fut pas capable de calmer
« la fureur qui agitait le peuple ? à quels excès
« de barbarie et de cruauté ce peuple chrétien

« ne s'abandonnait-il pas? Le pensionnaire de
« Wit fut à la prison pour faire sortir son
« frère dont il se rendit caution; mais il ne
« prévoyait point qu'ils allaient servir de vic-
« times. Les compagnies des bourgeois prirent
« les armes et se postèrent d'une façon que
« personne ne put donner du secours aux
« prisonniers. La prison est investie, on pose
« des corps-de-garde même sur le toit; les
« portes sont enfoncées, les victimes sont
« traînées par des assassins au milieu des rangs
« des bourgeois armés. Ces deux hommes in-
« fortunés, qui auparavant étaient regardés
« comme grands hommes, dont l'un était l'o-
« racle d'un respectable sénat, l'autre avait
« le commandement absolu d'une armée d'où
« dépendait l'honneur et le salut de la répu-
« blique : ces deux hommes, dis-je, sont
« flétris, percés de coups assassins et mas-
« sacrés en même temps.

« Il est vrai, continue-t-il[1], que les massacres
« des deys, beys, ou chefs des républiques
« de Barbarie sont infiniment plus fréquens
« qu'en Europe; mais il faut convenir qu'il y

[1] P. 324.

« a des États où, s'il dépendait du peuple ou
« des conspirateurs de déposer ou faire mou-
« rir leurs supérieurs, ils en changeraient
« souvent, et s'empareraient de l'autorité du
« gouvernement. On ne doit leur modération
« qu'à une supériorité et à un ordre qu'on ne
« peut avoir à Alger par la malheureuse con-
« stitution sur laquelle y est fondée la ré-
« gence des Turcs. » Les Turcs qui composent
la milice d'Alger sont exempts de droits de
capitation et de toute imposition. Ils ne peuvent être châtiés en public, et le sont rarement en particulier. Ce n'est presque que
lorsqu'ils sont accusés de haute trahison qu'on
les fait étrangler secrètement chez l'aga ou
général de la milice. Ils se soutiennent tous,
soit qu'ils aient tort ou qu'ils soient fondés,
surtout lorsqu'ils ont affaire aux Arabes et aux
Juifs sur lesquels ils ont un pouvoir presque
tyrannique. Le plus misérable Turc fait trembler les Arabes les plus riches et les plus puissans; les Arabes et les Juifs sont obligés de leur
céder partout, sans quoi ils seraient maltraités
impunément.

Nul Turc n'est estimé à Alger s'il n'est soldat
inscrit à la paie, et tous en général ne respi-

rent que la guerre dans laquelle ils profitent toujours. S'ils font des prises, le dey a le dixième de tout, et s'ils meurent ou ils sont faits esclaves, l'État hérite s'ils n'ont point des enfans ou des frères qui sont les seuls parens habiles à succéder. C'est pour cela qu'on ne peut enterrer personne sans en avertir le bethmegi ou fermier des aubaines; il en est de même lorsqu'ils sont faits esclaves, soit par accident ou étant au service de l'État. Tous leurs biens sont confisqués; ils n'ont pour tout avantage, au retour de leur esclavitude, que la paie entière d'une année qu'on leur donne pour acheter des armes, tous leurs biens restant légitimement à l'État. Ils ont voulu renchérir là-dessus sur l'ordre de Malte qui se contente de ne les pas racheter et qui pourtant leur fournit de quoi vivre. Les défauts naturels des Turcs ne leur font point de honte, au contraire, ils prennent les noms et veulent bien être distingués par ceux de Borgne, Bossu, Boiteux, Manchot et autres semblables.

Il leur est défendu, et ils regardent comme un déshonneur, de piller et de voler la moindre chose dans un combat, quelque occasion facile qu'ils en aient; ils laissent le pillage aux Maures et à leurs esclaves. Un Turc serait puni s'il commettait la moindre lâcheté ou bassesse ; mais hors du combat, ils usent de leurs forces et de leurs pouvoirs tyranniques, surtout envers les Maures. Il est étonnant que tant de misérables et de malheureux portés par leur naissance et leur état à mille bassesses, deviennent honnêtes gens dès qu'ils sont soldats d'Alger; ils n'oseraient commettre aucune bassesse, vol ou friponnerie; les rudes et promptes punitions qui suivent les fautes qu'un soldat peut commettre, les retiennent et les rendent sages. Il est vrai qu'on compte aussi pour rien certaines coutumes tyranniques qu'on pratique envers les Maures ; mais c'est la politique qui le demande, et ce n'est que par ce moyen qu'ils tiennent les Maures soumis ; c'est dans un sens une fâcheuse nécessité qu'exige le génie naturel des Maures qu'on ne dompte qu'avec le bâton.

Les Turcs ont une profonde soumission aux ordres du dey et aux supérieurs, surtout lorsqu'il s'agit du bien de l'État, de l'observation des lois établies ou du service de la guerre, et lorsqu'ils font quelque lâcheté, ils sont punis par une diminution à leur paie, à quoi est attachée une grande infamie : ils sont en même temps et conséquemment reculés pour leur ancienneté et leur avancement. Les soldats, outre la paie qui est très médiocre, ont chacun quatre pains par jour et le droit d'acheter la viande à un tiers au-dessous de la taxe publique; ils sont logés dans de grandes et commodes casernes qu'on appelle *casseries* : ils ont une chambre à trois, et sont servis par des esclaves qu'entretient le gouvernement. Dans ces maisons, il y a des fontaines pour faire leurs ablutions et toutes les commodités qui leur sont nécessaires.

Mais ils sont privés de ces avantages lorsqu'ils sont mariés, c'est-à-dire du pain, du logement et du rabais au prix de la viande; ils sont alors obligés de se nourrir et loger à leurs dépens. La raison de cela est qu'il n'est pas à l'avantage du gouvernement que les soldats soient mariés, parce que comme l'État ou le dey hérite de ceux qui meurent ou sont faits esclaves sans enfans ni frères, il est alors privé de l'espérance à la succession. Il se croit aussi dispensé de leur rien donner au-delà de leur paie ; en second lieu, l'on craint que les soldats, venant à se marier, il n'en sortît une si grande quantité de kourouglis que, devenant les plus forts, ils secoueraient le joug et la tyrannie des Turcs, excités par l'amour de la patrie. Il n'y a que les renégats qui soient mariés; les véritables Turcs se contentent d'avoir des concubines et vivent la plupart dans l'espérance de revoir un jour leur pays et de s'y aller établir.

Les statuts fondamentaux de la régence des Turcs, rendent tous les Turcs enrôlés dans la milice égaux entre eux, depuis le dey inclusivement jusques au dernier venu, tant par rapport à la noblesse qu'au droit de passer par les charges militaires et du gouvernement, sans distinction ; c'est pour cela que le dey et tous les officiers du divan et de l'État sont compris dans le livre de la paie comme soldats.

On doit considérer deux sortes de charges dans le gouvernement d'Alger, les unes militaires, les autres de l'État. La seule ancienneté donne les charges militaires; les autres sont à la nomination du dey et des beys.

Les huit plus anciens soldats sont appelés *soulagis* et servent ordinairement de gardes-du-corps au dey; de là les quatre premiers deviennent *peis*, et portent un bonnet de cuivre.

Ils deviennent ensuite *vikilargis* ou commis aux vivres de leurs compagnies, ensuite oldabachis ou lieutenans, puis bolouk bachis ou capitaines ; et lorsqu'ils sont vétérans, on les appelle aïa bachis dont le nombre est de vingt-quatre. Dans les assemblées ils ont un plumet sur leurs bonnets. C'est de ce corps qu'on prend les agas ou gouverneurs des places et les agas ou généraux des camps, les envoyés et autres emplois honoraires. Ensuite, pendant deux lunes, le plus ancien est chaya ou lieutenant-général des troupes ; de là, pendant deux autres lunes, il est aga ou général de la milice, alors il a deux mille patacques chiques pendant son service. Il est logé et entretenu aux dépens de l'État dans une maison destinée pour les agas et dont il ne peut sortir que pour aller au divan et assister à la paie des soldats. Alors il sort à cheval ; deux chiaoux passent devant lui et crient : Prenez garde à vous, voilà l'aga qui passe. On lui rend des honneurs très considérables ; les clefs des portes de la ville sont portées chez lui ; il fait punir et exécuter les ordres du dey à l'égard de la punition des Turcs, soit bastonnade, prison ou mort. Après que ces agas ont passé par cette charge on les appelle *mesontaga*. Ils sont exempts de service et ne peuvent plus avoir aucun emploi ; mais ils ont séance dans le divan lorsqu'ils le jugent à propos. On leur laisse pour récompense leur paie serrée qui est de cinquante piastres et ils la mangent et vont vivre où bon leur semble, dans le royaume s'entend, sans jamais en sortir.

Il est libre aux soldats d'être soldats de pied ou fantassins, cavaliers ou spahis, ou soldats de mer. Il y a encore parmi eux un corps de canonniers ou bombardiers, et un corps de *sajairdis* destinés pour garder l'eau et le feu et en fournir aux soldats, et enfin un corps détaché qu'on appelle *tabarc* ou cuisiniers. Ce corps a des emplois et des honneurs particuliers, et les cuisiniers sont très estimés. On a vu plusieurs deys qui étaient cuisiniers lorsqu'on les a élus : tel était Achi-Moustapha en 1700. Il y a dans ce moment à Alger un grand cuisinier qui, à ce qu'on assure, a refusé le caftan de dey.

Les beys sont les gouverneurs des provinces ; il y en a trois : le bey du Levant, qui réside ordinairement à Constantine ; celui du Ponant, qui fait son séjour à Oran, et celui du Midi, qui campe toujours, attendu qu'il n'y a point de villes bâties dans son département.

On peut regarder ces beys par rapport à trois différens états. Par rapport au dey, ils ne sont que ses fermiers généraux, qu'il met et ôte toutes les fois qu'il le juge à propos. Ils sont obligés de donner à l'Etat tant de mille piastres, tant de bœufs, chevaux, etc., toutes les années; et comme il leur faut exiger cela des Arabes par force, le divan leur accorde les troupes nécessaires qu'ils sont obligés d'entretenir, de venir prendre et de reconduire à Alger au jour marqué pour le départ et pour le retour, ainsi que je l'ai plus amplement expliqué au sujet du bey de Constantine.

Ces beys, à l'égard de la milice, sont quelque chose d'approchant dans leur département de ce que le dey est dans le royaume. Ils ordonnent la marche, les campemens, les combats, les séparations des camps; mais ils ne peuvent rien sur les soldats : il faut que tout passe par le canal et la voie de l'aga, ou général de la milice du camp. Mais par rapport au peuple et aux Arabes, ils sont de véritables rois monarchiques et despotiques, commandant absolument tout ce qu'ils jugent à propos, et ont carte blanche pour faire ce que bon leur semble, ce qui les rend très souvent de véritables tyrans. Il est vrai que les beys s'embarrassent fort peu du détail des sujets, qui sont commandés par des chefs. Ils ne se mêlent point d'accommoder leurs différends ni de leur rendre justice; ce n'est ordinairement qu'avec les chefs qu'ils ont affaire. Ces petits tyrans, comme ils ne sont placés que pour s'enrichir et engraisser ceux qui les placent, font des concussions extraordinaires, volent, pillent et détruisent des nations, suivant leur volonté ou leurs intérêts. Aussi leur poste est très fragile. Comme ils sont obligés d'aller à Alger rendre compte de leur conduite, ils y laissent très souvent leur tête, principalement lorsqu'ils sont bien engraissés du sang du peuple. Il y en a qui, plus habiles, s'enfuient après avoir fait leur coup, et vont dans d'autres royaumes jouir tranquillement de leurs rapines.

Les beys ont sous eux des caïds, qui sont des intendans et exacteurs des deniers royaux; et ces caïds, qu'on met dans chaque ville et dans chaque nation, sont encore de petits tyrans qui ont un diminutif de l'autorité des beys, pillent, volent, font mourir les pauvres Arabes, suivant leur fantaisie ou leur autorité.

Dans la ville d'Alger il y a encore d'autres charges : celle de cadi ou juge, qui est nommé et envoyé par la Porte Ottomane, approuvé du grand moufty ou patriarche ottoman de Constantinople. Il n'a aucun pouvoir dans le gouvernement. Il juge et décide toutes les affaires qui regardent la loi; mais comme ce juge achète indirectement son emploi à Constantinople, et qu'il vient pour s'enrichir, il se laisse aisément corrompre. Il reste toujours chez lui, et n'en peut sortir que par la permission du dey. Le mizoar est le grand bailli ou le lieutenant-général de police. Il maintient la paix et le bon ordre dans la ville. Il a une compagnie de gens à pied. Il a inspection et plein pouvoir sur les femmes de mauvaise vie; il en exige un tribut dont il paie tous les ans 2,000 piastres effectives au dey. Il s'empare de toutes les femmes de joie et les tient enfermées dans sa maison, où elles sont distinguées par classes. Dès qu'il découvre quelque femme ou fille qui commence à donner dans l'intrigue, pourvu qu'il puisse la surprendre en flagrant délit, il a le droit de s'en saisir et de la mettre avec les autres, ou de la rançonner. Il les loue aux Turcs et aux Maures qui viennent lui en demander, et leur laisse choisir celles qui leur conviennent. Ils peuvent les garder autant de temps qu'ils veulent, suivant la conclusion du marché fait entre le mizoar et eux, et sont obligés de les ramener à la maison où ils les ont prises lorsque le temps du marché est fini, ou de le renouveler. Celles qui veulent sortir et chercher fortune en obtiennent la permission, en payant chaque jour une petite somme au mizoar pour droit de sortie. Il est aussi le maître bourreau : il fait ou fait faire les exécutions par ses satellites, donne ou fait donner la bastonnade lorsque le dey le lui ordonne.

C'est toujours un Maure qui occupe cet emploi, qui est des plus lucratifs et des plus en horreur. Le sheick-el-beled, ou le sheick de la ville, a soin de la police en ce qui concerne les réparations des maisons et autres.

Le bethmegi ou beltmagi est le receveur des aubaines.

Le drogman, ou interprète de la langue

arabe, est le garde-des-sceaux : car comme la plupart des Turcs ne savent écrire, ils ont un cachet où leur nom est écrit, et on imprime ce cachet aux ordres qu'ils donnent, ce qui sert de signature.

Les gardiens-bachis ont soin des esclaves dans les bagnes, et de leur conduite au travail.

Les kodjas sont les écrivains. Les quatre premiers sont les secrétaires d'État. Il y en a, de plus, 80 autres sur différens emplois.

Le kazanadar est le trésorier; il a sous lui un contador et deux juifs pour visiter les espèces.

Je craindrais de vous ennuyer si je vous faisais un détail de tous ces différens emplois, quoique par mes mémoires je le pusse ; mais je le crois presque inutile ou peu intéressant.

Les chiaoux sont les exempts de la maison du roi : c'est un corps très considérable. Il est composé de douze Turcs des plus forts et des plus puissans de la république, et d'un chef appelé bachaoux, chiaoux-bachi ou grand-prévôt. Il y a eu plusieurs bachaoux qui ont été élus deys. Ils sont habillés de vert avec une écharpe rouge; ils ont un bonnet blanc en pointe, et sont les fidèles porteurs de tous les ordres du dey. Il ne leur est pas permis de porter des armes offensives ni défensives, pas même un couteau ni un bâton; et néanmoins, ils arrêtent, lorsqu'ils en ont l'ordre, les Turcs les plus puissans et les plus séditieux, sans qu'il y ait aucun exemple qu'on leur ait résisté, quoique ceux qu'ils ont arrêtés aient su leur mort certaine. Les Turcs les plus résolus, de quelque qualité qu'ils soient, tremblent et pâlissent dès qu'un chiaoux leur a mis la main dessus par commandement du dey, et ils se laissent conduire comme des agneaux chez l'aga de la milice, où ils sont bâtonnés ou étranglés, selon les ordres que ce général en a déjà reçus. Ces chiaoux ne sont employés que pour les affaires des Turcs, étant indigne d'eux de mettre la main sur un chrétien, sur un Maure ou sur un juif. Il y a le même nombre de chiaoux maures et un bachaoux de la même nation, qui ont même pouvoir sur les Maures, sur les chrétiens et sur les juifs, suivant les ordres du dey; mais il ne leur est pas permis de porter aucun ordre à un Turc.

Les deux bachaoux se tiennent toujours auprès du dey pour recevoir ses commandemens et les faire exécuter par les chiaoux qui se tiennent toujours dans la maison du roi.

Lorque le dey a ordonné de faire venir devant lui quelqu'un qui est accusé, il ne faut pas que le chiaoux qui en a l'ordre s'avise de revenir sans lui. S'il apprend qu'il est à la campagne, il va l'y chercher et l'amène avec lui. S'il ne peut apprendre où il est, il fait publier par un crieur public que ceux qui sauront où il est, aient à le déclarer, sous peine de punition, et, si l'on apprend que quelqu'un l'ait caché ou l'ait fait évader, celui qui lui a rendu ce bon office est puni très sévèrement et mis à l'amende, et même puni de mort, si l'affaire dont il s'agit intéresse le dey ou l'État.

Avant que de finir cette lettre, Monsieur, il est à propos aussi de vous informer de la vie que mènent les soldats d'Alger, tant par mer que par terre. Leurs armées sont composées d'un nombre de tentes, *souffles* ou compagnies consistant chacune en dix-sept soldats et trois officiers qui font vingt hommes de combat. Chaque soldat ne porte que son fusil, son sabre et une paire de pistolets. L'État leur fournit les vivres et six mulets par tente pour porter les bagages. Leurs tentes sont rondes, faites de toile; là ils couchent sur leur bernous, à terre, sans autre chose sous eux. L'État leur fournit pour leur nourriture du biscuit, de l'huile et des olives, de la mentèque ou beurre et du blé bouilli, puis séché et écorcé, qu'ils font ensuite rebouillir pour faire la soupe, et quelques jours de la semaine, je pense qu'on leur donne de la viande. Ils ne boivent, suivant l'usage, que de l'eau souvent très mauvaise; ils supportent des chaleurs effroyables et, officiers et soldats, tous vont à pied. On envoie toutes les années, au printemps, trois camps aux trois beys, plus ou moins nombreux suivant qu'il est nécessaire et que les beys le demandent. Ces camps ont chacun un aga ou général de la milice et ont leur divan ou conseil composé de l'aga, du chaya et du bolouk bachi. J'ai eu l'honneur de vous parler ci-devant dans ma quatrième lettre, de la marche et du campement d'une de ces armées. Il est vrai que les soldats ne sont point obligés à monter la garde et à rester en faction, comme font les troupes européennes : on ne connaît ici ni corps-de-garde, ni sentinelles, ni autres précautions que nous prenons avec tant de soins; la nuit seulement, dans chaque tente il y a un soldat qui veille. Je suis étonné que les Arabes ne les surprennent pas tous les jours, étant si mal sur leurs gardes; il est vrai aussi que comme ils dorment tout habillés, à la moindre alarme tous seraient dans un instant en état de se défendre.

Leur marine suit à peu près le même ordre que leurs armées de terre; les officiers de marine forment un corps considérable; ils n'avancent point par ancienneté, mais par nomination ou faveur. Le premier est le raï de la marine ou capitaine de port. Ce raï commande une galiote de garde qui se tient à Alger et a l'inspection de tout ce qui se passe dans le port. L'amiral n'a que le commandement du vaisseau deylique ou du dey, et les raïs ou capitaines de vaisseau ont le commandement de leurs navires, ils ont sous eux des sous-raïs et un *tobigi* ou cannonier. Ce raï, dans son vaisseau, est à peu près ce qu'est le bey dans son département, et les soldats sont tous commandés par l'aga et leurs officiers dans le même ordre que nous avons dit ci-devant, à l'égard des armées. Les raïs peuvent armer leurs bâtimens dont les propriétaires sont des particuliers (l'État n'ayant qu'un vaisseau) toutes les fois qu'il leur convient, et aller croiser où bon leur semble. Ayant obtenu la permission du dey pour armer, ils équipent le vaisseau et le chargent des provisons et munitions nécessaires pour croiser pendant deux mois, car après ce temps, il dépend des soldats d'obliger les raïs à retourner dans le port bon gré malgré. Le vaisseau ainsi armé tire des coups de canon, et les soldats qui sont dans Alger sont libres de s'aller embarquer et porter avec eux leurs fusils et leurs armes. Des prises qu'ils font, l'État en a un huitième, le reste se répartit à l'équipage suivant les accords et l'usage. Le capitaine ou raï et les officiers ont plusieurs parts. Les Algériens entretiennent aujourd'hui vingt-quatre vaisseaux en course, les uns de cinquante pièces de canon, les autres de quarante, de trente et quelques-uns n'ont que dix pièces de canon. Ils ont outre cela quelque galiotes armées.

Mais il y a une loi particulière parmi eux, c'est que l'État ne peut jamais diminuer les forces. Lorsqu'on obtient la permission d'armer un bâtiment, on s'engage en même temps à entretenir un vaisseau semblable; ainsi lorsque le vaisseau qu'on a armé est pris ou a péri, soit par accident ou par vieillesse, les armateurs sont obligés, malgré eux, d'en faire faire un autre de la même force et de l'entretenir.

Comme sur chaque bâtiment il s'embarque un vieux officier, on le crée aga du vaisseau, et il commande les Turcs; à son retour, il rend compte au dey, et si le raï a manqué de prendre quelque bâtiment, soit pour ne le pas combattre assez long-temps ou par un autre manquement qu'on puisse soupçonner de malice ou de lâcheté, il est sévèrement puni, comme il arriva à Mezo-Morte, qui fut ensuite dey d'Alger. Il reçut cinq cents coups de bâtons et fut renvoyé en course pour avoir manqué à son devoir. Je pourrais, Monsieur, entrer dans un plus grand détail, si vous le jugiez à propos; mais je crois que cette lettre est assez longue et que j'ai rempli le dessein que j'avais de vous donner une idée du gouvernement d'Alger. J'aurai l'honneur, dans une autre lettre, de vous détailler les paies des soldats, les monnaies, le commerce, l'état des esclaves, le détail de la marine d'Alger, la distribution de leurs prises, les revenus et les dépenses de cet État, et finir par un abrégé de l'histoire des deys qui ont régné depuis la réforme des bachas[1].

J'ai l'honneur d'être, etc.,

PEYSSONNEL, doct.-méd.

[1] Cette lettre manque à notre collection.

LETTRE QUATORZIÈME.

A M. l'abbé Bignon, conseiller-d'Etat, contenant la description d'Alger et des lieux maritimes du royaume, depuis Alger jusqu'à Bône.

Bône, le 1er octobre 1725.

Monsieur,

Je finis l'avant-dernière lettre que j'eus l'honneur de vous écrire, par mon arrivée à Alger ; j'aurai l'avantage, dans celle-ci, de vous marquer la description de cette ville et des lieux maritimes de ce royaume, depuis Alger jusqu'à Bône.

Alger, que les Arabes appellent *Algezaïr*, qui signifie l'Ile, est une ville située par 36° 30' de latitude, et par 23° 20' de longitude qui est le même parallèle de Paris[1], suivant les observations qu'en ont faites messieurs les prêtres de la mission de France, établis dans ce pays, personnes savantes et curieuses. Cette ville est la capitale du royaume à qui elle donne son nom; c'est là que le dey, le divan et la milice d'Alger font leur résidence, c'est là que se trouvent toutes leurs forces de terre et de mer.

Quelques-uns ont cru qu'Alger était l'ancienne *Julia Caesarea*, que Juba II, roi de ce pays, fit bâtir, en reconnaissance des bienfaits qu'il avait reçus de Jules-César. Mais cette opinion n'est pas probable; car, outre que dans Alger on ne trouve aucun reste de vieux monumens qui puisse prouver l'ancienneté de la ville, et surtout d'une ville capitale telle qu'était Iol ou Julia Cæsarea, qui donnait son nom à toute la province appelée

---

[1] Le même parallèle au méridien de l'île de Fer. La latitude d'Alger, calculée avec la plus grande précision possible, par M. le capitaine Bérard, reste fixée à 36° 47′ 20″, sa longitude à 0° 44′ 9″ (*Description nautique des côtes de l'Algérie*, par M. le capitaine Bérard. Paris, 1837, in-8°, p. 17-21.)

Mauritania Cæsariensis, si l'on considère les routiers et les anciennes cartes géographiques, et principalement la moderne de M. Delisle, l'on verra que Julia Cæsarea était plus à l'O. que n'est Alger. Meliana était au S.-E., à douze lieues; les eaux chaudes[1] étaient presque à l'E., huit lieues. Cependant cette même Meliana, qui subsiste encore, reste au S.-O., dix-huit lieues d'Alger; les eaux chaudes à l'O. S.-O., douze lieues; Labdia, qui est une ville, au S. S.-O.; Tigisi, qu'on appelle à présent Mitija, à l'E. S.-E. Par toutes ces observations on doit conclure qu'Alger serait plutôt l'ancienne Rusucurru, que la Julia Cæsarea. On trouve les ruines de cette dernière ancienne ville, entre Mostaganem et Tenès, qui est l'ancienne Tipasa[a]. C'est, suivant les routiers, sa véritable position. Mais quoique j'aie dit qu'Alger est plutôt la Rusucurru que la Julia Cæsarea, l'entière

---

[1] Aquæ Calidæ, aujourd'hui Hammam Meraga.

[a] La synonymie de Tenès et de Tipasa n'est pas exacte. De plus, ce n'est pas entre Mostaganem et Tenès que se trouve l'ancienne Iol Cæsarea. Il paraît plus probable qu'il faut chercher cette ville à Cherchel à l'est de Tenès.

privation de ruines, dont il ne reste aucun vestige dans Alger, pendant qu'à l'est de cette ville, sur la pointe qu'on appelle Matifou, éloignée de cinq lieues, on voit les débris d'une grande ville, des citernes et des souterrains encore bien conservés, me fait croire que les ruines de Matifou sont celles de Rusucurru, et qu'Alger est une ville bâtie depuis l'arrivée des Arabes dans ce pays. Son nom est Arabe, et l'île qui était devant cette

---

[1] Les ruines du cap Matifou ne sont pas celles de Rusucurru, mais bien celles de Rusgunia comme nous l'avions présumé d'abord. Une inscription découverte sur les lieux mêmes par M. Berbrugger, bibliothécaire à Alger, est venue confirmer notre conjecture. Voici cette pièce importante :

   LIADIO. L. FIL. QVR
     ROGATO
  DEC. AED. II VIR ET VIR
   QQ. RVSG. ET RVSG.
   CONSISTENTES OB
   MERITA QVOD FRV
   MENTVM INTVLERIT
   ET ANNONAM PAS
 SV CIT INCRESCERE
   AERE COLLATO.

ville, qu'on a jointe ensuite avec la terre, fermée par une môle et qui formait un port, a été cause qu'on préféra cet endroit aux autres villes situées le long de la mer; et d'ailleurs, cette opinion est conforme à la tradition des gens du pays, qui disent que ce fut un chef arabe appelé Mostigana, de la nation des Berbères, qui la fit bâtir ; c'est pourquoi ils l'appellent *Gezaïra ab beni Mostigana*, ou l'île des enfans de Mostigana.

Alger est situé sur le penchant d'une colline qui regarde le levant, et donne dans un golfe ou rade, formé par la pointe du cap Matifou à l'E., par celle de la Pescade à l'O. Cette ville forme un amphithéâtre fort joli à la vue, et représente, quand on la regarde du côté de la mer, la voile d'un hunier de vaisseau. Les maisons sont bâties à la turque, et les terrasses disposées de manière que celles du côté de la mer n'ôtent pas la vue à celles qui sont au haut ou au bout de la ville; elle peut avoir une demi-lieue de circonférence, entourée de murailles bâties en partie de pierres et en partie de briques. Elle n'avait presqu'aucune fortification avant que les Turcs y fussent établis ; il n'y avait qu'un enclos de murailles vers le S.-O., au haut de la ville ; il subsiste encore, et est appelé *alcaçare* ou la citadelle. On y entretient une garnison. Mais depuis l'arrivée des Turcs, cette citadelle a été bien fortifiée.

La rade est défendue par plusieurs forts. On trouve du côté de l'est, à quatre lieues de distance de la ville, un fort de vingt pièces de canon, bâti sur la pointe du cap Matifou, qui défend un mouillage qu'il y a de ce côté-là. Au fond de la rade, près la rivière de l'Arache, il y en a un autre à peu près de même force ; on en trouve un troisième à un quart de lieue de la ville, et un quatrième près la porte de Babazoun, au sud de la ville. C'est à cette porte que l'on fait les exécutions ; on y pend les Turcs et les Arabes condamnés, en les attachant aux crénaux de la muraille, et en les précipitant ensuite. C'est là que sont les crocs ou *ganchons* appliqués contre la muraille, sur lesquels on jette les malheureux destinés à ce supplice, où ils restent quelquefois plusieurs jours accrochés avant que de mourir.

Des côtés de l'O., et N.-O. de la ville, on trouve encore trois forts, l'un à une demi-lieue de la ville, appelé fort des Anglais; l'autre, sur la pointe de la Pescade, et le troisième près la porte de Babelouet. C'est de ce côté qu'est le cimetière des chrétiens et des Juifs; c'est ici que les Juifs condamnés souffrent le dernier supplice, qui est ordinairement celui du feu. Il y a trois autres portes à cette ville: la porte Neuve, qui donne vers le château de l'Empereur; la porte de la Pescaderie, où les bateaux pêcheurs se rassemblent et où il y a un chantier pour la construction, et la porte de la Marine, qui donne sur le môle. C'est à cette porte que l'on conserve cinq cloches qui furent prises dans la ville d'Oran, en 1708; elles y sont pour trophées de cette victoire, d'une très grande conséquence pour le royaume d'Alger.

Tous les forts dont nous venons de parler sont presque tous égaux, ils ont une batterie de quinze à vingt pièces de canon, qui donne sur la mer; et, du côté de la terre, il y a une bonne muraille flanquée de bastions, quelques-uns réguliers, d'autres irréguliers, sur lesquels on pourrait passer le canon s'il le fallait.

Outre ces fortifications qui défendent la rade, on a bâti, du côté du nord de l'île, qui forme le port, une grosse tour entourée d'une seconde enceinte de murailles, garnies de trois batteries de gros canons, dont ceux qui sont à ras d'eau tirent quarante-huit livres de balles, tous de fonte. Au milieu de cette grosse tour on a élevé un donjon, et un fanal pour éclairer la nuit et montrer l'entrée du port aux bâtimens qui arrivent. Depuis ce fort du fanal jusqu'au bout de l'île, vers le S., on a construit de belles halles voûtées, qui, du côté de la mer, forment deux batteries de quatre-vingts pièces de canon, dont ceux du rez-de-chaussée tirent vingt-quatre, trente-six, et quarante-huit livres de balles. Tous ces canons proviennent la plupart des victoires que les Algériens ont remportées sur les Tunisiens. On en voit aux armes de France, qui furent pris lorsqu'on abandonna Gigeri; d'autres, aux armes de Hollande, que les États-Généraux ont donnés pour avoir la paix avec les Algériens, et quelques-uns de ces canons ont été fondus dans le pays. Entre autres il y a un canon d'une longueur extraordinaire, qui tire cent livres de balles. Cette batterie est une fortification qui incommoderait beaucoup une armée qui viendrait assiéger ou bombarder cette ville. Les revers de ces halles, du côté du port, sont les magasins de l'arsenal pour la construction et l'armement des vaisseaux.

Cette batterie défend encore l'entrée du port de cette ville. Ce port est artificiel, formé par un môle qui joint l'île avec la terre ferme. Il fut jeté sous Khaïreddin Barberousse, après la prise qu'il fit du fort de cette île, que les Espagnols occupaient en 1531. Il a environ cinq cents pas géométriques, et va N.-E. et S.-O. L'île fait ensuite un coude, et au bout l'on a pratiqué un second môle sur le même rocher, qui est presque aussi long que le premier, et qui, faisant un angle considérable un peu obtus, forme le port et donne un petit bassin entouré d'un quai, où les bâtimens à rames vont aborder. A l'angle des deux môles, et sur l'île, il y a un chantier pour la construction des gros vaisseaux. A côté est le réservoir pour les eaux; la fontaine est au bout du môle; on y a bâti, par-dessus, un pavillon qui renferme une petite cour carrée avec quatre fontaines. Autour, règne un sopha couvert d'une natte; c'est là que s'assemblent tous les officiers de la marine. Les bâtimens sont les uns sur les autres dans ce port, qui n'a que quinze pieds dans sa plus grande profondeur ; ils y usent beaucoup de câbles pour s'y maintenir, surtout l'hiver. Lorsqu'il vente du nord, qui est le traversier de la rade, la mer fait un grand ressac dans le port, et quelquefois fait briser les bâtimens les uns contre les autres. Comme le grand môle est exposé au nord et qu'il a été mal jeté, pour empêcher qu'il ne soit emporté par les furieux coups de mer, qui, roulant avec impétuosité sur le banc de sable sur lequel il est posé, charrient les pierres qui le défendent, on est obligé de faire travailler pendant toute l'année à une carrière de pierres dures qui est auprès de la pointe de la Pescade, et on les fait porter et jeter tout le long du môle, pour remplacer celles que la mer a enlevées. On pourrait éviter ce travail perpétuel en y faisant une seconde jetée avec des pilotis, et, par-dessus, une bonne bâtisse. Les murailles de la ville d'Alger, du côté de la mer, sont flanquées de plusieurs pièces de canon ; ainsi on peut assurer que cette ville est assez forte par mer.

Du côté de la terre, à un quart de lieue de la ville, vers le S.-O., on trouve, sur une élévation, le château qu'on appelle de l'Empereur, commencé par Charles - Quint en 1541, lorsqu'il vint attaquer Alger, et achevé par Assam-Bacha, en 1545. Ce château est situé sur une élévation : c'est une grosse tour bien bâtie de pierres de taille, entourée d'une muraille avec quelques bastions irréguliers bâtis de briques. Entre le château et la ville on trouve, sur une élévation avantageuse, le fort de l'Étoile; il est pentagone, et quoique les bastions qui font les pointes n'aient ni flancs ni courtines, je crois que c'est la meilleure pièce des fortifications d'Alger. La ville est entourée de murailles, où, sur de mauvais bastions ou tours carrées, on a monté quelques pièces de canon; le tout est de peu de défense. On doit toujours compter dans cette ville quinze ou vingt mille hommes, soit Turcs, Kourouglis ou enfans de Turcs nés dans le pays, soit Maures citadins, prêts à combattre toutes les fois qu'on voudra, et tous bien armés; et, selon Rabelais, « il n'est rien tel « que muraille de chair humaine. » Quoique la ville d'Alger ne contienne pas un grand circuit, elle ne laisse pas d'être très peuplée; on y compte cent mille ames, y compris cinq mille familles de Juifs, naturels du pays. Les rues y sont extrêmement étroites, et en bien des endroits deux personnes ont peine d'y passer sans se toucher. Il y en a une qui traverse la ville, et va de la porte de Babazoun à celle de Babelouet; elle est un peu plus large; c'est là que tous les principaux marchands ont leurs boutiques. Les maisons sont presque toutes bâties de briques, à la turque, c'est-à-dire ayant une cour au milieu, des galeries à l'entour et les appartemens autour de la galerie. Il y en a de fort belles, bâties par des bachas et des deys.

Comme cette ville n'avait d'autre eau que celle des citernes, ce qui ne lui suffisait pas, en 1611, un Maure andaloux proposa d'y conduire les eaux d'une source qui est à un quart de lieue de la ville, près le château de l'Empereur. Ce projet fut exécuté, et depuis lors on voit une quantité de fontaines dans la ville; elles sont fermées à robinets, et tous les canaux aboutissent à un réservoir qu'il y a au bout du port, où les vaisseaux vont faire leur eau fort commodément.

On ne trouve dans cette ville ni places ni jardins; mais les terrasses des maisons forment les promenades et les endroits où l'on prend le frais ; on peut, par leur moyen, passer facilement de l'une à l'autre et voisiner de nuit et de jour.

On compte dans la ville dix grandes mosquées et cinquante petites ; trois grands colléges, et une infinité d'écoles pour les enfans ; mais tous ces édifices n'ont rien de particulier.

On y trouve cinq bagnes ou grandes et vastes maisons où l'on renferme les esclaves deyliques, c'est-à-dire qui appartiennent au dey ou à l'État. Suivant l'usage des Turcs, il y a quantité de bains, les uns destinés pour les hommes et les autres pour les femmes. Il y a quatre fondous ou auberges pour loger les passans et les étrangers, où, suivant la coutume, on ne trouve qu'une chambre sans aucun meuble, ni rien pour la nourriture : ceux qui y logent sont obligés d'aller chercher ailleurs leur nourriture. Il y a plusieurs tavernes ou gargotes dans les bagnes, que les esclaves chrétiens tiennent par privilége du dey, et moyennant une certaine somme. Elles sont très avantageuses à ceux qui les ont, et ils gagnent dans peu de temps de quoi se racheter. Les Turcs ni autres personnes n'oseraient y commettre des désordres ni des insolences, encore moins refuser le paiement de ce qu'ils y ont pris, bu ou mangé.

En 1660 on construisit cinq corps-de-logis qu'on appelle *casseries;* ce sont des casernes pour loger les soldats turcs qui ne sont point mariés. Ils y sont logés trois dans une chambre, et servis par des esclaves deyliques qui ont soin de tenir la maison propre. On trouve dans ces logis des fontaines pour les ablutions, et tout ce qui est nécessaire. Dans chaque caserne on loge six cents soldats ; ceux qui sont mariés logent à leurs frais dans la ville.

Ce qu'on appelle Maison du Roi est encore un édifice public; elle appartient à l'État : c'est là que le dey loge lorsqu'il n'est point marié; car lorsqu'il a des femmes, il a une maison particulière pour elles. C'est un grand corps-de-logis dont la porte est de marbre ; à l'entrée il y a des soldats de la garde, et vis-à-vis il y a des boutiques où s'assemblent et restent les officiers, les chiaoux et autres, pendant que le dey rend la justice. Au-dedans on trouve une grande cour pavée de marbre, et au fond, une salle avec deux rangs de colonnes et deux rangs de bancs élevés de chaque côté, où les officiers du divan sont assis lorsqu'on les assemble tous les samedis, et toutes les fois que le divan est convoqué.

On voit encore un enclos de magasins, que l'on appelle le *Baptistan*, où l'on fait les ventes des prises, et de tout ce qui appartient au dey ou à l'État et qui doit être vendu pour leur compte. La France et l'Angleterre ont chacune des consuls à Alger, qui y font l'office de résidens. Les nations étrangères, comme Juifs d'Italie, Grecs, Arméniens, sont sous la protection du consul de France, dont les devoirs et l'autorité sont les mêmes que ceux des consuls dans toutes les échelles du Levant; ils ont sous eux un chancelier et un truchement. M. Durant de Bonel est à présent consul de France; il est estimé et considéré de tout le monde, tant des chrétiens que des Turcs et des Maures. Ce n'est pas peu dans un gouvernement aussi capricieux que celui d'Alger; mais son mérite et sa prudence lui font surmonter tous les obstacles et les embarras qui se présentent. M. Hudson est consul d'Angleterre : outre son mérite particulier, la permission qu'il a de commercer et de fournir tout ce qui est nécessaire au gouvernement d'Alger, soit pour les armées ou pour l'armement des vaisseaux, et le besoin qu'on en a font qu'on ménage dans les occasions celui qui occupe ce poste. La Compagnie d'Afrique y entretient un agent pour le paiement des *lithsmes* ou droits qu'elle doit payer, suivant les accords, pour représenter et obtenir les ordres nécessaires en faveur des comptoirs que cette compagnie a sur les côtes. C'est aujourd'hui M. Huglas, qui a servi cette compagnie depuis trente ans; il s'est acquis l'estime et l'amitié des Kabayles, pendant les séjours qu'il a faits au comptoir du Collo, celle des puissances pendant qu'il a gouverné le cap Nègre, et aujourd'hui il est très estimé dans Alger.

Feue madame la duchesse d'Aiguillon laissa un fonds de quatre mille livres de rente annuelle pour l'entretien de deux missionnaires à Alger, pour le soulagement spirituel des esclaves chrétiens. Cette fondation fut attribuée à MM. les prêtres de la mission de France, qui y entretiennent deux prêtres et deux frères laïques. M. du Chaine, qui en est aujourd'hui supérieur, a le titre et le caractère de vicaire apostolique pour les royaumes d'Alger, Tunis et Tripoli. Leur maison est la paroisse des catholiques romains. L'Espagne y entretient un hôpital pour les esclaves malades; cet hôpital est dirigé par des religieux de l'ordre de la Rédemption des esclaves. Il y a trois religieux, dont le supérieur s'appelle administrateur; c'est aujourd'hui une personne d'un mérite distingué. Ils ont soin d'entretetenir, secourir et nourrir tous les esclaves malades chrétiens, de quelque nation qu'ils soient. Il y a une pharmacie pour les remèdes, et un chirurgien entretenu.

Les religieux de la Rédemption d'Espagne ont toujours eu soin d'entretenir cet hôpital en bon état et même d'en augmenter les commodités. Les puissances d'Alger l'ont toujours protégé, et ordonnent que les maîtres qui y envoient leurs esclaves y donnent aussi une piastre pour chacun, laquelle sert à les ensevelir en cas de mort; mais lorsque l'esclave a recouvré la santé, il est rendu à son maître avec sa piastre.

Tous les bâtimens chrétiens qui mouillent devant Alger paient trois piastres courantes pour l'entretien de l'hôpital.

La religion chrétienne, suivant le rite romain, est exercée publiquement dans la maison du consul de France, dans celle de Messieurs de la Mission, dans l'hôpital et dans les bagnes; on y célèbre la sainte messe, on y prêche, et on y chante l'office divin avec toute la solennité possible.

Le consul d'Angleterre a un prêtre de son rite, et il pratique sa religion suivant ses usages dans sa maison. Son ministre est à présent M. Shaw, docteur de l'université d'Oxford, homme très savant, surtout dans la botanique et dans l'histoire naturelle. Il y a encore un papas du rite grec pour le spirituel de quelques artisans établis à Alger et des esclaves de sa nation; il a sa chapelle dans un bagne.

Les Juifs ont leur synagogue, leurs chefs, leur justice, subordonnée cependant aux réglemens des Turcs; ils sont tous vêtus de noir uniformément. Il y a quelques Juifs de Livourne vêtus à la chrétienne.

La garde de la ville d'Alger est confiée à la nation des Biscaras, qui sont des peuples qui habitent du côté du désert de Sahara, vers l'ancienne *Præsidium* qu'on appelle aujourd'hui Biscara ou Piscara. Ils sont ici employés aux mêmes usages qu'on emploie à Paris les Savoyards; ils nettoient les lieux, les cheminées, vont chercher de l'eau et font tous les plus bas emplois. Cette nation a ici un émir ou chef qui répond d'eux et paie un tribut au dey, qu'il répartit ensuite sur tous ceux de sa nation qui sont à Alger. Tous les soirs il les distribue dans les rues, où ils couchent devant les maisons et les magasins pour les garantir des voleurs. Ils y font la garde et répondent des vols, tellement que si un magasin ou une boutique sont volés, ils paient le dommage et sont châtiés sévèrement. Ces cas arrivent rarement; mais lorsqu'ils arrivent, celui qui a été volé porte sa plainte et expose son dommage. Le dey envoie chercher l'émir des Biscaras, qui a ordre de faire venir ceux des sa nation qui étaient de garde devant la maison volée. Après avoir été interrogés et à demi convaincus d'avoir été d'intelligence avec les voleurs, ce qui ne peut être autrement, ils sont envoyés, pour être pendus, à Babazoun, et la nation est condamnée à payer le dommage. L'émir paie sur-le-champ, et fait la répartition à tant par tête pour être remboursé.

Cette ville a été exposée à de violens tremblemens de terre. En 1717, tous les habitans abandonnèrent la ville; il n'y resta que le dey et le divan. On vit toute la campagne remplie de tentes où les habitans campèrent neuf mois que les tremblemens durèrent. Depuis lors, toutes les maisons sont étayées les unes contre les autres. Quelques personnes croient que c'est à cause de ces tremblemens que les rues sont si étroites ; mais ceux qui connaissent les Turcs, et qui ont été dans les villes de la Turquie, savent que c'est leur usage de bâtir et de former de très petites rues.

Les dehors de la ville d'Alger, comme ceux de toutes les villes de Turquie, sont remplis de sépultures élevées un pied sur terre; celles des personnes de considération ont des dômes ou voûtes qu'on a soin de blanchir. Entre autres, on voit six tombeaux, qui se touchent en rond; ce sont les sépultures de six deys qui furent élus et massacrés dans un même jour, et le septième qui fut élu régna. La ville d'Alger est environnée de collines qui s'étendent à deux ou trois lieues aux environs, entourées d'un côté par la mer et de l'autre par la plaine de Mitija ou Tigisi. Toutes ces collines sont très bien cultivées; on y voit quantité de vignes et d'arbres fruitiers qui donnent beaucoup de beaux et bons raisins dont on fait du vin, et beaucoup de beaux fruits; mais, suivant l'usage des Turcs, tous les arbres sont plantés en confusion et sans ordre. Les collines sont garnies de belles maisons de campagne, qu'on appelle ici *masseries*, ce qui revient aux *bastides* de Marseille, et donnent un fort joli point de vue. Elles ne sont point entourées de murailles; mais les séparations des terrains sont faites par des haies d'*opuntia*[1], qu'on appelle ici *carmousenzora*, et nous, *figuiers de Barbarie*, et par des aloës très gros qui produisent des fleurs, dont les tiges ont jusqu'à 15 ou 20 pieds de hauteur. Les bouquets de fleurs sont disposés à diverses hauteurs, et forment comme les bras d'un lustre, ce qui fait un très joli effet.

On compte, dit-on, vingt mille de ces masseries; mais je crois que ceux qui ont fait le calcul des masseries d'Alger y ont ajouté un zéro, et ainsi il faut réduire le nombre de 20,000 à celui de 2,000. Je dois finir cet article en vous marquant que lorsque les femmes distinguées du commun vont à leur campagne,

---

[1] Cactus opuntia ou Nopal.

c'est sur un cheval ou un mulet, dans un pavillon carré posé sur des selles faites exprès. Ce pavillon est comme une chaise renversée, entourée d'une pièce d'étoffe ; elles sont sur la selle les jambes en croix, enfermées dans cette boîte, et une esclave conduit le cheval ou le mulet par la bride.

Avant que de quitter cette ville, je vous raconterai, Monsieur, la réception que j'eus du dey en arrivant à Alger. A peine fus-je entré dans la ville que le dey en fut averti. Surpris de voir venir un chrétien par terre, ce qui peut-être n'était jamais arrivé, il s'imagina que j'étais un espion d'Ali Kodja. Cet Ali Kodja est un Turc qui, ayant été caïd du côté des Kabayles, les a subjugués en s'attirant leur amitié ; il est fort chéri de tous les Arabes, et a un gros parti dans la ville d'Alger. Lorsque Abdi-Aga, dey régnant, eut été élu, il conçut d'abord de la jalousie contre Ali Kodja qui, en étant avisé, se réfugia dans le royaume de Tunis. Le dey craint toujours qu'il ne revienne pour le détrôner, et deux jours après mon arrivée il fit mourir un grand marabout et le cadi, soupçonnés d'avoir des intelligences avec cet Ali Kodja. Apprenant donc que je venais de Tunis, il crut que j'étais un espion qu'Ali Kodja envoyait pour que ses intrigues fussent plus secrètes par le moyen d'un chrétien : c'est pourquoi il m'envoya d'abord un chiaoux pour me mener devant lui. Je ne faisais que de descendre de cheval, lorsque le chiaoux vint me dire que le dey me demandait avec beaucoup d'empressement. M. le consul était alors à son jardin, et le truchement était absent; je ne trouvai personne pour m'accompagner. Je vous assure que j'aurais été très embarrassé si je n'avais connu le génie et les coutumes de ces puissances. Je fus contraint d'aller devant le dey; j'étais en veste, une ceinture de cavalier, les bottes et un bonnet. J'entrai dans la maison du roi; je trouvai le dey assis sur un banc de pierre à côté de la cour de la maison; il avait un air effroyable. C'est un gros homme assez laid, piqué de petite vérole, borgne, que la passion et la crainte rendaient affreux. Je m'approchai de lui; je lui baisai les mains. Il me fit d'abord demander par son truchement pourquoi je n'avais pas été descendre chez lui. Je lui répondis que j'étais Français, que je ne connaissais ici que le consul de France. Il me demanda d'où je venais ; je lui répondis de Tunis, de Bône et de Constantine. — Ce que je venais faire dans cette ville ? — « Le consul te le dira », répondis-je. — Qui j'étais ? — « médecin envoyé du roi de France. »—Si j'avais des lettres ?— « Oui, lui dis-je, mais le consul te les présentera. » Après plusieurs demandes de cette nature auxquelles je répondis fort tranquillement, je lui présentai une lettre qu'Assem, bey de Constantine, m'avait remise. Il se la fit d'abord lire; elle tranquillisa son esprit; il me gratieusa, après, me donna une pomme qu'il avait dans la main et me renvoya. J'étais prêt à pousser mon voyage jusqu'à Oran et à Tremesen, lorsque j'eus l'honneur de recevoir une de vos lettres qui, jointe au manque de fonds, me fit prendre la résolution de finir mon voyage et de repasser en France; mais comme je ne voulus pas laisser mon voyage tout-à-fait imparfait, je pris le parti de retourner à Bône, et de visiter la côte depuis Alger jusqu'à Bône, d'où j'étais parti.

Le 12 septembre 1725, je m'embarquai sur un vaisseau de dix pièces de canon, appelé la Caravelle, commandé par Mahamet Raï, renégat vénitien. Ce bâtiment allait changer les *noubes* ou garnisons qui sont à Bougie, à Gigery et au Collo, de sorte que sur ce petit vaisseau il y avait près de deux cents personnes, ce qui en rendait le séjour très fâcheux. Nous n'avions pas de quoi mettre nos pieds : ainsi, Monsieur, je ne vous dirai pas ce que je fus obligé de souffrir, quoique j'y eusse le lit du capitaine et toutes les douceurs qu'il était possible d'y avoir. Sur le midi, nous mîmes à la voile ; nous étions cinq bâtimens et un gros vaisseau de 40 pièces de canon qui allait à Bône changer les garnisons de Bône, de Constantine et de Tébestes. Nous allions à Bougie, Gigery et le Collo ; un autre vaisseau allait à Ténès et à Oran, et l'autre achevait de porter la garnison d'Oran, de Marsaquibir[1] et de Tremesen. C'est l'ordinaire que, toutes les années, en septembre, on va changer ces garnisons, et les vaisseaux commandés sont obligés de faire ces voyages sans aucun salaire, attendu que c'est pour le bien de l'État. Le cinquième navire allait en course. Le soir nous fûmes sur la pointe du cap Matifou, où l'on voit d'anciennes ruines, que je crois celles de Rusu-

---

[1] Mers-el-Kebir.

curru[1]. Les vents nous furent contraires, et nous aperçûmes que les courans nous dérivaient à l'O. J'observai le 13 que, quoique la nuit nous eussions fait par estime seize lieues au N.-E., nous trouvâmes n'avoir fait réellement que quatre lieues au S.; de sorte que nous étions devant Alger après 24 heures de route. Nous passâmes huit jours sur les bords, pour monter la pointe du cap Tédelles[2]. La côte, du cap Matifou au cap Tédelles, court E. N.-E. environ soixante-dix milles; et du cap Tédelles au cap de Bougie, E. S.-E. soixante-dix milles. A l'O. du cap Tédelles, on trouve l'embouchure de la rivière des Oliviers, ou Oued-Zeitoun.—Le jeudi 20, nous mouillâmes dans la rade de Bougie.

Bugie, ou Bougie, est l'ancienne Saldæ, évêché. Elle a été autrefois fort fameuse, et a donné son nom au royaume de Bougie, qui est la province que les Romains appelaient *Sitifensis*, à cause de Sitifi, qui en était alors la capitale. Cette ville est située au S. d'une mon-

---

[1] Voyez plus haut, p. 444.

[2] Cap Dellys.

tagne qui, avançant à l'E. dans la mer, forme un gros cap et un port assez bon. La situation de la ville est assez rude ; on y voit les ruines de l'ancienne enceinte de murailles, qui subsiste en partie, flanquée de quelques tours carrées, bâties de maçonnerie très dure. Du côté de l'O. de la ville, on trouve trois châteaux posés à diverses hauteurs, bâtis par les Espagnols, environ l'an 1505. Ce fut vers l'an 1514 que Barberousse assiégea et prit cette ville, d'où il passa ensuite, et fit la conquête d'Alger. Les Espagnols le chassèrent après, et s'y établirent ; mais en 1541, après la défaite de Charles-Quint, ils en furent entièrement chassés.

Le château qui est au milieu est bâti partie de pierres de taille et partie de briques. Il y a deux bastions réguliers dont les flancs sont arrondis et garnis de plusieurs pièces de canon, mais tout tombe aujourd'hui en ruines, car les Turcs ne réparent rien. Au-dessus de la porte, défendue par un pont-levis, sur un grand fossé, on voit deux pierres de marbre blanc écrites en caractères romains, et, sur le coin du bastion, on en voit une autre sur laquelle il y avait un triangle contenant quelques armoiries, mais on les a abattues, et la chaux qu'on a passée sur ces pierres pour les blanchir a effacé ou rempli tous les caractères. On ne peut distinguer que quelques lettres en caractères romains. Les autres fortifications sont irrégulières.

L'ancienne enceinte de cette ville prouve que sa grandeur était assez considérable. Elle a été détruite de fond en comble; il n'est pas resté pierre sur pierre; on voit de grands quartiers de pierre qui paraissent avoir appartenu à de beaux édifices. Elle n'est composée aujourd'hui que d'une centaine de maisons éparses dans les ruines, bâties de briques et de terre, couvertes de tuiles rondes. La plupart ont des jardins.

La garde de la ville et des citadelles ne consiste qu'en trois compagnies de Turcs qu'on appelle *Souffles*, composées de 20 hommes par compagnie.

Le port de cette ville est un golfe ou rade formé par le cap où est la ville; il s'étend vers l'O. et n'est exposé qu'au vent de l'E. et de N.-E. Au fond du port ou de la rade, on trouve la rivière que nous passâmes à Ouled-Mansou, qu'on appelle ici la rivière de Bougie, dite autrefois fleuve *Usar*[1]. Cette rivière vient des déserts, et, coulant par un très beau vallon, se décharge à demi-lieue de Bougie. Depuis le cap de Bougie, la côte court au S.-E., et montant à l'E. N.-E. jusqu'à la pointe de Gigery, et de Gigery au cap Bougearon[2], forme le golfe que les anciens appelaient *Sinus Numidicus*. Au fond de ce golfe, on voit le commencement de la chaîne des montagnes impénétrables qui s'étendent jusqu'au désert, faisant la séparation de la Mauritania Sitifensis d'avec la Cæsariensis. C'est dans ces montagnes, que les Romains appelaient Mons Ferratus, qu'on trouve le passage ou détroit appelé par les Turcs le Biben, et par nous les Portes-de-Fer. Toute la côte, depuis le cap Tédelles jusqu'au cap de Fer, est un pays de montagnes, habité par des Arabes kabayles dont j'aurai l'honneur de vous parler.

Avant que de quitter Bougie, je dois vous entretenir de la caverne de Raymond Lulle. Au bout du cap de Bougie, on voit un grand trou

---

[1] Cette rivière est l'Adouse, dont l'ancien nom est *Audus*.

[2] Cap Bougiarone (L.)

ou une voûte, qui traverse le cap N.-S. sous laquelle pourrait passer une galère mâtée, et où les brigantins et les bâtimens à rames de Mayorque viennent se cacher pour attendre les bâtimens turcs et les prendre. Quelques-uns appellent cette voûte la caverne de Raymond Lulle, qui, cherchant la pierre philosophale, passa pour magicien. Les autres disent que la caverne de Raymond Lulle est une grotte à un grand quart de lieue de la ville, vers l'endroit où il y a un bon mouillage. Sous cette voûte il y a une source d'eau, et l'on y voit le restant d'une ancienne citerne sur laquelle on a bâti un marabout, ou oratoire et ermitage pour un saint turc.

Après avoir débarqué les Turcs de la garnison et avoir embarqué ceux qui étaient relevés, nous appareillâmes sur le soir avec le vent de terre, et le 21 au matin, le vent et les courans nous ayant favorisés, nous nous trouvâmes en calme devant la pointe de Gigery, vis-à-vis de l'île Al-Aphi[1] ou de la Paix, et près de celles des Cavallos[2] ou des Chevaux. C'est

[1] Afia. (Bérard, carte hydrogr.)
[2] Cavallo (id.)

sur cette île que les Kabayles vont faire hiverner leurs bestiaux. Quoiqu'elle soit petite, elle est plate, et a de l'eau et beaucoup de pâturages. Le calme nous tint tout le jour, et le 22 au matin nous fûmes devant Gigery. Le vaisseau se mit en panne pour attendre les soldats que des sandals ou bateaux du pays apportaient suivant l'usage, en reprenant ceux qui devaient rester. Je m'embarquai dans la chaloupe qui conduisait l'aga, et je fus à Gigery.

Gigery, qu'on appelait anciennement *Igilgilis*, était un évêché. C'est une ville située au bord de la mer, sur une petite presqu'île plate qui avance vers l'E., au bout de laquelle il y a un banc de rochers qui forme un port. Cette ville n'a jamais été grande. On y voit quelques lambeaux de vieilles murailles, et les débris des fortifications que les Français y avaient construites lorsqu'ils la prirent en 1664. Du côté de la terre où est la porte, il y a une mauvaise tour qui tombe en ruines, et la ville ne contient aujourd'hui qu'une soixantaine de mauvaises maisons bâties de briques et de terre. Elle est habitée par des Maures, la plupart marchands et matelots ; ils achètent les cuirs, les cires et les huiles des Arabes kabayles, et les vont vendre à la Calle, à Tabarque, à Tunis et à Alger. Ils s'appliquent aussi à la pêche du corail; ils ont aujourd'hui quatre bateaux pêcheurs. Quoique misérable en apparence, ce petit lieu ne laisse pas d'être riche.

Le terroir de cette ville est assez beau. Elle est à quelque distance des montagnes; on y trouve plusieurs ruisseaux et du bon et fertile terrain. Sur deux hauteurs, on voit les débris de deux châteaux que les Français y avaient bâtis pour garder la campagne; M. le duc de Beaufort les avait fait construire lorsqu'en 1664 il fit la conquête de cette place, que la France ne garda pas long-temps. On peut voir là-dessus la relation de l'expédition de Gigery. Après avoir reçu et changé la garnison de cette place, qui est de deux *soufles* ou quarante hommes, ayant le vent à l'O., nous fîmes route pour le Collo, et nous tirâmes sur le cap Bougearon, qui reste à l'E. N.-E. de Gigery. Nous vîmes, en passant, une grande baie où se décharge la rivière de Constantine, appelée autrefois fleuve *Ampsagas;* elle reçoit la rivière de Ouel-Sedet ou la rivière des Sequins[1], et plusieurs autres ruisseaux. A son embouchure on trouve les ruines de l'ancienne *Tucca*[2]. La nuit, ayant doublé le cap, nous entrâmes dans le golfe d'Estorax[3], formé par le cap Bougearon à l'O. et par le cap de Fer à l'E. La côte, du cap Bougearon au Collo, court au S. S.-E., et le 23, à midi, nous mouillâmes dans la rade du Collo.

Le Collo, qui est l'ancien *Cullu*, évêché, est aujourd'hui un assemblage de quelques mauvaises maisons bâties de terre, divisées en trois quartiers ou trois hameaux à quelque distance les uns des autres. Il y a une maison, sur une élévation, où est la garnison turque, composée de quarante hommes, avec quatre pièces de canon sans affût. On trouve encore quantité de débris de vieilles murailles, des colonnes, des citernes et de grands quartiers

---

[1] C'est probablement une autre rivière que celle qui est mentionnée à la page 368.

[2] Tucca-Fines n'est pas précisément à l'embouchure de l'*Ampsaga*, aujourd'hui l'Oued-el-Kebir. Elle se trouve à peu près à 4 ou 5 lieues au sud dans les terres.

[3] De Stora.

de pierre. Il fallait que cette ville fût autrefois considérable. Le mouillage en est assez bon : c'est une grande rade où l'on est assez bien contre tous les vents; le fond y est bon.

La compagnie d'Afrique y a un comptoir; les commis y restent toute l'année pour y acheter les cires et les cuirs. Quant à la cire, ils l'achètent des Kabayles à dix-neuf piastres le quintal maure; mais ils ne peuvent acheter les cuirs de la première main. Par un usage, les habitans achètent les cuirs, et ne les vendent à la Compagnie que lorsqu'il arrive un bâtiment pour les enlever; alors tous les habitans vendent chacun à leur tour, et l'on ne peut en privilégier un aux dépens d'un autre, quoique la Compagnie dût y trouver ses intérêts. A l'arrivée du bâtiment, l'on va à la maison de celui qui doit vendre le premier; l'on tierce[1] les cuirs par des prix différens, et l'on est obligé de les acheter tous, gros et petits.

La Compagnie trouve dans cette coutume l'avantage de n'avoir point là ses fonds morts en caisse : car elle n'envoie de fonds qu'avec

---

[1] On achète à l'enchère; chaque enchère doit être d'un tiers en sus du premier prix.

les bâtimens qui vont chercher les marchandises, et le même bâtiment rapporte le retrait. Elle paie au bey de Constantine dix pour cent de toutes les marchandises qu'elle y achète. Ce comptoir peut acheter toutes les années 15,000 cuirs et 150 quintaux de cire, ce qui ne laisse pas de donner un profit considérable et peu de dépense. Elle y entretient deux commis et un domestique, qui y passent leur temps avec beaucoup de désagrément et de peur.

Cette côte que je viens de parcourir, depuis le cap Tédelles à quinze lieues d'Alger, jusqu'au port Tarent à quinze lieues à l'O. de Bône, l'espace environ de soixante lieues, est habitée par des Arabes ou plutôt des sauvages qu'on appelle Kabayles ou Cabaillens, et que les habitans du Collo, de Gigery et de Bougie appellent Barbarouses. Les Arabes kabayles, que quelques-uns font descendre des anciennes familles de Sarrasins connues sous le nom de Berbères, Azouages, etc., ne vivent pas comme les Arabes du pays; ils ne forment point de nations commandées par des chefs généraux; mais ils vivent dans les montagnes où ils forment des hameaux composés d'une douzaine, plus ou moins, de cabanes construites avec des branches d'arbres, et couvertes de chaume. Chaque hameau est souverain, et se fait ou se laisse commander par le plus ancien ou le plus brave. Réfugiés dans les montagnes où ils sèment et entretiennent quelques arbres, ils se moquent des Turcs et de toutes les puissances du monde. Dès que les Turcs veulent les inquiéter ou leur demander des garames, ils courent parmi les rochers inaccessibles; tels sont ceux de la montagne des Azouagues, ceux du Couco, des montagnes de Bougie, du Collo, où il est impossible ou du moins très difficile de les attaquer: alors l'intérêt commun et la haine qu'ils ont pour les Turcs les fait joindre ensemble et les rend formidables. Fiers de leur prétendue origine, fainéans et aimant l'indépendance, ils font très peu de commerce avec leurs voisins, de peur d'êtres réduits à l'esclavage où ils voient les autres Arabes soumis.

En 1541 Charles-Quint, arrivé devant Alger avec une puissante armée, fit alliance avec les chefs de ce pays, qui s'obligèrent à lui fournir 3,000 Arabes qui étaient en chemin pour se joindre aux Espagnols. Lorsque la tempête défit l'armée de celui-ci, les Turcs en ayant été informés voulurent, après la retraite de Charles-Quint, punir ces Arabes; une médiation fit conclure la paix, et Assam-bacha, dey d'Alger, épousa la fille du principal chef. Ces Kabayles furent alors reçus dans la ville, où le bacha les favorisait, et leur permit d'acheter des armes. Les soldats, jaloux de cette permission et prévoyant combien elle pouvait leur être nuisible, en demandèrent la révocation : cette révocation leur ayant été refusée, ils se révoltèrent contre Assam-bacha, et l'envoyèrent lié à Constantinople. Depuis lors, malgré les défenses terribles de ne vendre aucune arme ni munitions à ces Kabayles, ils ne laissent pas d'être tous armés de très beaux fusils. Il y en a peu qui n'aient leurs fusils et leurs couteaux faits en demi-cercle. Ils ne marchent jamais sans l'un et l'autre. On dit qu'ils ont le secret de faire de la poudre et de travailler l'acier. Il est certain qu'ils radoubent leurs armes lorsqu'elles sont gâtées; et de plus, ils sont de savans faux monnayeurs, soit en usant de faux coins, soit en se servant d'alliages assez difficiles à connaître. Quoique les Turcs paraissent maîtres de ce pays, ayant garnison à Bougie, à Gigery et au Collo, le long de la mer, et à Zamoura du côté de terre, et qu'un camp de Constantine avance jusque dans ces montagnes, leur crédit et leur autorité sont bien peu de chose. Ils sont prisonniers dans ces garnisons, et dès qu'ils s'écartent un peu, les Kabayles les assassinent. On avait assassiné deux Turcs peu de jours avant mon arrivée à Gigery, et quinze jours avant que je fusse au Collo, les Kabayles vinrent sur une élévation tirer des coups de fusil sur les Turcs de la garnison du Collo. Le sujet de cette guerre était que les Turcs avaient confisqué deux fusils qu'un Kabayle de Gigery voulait vendre. Il fut porter ses plaintes aux Kabayles de ses quartiers, qui vinrent attaquer les Turcs du Collo; et en même temps ils trouvèrent l'occasion de désarmer deux Turcs de Gigery, et de leur enlever leurs fusils. Les marabouts se mêlèrent de cet accommodement, car ce sont les seules personnes qui aient du crédit dans ce pays. On demande l'aumône en leur nom, et on la reçoit, plutôt qu'au nom de Dieu. Enfin, cette guerre finie, les Arabes rendirent les armes qu'ils avaient prises aux Turcs, et les Turcs, les fusils qu'ils avaient confisqués aux Arabes kabayles. Cependant, quoique exempts de droits et bien qu'ils soient mutins, le bey de Constantine retire quelque chose d'eux. Il envoie toutes les années un camp du côté de Bougie et de Gigery. Ce camp va se saisir des endroits semés, et ensuite menace de brûler les semences : les Kabayles réfugiés dans leurs montagnes, envoient leur marabout pour négocier quelques accommodemens. Ils avancent eux-mêmes jusqu'à certaines hauteurs ; le marabout arrive au camp, fait et conteste les propositions, après lesquelles il va sur une hauteur, et crie de toutes ses forces: « Les Turcs demandent tant. » Pendant qu'il crie, les Kabayles sont couchés l'oreille contre terre. Après avoir crié, il se couche et prête l'oreille de même, pour entendre la réponse. Ainsi se font les pourparlers. Après l'accommodement fait, il va chercher l'argent convenu, et le camp se retire. Le dey d'Alger fait de son côté son possible pour les soumettre. Les Kabayles s'étendaient autrefois jusque dans la plaine de Mitija, qui est aux environs d'Alger ; mais en dernier lieu un Turc nommé Ali Kodja, ou Ali l'écrivain, ayant été fait caïd dans ce pays, il eut le secret de se faire estimer et craindre de ces Kabayles, et ayant étendu la domination de son maître, il les a repoussés, et a soumis tous ceux qui étaient à l'O. de la rivière Oued-Zeitoun ou rivière des Oliviers, qui se décharge au cap Tédelles. Il a même construit un fort avec quelques pièces de canon sur un passage de cette rivière, pour le favoriser et mettre en sûreté tout le pays jusqu'à Alger. Le pays des Kabayles est ordinairement la retraite de ceux qui fuient d'Alger pour quelque sujet que ce soit. Plusieurs deys et beys y ont trouvé des asiles assurés. Il est sans exemple qu'ils aient livré aux Turcs ceux qui s'étaient réfugiés chez eux. Quant à leurs coutumes et à leur manière de vivre, elle est la même que celle des autres Arabes, peut-être un peu plus féroce; mais les différences sont très petites.

C'est sur cette côte, entre Bougie et Gigery, que Mme la comtessse du Bourg fit naufrage. Elle s'était embarquée sur une barque génoise pour passer de Cette à Barcelone y joindre son mari: la barque fut prise par un corsaire algérien, et Mme du Bourg ayant montré son passeport de France, elle reçut toutes les honnêtetés que sa condition demandait. Elle obtint même la permission de rester sur la barque génoise avec sa famille et ses domestiques ; mais une tempête du N.-O. étant survenue, la barque fut contrainte de s'aller briser sur la côte entre Gigery et Bougie. Les Kabayles, attentifs pendant les tempêtes, voyant arriver ce bâtiment, coururent pour jouir des débris du naufrage ; et apprenant des Algériens qu'il y avait dessus une princesse française, se jetèrent à la mer pour la sauver ; mais ils ne purent garantir que mademoiselle du Bourg, M. l'abbé du Bourg, son oncle, une fille de chambre et deux valets. Mme du Bourg périt avec trois filles de chambre et le sieur Artus, Irlandais, son gentilhomme. Ils conduisirent mademoiselle du Bourg, qui n'était que dans sa dixième année, et lui permirent d'écrire une lettre fort touchante au consul de France. Le consul l'ayant reçue la communiqua à M. du Sault, envoyé extraordinaire de France à Alger ; ils furent ensemble trouver le dey et lui demandèrent avec instances la liberté de mademoiselle du Bourg et de sa suite. Le dey leur répondit que les Kabayles n'étant pas entièrement sous sa domination, il ne pouvait les contraindre à exécuter ses ordres ; mais il envoya des ordres très pressans à ses agas de Gigery et de Bugie de retirer ces chrétiens par toute sorte de moyens. On dépêcha en même temps un bâtiment français sur lequel Ibrahim Kodja, truchement du consul, s'embarqua pour porter ces ordres aux agas et aux marabouts. Dès qu'il fut arrivé à Bougie on lui donna des chevaux, et il fut, avec le grand marabout, au douar où était mademoiselle du Bourg et sa compagnie. Il les trouva en assez mauvais état ; car comment pouvait-on trouver des gens échappés du naufrage, et qui, d'une vie française, se trouvaient obligés de vivre à la mauresque ? J'ai vu, monsieur, cette histoire imprimée en deux ou trois endroits, et principalement dans la relation de la rédemption que firent les Trinitaires de France en 1724; elle y est touchée avec des couleurs fort vives qui, exagérant les malheurs de mademoiselle du Bourg, attribuent aux Arabes kabayles une cruauté et une barbarie qu'ils n'ont point eue. C'est une disgrace à ces infortunés d'avoir été pris par les Algériens : mais en vertu de leur passeport ils n'en ont reçu aucun dommage. C'est un malheur pour eux d'avoir échoué sur la côte et d'avoir perdu une partie de leur troupe qui se noya : mais que pouvaient faire de mieux les Arabes que de se jeter dans l'eau pour les sauver par quelque motif que ce fût. Il était fâcheux à eux de se voir privés de la bonne chère, et d'être réduits comme les Arabes; mais que pouvaient-ils espérer davantage, que pouvaient faire de mieux les Arabes que de les loger dans leurs tentes, et de les nourrir comme ils se nourrissent eux-mêmes ? que pouvait faire de plus le chef que d'offrir de marier son fils avec mademoiselle du Bourg ? Ainsi, n'en déplaise à toutes ces relations, les Arabes n'ont en rien contribué aux malheurs de ces infortunés ; au contraire, ils en ont adouci les peines autant qu'il dépendait d'eux. Le truchement les racheta tous moyennant quelques cent piastres ; on les conduisit à Bougie où ils s'embarquèrent, et ils arrivèrent heureusement à Alger le 12 décembre 1720.

Le 27 septembre, j'eus assez de courage pour m'embarquer sur un petit bateau qu'on appelle sandal; il n'avait que quatre hommes d'équipage, et mes seules hardes le chargeaient entièrement. C'était m'exposer au-delà de la prudence; car si un vent contraire eût soufflé et que nous eussions échoué ou été obligés de rester dans quelque trou, n'ayant point d'eau et fort peu de provisions, nous aurions couru risque de périr ou d'être attaqués par les Kabayles qui habitent ces côtes, desquels je viens d'avoir l'honneur de vous parler; mais je fus plus heureux que sage. Le matin nous partîmes; nous fûmes seulement obligés de nous arrêter auprès d'une île qui est au fond du golfe de Storas, appelée l'île Al-Aphi ou de la Paix; ce n'était qu'un rocher escarpé et affreux rempli de petits éperviers qui y nichent. Je fis une seconde imprudence; car, comme on eut lié le bateau sur un rocher séparé du grand, mon truchement descendit à terre pour des besoins naturels; nous fûmes du côté de l'île pour donner une seconde amarre, et là je descendis pour le même sujet. Mais à peine fus-je à terre, qu'apercevant mon compagnon d'un côté et moi de l'autre, je craignis que nos coquins de mariniers ne partissent et ne nous laissassent sur le rocher, où nous aurions été bien plantés; j'appelai vite le bateau et me rembarquai, protestant de ne plus tomber dans la même faute.

Le soir nous entrâmes dans le port de Storas qui est l'ancienne *Rusicade*; on y voit les débris d'une grande ville toute ruinée; le mouillage y est assez bon. La nuit, nous fîmes route pour le cap de Fer, où nous arrivâmes sur le matin. Quoique le vent nous fût favorable, nous fûmes obligés de nous arrêter; notre voile était si mauvaise qu'elle ne pouvait soutenir la force du vent. Sur le midi, le vent étant calmé, nous fîmes route, toujours le long de la côte; nous passâmes devant le port Tarent où l'on voit les débris de l'ancienne *Tacatua* ou *Tacarata*. La nuit, nous continuâmes notre route, et le matin au point du jour nous arrivâmes à Bône dont j'ai eu l'honneur de vous parler dans mes précédentes lettres.

J'ai l'honneur, etc.

PEYSSONNEL, doct.-méd.

FIN DU TOME PREMIER.

PEYSSONNEL ET DESFONTAINES.

VOYAGES

DANS LES RÉGENCES

DE TUNIS ET D'ALGER.

II.

A. PIHAN DE LA FOREST,
IMPRIMEUR DE LA COUR DE CASSATION,
Rue des Noyers, n. 37.

PEYSSONNEL ET DESFONTAINES.

VOYAGES

DANS LES RÉGENCES

DE TUNIS ET D'ALGER,

PUBLIÉS

PAR M. DUREAU DE LA MALLE,

Membre de l'Institut
(Académie des Inscriptions et Belles-Lettres).

TOME SECOND.

PARIS,

LIBRAIRIE DE GIDE,
ÉDITEUR DES ANNALES DES VOYAGES,

1838.

FRAGMENS D'UN VOYAGE

DANS LES RÉGENCES

DE TUNIS ET D'ALGER,

FAIT DE 1783 A 1786,

PAR

LOUICHE RENÉ DESFONTAINES,

MEMBRE DE L'ACADÉMIE DES SCIENCES, PROFESSEUR
DE BOTANIQUE AU JARDIN DU ROI, MEMBRE DE LA
SOCIÉTÉ D'AGRICULTURE DE PARIS, DE L'ACADÉMIE
DES SCIENCES ET BELLES-LETTRES DE DIJON,
DE LA SOCIÉTÉ DE PHYSIQUE DE
GOTTINGUE, DE LA SOCIÉTÉ
LINNÉENNE DE LONDRES,
ETC., ETC.

PRÉFACE.

L'honorable mission d'explorer l'Afrique septentrionale dans l'intérêt des sciences naturelles est le dernier trait de cette conformité que nous avons signalée entre les premières destinées de Peyssonnel et de Desfontaines. Ce fut en 1783 que ce dernier, déjà membre de l'Académie des sciences, forma le projet de parcourir la Barbarie, « pour y faire des observations sur la géo-
« graphie, les antiquités, les mœurs des habitans, et
« particulièrement sur l'histoire naturelle[1]. » Un voyage dans ces contrées lui semblait d'autant plus intéressant qu'avant lui *aucun naturaliste* ne les avait visitées. Peyssonnel, comme on voit, était enseveli dans un oubli profond, les nombreuses excursions et les précieuses découvertes que, soixante ans auparavant, il avait faites en Afrique, étaient ignorées ou méconnues. La nouvelle exploration tentée, et heureusement exécutée par Des-

[1] Voy. p. 1.

fontaines, est un résultat bien différent : elle fournit aux sciences naturelles une riche moisson de nouvelles connaissances, et attacha une gloire durable au nom du jeune savant. Doué d'un zèle ardent et d'une infatigable activité, Desfontaines tout en réunissant les immenses matériaux de sa *Flore atlantique*, ne perdait pas de vue les autres parties de la tâche qu'il s'était imposée. Le 15 avril 1784, après huit mois seulement de séjour dans le royaume de Tunis, il écrivait à M. Lemonnier, son protecteur et son ami : « J'ai pris beaucoup de notes
« sur les pays où j'ai passé, sur les arts, sur la culture,
« les mœurs des habitans, les diverses tribus d'Arabes
« qui habitent le royaume, sur les ruines que j'ai ren-
« contrées. J'ai acheté des médailles, copié beaucoup
« d'inscriptions, qui pourront éclairer la géographie
« ancienne de ce pays ; mais ce n'est pas en voyageant
« qu'on peut faire quelque chose de suivi. »

Desfontaines méditait peut-être alors la rédaction de son voyage ; mais la plupart de ses matériaux se perdirent avant qu'il pût les mettre en œuvre. Sans doute, il aurait retrouvé dans ses souvenirs et dans les notes qui lui restaient des élémens suffisans pour une relation intéressante et instructive. Il avait même commencé cet ouvrage; mais un excès de timidité ou de modestie l'empêcha de le continuer.

Ce que Desfontaines avait conservé de ses manuscrits passa, dans la suite, entre les mains de M. le baron Walckenaer, qui, en 1830, s'empressa de le publier dans un recueil périodique. Il nous a semblé que ces précieux fragmens méritaient une plus grande publicité. Un vif intérêt est aujourd'hui répandu sur tous les objets qu'ils traitent, et la célébrité du nom de leur auteur leur donne encore un nouveau prix. Nous avons donc jugé utile de les rassembler, de les coordonner, de les publier en un corps d'ouvrage. Cette entreprise nous offrait le double avantage de contribuer aux progrès de la science, et de rendre hommage à la mémoire de l'illustre professeur, dont nous nous glorifions d'avoir été à la fois et l'élève et l'ami. M. le baron Walckenaer a mis les manuscrits originaux à notre disposition, avec une bienveillance et un empressement dont nous sommes heureux de lui exprimer ici toute notre reconnaissance.

Ce volume renferme dix chapitres et un appendice qui est seul étranger aux voyages de Desfontaines en Afrique. Six de ces chapitres ont été imprimés dans les nouvelles Annales des voyages[1]; nous les ferons suffisamment connaître en signalant ceux que nous publions pour la première fois ou que nous avons recueillis à d'autres sources.

Ces derniers sont au nombre de quatre : 1° la deuxième lettre à M. Lemonnier, renfermant des renseignemens sur Hammam-el-Enf, Soliman, Porto-Farina et Zawan. Elle était parmi les pièces ma-

[1] Tom. XLVI et XLVII de la collection, XVI et XVII de la 2e série.

nuscrites qui nous ont été communiquées par M. Walckenaer.

2° Une notice sur la Calle et sur la pêche du corail. Cette notice a été rédigée par nous sur des notes éparses qui se trouvaient aussi parmi les manuscrits autographes de Desfontaines.

3° Un mémoire détaillé sur l'île de Tabarque. Cette pièce intéressante, jusqu'ici inconnue, nous a été communiquée par M. Coquebert de Montbret, à qui nous devons aussi la copie de deux lettres de Peyssonnel.

4° Enfin, une notice sur le chêne à glands doux, sur le lotos de Libye et sur l'arbre à mastic. Le profit qu'on peut retirer de la culture de ces trois végétaux nous a engagé à rassembler dans un chapitre particulier les détails qui les concernent, détails que nous avons empruntés aux Mémoires de l'Académie des Sciences [1] pour le chêne à glands doux et le lotos, et aux Nouvelles Annales des Voyages pour l'arbre à mastic [2].

Un autre opuscule du même auteur a pour titre : « Mémoire sur quelques nouvelles espèces d'oiseaux « des côtes de Barbarie. » Ce travail présentant un intérêt purement scientifique, et n'étant susceptible d'aucune application pratique, nous n'avons pas cru devoir le reproduire, et nous nous contentons de l'indiquer à ceux qui seraient curieux de le connaître : il

---

[1] Années 1786, 1787.
[2] Tom. XLVII, p. 354.

se trouve dans les Mémoires de l'Académie des Sciences, année 1787, page 497. Plusieurs raisons nous ont aussi empêché de faire entrer dans ce volume un vocabulaire kabayle qui a été imprimé dans les Nouvelles Annales des Voyages[1], d'après un manuscrit trouvé dans les papiers de Desfontaines. D'abord, ce vocabulaire n'est point l'ouvrage de Desfontaines lui-même; de plus il est nécessairement fort incomplet; enfin, il en a été publié depuis un autre bien plus étendu dans le Journal Asiatique[2].

Parmi les diverses pièces dont nous devons les originaux à l'obligeance de M. Walckenaer, deux seulement avaient été destinées par l'auteur à la publicité; on les reconnaît au soin particulier qu'il a mis à leur rédaction. C'est d'abord celle qui forme le chapitre premier intitulé : *Tunis et ses environs*, etc., et le mémoire concernant les plantes économiques qui croissent dans les régences de Tunis et d'Alger, lu en séance publique le 18 avril 1787. Les deux lettres à M. Lemonnier formant les chapitres deux et trois, et le journal du voyage de Tunis à Sfax, chapitre quatre, quoique travaillés avec moins de soin que les deux pièces précédemment désignées, ont néanmoins subi une première rédaction qui en rend la lecture agréable et facile. Mais les chapitres cinq et six, qui renferment les relations des voya-

---

[1] Tom. XLVII, p. 366.
[2] Cahier de février 1836.

ges de Desfontaines d'Alger à Mascara, à Tlemsen, à Constantine et à Bône, sont de simples journaux écrits rapidement pendant la route, et que l'auteur n'a pas revus. Quoiqu'on ait cherché à lier, autant que possible, entre elles ces notes diverses et décousues, néanmoins l'obligation de respecter toujours le premier travail de l'auteur, la crainte de dénaturer ses observations, ont dû s'opposer à ce qu'on fît dans ses brouillons des chahgemens trop considérables. On ne trouvera donc pas dans ces deux pièces tout l'ordre et toute la liaison désirables; mais ces légers défauts sont bien compensés par l'abondance et l'intérêt des détails qu'elles renferment.

Nous avons avancé que les relations de Peyssonnel et de Desfontaines, loin de se nuire entre elles, se prêtaient un mutuel appui et se complétaient réciproquement. En effet, nous n'avons point la lettre où Peyssonnel avait consigné les détails de son excursion dans la partie méridionale de la régence de Tunis, sur les limites du désert. Les contrées voisines du Maroc n'ont pas été visitées par le savant Provençal, qui, à peine arrivé à Alger, fut rappelé dans sa patrie tant par le manque de fonds que par les ordres de son gouvernement. La première lettre écrite à Lemonnier par Desfontaines, et le journal du voyage d'Alger à Mascara et à Tlemsen, rempliront cette double lacune.

Nous avons tout lieu de croire que Desfontaines est allé par mer de Tunis à Alger; mais ses papiers ne contiennent aucun détail sur ce voyage. Cependant la vaste étendue de côtes comprise entre ces deux capitales de la Barbarie, renferme plusieurs villes maritimes, dignes d'attention sous plusieurs rapports. La dernière lettre de Peyssonnel contient à ce sujet de nombreux renseignemens.

Il est vrai que, le plus souvent, les deux voyageurs ont suivi le même itinéraire; que leurs observations portent ordinairement sur les mêmes monumens et sur les mêmes localités; mais, dans ce cas encore, il existe entre leurs observations respectives des différences assez sensibles, pour que chacune ait, indépendamment de l'autre, son intérêt propre et particulier. La géographie doit plus peut-être à Peyssonnel qu'à Desfontaines. Celui-ci défigure moins, il est vrai, les noms de lieux; de plus, il a soin de noter avec la plus grande précision l'heure de son départ et le temps qu'a duré la marche. Mais à ces indications Peyssonnel a toujours soin d'ajouter une orientation exacte, et, lorsqu'il trouve une position favorable, il ne manque jamais de faire usage de son quart de cercle et de sa boussole; ses relèvemens géographiques sont de la plus grande utilité.

Lorsque Peyssonnel visite pour la première fois un lieu inconnu, il commence par en fixer la position; ensuite son premier soin est de s'informer des ruines antiques qui se trouvent dans le voisinage. Il les visite, les mesure, les décrit, en essaie même la restauration. Il déterre les pierres écrites, rassemble les fragmens de celles qui sont brisées, et copie toutes les inscriptions ou tous les lambeaux d'inscriptions qu'il découvre. Sans doute, les manuscrits perdus de Desfontaines devaient contenir des travaux du même genre; mais il semble que l'illustre professeur ne leur accordât qu'une importance secondaire : il en formait une collection de renseignemens à part, pour s'en servir ensuite au besoin; mais, dans ses lettres comme dans ses journaux de voyages, il s'attachait plutôt à des notions d'utilité pratique. Il ne néglige, à la vérité, ni les ruines ni les inscriptions, mais il se contente de les signaler. Ce qui pique surtout sa curiosité, c'est la nature du sol, du climat, des productions. Lorsqu'il trouve des végétaux utiles, il les décrit, en fait connaître les usages, indique le mode de culture qui leur convient, et ne manque pas d'étudier soigneusement leur nature, pour savoir s'ils pourraient réussir dans nos climats. Nous n'avons pas besoin d'insister sur l'importance de ces observations, surtout pour tout ce qui regarde la régence d'Alger, que le savant naturaliste a parcourue dans toute son étendue, depuis Tabarque jusqu'aux frontières du Maroc. On voit que si le géographe et l'antiquaire doivent trouver un plus grand intérêt dans la lecture de notre premier volume, le second doit plaire davantage aux économistes et à tous ceux qui prennent à cœur l'avenir de la colonisation africaine. Enfin, quant aux observations de mœurs, sujet dans lequel surtout il semble difficile que les deux voyageurs ne se soient pas répétés, il existe encore entre leurs observations des nuances bien marquées. Peyssonnel a divisé les populations arabes en trois classes : les riches, les pauvres, et la classe moyenne. Il dit peu de chose des grands et des riches, avec lesquels il n'a peut-être pas vécu. Ses détails les plus circonstanciés concernent les pauvres, et cette partie moyenne de la population également éloignée de la misère et du luxe, qui, pour l'observateur, forme ce qu'on peut proprement appeler la nation. Il semble aussi que ses remarques aient été faites parmi les Arabes de la campagne. Desfontaines, au contraire, a pris ses tableaux de mœurs à Tunis; et il suffit d'en lire quelques lignes, pour se convaincre qu'usant des privilèges attachés à son titre de médecin du bey, il a placé dans les maisons des riches le théâtre de ses observations. Nous pourrions pousser plus loin le parallèle, en examinant ce que les sciences naturelles doivent aux travaux des deux voyageurs, mais ce serait sortir de notre sujet. D'ailleurs, nous avons promis une notice biographique sur Desfontaines, et c'est dans cette notice que trouvera naturellement sa place l'appréciation de ses autres travaux.

C'aurait été pour nous une bien douce tâche que de retracer la longue et belle carrière du savant naturaliste. L'amitié dont il nous a toujours honoré, nous a souvent permis de pénétrer dans les circonstances les plus intimes de sa vie si honorable et si bien remplie. Mais un autre savant, son confrère à l'Académie des sciences et au Jardin du Roi, nous a déjà devancé. L'éloge historique de Desfontaines a été lu à la séance publique de l'Académie des sciences, le 11 septembre 1837, par M. Flourens, l'un des secrétaires perpétuels. Pouvions-nous mieux faire que de nous borner à reproduire ici cet excellent morceau, dans lequel Desfontaines et ses travaux sont si bien appréciés par un juge compétent? Instruit de notre projet, M. Flourens a bien voulu encore mettre à notre disposition les notes qui font suite à l'éloge de Desfontaines. Elles n'avaient pas été lues à la séance de l'Académie, et l'auteur les réservait pour le volume des mémoires qui devait contenir l'éloge. Nous prions M. Flourens d'agréer nos remerciemens, et nous sommes convaincu que la reconnaissance de nos lecteurs pour sa bienveillante communication, ne sera pas moindre que la nôtre.

ÉLOGE HISTORIQUE

DE

R. LOUICHE DESFONTAINES,

Par M. FLOURENS,

SECRÉTAIRE PERPÉTUEL DE L'ACADÉMIE DES SCIENCES,

Lu à la séance publique de cette Académie, le 11 septembre 1837.

Parmi les savans dont les travaux remplissent notre âge, nul ne rappellera des idées plus douces, une vie plus simple et plus laborieuse, et des souvenirs plus chers à l'Académie, que celui dont j'écris aujourd'hui l'histoire.

Réné-Louiche Desfontaines naquit au bourg de Tremblay, département d'Ille-et-Vilaine, le 14 février 1750.

Cet enfant qui devait un jour honorer les sciences, fut jugé d'abord incapable de toute instruction. Le premier maître auquel on le confia prononça, qu'*il ne serait bon à rien;* et, sur ce beau pronostic, peu s'en fallut que le père de M. Desfontaines ne se décidât à en faire un mousse. Il aurait eu ainsi un trait de conformité de plus avec ce Linné, sur les traces de qui il devait marcher par la suite, et qui commença par être placé, comme on sait, chez un cordonnier.

On se fit bientôt une idée plus juste de ce qu'il valait. Envoyé au collége de Rennes, il y remporta, dès la première année, plusieurs prix ; et, tout étonné de son succès, il en instruisit aussitôt son père, en lui recommandant surtout d'en faire part à son ancien maître, et de ne pas oublier de lui rappeler la prédiction qu'*il ne serait bon à rien :* petite vengeance qu'il répéta à chaque nouveau succès qu'il obtint, et qui peint bien le dépit ingénieux d'un enfant qui commence à être bien sûr qu'on l'a mal jugé.

Voilà ce qu'était l'enfant ; voici ce que fut le jeune homme. Dès qu'il put se passer des secours de sa famille, il les refusa, quelques rigoureuses privations qu'il eût à s'imposer encore ; et la mort de son père l'ayant mis à la tête d'une fortune qui, à cette époque et dans le pays où il avait pris naissance, lui revenait presque tout entière en sa qualité de fils aîné, il la partagea entièrement entre ses deux sœurs.

M. Desfontaines vint à Paris, vers 1773, pour étudier en médecine. Vicq-d'Azyr professait alors, au Jardin des Plantes, ce *Cours d'anatomie* dont le *Plan*[1], seul

---

[1] *Plan d'un Cours d'anatomie et de physiologie.* Œuvres de Vicq-d'Azyr. Paris, 1805.

fragment de ce Cours qui nous soit parvenu, a marqué, pour la science, le commencement d'une ère nouvelle. M. Desfontaines avait conservé un souvenir profond de l'impression extraordinaire que faisaient, sur un auditoire immense, les vues transcendantes, la marche originale, la parole éloquente de ce beau génie. Mais une sensibilité extrême ne lui permit pas de suivre ce grand maître aussi loin qu'il l'aurait voulu.

Il se tourna donc tout entier vers la botanique; cette science, par les objets agréables dont elle s'occupe, répondait beaucoup plus, en effet, à la douceur de son caractère.

A cette époque, d'ailleurs, l'histoire naturelle brillait d'un éclat qu'elle n'avait point eu encore. Buffon étonnait les esprits par la grandeur de ses vues et la beauté de son style. Bernard de Jussieu jetait les premières bases de cette méthode, expression si juste de la nature, qu'elle en a reçu le nom. J.-J. Rousseau écrivait ses *Lettres sur la botanique*, et son âme passionnée venait demander à cette paisible étude du calme et des distractions. Mais la botanique pouvait-elle fixer long-temps ce génie inquiet et bouillant, qui se répandait sur tout, se lassait de tout, et dont la mobilité même semblait multiplier la puissance?

M. Desfontaines ne se fut pas plutôt attaché à la botanique, que son ardeur pour l'étude le fit remarquer par Lemonnier, qui enseignait alors cette science au Jardin des Plantes, et qu'un grand fonds de bienveillance rendait l'ami et comme le père de ses élèves. C'est ce même Lemonnier qui appela Bernard de Jussieu à Trianon, qui fut le premier protecteur de Commerson et de Labillardière, qui se donna pour suppléant M. Laurent de Jussieu, et sut se ménager pour successeur M. Desfontaines. De pareils traits honorent la vie d'un savant autant que les plus beaux ouvrages ; il semble même que, parvenu à une position supérieure, un savant n'est pas moins tenu d'enrichir la science de gens habiles que de faits nouveaux : peut-être n'y a-t-il pas moins de mérite pour lui à faire l'une de ces découvertes que l'autre ; et sûrement il ne saurait y en avoir moins à la proclamer.

A l'amitié de Lemonnier, M. Desfontaines ne tarda pas à joindre une autre amitié tout aussi précieuse : celle de M. Laurent de Jussieu, neveu de Bernard de Jussieu, et qui a eu la gloire d'achever la grande réforme de la science commencée par son oncle.

Être devenu l'ami d'aussi grands botanistes, c'était presque être grand botaniste soi-même, et M. Desfontaines le fit bien voir ; mais à peine avait-il eu le temps de le faire voir, qu'il était déjà de l'Académie.

On se pressa d'admettre dans ce corps illustre un jeune savant dont le zèle s'alliait à la bonne foi, garant le plus sûr de la durée de ce zèle, et dont les premiers travaux n'étaient pas, d'ailleurs, sans quelque importance.

Une circonstance vint ajouter encore un nouveau

prix à cet honneur qu'il eut d'entrer, à trente-trois ans, à l'Académie. C'est que, les voix s'étant partagées également, à son élection, entre M. Tessier et lui, la Compagnie écrivit immédiatement au Roi pour demander la nomination simultanée des deux sujets, et l'obtint. M. Tessier fut nommé adjoint en titre, et M. Desfontaines adjoint surnuméraire.

Il semble que l'ancienne Académie, en s'attachant ainsi à l'acquisition de ces deux hommes, pressentait dès-lors combien les sciences auraient à s'en honorer : tous deux constamment voués à l'étude, aux recherches utiles ; rehaussant tous deux leur réputation scientifique par celle de leurs vertus ; tous deux, enfin, ayant compris leur tâche comme Lemonnier, et n'ayant pas seulement enrichi la science de travaux précieux, mais aussi de travailleurs et d'observateurs du premier ordre.

Parmi les mémoires que M. Desfontaines avait présentés avant d'entrer à l'Académie, il en est un surtout où brillait déjà ce talent pour l'observation, mélange heureux de sagacité, par où l'esprit découvre ce qu'il faut voir, et de patience, par où il voit bien tout ce qu'il découvre. Je veux parler de son mémoire sur *l'irritabilité des plantes*.

L'irritabilité des plantes nous offre un des phénomènes les plus curieux de la nature.

Duhamel avait déjà décrit, et avec beaucoup d'exactitude, selon sa coutume, les mouvemens singuliers de la *sensitive*, connus depuis bien des siècles.

Bonnet, dans ses recherches sur l'usage des feuilles, avait montré qu'elles se meuvent d'elles-mêmes, en présentant toujours leur surface supérieure à l'air libre.

Linné avait poussé ce genre d'études plus loin encore. Dans une dissertation intitulée le *Sommeil des plantes*, il avait indiqué les mouvemens journaliers des feuilles d'un très grand nombre d'espèces; dans une autre dissertation intitulée *l'Horloge de Flore*, il avait remarqué que beaucoup de fleurs s'ouvrent assez régulièrement à certaines heures du jour, et forment en effet par là comme une sorte d'horloge.

On savait que les deux valves qui terminent les feuilles de la *dionée*, et s'ouvrent à peu près comme un piége, se ferment subitement dès qu'on les irrite; l'*hedasirum girans* avait surtout frappé l'attention par les mouvemens spontanés et continuels qu'il imprime jour et nuit à ses feuilles.

Les mouvemens contractiles des feuilles et des corolles avaient donc été observés et décrits avec soin; M. Desfontaines soumit à la même étude les organes contractiles de la fructification. Il vit, tour à tour, les pistils, les étamines, les fleurs entières, se courber, se redresser, tourner sur elles-mêmes, comme sur un pivot, au moment de la fécondation; et jamais peut-être phénomène d'un intérêt plus attachant n'avait appelé l'attention d'un observateur plus soigneux de tout voir et de tout noter.

Après avoir imité Linné dans l'étude de ces phénomènes qui semblent animer le règne végétal d'une vie beaucoup plus compliquée qu'on ne l'avait soupçonné pendant fort long-temps, M. Desfontaines voulut l'imiter aussi dans cette autre partie de la botanique, plus austère et plus aride; je veux dire dans la recherche et dans la détermination des espèces.

A peine était-il de l'Académie, qu'il forma le projet d'un voyage aux côtes de Barbarie, pays déjà parcouru, à la vérité, par le célèbre voyageur Shaw, au commencement du dix-huitième siècle, mais qu'aucun naturaliste n'avait visité depuis. L'Académie applaudit à ce voyage, et en fit les frais.

Il partit donc pour Tunis, le 16 août 1783, resta plus de deux années en Barbarie, explora sur presque tous les points les deux royaumes de Tunis et d'Alger, et ne revint en France qu'avec cette riche moisson de plantes qu'il publia depuis sous le titre de *Flore Atlantique*.

Cet ouvrage, résultat de huit années d'études, et de l'examen de près de deux mille plantes, parmi lesquelles l'auteur compte jusqu'à trois cents espèces nouvelles, est demeuré comme une de ces bases fondamentales sur lesquelles a été bâti plus tard l'édifice, aujourd'hui si imposant, de la géographie botanique.

Ces sortes d'écrits, qui s'attachent à la description

spéciale des plantes d'un pays, étaient ignorés des anciens. Linné est le premier qui leur ait donné le nom de *Flores*, en même temps qu'il en offrait un modèle dans sa *Flore de Laponie*.

D'un autre côté, les anciens n'ont point connu l'art des *descriptions comparatives* en histoire naturelle. Ils n'ont pas su distinguer ce qui fait *caractère* dans les espèces, ni, à plus forte raison, comparer les différentes espèces par les mêmes traits caractéristiques. Leurs descriptions, quelque détaillées qu'elles soient, ne sont qu'individuelles. Ils n'avaient pas compris ce mécanisme au moyen duquel les divers objets, comparés par les mêmes points, laissent nécessairement voir et tout ce qu'ils ont de commun, et tout ce qu'ils ont de distinctif.

N'ayant connu ni l'art d'établir les *caractères*, ni l'art de les disposer sur un *plan uniforme* et dans des *descriptions comparables*, ils n'ont pu avoir des *méthodes*, lesquelles ne sont en effet que l'ordre et la subordination même des caractères; et n'ayant eu ni *descriptions* ni *méthodes*, ils n'ont pu s'élever à aucune idée générale et philosophique.

Sans doute que les premiers botanistes qui, sous le nom de *jardins*, commencèrent ces descriptions particulières des plantes de chaque pays, continuées ensuite sous le nom de *flores*, ne se doutaient pas qu'il en sortirait un jour les grandes lois de la distribution du règne végétal sur le globe, pas plus que les premiers qui essayèrent, vers la fin du seizième siècle, de classer les végétaux d'après les organes de leur fructification[1], ne pouvaient se douter qu'il en sortirait un jour la belle nomenclature de Linnæus, ou la méthode profonde des Jussieu; et néanmoins, c'est en suivant une même route qu'on est parvenu, dans les deux cas, à un résultat semblable.

C'est en ne négligeant aucun détail de *localité* dans les *flores*, qu'on est arrivé à découvrir les lois de la distribution géographique des plantes, comme c'est en ne négligeant aucun détail *caractéristique* dans la description des espèces, qu'on est arrivé à ces nomenclatures régulières et à ces méthodes savantes qui font aujourd'hui notre admiration.

On peut dire que cet art des *méthodes* et des *descriptions* dont je parle ici, a été par rapport aux sciences qui s'occupent des *êtres naturels* proprement dits, ce qu'a été l'art des *expériences* par rapport aux sciences qui s'occupent des *phénomènes de la nature*. Ces deux arts, création du génie moderne, sont les deux premiers pas qu'ait faits l'esprit humain dans ses destinées nouvelles; les deux progrès primitifs qui ont amené tous les progrès subséquens; les deux premiers ressorts, si l'on peut s'exprimer ainsi, qui ont mû tous les autres.

M. Desfontaines était revenu de Barbarie dans les premiers mois de 1786; dès cette année même, il fut

---

[1] Gessner, Césalpin, etc.

nommé à la chaire de botanique du Jardin des Plantes. Lemonnier, qui occupait cette chaire depuis 1755, désirait vivement de la lui transmettre.

Mais la nomination dépendait de Buffon, intendant du Jardin du Roi. En cette qualité, Buffon présentait, ou, plutôt nommait; car son choix était toujours respecté, comme on pense bien. Or, Buffon, sondé à plusieurs reprises sur ce qu'il ferait dans le cas où M. Lemonnier se démettrait de sa chaire pour son ami, s'était toujours borné à répondre : « Que M. Lemonnier « donne sa démission ; j'userai des droits de ma place. »

Cette réponse était presque désespérante. Cependant Lemonnier se décide à donner sa démission. Buffon reste impénétrable pendant deux jours, qui furent deux jours d'une anxiété mortelle pour les deux amis; enfin, après ces deux jours, M. Desfontaines est nommé de la manière la plus gracieuse; et néanmoins on regrette, pour le grand naturaliste, que le droit qu'il avait aussi sans doute d'épargner ces deux jours de peine à deux hommes tels que ceux-là, ne lui ait pas paru le plus cher de sa place.

M. Desfontaines ne publia sa *Flore atlantique* qu'en 1798; cette année-là même, il communiqua à l'Académie ses belles observations touchant la structure des plantes *monocotylédones*; observations dont l'influence a été si étendue, et qui en ont amené tant d'autres.

Jusqu'à M. Desfontaines on n'avait réellement étudié que les arbres *dicotylédones*. Le peu qu'on avait aperçu, et à divers temps, de la tige de quelques *palmiers*, n'avait conduit à aucun résultat. Approfondissant la structure de cette tige, M. Desfontaines conçut le premier cette grande idée que là se trouvait le type d'une organisation nouvelle et commune à tous les végétaux à un seul cotylédon.

Daubenton lui-même, quoique venu en ce point après M. Desfontaines, n'avait guère vu, dans la structure du *palmier*, comparée à celle de nos arbres ordinaires, qu'une circonstance particulière. M. Desfontaines vit seul, dans le fait particulier, le fait général, et dans ce fait général la base de la grande division de tous les végétaux phanérogames en deux classes, fondées non-seulement sur les caractères extérieurs, mais sur la structure interne : donnant ainsi le premier exemple connu en botanique de l'application des recherches anatomiques au perfectionnement des méthodes, et agrandissant, par une même découverte, toutes les routes de la science.

Dès que M. Desfontaines avait été nommé professeur au Jardin des Plantes, il s'était occupé, avec ardeur, de l'enseignement de la botanique; et il a eu le mérite de donner à cet enseignement une forme nouvelle.

Jusqu'à lui, l'anatomie et la physiologie végétales, ou, comme on s'exprimait alors plus communément, la *physique végétale*, comptaient à peine dans un cours de botanique; les recherches profondes de Grew et de

Malpighi, les expériences ingénieuses de Hales et de Duhamel étaient négligées.

M. Desfontaines eut l'heureuse idée de mêler les résultats curieux de ces recherches et de ces expériences aux détails arides de la nomenclature ; de relever par là ces détails, en les rattachant aux lois physiologiques et anatomiques ; d'inspirer enfin du goût pour l'étude des végétaux, par un intérêt puisé dans la nature même de cette étude ; et son succès fut immense.

On se pressait en foule à ces leçons pleines de bonhomie, de simplicité, de candeur ; sans autre prétention de la part du maître, que l'instruction de ses élèves ; sans autre soin pour lui, que de s'oublier et de faire qu'on l'oubliât ; tout entier aux autres, jamais à lui ; et, dans sa modestie naïve, ne s'apercevant pas que cet oubli de lui-même, si plein de charme, était précisément ce qui lui gagnait d'abord tous ses auditeurs, pour les gagner ensuite à la science.

Pendant plus de quarante ans, près de quinze cents personnes sont venues régulièrement, chaque année, entendre M. Desfontaines au Jardin des Plantes. Presque tous ceux qui savent aujourd'hui la botanique en France, la savent ou de lui, ou de botanistes qui ont été ses élèves. Que l'on suppose, pour un moment, toutes ces personnes réunies ici ; et l'on se figurera aisément quel éloge résulterait du concert de leur reconnaissance, et combien, auprès de cet éloge-là, celui-ci paraîtrait froid.

Mais, pour un professeur de botanique, et nommément pour un professeur de botanique au Muséum d'histoire naturelle, des leçons ne sont qu'une partie de la tâche importante qui lui est confiée. M. Desfontaines ne quittait le travail de ses leçons que pour celui des herbiers ; il ne quittait les herbiers que pour les plantes de l'*Ecole de botanique*; et de cette étude continuelle naissaient à chaque instant des résultats précieux pour la science.

Il a fait connaître ainsi successivement une foule d'espèces nouvelles ; il a publié ainsi, en 1804, le *Tableau de l'école de botanique*; de 1807 à 1808, un *Choix de plantes du Corollaire de Tournefort*. Il avait déjà publié, en 1801, la première édition du *Catalogus des plantes du Jardin du Roi*, ouvrage dont la seconde édition est de 1815, la troisième de 1829, et le *Supplément* de 1830, c'est-à-dire de trois années seulement avant sa mort.

Ce dernier ouvrage surtout pouvait, à bon droit, être regardé comme formant, par ses éditions successives, le véritable complément de ses leçons et de sa tâche de professeur.

Pendant quarante ans, la dénomination des plantes du Jardin du Roi a été l'occupation constante de M. Desfontaines ; et, certes, il ne fallait rien moins que toute cette continuité de soins pour réussir, comme il l'a fait, à maintenir, au milieu de tant d'espèces diverses ; et malgré tant de causes sans cesse renaissantes de désordre et de confusion, l'ordre régulier qu'il y avait établi.

Nos collections sont aujourd'hui les plus riches qu'on ait jamais vues ; mais leur prix tient moins encore à leur richesse même qu'à une savante et lumineuse disposition. Qu'on néglige en effet, un seul moment, ces travaux continuels de nomenclature et de classement ; qu'on laisse pénétrer le désordre par un seul point, et bientôt le chaos régnera partout. Un grand naturaliste moderne a souvent dit qu'il ne croyait pas avoir été moins utile à la science, par les collections qu'il avait créées ou mises en ordre, que par tous ses ouvrages ; et cependant ce naturaliste était l'auteur du *Règne animal*, des *Mémoires sur les mollusques*, des *Leçons d'anatomie comparée*, et, pour tout dire en un mot, des *Recherches sur les ossemens fossiles*.

M. Desfontaines ne cultivait pas seulement la botanique pour elle-même ; il a cherché constamment à la rendre utile en l'appliquant à l'agriculture. Le désir d'encourager dans notre pays la culture des arbres étrangers, lui inspira le livre qu'il publia en 1809, sous le titre d'*Histoire des arbres et arbrisseaux qui peuvent être cultivés en pleine terre sur le sol de la France*

On ne sait pas assez que la France produit naturellement peu d'arbres et d'arbrisseaux. On oublie trop que les espèces mêmes qui font la base de notre agriculture, la vigne, l'olivier, le pêcher, l'abricotier, le mûrier, le noyer, etc., nous sont venues de l'étranger. On oublie trop surtout combien il serait aisé de multiplier de pareilles conquêtes, et combien encore il en reste à faire.

Mais ce qu'il importe de remarquer ici, c'est que tous ces progrès de l'agriculture se lient d'une manière immédiate aux progrès de la botanique. C'est le désir de connaître des plantes nouvelles qui a excité le goût des voyages ; et ce sont des voyageurs, des botanistes, qui nous ont rapporté, au péril de leur vie, toutes ces espèces qui font aujourd'hui l'ornement ou la richesse de notre pays.

C'est ainsi que nous avons eu, de l'Asie, le cèdre du Liban, le marronnier d'Inde, l'arbre de Judée, les lilas, etc. ; de l'Amérique du Nord, tant d'espèces nouvelles de chênes, d'érables, de bouleaux, de pins, de noyers, d'ormes, etc. ; et que, à ne compter ici que les espèces utiles, notre sol est, sans aucune comparaison, beaucoup plus riche aujourd'hui de toutes ces espèces acquises par la science que de ses espèces primitives et naturelles.

Pendant son séjour en Barbarie, M. Desfontaines avait adressé régulièrement à Lemonnier, soit de Tunis, soit d'Alger, une suite de lettres, dans lesquelles il comptait retrouver plus tard les matériaux de la relation de son voyage. Lemonnier, premier médecin de Louis XVI, les communiquait à ce prince, qui se plaisait à les lire. Malheureusement, une partie de ces lettres a été perdue, et nous n'avons que quelques fragmens du voyage de M. Desfontaines ; mais ces fragmens sont pleins d'intérêt, et d'un intérêt qui, de nos jours, s'est accru encore par la conquête d'Alger.

Ceux qui s'occupent des destinées nouvelles de ce pays, ne sauraient trouver nulle part des renseignemens plus exacts sur son climat, sur ses productions naturelles, sur ses ressources agricoles ou économiques.

M. Desfontaines avait déjà fait connaître, dans des mémoires particuliers, le *lotos de Libye*, espèce de *jujubier*, arbre dont les *Lotophages*, ancien peuple de la Libye, avaient emprunté leur nom ; l'espèce de *chêne à glands doux*, dont les fruits servent de nourriture pendant l'hiver aux peuples du mont Atlas ; il avait décrit le *dattier*, arbre dont il n'est presque aucune partie qui n'ait, pour les Arabes, son utilité : ils se servent de son bois pour faire des poutres, des solives, des instrumens de labourage ; ils en mangent les feuilles, lorsqu'elles sont tendres ; ils en mangent la moelle ; le fruit est, pour eux, un aliment sain, nourrissant, agréable; ils fabriquent des cordes avec les filamens de la tige des feuilles ; des tapis avec les feuilles séchées ; ils tirent de l'arbre une liqueur blanche, connue sous le nom de lait, du fruit, une sorte de miel ; de ce même fruit desséché, une sorte de farine, provision ordinaire des voyages de long cours ; enfin, les noyaux, broyés et ramollis dans l'eau, deviennent la nourriture de leurs chameaux et de leurs moutons ; et cet arbre, qui donne plus à lui seul que ne feraient dix espèces toutes utiles, vient presque naturellement et sans culture, quoique la culture l'améliore beaucoup, et croît presque indistinctement partout.

Dans la relation de son voyage, M. Desfontaines fait connaître, d'une manière plus générale, toutes les ressources des deux royaumes de Tunis et d'Alger; terre fertile où déjà l'on cultivait alors le coton, l'indigo, le tabac; où croissent le dattier, l'olivier, l'oranger, le grenadier, le figuier, la vigne, etc., toutes les céréales; terre fameuse par les colonies qu'y établit l'ancienne Rome; plus fameuse encore pour avoir porté Carthage; terre dont l'état actuel semble rajeunir, pour nous, les souvenirs et l'histoire; possession brillante, et qu'il importe de rendre utile.

Indépendamment des ouvrages principaux que je viens d'indiquer, et de son mémoire sur la *structure des monocotylédones*, et de toutes les espèces, de tous les genres nouveaux que lui doit la botanique, M. Desfontaines a enrichi la partie physiologique de cette science de plusieurs faits curieux.

Il a remarqué, dans les plantes, une sorte de disposition à se faire des habitudes. Une sensitive, transportée dans une voiture, se replia d'abord par l'effet des premiers cahots, et elle se rouvrit ensuite malgré ces cahots; elle s'y était habituée.

Il n'est pas jusqu'à son dernier travail, publié en 1831, sous le titre d'*Expériences sur la fécondation artificielle des plantes*, qui ne doive être rappelé ici; car aucun autre peut-être ne montre mieux à quel point il portait le scrupule en matière d'opinions scientifiques.

Ainsi, après avoir professé, pendant tant d'années, la théorie de la fécondation sexuelle des plantes, et l'avoir professée, comme il le dit lui-même, *presque sans hésiter*, il avait suffi de quelques objections élevées, ou, plutôt, renouvelées par quelques botanistes modernes, pour remettre toute cette théorie en doute dans son esprit, et pour l'engager aussitôt dans les expériences dont il s'agit, lesquelles confirmèrent d'ailleurs, et par un nouvel exemple, ce que l'on savait déjà par toutes celles de Vaillant, de Linné, de Gleditsch, surtout de Kœlreuter, qui, le premier, portant la poussière mâle d'une espèce sur les organes femelles d'une autre espèce, produisit artificiellement de véritables hybrides parmi les plantes, et fournit ainsi une preuve définitive à la théorie de leur fécondation sexuelle.

C'est vers l'époque où M. Desfontaines se livrait à ces dernières expériences qu'il perdit entièrement la vue ; mais il conserva toujours toute sa mémoire ; et cette mémoire était telle qu'elle lui rappelait d'une manière sûre, et toutes ces plantes au milieu desquelles il avait vécu, et jusqu'à la place occupée par chacune d'elles. A peine était-il seul que ces plantes se représentaient aussitôt à son esprit, avec leurs formes, leurs rapports, leurs noms ; et ces mots : « Je viens de repasser tel ou « tel carré de l'École de botanique, » étaient, presque toujours, les premiers qu'il adressait alors à ceux de ses amis qui venaient le voir. Il se flattait quelquefois aussi de recouvrer la vue, c'est-à-dire de revenir à ses travaux, et cet espoir concourait encore à lui conserver tout entière l'activité de son esprit.

Quant à l'activité de son ame, elle fut toujours la même : toujours bienveillant, toujours aimant, portant toujours le même intérêt à tout ce qui concernait ses amis, ses confrères, et cette Académie et ce Jardin des Plantes qui lui étaient si chers.

Telle a été cette suite de travaux utiles, de recherches ingénieuses, d'études profondes, qui ont rempli la vie de M. Desfontaines.

Il a laissé à la botanique descriptive des ouvrages d'une perfection achevée; à l'anatomie végétale, une découverte d'un ordre éminent.

A la vérité, il s'était moins occupé à rattacher, à subordonner entre elles les familles des plantes par quelque lien général, qu'à bien circonscrire chacune d'elles, qu'à marquer nettement l'ensemble des caractères qui la détermine.

Ces familles, ainsi circonscrites, lui semblaient former comme autant de populations distinctes, mais entre lesquelles le nombre des espèces connues se partageait très inégalement : les unes ayant un grand nombre de ces espèces; les autres en ayant moins; les autres n'en ayant que quelques-unes ou une seule. Pour rendre son idée plus sensible, il comparait cette distribution du règne végétal par groupes inégaux, aux habitations des hommes ; se composant ici de grandes villes, là de bourgs, de villages, de hameaux ; ailleurs de maisons solitaires et isolées.

Les naturalistes ont essayé d'abord, comme on sait, de ranger les êtres sur une seule ligne ; ils ont voulu les répartir ensuite par groupes uniformes ; ils les ont considérés, plus tard, comme les anneaux d'une chaîne continue de formes successives et nuancées. La nature, ou du moins ce que nous connaissons de la nature, ne se présente point ainsi.

Et ce qui donne une force singulière à la manière de voir de M. Desfontaines, relativement au règne végétal, c'est que M. Cuvier s'était arrêté, de son côté, à une vue à peu près semblable pour le règne animal : il lui semblait qu'une sorte de *circonvallation* séparait les unes des autres les classes de ce règne ; que les espèces animales se distribuaient très inégalement par populations circonscrites ; et qu'en un mot, elles avaient aussi, et leurs êtres isolés, et leurs petits groupes, et leurs grandes masses.

Si, après avoir essayé de faire connaître les travaux de M. Desfontaines, je revenais aux qualités de son ame, qualités qui se sentent plus qu'elles ne s'analysent, j'aurais bien des faits à rappeler encore.

Je rappellerais d'abord son amitié si ferme : lorsque le savant et courageux Ramond fut jeté dans les cachots en 1794, époque où l'intérêt pour le malheur fut souvent puni comme un crime, il s'empressa de lui donner des marques de dévouement, et il fut presque le seul ami qui lui en donna.

Je rappellerais qu'étant fort jeune, et dès l'un de ses premiers mémoires, les commissaires de l'Académie proposèrent d'assigner à la plante nouvelle, décrite dans ce mémoire, le nom de *Fontainesia;* genre d'honneur que n'eût pas suggéré seule, sans doute, l'estime pour le travail, sans une estime plus grande encore pour l'auteur.

Je rappellerais ce désir qu'il exprimait, dans les dernières années de sa vie, que, si jamais on faisait son *Eloge*, on n'oubliât pas d'y noter que ce même bourg de Tremblay, qui lui avait donné naissance, avait aussi vu naître un autre académicien, le savant anatomiste Bertin; comme s'il eût craint que, jusque dans cette circonstance, on s'occupât trop de lui seul, et l'on ne songeât pas assez aux autres.

Je rappellerais surtout, et cette simplicité naïve avec laquelle, se présentant à ses auditeurs, il semblait leur dire de ses leçons, comme Montaigne de son livre : *Ce n'est pas icy une doctrine, c'est une estude;* et ce besoin touchant de se confier tout entier à ses amis, de *leur rendre son ame visible*[1], comme La Fontaine; et j'ajouterais enfin que, dans cette ame, il y avait deux choses dont l'accord aura toujours sur les hommes un effet

---

[1] Expression de La Fontaine.

assuré, je veux dire l'accord d'une indulgente bonhomie et de la vertu.

M. Desfontaines est mort le 16 novembre 1833. Il s'était marié fort tard, et n'avait eu de ce mariage qu'une seule fille. On conçoit combien un cœur, si plein de tendresse, dut aimer cette fille unique ; et il l'aima d'autant plus que, privée des soins de sa mère dès sa naissance, en le perdant, elle perdait tout. Mais il a eu le bonheur de l'unir et de la confier, en mourant, à M. Louiche-Desfontaines, son neveu, que, depuis long-temps, il aimait comme un fils.

Ainsi est mort M. Desfontaines, à l'âge de quatre-vingt-trois ans; ayant exercé, pendant près d'un demi-siècle, sur l'histoire naturelle et sur la plupart de ceux qui l'ont cultivée durant cette époque, une influence reconnue de tous, et de tous respectée : homme qui a prouvé, à l'honneur des hommes, qu'un cœur bienveillant est aussi une force, et que la bonté peut être une puissance.

NOTES.

Page XVIII. *Petite vengeance qu'il répéta à chaque nouveau succès qu'il obtint...*

Je tire ce fait de la *Notice*, pleine d'intérêt, de M. de Candolle sur M. Desfontaines.

Voyez *Ann. des sc. nat.*, 2ᵉ série, mars 1834.

Page XXII. *Les mouvemens contractiles des feuillet et des corolles avaient donc été observés et décrits avec soin...*

Les mouvemens que présentent les organes de la fructification avaient été beaucoup moins étudiés ; à peine les avait-on reconnus dans *l'épinevinette*, le *cactus opuntia*, le *cistus helianthemum*, et quelques autres espèces, rassemblées dans une dissertation de Linné, intitulée *les Noces des plantes*.

Cependant, et comme le montre M. Desfontaines, c'est dans ces organes mêmes que l'*irritabilité végétale* se manifeste d'une manière plus marquée et plus générale.

Ici, comme dans les *lis*, les anthères se rapprochent, l'une après l'autre, du style au moment de la fécondation, et s'en éloignent presque aussitôt, ayant repandu leur poussière sur le stigmate ; là, comme dans *l'amarillis*, elles tournent sur l'extrémité de leur filet, comme sur un pivot, pour présenter au stigmate le point par où leur poussière s'échappe.

Dans la *fritillaria persica*, les six étamines s'approchent alternativement du style, appliquent immédiatement leurs anthères contre le stigmate ; et, la fécondation opérée, elles s'en vont, dans l'ordre où elles s'étaient approchées, reprendre la place qu'elles occupaient.

Ici, ce sont les étamines qui se meuvent ; ailleurs, ce sont les pistils. Règle générale, quand les pistils sont plus longs que les étamines, ce sont les pistils qui se meuvent ; et quand, au contraire, les étamines sont plus longues que les pistils, ce sont les étamines qui s'abaissent vers les pistils.

Ainsi, dans les *passiflores*, les pistils s'abaissent ensemble vers les étamines ; ils se courbent en arc dans les *nigelles*, etc...

Enfin, dans la *couronne impériale*, dans la *fritillaire méléagre*, tout ce mécanisme change ; ce ne sont plus les organes sexuels qui se meuvent, c'est la fleur entière. Cette fleur reste pendante jusqu'à ce que la poussière, sortie des anthères, soit tombée sur le stigmate qui dépasse les étamines en longueur ; et, la fécondation opérée, elle se redresse.

Je m'arrête à ces exemples, qui montrent les principaux cas du mécanisme curieux et délicat, étudié par

M. Desfontaines, et, pour la première fois, décrit, dans son mémoire, sur un grand nombre d'espèces.

Page xxvii. *Daubenton lui-même, quoique venu en ce point après M. Desfontaines...*

Je trouve en effet, dans les *Observations* de M. Desfontaines *sur les plantes économiques qui croissent dans les royaumes de Tunis et d'Alger, Observations* lues à la séance publique de 1787, ce passage remarquable : « Cette moelle (celle du dattier) est placée dans l'intervalle des fibres qui vont toujours en se serrant du centre à la circonférence, en sens contraire des autres arbres; et elles ne sont pas placées par couches, comme j'ai eu mille fois occasion de l'observer sur des troncs coupés. » Le mémoire de Daubenton sur l'*organisation et l'accroissement du bois* n'est que de 1790.

Page xxvii. *M. Desfontaines conçut le premier cette grande idée, que là se trouvait le type d'une organisation nouvelle et commune à tous les végétaux à un seul cotylédon.*

La tige des arbres *dicotylédones* se compose de couches concentriques, dont la solidité décroît du centre à la circonférence. C'est tout le contraire dans les *monocotylédones;* la solidité du bois y décroît de la circonférence au centre. La tige d'un arbre *monocotylédone* n'a, d'ailleurs, ni couches concentriques, ni canal central pour la moelle, ni productions médullaires transverses, ni écorce proprement dite. Les fibres ligneuses sont placées sans ordre les unes à côté des autres ; la moelle remplit tous les intervalles de ces fibres ; et l'enveloppe extérieure, l'écorce, n'est qu'une expansion de la base des pétioles des feuilles. Tels sont, réduits à leurs termes précis, les faits constatés par M. Desfontaines.

La question du développement comparé des *dicotylédones* et des *monocotylédones* n'a point été soulevée par lui.

Dans les *dicotylédones*, l'âge des fibres décroît comme leur solidité. En est-il de même dans les *monocotylédones?* Leur développement serait donc inverse de celui des *dicotylédones*. Daubenton l'a cru.

En quoi il a été suivi par la plupart des botanistes, jusqu'à ces derniers temps où M. Mohl s'est attaché à faire prévaloir l'opinion contraire.

Pour M. Desfontaines, il a connu l'opinion de Daubenton ; il la cite, et il n'émet pas d'opinion propre.

Toute discussion relative au développement des *monocotylédones* lui est donc, au fond, étrangère. Il s'est borné à comparer la tige développée du *monocotylédone* à celle du *dicotylédone ;* il a marqué les différences caractéristiques qui distinguent la structure de ces deux tiges ; et il s'est arrêté-là ; mais, jusque-là, tout ce qu'il a dit est demeuré vrai.

PAGE XXXIII. *Il a remarqué dans les plantes une sorte de disposition à se faire des habitudes...*

Cette disposition des plantes à se faire des habitudes

a été étudiée avec le plus grand soin, comme chacun sait, par M. de Candolle, dans ses belles expériences touchant l'*influence de la lumière sur quelques végétaux*. (Mém. des Sav. étr. t. I.)

M. de Candolle est parvenu, en substituant *artificiellement* le jour à la nuit et la nuit au jour, à *désaccoutumer*, si je puis ainsi dire, certaines plantes, et à changer l'heure de leur *sommeil*, comme celle de leur *réveil*. Une *belle-de-nuit*, soumise, pendant trois jours, à une lumière artificielle pendant la nuit et à l'obscurité pendant le jour, finit, après des variations sans règle apparente pendant les premières vingt-quatre heures, par fleurir le matin, et par se fermer le soir.

Page xxxiv. *Lesquelles confirmèrent d'ailleurs, et par un nouvel exemple...*

Un pied de *cucurbita pepo* fut exactement dépouillé de toutes ses fleurs mâles à mesure qu'elles parurent; on ne laissa que les fleurs femelles; et, le moment de la fécondation venu, on porta directement, sur deux de ces fleurs femelles, la poussière de fleurs mâles, venues d'ailleurs : ces deux fleurs femelles seules donnèrent leur fruit; toutes les autres avortèrent.

Page xxxvi. *Si, après avoir essayé de faire connaître les travaux de M. Desfontaines, je revenais aux qualités de son ame...*

Une lettre[1] de M. Desfontaines, encore jeune, pré-

---

[1] Cette lettre m'est communiquée par notre confrère M. Savary.

sento sous un nouveau jour plusieurs *qualités de cette ame*, si naturellement ouverte à toutes les émotions douces et vertueuses. Dans cette lettre, écrite le 10 septembre 1779, M. Desfontaines annonce la mort de J.-J. Rousseau à feu M. Savary, auteur de l'ouvrage si connu sous le titre de *Lettres sur l'Egypte*.

« J'ai, dit M. Desfontaines à son ami, une nouvelle
« bien affligeante à t'annoncer, celle de la mort de
« J.-J. Rousseau. Quelle perte irréparable pour l'hu-
« manité!... Je puis t'assurer que la mort de mes plus
« proches parens ne m'aurait pas aussi vivement affecté
« que celle de cet homme unique... J'aimais Rousseau
« avec passion, *à cause de ses talens sublimes, et encore*
« *plus pour sa droiture et son désintéressement*.... Je
« connaissais un peu Rousseau; je l'avais intéressé;
« j'espérais pouvoir le connaître particulièrement; il
« m'abordait volontiers; son extérieur m'avait en-
« chanté; *avec le temps j'aurais pu devenir son ami*...

PAGE XXXVII. *Dès l'un de ses premiers mémoires, les commissaires de l'Académie proposèrent de donner à la plante décrite dans ce mémoire le nom de* FONTAINESIA...

Ces commissaires étaient Fougeroux et Adanson. Le mémoire était intitulé : *Sur un nouveau genre de plante corymbifère, de la famille des composées.*

LISTE DES OUVRAGES

DE M. DESFONTAINES.

Cours de Botanique élémentaire et de Physique végétale professé au Muséum d'Histoire naturelle (de juin à nov. 1795). Décade philosophique, vol. V, VI et VII, 1796.

Mém. sur l'organisation des monocotylédones ou plantes à une feuille séminale. Mém. de l'Inst. (1re classe), vol. I. 1798.

Mém. sur l'irritabilité des organes sexuels d'un grand nombre de plantes. Mém. de l'Acad. des sc. (1787).

Quelques observations et expériences sur la fécondation des plantes. Nouv. Ann. du Mus., vol. I. 1832.

—

FLORA ATLANTICA, *sive historia plantarum quæ in Atlante, agro Tunetano et Algeriensi crescunt*, 4 vol. in-4° (260 tab.). Parisiis, 1798 et 1799.

Histoire des Arbres et Arbrisseaux qui peuvent être cultivés en pleine terre sur le sol de la FRANCE, 2 vol. in-8°. Paris, 1808.

Choix de plantes du Corollaire de TOURNEFORT, *publiées d'après son herbier et gravées sur les dessins d'*AUBRIET, 1 vol. in-4°. Paris, 1808.

Plantes rares qui ont fleuri en l'an X dans le jardin et dans les serres du Muséum. Ann. du Mus., vol. I et II. 1802 à 1803.

Catalogus plantarum horti regii Parisiensis, cum annotationibus de plantis novis aut minus cognitis. Edit. prima, Parisiis, 1801. Edit. sec., 1806. Edit. tert., 1829, et Supp. 1830.

Observations sur les plantes économiques qui croissent dans les royaumes de Tunis *et d'*Alger. Lues à l'Acad. des sc. Paris, 1787. — Nouv. Ann. des Voyages, 2ᵉ série, vol. I. 1830 [1].

*Mémoire sur quelques espèces nouvelles d'*Oiseaux *des côtes de Barbarie.* Mém. de l'Acad. des sc. (1787).

—

Mémoire sur un nouveau genre d'arbre : Ailanthus glandulosa (Ailanthe glanduleux). Mém. de l'Acad. des sc. Paris, 1786.

Recherches sur un arbrisseau, connu des anciens sous le nom de Lotos *de* Libye. Mém. de l'Acad. des sc. 1788 [2].

Mémoire sur la culture et les usages économiques du Dattier (Palmier Dattier). Journ. de phys. 1788, et Mém. de l'Inst. (1ʳᵉ cl.), vol. V. 1805.

Mémoire sur le Chêne Ballote *ou à glands doux du mont* Atlas. Mém. de l'Acad. des sc. 1790.

---

[1] Ce mémoire fait partie du présent volume.
[2] Les trois mémoires suivans sont aussi reproduits dans ce volume.

Sur le genre Balsamita, *et description de* quatre espèces de ce genre. Actes de la Soc. d'hist. nat. Paris, in-f°, 1792.

*Description de l'*Ebenus pinnata. Actes id. 1792.

Description du Fumaria corymbosa. Actes id. 1792.

*Description de l'*Anthirrinum marginatum. Actes id. 1792.

Description du Crepis virgata et coronopifolia. Actes id. 1792.

*Description de l'*Attractylis gummifera. Actes id. 1792.

Mémoire sur le genre Anthistiria. Journ. phys., vol. XL. 1792.

Description d'un nouveau genre de plantes (Spaendoncea). Décade philos., vol. VII. 1796.

Description du genre Tithonia (T. tagetiflora). Ann. du Mus. d'hist. nat., vol. I. 1802.

Description d'une nouvelle espèce de Scorsonère (Scorzonera aspera). Id. vol. I. 1802.

*Description d'une nouvelle espèce d'*OEillet (Dianthus spinosus). Id. vol. I. 1802.

Description d'une nouvelle espèce de Papayer (Carica monoica). Id. vol. I. 1802.

Description d'une nouvelle espèce de Soude (Salsola radiata). Id. vol. II. 1803.

Mémoire sur le Jalap (Convolvulus jalapa). Id. vol. II. 1803.

Description du Geranium hirtum. Id. vol. II. 1803.

Description d'une nouvelle espèce de Laiteron. (Sonchus divaricatus). Id. vol. II. 1803.

Observations sur le Rheum Ribes. Id. vol. II. 1803.

Observations sur le Thé. Id. vol. IV. 1804.

Observations sur le genre Royena. *Description d'une nouvelle espèce de* Diospyros (D. lycioides). Id. vol. VI. 1805.

*Observations sur l'*Érable à fruit cotonneux, *et l'*Érable à fleurs rouges (Acer eriocarpum, Mich.; Acer rubrum, Linn.). Id. vol. VII. 1806.

Mémoire sur le genre Convallaria. Id. vol. IX. 1807.

Description d'un nouveau genre de Labiées (Pogostemon). Mém. du Mus., vol. II. 1815.

Note sur les Cierges. *Description d'une nouvelle espèce qui a fleuri cette année (1817) au Jardin du Roi* (Cactus speciosissimus). Id. vol. III. 1817.

Description d'un nouveau genre de plantes (Glossotemon). Id. vol. III. 1817.

Description du genre Diplolæna. Id. vol. III. 1817.

Description d'un nouveau genre de plantes de la famille des Composées (Chardinia). Id. vol. III. 1817.

Description d'un nouveau genre de la famille des Euphorbiacées (Ricinocarpos). Id. vol. III. 1817.

Description d'un nouveau genre de Composées : Gymnarrhena. Id. vol. IV. 1818.

Description d'un nouveau genre de la famille des Rubiacées : Ancylanthos. Id. vol. IV. 1818.

Description d'un nouveau genre de la famille des Térébinthacées : Hétérodendron. Id. vol. IV. 1818.

Description de quatre nouveaux genres de plantes : Mezonevron, Heterostemon, Ledocarpon et Micranthea. Id. vol. IV. 1818.

Description de trois nouveaux genres de plantes : Diplophractum, Stylobasium et Chamelaucium. Id. vol. V. 1819.

*Description d'une nouvelle espèce d'*Echites (E. longiflora). Id. vol. V. 1819.

Description de quatre nouveaux genres de plantes : Polyphragmon, Asteranthos, Amaiova et Gyrostemon. Id. vol. VI. 1820. — *Add.*, vol. VIII. 1822.

Observations sur le genre Copaifera. Id. vol. VII. 1821.

Description d'un nouveau genre de plantes : Condylocarpon. Id. vol. VIII. 1822.

Observations sur les genres Leucas *et* Phlomis. Id. vol. XI. 1824.

Description d'une nouvelle espèce de Clavija (C. lancifolia), *accompagnée de quelques considérations sur les caractères et les affinités de ce genre et des genres voisins.* Id. vol. VII. 1832.

[1] *Fragment d'un voyage dans les royaumes de Tunis et d'Alger, et dans les montagnes de l'Atlas* (en 1783). Nouv. Ann. des voyages, 2° série, vol. XVI. 1830.

Relation d'un voyage d'Alger à Tremessen. Id. vol. XVI. 1830.

Lettre à M. Lemonnier, sur un voyage de Tunis à Spaitla, par Kerwouan et Cafsa (Tunis, avril 1784). Id. vol. XVII. 1830.

Journal d'un voyage d'Alger à Constantine. Id. vol. XVII. 1830.

Voyage le long de la côte, depuis Tunis jusqu'à Sfax, sur les bords de la petite Syrte. Id. vol. XVII. 1830.

[1] Les cinq fragmens qui suivent se trouvent aussi dans ce volume.

DESSINS.

1. Amphitéâtre d'El-Jem. Voy. tom. I, pag. 37 et suiv.; 48 et suiv.; tom. II, pag. 118 et suiv.
2. Temple de Zawan. Voy. tom. I, pag. 89 et suiv.; tom. II, pag. 94.
3. Mausolée. Voy. tom. I, pag. 117, 121, 129, 187, 352, 370.
4. Pont de Constantine. Voy. tom. I, pag. 302; tom. II, pag. 216, 347.
5. Arc de Triomphe de Zainah. Voy. tom. I, pag. 334, 335.
6. Temple d'Esculape à Lamba. Voy. tom. I, pag. 351.

FAUTES A CORRIGER.

Tome Ier.

Pag. 4 ligne 17 *au lieu de* Rotaneau *lisez* Ratoneau.
— 48 — 7 — Sélim — Soliman.
— 52 — 14 — de poisson — de poison.
— 53 — 4 — y a — il y a.
— 63 — 11 — tribu — tribut.
— 72 — 13 — ils ont soin, etc. — ils ont soin d'en séparer le son à cause qu'il est trop grossier, et la fleur de farine qui rend le pain extrêmement noir (Voy. tom. II, pag. 281).
— 97 — 12 — bouze — bouse.
— 158 note 3, *ajoutez* : Peyssonnel est ici en désaccord avec lui-même de 10 minutes ; car à la page 110 il place Sfax par 34° 30' de latitude.

Page 189 ligne 2 *au lieu de* Tarqui   *lisez* Turqui.
— 227 — 20   —   des Indes — d'Afrique.
— 414 —   2   —   par des Turcs, etc. *lisez :* par des Turcs ; crainte qu'il ne deviennent trop puissans cela n'est plus observé.

Tome II.

— 39 — 11 — liberté — liberté.
— 42 — 13 ⎫
— 43 — 9 et 15 ⎬ — Martha — Mastha.
— 99 — 24 — ancienneté — importance.
— 137 — 9 — 1784 — 1785.

VOYAGE DE DESFONTAINES

DANS

LES RÉGENCES DE TUNIS ET D'ALGER.

I.

Tunis et ses environs. — Population et gouvernement du pays. — Mœurs et coutumes des habitans. — Productions du sol.

Je formai, en 1783, le projet d'un voyage aux côtes de Barbarie, pour y faire des observations sur la géographie, les antiquités, les mœurs des habitans, et particulièrement sur l'histoire naturelle. Il me parut d'autant plus intéressant que ces contrées n'avaient été visitées par aucun naturaliste, et que j'étais assuré, d'après plusieurs lettres de M. de Kercy, consul de France à Alger, qu'il me serait possible de pénétrer dans l'intérieur des terres, et de parcourir les royaumes de Tunis et d'Alger dans presque toute leur étendue, depuis les confins de Tripoli jusqu'à ceux de Maroc. Je fis part de mon dessein à l'Académie des Sciences ; elle voulut bien y applaudir, et m'accorda même les fonds nécessaires à mon entreprise. Je me rendis promptement à Marseille ; je m'embarquai pour Tunis le 16 août 1783, sur un petit bâtiment marchand de 80 tonneaux, commandé par M. Caudier, qui fut très obligeant pour moi pendant toute la traversée.

On leva l'ancre sur les six heures du matin ; un bon vent du nord enfla les voiles : dès le troisième jour, nous découvrîmes l'île de Sardaigne, que nous côtoyâmes sans presque la perdre de vue, et le 24 août nous mouillâmes dans la rade de Carthage, du côté de la rive droite, où sont les ruines de l'ancienne ville. Le soleil était alors sur son déclin : notre capitaine fit arborer promptement le pavillon français, afin qu'on pût nous reconnaître de Tunis avant la fin du jour.

Je dormis peu pendant la dernière nuit que je passai à bord : j'avais l'esprit trop fortement occupé des lieux où je me trouvais. Tout ce que j'avais lu sur l'état florissant de Carthage, sur les malheurs et la destruction de cette ville célèbre, se retraçait à mon imagination avec trop de vivacité pour me permettre de me livrer au sommeil. J'attendais le lendemain avec impatience, et je brûlais d'envie de toucher une terre où s'étaient passés anciennement tant d'événemens mémorables, et de reconnaître encore les débris d'une des plus fameuses villes du monde, au milieu des champs où elle fut autrefois.

Notre pavillon avait été aperçu de Tunis comme nous le désirions. Le lendemain, sur les dix heures du matin, un des janissaires du consulat vint à bord pour s'informer d'où nous venions, et pour nous accompager. La chaloupe fut aussitôt mise à la mer, et nous abordâmes au château de la Goulette. C'est une grande forteresse solidement bâtie en belles pierres de taille, à l'embouchure d'un canal étroit et de peu de longueur, par lequel la mer communique avec un vaste lac qui s'étend jusqu'aux portes de Tunis. L'histoire nous apprend que Charles-Quint emporta d'assaut le château de la Goulette en 1537, malgré la vigoureuse résistance de Barberousse, qui s'y était retranché. Il périt, le jour du siége, plus de 1,500 Turcs, tant dans la place que dans les environs, et on leur enleva un très grand nombre de pièces de canon, dont 300 étaient de bronze.

Nous saluâmes en passant le commandant de la place; il nous fit donner des chevaux pour nous conduire à Tunis. En sortant du château, un triste spectacle frappa mes regards : c'était une troupe de criminels condamnés à des travaux publics. Les uns portaient de grosses chaînes aux deux bras; d'autres travaillaient enchaînés deux à deux; plusieurs traînaient avec effort des boulets attachés à leurs pieds; la plupart, avec une figure have et décharnée, étaient couverts de haillons sales et déchirés en lambeaux.

Nous côtoyâmes les bords de la mer pendant quelque temps, le long de l'isthme qui sépare le lac de la rade de Carthage, et se prolonge en s'élargissant du côté de l'ouest, où il forme une plaine d'une vaste étendue. Nous le traversâmes obliquement jusqu'au pied d'une petite chaîne de collines et de coteaux, située le long de la rive gauche du lac; nous suivîmes leur direction du sud au nord, jusqu'aux portes de la ville.

La surface de la terre, desséchée par l'ardeur du soleil, n'offrait qu'un très petit nombre de plantes : les seules que j'observai dans la plaine étaient des kali et des salicornes qui tapissaient les lieux bas et humides. Des bouquets de pancratium maritime s'élevaient aussi çà et là au-dessus des sables brûlans du rivage, et des fentes des rochers les plus voisins du lac pendaient quelques touffes de capriers chargés de fleurs, sur lesquelles nos yeux se reposaient avec plaisir.

Nous entrâmes dans la ville de Tunis sur les deux heures après midi. Le capitaine, selon l'usage, continua sa route jusqu'au palais du bey, pour lui faire part du sujet de son voyage, et pour lui donner des nouvelles de France. Je me rendis à la maison consulaire; c'était le 25 d'août : j'y trouvai tous les négocians réunis; ils faisaient bonne chère, et célébraient joyeusement la fête de la Saint-Louis.

Tunis est une ville très ancienne. Au rapport de Strabon et des historiens romains [1], elle existait déjà du temps de Carthage; mais ils ont tous gardé le silence sur l'époque de sa fondation. Elle a été depuis entièrement détruite et rebâtie par les Arabes, de ses propres ruines et des débris de Carthage. Je n'ai retrouvé, ni dans la ville ni dans les environs, aucun reste de monument antique qui indique même la place qu'elle occupait autrefois; mais on observe, dans les murailles de la plupart des maisons, un grand nombre de pierres de taille de différentes formes et de diverses grandeurs, dont on reconnaît facilement l'ancienneté. Elles n'ont pas été travaillées par les Maures, peuple sans goût, sans industrie, et dont les désirs ne s'étendent guère au-delà des besoins de première nécessité.

Les Romains, depuis la destruction de Carthage jusqu'au milieu du cinquième siècle de notre ère, étaient restés maîtres de Tunis et de toute cette partie de l'Afrique que l'on connaît aujourd'hui sous le nom de Barbarie, lorsque les Vandales, poussés par leur pre-

---

[1] Strab. XVII, 15, p. 834, ed. Casaub. Tit. Liv. XXX, 9.

mière impétuosité au-delà de l'Espagne qu'ils venaient de conquérir, traversèrent le détroit de Gibraltar, et se répandirent comme un torrent dans toute l'Afrique septentrionale. Ils furent défaits par Bélisaire, et l'empire d'Orient recouvra pour quelque temps ce vaste territoire. Mais en 690, l'Afrique septentrionale passa sous la domination des kalifes; ils y établirent, par la force des armes, le culte de Mahomet, et y donnèrent des lois pendant deux cent cinquante ans. L'an 998, Caïm, kalife du Caïrouan, se rendit en Égypte, dont un de ses généraux lui avait assuré la conquête, et laissa en son absence les affaires du gouvernement à un Africain nommé Abul Hageix; celui-ci souleva tout le pays, et se fit reconnaître pour légitime souverain. Le kalife, pour se venger de cette perfidie, accorda la permission aux habitans de l'Arabie de passer en Afrique, avec promesse de leur fournir des vivres, de l'argent, et tous les secours dont ils auraient besoin, pourvu qu'ils lui jurassent la perte d'Abul Hageix. Ils entrèrent en Barbarie par le désert de Barca, au nombre de plus d'un million, ravagèrent la plupart des villes qu'ils rencontrèrent sur leur passage, et vinrent mettre le siége devant celle du Caïrouan où Abul Hageix était renfermé ; ils s'emparèrent de sa personne, et le firent périr par les plus cruels supplices. Ses deux fils, pour se soustraire à la fureur des Arabes, se sauvèrent, l'un à Tunis, l'autre à Bougie. C'est à cette époque que finit pour jamais le règne des kalifes en Barbarie; Caim est le dernier.

En 1051, un Africain, chef de la tribu des Morabites appelé Abute Chifrin, envoya une armée contre les deux fils d'Abul Hageix; mais, voyant qu'ils ne cherchaient pas à lui résister, il se contenta de leur imposer tribut, et les laissa paisibles possesseurs de leurs Etats, dont ils ont toujours joui, eux et leurs descendans, pendant le règne des Morabites.

En 1140, Abdalla, natif des montagnes de l'Atlas, premier chef de la dynastie des Almohades, se rendit maître de toute la Barbarie, et Tunis fut gouverné par des rois de cette tribu pendant plusieurs années. Sur le déclin de l'empire des Almohades, les Arabes se soulevèrent et assiégèrent plusieurs fois le gouverneur que le roi de Maroc tenait à Tunis. Celui-ci envoya une flotte commandée par

Abduledi, célèbre capitaine de Séville; il y rétablit parfaitement les affaires, laissa son fils paisible possesseur de cet Etat, et la couronne fut héréditaire dans la même famille pendant plus de 400 ans. Il est à observer que, depuis ces kalifes jusqu'à l'empire des Turcs, les princes de Tunis ont presque toujours été dépendans des rois de Maroc.

Barberousse fit la conquête de Tunis en 1534, et soumit le royaume à l'empire ottoman. Muley-Hassan régnait alors à Tunis. Ce prince, chassé du trône, s'était retiré chez des Arabes ses alliés. Un esclave génois lui conseilla d'envoyer une ambassade vers Charles-Quint, pour implorer sa protection et lui demander des secours. Touché des malheurs de Muley-Hassan, et charmé de trouver une occasion favorable de se venger des excès inouis que Barberousse avait commis contre les chrétiens, Charles-Quint fit aussitôt équiper une flotte et lever une armée formidable. Il s'embarqua en Espagne le 30 mai 1537, aborda à Porto-Farina, et de là alla camper sur les rives de Carthage, à peu de distance du château de la Goulette, où Barberousse s'était retranché. Cette forteresse emportée d'assaut,

Charles-Quint mena son armée vers Tunis, prit cette ville, et rétablit Muley-Hassan sur le trône. Celui-ci en fut ensuite dépossédé par son fils Hamida, qui le fit enfermer dans un cachot après l'avoir privé de la vue.

Aly, gouverneur d'Alger, reprit Tunis en 1570, et quatre ans après, les Turcs le réunirent de nouveau à leur empire. Pendant les premières années, le grand seigneur y envoyait un pacha qui commandait sous ses ordres; mais, dans la suite des temps, les injustices et les vexations de ces officiers déterminèrent la milice à se choisir elle-même ses maîtres. Aujourd'hui le trône appartient de droit à l'aîné des enfans mâles. Le bey, à son avénement, reçoit du grand seigneur le caftan, avec le titre de pacha à trois queues. Ce sont les seuls droits que la Porte ait conservés, et les princes de Tunis ne lui paient point de tribut, comme on le croit communément.

La ville de Tunis est située à trois lieues au nord-ouest de la rade de Carthage, sur la pente et au pied d'un coteau qui regarde l'orient, tout près d'un lac dont j'ai déjà parlé. Les maisons, blanches comme la neige, et disposées en amphithéâtre, s'aperçoivent à une grande distance du côté de l'est, et offrent, dans le lointain, un ensemble très agréable et très pittoresque. Le mur d'enceinte, construit avec solidité, peut avoir quatre milles de circonférence. Les rues, sales, étroites, tortueuses et non pavées, sont remplies de boue pendant l'hiver. Il y a plusieurs places publiques dans l'intérieur de la ville; mais elles ne sont ni régulières, ni décorées d'aucun édifice qui mérite l'attention du voyageur. On compte à Tunis environ 150,000 habitans, y compris les Juifs, dont on fait monter le nombre à plus de 30,000. L'affluence du peuple est aussi grande qu'à Paris. La ville renferme aussi un grand nombre de mosquées, dont les minarets, bâtis avec beaucoup de légèreté et d'élégance, présentent des formes très variées, et s'élèvent souvent à de grandes hauteurs[1].

Les maisons, construites en pierres ou en briques, sont peu élevées et n'ont ordinairement qu'un étage : elles sont si rapprochées, que l'on pourrait facilement passer de l'une sur l'autre, et parcourir ainsi un quartier de

---

[1] Le crieur y monte cinq fois par jour à des heures marquées. (*Note de Desfontaines.*)

la ville. Chacune d'elles est de forme carrée : dans le centre est une cour de même figure, ouverte par en haut, et entourée d'un cloître soutenu sur des piliers ou sur des colonnes ; il ressemble beaucoup à ceux des couvens. Les appartemens sont placés dans le contour. Dès que les fortes chaleurs se font sentir, on déploie au-dessus de la cour une large pièce de toile pour arrêter les rayons du soleil. L'escalier, situé en dedans, proche l'entrée ou vers l'un des angles, aboutit, au premier étage, à une galerie qui fait le tour de la maison au-dessus du cloître. Les appartemens y sont disposés comme autour de la cour. Un second escalier s'élève de la galerie jusqu'au sommet de l'édifice, dont la terrasse est entourée d'un parapet assez bas. En été, les habitans montent, vers le soleil couchant, sur ces terrasses pour y chercher la fraîcheur, pour y jouir de la beauté du ciel et du spectacle de la campagne. C'est là que les femmes, lorsqu'elles sont seules, soulèvent leur voile et se montrent aux regards des Européens.

Elles habitent dans un appartement séparé de celui des hommes. Si elles sont dans la cour ou sur la galerie lorsqu'un étranger se présente à la porte de la maison, il attend pour entrer qu'elles se soient retirées dans leur logement. Les gens pauvres demeurent souvent en famille dans une même chambre ; alors les femmes en occupent une des extrémités, et se tiennent toujours à l'écart.

Chaque chambre a la forme d'un carré long et de peu de largeur : c'est une espèce de galerie de la longueur de la cour, où l'on peut se promener à l'aise. Les Maures dorment à l'une des extrémités, couchés sur un matelas ou sur un simple tapis étendu par terre, ou bien sur une estrade qui a un pied ou deux pieds d'élévation. Le sol est ordinairement pavé de briques, à peu près comme en France; chez les riches, on le couvre de beaux tapis d'Orient, et, avant d'entrer, on a soin de laisser les pantoufles à la porte, de crainte de le salir. On lave et on nettoie souvent les appartemens, et, en général, ils sont tenus avec beaucoup de propreté. Les murailles sont blanches, ou recouvertes de petites briques carrées ressemblant à de la faïence, et sur lesquelles on voit des dessins irréguliers grossièrement tracés. Les appartemens, peu éclairés, ne reçoivent la lumière que par de petites fenêtres qui s'ouvrent sur la cour ou sur la rue. Chez les grands, les murailles sont revêtues, à la moitié de la hauteur, de riches tapis de velours, de damas, ou de quelque autre étoffe de prix.

Sur le devant des maisons, on voit souvent la figure d'une main peinte en rouge ou en noir : c'est une espèce de conjuration contre les malveillans. Ce signe veut dire : « Ces cinq doigts dans les yeux de celui qui voudrait faire du mal. »

Sous la plupart des maisons, sont creusées de vastes citernes, où s'amassent les eaux des pluies qui tombent en hiver sur les terrasses ou sur la cour. On n'en boit presque point d'autre : celle des puits a un goût saumâtre ; il n'y a qu'un petit nombre de sources d'eau douce dans les environs ; encore sont-elles peu abondantes, et les plus voisines de la ville en sont distantes de deux à trois milles.

Les mosquées, construites à peu près sur le même modèle que les maisons, n'offrent rien d'imposant à l'œil du voyageur : ce sont de grandes salles carrées et fort obscures, dont le plafond ou la voûte n'a communément que douze à quinze pieds d'élévation au-dessus du pavé. On n'y voit ni autel, ni statues, ni tableaux. Quelques-unes sont décorées de colonnes de marbre, que les Maures ont enlevées du milieu des ruines anciennes. Dans le mur qui regarde la Mecque, se trouve ordinairement une niche vide, vers laquelle les musulmans ont le visage tourné lorsqu'ils prient : ce lieu leur rappelle la présence invisible de la divinité. Ils vont à la mosquée particulièrement les vendredis; un iman y explique des passages du Coran, affermit les fidèles dans la loi de Mahomet, et les exhorte à la piété et aux bonnes œuvres. Les musulmans observent le silence le plus religieux dans les mosquées, et y conservent le maintien le plus respectueux et le plus décent. L'entrée de ces temples est absolument interdite aux chrétiens et aux juifs : cependant les premiers peuvent y pénétrer quelquefois en prenant des précautions, surtout en donnant de l'argent au gardien; c'est un moyen que j'ai employé et qui m'a réussi.

La ville de Tunis est riche et commerçante : on y fabrique des toiles, des étoffes de soie et de laine, des ceintures, des bonnets à la mode des musulmans, dont il se fait un commerce considérable en Barbarie et dans tout l'Orient. Le territoire produit en abondance des blés, des olives, des légumes, des fruits excellens. De nombreux troupeaux couvrent les campagnes; le lac et le golfe sont très poissonneux, et la ville est bien approvisionnée de toutes les choses nécessaires à la vie. Il y a, dans les divers quartiers, plusieurs bains publics pour la commodité des habitans et des étrangers. Le grand nombre de plantes aromatiques que l'on brûle contribue sans doute à purifier l'air vicié par les exhalaisons infectes qui s'élèvent des bords du lac et des égoûts où se rendent les immondices d'une cité immense, et par la puanteur horrible que répandent les cadavres d'animaux exposés, et souvent entassés, le long des chemins et dans les campagnes voisines.

Au nord-ouest de la ville, à quelque distance au-delà des murs, est une grande forteresse située sur une hauteur, d'où elle commande tous les environs. On croit qu'elle fut bâtie par Abduledi, un des anciens rois de Tunis. Le bey y entretient une garnison, et elle est défendue par plusieurs pièces d'artillerie, dont quelques-unes sont d'un gros calibre.

On jouit à Tunis d'un très beau climat. L'hiver y offre l'image du printemps : dès le mois de janvier, les champs sont couverts de verdure et émaillés de mille fleurs. Le thermomètre de Réaumur se soutient ordinairement à 10 ou 12 degrés au-dessus de zéro ; souvent il monte à 15 ou 16. Les pluies commencent à tomber en octobre et continuent par intervalles jusqu'à la fin d'avril. Plus elles sont abondantes, plus on a l'espoir d'une heureuse récolte. Elles sont toujours annoncées par les vents du nord. Souvent ils se déchaînent avec violence, excitent des tempêtes le long de la côte, et rendent la navigation très dangereuse. Dans le commencement de mai, les nuages disparaissent, et le ciel est presque toujours serein jusqu'au retour de l'hiver.

Les chaleurs de l'été sont brûlantes, et seraient insupportables si elles n'étaient tempérées par un vent frais qui s'élève sur les neuf heures du matin. Il vient de la mer et augmente à mesure que le soleil monte sur l'horizon ; il diminue ensuite à proportion que l'astre s'abaisse, et tombe tout-à-fait aux approches de la nuit. Alors un calme absolu règne sur la nature. Les vapeurs aqueuses élevées et répandues dans l'atmosphère pendant la chaleur du jour, retombent en rosées abondantes, et épanchent une fraîcheur délicieuse sur la terre aride et desséchée. Des milliers d'étoiles brillent sur un ciel d'azur : elles lancent des feux beaucoup plus vifs et plus étincelans que dans les climats tempérés. Nos poëtes célèbrent les beaux jours ; ceux d'Afrique chantent les douceurs et la pureté des nuits.

Dans les mois de juin, de juillet et d'août, le thermomètre se soutient, à l'ombre, depuis 24 jusqu'à 30 degrés. Un grand nombre d'habitans se retirent à la campagne : ils y vont respirer un air plus pur et plus frais dans leurs jardins, sous des bosquets touffus de lentisques, de jasmins, de grenadiers et d'orangers.

Les Tunisiens, livrés au commerce et accoutumés à voir beaucoup d'étrangers de différentes nations, dont ils sont obligés de se rapprocher par des besoins d'intérêts, sont en général beaucoup moins durs et moins insolens que les Algériens. Les chrétiens sont traités à Tunis avec douceur, et même avec des égards. Un consul peut faire valoir et réclamer avec force les droits de sa nation lorsqu'ils ont été violés. A Alger, au contraire, il faut toujours ramper, et encore obtient-on difficilement justice. L'on n'y réussit jamais en parlant avec fierté. Les Algériens font trembler toute la Barbarie; et les puissances européennes qui, pour des vues de commerce, entretiennent la paix avec eux, souffrent patiemment les injustices, les vexations, les excès de toute espèce qu'ils ne cessent de commettre, les comblent de présens, ou leur paient même annuellement de honteux tributs. La prospérité étonnante dont jouissent ces pirates leur a tellement enflé le cœur, qu'ils se croient les maîtres de toutes les nations de la terre, et je ne serais point étonné, si on ne réprime pas leurs prétentions et leurs brigandages, de les voir s'arroger en peu de temps le droit de vendre des passe-ports à tous ceux qui voudront naviguer sur la Méditerranée.

On parle trois langues à Tunis et sur toute la côte de Barbarie : l'arabe, la turque et la franque. Celle-ci, qui mérite a plus juste titre le nom de jargon que celui de langue, est en usage dans toutes les villes situées le long de la côte : à Tunis, elle a beaucoup de rapport avec l'italien; à Bône et dans les environs, elle diffère peu du provençal; enfin, à Alger et du côté de Maroc, c'est un mélange d'italien et d'espagnol. Les traités de la régence sont écrits en langue turque, quoique ce soit la moins répandue des trois. L'arabe est celle que l'on parle le plus universellement; elle a beaucoup dégénéré dans les villes, tandis qu'elle s'est conservée dans presque toute sa pureté primitive parmi les Bédouins.

Toutes les religions sont tolérées à Tunis, et même dans toute la Barbarie. Chacun peut suivre en liberté celle qu'il a embrassée, pourvu qu'il ne trouble point l'ordre public, et qu'il garde un silence absolu sur celle de Mahomet. Les prêtres catholiques y sont respectés, et peuvent paraître en public avec l'habillement distinctif de leur état. Il y a, dans la maison du consul de France, une chapelle où l'on célèbre le service divin le dimanche et les fêtes.

Les portes de la ville se ferment régulièrement au coucher du soleil, et on ne les rouvre que le lendemain, vers l'aube du jour. Tous les vendredis, elles sont fermées depuis dix heures du matin jusqu'à midi, parce qu'un des prophètes des Musulmans a prédit que, «

même jour et à ces mêmes heures, les chrétiens s'empareraient de tout le pays. La garde rôde pendant la nuit et veille à la sûreté publique. Elle s'annonce de temps en temps par des cris que l'on entend de très loin au milieu du silence. Il est très rare qu'il se commette des désordres, et si des malfaiteurs sont surpris et arrêtés, ils sont rigoureusement punis.

Les Tunisiens, ainsi que tous les autres peuples de la Barbarie, sont plongés dans l'ignorance la plus profonde. Les plus habiles d'entre eux savent lire, écrire et compter; ils ne désirent pas d'étendre plus loin le cercle de leurs connaissances. Nos sciences leur paraissent inutiles au bonheur de la vie. Ils disent de bonne foi que les chrétiens sont des fous qui se tourmentent jour et nuit pour de vaines chimères. La chaleur du climat les porte naturellement à l'indolence et à l'inaction. D'ailleurs, quelle sorte d'énergie pourraient avoir de malheureux esclaves dont les biens et la vie même sont à la merci de la cupidité ou des caprices du tyran qui gouverne? Chacun se hâte de jouir du moment présent, et ne s'occupe guère de l'avenir.

Lorsque la faveur les élève à de grandes

places, ils n'y paraissent pas étrangers, et en remplissent les devoirs avec dignité. Viennent-ils à les perdre, alors ils se soumettent avec résignation au revers de la fortune. Assez généralement persuadés que tous les événemens de la vie ont été marqués par une sagesse éternelle, et qu'il n'est pas au pouvoir de l'homme de rien changer à sa destinée, crédules, avares, superstitieux, jaloux à l'excès, souvent livrés à la débauche la plus honteuse et la plus infâme, la plupart mènent une vie indolente et désœuvrée.

Les plaisirs de la société leur sont inconnus, parce que les femmes, qui en forment le lien le plus puissant et le plus doux, en sont bannies. Condamnées à passer leurs jours dans l'obscurité et la servitude, toute espèce de communication avec les hommes leur est interdite. Elles sortent rarement, et ne paraissent jamais en public sans être voilées. Le vendredi, jour consacré à la prière, elles vont ordinairement à la mosquée. Quelquefois elles rendent visite à leurs parentes et à leurs amies. La réserve entre les deux sexes est portée à un tel point, qu'un mari n'entre jamais dans l'appartement de son épouse quand une femme étrangère y a été admise. Bornées uniquement aux soins de leur ménage et de l'éducation de leurs enfans, le cercle de leur empire ne s'étend pas au-delà du harem ; elles ne jouent pas un rôle brillant sur la scène du monde ; elles n'ont point d'influence dans les affaires de l'État. Élevées dès leur plus tendre enfance dans la retraite et dans la soumission, affermies dans ces principes par les leçons, par l'exemple de leurs mères, par la force de l'opinion, par l'empire de la loi, n'ayant aucune liaison avec les Européennes, pour lesquelles on a soin de leur inspirer de la haine et du mépris, elles ne soupçonnent même pas qu'il puisse exister un sort préférable à celui dont elles jouissent.

La polygamie, autorisée chez les Maures comme dans tout l'Orient, est un droit injuste et tyrannique que le sexe le plus fort s'est arrogé sur le plus faible, et qui répugne à toute bonne politique, puisqu'il oppose nécessairement un obstacle à la population. Partout où les deux sexes sont à peu près en nombre égal, un homme ne doit posséder qu'une seule femme. La justice et l'humanité réclament surtout contre ces sérails odieux où des milliers de jeunes filles, vendues à l'esclavage, consument leurs plus beaux jours dans une prison, et sont condamnées à renoncer pour jamais au plus sacré de tous les liens, au plus vif et au plus aimable de tous les penchans, pour satisfaire la vanité ou les caprices passagers de quelques tyrans.

Les Mauresques sont en général très belles : elles ont le teint délicat et animé, les yeux pleins d'expression, de sentiment et de vie; de longs cheveux noirs tressés tombent et flottent sur leurs épaules, ou sont fixés avec des rubans au sommet de leur tête. La plupart teignent d'une couleur aurore l'extrémité de leurs mains et de leurs pieds, en y appliquant des feuilles de henné pulvérisées; elles se noircissent aussi les sourcils et le bord des paupières avec de la mine de plomb[1]. Cette couleur

---

[1] Elles se servent, pour cela, d'un petit pinceau de la grosseur d'une plume à écrire. Cet usage était particulier aux femmes de la Grèce et de Rome. Shaw rapporte qu'il a vu tirer des catacombes d'Egypte, un bout de roseau qui contenait environ une once de la poudre dont on se sert aujourd'hui. (*Note de Desfont.*) Voy. Shaw, t. II, p. 159, tr. fr.

empruntée ajoute encore quelque chose de plus vif et de plus piquant à l'impression de leurs regards. Leurs bracelets et leurs boucles d'oreille sont d'or ou d'argent ; les plus pauvres en portent de cuivre. Les boucles d'oreille ont quelquefois deux ou trois pouces de diamètre, et sont d'une forme circulaire. Les femmes sont d'une propreté que rien n'égale ; elles vont souvent au bain : là, après s'être bien lavées et avoir épilé toutes les parties de leur corps avec une pommade composée pour cet usage[1], elles brûlent du bois d'aloës, se parfument d'essence de rose, en répandent sur leurs cheveux, sur leur linge, sur leurs habits. Il est vraisemblable que des soins si recherchés et si délicats sont principalement mis en usage pour vaincre leurs rivales, et la vanité y a sans doute plus de part que l'amour. Comment, en effet, pourraient-elles aimer celui sur qui le choix libre de leur cœur n'est point tombé ?

La chaleur du climat hâte le développement

---

[1] Lorsque leurs maris sont absents pour long-temps, elles ne s'épilent plus ; c'est une preuve de la fidélité qu'elles lui ont gardée. (*Note de Desfont.*)

des sexes. Il n'est pas rare de voir des femmes mères à l'âge de onze ans. Elles allaitent elles-mêmes leurs enfans : c'est un devoir que la loi du prophète leur commande de remplir. Les enfans sont aussi blancs que ceux d'Europe. Parvenus à un âge plus avancé, l'ardeur du soleil leur brûle le teint, et leur donne une couleur presque basanée.

Le sang des Maures est très mélangé par les alliances continuelles que les Turcs. les renégats chrétiens de diverses nations, contractent avec les femmes du pays. Les hommes sont, en général, d'une constitution sèche; ils ont du caractère et de la fierté dans la physionomie; leur taille commune est de cinq pieds trois à quatre pouces; on en voit peu d'infirmes et de contrefaits : la vie sobre et paisible qu'ils mènent les exempte de beaucoup de maladies particulières aux peuples policés. Ils vivent aussi long-temps que ceux des climats tempérés, et atteignent le terme de leur carrière sans crainte, sans inquiétude, et presque sans s'en être aperçus.

Le peuple est extrêmement superstitieux, et a le plus grand respect pour les santons, espèce de fous et de vagabonds qui vivent aux dépens de la charité publique ; ils les regardent comme des saints et des inspirés, parce qu'ils commettent toutes sortes d'extravagances. On en voit qui s'enfoncent des clous dans la tête, et se portent des coups violens sans pousser un cri, sans témoigner le moindre sentiment de douleur ; d'autres courent nus au milieu des rues ; quelquefois même ils arrêtent les femmes, et se livrent publiquement à leur lubricité. Alors on les entoure, on écarte les passans ; des personnes charitables se dépouillent de leurs habits pour recouvrir le couple heureux. Les femmes honorées de pareilles faveurs sont en odeur de sainteté.

Le royaume est gouverné par un prince qui porte le titre de bey. Sa dignité est héréditaire et appartient à l'aîné des enfans mâles. Le bey dicte et réforme les lois, juge les affaires de ses sujets, les condamne ou les absout, sans rendre compte de sa conduite à personne. Dans les affaires imprévues et délicates, il assemble et consulte le divan ; mais il est toujours libre de suivre sa volonté. Lorsque ses peuples ont des contestations, ils viennent plaider leur cause en sa présence ; après que les témoins ont été entendus, s'il en est besoin, les parties sont jugées sans délai, sans appel, et sans qu'il en coûte aucun frais. J'ai assisté plusieurs fois aux audiences du bey, et je puis assurer qu'il régnait alors dans sa cour une bonne foi, une justice et un désintéressement qui pourraient servir d'exemple aux nations les plus éclairées et les mieux policées de l'Europe. Hamed pacha, bey régnant, entrait dans sa vingt-quatrième année. Depuis trois ans, il avait succédé à son père Aly bey, prince universellement regretté de ses sujets. Moustapha Coja, beau-frère du jeune bey, gérait depuis long-temps les affaires du gouvernement. Géorgien de naissance, et amené en esclavage à Tunis, il sut si bien se concilier l'amitié et la confiance d'Aly bey, que ce prince lui accorda la liberté, et l'éleva au rang de premier ministre, après lui avoir donné sa fille en mariage. Moustapha s'est montré digne d'un tel choix : sage, juste, humain, désintéressé, il a rempli avec distinction tous les devoirs que sa place lui imposait, et a rendu les services les plus importans au gouvernement, en encourageant de tout son crédit l'agriculture et le commerce.

Les témoignages de bienveillance que j'ai

reçus de lui pendant mon séjour à Tunis, ne s'effaceront jamais de mon souvenir. C'est à ses bontés que je dois toutes les facilités dont j'ai joui pendant le cours de mes voyages. Il ne m'a jamais refusé aucune des graces que je lui ai demandées, et souvent même il est allé au-delà de mes désirs.

La milice, soldée par le gouvernement, est composée de renégats, de Maures et de Turcs. Chaque soldat est armé d'un pistolet, d'un sabre, d'un poignard passé à la ceinture, et d'un fusil sans baïonnette. La plupart des renégats sont Italiens, Sardes, Corses, Français ou Géorgiens. On en compte environ douze à quinze cents. Plusieurs sont employés à la garde du bey, et l'accompagnent à cheval lorsqu'il sort de son palais, ou qu'il marche à la tête de son camp. Ils jouissent en général d'une grande considération, et parviennent même aux places importantes du gouvernement. Le nombre des Turcs se montait anciennement à quatre ou cinq mille; mais, comme ils excitaient souvent des séditions et des révoltes, on a jugé qu'il était prudent de les réduire à cinq ou six cents. Depuis ce temps, le pays a été plus tranquille, et la personne du bey, plus en sûreté. Les Maures soldés, au nombre de sept à huit mille, sont les moins estimés; l'on ne compte que médiocrement sur leur valeur et leur fidélité. Les renégats et les Maures forment la cavalerie; l'infanterie, beaucoup moins nombreuse, n'est composée que de soldats turcs. Les troupes sont peu disciplinées, et n'ont aucune connaissance de la tactique militaire; elles marchent et combattent presque sans aucun ordre; leur principale occupation est de lever les tributs imposés aux Arabes. Les Turcs sont beaucoup moins respectés à Tunis qu'à Alger, où ils ont un droit exclusif à toutes les grandes charges de la régence, et où les enfans mêmes du dey ne peuvent jamais y parvenir. Ces priviléges inspirent aux Turcs d'Alger une fierté et une morgue insupportables; il n'en est aucun qui ne nourrisse en lui-même l'ambition d'arriver aux premières places, et qui ne s'en croie digne. Aussi arrive-t-il souvent que cette milice turbulente et audacieuse se porte aux derniers excès, et les deys en ont été plusieurs fois les premières victimes.

Il m'a été impossible de me procurer des renseignemens aussi exacts que je l'aurais désiré sur les revenus de la régence de Tunis. La plupart des personnes que j'ai consultées les estimaient à dix ou douze millions; quelques-unes les portaient jusqu'à vingt millions. On lève les tributs les armes à la main. Deux camps volans partent tous les ans de Tunis, et vont mettre les Arabes à contribution. Ces peuples vagabonds et sans domicile fixe ne paieraient rien s'ils n'y étaient contraints par la force. L'un de ces camps entre ordinairement en campagne dans le courant de juillet ou d'août, et s'avance du côté de l'ouest, vers la frontière d'Alger. L'autre sort en novembre, parcourt toute la partie méridionale du royaume, traverse les montagnes de l'Atlas, et pénètre dans le désert, jusqu'aux confins du territoire de Tripoli. Les tributs payés par les Arabes consistent en blé, dattes et huile, en moutons, en chevaux, et en argent. De plus, le bey possède de vastes domaines dont les revenus sont considérables. Il lève des droits sur les marchandises étrangères qui entrent dans ses Etats. La compagnie d'Afrique lui paie une somme annuelle pour la pêche du corail, et une compagnie italienne lui donne trente mille francs par an pour la pêche du thon. La piraterie n'est pas, à beaucoup près, d'un aussi grand revenu qu'à Alger : néanmoins, les corsaires de la régence font de temps en temps de riches prises sur la Méditerranée.

Le bey réside dans un joli château qu'on appelle le Bardo, situé au milieu d'une grande plaine, à trois quarts de lieue nord de la ville. Ce château est fort ancien : Léon l'Africain [1] nous apprend que, de son temps, les rois y faisaient déjà leur séjour. Le mur qui l'entoure est bien bâti, et défendu par quelques pièces de canon placées du côté de la porte d'entrée. La cour du bey est nombreuse; les officiers qui la composent sont, en général, très honnêtes et très polis envers les étrangers : ils n'ont pas l'arrogance dédaigneuse de ceux d'Alger.

Il y a à Tunis six maisons de négocians français. L'appât du commerce a aussi attiré dans cette ville plusieurs Italiens. La régence leur a accordé la permission de s'y établir, quoiqu'elle soit en guerre avec les puissances dont ils sont les sujets. Les marchandises que l'on

---

[1] Page 564, éd. Elzevir.

exporte dans les pays étrangers sont des huiles, des blés, des dattes, des pois chiches, du séné, de la barille, des cuirs, des laines, des éponges, de la cire, des bonnets, des ceintures à la mode des Orientaux. On rapporte en retour des laines d'Espagne, des draps, du bois de campêche, de la cochenille, du kermès, des épiceries, du sucre, du café, du papier, des toiles de coton, des soieries; diverses espèces de gomme, de la noix de galle, des planches, du fer, du cuivre, des liqueurs spiritueuses dont les Maures sont très avides, quoique l'usage leur en soit défendu par la religion et par les lois.

La ville de Livourne dispute à celle de Marseille l'avantage du commerce de Tunis, de manière qu'il est difficile de dire à laquelle des deux il appartient. La somme des marchandises apportées de Marseille pendant le courant de l'année 1783, se montait à 1,326,559 livres; Livourne en avait envoyé pour 907,514 livres; souvent leur valeur excède un million. Celles qui avaient été exportées à Marseille la même année s'élevaient à 815,487 livres; on en avait expédié à Livourne pour 1,458,500 livres. Les marchandises apportées de Venise, de Trieste, d'Alicante, de Sardaigne et de Malte s'élèvent, année commune, à peu près à 500,000 livres. Trieste et Venise en fournissent la majeur partie. Outre les exportations de Tunis à Marseille, les négocians français font encore passer tous les ans à Smyrne, à Alexandrie, à Constantinople, pour un million à peu près de marchandises; celles qu'ils en rapportent valent de quatre à cinq cent mille livres. Tel était le commerce de Tunis lorsque j'y séjournais. Ces notes ont été prises sur les registres du consulat de France, et l'on peut compter sur leur exactitude. La paix que la Porte et les puissances de Barbarie viennent de conclure avec l'Espagne apportera sans doute un jour une différence considérable et très désavantageuse dans la balance du commerce de la France avec Tunis et tout l'Orient.

Les marchandises qui entrent dans la ville pour le compte des Français ou des Anglais ne paient qu'environ deux pour cent, tandis qu'on lève à peu près un dixième sur la valeur de celles des autres nations. Cet avantage favorise d'autant plus notre commerce, que depuis la prise de Mahon, celui des Anglais est entièrement tombé sur les côtes de Barbarie. Les Juifs, qui font presque tout le négoce avec Livourne, ne peuvent soutenir la concurrence des Français que par des épargnes sordides, par des privations continuelles et par un genre de vie auquel ils peuvent seuls se soumettre. Nos négocians, au contraire, vivent dans l'aisance et font une dépense proportionnée à leur revenu. S'ils n'amassent pas de grandes richesses, du moins leur commerce est assez sûr. Chacun d'eux se retire ordinairement au bout de douze à quinze ans avec une fortune honnête. Ils jouissent en paix du bénéfice qu'ils ont fait, et jamais ils n'essuient d'avanies comme au Caire et dans plusieurs autres villes d'Orient. Le gouvernement de Tunis est toujours prêt à leur rendre justice lorsqu'ils ont des contestations d'intérêt avec les naturels du pays.

Outre le commerce que les Juifs font avec Livourne, ils trafiquent aussi dans l'intérieur du pays, vendent en détail diverses espèces de marchandises et denrées, exercent toutes sortes de métiers, particulièrement ceux qui exigent le plus d'intelligence et d'activité. L'ignorance et la paresse insoucieuse des Maures leur fournissent des moyens faciles de gagner leur vie et même de s'enrichir. Voilà sans doute le motif qui les attire en si grand nombre sur les côtes de Barbarie, malgré les humiliations, les mépris et les outrages de toute espèce dont on les accable, et qu'ils sont obligés de souffrir avec patience, sans avoir pour ainsi dire le droit de se plaindre. Il arrive même fréquemment que le gouvernement exige d'eux des sommes considérables qu'ils sont obligés de payer sur-le-champ[1].

Les chrétiens habitent presque tous le quartier de la ville qui avoisine la porte d'entrée du côté du lac. Chaque nation en paix avec la régence entretient à ses frais un consul à Tunis pour régler les affaires des négocians et pour soutenir leurs droits auprès du gouvernement. Il leur est permis de conserver le costume national et de porter des habits de toutes sortes de couleurs, à l'exception du vert pré. C'est une marque de distinction que les chérifs se sont réservée et dont eux seuls ont le

---

[1] On les connaît sous une dénomination qui marque bien tout le mépris qu'on leur porte : *Cani sensa bandiera*, chiens sans pavillon. (*Note de Desfont.*)

droit de se parer. Les Européens peuvent se promener seuls dans les rues et dans les environs de la ville. S'ils sont insultés et qu'ils portent des plaintes au gouvernement, elles sont écoutées et le coupable est puni sur-le-champ selon la gravité de l'offense.

Tout étranger résidant à Tunis ou dans tout autre lieu de la Barbarie doit se conformer autant qu'il est possible aux usages du pays, et bien prendre garde d'y jeter jamais le moindre ridicule, parce que les peuples de ces contrées y sont très attachés. Ils supporteraient difficilement cette marque de mépris. Il faut aussi éviter de parler de la religion : le bien qu'on en pourrait dire paraîtrait suspect, et si l'on en parlait en mal on s'exposerait aux plus grands dangers. L'on doit pareillement user de la plus grande retenue envers les femmes. La loi de Mahomet leur défend toute espèce de liaison avec les chrétiens; et les Maures sont si jaloux, qu'ils ne souffrent pas même qu'on leur demande, lorsqu'on les aborde, des nouvelles de leurs épouses.

Je vais rapporter un événement terrible arrivé sous mes yeux, et qui prouve jusqu'à quel point les lois sont sévères à cet égard. Un capitaine de vaisseau ragusain fut un jour surpris et arrêté par la garde dans la maison d'un Juif où des femmes musulmanes s'étaient introduites. Le consul de Raguse, qui savait combien cette affaire était grave, se rendit promptement chez le bey. Il implora le pardon du coupable par des prières, par des larmes, par les sollicitations les plus vives et les plus pressantes; mais ce fut en vain : l'arrêt de mort était irrévocablement prononcé. Le lendemain, sur les onze heures du matin, le malheureux capitaine fut massacré sans pitié par des soldats, sur la place publique voisine de l'habitation des Francs. Une populace furieuse et barbare se saisit du cadavre et se livra à des horreurs et à des excès d'infamie dont il me répugne de tracer le tableau. La femme coupable fut enfermée dans un sac et noyée ; son cadavre fut ensuite retiré de l'eau et exposé pendant trois jours à l'une des portes de la ville. Le Juif, attaché à un poteau hors des murailles, fut brûlé vif, et nous vîmes de nos fenêtres s'élever les flammes qui le consumèrent.

La plupart des esclaves chrétiens, dont le nombre n'excède guère soixante à quatre-vingts, appartiennent au gouvernement. Les principaux officiers en ont aussi quelques-uns à leur compte; on les traite avec douceur et ils sont aussi heureux qu'il soit possible de l'être dans l'esclavage. Avec de l'intelligence, de l'économie et une bonne conduite, ils amassent souvent en peu d'années de quoi payer leur rançon : elle se monte à environ 3,000 livres. Ils sont employés au service intérieur de la maison du bey ou des maîtres auxquels ils appartiennent, et on leur laisse la liberté de changer de religion. A Alger, au contraire, l'intérêt du gouvernement exige qu'il s'y oppose, parce que la vente des esclaves lui rapporte chaque année des sommes considérables. La dureté des traitemens qu'on leur fait essuyer, la vie malheureuse qu'ils mènent, en détermineraient un grand nombre à embrasser le mahométisme si cela était en leur pouvoir. La régence ne le permet guère qu'à ceux qui peuvent lui rendre des services essentiels.

Mœurs et usages.

Dès qu'un enfant est né, le père et la mère lui donnent le nom qu'il doit porter le reste de sa vie. Les garçons s'appellent Aly, Achmed, Ahmida, Ibrahim, etc.; si c'est une fille, on la nomme Cadicha, Fatma, Aïcha, etc. Si l'enfant est d'une naissance distinguée, on lui donne le titre de sidy (monsieur), ou de lella (madame). Sept ou huit jours après la naissance, l'enfant est porté au bain; on le lave, on le parfume et on récite les prières usitées en pareille circonstance. Cette espèce de baptême est commune aux deux sexes; les garçons ont de plus à subir la circoncision, mais on attend qu'ils aient atteint l'âge de sept à huit ans. Le jour fixé pour la cérémonie, la famille donne une fête. Tous les amis y sont invités, et il est d'usage que chaque personne conviée apporte avec elle un présent. Un iman ou un marabout fait l'opération avec une paire de ciseaux en répétant plusieurs fois le *bism-allah* (au nom de dieu), formule sacrée que les musulmans prononcent en commençant la plupart de leurs actions. L'opération finie, le prêtre maure applique un bandage sur la partie qu'il vient de circoncire. On prie pour la conservation et la prospérité de l'enfant, et le reste du jour se passe en festins et en divertissemens.

Voici comment se font les mariages. Après que les deux parties ont pris respectivement avec d'assez longs détours toutes les informations qu'elles jugent nécessaires, le futur charge une femme de confiance de faire la proposition à la personne qu'il désire épouser; si la demande est agréée, on commence à marchander sur le *saddec* ou présent qu'il doit donner à sa future. Il s'engage par contrat passé devant le cadi de lui payer, par exemple, une certaine somme d'argent, de lui fournir tant de négresses, tant de laine, de perles, de bijoux, de caftans en drap d'or, en velours, en damas ou autres étoffes. La moitié du saddec est donnée le jour même du mariage; l'autre peut s'acquitter à loisir. Le père de la fille est obligé de lui faire présent d'habits, de sofas et de divers ameublemens d'usage. Si par la suite le mari répudie sa femme, il faut qu'il lui paie sur-le-champ la seconde moitié du saddec, et s'ils ont eu des enfans, ils restent avec la mère. A Alger, l'affaire du saddec est moins scrupuleusement traitée. Lorsqu'il s'agit de rompre un mariage contracté avec un Turc, la femme est ordinairement réduite à composer avec son mari de la manière la moins désavantageuse qu'il lui est possible.

La veille du mariage, la jeune fille va au bain; à son retour, ses esclaves lui expriment leur joie par des cris d'allégresse : *Lou, lou, lou,* qu'elles modifient en se frappant le gosier avec les doigts. Le jour de la noce, une vieille femme amie de la maison, qui prend le nom de *martha*, préside à la cérémonie (les prêtres n'y ont rien à faire) et est chargée du soin de parer la nouvelle épouse. Elle lui peint le visage en blanc et en rouge, les sourcils, le bord des paupières et le dedans des mains en noir, les extrémités des doigts en jaune; elle lui applique çà et là sur la figure des petites mouches de papier doré, la couvre de perles, de pierreries, de petites chaînes d'or ou d'argent auxquelles sont suspendues de petites boîtes de diverses grandeurs. Ainsi parée, et entourée d'un voile demi transparent, elle se place sur un fauteuil. Toutes les dames se rassemblent autour d'elle pour la contempler, pour lui parler de sa beauté et de l'élégance de ses atours; pendant tout ce temps ses yeux immobiles sont fixés à terre et elle garde un profond silence. L'époux arrive sur ces entrefaites; on l'introduit dans une chambre voisine richement ornée de sofas, de tapis d'Orient, de sept à huit paires de rideaux de diverses couleurs placés devant la porte. Alors la martha prend la jeune épouse par la main et la conduit dans l'appartement du mari; elle enlève aussitôt le voile qui la couvre, et il la voit pour la première fois de sa vie. Après qu'ils se sont salués mutuellement en s'appelant souvent par leur nom, la martha leur verse dans les mains de l'eau de rose ou de fleur d'orange; ils y boivent réciproquement, après quoi elle se retire en leur adressant mille souhaits de prospérité. Nulle fille ne paraît à ces cérémonies; les femmes mariées et les veuves ont seules le droit d'y assister. On leur sert des viandes, des pâtisseries, du sorbet, du café; de temps en temps des chants d'allégresse se font entendre. Le repas fini, le bal commence. Chaque femme danse ordinairement seule, tenant dans chaque main un mouchoir de soie déployé qu'elle passe fréquemment autour de sa tête et de son corps. Ces danses ne ressemblent point aux nôtres : ce sont des pantomimes d'amour où l'indécence est portée à un tel excès qu'il est impossible de s'en former une idée sans les avoir vues. Mais des peintures aussi lascives ne sauraient plaire qu'à des peuples peu délicats.

Un grand nombre de musiciennes à gages sont appelées à ces fêtes; les unes animent la danse par leur chant, d'autres jouent d'un violon à deux cordes; plusieurs battent la mesure sur un petit tambour, ou bien agitent le cistre. Chaque danseuse distribue de l'argent à ces musiciennes.

Les hommes invités à ces fêtes font société à part; ils mangent, boivent le café et le sorbet, fument la pipe, chantent, dansent et se réjouissent à peu près de la même manière que les femmes.

Le septième jour après le mariage, celles-ci se réunissent encore, et vont poser le *sarma* sur la tête de la jeune femme : c'est une espèce de bonnet d'or ou d'argent massif travaillé à jour. Il y en a qui coûtent depuis vingt-cinq jusqu'à quatre cents sequins. Ce sarma est une de leurs parures les plus chères; les femmes ne le quittent pas même pendant la nuit, et les plus pauvres se privent du nécessaire pour se procurer cet ornement.

Quant aux funérailles, aussitôt qu'une personne d'un rang distingué est expirée, les gens de la maison poussent des cris lamentables et des hurlemens. Les femmes se couvrent de poussière, s'arrachent les cheveux et se déchirent le visage. On frappe sur des chaudrons, on fait un bruit épouvantable, comme si l'on voulait réveiller le défunt. On l'appelle à grands cris, en disant : Pourquoi es-tu mort? pourquoi nous as-tu quittés? Le bruit et les lamentations recommencent et se succèdent par intervalles; on loue même de pauvres femmes pour aider à pleurer. Celles qui donnent les signes du désespoir le plus violent sont les mieux payées. On lave ensuite le mort, et, après l'avoir enfermé dans un sac de toile de coton tissu exprès pour cet usage, on le porte sur un brancard recouvert de beaux tapis de diverses couleurs, après quoi il est porté à la mosquée ou devant quelque lieu saint, où il reste exposé pendant une demi-journée. Des étudians de la religion, nommés thalibs, y récitent des prières jusqu'au moment où on l'enlève pour le transférer au lieu de la sépulture. Le long du chemin, chacun des assistans s'empresse de soutenir la bière : c'est une œuvre méritoire. Le convoi marche rapidement, et l'on chante quelques passages choisis du Coran. Arrivé au cimetière, le mort est mis dans la fosse, la tête tournée du côté de l'orient. Si, avant de mourir, le défunt à accordé la liberté à quelques esclaves, ils assistent aux funérailles, portant leur acte d'émancipation à l'extrémité d'une canne. Les parens du défunt distribuent pendant trois ou quatre jours aux pauvres des aumônes en argent, en pain, en figues sèches, selon leurs facultés. Les tombeaux sont situés hors des villes. Les riches y ont un lieu marqué pour leur sépulture. Les tombeaux des grands sont construits en pierre ou en brique, ont une forme quadrangulaire, ou bien sont arrondis et voûtés en dôme. Ceux du peuple sont simplement pavés de briques ou recouverts seulement d'une pierre ; on en voit d'autres plus petites, de figure carrée, posées sur l'un de leurs bords ; l'une est placée du côté de la tête, et l'autre vers les pieds ; on y lit les noms et les qualités du défunt. Souvent on place du côté de la tête une pierre de taille en forme de turban ; quelquefois les tombes sont seulement bordées de petites pierres. Tous les vendredis, des veuves, des filles, des mères éplorées, vont répandre des fleurs et réciter des hymnes funéraires sur les tombeaux.

Les hommes laissent croître leur barbe, comme dans tout l'Orient, et se rasent la tête. Quelques-uns se rasent aussi le visage et ne conservent que leurs moustaches. Tous les grands ont la barbe longue ; lorsqu'on veut dégrader quelqu'un on lui coupe la barbe. Les enfans laissent croître leurs cheveux jusqu'à l'âge de puberté.

Les Kabayles d'Alger ne se rasent point dans l'endroit où nos prêtres se font la tonsure ; ils y laissent pendre une touffe de cheveux plus ou moins longue.

Productions naturelles.

Les campagnes des environs de Tunis, bornées du côté du midi et du nord par de grandes chaînes de montagnes qui s'élèvent des bords de la mer, et se prolongent obliquement du nord-est au sud-ouest, offrent un mélange agréable de plaines, de monticules, de collines et de coteaux. Le sol calcaire et sablonneux produit, presque sans soins et sans culture, les plus riches moissons. On y recueille du froment, de l'orge, du maïs, du sorgho. Dans les années abondantes, les bonnes terres rendent jusqu'à quatre-vingts et cent fois autant qu'on a semé. On rencontre çà et là de très belles plantations d'oliviers, qui sont une des principales sources de la richesse du pays. L'huile est, à la vérité, d'une qualité bien inférieure à celle de Provence ; sans doute parce qu'on ignore l'art de la perfectionner. Les négocians français en achètent tous les ans pour des sommes considérables ; ils l'envoient à Marseille, où elle est employée dans la fabrique des savons.

La vigne est cultivée particulièrement le long des bords de la mer, sur la pente des coteaux arides et sablonneux ; on la soutient, comme en France, sur des échalas, et elle rapporte de très bons raisins. On en fait sécher tous les ans une grande quantité au soleil, ce qui fournit l'objet d'un grand commerce avec l'étranger. On sème aussi, dans les mêmes cantons, beaucoup de pastèques, de concombres et de melons délicieux.

Le genêt épineux, le myrte, le romarin, la lavande, la bruyère à plusieurs fleurs, diverses espèces de cistes, le laurier-rose, le lentisque, le caroubier, dont les gousses pulpeuses servent à la nourriture des hommes et des troupeaux, croissent naturellement dans les lieux incultes. La fertilité du territoire est principalement due aux pluies abondantes de l'hiver et du printemps. En été, la plupart des sources tarissent, et la terre, brûlée par les feux du soleil, cesse de produire jusqu'au retour de l'hiver.

Les principaux habitans de Tunis possèdent des maisons de campagne avec de jolis jardins, où les orangers, les amandiers, les figuiers, plantés sans aucun ordre et très rapprochés les uns des autres, forment des voûtes impénétrables aux rayons du soleil. Dans le printemps, la fleur écarlate du grenadier tranche sur le vert foncé du feuillage et brille d'un éclat éblouissant [1]. Les roses musquées, l'aca-

---

[1] Le grenadier, selon Pline (XIII, 34), est originaire de Carthage, d'où il fut porté à Rome lors des guerres

cia farnèse, le jasmin d'Espagne et d'Arabie, mêlent leur parfum à celui de l'oranger, et l'air est embaumé de leurs suaves émanations.

Pendant l'été, des mules ou des chameaux, auxquels on met un bandeau sur les yeux, tournent des roues à chapelets, et font monter l'eau des puits creusés dans les jardins ou dans le voisinage; elle tombe dans un réservoir, d'où elle se distribue, par divers conduits, sur la surface de la terre, dans toute l'étendue des plantations. On y cultive également une grande quantité de limons aigres et doux, de pruniers, de cédrats, de jujubiers, de henné (*lawsonia inermis*). Ce joli arbrisseau, indigène de l'Inde et de l'Arabie, est aujourd'hui très répandu sur la côte septentrionale d'Afrique et dans tout l'Orient, où il est devenu un objet de luxe et de commerce. Il s'élève à la hauteur

puniques. Le fruit est très rafraîchissant; on peut le conserver pendant plusieurs mois en le faisant sécher au four. L'écorce de grenade est employée à teindre les cuirs en jaune; on fixe la couleur au moyen de l'alun. Les fleurs sèches connues sous le nom de *balaustes* sont légèrement astringentes, et d'usage en médecine.

de dix à douze pieds ; ses rameaux nombreux et grisâtres font un angle presque droit avec le tronc ; ses feuilles opposées, elliptiques, entières, aiguës aux deux extrémités, larges de quatre à cinq lignes, sur huit à dix de longueur, sont d'un vert luisant. Les fleurs sont disposées en panicule au sommet des tiges et des rameaux ; le calice est divisé en quatre folioles ovoïdes, et la corolle composée de quatre pétales blancs, arrondis, alternes avec les feuilles du calice. Chaque fleur renferme huit étamines environ une fois plus longues que la corolle, insérées au réceptacle, et rapprochées deux à deux. L'ovaire, surmonté d'un style terminé en pointe, devient une capsule sphérique de la grosseur d'un pois, partagée intérieurement en quatre loges remplies de petites semences anguleuses. Le henné fleurit vers le milieu de l'été, et ses fleurs exhalent une odeur forte qui plaît beaucoup aux Maures. Ils en cueillent les feuilles dans le mois de juin ou de juillet, et après les avoir fait sécher à l'air libre, ils les broient et les réduisent en une poudre fine dont les femmes se servent pour teindre d'une couleur aurore l'extrémité de leurs mains et de leurs pieds.

Elles en délaient dans l'eau une certaine quantité, et en forment une pâte qu'elles fixent pendant cinq ou six heures, au moyen d'un bandage, sur la partie qu'elles veulent teindre. Ce court espace de temps suffit pour que la couleur s'imprime sur la peau et s'y conserve pendant cinquante à soixante jours. Elles ont soin de la renouveler lorsqu'elle commence à disparaître, et elles ne s'en dispensent que dans les temps de deuil. On colore aussi de la même manière les doigts des jeunes garçons, depuis le moment de leur naissance jusqu'à ce qu'ils aient atteint l'âge de huit à neuf ans. La couleur du henné s'attache particulièrement aux ongles; elle les pénètre entièrement, et ne s'efface qu'après plusieurs années. On l'aperçoit même souvent sur ceux des momies que l'on retrouve dans les tombeaux et au milieu des sables brûlans du désert. Les Maures teignent encore le dos, la crinière, et l'extrémité inférieure des jambes de leurs chevaux avec le henné; ils en appliquent des cataplasmes sur les plaies récentes pour en faciliter la réunion, sur les tumeurs pour les fondre et les résoudre. Une particularité qui mérite d'être observée, c'est que la couleur passe dans le sang, et se communique promptement aux urines.

Dans plusieurs cantons, les femmes se sont particulièrement réservé les soins de la culture du henné ; après en avoir fait tremper la graine dans l'eau pendant trois à quatre jours, elles la mettent dans un sac de toile, et lorsqu'elle a perdu une partie de son humidité, elles l'enveloppent dans une ceinture de laine, et la portent autour de leur corps jusqu'au moment où le germe commence à pousser; alors elles la sèment sur une terre finement divisée, dans des lieux humides et ombragés.

Le henné réussirait vraisemblablement bien dans nos îles d'Amérique, à Cayenne et au Sénégal; je suis persuadé que l'on pourrait tirer un grand parti, pour la teinture des étoffes, d'une substance dont la couleur s'imprime si facilement sur les chairs, sur les ongles et sur le poil des animaux.

M. l'abbé Tessier, de l'Académie des Sciences, m'a communiqué quelques observations sur les usages du henné, que je crois devoir rapporter ici pour compléter l'histoire de cet arbrisseau intéressant. Elles sont extraites d'un mémoire sur la culture des terres dans

la Basse-Egypte, par M. Marc, consul de France à Alexandrie. « On distille des fleurs
« du henné, en Egypte, une eau que l'on
« mêle avec celle de rose dont on se sert dans
« les bains, et que l'on répand sur les habits
« des personnes qui viennent faire des visites,
« avant de leur présenter le parfum. Les
« vieilles femmes en teignent leurs cheveux,
« et, pour les rendre plus bruns, elles mettent
« avec la poudre de henné une égale quantité
« de galles noires brûlées. On en teint les cha-
« meaux, les moutons après la tonte, les pe-
« tits poussins au sortir du four. On en appli-
« que sous la plante des pieds à ceux qui sont
« attaqués de fièvres malignes. On en mêle
« avec l'huile de lin, et on en compose des
« cataplasmes pour la guérison des bêtes de
« charge. Enfin, les gens de distinction con-
« tribuent, même après leur mort, à en aug-
« menter le débit : on ne les ensevelit jamais
« que sur une couche de henné plus ou moins
« grande, quelquefois de 7 ou 8 pouces d'é-
« paisseur, répandue dans le cercueil. Les
« tiges sèches du henné, comme celles de l'o-
« sier, servent à faire des paniers grossière-
« ment travaillés, pour l'usage des jardiniers,

« des vendeurs en détail, et de tous les mé-
« nages. »

Les jardins sont entourés de haies impénétrables, faites avec l'espèce de nopal que Linné
a désigné sous le nom de *cactus tuna*, et que
les Maures appellent *carmons el sara* (figue
des chrétiens). Ce végétal, qui croît abondamm-
ment sur toute la côte de Barbarie, est d'une
grande ressource lorsque les fourrages sont
peu abondans : on en hache les tiges par morceaux après en avoir retranché les nombreuses épines dont elles sont armées de toutes
parts, et on en nourrit le bétail pendant une
partie de l'été et de l'automne. Les gens pauvres en mangent aussi les fruits : ils sont très
nourrissans, quoique d'une saveur fade et
aqueuse. J'en ai observé deux variétés bien
distinctes : l'une rouge et l'autre jaune ; celle-
ci est la plus commune. On les cueille avec
une perche fendue à l'extrémité en trois ou
quatre parties, dont les divisions sont écartées
au moyen d'un petit morceau de bois ou
d'une pierre enfoncée dans le centre : les épines nombreuses dont ces fruits sont parsemés
ont rendu cette précaution nécessaire. On les
coupe aux deux extrémités, et on fend la peau

longitudinalement ; alors elle se sépare avec facilité de la substance charnue.

Le lac de Tunis n'est éloigné de la ville que d'environ trois cents pas ; sa forme est à peu près circulaire, et il peut avoir six à sept lieues de circonférence ; les immondices qui s'y rendent continuellement le comblent peu à peu, et sa plus grande profondeur n'est que d'environ quatre à six pieds. Il serait bien facile d'y creuser un port assez vaste pour recevoir une flotte nombreuse ; mais les Tunisiens n'en ont ni le pouvoir ni la volonté ; ils regardent même le peu de profondeur du lac comme leur sauvegarde contre les puissances européennes. Il est très poissonneux. L'on voit presque toujours à sa surface des vols considérables de beaux phénicoptères aux ailes roses, et diverses autres espèces d'oiseaux aquatiques. Au milieu du lac est un petit château où les navigateurs, de même que les marchandises qui viennent d'Orient dans les temps de peste, sont déposés pendant quinze jours. Cette précaution serait beaucoup plus utile, et pourrait arrêter davantage la contagion, si la même loi était établie dans tous les autres ports situés le long de la côte, où l'on admet indistinctement tous les vaisseaux.

Lorsque les vents du nord soufflent avec violence, ils poussent les eaux hors du lac par le canal de la Goulette. Alors la vase reste à sec le long de ses bords, et l'odeur infecte qui s'en exhale se répand jusque dans la ville.

Les vaisseaux mouillent dans la rade de Carthage. Toutes les marchandises que l'on embarque ou que l'on débarque sont transportées sur des bateaux avec une voile latine que l'on connaît sous le nom de sandals. En un mot, la surface de ce lac présente sans cesse un spectacle vivant et animé.

II.

Première lettre à M. Lemonnier, contenant la relation d'un voyage de Tunis à Cafsa et dans le Gérid.

Tunis, le 15 avril 1784.

Monsieur,

Depuis mon arrivée à Tunis, je n'ai pas reçu une seule fois de vos nouvelles. J'ai eu l'honneur de vous écrire plusieurs lettres dans lesquelles je vous en demandais avec instances ; je suis dans la plus grande inquiétude ; elle ne m'abandonnera que lorsque j'en aurai reçu.

Je vous envoie onze rames de dattes que j'ai cueillies à Nefta. Elles étaient en très bon état lorsque je les ai fait charger sur le bâtiment ; je désire bien que la mer ne leur apporte aucun dommage. Elles sont de la même qualité que celles que mange le bey.

Je suis de retour à Tunis. Mon voyage a duré plus de trois mois et demi : je vais vous en tracer un court tableau; puisse-t-il vous être agréable et vous amuser un moment.

Je suis parti de Tunis le 22 décembre dernier, à la suite du bey qui marchait cette année à la tête de son camp. Il a eu la bonté de me donner quatre chameaux ; j'avais en outre acheté deux mules, loué une tente, et pris à mon service quatre domestiques dont trois nègres : voilà mon train. Avant mon départ, j'avais eu soin de faire une ample provision de riz, de biscuits, de viandes salées, etc., parce que la manne ne tombe plus dans les déserts. Notre marche était lente ; à peine faisions-nous cinq à six lieues par jour, au son des timbales, des trompettes et de quelques autres instrumens de guerre. Nos musiciens n'auraient certainement pas eu le pouvoir d'Orphée.

La première ville que j'ai rencontrée après huit jours de marche est Caïrouan : c'est la plus grande du royaume après Tunis ; elle est même mieux bâtie et moins sale que celle-ci.

Les murs qui l'entourent sont assez forts pour la mettre à l'abri des insultes des Arabes qui n'ont pas de canon. La grande mosquée passe pour la plus belle et la plus sainte de tout le royaume. Cinq cent deux colonnes de diverses couleurs la soutiennent et la décorent intérieurement : je les ai fait compter par un renégat italien. Il m'a assuré qu'il y en avait quatre de violettes, douze d'un beau vert : les autres sont blanches pour la plupart; quelques-unes sont pointées de rouge. Elles varient en grandeur : il y en a qui ont jusqu'à vingt pieds d'élévation. Le même renégat m'a encore copié deux inscriptions latines qui attestent que cet édifice est l'ouvrage des Romains. L'architecture extérieure n'offre rien de remarquable. J'ai parcouru toutes les rues du Caïrouan sans découvrir aucune inscription. Shaw[1] pense que cette ville est le *Vicus Augusti* des Romains. Si je n'avais pas été de la suite du bey, il m'eût été très difficile d'entrer à Caïrouan : le peuple y est fanatique; il ne veut pas y voir de chrétiens, à cause de plusieurs khalifs descendans de Mahomet qui y sont

---

[1] T. I, p. 257, tr. fr.

enterrés. On en voit encore les mausolées aux environs de la ville. Le commerce de Caïrouan consiste principalement en pelleteries, que les habitans savent employer à divers usages. On y fait des brides, des selles, des souliers à la mode du pays. Ils fabriquent aussi des étoffes de laine appelées baracan. Le peuple y mène une vie plus heureuse que partout ailleurs, étant exempt d'impôts en récompense des services qu'il rendit au grand-père du bey actuel. Il s'y tint renfermé pendant long-temps ; les habitans aimèrent mieux souffrir toutes les horreurs de la famine que de le livrer à ses ennemis. Les plaines voisines sont très étendues, mais presque partout incultes. La terre est imprégnée d'une si grande quantité de sel marin, qu'elle en est toute blanche dans certains endroits : aussi les eaux sont-elles toutes amères et saumâtres, et l'on ne trouve dans ces contrées que des plantes marines, des *salsola*, des *kali*, deux ou trois espèces de *limonium*, la *scille*, et autres plantes qui couvrent les bords de nos mers. Le sel de nitre est aussi fort commun. A quelques lieues de Caïrouan, on en trouve en quantité dans une très grande étendue de terrain ; on en fait de la poudre à canon. Nous nous plaignons qu'il manque en France : je crois qu'il serait facile à notre gouvernement de faire un arrangement à ce sujet avec la régence de Tunis. La quantité qu'on en retire des terres est si considérable, que ce serait, je crois, un projet proposable et utile à la France.

J'ai eu le plaisir de voir pour la première fois, dans ces contrées, un très bel oiseau qu'on appelle *houbara*. Je crois que Shaw est le seul auteur qui l'ait connu[1]. J'en ai l'histoire complète.

Nous avons eu, au milieu de l'hiver, des chaleurs presque égales à celles de nos étés : mon thermomètre est monté plusieurs fois à 20 et 24 degrés dans le mois de janvier. Les jours moyens étaient fort tempérés, et je n'ai souffert du froid que pendant cinq à six jours. Le vent du nord soufflait alors avec impétuosité, et il tombait un peu de pluie; néanmoins mon thermomètre n'a jamais baissé au-dessous de trois degrés, même à sept heures du matin. J'ai éprouvé beaucoup d'ennui à Caïrouan,

---

[1] Voy. Shaw, t. I, p. 326 et planche.

parce que nous y avons séjourné pendant plus de quinze jours. Point de plantes, peu d'oiseaux, encore moins de minéraux. Livré à moi-même, je comptais les heures et brûlais d'envie de marcher vers des montagnes que j'apercevais dans le lointain.

Le moment du départ est enfin arrivé : nous avons continué de marcher droit au midi, et le troisième jour nous sommes entrés dans une plaine immense située entre deux chaînes de montagnes qui se dirigent à peu près du nord au sud. Nous partions régulièrement sur les sept heures du matin ; notre marche était ordinairement finie à midi ; je dînais promptement, je m'armais de mon fusil et j'allais herboriser, accompagné d'un de mes nègres ou de gens du bey, selon qu'il y avait plus ou moins de danger de rencontrer des voleurs ou des bêtes féroces. Quelquefois je m'écartais d'une ou deux lieues. Chaque plante nouvelle que je trouvais me donnait un sentiment de plaisir inexprimable : c'était pour moi une nouvelle conquête. Enfin, après huit jours de marche, nous sommes arrivés au bord du désert, dans une ville que l'on nomme *Cafsa*, distante de Tunis d'environ soixante-dix lieues, autant que j'ai pu l'estimer en comptant les heures de marche.

Pas une seule habitation sur notre route; beaucoup de ruines peu intéressantes, à la vérité, mais qui prouvent que cette partie de l'Afrique, quoique la plus aride du royaume de Tunis, était autrefois habitée. Je les ai visitées avec soin, sans rencontrer aucune inscription ni aucun reste d'édifice qui vaille la peine d'être cité. J'ai pris exactement le nom des lieux, leur distance, leur situation relative, afin de pouvoir découvrir ce qu'ils étaient autrefois. Aujourd'hui, ces plaines immenses n'offrent l'aspect que d'un vaste désert. Les Arabes bédouins sèment l'orge dans le voisinage des ruisseaux, qui sont au reste très rares. Depuis Tunis jusqu'au Gerid, je n'ai pas trouvé une seule rivière. La culture de l'olivier serait, si je ne me trompe, la seule qui réussirait dans ces contrées. J'en ai vu de sauvages qui étaient beaucoup plus forts que ceux de Provence. Le cyprès, le cade, le *rhus oxyacantha*, une sorte de pin à feuilles fines, croissent dans beaucoup d'endroits, et forment çà et là des bosquets qui consolent un peu la vue de l'aridité des plaines. A quelques jour-

nées en deçà de Cafsa, j'ai observé beaucoup
de mastics : ce sont de très beaux arbres qui
ne s'élèvent pas à une grande hauteur, mais
dont la tête s'étend fort au large. Les Maures
en ramassent le suc pour le mâcher; ils n'en
font aucun commerce. Ces arbres étaient couverts de fleurs lorsque je les ai rencontrés. Il
y a pareillement beaucoup de gazelles aux environs de Cafsa. Les gens du bey leur donnaient la chasse à cheval, suivis de lévriers;
souvent ils les attrapaient à la course : leur
chair est très bonne à manger.

Nous avons campé pendant quatre jours aux
portes de Cafsa. Cette ville située entre des
montagnes calcaires et arides; dans un lieu
bas, est très mal bâtie. Elle n'est défendue
que par un vieux château qui commence à tomber en ruines, où le bey tient une garnison
de 40 Turcs. Ce nombre suffit pour mettre
les Arabes à la raison, tant est grande la peur
qu'ils ont des Turcs. Les maisons de Cafsa sont
bâties sur le même modèle que toutes celles de
Barbarie; les murailles sont de boue, quelques-unes de briques; les portes, les fenêtres,
tous les meubles sont en bois de dattier ; on
n'en connaît point d'autres dans ces con-

trées : les gens du pays le disent incorruptible.

Toute la fécondité des environs est due à deux sources d'eaux chaudes à 30 degrés; elles sont très limpides et bonnes à boire. J'ai conservé dans de l'esprit-de-vin une sorte de poisson qui y vit. Les jardins de Cafsa sont plantés d'oliviers, de figuiers, de citronniers, de vignes, de dattiers, etc. On sème l'orge aux environs de la ville; et les champs, ainsi que les jardins, sont partagés en petits carrés qui communiquent avec des rigoles où l'on conduit les eaux de temps en temps, pour arroser la terre. Sans ce secours, elle deviendrait bientôt aride, parce que les chaleurs de ces climats sont très violentes, et que les pluies n'y tombent que fort rarement. J'ai vu de l'orge en épis vers le mois de janvier, et on en fait souvent la récolte dans le mois de mars. L'huile de Cafsa passe pour la meilleure de toute la Barbarie; elle est néanmoins d'une qualité bien inférieure à celle d'Aix. Ce pays serait riche si les habitans savaient tirer parti de leur sol. Je suis assuré que la culture du café, de l'indigo, de la canne à sucre y réussirait: les plantations de dattiers et d'oliviers, ainsi que les champs ensemencés, ne s'étendent guère qu'à une heure de longueur sur une demi-lieue de large. Les lieux que l'on ne peut arroser, ainsi que les montagnes, sont arides et stériles; on n'y trouve que quelques arbrisseaux qui seuls peuvent résister à l'ardeur du soleil. Les montagnes des environs de Cafsa sont calcaires; elles m'ont fourni une soixantaine de jolies plantes qui me sont absolument inconnues. Un jour que j'herborisais paisiblement à quelques lieues de la ville, quatre Arabes s'approchèrent en montrant l'envie de me dépouiller; j'avais avec moi un nègre, et j'étais armé d'un fusil à deux coups; j'avançai à leur rencontre pour ne pas témoigner de la frayeur. Cette contenance jointe aux menaces du nègre, qui leur dit que j'étais le médecin du bey, leur fit prendre la fuite. Le bey, informé de cet événement, me fit dire qu'il ne voulait plus que je me hasardasse hors du camp sans escorte. En effet, ces cantons sont remplis de voleurs, et de voleurs hardis, puisqu'ils ont osé dépouiller un jour un des soldats du bey à deux portées de fusil du camp. Deux des coupables que l'on put saisir, eurent aussitôt la tête tranchée. Depuis cet exemple de justice ex-

...tive, nous n'avons entendu parler de rien.

J'ai parcouru la ville de Cafsa, et j'y ai trouvé plusieurs inscriptions, malheureusement la plupart effacées. On lit sur plusieurs pierres du château les noms d'Antonin, de Trajan, d'Adrien. Le commerce de Cafsa consiste principalement en laines, en baracans, huile, olives, grenades, en dattes beaucoup moins estimées que celles du Gerid. Le peuple y est dans la misère parce qu'il est très paresseux, et que la régence de Tunis sait bien le dépouiller du superflu. A quelques lieues au S. E. de Cafsa sont deux autres pays que je n'ai pas eu le loisir de visiter. L'un se nomme *Saïquet* et l'autre *Aïsch*. Les Maures y logent dans des maisons. On m'a assuré que ces lieux étaient fertiles, et qu'on y voyait des plantations d'oliviers, de dattiers et d'autres arbres fruitiers du pays.

Quelques heures après notre départ de Cafsa, nous commençâmes à entrer dans le désert, ayant à droite et à gauche les deux chaînes de montagnes dont j'ai déjà parlé. Pendant deux jours on ne trouva que de l'eau saumâtre; heureusement j'en avais fait provision à Cafsa. Le troisième jour nous campâmes tout près de El-hammah, petit pays du Gerid, où les Maures ont une habitation et de grandes plantations de dattiers. Un peu avant cet endroit finissent les deux chaînes de montagnes entre lesquelles nous marchions depuis long-temps ; elles se joignent à deux autres dont l'une s'allonge vers l'est, et l'autre vers l'ouest. Ce sont les bornes du désert ; elles sont habitées par des Arabes vagabonds qu'il est dangereux de rencontrer. J'ai observé près de Elhammah un rocher de très beau grès rouge dont j'emporte des échantillons. Le lendemain nous partîmes pour Tozer, où nous arrivâmes de très bonne heure. Le bey fit dresser le camp au côté droit de la ville, si l'on peut donner ce nom à un assemblage de maisons de boue. Tozer est un lieu très renommé pour les dattes ; elles passent pour les meilleures de tout le Gerid après celles de Nefta. Les eaux sont ici très abondantes ; mais elles ont le goût saumâtre et amer. Nous étions obligés d'en envoyer chercher à Elhammah, où elles sont excellentes. Les environs de Tozer m'ont donné quelques jolies plantes, entre autres une superbe espèce d'orobanche à fleurs violettes, une sorte de *paliurus* qui s'élève fort haut, un apocin, une nouvelle espèce de *periploca*, etc. Le bey m'a fait présent de trois à quatre oiseaux rares. J'ai empaillé un *cafsa*, espèce de moineau qui niche dans les maisons, et dont le chant est fort agréable; il ne se trouve que vers le désert. Le serpent que les Arabes appellent *leffah* est fort commun dans ce pays, ainsi qu'un gros scorpion noir dont la morsure est très dangereuse; j'en ai trouvé deux fois dans ma tente, et je ne me couchais jamais sans inquiétude. Les grives, les canards sauvages, les tourterelles, sont communs au Gerid. Je me donnais souvent en herborisant, le plaisir de la chasse.

A cinq lieues au sud-est de Tozer est un autre canton assez étendu où l'on trouve de bonnes oranges, d'excellens limons doux, des grenades en abondance: c'est Nefta. Les dattes de ce lieu sont les plus estimées du royaume; on en fait un commerce considérable. Près de Nefta commence un immense lac d'eau salée qui se nomme *lac des Marques* [1]; on dit qu'il a plus de 20 lieues de long. A quelques lieues

---

[1] Schibkah el Lowdiah; le *Libya palus* des anciens géographes. (Sh.)

vers le midi de Tozer, est une mer de sable qu'on appelle mer de Pharamond[1]; il est dangereux de s'en approcher; des voyageurs arabes y ont péri pendant mon séjour au Gerid : le bey n'a pas voulu me permettre d'aller le voir.

Loudian est encore un pays de dattes, à trois lieues à l'est de Tozer. J'y ai passé une nuit sur la dure, et j'en ai visité les environs. Les oliviers de ce canton sont les plus beaux que j'aie encore vus. L'orge vient à merveille dans les jardins; mais les habitans sont souvent pillés par un chef arabe qui réside dans les montagnes voisines du désert. J'ai vu des ruines fort étendues près de Loudian : elles paraissent être du temps des Romains. Une grande tour de forme carrée subsiste encore dans son entier. Les eaux sont très abondantes presque dans tout le Gerid, ce qui est bien étonnant dans un pays où les pluies ne tombent que très rarement : il faut qu'elles filtrent de très loin à travers les sables.

Le désert proprement dit n'est qu'une immense mer de sable qui fatigue et attriste la vue

---

[1] Le *Tritonis lacus* de l'antiquité. (Sh.)

par son uniformité ; on n'y voit ni verdure ni habitation humaine. La nature paraît morte dans ces tristes contrées; les vents y sont très fréquens ; lorsqu'ils soufflent avec impétuosité toute l'atmosphère est obscurcie par une vapeur de sables volans qui ne laissent voir le soleil que comme au travers d'un brouillard épais; alors les voyageurs sont obligés de s'arrêter et d'attendre que le calme soit rétabli. Pendant l'été on ne voyage que la nuit : la chaleur brûlante du soleil réfléchie par les sables suffoquerait nécessairement ceux qui oseraient s'y exposer durant le jour.

Les laines du Gerid passent pour les meilleures de tout le royaume; on en fait un commerce considérable. Les gens du pays se servent d'un sable très fin pour les blanchir ; ils les lavent, puis les saupoudrent avec ce sable. Après les avoir laissées dans cet état pendant quelques jours, ils les lavent une seconde fois. Cette opération leur donne un beau blanc. Les Geridiens vivent de dattes, d'orge, de sauterelles préparées avec le sel et l'huile ; ils sont aussi très friands des chiens, coutume qu'ils ont conservée de leurs ancêtres. Leur commerce consiste en laines, baracans, peaux d'autruches, et surtout en dattes. Ils seraient riches s'ils n'étaient continuellement pillés et par leurs chefs et par les Arabes vagabonds. Ce sont des sujets très peu attachés à leur prince ; ils ne lui paieraient très certainement rien s'il ne les y forçait les armes à la main. Le teint de ces peuples commence à tirer sur le noir ; ils sont assez grands et d'une constitution sèche. De l'autre côté du désert, au midi, commence le pays des nègres qu'on appelle *Ouaregli* ; j'ai vu un de leurs princes dans le temps que j'étais au Gerid. Il ne faut que six jours pour aller de Tozer dans les cantons qu'ils habitent.

Les Geridiens quittent leurs maisons pendant l'été pour aller respirer le frais dans les jardins ; quoique plantés au hasard, ces lieux offrent un spectacle qui plaît par sa variété et son désordre même. Ce sont des forêts de dattiers, d'orangers, de vignes, d'amandiers, plantés très près les uns des autres, et qui donnent un ombrage impénétrable aux rayons du soleil. On voit aussi çà et là de beaux tapis de verdure où il est agréable de se reposer.

Vers la fin de février nous abandonnâmes sans regret le Gerid pour revenir vers Cafsa ; nous suivîmes la route que nous avions faite jusqu'à quatre journées au-delà de Gafsa. Le bey me fit appeler pour me demander si j'étais curieux de voir les ruines de Spaïtla[1]. Je l'assurai que rien ne pouvait me faire plus de plaisir. Il me dit que nous y séjournerions, et que j'aurais le temps de les visiter à loisir. Nous y arrivâmes le 5 mars, sur les deux heures après midi, et nous campâmes au côté gauche des ruines. Ce sont, sans contredit, les plus belles de tout le royaume, et elles méritent bien d'être visitées. L'enceinte de la ville avait au moins deux milles de circonférence. On distingue encore très bien l'alignement des rues, les restes de plusieurs beaux édifices, etc. Au midi de la ville, à peu de distance, est un superbe arc de triomphe de forme à peu près carrée ; je ne peux mieux le comparer qu'à la porte Saint-Denys, excepté que la façade était soutenue par quatre colonnes d'ordre corinthien, qui sont actuellement tombées. Au pied de l'arc de triomphe, commence un pavé en grandes pierres plates oblongues, qui conduit droit au centre de la ville, à un grand édifice de forme carrée; il paraît, par une inscription

---

[1] L'ancienne Suffetula.

que j'ai copiée sur une des pierres, que c'était un temple. Plus loin, dans la même direction, est un magnifique palais divisé en trois corps de bâtimens ornés de colonnes et de pilastres d'ordre corinthien. Il est figuré dans l'ouv[rage] de Shaw, mais avec peu d'exactitude[.] [La fa]çade est actuellement tombée ; les co[lonnes] qui la soutenaient ont 19 pieds de longueur sur 9 de circonférence.

Les ruines de Spaïtla sont situées dans une plaine immense couronnée de hautes montagnes. Au couchant et au midi elles se perdent dans le lointain et offrent des points de vue très agréables et très diversifiés. J'y ai trouvé de très jolies plantes et une sorte de pin dont je vous envoie des cônes. Tout près des ruines, coule un fort ruisseau d'eau douce dont les bords sont agréablement ombragés de lauriers-roses. Il prend sa source à peu de distance au-dessus de la ville, et se perd dans les sables un peu au-dessous ; il est traversé par un

---

[1] Shaw considère comme trois temples réunis dans une même cour, l'édifice que Desfontaines regarde comme un palais divisé en trois compartimens. Voy. tom. I, p. 260, tr. fr.

aquéduc qui conduisait les eaux à Spaïtla. J'ai copié une inscription intéressante gravée sur une pierre de l'arche du milieu : c'est un ouvrage des Romains.

Il est bien triste que ce beau pays soit in‑ culte, qu'il soit infesté de voleurs; ce sont les Maigers, nation arabe, qui habitent ces contrées. Ils passent pour les plus méchantes gens de tout le royaume. Il y a quatre ans qu'ils pensèrent assassiner plusieurs gens du bey qui s'étaient écartés du camp pour aller voir les ruines. Les Maigers s'étaient cachés au nombre de plus de soixante dans le vallon formé par le ruisseau ; ils tirèrent plusieurs coups de fusil sur les gens du bey : ceux-ci remontèrent promptement sur leurs chevaux et retournèrent au camp. Le bey y vint aussitôt à la tête de son armée ; quatre de ces brigands furent arrêtés et eurent la tête tranchée.

J'ai visité avec un plaisir inexprimable les ruines de Spaïtla; l'architecture en est si belle, si ressemblante à celle de nos jours, que je ne croyais plus être en Barbarie. J'ai quitté ce beau lieu avec regret ; nous avons marché au nord-ouest pendant plusieurs heures, dans une forêt de pins et de genévriers de Phénicie, puis nous sommes descendus dans une grande plaine verdoyante située entre deux longues chaînes de montagnes. Nous avons campé pendant plusieurs jours auprès des ruines de Sbiba. Celles-ci sont situées à environ sept heures de marche au nord de Spaïtla; elles sont bien moins belles, mais beaucoup plus étendues; on y voit néanmoins les restes de grands édifices et trois fontaines publiques à demi-tombées. Je n'ai pu déchiffrer aucune inscription. J'ignore le nom que les anciens donnaient à cette ville, mais je crois que Shaw a commis une erreur à son sujet[1]. Les Turcs brûlèrent, près des ruines, un superbe olivier qui était fort ancien. A peu de distance coule un fort ruisseau qui descend des montagnes situées à l'ouest; elles sont couvertes de bois. Les lions et les tigres y sont aussi fort communs; heureusement je n'en ai rencontré aucun dans mes promenades. J'ai trouvé, dans les environs de Sbiba, de très jolies plantes qui m'ont dédommagé des fatigues que j'ai essuyées. De Sbiba nous avons été camper à quelques lieues

---

[1] Le nom ancien est *Sufes;* Shaw dit à tort que c'est *Tucca Terebinthina.*

au nord, tout près d'un saint ou marabout. Les eaux découlent en abondance des montagnes qui bornent la plaine, et y entretiennent la fécondité. Les Arabes qui habitent ces cantons se nomment *Ouedali*; ils logent sous des tentes et sont beaucoup moins méchans que les Maigers, avec lesquels ils sont presque toujours en guerre. Le bey les a forcés de faire la paix pendant notre séjour dans ces contrées; ils l'ont célébrée par des courses à cheval, par des fêtes et des présens. Il est bien fâcheux que la belle plaine de Sbiba soit inculte : le terroir en est excellent, le froment et l'orge y viendraient en abondance. Toutes les montagnes qui l'entourent sont couvertes d'une belle verdure et très bien cultivées.

Je les ai visitées avec soin, et j'y ai trouvé plusieurs jolies plantes, une nouvelle espèce d'asphodèle sans tige, un joli *rhamnus* à feuilles fines, l'*ixia crocata*, le *stapelia urens*, plusieurs *geranium*. Nous avons séjourné pendant plus de quinze jours dans ces contrées, où je ne me suis pas ennuyé parce que j'y trouvais des plantes et des oiseaux. Vers la fin de mars, nous avons marché du côté de Kef, ville frontière du royaume, assez bien fortifiée ; tous ses environs sont fertiles et bien cultivés. On y rencontre des ruines à chaque pas. Dans tout ce canton, les Maures habitent sous des toits; c'est la partie la plus riche et la plus féconde du royaume ; on y cultive le mûrier pour les vers-à-soie, le safran, l'olivier, le figuier, etc. J'ai traversé le Megerdah deux fois, visité un pays agréable habité par d'anciens Andalous, et dont les maisons sont couvertes de tuiles comme celles d'Europe ; et enfin, je suis arrivé à Tunis le 8 avril, jouissant d'une parfaite santé ; je ne vous envoie, monsieur, qu'un très court tableau de mon voyage. J'ai pris beaucoup de notes sur les pays où j'ai passé, sur les arts, la culture, les mœurs des habitans, les diverses tribus d'Arabes qui habitent le royaume, sur les ruines que j'ai rencontrées. J'ai acheté des médailles, copié beaucoup d'inscriptions qui pourront éclairer la géographie ancienne de ce pays ; mais ce n'est pas en voyageant qu'on peut faire quelque chose de suivi.

J'ai reçu des lettres de M. de Kercy, consul d'Alger; il me dit d'attendre la décision des affaires d'Espagne et d'Alger. Sans cette fâcheuse guerre, j'aurais eu au moins autant de facilités pour voyager dans le royaume d'Alger que dans celui de Tunis. Les beys de Constantine et de Mascara sont prévenus de mon arrivée, et très disposés à me bien recevoir. Mais il faut que tout soit tranquille.

Le gouvernement de Tunis m'a donné, avec une honnêteté sans égale, les secours dont j'avais besoin. Le bey m'a comblé d'amitiés; il aimait à s'entretenir avec moi; j'allais souvent dans sa tente, et toutes les fois que ses gens tuaient quelques oiseaux qui lui paraissaient rares, il ne manquait jamais de me les envoyer: aussi j'étais obligé de voir les malades dont la santé l'intéressait, et je le faisais avec grand plaisir. Sidy Moustapha, son premier ministre, est attaqué de la goutte et de la gravelle; il m'a prié, au nom de Dieu, de trouver quelque soulagement à son mal. Je le désirerais ardemment, lui devant une reconnaissance infinie. M. Desparron, vice-consul, va faire savoir au ministre la manière obligeante dont j'ai été traité.

Il y a ici un botaniste de Danemark qui n'aura pas les mêmes avantages que moi, et qui ne pourra pas voir les mêmes lieux. Je connais aujourd'hui une grande partie du royaume de Tunis. En peu de jours je partirai pour Zawan, où l'on me promet beaucoup de plantes. Le mois d'avril est ici la saison du printemps. J'herborise du matin au soir.

III.

Deuxième lettre de M. Desfontaines à M. Lemonnier, de l'Académie des Sciences.

Tunis, le 12 août 1784.

Monsieur,

Depuis le mois d'avril, j'ai fait divers voyages dont j'aurai l'honneur de vous entretenir successivement. La saison des plantes est passée : je suis sédentaire, et je vais m'occuper maintenant à rédiger les observations que j'ai faites, pour vous en faire part. Si elles méritent le suffrage de l'Académie et le vôtre, mes vœux seront remplis. Il sera mention, dans cette lettre, de la Mamelif[1], de Soliman, de Porto-Farina, de Bizerte, et de Zawan.

[1] Hammam el Enf.

La Mamelif est une montagne située à l'extrémité de la rade de Tunis, à trois lieues de distance de cette ville. Elle est célèbre par les bains chauds auxquels les Tunisiens attribuent des vertus admirables pour la guérison de toutes sortes de maladies. Ils s'y rendent en foule dans toutes les saisons de l'année, mais surtout au printemps. S'il ne faut pas ajouter foi à toutes les merveilles qu'ils en racontent, on ne saurait cependant refuser à ces eaux la propriété de guérir la gale, et surtout la maladie vénérienne, encore plus commune ici que dans nos climats[1]. J'ai vu des malades qui en étaient infectés, guéris par ce seul secours dans l'espace de quelques mois, ce qu'il faut sans doute attribuer aux sueurs abondantes que ces bains procurent; peut-être aussi que la grande quantité de sel marin qu'ils tiennent en dissolution y contribue pour quelque chose, car les gens du pays assurent que leurs autres bains chauds n'ont pas la même vertu.

Les bains appartiennent au bey; ils sont

---

[1] Cette maladie n'est point dangereuse en Afrique; les Maures vivent et vieillissent avec elle sans y faire beaucoup d'attention. (*Note de Desfont.*)

commodes et bien tenus. Le thermomètre de Réaumur s'y élève à la hauteur de 32 degrés. On peut les prendre au terme que l'on veut, au moyen d'un robinet que l'on ouvre pour donner passage à un ruisseau d'eau froide qui y tombe. A peu de distance de là, est une fontaine dont les eaux sont encore plus chaudes de quatre degrés que celles des bains. Celles-ci sont purgatives, et excitent même quelquefois le vomissement [1].

La Mamelif a peu d'élévation : une heure et demie suffit pour monter au sommet. Elle est le commencement d'une chaîne de montagnes qui, en se dirigeant du nord-est au sud-ouest, traverse le royaume jusqu'au désert de Sahara. Cette longue chaîne oppose une barrière aux nuages qui sont presque toujours amenés par les vents du nord : ils s'y arrêtent, s'y condensent, s'y résolvent, et c'est sans doute à cette cause qu'il faut attribuer principalement la sécheresse qui régne continuellement dans la partie méridionale du royaume, tandis que

---

[1] J'ai observé dans ces eaux une grande quantité de tortues, *testudo lutaria* (Lin.) La même espèce se retrouve aussi dans les eaux froides. (*Note de Desfont.*)

celle du nord, située en deçà des montagnes, est arrosée de temps en temps par des pluies bienfaisantes qui la tempèrent et la fertilisent.

J'ai trouvé dans les montagnes de la Mamelif plusieurs plantes rares, entre autres une iris à fleurs jaunes et à feuilles étroites qui se plaît dans les lieux les plus arides, un beau cyprès, un daphné approchant du *Daphné dioica* de Gouan, etc.

L'arbousier, le sain bois, la bruyère à plusieurs fleurs, la mauve en arbre, le myrte, le lentisque, le laurier-rose y croissent en abondance. Ces jolis arbrisseaux forment çà et là des massifs agréables, le long des vallons et dans tous les lieux humides. Je vous ferai cependant observer, Monsieur, que les montagnes d'Afrique sont en général beaucoup moins fertiles que celles de nos climats : jamais le printemps n'y fait naître ces beaux tapis de verdure émaillés de fleurs, où mes yeux se reposaient avec tant de plaisir lorsque j'herborisais dans nos alpes d'Auvergne et du Dauphiné. Je crois pouvoir avancer avec certitude que le nombre des plantes du royaume de Tunis se monte à peine à mille ou douze cents espèces, tandis que la seule province du Dauphiné, beaucoup moins étendue, en produit plus de deux mille; et, comme le règne animal est essentiellement lié au règne végétal, on ne doit pas être surpris qu'il s'y trouve aussi un plus petit nombre d'animaux, et que les espèces même les plus utiles y soient moins multipliées que dans nos climats.

Le terrain qui s'étend depuis la base de la montagne jusqu'à la rade est bas et marécageux. Les pluviers dorés, les bécassines, et plusieurs autres espèces d'oiseaux aquatiques, y abondent pendant l'hiver. C'est dans ce lieu que j'ai observé pour la première fois une belle espèce d'hirondelle appelée par Linné *Hirundo pratincola*, en français, perdrix de mer. Elle paraît ici vers le commencement de mars, et y demeure jusqu'à la fin de l'automne. Les hirondelles communes de nos climats y arrivent aussi à peu près dans le même temps, et y font le même séjour.

A trois lieues au sud de la Mamelif, est la petite ville de Soliman, située au milieu d'une grande plaine couronnée de montagnes. Les environs sont très riants, et offrent l'image de l'abondance. On y fait de riches récoltes d'orge, de froment et d'olives. Les habitans sont d'origine espagnole, et les chrétiens en sont très bien accueillis. A trois ou quatre lieues au nord-est de Soliman, est le village de Corbus, où l'on cultive des cannes à sucre que les gens du pays vendent à Tunis. Il y a aussi dans ce lieu un bain d'eau très chaude : le thermomètre de Réaumur y monte à 46 degrés.

La rade de Tunis est une des plus belles et des plus vastes de toute la Méditerranée : bornée au sud par les montagnes de Corbus, au sud-ouest par la Mamelif, au nord par la rive de Carthage, elle offre un abri sûr aux vaisseaux qui y mouillent. Le vent du sud-ouest, autrement dit vent de Soliman, est le seul dont ils aient à craindre. Le rivage, du côté des montagnes de Corbus, s'élève beaucoup; celui de Carthage, au contraire, est presque à fleur d'eau. Cette ville était bâtie le long de la côte, sur une espèce d'isthme large d'environ une lieue, qui s'élève et se rétrécit insensiblement en s'avançant vers la mer. La pointe de cet isthme fixe l'entrée de la rade. Là est un petit village nommé Sidy Bouseïd, du nom d'un fameux marabout ou saint qui y a été enterré, et en l'honneur duquel il est défendu aux chrétiens d'approcher de ce lieu. On y voit encore une vieille tour appelée fort Saint-Louis, que l'on dit avoir été bâtie du temps des croisades.

Les ruines de Carthage n'offrent plus rien d'intéressant : trois grandes citernes, les débris de l'aquéduc, quelques vieilles murailles, des monceaux de pierres répandus çà et là dans la campagne sont tout ce qui reste de cette fameuse rivale de Rome. La charrue a passé sur ses murs, et l'on sème le blé au milieu des ruines. C'est bien le cas de dire : *Etiam periere ruinæ.*

La rade n'est défendue que par deux forts situés sur la rive droite. Le principal se nomme le fort de la Goulette ; celui-ci est bâti sur le bord d'un canal qui établit la communication du lac avec la rade.

Le lac de Tunis peut avoir cinq à six lieues de circonférence ; sa forme paraît circulaire. Les immondices qui s'y rendent continuellement le comblent peu à peu, et sa plus grande profondeur n'excède guère cinq à six pieds. Il serait bien facile d'y creuser un port où une flotte nombreuse pourrait mouiller à l'abri de tous les vents ; mais les Tunisiens n'en ont ni le pouvoir ni la volonté ; ils regardent même le peu de profondeur du lac comme leur sauvegarde contre les puissances chrétiennes. Il est très poissonneux, et sa surface est presque toujours couverte de beaux flamants et autres oiseaux aquatiques. Lorsque les vents de nord soufflent avec impétuosité, les eaux sont poussées hors du lac par le canal de la Goulette. Alors la vase qui reste à sec exhale une odeur infecte qui se répand au loin, et même jusque dans la ville. Ses bords sont peu élevés, et les plaines marécageuses qui l'entourent sont très fécondes. A une lieue et demie à l'est, est la *Marse*, où plusieurs riches habitans de Tunis ont des maisons de campagne et de jolis jardins plantés de vignes, de grenadiers et d'orangers, à l'ombre desquels ils vont se reposer pendant l'été. On y cultive, le long des bords de la mer, beaucoup de melons et des pastèques excellentes.

En suivant la côte vers le nord, pendant trois ou quatre heures, on traverse un lieu montueux planté d'oliviers, puis on descend dans une belle plaine au milieu de laquelle coule le *Mejerdah*. Semblable au Nil, ce fleuve dépose, dans ses inondations, un limon qui engraisse la terre et la féconde : aussi ses bords sont presque toujours couverts de riches moissons. C'est dans les contrées à environ six lieues au nord de Carthage, que l'on retrouve encore les ruines d'Utique; mais à l'exception de l'aquéduc, des citernes et de quelques murs, elles sont toutes ensevelies sous le sable. L'histoire nous apprend qu'Utique était une ville maritime; aujourd'hui, les ruines sont distantes de la mer de près de deux lieues.

A environ quatre lieues au nord-est d'Utique, est Porto-Farina, que les Maures appellent *Gar-el-Meleh* : cette ville, fort petite, est située au bord de la mer, à la base d'un long promontoire qui la met à l'abri des vents du nord. C'est dans le port de cette ville que le bey fait construire les plus forts corsaires qu'il envoie contre les puissances chrétiennes. Les maisons de Porto-Farina, bâties en amphithéâtre le long de la montagne, offrent dans le lointain un fort beau coup d'œil. Ce pays est riche, et l'on y est plus en sûreté que dans tout autre endroit de la Barbarie, parce que le caïd ou chef y exerce une justice sévère.

Le golfe de Porto-Farina est très sûr contre

tous les vents; mais son entrée se comble de jour en jour par les sables que la mer y entasse sans cesse : aujourd'hui les gros bâtimens marchands n'y sauraient plus entrer.

Le promontoire de Porto-Farina s'avance à plus de trois lieues dans la mer : c'est le commencement d'une autre chaîne de montagnes parallèle à celle de la Mamelif, c'est-à-dire dont la direction s'étend du nord-est au sud-ouest. Vers son extrémité, il y a des monceaux de sable blancs comme la neige, que l'on aperçoit de très loin. Sa base est bien cultivée, et lorsque l'on est sur le sommet on jouit d'un très beau spectacle. Au midi, la vue s'étend jusqu'aux montagnes de la Mamelif et de Zawan, qui ne paraissent dans le lointain que comme des nuages légers. Du côté de l'ouest, elle découvre une plaine immense couverte des plus riches moissons. A l'est et au nord, elle se perd sur la Méditerranée. Enfin, si on l'abaisse vers la base de la montagne, elle se repose délicieusement sur des jardins bien cultivés, où une verdure toujours nouvelle est entretenue par des sources d'eau vive, et par le voisinage de la mer.

J'ai trouvé, dans les environs de Porto-

Farina, plusieurs jolies plantes, entre autres une très belle espèce de scrophulaire dont je vous envoie des graines, et que je crois nouvelle. Quelques jours avant mon départ, le caïd ou chef me fit conduire dans un lieu où l'on avait découvert une mine abondante de mercure, sous le règne d'Aly Bey, père de celui qui gouverne aujourd'hui. Ce prince l'ayant appris la fit boucher aussitôt, en disant: Si les princes chrétiens savaient qu'il y a des mines dans mon royaume, je n'y vivrais plus en sûreté.

La ville de Bizerte est située à 7 lieues au nord-ouest de Porto-Farina, entre un grand lac et la mer; c'est une des plus commerçantes de toute la Barbarie. On y fait des chargemens considérables d'huile, de légumes et de blé que l'on transporte à Malte, à Livourne, à Marseille, etc. Les environs de la ville sont bien cultivés et les jardins s'étendent fort au loin du côté de l'ouest. J'ai vu près de Bizerte de belles plantations de coton.

Le lac est très poissonneux; sa largeur est peu considérable, mais, en revanche, il s'étend jusqu'à *Matter*, ville ancienne dont on voit encore les ruines plus de sept lieues à l'ouest de Bizerte. Il est fort rétréci dans son milieu et comme divisé en deux. Il communique avec la mer par un canal fort étroit sur le bout duquel la ville est bâtie. On pourrait y creuser facilement un port aussi sûr que celui de Marseille. Autrefois les vaisseaux marchands entraient dans le lac, mais aujourd'hui, le canal ne reçoit que de très petits corsaires et des bateaux. J'ai observé pendant le temps que j'ai passé à Bizerte, que les eaux de la mer entraient constamment dans le lac depuis midi ou midi et demi jusqu'à trois heures, et qu'elles en sortaient pendant les heures suivantes[1]. Mais l'arrivée des Vénitiens, dont le bruit s'était déjà répandu, a été cause que je n'ai pas osé mesurer l'abaissement alternatif des eaux, qui d'ailleurs n'est pas fort considérable.

La rade de Bizerte est vaste et profonde, les plus gros vaisseaux peuvent s'approcher très près de la ville; c'est à son entrée que sont deux écueils appelés les chiens, autrefois *dracontia* : on les aperçoit facilement des bords de la mer.

Entre Bizerte et Porto-Farina, sont deux

---

[1] Voy. tom. I, p. 243.

petits villages situés à peu de distance de la mer. L'un se nomme Metelin et l'autre Ras-el-Gibel. Tous les environs sont plantés de vignes et d'oliviers. A peu de distance du dernier, immédiatement sur la côte, on trouve des ruines considérables.

Il me reste encore, monsieur, avant de finir cette lettre à vous parler de Zawan: on appelle de ce nom une petite ville située à dix lieues au sud-ouest de Tunis, à la base d'une montagne qui n'est qu'une continuation de celles de la Mamelif. C'était près de cette ville que commençait l'aquéduc qui conduisait les eaux à Carthage, et dont on voit encore un très grand nombre d'arceaux très bien conservés. Sur la droite et vers le milieu du chemin qui conduit de Tunis à Zawan, dans le lieu d'où sortait la source qui fournissait les eaux à l'aquéduc, sont les ruines d'un beau temple dont les murs solidement bâtis en grandes pierres carrées, subsistent encore dans leur entier. On voit intérieurement dans le contour, un grand nombre de niches qui recevaient sans doute les statues des divinités bienfaisantes qui présidaient aux fontaines.

La ville de Zawan est bâtie au nord de la

TEMPLE DE ZAWAN.

Hauteur 25 pieds. Larg.r 100

montagne qui porte le même nom. Les maisons des particuliers sont très bien fournies d'eau, au moyen d'un grand nombre de conduits souterrains qui s'y distribuent. Il y a à Zawan une célèbre teinturerie de bonnets rouges à la mode des orientaux : il s'en fait un commerce dans la Barbarie et dans tout le Levant, qui se monte au moins à deux millions par an. Il m'a été impossible de rien apprendre relativement aux procédés qu'ils emploient pour faire cette teinture; ils en font le plus grand mystère et s'imaginent être les seuls qui possèdent le secret de donner une belle couleur rouge aux laines. Ce sont les laines d'Espagne qu'ils emploient pour la fabrique.

On teint encore à Zawan beaucoup de cuirs jaunes dont on fait des souliers à la mode du pays. Voici leur procédé qui est très simple : On met sur trois ou quatre livres d'écorce de grenade séchée au soleil et pulvérisée, une livre d'alun; on délaie le tout dans une quantité suffisante d'eau, puis, après avoir mouillé le cuir, on étend sur la surface plusieurs couches de teinture ; on le met à sécher à l'ombre pendant quelques jours, et lorsqu'il est bien sec, ils le mouillent encore et l'enduisent de nouvelles couches de teinture, après quoi ils le font sécher comme la première fois. Le cuir prend une belle couleur jaune, mais elle s'efface en peu de temps.

En parcourant la ville de Zawan, j'ai observé beaucoup de vieux murs à fleur de terre, plusieurs colonnes que les Maures ont employées à l'ornement de leurs mosquées et de leurs maisons. Le seul monument ancien digne d'attention est une des portes de la ville; encore est-elle en partie tombée en ruines. Sur une pierre du milieu du cintre, on voit une tête de bélier sur laquelle est posée une couronne et dans la couronne on lit AUXILIO.

Les environs de la ville sont riants et fertiles. L'on y jouit d'un air pur. Les eaux qui sortent en abondance de la base de la montagne, distribuées avec art dans les jardins, y entretiennent la verdure et la fécondité. Les habitans de Zawan commercent beaucoup; ils sont dans l'aisance et par conséquent traitables et humains.

La montagne de Zawan est une des plus élevées de tout le royaume. Je doute néanmoins qu'elle ait plus de 300 toises de hauteur perpendiculaire. J'y ai trouvé un beau prunier nain à feuilles blanches en dessous, et une très belle espèce de chardon que je n'ai vue nulle part.

De l'autre côté de la montagne on voit encore quelques ruines et les restes d'un temple élevé, près d'une source dont les eaux allaient se rendre dans l'aquéduc de Carthage: ce lieu se nomme Zuggar.

Vers le milieu du chemin qui conduit de Tunis à Zawan on rencontre les ruines d'Oudenat; elles sont fort étendues. L'on y trouve les restes de deux grands amphithéâtres, des citernes, plusieurs souterrains et un long aquéduc; Shaw n'en a pas fait mention.

IV.

Journal d'un voyage fait le long de la côte de la mer, depuis Tunis jusqu'à Sfax, sur les bords de la petite Syrte.

Je suis parti de Tunis vers le commencement de juillet 1784. La saison des plantes était alors passée; mais j'avais l'espoir d'être dédommagé de mes peines en recueillant des graines, des insectes et autres productions naturelles. J'étais bien aise aussi de voir la partie la plus riche et la plus habitée du royaume, où l'on retrouve un grand nombre de ruines et de beaux monumens qui annoncent encore aujourd'hui son ancienne splendeur. Le bey m'avait accordé des lettres de recommandation pour les caïds ou gouverneurs des lieux que je devais visiter, avec une escorte suffisante pour que je n'eusse rien à craindre des Arabes bédouins, toujours prêts à dépouiller les voyageurs, et qui feraient encore moins grace à un chrétien qu'à tout autre.

Je dirigeai ma route vers le midi en suivant la côte de la mer, dont je ne m'éloignai que très rarement pendant le cours de mon voyage.

Le premier soir après mon départ, je couchai à quelques lieues au-delà des bains de la Mamelif[1], à l'entrée d'une grande plaine qui s'allonge du nord au sud, entre des montagnes médiocrement élevées d'où découlent, pendant l'hiver, plusieurs ruisseaux qui l'arrosent et la fertilisent. Elle renferme trois petites villes. La plus considérable est Soliman. La seconde se nomme Crombalia : celle-ci est à cinq lieues vers le sud de la Mamelif. Enfin, la troisième, qui porte le nom de Turki, est située à une lieue au midi de Crombalia. Ces villes, qui mériteraient à plus juste titre le nom de village, n'offrent rien d'intéressant. On n'y retrouve ni ruines, ni aucun monument qui atteste leur ancienneté primitive.

[1] Hammam el Enf.

Les environs sont fertiles en blé et embellis par des jardins plantés d'oliviers, de grenadiers, d'orangers et de myrtes.

A quelques milles au-delà de Turki, nous entrâmes dans un bois fort étendu où les oliviers sauvages, les caroubiers, les cyprès, les yeuses, etc., nous donnaient un peu d'ombrage et de fraîcheur : je dis un peu, car les arbres, dans toute la partie méridionale du royaume, si j'en excepte l'olivier, ne ressemblent qu'à des arbrisseaux, et les pins eux-mêmes, que l'on voit dans nos forêts s'élever jusqu'à la hauteur de 80 ou de 100 pieds, n'en ont guère ici que 15 à 20 d'élévation.

Le bois dont je viens de parler s'étend, le long des bords de la mer, jusque dans le voisinage de Hammamet. Je n'étais plus éloigné de cette ville que d'environ une lieue et demie, lorsque je détournai ma route du côté du sud-ouest, pour aller voir des ruines que les Arabes appellent Czar-el-Zeit. Shaw[1] pense avec raison que ce sont celles de l'ancienne *Siagitana*, et, en effet, les Arabes appellent encore

---

[1] Tom. I, p. 206, tr. fr. Le voyageur anglais nomme cet endroit Cassir-Aseite.

aujourd'hui la partie du bois qui les avoisine *Hangar-el-Siagitana*, ou bois de la Siagitana. J'ai aussi transcrit à Hammamet deux inscriptions gravées sur des pierres qui forment le jambage de la porte d'une maison, où on lit le nom de Siagitana. Le propriétaire m'a assuré qu'elles avaient été apportées du terrain où sont les ruines. Voici ces inscriptions :

VICTORIAE ARMENIACAE PARTHICAE MEDICAE
AVGVSTORVM A. SACRVM CIVITAS SIAGITANA
DD. PP.

IMP. CAES. DIVI SEPTIMI SEVERI PARTH.
ARABICI ADIABETANICI MAX. BRIT. MAX.
FIL. DIVI M. ANTONINI PII GERMANICI
SARMAT. NEPOT. DIVI AELII HADRIANI
ABNEPOTI DIVI TRAIANI PAR. ET DIVI
NERVAE ADNEPOTI M. AVRELIO ANTONINO
PIO. FEL. PAR. MAX. BRIT. MAX. GERM.
MAX. IMP. III. COS IIII PP.....
CIVITAS SIAGITANORVM
DD. PP.

Il était deux heures après midi lorsque j'arrivai à Hammamet. La chaleur excessive à la quelle j'avais été exposé pendant le temps de la journée où elle se fait sentir avec le plus de violence, m'avait fait beaucoup souffrir et avait épuisé mes forces. Je me reposai un peu, puis j'employai le reste du jour à visiter l'intérieur et les environs de la ville. Elle est située au bord de la mer, à la pointe d'un isthme fort bas et fort étroit. Il semble, lorsqu'on la regarde de loin, qu'elle est bâtie au milieu des eaux. Du reste, cette ville n'offre rien qui mérite l'attention des voyageurs. Quelques colonnes, quelques chapiteaux de marbre enlevés des ruines de *Siagitana*, sont les seuls restes d'antiquité que j'y aie observés. Les maisons sont en plate-forme, et n'ont qu'un étage comme dans toute la Barbarie. Les rues sont si étroites, que deux personnes peuvent à peine y marcher de front. Le mur d'enceinte est assez bien bâti et peut avoir un mille de circonférence. On compte dix-sept lieues de Tunis à Hammamet. Les environs ont un aspect riant; toutes les campagnes voisines sont couvertes de beaux oliviers qui font la principale richesse du pays. On y fait un grand commerce d'huile, d'olives, et même d'orge et de froment, lorsque les pluies d'hiver sont assez abondantes pour produire une riche moisson.

Le golfe de Hammamet s'avance à plus de dix lieues de profondeur dans l'intérieur des terres. Il est parsemé de rochers et de bas-fonds qui en rendent la navigation dangereuse, surtout dans le voisinage de la côte : aussi il n'y a que de petits bâtimens marchands qui puissent venir à Hammamet; encore sont-ils obligés de se tenir au large. Le golfe n'est abrité que contre les vents du nord. Ceux d'est et de sud-ouest y soufflent quelquefois avec beaucoup d'impétuosité et y excitent des tempêtes.

Je partis de Hammamet vers le milieu de la nuit, afin d'éviter la chaleur du jour, et je continuai de suivre les bords de la mer. Après une heure de marche, j'arrivai dans un lieu couvert de ruines que je n'aperçus que confusément alors, parce qu'il faisait nuit; mais ayant eu le loisir de les observer à mon retour, je n'y vis que des monceaux de pierres et de vieilles murailles qui occupent une étendue de terrain considérable. Ce lieu se nomme *Labiad* ou *la Blanche*, parce qu'il y a dans le voisinage des monceaux de sable blanc comme la neige, que l'on découvre de très loin. Un peu au-delà des ruines, à quelque distance de la mer du côté de l'ouest, est une grosse tour dont les murs sont fort épais. Je pense qu'on y allumait anciennement des feux pour guider les navigateurs pendant la nuit. Les Arabes l'appellent *Bourg-el-Menarah*, Tour de la Lanterne. C'est un ouvrage des Romains, comme il paraît par les inscriptions gravées sur des pierres du sommet de cette tour, inscriptions que Shaw avait transcrites[1]. Elles n'y sont plus aujourd'hui : toute la partie supérieure de la Menarah, telle qu'on la voit gravée dans le voyage de Shaw, a été démolie par les Arabes, qui se font un plaisir et même un acte de religion de détruire et de renverser tous les monumens anciens, parce qu'ils les regardent comme l'ouvrage des chrétiens. Un peu plus loin, nous passâmes sur un vieux pont de plusieurs arches ; il paraît aussi du temps des Romains. Dans cet endroit, nous détournâmes notre route vers l'ouest, en nous éloignant directement des bords de la mer et, après avoir marché pendant plus de deux heures

[1] Tom. I, p. 307, tr. fr.

à travers une grande plaine sablonneuse, nous arrivâmes au pied des montagnes où sont les ruines de l'ancienne *Aphrodisium*, que les Maures appellent encore aujourd'hui Phradise. Elles sont situées sur une espèce de plate-forme très élevée et un peu en pente du côté de l'est. Ce lieu est entouré de ravins profonds, et dominé du nord au sud par des rochers escarpés qui en dérobent la vue. Les ruines peuvent avoir deux milles et demi de circonférence. Presque tous les édifices sont démolis ; mais il est facile de juger par le petit nombre de ceux qui ont résisté à l'injure du temps, par la beauté des pierres, l'alignement et la largeur des rues, qu'Aphrodisium était une très belle ville. Le plus beau monument que j'aie observé parmi ces ruines est un grand arc de 50 à 60 pieds d'élévation, sous lequel coule un ruisseau d'eau douce qui prend sa source un peu au-delà. Sa façade est ornée de quatre belles colonnes d'ordre corinthien, et de chaque côté il y a une niche dont le sommet est terminé par une large coquille sculptée en bas-relief. Je suis porté à croire que le monument servait à la décoration d'une fontaine publique. En côtoyant la base des montagnes de l'est au sud, j'ai aussi découvert les ruines d'un ancien port au bord d'un immense lac, qui alors était presque à sec. Il paraît que les vaisseaux y entraient autrefois. Les gens du pays m'ont dit qu'il était rempli d'eau pendant l'hiver, et que, dans cette saison, il communiquait avec la mer par une large embouchure qu'ils appellent *Halc-el-Ouet*, Embouchure de la Rivière.

Les montagnes de Phradise sont habitées par des Arabes bédouins qui ont la réputation d'être grands voleurs. La curiosité les attira vers nous en très grand nombre. On leur dit que j'étais un des médecins du bey ; ils ne nous témoignèrent aucune mauvaise intention ; plusieurs vinrent même nous conduire et nous montrer le chemin avec beaucoup de complaisance.

Phradise est, par sa situation, un des plus beaux lieux que j'aie vus en Barbarie. Tous les environs offrent une foule de paysages charmans : les cistes, les romarins, les lavandes, et plusieurs autres arbustes odoriférans, couvrent les montagnes, tandis que le myrte, le lentisque et le laurier-rose ombragent les vallons et les ruisseaux.

Après avoir visité les ruines, nous marchâmes du côté du midi à travers les montagnes, dans un chemin très raboteux et bordé de ravins profonds où la peur de me précipiter avec ma mule me fit mettre pied à terre. Nous descendîmes peu à peu dans la plaine, et sur les deux heures de l'après-midi, nous atteignîmes Herkla : c'est une petite ville bâtie au bord de la mer, sur une éminence pierreuse que l'on découvre de très loin. Herkla est à environ cinq lieues au sud-est de Phradise, et à huit au sud de Hammamet. On y voit quelques ruines antiques, et entre autres un vieux château en partie démoli, dont les murs étaient construits avec beaucoup de solidité en belles pierres de taille. Les environs d'Herkla produisent de l'orge, du maïs, de la dreu, des raisins, des figues et d'excellens melons. Les habitans sont fort insolens envers les étrangers : car, malgré les ordres du bey, que je portais avec moi et que je leur fis voir, j'en reçus un très mauvais accueil. Ce pays n'est aucunement défendu. Les corsaires de Malte se retirent souvent auprès d'Herkla pour se mettre à l'abri des tempêtes et pour y faire de l'eau. On m'a dit qu'ils descendaient quelquefois à terre pendant la nuit, pour mettre à contribution les caravanes qui vont et viennent continuellement de Tunis à Sfax, ce qui est très facile à des gens bien résolus qui connaissent le pays. Les corsaires de Malte sont extrêmement craints le long de la côte de Barbarie; ils viennent quelquefois jusque dans la rade de Carthage s'emparer des bateaux des Tunisiens. Du temps d'Ali-Bey, père de celui qui gouverne aujourd'hui, ils brûlèrent pendant la nuit, dans le port de Porto-Farina, un grand nombre de corsaires appartenant à la régence. Les Barbaresques n'osent guère attaquer les Maltais; à moins qu'ils ne soient bien supérieurs en nombre et en force : car ils en ont plus d'une fois éprouvé le courage à leurs dépens.

Je passai une fort mauvaise nuit à Herkla, dans une auberge à la mode du pays qu'on appelle *Fondouk*. Le lendemain, je partis pour Suse de très bonne heure. Nous côtoyâmes le rivage de la mer le long d'une immense plaine sablonneuse et inculte, où je recueillis des graines d'un joli *nitraria* épineux à feuilles glauques et épaisses[1].

Deux heures après notre départ, nous traversâmes l'embouchure d'un grand lac qui, dans la saison des pluies, communique avec la Méditerranée, et où les habitans d'Herkla vont faire la pêche lorsque les chaleurs ont

---

[1] En voici la description :
Nitraria tridentata.

Tiges. Rameuses, garnies de longues épines, courbées vers la terre, longues de trois à quatre pieds. — *Feuilles.* Alternes, glauques, entières, charnues, cunéiformes, soutenues par un pétiole très court, larges de trois lignes sur trois à quatre de longueur. — *Fleurs.* Petites, disposées en corymbes le long des tiges. — *Calice.* Durable, couronné de cinq petites dents. — *Corolle.* Partagée en cinq pétales blancs, linéaires, obtus, ouverts. Chaque fleur renferme douze ou quinze étamines un peu plus longues que les pétales. — *Filets.* Grêles, un peu écartés. — *Anthère.* Fort petite, divisée en deux loges. — *Stile.* Court, terminé par un stygmate aigu. — *Germe.* Supérieur à la fleur; il devient une baie ovoïde, rouge, molle, de trois lignes de longueur; elle renferme une semence triangulaire, allongée, sillonnée sur les faces.

fait diminuer les eaux. Environ une lieue et demie avant d'arriver à Suse, je m'écartai des bords de la mer à la distance de près de trois milles, pour voir les ruines d'Ekouda[1]. Ma curiosité fut bien mal satisfaite : je n'y trouvai que des monceaux de pierres; un vieux château presque entièrement démoli est le seul édifice dont il reste quelques vestiges. Tout près d'Ekouda est un petit village appelé Hammam, habité par plusieurs familles maures. J'arrivai à Suse vers une heure après midi. La chaleur du soleil réfléchie par les sables, sur lesquels j'avais presque toujours marché, me fit beaucoup souffrir pendant cette journée : je ressentais des douleurs cuisantes aux mains, au visage, et mes paupières étaient si gonflées que j'avais peine à voir. Je fus obligé de me reposer pendant un jour et demi, pour réparer mes forces et pour être en état de continuer mon voyage.

La ville de Suse est éloignée de Tunis d'environ 34 lieues; elle est située sur la pente d'une colline, du côté de l'orient. C'est une des plus grandes villes du royaume. Les murs

---

[1] Cowda (Sh.); Koudiah. (L.)

qui l'entourent ont au moins deux milles et demi de circonférence; ils sont bien bâtis, et défendus par un grand nombre de pièces de canon de différens calibres. A gauche de la ville, tout près d'un marabout, il y a un petit fort que l'on aperçoit à peine et dont les batteries sont à fleur d'eau. On y a mis, depuis la dernière guerre des Vénitiens, de très gros canons, qui pourraient sans doute nuire beaucoup aux vaisseaux qui s'approcheraient pour bombarder la place ou pour la prendre.

L'intérieur de la ville n'offre rien de curieux. Les bazars sont propres et bien voûtés; les mosquées sont assez belles : on m'a dit qu'on avait apporté d'Ekouda la plupart des pierres qui ont servi à les construire. J'ai encore vu à Suse plusieurs colonnes que les Maures ont employées à soutenir les angles de leurs maisons et à en décorer la façade. L'affluence du peuple est si grande dans les rues, que l'on a peine à y marcher. Les habitans sont fort honnêtes envers les chrétiens, ce qui vient sans doute de l'habitude qu'ils ont d'en voir et de commercer avec eux. On fabrique à Suse beaucoup de toiles qui se vendent à bon marché; leur plus grand défaut est de n'être pas assez frappées. Il y a autour de la ville d'immenses plantations d'oliviers. Les négocians français y achètent beaucoup d'huile, qu'ils envoient à Marseille pour la fabrique des savons. Il se fait aussi à Suse un commerce considérable de laines, de poteries, de souliers et d'étoffes à la mode du pays.

Le golfe peut avoir cinq à six lieues de large; il s'étend, du côté du sud, jusqu'à Mnestir. Les plus gros vaisseaux peuvent s'approcher très près de la ville; mais ils sont exposés à toute la violence des vents d'est, qui soufflent de temps en temps avec beaucoup d'impétuosité sur toute la côte de Barbarie. Tout près de la ville, du côté du nord, j'ai vu les murs d'un ancien port qui étaient bâtis en demi-lune au milieu des eaux. Ils ont été presque entièrement démolis par le choc continuel des vagues. Je n'ai trouvé à Suse qu'une seule inscription : encore était-elle si effacée que je n'ai pu en déchiffrer que quelques mots.

A quatre lieues vers le sud-est est Mnestir, que les Français appellent par corruption *Monastier*. C'est encore une ville maritime considérable, située à l'extrémité d'une langue de terre qui s'avance à plus d'une lieue dans la mer. La ville est entourée d'un très bon mur et, de loin, elle offre un joli point de vue. Les campagnes voisines sont plantées de beaux oliviers qui donnent chaque année une riche récolte d'olives. On m'a dit que la navigation était dangereuse dans le voisinage de Mnestir, surtout du côté du midi, à cause des rochers et des bas-fonds dont le golfe est parsemé. Trois heures après notre départ de Mnestir, nous traversâmes les ruines de Lempta. Cette ville, que Shaw[1] prend pour la *Leptis Parva* des anciens, était située au bord de la mer, dans un lieu peu élevé. Elle a été détruite de fond en comble : il n'en reste que des monceaux de pierres qui occupent un terrain d'un mille et demi de circonférence. A une lieue au sud de Lempta se trouve le village de Touboulbe, agréablement situé sur un coteau qui domine la mer. Il y a aussi des ruines dans le voisinage. A peu de distance au-delà de Touboulbe, nous entrâmes dans une grande plaine sablonneuse où j'essuyai la

---

[1] Tom. I, p. 237, tr. fr.

plus forte chaleur que j'aie jamais ressentie : mon thermomètre, placé sur le sable, montait jusqu'à 45 degrés. J'arrivai aux ruines de Dimess accablé de fatigue, ainsi que mes compagnons de voyage. Heureusement nous y fîmes rencontre d'un Arabe qui nous fit apercevoir des figuiers à l'ombre desquels nous nous reposâmes pendant quelque temps. Il nous apporta de l'eau fort mauvaise ; je la bus avec autant de plaisir que si elle eût été excellente, me trouvant encore fort heureux, car j'étais extrêmement tourmenté de la soif et notre provision était finie.

Les ruines de Dimess[1], qui est l'ancienne *Thapsus*, sont éloignées de la mer d'environ un demi-mille. Elles occupent un espace considérable au bord d'une grande plaine sablonneuse et aride. On y voit beaucoup de pierres amoncelées et éparses, de vieux murs, plusieurs souterrains voûtés. A l'ouest des ruines il y a vingt-cinq citernes situées paral-

---

[1] M. le colonel Lapie, qui, pour le tracé de ses cartes, a beaucoup emprunté à Shaw, écrit le nom de cette ville *Demas*, d'après l'orthographe anglaise ; mais il faut prononcer Dimess.

lèlement les unes auprès des autres. Chacune a environ cent pas de longueur sur cinq à six de large ; leur hauteur perpendiculaire était d'environ huit à dix pieds. Les voûtes sont presque toutes tombées ; il n'y a que les murs latéraux qui subsistent dans leur entier ; à peine retrouve-t-on quelques vestiges de l'aquéduc qui y conduisait les eaux. Ce que j'ai vu de plus remarquable à Dimess est un grand môle qui s'avance à plus de cent pas dans la mer : c'est un ouvrage extrêmement solide, construit en pierres de différentes grandeurs, et unies les unes aux autres avec un ciment aussi dur que les pierres mêmes. Les eaux l'ont néanmoins miné insensiblement, et en ont même détaché de très grosses pierres en beaucoup d'endroits, et surtout vers la pointe.

A quatre lieues au sud de Dimess, se trouve la petite ville d'Africa, que les Arabes appellent aussi El-Mehedia, située dans un lieu peu élevé au-dessus de la mer. Je n'ai osé y entrer, parce qu'elle est réputée sainte par les musulmans : j'avais peur d'y être insulté par la populace. J'ai aperçu de loin quelques ruines que l'on m'a dit être celles d'un ancien port. Il y a autour d'Africa de très grandes plantations d'oliviers, qui sont les plus belles et les mieux cultivées que j'aie encore vues en Afrique.

Toute la partie de la côte qui s'étend depuis Suse jusqu'à sept ou huit lieues au-delà d'El-Mehedia est sans contredit la plus fertile du royaume : elle produit en abondance des olives, du froment, de l'orge, de la dreu, du maïs. On y fait aussi, depuis quelques années, de belles cultures d'indigo et de coton ; mais on n'en récolte pas encore une quantité assez considérable pour en faire commerce avec l'étranger. Il serait difficile de trouver un pays plus fécond, et qui fût en même temps susceptible d'une culture aussi variée que celui dont je viens de parler.

Le maïs et la dreu, que l'on cultive beaucoup dans toute la partie méridionale du royaume, se sèment ordinairement en avril. On est obligé de les arroser souvent, depuis le temps où la semence a été jetée en terre jusqu'à celui de la récolte. Pour cet effet, les Arabes creusent des puits dans le voisinage des champs ensemencés : car les ruisseaux sont extrêmement rares dans toutes ces contrées. Ils emploient des chameaux ou des mules pour élever l'eau, avec de grands seaux de cuir attachés au bout d'une corde qui passe sur une poulie mobile, suspendue à deux grosses perches placées obliquement de chaque côté du puits, de manière qu'elles vont se croiser à quelques pieds au-dessus de son ouverture. Le chameau ou la mule, en s'éloignant directement du puits, fait monter les seaux remplis d'eau, et lorsque l'animal se rapproche, alors ils redescendent par leur propre poids au fond du puits. Les Maures se servent encore d'un moyen très simple pour le même objet. Un chameau fait mouvoir une roue placée sur le puits. En tournant, elle fait descendre et monter continuellement une corde autour de laquelle sont attachés, à distances égales, des vases de terre qui vont puiser sans cesse l'eau, pour la verser dans un réservoir d'où elle se distribue par différens conduits dans les champs cultivés. Presque toutes les eaux sont saumâtres le long de la côte, et les habitans des villes ne boivent que de l'eau de citerne. D'après cela, on doit bien s'imaginer de quel prix doit être une source d'eau douce et pure dans un pays où il est si rare d'en trouver, et où l'usage de toute liqueur fermentée est rigoureusement défendu par la religion et par les lois.

Je m'éloignai des bords de la mer un peu au-delà d'Africa, pour me rendre aux ruines d'El-Gem, qui en sont distantes d'environ huit lieues vers l'ouest. Je fis route pendant la nuit, par un beau clair de lune, et j'arrivai à El-Gem sur les quatre heures du matin. J'y passai un jour entier, afin de visiter les ruines à loisir.

El-Gem est un village considérable situé au milieu d'une plaine immense, à 55 lieues au sud de Tunis, et à 15 lieues au nord de Sfax; il paraît que c'est l'ancienne Thysdrus. Ce lieu est célèbre par son bel amphithéâtre, qui subsiste encore presque dans son entier. C'est un vaste édifice de forme un peu ovale, que l'on croit avoir été construit sous l'un des Gordiens d'Afrique. Son plus grand diamètre est de 180 pas et le plus petit de 150, en comptant l'épaisseur des murailles. Si l'on en fait abstraction pour connaître seulement les dimensions intérieures, alors il restera 120 pas pour le plus grand diamètre, et le plus petit n'en aura que 90. Les murs ont environ 110 pieds d'élévation; ils sont divisés en trois étages, et

AMPHITHÉATRE D'EL-JEM.

Hauteur 120 pieds Diametre 400

à chaque étage il y a deux grandes galeries intérieures qui font parallèlement le tour de l'amphithéâtre. Il est percé de 240 fenêtres disposées sur quatre rangs, et séparées les unes des autres par une demi-colonne. Les places étaient rangées circulairement par gradins, depuis l'arène jusqu'au sommet de l'édifice, de manière qu'il pouvait contenir une immense quantité de spectateurs. Au-dessous des murs il y a de grands souterrains voûtés, où l'on renfermait sans doute les animaux destinés aux combats ; peut-être servaient-ils en même temps de retraite aux gladiateurs. Au centre de l'arène on voit un grand trou maçonné circulairement : je serais porté à croire qu'il soutenait le pied du *velum*. L'amphithéâtre d'El-Gem est le plus beau monument antique que j'aie encore vu en Barbarie, et il me paraît digne en tout de la magnificence et du génie des Romains. On trouve souvent à El-Gem des médailles et des antiques ; on m'a dit que des voyageurs anglais en avaient enlevé anciennement de très belles statues de marbre. J'y ai acheté une petite tête de Diane en marbre blanc ; elle est d'une belle forme ; mais la figure est un peu gâtée.

Les ruines de l'ancienne ville sont éloignées de près d'une lieue de l'amphithéâtre; tous les édifices ont été entièrement démolis. Les environs d'El-Gem sont fertiles en olives, en blé et en divers fruits du pays. Les Arabes de ces contrées étaient autrefois de grands voleurs ; mais la bonne discipline du gouverneur de Sfax a fait cesser leurs brigandages. S'il arrive souvent en Barbarie que les Arabes dépouillent les voyageurs, au moins est-il assez rare qu'ils commettent des assassinats. Les régences ont établi une loi qui est très bonne pour prévenir de tels désordres : lorsqu'un homme a été assassiné et que le coupable ne peut être découvert, alors on fait payer quarante ou cinquante mille piastres à tous les voisins du lieu où l'assassinat a été commis. Si cette loi n'est pas selon toute la rigueur de la justice, au moins est-ce un excellent moyen pour contenir les Arabes, et pour les engager à veiller sur leur conduite réciproque : car la punition qui atteint la bourse est pour eux la plus cruelle de toutes.

Les terres des environs d'El-Gem contiennent beaucoup de salpêtre : les gens du pays m'ont dit qu'ils en retiraient jusqu'à dix-huit livres par quintal. Voici leur procédé. Ils construisent avec des briques ou des pierres une fosse circulaire en forme de puits, de trois ou quatre pieds de diamètre sur une profondeur à peu près égale. Cette fosse est percée inférieurement d'une ouverture latérale par où elle communique avec une autre cavité plus petite creusée dans un lieu plus bas que l'ouverture en question. Ils mettent au fond de la grande fosse plusieurs pierres sur lesquelles ils étendent de petites branches d'arbre, ou des feuilles et des tiges de spart en forme de tapis. Après y avoir jeté la terre qui est imprégnée de salpêtre, mêlée avec de la paille coupée en petits morceaux, ils y versent de l'eau à plusieurs reprises pendant deux ou trois jours; elle dissout le sel de nitre et l'entraîne dans la cavité inférieure. Ils mettent cette eau dans des chaudières, et, après qu'elle a été dégagée, par l'ébullition, des corps étrangers qu'elle contenait, ils la transvasent et la laissent refroidir; alors le salpêtre se cristallise et s'attache aux parois des vases. Comme il n'est pas encore bien pur après cette opération, on le fait bouillir une seconde fois et même une troisième, toujours dans une nouvelle eau, après quoi il devient aussi blanc et aussi bien cristallisé que celui de France. Ils en font de la poudre à canon qu'ils estiment beaucoup moins que celle d'Europe, parce qu'en effet elle n'a pas autant de force.

Je partis d'El-Gem de très grand matin pour me rendre à Sfax. Nous marchâmes pendant huit à neuf heures dans une grande plaine inculte et inhabitée, où l'on trouve çà et là quelques bosquets d'oliviers dont la plupart tombent de vétusté. Ils servent quelquefois de retraite à des Arabes vagabonds qu'il serait dangereux de rencontrer, si l'on n'était bien armé et en nombre suffisant pour leur faire tête.

Sfax est une grande ville fort commerçante située au bord de la petite Syrte, dans un lieu plat et sablonneux : c'est la plus jolie du royaume, et la seule dont les rues soient pavées. Elle est entourée d'un mur fort élevé et très bien bâti. Les habitans y sont plus civilisés que partout ailleurs. Ils vivent dans l'aisance et jouissent assez paisiblement du fruit de leur industrie, avantage inappréciable et bien rare en Barbarie, qu'ils doivent à la bonté et à la justice de leur gouverneur. Les citoyens les plus riches passent une partie de l'année dans leurs jardins, où ils ont des maisons de campagne fort agréables. On en fait monter le nombre à plus de 8,000

Les campagnes de Sfax produisent de l'orge, de la dreu, du maïs, des figues, du raisin, de bonnes pistaches, des pastèques en abondance et les meilleurs melons de toute la Barbarie. On y fait le commerce d'huile, de barille, d'éponges que l'on pêche aux îles Kerkines, de laines presque aussi fines et aussi estimées que celles d'Espagne. Malheureusement les moutons sont sujets de temps en temps à des épizooties qui en font quelquefois périr le plus grand nombre. Ces maladies règnent ordinairement en automne et au commencement de l'hiver. Les gens du pays croient qu'elles sont occasionnées par le défaut d'alimens : en effet, dans cette saison, la campagne est absolument aride, et l'on n'a pour toute nourriture qu'un peu de paille à leur donner.

La barille dont on fait commerce à Sfax se brûle le long des bords de la mer. Les Arabes la retirent indistinctement de sept à huit plantes différentes qu'ils mêlent ensemble, ou toutes ou en partie. Ces plantes sont le *Salicornia*

Fructicosa, le *Salicornia Herbacea*, le *Salsola Kali*, avec une autre espèce de ce genre qui m'est inconnue, l'*Atriplex Halimus*, l'*Artiplex portulacoïdes*, le *Mesembrienthemum Lopticum* et le *Zigophillum Simplex*, très commun dans ces contrées. Ils laissent sécher ces plantes aux deux tiers après les avoir coupées, puis ils les amoncellent sur des fosses creusées dans la terre et ils y mettent le feu; le sel qui se dégage des plantes tombe au fond des fosses, et s'y réunit en une masse solide.

On fabrique à Sfax les toiles les plus belles et les plus estimées de toute la Barbarie. Elles sont fines et se vendent à bon marché. Le seul défaut qu'on puisse leur reprocher est de n'être pas d'un tissu assez serré. On y construit aussi un grand nombre de barques qui font le commerce le long de la côte, et de petits corsaires qui vont croiser sur les côtes d'Italie, où ils font quelquefois de riches prises. Il n'y a point de ville dans le royaume où il y ait autant d'industrie qu'à Sfax. Les habitans sont doux et fort polis envers les étrangers. Le gouverneur, en particulier, me donna beaucoup de marques d'amitié; je puis même dire qu'il se faisait un plaisir de prévenir tous mes désirs, et que c'est l'homme dont j'ai reçu le plus de politesses depuis que je suis en Barbarie. J'ai recueilli dans les environs de Sfax les graines de plusieurs plantes rares. J'y ai aussi desséché les branches d'un joli arbrisseau qui approche des *Chrysocoma*, et dont les feuilles et les fleurs exhalent une odeur très agréable.

Les pluies ne tombent dans ces contrées que pendant l'hiver; elles y sont amenées par les vents de nord. Comme dans toute la Barbarie, l'eau des puits est amère et saumâtre, et l'on n'en boit que de citerne. Les campagnes de Sfax sont sablonneuses, et les chaleurs y seraient excessives sans une brise qui s'élève tous les matins sur les neuf heures, et qui dure une partie de l'après-midi.

La petite Syrte peut avoir trente lieues de large; elle s'étend depuis Capoudia jusqu'à l'île Gerba. La mer a peu de profondeur dans toute l'étendue de la Syrte, et le rivage est presque à fleur d'eau. La navigation n'y est pas sûre, à cause des bancs de sable dont le golfe est parsemé; les bâtimens marchands qui viennent à Sfax sont obligés de se tenir à une lieue de distance du rivage, quoiqu'ils n'aient aucun abri contre les vents. Ils y sont néanmoins en sûreté : le peu de profondeur de la Syrte fait que la mer n'y est jamais violemment agitée, même par les vents les plus impétueux. Il y a flux et reflux dans la petite Syrte. J'ai eu des peines infinies pour obtenir du gouverneur la permission de mesurer les marées; encore n'ai-je pu y apporter l'exactitude que je désirais : le bruit de l'arrivée prochaine des Vénitiens avait jeté l'épouvante dans tout le pays, et il fallait user de beaucoup de précautions pour n'être pas découvert. Après bien des instances, le gouverneur m'accorda un homme de confiance par qui je fis mesurer les eaux. Le 20 juillet, à midi, c'est vers cette heure que la marée est à son plus haut point d'élévation, on planta une perche dans la mer, près l'ancre d'un bateau. Sur les trois heures de l'après-midi, les eaux avaient diminué de cinq pieds deux pouces. Le premier août, jour de la nouvelle lune, je fis planter une seconde fois dans la mer la même perche qui m'avait servi pour l'opération précédente, et, vers les six heures, les eaux avaient haussé de sept pieds quelques pouces. On me dit que, dans le temps des équinoxes, elles s'élevaient jusqu'à neuf pieds, et que les marées étaient encore plus grandes dans le voisinage de l'île de Gerba, à 24 lieues au midi de Sfax. Je n'ai pu savoir aussi précisément que je l'eusse désiré l'instant du jour où la marée est à son plus haut point d'élévation ; je puis cependant assurer que c'est vers midi. Il est bien constant, d'après ces observations, qu'il y a flux et reflux très marqué dans la petite Syrte[1], tandis qu'il se fait à peine sentir à 25 lieues plus au nord. Les gens du pays savent en profiter pour faire la pêche : ils mettent des claies sur le sable, dans les lieux les plus bas d'où les eaux se retirent le plus lentement. Les poissons viennent avec les eaux de la mer, et, lorsqu'elle se retire, les claies les empêchent de suivre le cours des eaux.

Vers l'est de Sfax, à environ huit lieues de distance, il y a deux petites îles voisines l'une de l'autre, nommées Kerkines, dont la plus grande peut avoir six à sept lieues de circon-

---

[1] Ce fait est déjà mentionné par Strabon, XVII, 15, p. 834, ed. Casaubon. (*Note de Desfont.*)

férence. Ces îles sont peu élevées au-dessus de la surface de la mer; on les aperçoit néanmoins de Sfax lorsque l'horizon est bien pur. Elles produisent des olives, de l'orge, des dattes peu estimées, parce que la chaleur n'est pas assez forte pour les mûrir. Les habitans de ces îles sont vêtus différemment des autres Arabes. Ils font la pêche des éponges, fort communes aux environs de leur territoire. Pour cet effet, ils se servent de longues perches armées, à leur extrémité, d'un crochet de fer, au moyen duquel ils les détachent des rochers auxquels elles adhèrent. Lorsqu'on les tire de l'eau, elles sont recouvertes d'une pellicule fine et transparente, et c'est un spectacle curieux de voir comme toutes leurs parties sont en mouvement. Ils les enfouissent dans du fumier ou dans la terre pendant quelques jours, afin de faire périr les petits animaux qui y sont renfermés. Ils les lavent ensuite pour les dégager des corps étrangers qu'elles contiennent, et pour leur faire perdre l'odeur infecte qu'elles exhalent. Comme elles se vendent au poids, souvent, après les avoir nettoyées, ils y font rentrer du sable afin de les rendre plus pesantes; mais cette supercherie est facile à découvrir [1].

En suivant les bords de la Syrte du côté de l'ouest, on arrive aux ruines de Tina [2], distantes de Sfax d'environ trois lieues. Ces ruines occupent un espace assez étendu dans un lieu un peu montueux. Elles n'offrent rien d'intéressant : les habitans de Sfax en ont enlevé les plus belles pierres pour construire leurs maisons. Il y a, près de Tina, un ancien port où la mer n'entre plus aujourd'hui. Les Arabes croient que les Maltais sont originaires de ce lieu.

Pendant mon séjour à Sfax, j'ai encore été voir les ruines d'Inschla [3]; celles-ci sont à cinq lieues au nord-est de Sfax. On n'y voit de remarquable qu'un grand édifice de forme carrée, soutenu intérieurement par 24 belles colonnes de marbre blanc veiné de bleu, sur l'une desquelles j'ai aperçu une croix en bas-

---

[1] Elle n'en est pourtant pas moins usitée; on en trouve la preuve dans presque toutes les éponges de qualité inférieure.

[2] Thaine ou Thaini. (Sw. L.)

[3] Inshilla ou Inchilla. (Sw. L.)

relief. Les environs d'Inschla sont habités par des Bédouins qui paraissent fort misérables. Au nord d'Inschla, à peu de distance, est le petit village appelé Gibiniana, autour duquel on voit d'assez belles plantations d'oliviers.

Le rhus à feuilles d'aubépine croît en abondance le long des bords de la Syrte, et dans toute la partie méridionale du royaume. Son écorce a la propriété de teindre en rouge; les Arabes en font commerce. Ils mangent aussi le fruit de cet arbre lorsqu'il est mûr; ils s'en servent aussi pour faire une sorte de limona dequ'ils boivent avec plaisir.

Vous savez, Monsieur, que les Lotophages habitaient autrefois le long des bords des Syrtes, et que ces peuples étaient ainsi nommés parce qu'ils mangeaient le fruit du *lotus*[1]. J'aurais bien désiré pouvoir découvrir cet arbre intéressant ; mais, malgré toutes les recherches que j'ai faites pour tâcher de le reconnaître, je n'ai pu y réussir. Les descriptions que j'en ai lues dans quelques auteurs anciens que j'ai entre les mains, sont trop vagues pour qu'on puisse savoir de quel arbre ils ont voulu

---

[1] Voy. Strabon, XVII, 15, p. 834.

parler, ni même à quel ordre de plantes il peut appartenir. Shaw pense que le lotus est une espèce de jujubier sauvage que les Arabes appellent *sidra*[1], qui croît le long des Syrtes et dans toute la partie méridionale du royaume de Tunis. Si cet arbrisseau est le *lotus*, il s'en faut bien que son fruit soit aussi délicieux que le dit Pline : *Lotus tam dulci ibi cibo ut nomen terræ gentique dederit, nimis hospitali advenarum oblivione patriæ*[a]. Il y a sur les bords du désert, et particulièrement au Gerid, une autre espèce de jujubier à larges feuilles dont le fruit est plus gros et d'un goût plus agréable que celui du sidra, et que l'on pourrait prendre à plus juste titre pour le lotus, d'après ce qu'en dit Pline. Peut-être me sera-t-il possible de donner quelques éclaircis-

---

[1] Voy. Shaw, tom. I, p. 292 et suiv. Les habitans de Sfax vendent dans les marchés publics les fruits du sidra. Ils disent qu'on s'en nourrissait autrefois. Ils mangent ce fruit et en font de la limonade. On trouve cet arbrisseau dans presque toutes les plaines qui avoisinent le désert, et dans celles qui conduisent de Sfax à Tunis. (*Note de Desfont.*)

[a] Plin. XIII, 22, ed. Hard.

semens à ce sujet lorsque je serai à portée de faire des recherches dans les divers auteurs anciens qui ont fait mention de cet arbre si précieux et si intéressant à connaître[1]. Il est bien difficile que l'espèce s'en soit anéantie dans des contrées où elle avait été si multipliée autrefois.

L'île de Gerba est à environ vingt-quatre lieues au sud-ouest de Sfax. Je n'ai pu trouver d'occasion favorable pour y aller. On m'a dit qu'elle était très fertile, et que les peuples qui l'habitent menaient une vie assez heureuse. Cette île est encore soumise à la régence de Tunis. J'avais aussi formé le projet d'aller jusqu'à Gâbes, sur les confins du royaume de Tripoli. Le gouverneur de Sfax m'assura que ce voyage était dangereux, parce que les Arabes de ces contrées sont indomptés et fort misérables. La saison des plantes étant d'ailleurs passée, je me déterminai sans beaucoup de peine à renoncer au dessein que j'avais pris.

---

[1] Les Mémoires de l'Académie des Sciences renferment un curieux travail de Desfontaines sur le lotus et les Lotophages; nous le donnons à la suite de la relation de son voyage.

Je demandai à des voyageurs arabes le nom et la distance des lieux, qui se trouvent entre Sfax et Tripoli : j'en donne ici la liste. Je partis pour Tunis le 8 d'août, et j'y arrivai le 18 du même mois, bien fatigué par les chaleurs excessives que j'avais essuyées pendant le cours de mon voyage.

Noms et distances des villes, villages et ruines qui se trouvent le long de la côte, depuis Tunis jusqu'à Gâbes, sur les confins du royaume de Tripoli, en Barbarie.

Lieues communes.

 Tunis.
3 La Mamelif, bains chauds à 32° Réaumur.
2 Soliman, ville.
3 Crombalia, ville peu considérable.
1 Turki, petite ville.
4 Czar el Zeit, ruines de l'ancienne *Siagitana*.
1 Hammamet, ville maritime.
1 Labiad, ruines.
1 La Menarah, grande tour bâtie par les Romains.
3 Phradise, très belles ruines éloignées de la mer d'environ 4 lieues; c'est l'ancienne *Aphrodisium*.
5 Herkla, grand village avec des ruines, peut-être l'ancienne Hadrumetum.

Lieues communes.

- 7 Ekouda, ruines.
- $\frac{1}{2}$ Hammam, petit village.
- 1 Suse, grande ville maritime.
- 1 $\frac{1}{2}$ Aouin Sahalin, petit village éloigné d'environ une lieue de la mer.
- 2 Mnestir, ville considérable.
- 1 Krounis, petit village à quelque distance de la mer.
- $\frac{1}{2}$ Xiba, petit village.
- $\frac{1}{2}$ Lempta, ruines étendues; c'est la *Leptis Parva* des anciens.
- $\frac{1}{2}$ Saieba, village.
- $\frac{1}{2}$ Bou-a-Jear, village avec des ruines, à une lieue de la mer.
- $\frac{1}{2}$ Touboulbe, village, ruines.
- 1 Bratta, village à quelque distance de la côte.
- 1 Dimess, ruines étendues; c'est l'ancienne Thapsus.
- 3 Africa, petite ville.
- 8 Elgem, village éloigné d'environ 8 lieues à l'ouest d'Africa, lieu célèbre par son bel amphithéâtre; c'est l'ancienne Thysdrus.
- 10 Sallecto, ruines.
- 3 Elalia, ruines considérables; c'est l'ancienne *Achola*.
- 2 Soursef, village éloigné d'environ 2 lieues de la mer.
- 2 Capoule, l'ancienne *Caput-Vada*.

Lieues communes.

    2 Menainesch, village.
    2 Gibiniana, village à deux milles de la mer.
    1 Inschla, ruines considérables ; c'est l'ancienne *Usilla*.
    5 Sfax, grande ville maritime.
    3 Tina, ruines étendues ; c'est la Thenæ des anciens.

Les noms et la distance des lieux dont voici la liste m'ont été donnés par un voyageur arabe.

Lieues.

    Tina.
    5 Méheress, petit village.
    7 Wodran, rivière ; elle tarit en été.
    3 Sidi Medeb, marabout.
    7 Metouinia, village.

Gâbess. {
    3 Mentzel, village. Il y a une rivière qui passe entre Mentzel et Ziara, qui ne tarit point en été. Elle prend sa source à environ deux lieues vers l'ouest, près d'un lieu habité nommé *Chénini*.
    $\frac{1}{2}$ Ziara, village.
    7 Hammam, bains chauds, ruines.
}

    1 Zarat, village.
    6 Gegim, village.

V.

Journal d'un voyage d'Alger à Mascara, à Tlemsen et dans toute la partie occidentale de la régence d'Alger.

Ce n'est qu'après beaucoup d'instances que j'ai pu obtenir du gouvernement d'Alger la permission de faire le voyage dont je vais tracer le journal. Le bruit s'étant répandu ici que les Espagnols venaient attaquer Alger par terre et par mer avec une armée formidable, le dey me fit dire qu'il fallait renoncer absolument au projet de voyager dans l'intérieur des terres, et que je ne pourrais m'écarter à plus de dix lieues d'Alger sans courir de grands dangers. Cette fâcheuse nouvelle m'affligea infiniment, et je ne savais quel parti prendre. La saison favorable était déja avancée, et je craignais de manquer ma mission. Si j'avais trouvé un embarquement pour Candie ou pour la Syrie, je n'aurais pas manqué d'en profiter; mais ces occasions sont extrêmement rares. Je sentais vivement combien il eût été douloureux pour moi de retourner en France, n'ayant passé qu'un printemps en Barbarie, et de renoncer pour jamais à l'herborisation du mont Atlas, après m'être rendu pour ainsi dire au pied de cette fameuse montagne qui était pour moi la terre promise.

Vers la fin d'avril (1784), le drogman de France m'engagea à faire une nouvelle tentative auprès du dey, et à lui demander la permission de me joindre au camp volant qui devait partir dans les premiers jours de mai, pour faire une partie du chemin que je désirais suivre. Je fis donc cette demande au dey, en l'assurant que je serais de retour avant l'arrivée des Espagnols, ou que, si l'armée paraissait pendant que je serais en voyage, je me retirerais à Mascara. Le dey m'accorda ma requête. Je pris une escorte suffisante; des mules pour porter toutes les choses dont j'avais besoin, quatre domestiques et un soldat de la régence. M. Faure, horloger du dey, natif du Dauphiné, voulut m'accompagner malgré ses affaires. Cet homme m'a été fort utile. Il réside à Alger depuis plus de 20 ans; il sait la langue et connaît les usages des Arabes ; il avait fait un grand nombre de voyages dans les diverses parties du royaume. Nous partîmes le 4 de mai. Pendant la première journée, nous fûmes sans cesse baignés par la pluie ; elle ne nous empêcha cependant pas de marcher pendant dix heures, parce que nous désirions rejoindre le camp qui était parti la veille. Après avoir traversé des chemins très rudes, coupés par des ravins, nous allâmes camper dans les plaines de la Mitijah, tout près d'un douar d'Arabes, à environ une lieue et demie au nord de Belida.

On appelle douar la réunion des tentes des Arabes ; elles sont ordinairement disposées circulairement à peu de distance les unes des autres ; celle du chef est placée au centre. Les troupeaux se retirent pendant la nuit sous les tentes mêmes ou dans les espaces qui les séparent : par ce moyen ils sont plus en sûreté contre les bêtes féroces, qui, malgré ces précautions et la garde des chiens, en enlèvent très souvent, surtout dans la partie occidentale.

La Mitijah est une plaine très belle et très fertile, située au pied du mont Atlas, à quelques lieues au sud d'Alger ; elle s'étend de l'est à l'ouest, depuis le cap Matifou jusqu'à Cherchel. Sa longueur est d'environ vingt lieues et sa largeur de cinq à six. Elle est arrosée par un grand nombre de rivières et de ruisseaux, et l'on y récolte chaque année de riches moissons d'orge, de maïs et de froment. Elle est bornée au sud dans toute son étendue par un chaînon de l'Atlas, et au nord par une ligne de collines et de jolis coteaux qui suivent le rivage de la mer, et sont couverts de lentisques, de cistes, de myrtes, de jasmins et d'oliviers sauvages. Les habitans d'Alger ont, dans la Mitijah, un grand nombre de maisons de campagne et de jardins plantés d'orangers et de grenadiers ; ils les appellent des maceries, et y vont passer l'été avec leurs familles. Dans cette saison, l'air de la Mitijah est très insalubre à cause des eaux croupissantes qui s'y amassent pendant l'hiver et qui y forment des marécages. Lorsque les chaleurs ont fait évaporer les eaux, la fange et les plantes aquatiques qui y pourrissent exhalent une odeur infecte et malsaine ; aussi ceux qui habitent la Mitijah sont exposés à des fièvres intermittentes très difficiles à guérir.

Ces lieux sont remplis de gibier d'hiver.

Plusieurs rivières assez considérables arrosent la Mitijah. La plus forte est celle de l'Arach; elle a cela de particulier, qu'elle prend sa source du côté du Sahara, au midi d'Alger, et traverse le mont Atlas où elle coule dans des ravins profonds; puis elle se jette dans le golfe d'Alger, à environ trois lieues au sud de cette ville. Elle roule des marbres blancs et veinés, des spaths calcaires, des pierres ferrugineuses, des stalactites où l'on reconnaît très distinctement des troncs, des feuilles de plantes; j'y ai aussi observé des morceaux de fer spathique qui m'ont paru fort riches; deux sortes de grès, l'un jaunâtre dont les grains sont fort gros, et l'autre d'un grain beaucoup plus fin et d'une substance beaucoup plus compacte. Il y a près des bords de l'Arach, à environ trois lieues de son embouchure, un bain d'eau chaude au terme de 34 degrés, dont les eaux contiennent beaucoup de sel marin; elles déposent un limon rougeâtre et ferrugineux. Les Arabes vont s'y baigner, et regardent ces eaux comme très bonnes contre les maladies de la peau.

J'ai remonté l'Arach pendant quelques lieues,

et j'y ai trouvé plusieurs jolies plantes, entre autres une belle espèce d'anémone à fleurs jaunes, qui est nouvelle.

Les autres rivières de la Mitijah sont du côté de l'ouest. Environ à six lieues de l'Arach, on trouve l'Oued el Carmours[1], puis la rivière qui descend des montagnes de Belida. Belida est une petite ville située au pied du mont Atlas, au bord de la Mitijah, à environ dix lieues au sud-sud-ouest d'Alger. On n'y trouve aucun monument antique, et les édifices n'offrent rien de remarquable; mais, en revanche, tous les environs sont bien cultivés, les jardins sont fertiles et abondans en fruits excellens. Les eaux vives et pures qui descendent du mont Atlas y entretiennent une belle verdure dans presque toutes les saisons de l'année, et l'on y respire un air très pur. Si cet heureux pays appartenait à des Européens, ils en feraient un séjour délicieux. Les eaux tombent en abondance du mont Atlas, elles se réunissent en une seule rivière au fond d'un grand vallon. Les gens aisés ont su en profiter en la faisant couler dans leurs jardins. Les habitans

---

[1] Ouadi el Kermez. (L.)

de Belida sont très malhonnêtes envers les chrétiens ; ils s'attroupaient tellement autour de moi que, malgré les gens de garde que j'avais, il m'était difficile de percer la foule. Le gouverneur me fit beaucoup d'amitiés et de politesses qui me dédommagèrent des injures que j'entendais proférer autour de moi par la populace.

Les montagnes voisines de Belida sont fort élevées ; leur sommet est souvent couvert de neiges jusqu'à la mi-mai. Elles sont très belles et bien arrosées ; leur cime est couronnée de chênes ballotes, dont les glands nourrissent un grand nombre d'habitans de ces cantons. L'on y voit des ravins profonds, des vallons très fertiles remplis d'arbres fruitiers, arrosés par des sources d'eau vive et aussi pure que le cristal. Les frênes, les peupliers blancs, les micocouliers s'y élèvent à une grande hauteur et offrent des ombrages où il est agréable de se reposer.

Les Kabayles ou tribus des montagnes sont tous soumis à la régence d'Alger ; ainsi il est possible, avec deux hommes d'escorte, de s'y promener, sans rien craindre, pourvu cependant qu'on n'y passe pas la nuit.

Il y a au nord et à peu près à six lieues de Belida, sur la pente d'un coteau qui domine la Mitijah, un petit village nommé Coléah, et un peu plus loin vers l'ouest, on voit le cap Roumi sur le sommet duquel est une tour que l'on découvre de très loin.

Nous marchâmes obliquement dans la plaine vers le sud-ouest et, en nous approchant du mont Atlas, nous traversâmes plusieurs petites rivières qui sont très fortes quand elles sont gonflées par les pluies de l'hiver. La première, qui s'appelle El Alleig, est à une demi-lieue du douar où nous dormîmes. Après deux heures de marche, nous traversâmes celle qui porte le nom de Chelfa[1]; et une lieue plus loin on rencontre l'Ouet-el-Selt. Elles descendent toutes du mont Atlas; leur cours est du sud vers le nord. Un peu au-delà de celle-ci, nous entrâmes dans les montagnes en suivant un ravin profond qui traverse la chaîne de l'Atlas jusqu'à Mendia. Après y avoir marché pendant quatre à cinq heures, nous arrivâmes à l'Ouet-el-Ouâger[2]. Cette petite rivière décrit un très

---

[1] L'Alleig et le Chelfa tarissent en été. (*Desf.*)
[2] Ouedjer ou Mazaffran. (L.)

grand nombre de contours, et on la traverse douze fois en moins de deux heures; ses bords sont agréablement ombragés par plusieurs arbres et arbustes parmi lesquels domine le laurier-rose. Ce charmant arbrisseau était alors couvert de fleurs, et la vue s'y reposait avec plaisir; la couleur vive de la fleur offrait un beau contraste avec le vert foncé de l'olivier, des lentiques et des cyprès qui s'élèvent beaucoup; mes yeux ne se lassaient point de contempler ce charmant spectacle. J'avais mis pied à terre pour herboriser; je trouvai, le long du ravin, une très belle espèce d'iris à fleurs jaunes, le spartium et une belle espèce de ciste à tige ligneuse et à feuilles très étroites. J'aurais bien désiré de m'arrêter dans ces beaux lieux qui me paraissaient fertiles en plantes; mais les gens de ma compagnie me pressaient d'avancer, car les cantons voisins sont infestés de voleurs.

Les Arabes qui habitent les montagnes à droite et à gauche de la rivière sont indomptés, et ne paient aucun tribut à la régence. Ils sont fort misérables et grands voleurs : il se passe peu de semaines qu'il n'y ait des voyageurs dépouillés en traversant l'Ouâger, quoique le chemin soit très fréquenté, car c'est le seul passage pour aller dans la partie occidentale du royaume. Nous rencontrâmes plusieurs de ces misérables, mais ils n'étaient pas assez nombreux pour oser nous insulter. Ceux qui occupent les montagnes à droite de la rivière se nomment les Somêta[1]: ceux des montagnes à gauche portent le nom de Benimened. Ils sont toujours en guerre ; jamais les Turcs n'ont pu les soumettre, parce que ces montagnes sont très escarpées, et presque inaccessibles. Lorsque nous revînmes à Alger, nous rencontrâmes dans ces lieux des voyageurs qui venaient d'être dépouillés, mais nous n'eûmes pas peur, étant en bon nombre et bien armés. Après avoir traversé l'Ouager, nous marchâmes encore au moins trois heures, et nous campâmes au milieu du mont Atlas, près des douars appartenant à la régence, un peu au-delà d'une ancienne forteresse bâtie par les Turcs à quelques lieues de la petite ville de Mendia, et nommée Boakelouen.

Ces lieux offrent un paysage très agréable, parsemé de collines, de coteaux couverts de

[1] Summata. (L.)

verdure où la vue se repose avec plaisir; dans le lointain des montagnes escarpées et très pittoresques. On récolte ici, tous les ans, une si grande quantité de grains que les Arabes appellent ces contrées le grenier d'Alger. Le chemin qui conduit de Boakelouen à Mayané est très mauvais, et passe le long de ravins profonds, au bord desquels il faut marcher avec précaution. Toutes ces montagnes sont couvertes d'épaisses forêts où il règne un profond silence qui saisit d'un respect religieux.

Je passai deux jours à Mendia[1] pour y herboriser: cette petite ville est située vers le tiers de la montagne du côté qui regarde le midi ; elle est très peuplée relativement à son étendue. On rencontre dans les environs quelques ruines anciennes qui n'offrent rien d'intéressant. Les jardins présentent de belles verdures, ils sont fournis avec abondance de tous les fruits que donne le pays : ils sont en pente un peu au-dessus de la ville. Il sort, près de ce lieu, des sources abondantes d'eau pure qui vont se réunir en un fort ruisseau qui fournit

---

[1] C'est probablement la ville désignée sous le nom de Medea dans la carte de M. Lapie.

abondamment la ville et les jardins, tombe en cascade dans des ravins profonds, et arrose la plaine située au bas. La montagne qui est derrière Mendia est une des plus élevées que j'aie vues ; j'y herborisai pendant un jour : le sommet est couvert de jolies plantes, et j'en trouvai quelques-unes qui manquaient à ma collection. La montagne de Belide domine toutes les autres. La vue du côté de la mer se perd dans un vaste horizon. On voit au-dessus de soi toute l'immense chaîne de l'Atlas qui s'alonge de l'E. à l'O. ; on ne peut se défendre d'un sentiment mêlé d'intérêt et de terreur à l'aspect varié de ces montagnes, des pics arides, des vallons abruptes, des rochers escarpés et des profonds abîmes creusés par les torrens.

Je me présentai au caïd qui me reçut assez froidement d'abord ; puis, après avoir lu les lettres de recommandation d'une personne considérable de la régence, il me donna de grandes marques d'amitié, me logea dans sa maison, et me fit porter des fruits, des moutons et plusieurs présens de cette nature. Je lui demandai la liberté d'aller passer un jour dans les hautes montagnes voisines de Mendia. Il s'y refusa d'abord, parce que les habitans sont des brigands ; puis, après des instances réitérées, il me dit qu'il me donnerait quatre hommes de garde, dont deux resteraient avec moi et les deux autres iraient à la découverte. Je le priai de les envoyer à quatre heures du matin, mais voyant qu'il n'y en avait qu'un d'arrivé, je partis avec lui et avec deux de mes propres serviteurs, je montai la montagne et j'y passai un jour à herboriser; j'y trouvai d'assez jolies plantes.

L'accueil que nous recûmes à Mayané[1] ne fut pas très flatteur ; nous eûmes peine à y trouver un logement. En quittant cette ville, nous traversâmes une immense plaine qui s'allonge de l'est à l'ouest, depuis Mayané jusqu'à Laïa Tefla. Cette plaine est très unie; elle est bornée au midi par une autre chaîne de l'Atlas parallèle à celle dont j'ai parlé. Le Chélif, qui est une des plus grandes rivières du royaume, la traverse et l'arrose dans toute sa longueur; il y coule dans un lit profond et va se jeter dans la mer à plus de trente lieues au-delà, et à peu

---

[1] C'est sans doute Miliana que Desfontaines désigne sous le nom de Mayané.

de distance de Mostaganim. Cette rivière prend sa source au-dessus de la province de Titteri, près le Sahara, traverse un grand lac et reçoit dans son cours plusieurs rivières ; mais l'évaporation est si grande dans l'été qu'elle est toujours guéable. Pendant l'hiver, lorsque les pluies sont tombées abondamment, elle grossit beaucoup, et arrête souvent les voyageurs au passage pendant des semaines entières. Ses bords sont ombragés d'une belle espèce de tamarinier (*Tamarix gallica* Linn.) qui était en fleurs lorsque j'y passai, et offrait des retraites et des bosquets charmans.

La plaine de Mayané est très féconde ; elle m'a paru fort élevée au-dessus de la Mitijah. Lorsque je la traversai, les blés commençaient à jaunir ; les moissons étaient superbes ; j'éprouvais un indicible plaisir à considérer les richesses de la nature dans ces contrées. Nous couchâmes sur les bords du Chélif, près de Laïa Tefla, au pied d'une petite chaîne de montagnes qui borne la plaine du côté de l'ouest. Je fis une herborisation dans ces montagnes ; j'y passai un jour ; elles sont fort arides et je n'en rapportai qu'un petit nombre de plantes. J'y perdis les gens qui m'accompagnaient pendant plus de deux heures. Lorsque je les retrouvai, ils étaient transis de frayeur et se lamentaient dans l'idée qu'il m'était arrivé quelque malheur. J'appris que ces montagnes sont inhabitées, mais que les Arabes indomptés s'y retirent pour voler, pendant la nuit, les troupeaux des habitans de la plaine.

Lorsque mes gens furent revenus de leur frayeur, nous descendîmes au bas de la montagne, et nous trouvâmes une belle fontaine à l'ombre de plusieurs gros térébinthes. Nous nous assîmes sur ses bords et y fîmes un repas délicieux, assaisonné d'un violent appétit. Cette montagne se nomme *Doui*. Les gens du douar auprès duquel nous couchâmes nous firent amitié et nous donnèrent avec plaisir tout ce dont nous avions besoin. Ils venaient en foule dans ma tente, les uns pour me visiter, les autres pour me consulter sur leurs maladies. Le douar appartenait au bey. Les Arabes soumis sont obligés de fournir, sans rétribution, aux voyageurs les choses dont ils ont besoin. Le gouvernement en a même établi, le long des chemins fréquentés, pour cet usage utile; mais leur haine pour les chrétiens est telle, que si l'on voyageait sans escorte, il serait souvent impossible d'en rien obtenir, même pour de l'argent, et les gardes que j'avais étaient quelquefois obligés de les menacer et de les traiter même avec beaucoup de dureté pour obtenir les choses qui m'étaient nécessaires, quoique j'eusse toujours soin de les bien payer. A Laïa Tefla finit la grande plaine de Mayané; elle est terminée par une petite chaîne de montagnes qui se dirige du sud au nord[1]. De l'autre côté, cette petite chaîne transversale entre dans une autre plaine arrosée par le Chélif et par plusieurs autres rivières qui descendent des montagnes.

Nous levâmes la tente de très grand matin, par un temps couvert de nuages et très propre à voyager; après trois heures et demie de marche, nous atteignîmes l'Ouet-el-Rouinia. Cette rivière traverse la plaine du sud au nord et se jette dans le Chélif. Environ deux lieues et demie au-delà de cette rivière, est une source d'eau chaude un peu salée, au pied d'une

---

[1] Je rencontrai dans ces montagnes une hyène qui sortit d'un buisson. L'homme qui m'accompagnait tira sur l'animal; mais l'amorce seule du fusil brûla sans que l'arme fît feu. (*Desfontaines.*)

montagne aride et peu élevée, située au milieu de la plaine et sur le sommet de laquelle est un marabout. La fontaine se nomme *Hamman Altaf*[1]. Une lieue au-delà de la fontaine coule l'Oued-el-Fadda [2], ou Rivière d'Argent. Elle ne tarit jamais; elle prend sa source à environ dix lieues au midi dans les hautes montagnes de Cérisi [3], habitées par des arabes qui ne paient point de tribut aux Algériens, et qui remportèrent, il y a une vingtaine d'années, une victoire signalée sur les Turcs; ils en tuèrent environ sept cents. On dit que l'on y trouve des mines de plomb et de cuivre, que c'est peut-être de là que vient le nom de l'Oued-el-Fadda donné à la rivière qui y prend sa source.

Nous passâmes la nuit sur le bord de cette rivière, au pied d'une petite montagne qui fait la séparation de la plaine que nous traversâmes pendant le cours de cette quatrième journée; les Bédouins vinrent nous apporter du lait, des œufs, du couscoussou.

[1] M. Lapie marque en cet endroit une tribu nommée Lataff.

[2] R. Feddah. (L.)

[3] Djebel Ouannaseris? (L.)

A six lieues à l'ouest de l'Oued-el-Fadda sont les ruines de Cherba, sur un coteau à peu de distance du Chélif et au bord d'un ruisseau appelé, du nom des ruines, Oued-el-Cherba. Ces ruines sont démolies de fond en comble, et n'offrent que des monceaux de pierres, parmi lesquelles on en distingue un grand nombre de carrées qui ont été taillées avec soin. Les environs de ces ruines sont très fertiles. Ces débris s'étendent fort loin. Sur la droite, en allant à Mascara, à trois ou quatre lieues de distance, est le petit village appelé Medjaja [1], bâti sur la pente des montagnes. Les monts de Cérisi sont les plus élevés que l'on observe depuis Alger jusqu'à Mascara. L'une de ces montagnes est longue et en dos d'âne, l'autre est à pic. La base est couverte d'aloës, mais le sommet paraît aride. On y voit des roches nues qui s'élèvent à une grande hauteur. Les chemins qui y conduisent sont très difficiles. Les Arabes qui les habitent sont dispersés; ils ne vivent point sous des tentes; mais ils ont de petites maisons. Le bey de Mascara me défen-

---

[1] Merjejah. (L.)

dit d'y aller, quoique les habitans fussent alors en paix avec Alger.

Nous descendîmes dans une belle plaine où nous campâmes; elle était habitée autrefois par des Arabes très grands voleurs. Il y a huit ou dix ans qu'Ibrahim, bey de Mascara, lassé de leurs brigandages, fit couper la tête à plus de quarante de ces bandits. Il en envoya les mains à Alger. Les femmes et les enfans furent épargnés. Il chassa toute la tribu du pays; on les appelait ouled Ouxeis [1]. Depuis ce temps, ils ont offert des sommes considérables à la régence pour rentrer dans leur domaine; mais ils n'ont pas été écoutés. Ceux qui se sont fixés dans ces contrées sont un peu meilleures gens, mais il faut toujours s'en méfier et faire bonne garde, surtout pendant la nuit. La proximité des montagnes où ils peuvent s'enfuir lorsqu'ils ont fait un mauvais coup les rend entreprenans. Anciennement il était très dangereux de passer dans ces lieux.

Nous traversâmes l'Oued-el-Seels [2], rivière

---

[1] Uxeire. (L.)

[2] Ouadi el Susellim ou R. Arheou. (L.)

qui ne tarit point pendant l'été, et nous fûmes camper à quelques lieues de là sur le bord de l'Oued-el-Hean [1]. Ces deux rivières vont se jeter dans le Chélif. Elles ne sont pas considérables, mais elles ne tarissent pas pendant l'été. Elles sont, ainsi que le Chélif, remplies de barbeaux; nous prîmes plaisir à en pêcher plusieurs fois: jamais nous ne pûmes prendre aucun autre poisson. Toutes les plaines dont il vient d'être fait mention sont remplies de *rhammus lotus* qui y forme des bouquets assez agréables. Le terrain est argileux, et presque toutes les montagnes sont calcaires. Notre marche était toujours fort lente; j'allais à pied, parce qu'il m'était ainsi plus facile d'herboriser et de ramasser des insectes. Les plaines sont bien cultivées et assez habitées. Le long des rives du Chélif on récolte de très belles moissons. Au nord du Sidy Abdy [2], à cinq ou six lieues sur la pente des montagnes, nous découvrîmes

---

[1] Oued Mina. (L.) Le nom de Oued el Hean est peut-être celui d'un des affluens de l'Oued Mina. Du reste, l'on sait qu'en Barbarie, chaque rivière porte différens noms dans les différentes parties de son cours.

[2] Sidi Abid. (L.)

une petite ville appelée Mazana [1], dont les habitans sont toujours en guerre avec une autre tribu arabe appelée Sbahé [2], qui demeure dans la plaine. Ceux-ci logent sous des tentes. Nous découvrîmes dans cette contrée des trous de gerboises et de girds, espèces de rats. Les trous de gerboises sont bouchés lorsque l'animal est rentré; ceux du gird, au contraire, sont ouverts : par ce moyen, les premières se soustraient à deux espèces de gros serpens qui habitent ces contrées; ils ont environ huit pieds de longueur, et sont de la grosseur du bras. L'un est d'une couleur grise bleuâtre uniforme, ayant la tête fort petite relativement au volume de son corps; l'autre est jaunâtre et noir sur les côtés, le dessus de son dos, dans toute sa longueur, est marqué d'anneaux jaunes assez réguliers au milieu desquels est une tache noire de la largeur du haut du pouce; je ne les crois pas venimeux.

Les moineaux sont si abondans dans toutes les plaines dont je viens de parler, ainsi que dans beaucoup d'autres lieux de la Barbarie,

---

[1] Mazaouna. (L.)
[2] Spaihy. (L.)

qu'il faut que les Arabes fassent continuellement du bruit dans les champs ensemencés pour les écarter lorsque le blé commence à mûrir, et encore causent-ils de grands ravages. Le ciel est quelquefois obscurci par le vol de ces oiseaux.

On voit aussi, le long des rivières, un bel oiseau qu'on nomme *cher agra*, que j'ai empaillé. Son plumage est peint des plus vives couleurs bleues, surtout sur les ailes. C'est une espèce de geai; il se nourrit de sauterelles. Cet oiseau est de passage; il paraît en Barbarie vers le mois de mai, et y séjourne jusqu'en automne. Il y niche dans des trous le long des rivières; son cri est : gra, gra, gra.

Les cigognes sont fort communes en Barbarie; elles nichent sur les maisons, sur les gourbies; elles sont si apprivoisées qu'elles se laissent approcher de très près : c'est un oiseau sacré, et l'on s'exposerait à une très mauvaise affaire si l'on osait en tuer une.

Les cailles sont également communes. Elles y passent en deux saisons : au printemps et en automne; il en séjourne toujours un assez grand nombre pendant l'hiver. J'en ai tué beaucoup même dans cette saison; il y en a une autre espèce qui n'a que trois doigts aux pieds, plus petite que la précédente : celle-ci habite les collines et les bois. Son plumage est aussi plus roux.

Le 9ᵉ jour nous couchâmes sur les bords de l'Oued-el-Mina au milieu d'une grande plaine, près d'une belle cascade que les Maures ont faite pour arrêter les eaux, afin de les conduire par divers canaux dans les terres. A peu de distance de celle-ci, il y a des ruines où l'on trouve des médailles, des lampes sépulcrales et des vases de terre. L'Oued-el-Mina est, après le Chélif, la plus forte rivière que nous ayons rencontrée; elle va s'y perdre, son lit est fort profond, comme toutes les autres rivières que nous avons traversées de l'est à l'ouest. On cultive le riz le long de ses bords. On le sème vers le commencement de mai, et on le récolte dans le mois d'août. On commence par bien arroser le terrain pendant plusieurs jours sans prendre la précaution de remuer la terre, on jette le riz sur la surface de l'eau au milieu des herbes. On en cultive dans plusieurs cantons du royaume, mais il est d'une qualité bien inférieure à celui qui vient d'Egypte.

Le terrain changea le lendemain, il devint montueux et inculte. Il était couvert de lentisques, d'oliviers sauvages, et de *rhus oxyancanthoïdes*. J'observai aussi pour la première fois l'*atropa frutescens*, et une jolie espèce de thymbra dont je desséchai des branches. Après cinq heures de marche, nous passâmes près d'un petit village dit Caleah[1] situé à environ huit lieues à l'est de Mascara, sur le penchant d'une montagne qui regarde l'occident, au bord du ravin au fond duquel coule un ruisseau qui va se jeter dans l'Oued-el-Mina. Les montagnes voisines m'offrirent quelques jolies plantes, entre autres la *fagonia cretica*, le *bisserula pelycinus*, et une espèce d'astragale que je n'avais pas encore observée. Toutes ces montagnes n'ont pas beaucoup d'élévation; elles sont parsemées de ravins où coulent des ruisseaux pendant l'hiver, et couvertes de lentisques, de lavandes, etc., dont l'odeur embaume l'air.

Nous traversâmes un terrain parsemé de montagnes et de collines dont les vallons sont très fertiles, et nous couchâmes près d'un

---

[1] El Callah. (L.) Ce village est au nord de Mascara.

grand douar dans le voisinage duquel je trouvai un daphné qui m'était inconnu. Les Arabes qui habitaient les tentes où nous passâmes la nuit paraissaient être dans l'aisance. Leurs tentes étaient plus grandes et plus belles que toutes celles que nous avions vues jusqu'à ce jour.

Le jour suivant, sur les cinq heures, nous levâmes la tente, et marchâmes toujours dans un terrain inégal en suivant le fond des vallons, et nous campâmes sur le sommet d'une colline qui domine l'Oued-Isser. Je vis dans cette journée de riches moissons de froment.

Nous partîmes le lendemain, à l'aube du jour, pour Tremessen, le chemin fut toujours comme les deux jours précédens, et environ une lieue avant d'arriver, nous entrâmes dans la belle plaine qui s'étend jusqu'à la ville. Environ à trois quarts de lieue avant d'atteindre Tremessen, nous passâmes sur un ancien pont très solidement bâti, et sous lequel coule une rivière qui prend sa source à peu de distance, on la nomme Oued-el-Berd (rivière froide). A gauche du chemin, après avoir franchi le pont, on voit quelques ruines antiques de forme carrée.

La ville de Tremessen est bâtie en pente au pied des montagnes : elle est étendue et divisée en quatre quartiers. Le premier, par où nous entrâmes, se nomme Zeidan ; on y pénètre par une porte ronde, très solidement construite en grandes pierres carrées oblongues. En sortant de ce premier quartier on voit une vieille mosquée dont la tour a pour base de grandes pierres de taille.

Le second quartier se nomme Aïn-Haoud (fontaine poissonneuse). Le troisième est situé à l'est et porte le nom de Sidi-Bohameda, qui est celui d'un fameux marabout. La mosquée m'a paru assez belle ; elle a une tour fort élevée ; on nous assura qu'une grosse pomme placée sur le sommet était d'or massif : si cela était, elle aurait beaucoup de valeur, car elle a au moins un pied de diamètre. Lorsque je fus dans le voisinage de la mosquée, le marabout me fit dire de retourner sur mes pas.

Tremessen est le quatrième quartier et le plus considérable.

On nous conduisit à la maison du caïd, Turc imbécille ; nous y logeâmes. Le bey nous avait donné des lettres pour lui ; cela joint à quelques menaces l'engagea à nous bien traiter.

Il y a aux environs de Tremessen, ou plutôt Tlemsan, des jardins bien plantés de beaux arbres fruitiers. Les montagnes voisines sont calcaires; l'eau qui en découle en abondance les arrose et les fertilise. Derrière la ville, il y a de grandes montagnes composées de trois couches posées les unes sur les autres. La première est en plateau et présente des rochers nus coupés à pic, d'où tombent en cascades plusieurs ruisseaux qui coulent au-dessous sur des lits de verdure émaillés de mille fleurs. La végétation y est forte. La base de la montagne et les bords de la plaine sont couverts de vieux oliviers dont la plupart tombent de vétusté, et tout le pays sera bientôt nu, parce que les habitans ne prennent pas soin de le replanter.

Il y a, au sud-est de la ville, un des plus beaux vallons que j'aie jamais vus. Ses bords sont formés par des rochers coupés à pic. Les cimes de ces rochers se perdent dans les nues; leurs flancs sont couverts d'arbres qui ont pris racine dans les fissures, et donnent naissance à plusieurs ruisseaux qui tombent en cascades. Un d'eux se précipite perpendiculairement d'une hauteur de plus de deux cents pieds; un large espace reste libre entre la colonne d'eau et la montagne, qui est tapissée de mousse et de fougère. Le fond de la vallée est rempli de micocouliers, de frênes, de cerisiers, de noyers et de saules qui s'élèvent à une grande hauteur et offrent un ombrage impénétrable aux rayons du soleil. Du côté opposé, vers l'embouchure du vallon, on aperçoit, dans le lointain, des collines et des montagnes pelées qui forment un contraste admirable avec la beauté et la fertilité de ce lieu. Des montagnes voisines sortent des sources abondantes d'une eau aussi claire que le cristal; ces sources forment une rivière qui coule sous des voûtes d'arbres fruitiers et se partage en divers canaux. Sur le bord du vallon, elle forme une île charmante plantée de beaux arbres, à l'ombre desquels on respire une fraîcheur délicieuse; puis elle se précipite tantôt en cascades, tantôt en nappes d'eau, dans des abîmes dont l'œil ose à peine sonder la profondeur. Parmi ces belles chutes d'eau, une surtout a fixé mon attention. La rivière se précipite perpendiculairement deux fois d'une grande hauteur, puis elle coule en nappe sur un rocher incliné. Il semblerait, tant elle est régulière, que cette cascade a été faite par la main des hommes. Le vallon est rempli de rossignols et d'autres oiseaux dont les chants animent ce beau séjour, tandis que les cimes des rochers servent de demeure aux aigles et aux autres oiseaux de proie que l'on prend plaisir à voir planer au haut des airs.

Tous les rochers sont calcaires, composés de couches horizontales peu épaisses, et semblent avoir été formés par le dépôt des eaux.

En marchant pendant une heure vers l'ouest, on arrive à une fontaine intermittente seulement pendant l'été : le jet d'eau est au moins égal en grosseur au corps d'un homme. Cette fontaine se nomme Ain-Hattar; elle jaillit avec grand bruit. Les Arabes m'ont débité mille contes ridicules à son sujet; par exemple, lorsqu'une femme se présente à son embouchure, les eaux sortent sur-le-champ. Elles coulent et s'arrêtent trois fois dans 24 heures; mais lorsque je visitai cette fontaine, elle n'était pas encore intermittente.

Je n'ai jamais vu un pays si bien arrosé que celui de Tremessen. Les habitans comptent environ deux cents fontaines dans l'espace d'environ deux lieues de longueur. Les plantes et les arbres y croissent avec force. La fraîcheur que les eaux répandent entretient dans ces lieux une douce température, et l'on y respire un air délicieux. Le paysage est si beau, si varié, que je ne me lassais point d'y rester. J'ai trouvé plusieurs jolies plantes, entre autres une belle euphorbe à feuilles étroites, une jolie campanule qui m'est inconnue, une nouvelle espèce de catananche, et une très belle anthillis à feuilles blanches et à fleurs jaunes qui tapisse les rochers. Le *fumaria heptaphylla* y vient aussi en abondance, ainsi qu'une nouvelle espèce de potérium.

Les montagnards participent de la beauté du climat, malgré la misère à laquelle ils sont réduits par les Turcs. J'y ai vu de beaux hommes, bien faits et d'un teint plus clair que dans tout le reste de la Barbarie.

Le pays est si fertile que les Algériens ne se soucient pas qu'il soit visité par les chrétiens, dans la crainte qu'il ne devienne un objet de conquête.

Tremessen est à environ quatorze lieues de la mer. Outre les ruines anciennes, on en voit beaucoup d'autres. Ce pays était autrefois indépendant ; les Turcs en le conquérant renversèrent toutes les maisons. Il y a, à un quart de lieue de la ville, à droite, une très grande enceinte de forme carrée qui est l'ouvrage des Maures.

Plus près de la ville, du même côté, on voit un très grand bassin carré qui est fort ancien, et dont les murs peu élevés sont construits en belles pierres de taille. Il me paraît que c'était un réservoir d'eau. Je n'ai découvert à Tremessen aucune inscription, quelque information que j'aie prise pour en trouver. On y rencontre quelquefois des médailles : on m'en apporta cinq à six de bronze, mais elles étaient si effacées que je ne pus rien reconnaître et ne les achetai pas. On trouve aux environs de la ville beaucoup de salpêtre, et l'on y fait de la poudre à canon. La poudre est de contrebande à Alger : il est défendu, sous peine de la vie, d'en vendre aux Maures et aux Arabes, que l'on veut toujours tenir dans la soumission.

Je demandai au caïd un guide pour m'accompagner dans les montagnes plus éloignées au sud. Il me donna un sheick arabe qui commande dans un canton très étendu ; je montai jusque sur les plus hautes montagnes, et je campai pendant près de huit jours. Je trouvai plusieurs plantes rares : la pyrèthre, un joli schœnus, une très belle espèce de polygala. La pyrèthre vient dans les prairies ; sa racine a plusieurs usages : on la mange comme assaisonnement, et on s'en sert aussi pour exciter la transpiration. On la pulvérise et on s'en frotte le corps au sortir du bain. Elle occasione à la peau une chaleur qui fait beaucoup transpirer. Les Arabes la ramassent pour la vendre. Je tuai aussi deux corneilles dont le bec et les pieds sont d'un beau rouge de corail, et je les empaillai. Nous entendîmes plusieurs fois, pendant la nuit, le hurlement des lions, et pendant notre séjour ces animaux mangèrent un âne dans un douar voisin de celui où nous couchions. Les Arabes prennent les lions de plusieurs manières : quelquefois ils creusent une fosse profonde qu'ils recouvrent avec des broussailles ; sur le milieu ils attachent une chèvre ou un mouton ; lorsque le lion va pour saisir sa proie, il tombe dans la fosse, et on le tue à coups de fusil. Souvent aussi ils en prennent de petits ; mais la manière la plus fréquente est de porter un mouton dans un lieu où ces animaux sont communs. Le chasseur se cache dans un buisson et tire un coup de fusil au lion lorsqu'il vient pour manger le mouton. Cette chasse est dangereuse, parce que, lorsque le lion n'est que blessé, il dévore souvent le chasseur. Les Arabes disent que le lion n'attaque jamais les femmes, parce qu'il a pitié de leur faiblesse. Jamais le lion ne se jette sur les hommes, à moins qu'il ne soit pressé par la faim ; il arrive cependant qu'il en fait sa pâture.

J'ai vu dans les montagnes de Tremessen un homme qui avait tué à coups de fusil quinze lions et trois panthères. Ces animaux dorment pendant le jour dans les buissons les plus épais; ce n'est que vers le soleil couchant qu'ils sortent de leurs repaires.

Quand le lion a faim, il ne craint pas d'entrer dans les tentes des Arabes, malgré l'aboiement des chiens et les cris des hommes; il s'empare d'un mouton et s'enfuit. Lorsque j'allais herboriser, je m'armais d'un fusil chargé à balles et je me faisais accompagner par des gens bien armés. Jamais je n'ai rencontré de lion.

Le tigre est extrêmement à craindre, en ce qu'il se blottit derrière les broussailles, d'où il s'élance sur sa proie avec une rapidité incroyable. J'ai vu un homme qui avait été estropié d'un seul coup de griffe sur l'épaule.

Les monts qui sont derrière Tremessen se nomment *Mafresch;* ceux qui sont plus éloignés et où je me rendis en dernier lieu s'appellent *Djebel Terdi.* Ces montagnes sont remplies de vallons charmans et de prairies agréables et fertiles où les Arabes élèvent de nombreux troupeaux ; ils seraient dans l'aisance s'ils n'étaient continuellement dépouillés par les Algériens.

Pendant que j'étais dans les montagnes de Tremessen, j'eus occasion de voir le serpent qu'on appelle *zureik;* mais il me fut impossible de le saisir. Il est de la grosseur de nos couleuvres, mais d'une couleur plus brune. J'en vis un qui se cacha sous une pierre ; je la fis lever, et dans l'instant il sortit avec une vitesse étonnante, et traversa un espace de douze à quinze pas sans que je pusse presque l'apercevoir. J'aurais été bien curieux de le disséquer, pour connaître à quoi il faut attribuer, dans un reptile, cette vitesse prodigieuse que j'avais jusqu'alors regardée comme une fable. Les Arabes assurent que la morsure de ce serpent donne la mort en très peu d'heures.

Sa marche est droite, et il paraît que c'est le *jaculus* des anciens.

Après avoir herborisé autant que je le désirais dans les montagnes, je retournai à Tremessen, où j'attendis des nouvelles du bey, qui m'avait recommandé de ne pas rejoindre le camp sans avoir des détails sur un combat qui devait avoir lieu entre lui et des Arabes indomptés appelés Languets, qui habitent les frontières de Maroc, au sud-est des montagnes de Trara. Le lendemain de mon arrivée, j'appris qu'il les avait dépouillés et que je pouvais en toute sûreté rejoindre le camp placé au pied des montagnes de Trara, à deux journées à l'ouest de Tremessen.

J'avais trouvé à Tremessen un pauvre esclave français qui ne savait ni lire ni écrire, et qui, étant inconnu, n'avait pas été compris dans le rachat. Il me pria avec les plus vives instances de lui obtenir sa liberté. J'en écrivis au consul, qui le racheta. Ce pauvre misérable, avant son départ, me combla de bénédictions pour le service que je lui avais rendu.

A côté de ruines fort étendues il y a plusieurs sources qui découlent des montagnes, et un ruisseau d'eau salée. Ces montagnes sont gypseuses. A l'extrémité elles sont couvertes d'une terre rouge qui contient beaucoup de fer. J'y ai aussi trouvé des pierres figurées comme celles de Florence.

Nous partîmes pour Arzew, situé vers le nord-est de ce lieu, tout près du cap Roumi. Après avoir marché cinq à six heures dans la plaine dont j'ai parlé, on arrive dans un bois où l'on marche au moins quatre heures. Ce bois est planté d'oliviers sauvages et de lentisques, et il s'étend jusqu'au golfe d'Arzew.

Le golfe d'Arzew commence au cap Ferrat et s'étend jusqu'au nord de Mostaganim. Il est profond, sa forme est presque circulaire. Le port, qui est sous le cap Ferrat, du côté du sud, est très sûr et très commode; les vaisseaux y trouvent un très bon ancrage, et tous les capitaines le regardent comme un des meilleurs ports de toute la Barbarie. Le cap Ferrat l'abrite contre les vents du nord, et les vents d'est même n'y sont pas à craindre. Il n'y a aucune habitation dans ce lieu. Le gouvernement d'Alger y a établi un caïd, qui préside aux divers chargemens de grains que l'on y fait; on les y apporte à dos de chameaux, et c'est le lieu de la côte occidentale où l'on en charge davantage, vu qu'il y en a peu d'autres où les vaisseaux puissent aborder commodément.

L'on voit une prodigieuse quantité de sangliers autour d'Arzew. L'eau y est un peu saumâtre.

A une lieue au sud, sur un coteau très agréable qui domine la mer, on voit les ruines de l'ancienne ville. Elles sont presque toutes démolies; on n'y voit que des pans de murailles, des monceaux de pierres dont un grand nombre sont très bien taillées, des chapiteaux de colonnes brisées : il y a au milieu de ces ruines une porte carrée avec deux petites de chaque côté. J'y ai copié deux inscriptions gravées en lettres grandes et très bien formées. Je fis déterrer avec beaucoup de peine les pierres sur lesquelles elles étaient taillées. Tout le terrain qui s'étend depuis les ruines jusqu'à la mer est planté de lentisques; il en sort deux fontaines d'eau douce qui fournissaient de l'eau à la ville. A peu près à deux lieues vers le sud-ouest, il y a un vaste lac de sel qui fournit une grande partie du royaume. Il est inépuisable; sa longueur est de près d'une lieue : il se remplit d'eau pendant l'hiver; dans le temps des chaleurs elle s'évapore, et le sel se cristallise.

Les environs de ce lieu offrent un très bel aspect : du côté de l'ouest et du sud on découvre un terrain montueux et sauvage tout couvert d'arbustes ; à l'est on a la vue du golfe ; et vers le sud, la perspective est bornée par le cap Ferrat. Nous suivîmes la côte pendant près de deux heures ; le terrain est très sablonneux. Nous traversâmes l'Oued-el-Hammam[1], qui est salé à son embouchure ; et trois lieues à l'ouest de Mostaganim, nous abandonnâmes le rivage de la mer, qui est couvert de gros tas de sable. Nous longeâmes un grand lac très poissonneux, sur les bords duquel croît une grande quantité de kali qui fournirait beaucoup de soude si l'on savait en tirer parti, et enfin nous atteignîmes la vaste plaine de Habra qui est passablement cultivée, et qui, chaque année, produit de riches moissons. Cette plaine s'étend le long d'une chaîne de montagnes médiocrement élevées, dont elle suit la direction de l'est à l'ouest. A quelques

---

[1] Hammam ou Habrah. (L.)

lieues de la côte, la plaine prend le nom de Sée.

Nous marchâmes jusqu'au soleil couchant. En traversant la plaine, nous aperçûmes plusieurs tentes d'Arabes, placées à peu de distance de la rivière ; nous y fûmes bien traités, parce que ces douars appartiennent au bey de Mascara; mais j'y passai une nuit très mauvaise. Je fus tourmenté par une multitude prodigieuse de cousins qui ne me laissèrent pas prendre un seul moment de repos. Le lendemain, à l'aube du jour, nous partîmes pour Mascara, et, au soleil levant, nous atteignîmes les montagnes. Nous fîmes un déjeûner fort agréable, à l'ombre des tamarix dont la rivière était bordée. Nous marchâmes par des chemins affreux sur le bord des précipices. La chaleur du soleil dans les gorges des montagnes était insupportable. Lorsque nous en eûmes atteint la cime, elle nous fit moins souffrir, parce qu'alors nous étions rafraîchis par un léger souffle de vent; et enfin, vers les trois heures de l'après-midi, nous entrâmes dans la ville de Mascara. Il serait difficile d'exprimer le plaisir que je ressentis alors ; il me semblait être à la fin de mon voyage. J'y passai le reste de la journée et le jour suivant à me reposer.

Je fis part au caïd des intentions du bey et de la permission qui m'avait été accordée d'aller voir les mines. Il me donna un homme qui connaissait parfaitement le terrain. Pour y aller, nous traversâmes droit au sud la grande plaine de Mascara dans une étendue d'environ cinq lieues, puis, étant entrés dans les montagnes, nous nous avançâmes dans un bois fort épais, en suivant un sentier très fréquenté, et nous marchâmes sur les traces de deux lions pendant plus d'une heure. Ayant passé l'Oued-el-Hammam et un fort ruisseau qui se jette dans cette rivière, nous poursuivîmes notre route à peu près une lieue au delà, puis, tournant un peu sur la gauche, nous atteignîmes les montagnes où sont les mines. Nous nous établîmes près de celle qui donne le plomb et qui est très abondante ; on avait creusé la terre au hasard en plusieurs endroits. Je descendis dans les trous qui avaient peu de profondeur, et j'y découvris une mine de galène fort riche. La direction des filons me parut être constamment de l'est à l'ouest. J'en cassai plusieurs morceaux que j'ai rapportés avec moi.

Nous partîmes pour les confins de Maroc de grand matin, en allant toujours à l'ouest. Après avoir marché pendant environ deux heures dans la belle plaine de Tremessen, qui est parsemée de coteaux et de jolies collines, nous atteignîmes des lieux montueux et fertiles [1].

Cinq heures après notre départ, nous arrivâmes au bord de l'Oued-Zeitoun (rivière des oliviers). Il y a en effet beaucoup de ces arbres le long de ses rives. Environ trois lieues plus loin, nous passâmes le Souf-Neurours, autre ruisseau, et enfin une lieue au-delà coule l'Oued-Tafna, la plus forte rivière de ces contrées. Sur ses bords on trouve une fontaine d'eau chaude tout près du chemin de Maroc, sous des palmiers, avec un réservoir carré d'une médiocre étendue. Cette fontaine fit monter le thermomètre à 36 degrés; ses eaux sont limpides et douces : les Arabes m'assurèrent qu'elles étaient très bonnes à boire lorsqu'elles étaient refroidies. Le pays qui s'étend depuis la Tafna jusqu'aux frontières de Maroc

---

[1] Tout le pays qui s'étend depuis la plaine de Tremessen jusqu'à l'Isser, et jusqu'aux montagnes de Trara, est montueux et creusé de ravins. (*Desfont.*)

est sablonneux, stérile et inculte : on y rencontre beaucoup de térébinthes. Nous faillîmes d'y perdre une de nos mules qui s'était écartée du chemin ; il fallut beaucoup de temps pour la rattraper. Après quatorze heures de marche, nous atteignîmes enfin le camp du bey, qui était placé sur une colline au bord de l'Oued-el-Meleh qui va se jeter dans la Tafna. Nous étions au pied de la chaîne des monts de Trara, à cinq lieues d'Oujedah, ville du royaume de Maroc.

Les montagnes de Trara s'étendent à peu près du sud au nord ; elles peuvent avoir quinze à seize lieues de longueur ; elles vont se perdre dans la mer. Ces montagnes sont élevées, mais beaucoup moins que nos Alpes du Dauphiné ; leur base est cultivée dans beaucoup d'endroits. Les Arabes qui les habitent ne paient pas beaucoup d'impôts. Lorsqu'ils sont inquiétés par les Algériens, ils passent au Maroc ; et lorsque l'empereur de Maroc veut les mettre à contribution, ils repassent du côté d'Alger. Ceux qui occupent la partie méridionale de ces montagnes sont appelés Languets : ce sont des brigands qui dépouillent les caravanes de Maroc. Il y a trois ans qu'ils enlevèrent tous les présens que l'empereur envoyait au bey de

Mascara. Lorsqu'on veut les faire payer, ils s'enfoncent dans le Sahara ; le bey en vint cependant à bout pendant mon séjour. Il s'approcha à environ huit lieues de leurs habitations : les principaux chefs vinrent le voir et lui apportèrent des présens : aussitôt il les fit arrêter avec leur suite ; et, de crainte que la nouvelle ne s'en répandît parmi les Arabes de cette tribu, il partit le soir de la même journée avec 1500 hommes, marcha toute la nuit, et les surprit le lendemain à l'aube du jour. Ils se défendirent, lui tuèrent quatre hommes et en blessèrent plusieurs. A la fin ils furent enveloppés et obligés de se rendre. Il leur enleva 400 chameaux, 30,000 moutons, tout l'argent qu'il put trouver, et 400 fusils. Je ne crois pas que cela les corrige de leur rapacité.

A son retour le bey fit serrer le camp et enjoignit à la garde de veiller attentivement pendant la nuit. Il me défendit d'aller dans les montagnes de Trara, parce qu'on avait appris que les Arabes dépouillés s'y étaient réunis, et qu'ils cherchaient l'occasion de se venger. Je restai un jour et demi dans ce lieu, herborisant à quelque distance du camp et le long des rives de l'Oued-el-Meleh. Je trouvai une espèce nouvelle de chèvrefeuille qui n'était encore qu'en bouton. Il approche beaucoup du *lonicera caprifolium,* mais il n'a jamais que deux fleurs axillaires sur chaque pédoncule. Toutes les montagnes qui sont vers le sud ont un aspect noirâtre; elles sont remplies de bêtes féroces. A quelques lieues à l'ouest d'Oran on trouve des rochers d'une pierre légère, noirâtre, poreuse comme une éponge, qui paraît être une lave de volcan.

J'allai prendre congé du bey, qui n'avait cessé de me faire des politesses et de condescendre de bon cœur à tout ce que je lui demandais. Je lui parlai alors des mines dont il a été mention, je le priai de me donner un guide pour m'y conduire, en lui alléguant que le sol des mines étant différent, j'y trouverais infailliblement des plantes nouvelles; il acquiesça à ma demande, et me donna une lettre pour le caïd de Mascara, dans laquelle il lui enjoignit de me fournir un guide pour m'y conduire. Il me recommanda le secret, et je lui promis de ne point en parler, à Alger, aux personnes qui pourraient en faire part au gouvernement. Je partis avec les deux hommes de garde qu'il m'avait procurés, et il leur ordonna de m'accompagner où je désirerais et de ne m'abandonner que quand je n'aurais plus besoin d'eux. Il nous recommanda d'avancer fort loin le premier jour, de crainte de rencontrer dans la campagne les Arabes de Trara.

Nous poursuivîmes jusqu'au-delà de l'Oued-Tafna notre ancienne route, et nous prîmes sur la gauche en nous approchant des bords de la mer. Les chemins que nous suivîmes sont très inégaux et très peu pratiqués. Tout le pays est bouleversé, et souvent nous ne pouvions avancer qu'avec beaucoup de lenteur ; nous marchâmes ainsi pendant deux jours et demi, au bout desquels nous atteignîmes la vaste plaine qui s'étend jusqu'aux montagnes d'Oran. J'avais envie de passer très près de cette ville afin d'en bien connaître la situation ; mais les gardes que j'avais ne voulurent jamais consentir à m'y accompagner. Cette plaine s'étend de l'est à l'ouest ; elle est fort unie, très fertile et habitée par un grand nombre d'Arabes qui allument des feux pendant la nuit pour attirer les déserteurs. Lorsqu'ils en amènent un au bey de Mascara, il leur donne dix écus. On voit, le long des montagnes, un espace de plusieurs lieues de longueur dans la plaine même, qui est blanc comme la neige.

Les Maures sont obligés d'aller une fois l'an combattre contre cette place, et le bey lui-même doit y aller une fois dans trois années.

Nous dressâmes notre tente à six lieues au sud d'Oran, à l'extrémité d'une montagne appelée Erbett. J'observai près de l'Oued-el-Mina un grand nombre de kattah: ces oiseaux volent en troupes comme les pigeons.

Nous avions beaucoup marché pendant cette journée, et j'étais très fatigué, lorsque nous découvrîmes un douar sur le penchant d'une colline. Les habitans, qui paraissaient fort pauvres, nous reçurent d'abord avec froideur; mais leur ayant donné un peu d'argent avec promesse de payer tout ce que nous prendrions, ils nous témoignèrent de la confiance. La pluie tomba toute la nuit en abondance : ma tente en fut traversée.

Tous les lieux que j'ai parcourus sont très beaux; mais la misère qui y règne, par la dureté du gouvernement, détruisait le plaisir que j'aurais eu à contempler la nature dans toute sa beauté.

Les voyageurs sont obligés de coucher près des douars pour ne pas s'exposer à être volés, car les Arabes des douars en répondent.

Le lendemain matin nous ne partîmes que fort tard pour Mascara, lorsque nous vîmes le temps un peu plus beau. Nous traversâmes les montagnes, qui sont bien cultivées par endroits et fort arides dans d'autres. Nous vîmes une montagne qui s'était affaissée depuis peu de temps : une famille entière d'Arabes, qui logeait sous son abri, avait été écrasée. Je trouvai une belle espèce de centaurée blanche dont le calice est très épineux : elle croît dans les sables. Ces lieux m'offrirent encore quelques jolis gramens que je desséchai. La saison était bonne, toutes les plantes étaient en fleurs, et je m'applaudissais de ne pas avoir entrepris plus promptement ce voyage. J'avais espoir de retrouver des graines à mon retour. Vers le soir le ciel se couvrit de nuages, le vent souffla avec plus de force, et nous fûmes baignés par une grande pluie qui dura plus de deux heures et nous accompagna jusqu'à Mascara, où nous arrivâmes sur les six heures du soir.

Aussitôt, comme il est d'usage, nous envoyâmes un homme de notre suite pour avertir le bey, qui nous fit faire des complimens. Il nous logea dans sa maison et mit à notre disposition un de ses esclaves pour nous servir et nous procurer tout ce dont nous avions besoin. Notre repas fut dressé à la mode du pays. Nous fîmes dire au bey que nous étions très fatigués et que nous n'irions que le lendemain matin lui faire notre visite. Notre premier soin fut de changer d'habits ; les nôtres étaient transpercés. Nous fîmes aussitôt après dresser nos lits, afin de prendre un repos dont nous avions un si grand besoin.

Je me levai le lendemain de très bon matin, afin de décrire et préparer les plantes que j'avais trouvées la veille, et sur les huit heures nous allâmes saluer le bey, qui nous accueillit avec beaucoup d'amitié, et nous offrit tous ses services. Je lui annonçai l'objet de ma mission ; il me dit qu'il me donnerait les moyens de voyager avec sécurité. Je lui fis un présent de très beau drap de France, qu'il reçut avec plaisir, et en retour il m'envoya un très beau *haïk* de laine rouge à la mode du pays. Il devait partir dans trois jours pour Tremessen, avec son camp ; il nous engagea à l'attendre, se proposant de nous enseigner les lieux où nous trouverions le plus de plantes.

Le bey de Mascara est un Kourougli, ou fils de Turc; le dey d'Alger, qui l'aime et qui connaît sa capacité, l'a élevé au rang de bey, contre les règles mêmes de la régence : car les premières places du gouvernement ne peuvent être occupées que par les Turcs. Celui-ci se soutient en portant beaucoup d'argent à Alger et en faisant continuellement des présens aux principaux officiers de la régence. C'est un homme plein de bon sens et qui désirerait faire fleurir l'agriculture dans les contrées qu'il habite ; mais il est bien difficile que des hommes traités avec tant de dureté de la part du gouvernement, et dont les propriétés sont aussi peu assurées que celles des Maures soumis à la domination d'Alger, puissent entreprendre des défrichemens et des travaux dont ils ne retireraient certainement pas les fruits. Le bey de Mascara aime les chrétiens et les traite avec bonté et douceur; ses esclaves, au nombre de cinquante, tous fugitifs d'Oran, et parmi lesquels il y a beaucoup de Français, mènent une vie fort douce. Il leur distribue des vivres et de l'argent pour satisfaire leurs besoins ; mais, malgré tous ces avantages, ces pauvres gens déplorent leur sort, et se trouveraient beaucoup plus heureux d'être privés des agrémens dont ils jouissent, et d'avoir la liberté.

La ville de Mascara est située sur le penchant d'une montagne peu élevée du côté du midi. La plaine qui est au pied s'étend régulièrement de l'est à l'ouest, et de toutes parts elle est dominée par des monts peu escarpés qui offrent des points de vue très diversifiés ; quelques-unes de ces montagnes s'avancent jusqu'au milieu de la plaine, qui est très fertile et bien cultivée ; plusieurs ruisseaux l'arrosent en coulant du sud au nord. La principale culture est celle de l'orge et du froment. Cette plaine est habitée par un grand nombre de familles arabes.

La ville de Mascara peut avoir un mille de circuit ; elle est mal pavée et mal bâtie. La maison du bey est presque la seule qui soit commode et logeable. Il y a une assez belle mosquée bâtie depuis quelques années. On ne trouve à Mascara aucun monument antique. Cette ville est absolument l'ouvrage des Maures ; son mur d'enceinte a très peu de force ;

il n'est défendu que par une douzaine de pièces de canon. On compte soixante-dix lieues d'Alger à Mascara, dix-huit d'Oran et douze d'Arzew, qui est le lieu de la côte le plus voisin. En venant du côté de l'est on n'aperçoit pas Mascara : elle est entièrement cachée par les montagnes ; du côté de l'ouest et du midi on la découvre de très loin, et elle présente un coup d'œil assez agréable. Elle est bien fournie d'eau au moyen de conduits qui l'amènent des montagnes voisines. Ces eaux sont très pures et excellentes à boire.

Les montagnes voisines de Mascara sont calcaires ; quelques-unes sont couvertes d'une terre blanche comme la neige ; on y trouve aussi du gypse.

Tous les jours nous allions visiter le bey et converser avec lui ; il s'informait de nos usages, de nos arts, de notre agriculture. Lorsque je lui disais que la chrétienté fournit une plus grande quantité de grains que son pays, il en était surpris et me demandait pourquoi on venait en faire des chargemens en Barbarie. Un jour il voulut savoir si je pensais qu'il y eût des mines dans le mont Atlas ; je lui répondis, crainte de lui causer de l'ombrage, que je ne m'occupais que des plantes; car ces peuples sont très jaloux des métaux que renferme la terre, et il faut avoir la plus grande attention de ne pas exciter leur méfiance. Je fis cependant entendre au bey que j'avais quelques connaissances dans cette partie : il envoya aussitôt un esclave, qui revint avec des morceaux de galène et de mine de cuivre qui me parurent fort riches. Je ne voulus point paraître empressé de voir les mines; je lui dis seulement ce que ces morceaux contenaient. Quand il apprit que l'un renfermait du cuivre, il me dit qu'il ferait boucher le trou d'où on l'avait tiré. Je passai trois jours entiers à Mascara, et j'herborisai dans les environs. Le bey me fit voir son haras ; il y avait peu de beaux chevaux. Pendant mon séjour je reçus de lui des présens continuels de moutons, volailles et fruits.

Les jardins sont assez bien cultivés ; ils sont plantés de vignes, d'abricotiers, d'amandiers, de figuiers, de grenadiers; la plupart de ces jardins sont en pente sur la montagne, et offrent de loin un bel aspect de verdure.

Quelque temps avant mon arrivée dans ces contrées, le bey avait conquis un pays dans l'intérieur du désert, à plus de quinze journées de Mascara ; il n'avait que deux petits canons de quatre livres de balles, deux mortiers, et environ quinze cents hommes de troupes. Il somma la ville principale de se rendre, et y fit jeter des bombes pendant deux jours, après quoi les habitans arborèrent le pavillon blanc sur les murs. Douze marabouts et autant de femmes vinrent lui demander la paix aux conditions qu'il exigerait ; mais elles furent si dures que, n'ayant pu les remplir, ces gens donnèrent en ôtage six enfans que j'ai vus à Mascara ; ils étaient d'une physionomie agréable et d'un teint très blanc.

Il y avait, sur la porte de la ville, la tête d'un *Maure de paie* d'Oran qu'on avait coupée depuis peu. Ces Maures de paie sont des fugitifs d'Afrique qui se retirent à Oran ; ils deviennent soldats, ont la paie du roi d'Espagne, et sortent quelquefois dans la campagne pour faire des esclaves, pour voler ou pour acheter des denrées : lorsqu'ils sont surpris on leur coupe la tête ; anciennement on se contentait de leur couper les bras et les jambes. Les Maures d'Alger qui vendent quelque chose aux Maures d'Oran subissent le même sort.

Après avoir séjourné trois jours à Mascara, nous partîmes pour Tremessen avec le bey. Le premier jour nous ne marchâmes que pendant six heures au milieu des montagnes du côté de l'ouest. Nous campâmes dans un vallon profond au bord de l'Oued-el-Hammam, rivière assez considérable qui va se jeter dans le golfe d'Arzew, après avoir traversé les belles plaines de Habra dont je parlerai ci-après ; elle coule du sud au nord, en faisant de grands contours au milieu des montagnes. Elle prend sa source fort loin dans la chaîne de l'Atlas qui avoisine le Sahara ; elle est salée à son embouchure. Je trouvai ici une jolie laitue qui n'est pas décrite dans Linné. On y voit de gros rochers de pierre calcaire percés d'un grand nombre de trous. Il en sort plusieurs ruisseaux d'eau chaude dont l'un d'eux fit monter le thermomètre à 50 degrés. Ces eaux ne laissent aucun dépôt ; elles sont limpides et bonnes à boire lorsqu'on les a laissées refroidir. Le bey me dit qu'il y avait dans les environs plusieurs autres sources d'eaux thermales dont quelques-unes avaient une forte odeur de soufre. Sur le rocher d'où coulent ces eaux chaudes, on voit un conduit creusé dans le roc vif qui s'étend fort loin, et servait sans doute à conduire l'eau pour arroser les terres. L'Oued-el-Hammam est sujet à de grands débordemens qui détruisent souvent les moissons.

Je pris un très beau lézard dont les côtés et le dessous du corps sont d'un beau bleu d'améthiste : il approche du caméléon, mais il en diffère par les pattes et d'autres caractères.

A un demi-mille des bains, sur la rive gauche de la rivière, il y a des ruines fort étendues où l'on voit de belles pierres de taille ; on y distingue les murs d'enceinte ; je n'y ai trouvé aucune inscription. Nous passâmes la rivière et marchâmes au milieu des montagnes, dans un chemin fort inégal d'où nous découvrions souvent des points de vue charmans et qui auraient bien valu la peine d'être dessinés.

La chaleur était vive, nous couchions souvent dans des chemins couverts d'arbres où je prenais plaisir à me reposer. Nous traversâmes ensuite d'épaisses forêts de lentisques et d'oliviers qui sont remplies de bêtes féroces, et où il ne faut s'écarter qu'avec beaucoup de précaution. Les journées du camp étaient fort courtes, et j'avais bien le temps d'herboriser. Les côtes de l'Afrique sont fertiles, mais beaucoup de leurs productions sont les mêmes que celles des provinces méridionales de France et d'Espagne; il faut se donner beaucoup de peine pour découvrir celles qui sont particulières à ces climats.

Après avoir marché pendant plus de trois heures au milieu des forêts de l'Atlas, nous entrâmes dans une immense plaine bornée à droite et à gauche par des montagnes peu élevées et couvertes d'arbres. Cette plaine est inculte et inhabitée, quoique son sol soit très propre à la culture, et s'étend de l'est à l'ouest. Nous dînâmes au bord d'une belle source, située au pied des montagnes à droite sous des peupliers blancs et des frênes fort élevés où nous tuâmes beaucoup de pigeons ramiers qui se laissaient facilement approcher. Nous continuâmes de suivre la plaine; et sur les quatre heures après midi, nous dressâmes nos tentes dans un lieu où le bey a fait creuser plusieurs puits pour l'usage des camps.

Le lendemain nous décampâmes de très bonne heure, et entrâmes après quelques heures de marche dans un taillis; le terrain devint un peu montueux et aride. Je ne trouvai ce jour-là qu'un joli daphné à feuilles velues dont les fleurs viennent en anneaux le long des tiges. Tout le pays que nous traversâmes est inculte et inhabité : le sol en est sablonneux et aride. Nous campâmes auprès d'une petite rivière qui coule du sud vers le nord ; on la nomme Oued-Makhera [1] ; elle ne tarit pas pendant l'été.

Le jour suivant, nous ne fîmes route que pendant environ deux heures. Le camp se rendit un peu au-delà de l'Oued-Tessela, petite rivière dont le cours est à peu près parallèle à celui de l'Oued-Makhera. On campa au pied d'une chaîne de montagnes courant du sud au nord, qui a quatre à cinq lieues de longueur, et se nomme les montagnes de Tessela [2]. C'est en cet endroit que le bey fit monter un marabout sur un âne en punition de quelque offense, et on le promena autour du camp, tenant la queue de l'animal dans ses mains. La sainteté du personnage ne le mit pas à l'abri d'un pareil affront.

Ici j'abandonnai le camp, et je me rendis

---

[1] Oued Mekerra. (L.)
[2] Djebel Tessailah. (L.)

au milieu des monts où j'herborisai pendant deux jours : ils étaient couverts d'arbustes et de plantes, mais je n'en trouvai que deux nouvelles. Il en découle plusieurs ruisseaux vers le midi; et toute la base des montagnes est bien cultivée. Sur le sommet on voit un reste de château démoli, de forme carrée, avec de larges fossés et une citerne au milieu. De ce lieu on découvre un vaste horizon. Les montagnes sont remplies de gazelles, de chakals et de lions.

J'abandonnai les montagnes de Tessela vers les cinq heures du matin, et je partis pour aller visiter les mines de cuivre. Elles sont à environ trois quarts de lieue à l'ouest de celles de plomb, dans la même chaîne de montagnes et dans un même sol. Il suffit de creuser la terre à deux pieds et demi ou trois pieds de profondeur pour trouver la mine, dont les filons sont dans la même direction que ceux de la première : c'est-à-dire de l'est à l'ouest. La terre même et les pierres qui sont à sa surface sont en beaucoup d'endroits teintes en vert. Je détachai plusieurs morceaux du filon que l'on me fit voir, et qui sont fort pesans et fort riches. Les mines avaient été creusées anciennement, car je descendis dans un grand trou où il y a une galerie qui se prolonge à 25 ou 30 pas sous terre; j'y reconnus un filon de cuivre.

Il serait facile d'exploiter ces mines. Toutes les montagnes sont bien couvertes de bois, et il y a un ruisseau et une rivière à peu de distance. Je restai encore un jour dans ces montagnes. J'y trouvai de très grosses calcédoines disposées par lits étroits dont la direction était de l'est à l'ouest. Elles étaient dans une terre pyriteuse, à peu de distance des mines de cuivre. Je vis aussi, dans un ravin, quelques morceaux de cristal de roche.

Toutes ces montagnes sont presque inhabitées. Elles présentent un aspect sauvage, et sont recouvertes de bois depuis la base jusqu'à la cime. Ces forêts sont remplies de bêtes féroces que nous entendions rugir autour de nous pendant la nuit [1]. Pendant le jour il y règne un silence profond qui n'est troublé que par le cri de quelques oiseaux. Quand j'eus visité ces lieux autant que je le désirais, je me disposai à retourner à Mascara, mais je dis à mon guide de prendre une route différente de celle que nous avions suivie en venant; j'en fus

---

[1] Quatre lions furent tués sur un bœuf mort. (*Desfontaines.*)

charmé, car je trouvai dans les rochers, sur le bord du chemin où nous passâmes, une nouvelle espèce d'antirrhinum à tige ligneuse ; et sur les montagnes qui avoisinent la plaine de Mascara, je vis beaucoup de pierres ferrugineuses, très pesantes, roulées par les torrens ; quelques-unes avaient une cristallisation grossière. J'appris que les Arabes en retiraient beaucoup de fer, qu'ils le broyaient en petits morceaux, et puis le faisaient fondre. Vers le soir nous arrivâmes à Mascara ; j'y séjournai encore un jour, puis nous partîmes pour arriver le plus promptement possible à Alger, parce que j'étais prévenu de l'arrivée prochaine des Espagnols. Le premier jour nous fîmes une longue marche, et l'on me fit apercevoir deux petits villages : l'un est à cinq lieues vers l'est de Mascara, il se nomme Bourgia ; l'autre se nomme Cléonant. Ils sont peu distans de Caleah.

J'appris aussi qu'à quelques lieues de Caleah il y avait un très grand lac de sel comme celui d'Arzew. Nous couchâmes sur les bords de l'Oued-el-Mina à douze lieues de Mascara. Le deuxième jour, nous marchâmes neuf heures, et nous dormîmes sur les bords du Chélif. La chaleur était si vive que depuis cette journée nous marchâmes la nuit jusqu'à Mayané. Le ciel était pur, et il faisait un très beau clair de lune. Enfin lorsque nous n'étions plus qu'à trois journées d'Alger, j'appris que les Espagnols négociaient la paix avec la régence. J'aurais bien poursuivi mon voyage plus loin, mais les fatigues que j'essuyais depuis deux mois, jointes aux grandes chaleurs, me firent prendre le dessein d'aller me reposer pendant l'été. Ma santé était chancelante, et j'avais à craindre de tomber malade. J'arrivai donc à Alger dans les premiers jours de juillet, après avoir parcouru plus de trois cents lieues dans des pays où on a tout à craindre des hommes, des bêtes féroces et de l'intempérie du climat.

VI.

Journal d'un voyage d'Alger à Constantine et à Bône.

Le golfe d'Alger commence d'une part au cap Matifou, du côté de l'est, et se termine à l'ouest au cap Caxin ; le premier est peu élevé, le second l'est beaucoup plus. A la pointe de celui-ci, nommée Punta di Pescata, il y a un fort. Le golfe a beaucoup de profondeur et il est fort mauvais en hiver. Sa forme est circulaire. Tout le rivage, depuis Babazoun jusqu'à l'Arach, est sablonneux. Au nord il est bordé de rochers presque partout. La côte de la mer est élevée jusqu'au-delà du cap Caxin.

A cinq lieues à l'ouest d'Alger est Sidy-Feruche ; c'est une petite langue de terre pierreuse et aride qui s'avance dans la mer, et sur laquelle est construite une mauvaise forteresse. Il y a aussi quelques maisons. Cette langue de terre est environnée de rochers à fleur d'eau; lorsque je fus dans ce lieu, un homme arriva vers moi armé d'un sabre, pendant que j'herborisais le long de la mer; il me fit beaucoup de menaces. Je lui répondis que je n'avais aucune peur de lui, et qu'il devait parler avec plus de douceur; cela ne l'apaisa pas. Je lui fis quelques railleries qui eurent un meilleur effet que mes raisonnemens. On me dit qu'il venait de la part d'un marabout, ou saint à la mode du pays, qui habite ce lieu. Je pris le parti de me retirer avec les gens qui m'accompagnaient, de crainte qu'on n'eût porté plainte à la régence et qu'on ne lui augmentât les choses. Les marabouts sont fort à craindre; ces fanatiques haïssent les chrétiens par état, et le peuple leur est tellement dévoué que s'ils commandaient d'assassiner un chrétien, ils seraient promptement obéis. On pourrait aller sans danger, accompagné d'un marabout, dans les lieux qui ne sont pas soumis, du moins on me l'a assuré.

Le cap Roumi est à peu près à dix lieues à l'ouest de Sidy Feruche, et à 5 lieues au-delà est la ville de Cherchel, située au bord de la mer, dans le voisinage d'une grande montagne. On y voit les restes d'un grand aquéduc avec quelques ruines. Il paraît que c'était une ville ancienne assez considérable; on y fait aujourd'hui quelques chargemens de grains pour la chrétienté ; mais le port n'est pas sûr, et il ne faut pas y séjourner long-temps.

Dans le royaume d'Alger on incendie les forêts pour découvrir le terrain et le cultiver, et pour avoir le gros bois qui ne se consume pas par les flammes.

Je partis d'Alger le 18 septembre 1785, à 3 heures du matin ; le temps était frais. Je côtoyai les bords de la rade. Les vagues venaient baigner les pieds des mules; nous passâmes l'Arach sur un pont de dix arches assez bien bâti: il est à environ deux lieues au sud-est d'Alger. Nous déjeûnâmes auprès d'une fontaine en attendant les bagages. Le ciel était pur et la fraîcheur dura jusqu'à 9 heures. Nous laissâmes les bords de la mer, et après avoir marché dans un terrain montueux couvert de lentisques et d'oliviers sauvages, nous descendîmes dans la Mitijah; nous la traversâmes dans son extrémité orientale, et après avoir côtoyé une rivière dont le lit est presque à sec pendant l'été, nous allâmes camper au pied des montagnes qui forment les bornes méridionales de la Mitijah, sur les bords de la rivière en question, dans un lieu parsemé de quelques oliviers, de mûriers, de lentisques, etc. A l'est on découvrait les montagnes voisines de Tedelis, et du côté de l'ouest on apercevait à peine celles de Cherchel.

Cette journée fut bien triste pour moi. La séparation d'un ami se fit sentir bien vivement, et mon âme ne fut occupée que de lui pendant cette journée.

La rivière sur le bord de laquelle nous dormîmes se nomme Oued-Hramis[1], et la montagne au pied de laquelle était notre bivouac a nom Chradara. Le lieu lui-même s'appelle Hramis, parce que les Arabes y tiennent un marché ce jour de la semaine.

Le lendemain nous levâmes la tente à quatre heures du matin. Après une demi-heure de marche nous commençâmes à monter l'Atlas le chemin était très raboteux. Une heure après nous traversâmes la Gaddara[2]; cette rivière coule dans des ravins profonds à peu près du

---

[1] La rivière du Jeudi.
[2] Kadara. (L.)

sud au nord. Elle prend sa source dans la montagne appelée El-Hammet, dont le sommet est un rocher rond à couches obliques pour la plupart. Nous atteignîmes la cime de ce mont par un chemin scabreux et rapide, mais assez bien ombragé, que les Turcs ont fait paver vers le sommet de la montagne. Toute la montagne est composée de couches calcaires où l'on trouve des veines de spath pesant; il y en a aussi de ferrugineuses. Les pierres en beaucoup d'endroits sont teintes en rouge. Nous mîmes près de cinq heures à parvenir au sommet de cette montagne. En montant du côté du nord il y a une couche de schiste, de même nature que la pierre des environs d'Alger. Toute sa partie inférieure est couverte de bois. Il n'y a que la cime la plus élevée qui soit nue. Les habitans, à gauche, se nomment Ben Haiga. En descendant du côté du midi, j'observai toujours des pierres calcaires, des espèces de poudings de la même substance, bleuâtres, et composés de morceaux arrondis, des veines de spath pesant, cristallisé en crêtes de coq en plusieurs endroits. Toutes les montagnes que je découvrais à droite et à gauche, quoique fort hautes, étaient la plupart couvertes de terre et d'arbres jusqu'au sommet : il y a des lièges.

Nous descendîmes dans un long vallon qui s'étend jusqu'aux montagnes de Jergera; il y a deux rivières qui se joignent et vont se jeter dans la mer à l'ouest de Tedelis. Celle qui vient de l'ouest se nomme Belhini; celle qui arrive de l'est est appelée Oued-Zeitoun [1]; la nation à droite se nomme Belhini; leurs montagnes sont bien cultivées, et ils paient la *garame*. Nous remontâmes le vallon du côté du sud-est, nous y marchâmes pendant plusieurs heures; il est parfaitement cultivé ainsi que la base des montagnes à droite et à gauche. Celles-ci sont en pente assez douce; il s'y trouve aussi des plaines et des collines, des bosquets d'oliviers. Nous y dormîmes à environ 4 lieues à l'ouest du Jergera, dans un endroit nommé Ben-Haroun. L'Oued-Zeitoun prend sa source dans les montagnes voisines situées vers l'ouest. Tous les Arabes de ce pays habitent sous des gourbies [2]; peu d'entre eux ont des tentes. Les caravanes craignent beaucoup en passant par ces endroits. Les hautes montagnes à gauche

---

[1] Rivière des Oliviers.
[2] Maisons en pisé.

du lieu où nous dormîmes se nomment *Felice*[1]. Les habitans de ces cantons paient peu d'impôts. Dans la guerre qu'ils eurent contre les Turcs, ils en tuèrent un jour plus de 700, et le général y perdit la vie. Nous fîmes environ 12 lieues la deuxième journée.

Le Jergera ferme le vallon dont je viens de parler, du côté de l'est; c'est la plus haute montagne de ces contrées. Le sommet est nu et pierreux, tandis que les autres sont couvertes de terre et d'arbrisseaux; il y a un torrent qui en descend, et qui est à sec pendant l'été; il va se jeter dans l'Oued-Zeitoun, dont les eaux sont bonnes. Au-delà du Jergera, du côté de l'est, est une autre montagne en dos d'âne fort élevée. Les habitans du Jergera ne paient rien aux Turcs. Toutes les rivières de ces cantons ne roulent que des pierres calcaires, dont quelques-unes sont rousses. Lorsque les Arabes sont en guerre, on ne peut passer dans ces lieux.

Nous partîmes à cinq heures du matin, et nous marchâmes dans un vallon étroit et montueux. Sur les 7 heures, nous arrivâmes à une

---

[1] Flisa. (L.)

forteresse que les Turcs ont bâtie sur une éminence, à peu de distance du mont Jergera. Ils y ont 40 hommes de garnison et quelques pièces de canon; on nomme ce lieu *Hamsa*[1]. Les environs sont assez bien cultivés, et autour de la forteresse il y a plusieurs familles d'Arabes qui y vivent en sûreté. La rivière coule de l'ouest vers l'est; elle est peu considérable et va se jeter dans la rivière de Bougie. Le chef de notre troupe attendit près de la forteresse que toute notre caravane fût réunie, afin de n'exposer personne à être volé par les Kabayles indomptés du Jergera. Les Turcs n'ont jamais pu les soumettre. Ces peuples sont nombreux et bien fournis d'armes et de munitions de guerre, qu'ils fabriquent dans leurs montagnes. Près de leur territoire, on lia plusieurs Arabes qui avaient voulu se soustraire à la domination de leurs chefs, et on les envoya aux Turcs. Nous entrâmes dans une plaine immense ayant à droite et à gauche les deux chaînes de l'Atlas. Cette plaine n'est nullement cultivée. Les lentisques y viennent très beaux; nous côtoyâmes long-temps la gauche de la rivière, et

---

[1] L'ancienne Auzia.

le Jergera dans toute sa longueur. Cette montagne, la plus élevée de celles de l'est, égale au moins nos moyennes Alpes. Le sommet est tout rocher; on y voit plusieurs pics dont quelques-uns paraissent inaccessibles. Le dernier du côté de l'est est en pain de sucre et fort élevé ; il en découle, pendant l'hiver, un grand nombre de torrens qui se jettent dans la rivière de Bougie, qui y prend sa source du côté du midi. Il n'y avait point de neiges en septembre ; mais on m'assura que dans la partie du nord il y en a toujours. Les Arabes ont là un grand nombre de villages que nous distinguions très bien sur la base de la montagne, qui est bien cultivée et embellie de jolis jardins. Leurs maisons sont bâties avec des roseaux et de la la boue ou de la bouse. Jamais les Algériens n'ont pu les soumettre. S'ils se sentent les plus faibles, ils s'enfuient sur la cime des montagnes ; ils savent aussi combattre avec courage; ils ne paient rien à la régence, et dépouillent souvent les caravanes ; ils cultivent la vigne. Nous marchâmes toujours dans des lieux inégaux et couverts de forêts, et, après avoir traversé plusieurs torrens qui descendent du Jergera et qui étaient à sec alors, nous campâmes au-dessous d'un village sur la rive droite de la rivière de Bougie, près de Beni-Mansour. Le village est bâti à droite de l'Oued-Bougeia¹, sur la pente de quatre collines. Les maisons, quoique mal bâties, sont couvertes et font un effet pittoresque. Les environs sont fertiles, bien cultivés et plantés d'oliviers. Le Jergera est vis-à-vis, et présente un superbe coup d'œil, ainsi que le vallon où coule la rivière du côté de l'est. On pourrait bâtir une ville en ce lieu.

La rivière est très forte en hiver et arrête souvent les voyageurs. Les habitans des montagnes au sud du Jergera, se nomment Maneïs. Les plaines situées entre les deux chaînes sont peu cultivées; les habitans du Jergera vont nu tête et pieds nus.

Nous fîmes route vers les cinq heures du matin du côté du sud-est par un beau clair de lune; après une heure de marche, nous entrâmes dans un lieu très montueux, et couvert de belles forêts de pins de Jérusalem, de genévriers de Phénicie, d'oliviers sauvages. Le chemin devint fort difficile par la grande quantité de ravins

---

¹ L'Adouse, autrefois Audus. (L.)

qu'il nous fallut traverser. Le sol était noirâtre, et mêlé de petites pierres brisées ressemblant à de l'ardoise. Les masses de rochers étaient de la même pierre; elles étaient disposées en couches, ordinairement obliques; quelques-unes étaient perpendiculaires. Nous descendîmes dans un large ravin très profond, où coule, sur un sol sablonneux, du sud au nord, une rivière qui va se jeter dans celle qui va à Bougie. Nous remontâmes le ravin jusqu'au lieu où elle se partage en deux branches dont l'une vient du midi, l'autre du sud-est; nous suivîmes le chemin, et sur les 9 heures nous atteignîmes un lieu très connu en Barbarie, sous le nom de *Porte de fer*. Les montagnes à droite et à gauche du grand ravin dont je viens de parler, sont bien couvertes de bois; elles sont hérissées d'un grand nombre de pointes élevées les unes au-dessus des autres, et séparées par des ravines profondes où l'on ne saurait presque marcher. Les Arabes de ces montagnes mènent une vie libre; je n'y ai vu presque aucune culture; on m'a dit qu'ils étaient presque nus. J'ai aperçu çà et là des sentiers assez fréquentés. Lorsque nous passâmes près de la Porte de fer, nous vîmes beaucoup de feux qu'ils venaient d'allumer, et que notre approche leur fit abandonner.

La Porte de fer est un défilé fort étroit au fond d'un profond vallon, sur les côtés duquel sont des montagnes inaccessibles ; ce défilé peut avoir 3 ou 400 pas de longueur. Une poignée de monde y arrêterait une armée. Dans quelques endroits, il n'a pas plus de 6 à 8 pieds de largeur. Ce qu'il y a de singulier, c'est que les rochers, à gauche et à droite, sont composés de couches étroites et perpendiculaires parallèles les unes aux autres; ils s'élèvent dans quelques endroits à 5 ou 600 pieds. Ces couches sont elles-mêmes composées de petites couches horizontales. Les pierres sont calcaires et d'une couleur noirâtre.

Il y a beaucoup de couches écroulées les unes au milieu des autres ; celles qui restent s'élèvent comme des pans de muraille, à une grande hauteur ; elles sont très perpendiculaires, et leur intervalle est occupé par des arbres. Ce sont sans doute les eaux qui ont fait écrouler celles qui manquent. La rivière qui coule au fond du vallon est très salée. La Porte de fer est un des lieux les plus singuliers que j'aie vus. Les caravanes n'y passent qu'en tremblant, parce que les Arabes de ces contrées sont indomptés, et que s'il leur prenait envie d'arrêter les voyageurs, quelque nombreux qu'ils fussent, ils en seraient les maîtres. Lorsque ces Arabes sont en guerre avec Alger, ils s'emparent de cet endroit, et aucun voyageur n'ose s'y aventurer. On dit même que la régence est obligée de payer pour qu'on laisse le passage libre. Après avoir franchi la Porte de fer, on suit encore long-temps le même ravin, puis on monte par un chemin fort étroit et très escarpé, sur la cime d'une montagne ayant à droite et à gauche des fondrières affreuses, qu'on ne peut regarder sans effroi. Après ce mauvais pas, on cotoie des monts dont la pente est douce, puis on descend dans une immense plaine entourée de montagnes et parsemée de belles collines. Elle est très fertile et très bien cultivée : les Arabes qui l'habitent sont nombreux. Le sheick est chérif d'une famille ancienne. Ces Arabes sont riches et très bien vêtus ; ils ont de très beaux chevaux et d'immenses troupeaux, ils rappellent l'idée des premiers âges du monde. Leur courage et le voisinage des montagnes les ont sauvés de la servitude. Ils ont détruit les forteresses que les Turcs avaient bâties dans leur voisinage. Ils font payer les Arabes des montagnes voisines, et leur commandent en souverains ; mais ils ne paient rien à personne. Le pays se nomme Megenah[1], et la nation Mokaina. Le sheick se nomme Bouremem : l'année dernière, il était en guerre avec Alger et enlevait les bestiaux sur le territoire de Constantine. Il faisait aussi la guerre à un autre sheick, son parent, qui se nomme Bengendouss.

Les habitans des montagnes, au midi de la plaine, s'appellent Ben-Echech. Le nom de la montagne est Gibel Ayave. Tous les Arabes des environs de la Porte de fer se nomment Ouan-Oura ; ceux de la gauche, Beni Ebbess ; ceux-ci ne font de mal à personne ; ceux de ce côté qui avoisine la Porte, se nomment Beni-Ourtou ; et les peuples qui sont du côté de Bougie, en descendant la rivière, Zouaoua.

La Porte de fer se nomme Biben, et la rivière Oued-Biben.

Nous partîmes à quatre heures trois quarts, continuant notre route du côté de l'est, dans

---

[1] Mejanah. (L.)

la même plaine où nous campâmes. Après environ trois heures de marche, nous entrâmes sur le vrai territoire de Constantine, séparé de celui de Megenah par une petite chaîne de montagnes. La seconde plaine, qui est sous la domination du bey, est fort pierreuse; elle s'étend à perte de vue du côté de l'est. Elle est très peu cultivée, et couverte d'une espèce de santoline à feuilles cotonneuses qui est connue. A droite et à gauche du chemin, je vis plusieurs ruines anciennes peu intéressantes, absolument détruites; quelques-unes occupaient une étendue de terrain considérable. Nous laissâmes à gauche celles de Sitif, que je n'eus pas le loisir de visiter. Les Arabes me dirent qu'on y voyait encore des maisons dans leur entier. Nous ne marchâmes que huit heures cette journée, et campâmes près d'une petite rivière, dans une cavité fort étendue, où il y avait un grand nombre de douars. Ce lieu et le ruisseau portent le nom de *Hamman-Caser-Teire*[1]. Le ruisseau coule vers le nord.

A quelques lieues plus loin, vers le nord-est, sont les ruines de Sitif, au côté droit de

---

[1] Cassir Attyre. (L.)

la plaine, près d'une source abondante. Au sud-ouest de ce lieu, à peu de distance des montagnes, dans la même plaine, à environ cinq à six lieues, sont des ruines appelées Azel[1].

Les Arabes des montagnes à droite, sont fort méchans. Nous partîmes à trois heures un quart du matin; après deux heures de marche, nous arrivâmes à Iger[2], petit village au milieu de la plaine, situé dans un lieu un peu élevé. J'y vis une maison bâtie en pierres de taille, qui était ancienne. A midi nous arrivâmes au pied d'une montagne isolée et en pain de sucre, dont les couches sont obliques. Au nord, à peu de distance, sont des ruines peu étendues. Du côté de l'est, à un quart de lieue de la même montagne, il y en a d'autres assez considérables, près d'un petit vallon d'où coule un ruisseau dont l'eau est très bonne à boire. Cet endroit se nomme Sidy Ibraam[3]. Il n'y a plus que les grosses pierres qui forment la base des édifices. Ces lieux sont arides et incultes, on y voit des espaces de terrain

---

[1] Peut-être l'ancienne Perdices.
[2] Gigel. (L.)
[3] Sidi Braham. (L.)

considérables, blancs comme la neige. Il n'y a aucun arbre dans toutes les plaines. A une heure nous campâmes dans un lieu glaiseux, fort plat ; il se nomme Srama : il s'y trouve des eaux salées très chaudes. Les plaines sont superbes, mais peu cultivées ; elles s'étendent à perte de vue, de l'est à l'ouest.

Nous partîmes comme à l'ordinaire, à cinq heures du matin : dans l'espace de cinq heures de marche, je rencontrai les ruines de trois anciennes villes entièrement détruites, sur le chemin qui conduit à Constantine.

A dix heures, nous atteignîmes un ruisseau, coulant du nord au sud, auprès duquel sont quelques maisons maures, avec un nombre très considérable de matamores. Il y a dans ce lieu un caïd. Il me fit prier de le venir voir ; il avait la goutte. Je lui dis que je n'avais malheureusement aucun médicament à lui offrir. Le lieu des matamores se nomme Mahammara ; il y a des ruines tout auprès.

Après neuf heures de marche, nous campâmes au bord d'une rivière, dans un grand enfoncement en forme de plaine, où il y avait plusieurs douars ; il se nomme Hamman-Krous. Un peu avant d'arriver en ce lieu, finit la belle plaine où nous avions voyagé les trois jours précédens. Dans cet endroit, le terrain est fort montueux. Je dormais près d'un lieu où la rivière passe dans une fente de rocher; elle coule vers le nord-est, ses eaux sont troubles. Je souffris beaucoup de la chaleur pendant cette journée. Il y a, à peu de distance de là, des ruines très remarquables au bord d'une fontaine d'eau fraîche. Le lieu où elles sont s'appelle Cseir-Mêlec[1]. A une demi-journée de Constantine est Mila, pays habité, avec des ruines dans les mêmes cantons.

A environ six lieues à l'ouest de Constantine se termine la belle plaine dont nous avons parlé. Le terrain devient montueux et fort inégal. Nous avions levé la tente à deux heures du matin, et sur les huit heures nous arrivâmes à Constantine. Cette ville est la seconde du royaume d'Alger; elle ne s'aperçoit qu'à peu de distance du côté de l'est et de l'ouest, étant masquée par des montagnes. Elle est bâtie sur un rocher plat et oblong du nord au sud, où il se termine en pointe; ses couches sont calcaires et légèrement inclinées.

[1] Le Château du Roi.

Les rues sont étroites, mais les maisons sont assez bien bâties, et toutes couvertes en tuiles. Les rues sont pavées pour la plupart. Les principales maisons sont construites avec les ruines de l'ancienne ville. On observe des pierres très bien taillées, un grand nombre de colonnes calcaires, quelques-unes de marbre. Le bey me fit loger dans une de ses maisons, et ordonna qu'on me fournît tout ce dont j'aurais besoin. Je lui fis ma visite : il me reçut avec beaucoup d'amitié et me fit présenter un fauteuil. Il parlait l'italien avec facilité. Nous conversâmes pendant près d'une heure ; il me demanda des remèdes pour son fils, malade de la petite vérole, me recommanda fortement un de ses esclaves qui devait venir à Marseille, et me fit offre de tout ce qui pourrait m'être utile. Le jour de mon arrivée, il rendit la liberté à un autre esclave qui fit avec moi le voyage de Bône. Je passai deux jours à Constantine pour me reposer, et pour voir si je ne découvrirais pas quelques antiquités remarquables. Il y a, à l'est de la ville, un vallon étroit et très profond, au fond duquel coule, du sud au nord, une petite rivière ; ce vallon est coupé à pic, les rochers qui en forment les parois sont calcaires et composés de couches légèrement inclinées. On y voit les ruines d'un ancien pont bâti avec beaucoup de hardiesse et de solidité. Il était composé de quatre grandes arches fort élevées, deux étaient supérieures, l'une des deux inférieures subsiste encore. Les piliers qui les soutenaient sont carrés et fort gros. Les pierres sont carrées oblongues, et leur milieu est inégal. Il y a encore deux petites arches à côté des premières, qui sont posées contre le rocher et qui servaient d'arcs-boutans. Les deux grandes arches sont fort élevées ; elles ont au moins quarante-cinq pieds. Sur la pile moyenne, vers le haut, on voit deux éléphans en bas-relief. Sur deux grosses pierres au-dessus des éléphans, une femme est représentée avec ses jupes retroussées jusqu'aux genoux; au-dessus de sa tête est une coquille. Cet ouvrage n'est pas bien travaillé. Il y avait un second rang d'arches au-dessus des deux premières, il en existe encore les piliers et une petite portion des arcades. Tous les environs de Constantine sont montueux et assez bien cultivés. Les montagnes, au nord et au sud, sont dépourvues d'arbres. La rivière qui baigne les murs de

PONT DE CONSTANTINE.

Constantine coule dans un ravin d'une immense profondeur ; à un quart de lieue de la ville elle joint ses eaux à celles d'une autre rivière, et il existe encore dans cet endroit cinq arcades d'un aquéduc.

La ville de Constantine est extrêmement peuplée ; les habitans sont très ennemis des chrétiens, et j'y ai reçu beaucoup d'injures.

Le bey avait plusieurs esclaves italiens. Son chirurgien, qui était Napolitain, me fit beaucoup d'amitiés et me donna plusieurs coquilles marines bien conservées, qui avaient été trouvées dans les montagnes voisines du Sahara.

Je demandai au bey une escorte pour me conduire à Bône, il me l'accorda de très bonne grace.

Il y a environ trente-cinq lieues de Constantine à Bône. Le chemin qui y conduit est très montueux : les monts que l'on traverse la première journée, sont tous cultivés jusqu'au sommet; ils ont peu d'élévation et présentent plutôt l'aspect de coteaux que de montagnes. On y trouve des sources d'eau vive, des ruisseaux et des ruines de distance en distance. A mesure que l'on avance du côté de Bône, les montagnes s'élèvent davantage, les ravins deviennent plus profonds. Les monts sont incultes. A moitié chemin, nous traversâmes deux fois, à peu de distance, l'Oued-Seibouse, rivière considérable, qui coule vers l'ouest; son lit est parsemé de très gros cailloux roulés qui en rendent le passage difficile et même dangereux, parce que les chevaux y tombent fort souvent. Cette rivière, en hiver, arrête les voyageurs pendant des mois entiers. Elle a son embouchure tout près de Bône, où elle forme un lit fort large et fort profond. Ses eaux coulent ici très tranquillement. A quelques lieues au-delà de l'Oued-Seibouse, on arrive à une source abondante d'eau douce, qui sort de dessous des lentisques, et autour de laquelle sont des ruines. Cette source est à une très grande journée de Bône; un peu au-delà, à droite du chemin, on voit des ruines assez considérables. A quelque distance plus loin, dans le même vallon, en suivant le chemin de Bône, on rencontre un pavé antique qui monte sur les montagnes, et que l'on cotoie pendant près de deux heures de marche. Les côtés du du chemin sont bordés de grosses pierres carrées, et il n'y a pas de doute que ce ne soit là la route ancienne. Il y a dans ces cantons, sur le territoire des Guerfa, une source d'eau très chaude, qu'on nomme Hammam-Miskoutin. Après avoir traversé les hauteurs, nous descendîmes dans une immense plaine qui s'étend jusqu'à la mer, et qui peut avoir six à sept lieues de largeur.

La ville de Bône, que les Maures appellent Aneb, est située au bord de la mer, le long d'une petite montagne, du côté du midi, près de l'embouchure de l'Oued-Seibouse. Cette ville est dominée par un château assez bien bâti, construit, dit-on, du temps de Charles-Quint, sur le sommet de la montagne; elle est entourée d'un assez bon mur, qui, vraisemblablement, a été bâti par les Génois. A la pointe de la ville, du côté de l'est, il y a aussi quelques pièces de canon. Les maisons sont couvertes partie en tuiles, partie en terrasses. On rencontre plusieurs colonnes en pierre et en marbre qui paraissent antiques; les unes sont entières, et les autres par tronçons. Les rochers qui sont au nord de la ville, le long de la mer, sont de marbre veiné; on y trouve aussi des veines de quartz et de beau mica. La ville a peu d'étendue. La compagnie d'Afrique y a un fort comptoir, et on y fait des chargemens. La rade de Bône est très mauvaise; elle n'est presque aucunement abritée. Tous les environs sont bien cultivés, et l'on y voit de très jolis jardins plantés de vignes, d'amandiers et de jujubiers. La plaine qui s'étend au sud-ouest de la ville est basse, sablonneuse et baignée en partie. Il y croît beaucoup de kali et d'autres plantes marines. Les bâtimens qui viennent à Bône pendant l'hiver sont obligés de mouiller à deux lieues plus au nord, dans la rade des Génois, où ils sont en sûreté. La rade de Bône est fort large; elle s'étend à environ 12 lieues jusqu'au cap Rosa, qui s'avance beaucoup dans la mer. Bône est à 15 lieues de la Calle, et à environ 30 du Collo; c'est l'ancienne Hippône. A une petite demi-lieue au sud-ouest de la ville, on voit 14 grandes citernes situées parallèlement sur deux rangs, bâties très solidement en briques et en pierres unies avec un excellent mastic. On distingue encore très bien les conduits par où passait l'eau. Les Maures disent que ce lieu était la résidence de saint Augustin. On ne rencontre presque aucun vestige de l'ancienne Hippône. En suivant le chemin de Constantine le long de la rivière de Seibouse, on distingue, des deux côtés, plusieurs grandes pierres bien taillées qui sont sûrement sorties des ruines de l'ancienne ville. J'ai découvert, près de là, une inscription si effacée que je n'ai pu la déchiffrer ; elle était sur un puits construit par les Maures, dans un jardin près du chemin. Le long de la Seibouse, on rencontre les restes d'un ancien port ou quai presque entièrement détruit, qui a plus de 300 pas de longueur ; et, sur les bords du chemin, l'on voit des mosaïques en briques. Je pense que l'ancienne ville était près de ce lieu.

La plaine de Bône est très vaste et très fertile, elle est remplie de marécages. A environ 4 lieues de la ville, il y a un grand lac long et étroit qui, pendant l'hiver, communique avec la mer, et 6 lieues plus loin à l'ouest, il y en a un autre. Ces lacs sont couverts d'oiseaux de passage.

Le peuple de Bône est assez doux : on y vit en sûreté. Le commerce de la compagnie d'Afrique n'a pas peu contribué à civiliser un peu les Maures de ces contrées.

Outre l'Oued-Seibouse, il y a une autre rivière [1] qui vient de l'ouest et se jette dans la mer près de Bône. Elle passe sous un pont de plusieurs arches, dont la construction n'offre rien d'intéressant.

Les montagnes situées à l'ouest de Bône sont assez élevées ; et couvertes de neige pendant l'hiver.

Pour se rendre de Bône à la Calle, on traverse la grande plaine qui est au sud de cette ville ; en côtoyant les bords de la mer, on traverse l'Oued-Seibouse à son embouchure, et après avoir marché pendant 8 à 9 heures dans la plaine en question, on trouve un terrain montueux, absolument inculte, couvert de broussailles, de chênes, de lièges et de genêts épineux. Les ruisseaux de ces cantons sont ombragés d'aulnes et de saules. Aux deux tiers du chemin, il y a un douar et une maison pour les voyageurs, au bord d'un ruisseau. Tous ces lieux sont très sauvages et bons pour herboriser. Lorsque je fis ce voyage, les Arabes avaient mis le feu en plusieurs endroits. Les pieds des lièges noircis donnaient un lu-

---

[1] La Boudjimah.

gubre aspect à ce canton. Deux lieues avant d'arriver à la Calle, on passe près de deux grands lacs; le premier, appelé lac de Souc, répand une odeur infecte.

VII.

La Calle. — Étangs insalubres. — Pêche du corail.

Le golfe de Bône est terminé au nord-ouest par le cap des Gardes, nommé par les Maures de la côte, *Ras-el-Hamrah* ou le cap Rouge, à cause de la couleur que présente, en certains endroits, la roche dont il est formé. Un peu à l'ouest de ce cap est le fort Génois, où les bâtimens trouvent, pendant l'hiver, un assez bon mouillage. Le cap Rosa qui s'avance beaucoup dans la mer, forme l'extrémité du golfe de Bône au nord-est. A quatre ou cinq lieues du cap Rosa est un petit village, connu sous le nom de Bastion de France : c'est là que les Français eurent leur premier établissement sur la côte d'Afrique ; il reste encore une vieille tour qui a fait partie des bâtimens que possédait en ce lieu la compagnie française, établie pour la pêche du corail. Le Bastion était assez bien fortifié : situé dans un petit vallon sur le bord de la mer, il offrait aux vaisseaux un port assez commode et à l'abri des vents du nord. Mais telle était l'insalubrité de cette position que les épidémies emportaient annuellement la plus grande partie de ceux qui l'habitaient. Une année entre autres, les maladies furent si meurtrières, que de toute la garnison, il ne resta que trois hommes. Ces pertes continuelles engagèrent la compagnie d'Afrique à abandonner le Bastion de France, pour former un nouvel établissement à la Calle.

La Calle est bâtie dans une presqu'île, sur un rocher de grès à gros grains ou grès à filtrer. La presqu'île est séparée de la terre ferme par une langue de terre basse et longue d'environ 150 pas. Le port est très étroit, peu profond, et son entrée est fort difficile; il n'y vient que de petits bâtimens. Tous les rochers voisins sont de grès à filtrer, percés de grands trous ronds perpendiculaires.

La Calle est à 15 lieues à l'est de Bône et à 7 à l'ouest de Tabarque. Entre la Calle et Tabarque, est la tribu des Nadis, composée de sept à huit cents hommes tous armés. Ce sont des montagnards vagabonds, qui ne paient tribut ni au dey d'Alger, ni à celui de Tunis, quoiqu'ils se disent sous la dépendance de ce dernier. Il n'est pas rare qu'ils égorgent les Français lorsque ceux-ci sont obligés de s'écarter dans la campagne, pour les affaires de la Compagnie; souvent ils s'avancent jusqu'aux portes de la Calle et tirent des coups de fusil dans l'enceinte. En 1785, pendant que la peste ravageait le pays, les Nadis venaient jeter dans la place, par-dessus les murailles, des morceaux d'étoffe qui avaient servi aux pestiférés. Ils ont beaucoup souffert de cette cruelle maladie, et leur nombre est aujourd'hui considérablement diminué. Aussi serait-il facile de les dompter si les régences de Tunis et d'Alger voulaient l'entreprendre.

Quoique le dey d'Alger n'ait pas voulu consentir à ce que la Compagnie fît fortifier la Calle, la place est néanmoins assez forte pour résister aux tentatives des Nadis. Une garnison de 300 hommes et quelques pièces de canon suffisent pour les tenir en respect. On est cependant obligé de ménager ces brigands, tant à cause du commerce des grains que l'on fait avec eux, que pour avoir la liberté d'envoyer les troupeaux paître dans la campagne. Il existe un traité en vertu duquel, lorsqu'un Arabe est tué par un habitant de la Calle, la Compagnie paie à la tribu 500 piastres; si au contraire c'est un chrétien qui est massacré par les Arabes, ceux-ci sont obligés de payer 300 piastres à la Compagnie; mais ordinairement ils éludent l'exécution de ce traité.

La Calle est une position très insalubre; il y périt quelquefois un quart de la garnison; les maladies qui y règnent sont des fièvres malignes qui commencent vers le mois de juillet, et durent ordinairement jusque dans le mois d'octobre. L'insalubrité de l'air est due à trois grands lacs situés à peu de distance et qui exhalent une odeur infecte, lorsque les chaleurs ont fait évaporer une partie de leurs eaux. Ce sont le lac des Nadis à l'est de la Calle, celui de St.-Jean au sud, celui de Souc à l'ouest[1]. Ces lacs ont huit à dix lieues de circonférence; ils sont très poissonneux et leurs bords sont

---

[1] Dans la carte de la province de Constantine récemment publiée à la direction du Dépôt de la guerre, ces trois lacs sont nommés Oued-Leurgh, Oued-Engarah et Oued Boumalah.

couverts d'oiseaux aquatiques. Le lac de Souc est à deux lieues à l'ouest de la Calle; pendant l'hiver il communique avec la Méditerranée. C'est sans contredit celui dont l'influence est la plus pernicieuse; on ne peut rien comparer à l'infection qui s'en exhale. Il serait facile de le dessécher, et cette opération, peu coûteuse du reste, aurait d'immenses avantages, car on ne peut douter que le voisinage des lacs ne soit la source des maladies qui ravagent tous les ans la Calle et ses environs. Jamais, en effet, ces maladies ne sont plus cruelles, que lorsque le vent souffle du côté des lacs, et les soldats qui vont garder les troupeaux sur leurs bords sont bien plus fréquemment atteints par les fièvres, que les corailleurs qui sont presque toujours en mer.

La compagnie d'Afrique a des comptoirs en plusieurs endroits de la côte; il y en a un entre autres à Collo, pour le commerce de la cire et des cuirs. Collo est une réunion de cinq ou six villages, au milieu d'un cercle de montagnes, à 45 lieues à l'ouest de Bône. Les habitans sont peu civilisés et très mal disposés en faveur des chrétiens. L'agent de la Compagnie est obligé d'avoir ses fenêtres doublées de fer, parce qu'au moindre sujet de mécontentement on tire souvent des coups de fusil sur sa demeure. La garnison turque est trop faible pour réprimer ces attentats.

On pêche du corail sur toute la côte, depuis Bougie jusqu'à Bizerte. La machine dont se servent les pêcheurs, pour saisir et amener le corail, se nomme *engin*; en voici la description: au bout d'un fort câble de soixante brasses de longueur, entouré de cordes dans sa partie inférieure, pour qu'il ne se coupe pas sur les rochers, sont attachés en croix deux bâtons de la grosseur du bras et longs de trois pieds environ. Une pierre, pesant cinquante ou soixante livres, est fixée au centre de la croix et sert à faire descendre la machine au fond de la mer. A chaque bout des deux bras de la croix sont deux filets dont les cordes, peu tendues et grosses comme une plume à écrire, forment des mailles larges d'environ douze doigts: ces huit filets, traînant au fond de la mer, accrochent le corail, et lorsque les bateliers sentent qu'ils ont saisi leur proie, ils ramènent en haut les filets, au moyen du câble, après avoir enlacé le corail en faisant faire au bateau plusieurs tours circulaires. Outre les filets attachés à la croix, il y en a encore quatre autres fixés deux à deux au bout de deux cordes longues d'une brasse, qui partent du centre de l'engin; ceux-ci peuvent ressaisir le corail qui est échappé aux autres; ainsi chaque engin porte douze filets.

Chaque bateau provençal employé à la pêche du corail, est monté par sept hommes, un patron, un pilote et cinq matelots. Il y a huit hommes sur les bateaux corses; le patron se tient ordinairement au timon; sa fonction est de jeter et de retirer l'engin. Il arrive souvent, lorsqu'il faut enlever une grosse pièce de corail, que les efforts des sept hommes réunis sont nécessaires pour ramener en haut les filets. Les patrons provençaux pêchent toujours à la voile lorsqu'ils ont les vents et les courans favorables ; les Corses et les Siciliens pêchent à la rame.

Il y avait autrefois quarante bateaux employés à la pêche du corail; il n'y en a plus que trente aujourd'hui, et huit bateaux ne prennent plus, dans une année, autant de corail qu'un seul bateau en prenait jadis dans le même espace de temps. Ces mers sont maintenant épuisées et le corail ne se renouvelle que très lentement.

Les hautes montagnes indiquent ordinairement les endroits riches en corail. Ce précieux polype se trouve le plus souvent sur un fond de rochers pareil à ceux qui entrent dans la composition des montagnes de la côte; c'est presque partout du grès à filtrer. Le corail est très abondant dans le golfe de Bône, mais il est moins estimé que celui de la Calle. Cela vient de ce qu'étant sur un fond fangeux, on en déracine beaucoup qui ne peut être enlevé à l'heure même, et qui lorsqu'on le ressaisit ensuite, a perdu de sa qualité.

Dans chaque bateau le produit de la pêche est divisé en douze parts et demie, dont quatre pour le patron, deux pour le pilote, une pour chaque matelot et une et demie pour les frais de l'armement du bateau. Les patrons rendent le corail quatre fois dans l'année, la première à Pâques, la deuxième à la Madeleine (22 juillet), la troisième à la St.-Michel (29 septembre), et la quatrième à Noël.

Le bon corail est uni, bien rouge, non carié ; on estime peu celui qui est blanc, noir ou d'un rouge pâle. Le pied du plus gros corail qui se prenne peut avoir un pouce de diamètre. Le prix du corail varie beaucoup. La compagnie des corailleurs achète le plus beau au prix de 14 livres; elle ne donne que 4 livres du corail le plus menu. Les coraux les plus précieux sont envoyés en Égypte d'où ils passent en Asie; on en vend aussi à Tunis, et beaucoup sur les côtes de Guinée. La Compagnie le vend depuis 48 jusqu'à 96 livres. Des pièces de beau corail ont été payées jusqu'à cent louis.

Les bateaux pêcheurs s'éloignent de la côte à distance de trois, quatre et même cinq lieues. Il y a quelques années que les Siciliens et les Napolitains vont pêcher le corail, avec un grand nombre de bateaux, autour de la Galite. C'est une île déserte, à quinze lieues de la Calle et à huit lieues du cap Nègre; elle a sept à huit lieues de circonférence; le sol en est fort pierreux; on y trouve des chèvres sauvages. Les Mahonais y font des chargemens de gaude; ses bords, du côté du nord-ouest, offrent aux petits bâtimens un assez bon mouillage.

VIII.

Mémoire sur l'état présent de l'île de Tabarque, sur son commerce et sur l'avantage qu'elle procurerait à la France, si elle s'en rendait maîtresse, etc., etc.

L'île de Tabarque, que la nature semble avoir disposée pour mettre ses habitans en sûreté, est située sur les côtes d'Afrique, au royaume de Tunis. Autrefois elle n'était séparée de la terre ferme que par un trajet de mer d'environ une portée de carabine; aujourd'hui elle y est jointe par une jetée ou chaussée faite depuis sa prise par Ali-Bacha, bey de Tunis, en 1741.

Sa position est des plus heureuses, non-seulement pour le commerce de Barbarie, du Levant et la pêche du corail, mais encore pour contenir toutes les puissances barbaresques dans les bornes de l'humanité.

Elle est à environ 30 lieues à l'ouest de Bizerte, 13 lieues à l'ouest du cap Nègre, 43 à l'ouest de la Goulette, 6 lieues à l'est de la Calle, premier port du royaume d'Alger où la compagnie de Marseille a un comptoir, et à 30 lieues à l'est de Bône. Dans un circuit d'environ une demi-lieue, elle a deux ports : l'un à l'est, propre pour les vaisseaux de guerre; l'autre à l'ouest, pour les petits bâtimens. Celui-ci n'a que deux brasses et demie à trois brasses d'eau. Au milieu de cette île s'élève une haute montagne ou rocher escarpé du côté de la mer, dont le sommet est terminé par une très belle esplanade. L'air y est très sain. Voilà l'île de Tabarque telle que la nature l'a formée; passons à ses révolutions.

Sans remonter au-delà des conquêtes de Charles-Quint en Afrique, ni nous embarrasser si Tabarque était habitée avant ce temps-là ou non, nous poserons pour fait incontestable que ce grand conquérant, ayant reconnu par lui-même l'importance de cette île et de sa position pour la sûreté de ses conquêtes et du commerce, n'épargna rien pour la fortifier. Il fit construire au sommet de cette île un château fort qui subsiste aujourd'hui en son entier ; il est presque inaccessible, pour ne pas dire imprenable. Il peupla l'île et la fortifia presque dans tout son circuit. On y fit la pêche du corail, etc.

Après la mort de cet empereur, Tabarque tomba au pouvoir du Grand-Seigneur, de même que la Goulette, et en général toute la côte de Barbarie. Cette île resta peu de temps sous la domination turque : elle fut cédée à la famille de Lomellini, de Gênes, en échange du bacha à trois queues Dragut, fait prisonnier par une galère génoise qui appartenait à cette famille. Le Grand-Seigneur donna des lettres-patentes écrites sur parchemin en lettres d'or, en vertu desquelles ladite famille Lomellini jouirait en toute propriété et souveraineté de ladite île de Tabarque, avec plein pouvoir de faire la pêche du corail le long des côtes de toute la Barbarie, enjoignant aux puissances barbaresques de laisser jouir paisiblement ladite famille de Lomellini de tous les priviléges qui étaient portés dans lesdites lettres-patentes, même de la protéger contre les puissances qui voudraient l'inquiéter.

Dans la suite des révolutions de Barbarie,

à mesure que les beys de Tunis et les deys d'Alger secouaient le joug de la Porte, ils resserraient les Tabarquins, leur faisaient acheter leur tranquillité, et ne leur accordaient leur protection qu'à prix d'argent ou en exigeant des contributions annuelles. La famille de Lomellini ne pouvait les refuser sans s'exposer à perdre l'île, ou du moins la pêche du corail et son commerce de terre, n'étant pas en état de faire un armement suffisant pour en imposer aux Barbaresques, et continuer malgré eux son commerce et la pêche du corail. Ces raisons engagèrent la famille de Lomellini à céder, en 1728, à Jacques de Lomellini la souveraineté de Tabarque pour la somme de 200,000 livres, et annuellement une branche de corail de la valeur de 50 piastres. Celui-ci envoya, pour gouverneur à Tabarque, Jean-Antoine Giano, gentilhomme génois, avec une garnison de 70 hommes pour la garde du château et des fortifications sur le bord de la mer.

Les tributs que les Tabarquins payaient alors, et qu'ils ont payés jusqu'à la prise de l'île en 1741, étaient, savoir :

1° A Tunis, chaque deux lunes, on payait à la maison du bacha la somme de 833 piastres et 17 aspres, qui font environ la somme de 1,667 livres toutes les deux lunes, et par an dix mille huit cent trente-cinq livres dix sous, ci . . . 10,835 l. 10 s.

2° Au chaya de Tunis, tous les ans, 250 piastres, et un certain nombre de branches de corail estimées 100 piastres de Tunis, le tout faisant ensemble environ quatorze cent cinquante livres, ci . . 1,450

3° Aux habitans des environs de l'île de Tabarque, on payait un tribut qui, joint à ce que l'on donnait aux otages qu'on exigeait d'eux, allait environ à la somme de trois mille livres par an, ci . . 3,000

4° A Alger, tous les six mois, six demi-caisses de corail assorti pour le divan, et un quart de caisse pour le dey ; ce quart était choisi et le plus gros. En tout, 6 caisses 1/2, estimées vingt cinq mille livres, ci . . 25,000

Ce tribut se livrait, à Tabarque, à un bolouk-bachi qui venait deux fois par an le prendre ; son voyage lui était payé par les Tabarquins à raison de 12 piastres, et une branche de corail du poids de 3/4 de livre pour chaque voyage ; ensemble 24 piastres, faisant deux cent vingt livres, ci . . 220

Report. 40,505 l. 10 s.

| | Report. | 40,505 l. 10 s. |

Une livre et demie de corail, estimée quarante livres, ci — 40

Total des contributions, quarante mille cinq cent quarante-cinq livres dix sous.

40,545 l. 10 s.

Outre cette somme de 40,545 livres 10 sous de tribut, les Tabarquins étaient obligés de donner des rafraîchissemens gratis aux corsaires algériens et tunisiens qui relâchaient dans leur île.

Sous le gouvernement de M. Giano, il y avait dans Tabarque 34 coralines ou barques pour la pêche du corail. Chaque barque avait huit hommes d'équipage, savoir un patron et sept matelots. Les 34 barques composaient donc ensemble un personnel de 272 hommes. Chaque équipage exigeait deux logemens : un pour le patron et sa famille, l'autre pour les sept autres matelots, qui logeaient ensemble; et, s'ils étaient mariés, ils logeaient leurs femmes et leurs enfans à leurs frais. Ces 272 hommes ne gagnaient qu'à proportion du corail qu'ils pêchaient. On tenait compte de 4 livres 10 sous, argent de Gênes, aux patrons par chaque douze onces de corail qu'ils livraient au magasin de la seconde, troisième et quatrième espèce ou qualité, et 5 livres pour le même poids de la première qualité. C'était là-dessus qu'ils devaient payer leurs matelots, entretenir les filets et agrès des barques qu'on leur avait confiées. On leur faisait, au commencement de chaque année, une avance de 400 livres; on leur fournissait les filets, agrès et vivres à un prix fixe et médiocre, sur lequel cependant M. de Lomellini trouvait un bénéfice qui lui payait au-delà l'intérêt de ses avances.

Outre ces 272 hommes occupés à la pêche du corail, ci .... 272 hom.
M. de Lomellini avait à sa solde :
Un gouverneur qui avait le commandement sur tous les habitans de l'île et l'inspection du commerce, ci 1
Un caissier, ci 1
Un garde-magasin et un aide chargé de l'achat de toutes les marchandises de terre, ci 2
Un écrivain pour les fours, qui distribuait le pain, la farine et l'huile à tous les habitans de l'île, ci 1
Un chancelier qui tenait les écritures et livres pour le corail et les gens salariés, ci 1

Report. 278 hom.

Report.	278 hom.
Un magasinier pour la distribution du vin au peuple, ci	1
Un cantinier chargé de la distribution du pain, du vin, de l'huile en détail aux gens à solde; il était aussi chargé du détail de la fourniture des bois pour la construction des barques et leurs équipages, ci	1
Trois aumôniers, ci	3
80 hommes ou manœuvres, coupeurs de bois, porte-faix, et qui, l'été, étaient employés à remplacer les matelots malades, ci	80
Deux constructeurs de barques et deux aides, ci	
Quatre calfats et deux garçons, ci	6
Deux maîtres menuisiers et leurs compagnons, ci	4
Deux maîtres forgerons et leurs compagnons, ci	4
Un armurier et un compagnon, ci	2
Six garçons pour moudre et un chef, ci	7
Deux maîtres maçons et trois compagnons, ci	5
Deux menuisiers charpentiers, ci	2
Une compagnie de 70 soldats commandés par un lieutenant et cinq caporaux, pour la garde des fortifications et pour les escortes, ci	76
Total des hommes à la solde de M. de Lomellini.	471 hom.

La seule pêche du corail fournissait au-delà pour la solde de ces 471 hommes, l'entretien des barques, des magasins, des fortifications, le paiement des contributions ci-devant détaillées, et tous les autres faux frais imprévus.

M. de Lomellini avait donc, de profit clair et net, tout celui que l'on faisait dans le commerce de terre, qui consistait dans les articles suivans :

1° Les blés, orges, légumes, dont on faisait plusieurs chargemens, surtout dans les années d'abondance.

2° Huit à dix mille cuirs qu'on achetait chaque année, et sur lesquels il y avait un grand profit. Les grands cuirs ne coûtaient, prix fixe, que 19 sous; les médiocres, 14 sous 3 deniers; les petits, 4 sous 9 deniers, et ceux entre les petits et les médiocres, 9 sous 6 deniers, monnaie de France.

3° La cire et le miel, dont on faisait des achats considérables.

4° Les laines[1], dont on faisait plusieurs chargemens.

[1] Les laines les plus estimées sont celles de Sfax et du Beledulgérid; ensuite viennent celles du Maroc, puis celles d'Alger, enfin celles de Constantine.

5° Les bœufs et les moutons, qu'on expédiait pour Malte et autres lieux.

6° Les huiles dont on faisait plusieurs chargemens pour divers pays.

7° Enfin les chevaux que l'on faisait passer en Italie.

Pour l'entrepôt de toutes ces marchandises, il y avait plusieurs magasins, savoir : trois grands magasins pour l'entrepôt des blés, orges et légumes. Ces magasins pouvaient contenir plus de 40,000 mesures ou charges. Un des trois était à deux étages; l'étage supérieur servait pour l'entrepôt des laines, de la cire et autres marchandises, comme bernous et capotes à l'usage des corailleurs et gens à salaire qui servaient dans l'île.

Il y avait deux autres magasins pour l'entrepôt des cuirs salés et des huiles; un autre magasin pour l'entrepôt des bois de construction et agrès; un autre enfin pour le corail : à ce dernier étaient joints des corps de logis pour tous les ouvriers et pour les étrangers.

L'île possédait en outre un bel arsenal à double aile où l'on construisait les barques, deux magasins pour les provisions de vin et de blé, deux moulins à chameaux, plusieurs citernes et fontaines. Tout ceci était hors du château et formait ce que l'on appelle Tabarque. Il y avait aussi une belle église et un logement pour les aumôniers.

Dans le fort, il y a beaucoup de magasins, de corps de logis pour la garnison, le gouverneur et l'état-major; une très belle et vaste citerne et un moulin à chameaux. Le circuit de l'île était fortifié à la moderne par la famille de Lomellini; il y avait, dans cette enceinte, huit bastions et une grosse tour octogone. Tel était l'état de l'île de Tabarque, lorsque Ali-Bacha, bey de Tunis, en fit la conquête en 1741, durant la guerre que M. G...., consul de France à Tunis, occasiona si mal à propos entre la France et le bey. Ce qui y donna lieu est une pauvreté qui fait pitié. Comme ce consul n'existe plus, il n'est pas hors de propos qu'elle trouve place ici. On en pourra conclure que souvent les révolutions les plus terribles doivent leur origine à des misères. Voici le fait :

Ce consul avait une gouvernante qui, selon la voix publique, était sa favorite et le gouvernait; cette belle se brouilla avec une Maltaise, de mauvaises mœurs si l'on veut, mariée avec un Français, cuisinier d'un négociant de la nation. Cette Maltaise, proscrite par son mari, fit, de l'aveu de ce dernier, un voyage à Livourne avec un capitaine anglais pour qui, si l'on en croit la médisance, elle n'était pas bien cruelle. Soit que ce capitaine s'en soit dégoûté ou qu'un retour de tendresse conjugale ait rappelé cette femme à Tunis, elle y retourna et y arriva vers la fin de 1738. Son arrivée à la rade ne fut pas plutôt sue à Tunis que le consul, par complaisance pour sa belle gouvernante, fit transporter la Maltaise à bord d'un bâtiment français qui allait en Europe, malgré les prières de son mari qui la revoyait avec plaisir et les instances de cette femme qui soutenait que, quand elle serait née française, dès que son mari la voulait, le consul français ne pouvait de son autorité la faire embarquer de force; qu'à plus forte raison, étant née Maltaise, il n'avait aucun pouvoir sur elle; qu'en un mot, si c'était parce qu'elle avait épousé un Français qu'on la violentait de la sorte, elle renonçait à son mari et réclamait la protection du bey pour rester à Tunis. Le consul, pour servir la vengeance de sa belle offensée, fut inflexible.

La Maltaise désespérée trouva moyen d'obtenir la protection d'Agi-Mustapha kazanadar et favori du bey. Il était ami du consul; il se flatta d'obtenir la grace de cette femme : il lui envoya un message à cet effet. Le consul lui fit dire que cette femme avait surpris sa protection, qu'il espérait qu'il ne s'intéresserait plus pour elle, qu'il lui en parlerait le lendemain. Agi-Mustapha, dans l'entrevue, le pria de la relâcher à sa considération : « Mais c'est une femme publique, dit le consul! Eh bien! répliqua le Turc, une de plus ou de moins dans Tunis, ne fait ni bien ni mal ; je te prie de la relâcher ; son mari la revoit avec plaisir ; quel intérêt as-tu à les désobliger ? Le consul se défendit sur la religion et sur ce qu'il avait ordre de sa cour de faire embarquer les gens de vie scandaleuse. — « Va, va, répondait
« le Turc, on ne doit pas être si rigide, ni
« tuer tout ce qui est gras. Tes ordres sont
« sensés parce que la crainte en retient plu-
« sieurs, mais dès qu'une femme est devenue
« publique, il n'y a plus de remède à moins
« que de l'enfermer; car de la renvoyer en
« France, publique là, publique ici, cela re-
« vient au même. Il vaut encore mieux que

« les négocians s'amusent avec cette chrétienne
« qu'avec des Juives ou des Maures ; ces der-
« nières les exposent trop. » Le consul, qui
sentait la force de ce raisonnement turc, répliqua qu'il ne pouvait s'écarter de ses ordres, ni
les enfreindre ; qu'il était mortifié de ne pouvoir lui accorder sa demande. — « Oh ! con-
« sul, je te croyais raisonnable et mon ami ;
« je sais les motifs qui t'engagent à me refuser
« la liberté de cette femme. Ils sont étrangers
« à tous ceux que tu m'as allégués. Je te pro-
« mets qu'elle ne partira point, et si tu ne la
« fais débarquer dans la journée, demain je
« l'enverrai prendre de force dans le bâtiment
« français. » Le consul lui dit qu'il espérait
qu'il ne violerait point les traités ; qu'il ne pouvait l'enlever de force sous le pavillon français. « Va, sans faire affront à ton maître, je
« l'enlèverai ; et si tu crains qu'il y ait un af-
« front, évite-le en faisant débarquer cette mi-
« sérable. » Cela dit, il lui tourna le dos. Le
consul, loin de prévoir les mauvaises suites
que pourrait avoir son refus, ordonna au capitaine français d'aller à son bord et de mettre
à la voile. Le Turc, qui avait fait au bey le
récit de la conversation qu'il avait eue avec le

consul, lui demanda des hommes pour aller à la Goulette prendre cette femme ; ils y arrivèrent avant le capitaine français. Le consul courut porter l'alarme au bey, lui représenter l'affront qu'on avait fait au pavillon français. « Je sais, dit le bey, ce qu'Agi-Mustapha « a fait ; il a exécuté mes ordres. Je suis l'ami « de ton maître et l'ennemi des tracassiers « comme toi : Sors. » Cette disgrace du consul fut publique. Les ennemis de la France connaissant la brutalité et la violence du bey, saisirent ces circonstances pour faire tomber le commerce des Français. Cet Agi-Mustapha ne leur servit pas peu. Il engagea le bey à exiger que le consul vînt lui baiser la main ; il y fut contraint et perdit le privilége de l'embrasser, prérogative qui le distinguait des autres consuls. Il donna avis à la cour de ce qui se passait ; mais je pense qu'il se garda bien de faire savoir qu'une basse complaisance pour sa servante avait donné lieu à toutes ces querelles qui portèrent le bey à déclarer la guerre à la France en 1740, qui occasionèrent la captivité des Tabarquins, la malheureuse expédition de M. de Saurin sur Tabarque, enfin la paix que la France fut obligée de conclure en 1742 avec le bey, à des conditions onéreuses pour la nation française.

On dira peut-être : qu'avait de commun Tabarque avec les querelles que le consul suscitait et comment avaient-elles pu donner lieu à la prise de cette île en 1741 ?

De tout temps la France a regardé Tabarque comme un obstacle à son commerce, et plusieurs fois elle a tenté de l'acheter de la famille de Lomellini. En 1738, la Compagnie d'Afrique fit faire des propositions à M. Jacques de Lomellini. Il fit espérer qu'il s'en déferait. En 1741, de l'aveu de la cour, on députa M. Fougace, négociant de Marseille, pour en aller traiter à Gênes. Celui-ci, enflé de l'importance de sa commission, la confiait au premier venu. Les négocians de Tunis le surent avant même son arrivée à Gênes, de même que ceux du cap Nègre, de Bône et de la Calle. Tous, sans faire attention que leur indiscrétion pouvait faire échouer les négociations, en parlaient hautement; le bruit s'en répandit à Tabarque. Le petit peuple et les corailleurs apprirent cette nouvelle avec plaisir; ils prévoyaient que la France saurait les mettre à couvert des avanies des Barbaresques et que le commerce de Tabarque augmenterait considérablement ; qu'il n'y aurait qu'à gagner pour eux dans ce changement. Peut-être ceux qui étaient à la tête des affaires ne pensaient-ils pas si avantageusement pour la France. Quoi qu'il en soit, le bey fut informé des premiers de cette négociation ; il intercepta entre autres une lettre de M. Viller, directeur pour la Compagnie au cap Nègre, adressée à la chambre de commerce de Marseille, par laquelle il la pressait de remontrer fortement à la cour les avantages que la France retirerait de Tabarque. Non-seulement l'occupation de l'île étendrait considérablement le commerce français, mais encore ce poste important mettrait la France à même de faire la loi au bey de Tunis et à toutes les puissances de Barbarie. Le bey, en conséquence, prit des mesures pour surprendre Tabarque et s'en emparer ; huit galiottes et chebecks furent mis promptement en mer avec le double d'hommes d'équipage, sous prétexte d'aller en course contre les Français. Il envoya son fils Sidy Jonis à la tête d'un corps considérable de troupes du côté de Tabarque, annonçant que c'était pour aller soumettre les montagnards des environs, sur qui le bey n'a qu'une autorité apparente. Les chebecks et les troupes de terre arrivèrent en même temps devant Tabarque. Les premiers demandèrent des rafraîchissemens qu'on avait coutume de leur donner; une douzaine de Turcs des plus braves entrèrent dans l'île, se saisirent du commandant, qui se trouvait là par hasard, et de trois des principaux habitans. Ils les menèrent aux chebecks; on les mit à la chaîne. On somma les habitans de se rendre, s'ils ne voulaient pas s'exposer à un assaut et voir massacrer les otages. On parlementa, et Tabarque se rendit, Sidy Jonis y entra victorieux; il y mit garnison turque, fit enchaîner les Tabarquins et les envoya esclaves à Tunis. Il fit raser les fortifications modernes, c'està-dire celles qui avaient été faites par la famille de Lomellini, abattre les maisons, démolir l'église et presque tous les magasins.

Ce qui fit manquer l'expédition de M. de Saurin fut une pareille indiscrétion. Le bruit s'en répandit à Tunis; le bey, averti à temps, garnit Tabarque de troupes et de munitions. On sait les suites fâcheuses qu'eut cette malheureuse tentative.

Sidy Jonis n'épargna que la belle forteresse

bâtie par Charles-Quint, les magasins et bâtimens qu'elle renferme et, hors de ce fort, la tour octogone, un magasin qui sert pour l'entrepôt des provisions nécessaires à la garnison turque, un autre petit logement où demeure le provisionnaire de ladite garnison et deux autres petits logemens pour les étrangers qui relâchent à ladite île.

Tel est l'état présent de l'île de Tabarque. La pêche du corail a été interrompue et abandonnée dès sa prise par le bey de Tunis. Cette île, qui serait un trésor inépuisable pour la France, est en quelque façon devenue à charge au bey. Il est obligé d'y entretenir une garnison turque, et il n'en tire d'autre avantage que l'asile pour ses corsaires et ses petits bâtimens marchands qui font le commerce le long de la côte. Je crois peu dire en avançant que l'île de Tabarque serait plus avantageuse à la France que Mahon ne le serait ou ne l'était aux Anglais, pourvu que la France, supposée maîtresse de l'île, en réparât le port qui est à l'est, et qui, avec très peu de dépense, deviendrait très sûr et très commode. Il ne s'agirait que d'avancer un peu le môle qui est déjà formé en partie naturellement par de grosses pierres. Ensuite, à l'aide de quelques encaissemens, on mettrait le port à couvert du traversier ou vents du nord et de nord-est, qui sont les seuls vents auxquels il soit exposé. On aurait par ce moyen un très beau bassin propre à hiverner 4 à 5 vaisseaux de guerre, des frégates et des galères.

A l'ouest de l'île, entre la terre ferme et Tabarque, il y a un autre port pour les bâtimens plus petits, comme barques, tartanes, polacres, parce qu'il n'y a que deux brasses et demie à trois brasses d'eau. Ce port n'est point sûr l'hiver, étant trop exposé aux vents du nord et du nord-ouest; mais l'autre port rétabli, tous les bâtimens, grands et petits, seraient en sûreté en tout temps. Ce port rétabli, si de plus on relevait les fortifications, les magasins pour l'entrepôt des marchandises, si l'on rétablissait les barques pour la pêche du corail et les logemens pour les corailleurs, les soldats et les marchands, ce qui coûterait aussi très peu, les matériaux étant sur les lieux ou très proche en terre ferme, l'île de Tabarque deviendrait de la dernière importance pour la France et son commerce du Levant.

1º La France, à l'aide de deux ou trois frégates et d'autant de galères, ferait la loi à toutes les puissances barbaresques; son pavillon serait respecté; ses capitaines de bâtimens marchands seraient à l'abri des insultes et des bastonnades qu'ils ne reçoivent que trop souvent des corsaires algériens, outre les dégâts et le pillage de leurs provisions, et autres avanies qu'ils sont obligés de subir.

2º En temps de guerre, ces frégates et galères, renforcées de quelques vaisseaux de guerre, tiendraient la mer, accableraient les corsaires ennemis, intercepteraient leurs bâtimens marchands et leurs convois, et, malgré tous leurs efforts, la France resterait maîtresse de la Méditerranée. Je dis plus : que la France conserve Mahon, qu'elle se procure Tabarque, elle donnera la loi dans toute la Méditerranée; l'Angleterre en sera exclue, et son commerce du Levant tombera entièrement. En faisant tomber le commerce de l'Angleterre dans la Méditerranée, on énerve considérablement celui de Livourne. De l'aveu des principaux négocians de cette place, la prise de Mahon a fait perdre à Livourne un profit annuel de 500,000 livres au moins, malgré les prises françaises que les Anglais y ont vendues. Ne doit-on pas conclure que le commerce anglais tombant dans la Méditerranée, celui de Livourne reste en souffrance, et tout cela au profit du commerce français?

3° Tabarque procurerait aux Français la riche pêche du corail, augmenterait ses branches de commerce en laines, cuirs, cire, miel, blé et orge, dont on ferait une quantité de chargemens considérables pour les transporter en France, à Malte et à Tripoli, où ils manquent souvent. On ferait le commerce sur les bœufs, moutons et chevaux ; ce dernier pourrait devenir très avantageux à plus d'un égard. Il serait très facile de rétablir les caravanes qui apportaient, des côtes de Guinée, la poudre d'or, sur laquelle il y a un très grand profit, et que l'insatiable avarice du dernier bey de Tunis a fait tomber en s'emparant de la poudre d'or des caravaneurs, et ne leur donnant que ce qu'il voulait, et souvent rien du tout.

4° Il n'est pas moins vrai que Tabarque procurerait à la France tout le commerce des côtes de Barbarie, et la mettrait à même de tenir dans les bornes de l'humanité tous les

Barbaresques, surtout les fiers Algériens, ennemis jurés des Français. Ils deviendraient bien petits, et l'on serait en état à tout instant de réprimer leur insolence au moindre écart. Nous ne pouvons aborder leurs côtes sans être exposés aux derniers dangers, et, dans Alger même, c'est un miracle quand un Français, reconnu pour tel, n'y est pas insulté. Tabarque aux Français, rétablie comme je l'ai indiqué, tout change de face. Nous subissons la loi; nous la donnerions. Quelle gloire pour le monarque et quel avantage pour la nation entière ! Oui, la France ferait la loi aux Barbaresques : eux-mêmes en conviennent. Voici les propres termes dont le dey d'Alger se servit dans une lettre qu'il écrivit au bey de Tunis, sur l'avis qu'il eut que la France lui demandait d'acheter Tabarque, pour en faire une place de commerce et un dépôt pour la pêche du corail :

« J'apprends que la France voudrait que tu
« lui vendes Tabarque pour la pêche du co-
« rail ; garde-toi bien de le faire. Je te per-
« mets de la céder à tous autres chrétiens ;
« mais tu ne dois pas ignorer que les Français
« sont mes plus grands ennemis. J'ai déjà une

« dent pourrie dans la mâchoire, qui est Oran
« et que je ne puis arracher; garde-toi bien
« d'y en ajouter une autre, si tu ne veux que
« je te détrône, etc. etc. »

Ce discours cavalier du dey d'Alger au bey de Tunis fait connaître combien les Algériens haïssent les Français et craignent leur voisinage, en un mot que les Français, maîtres de Tabarque rétablie et fortifiée, les tiendraient dans l'obéissance et la soumission.

Je conclus que la France ne doit rien épargner pour se procurer Tabarque, la rétablir, et en faire un poste aussi important que l'était la Goulette pour Charles-Quint.

Que l'on ne croie pas qu'il soit fort difficile de rétablir la pêche du corail :

1° Il y a des forêts considérables aux environs de Tabarque, d'où l'on tirerait les bois de construction pour les barques propres à la pêche du corail, et même pour la construction de tous autres bâtimens. Ces bois ne coûteraient que la main d'œuvre; le transport est facile à l'aide d'une rivière qui se jette dans la mer à une portée de carabine de Tabarque. Les Tabarquins tiraient seulement de l'Europe les planches pour les constructions. Quant aux mâts et aux vergues, on les tirait et on peut les tirer des forêts dont j'ai parlé. On en tirerait de même les planches; mais jusqu'à présent on ne connaît pas en Barbarie l'usage des moulins à scie. On pourrait y en établir, et par là éviter les frais de transport de toutes celles qui seraient nécessaires.

2° La plupart des patrons de barques existent encore aujourd'hui; ils sont en état de recommencer la pêche du corail et de faire des élèves pour leur succéder. Plusieurs se sont retirés à l'île Saint-Pierre, sur les côtes de Sardaigne; d'autres sont établis à Tunis, et d'autres enfin sont esclaves dans Alger. Ceux de l'île Saint-Pierre ne manqueraient pas de retourner à Tabarque dès que cette île serait à la France; ils quitteraient avec empressement une île où ils sont misérables, pour se rendre dans une île où tout abonde et qui est leur patrie. On peut compter également sur ceux de Tunis, et faire racheter ceux d'Alger par les pères de la Merci sans qu'il en coûte rien à l'État : une lettre écrite en Espagne, une autre au général de cet Ordre à Rome, donneraient la liberté à tous ces patrons corailleurs, esclaves des Algériens.

IX.

Observations sur les plantes économiques qui croissent dans les royaumes de Tunis et d'Alger.

Nous traiterons, dans ce travail, des diverses productions économiques que l'on cultive, ou qui croissent naturellement et sans culture, dans les royaumes de Tunis et d'Alger ; mais, avant d'entrer dans ces détails, nous dirons un mot de la situation, du sol et du climat de ces deux royaumes, parce que ces notions sont essentiellement liées à l'objet que nous nous proposons de traiter.

Les royaumes de Tunis et d'Alger s'étendent, à peu près de l'est à l'ouest, depuis les confins de Tripoli jusqu'à ceux de Maroc ; ils sont bornés l'un et l'autre, au nord par la Méditerranée, au sud par le désert de Sahara. Le premier commence à l'île de Gerbi dans la petite Syrte, et se prolonge jusqu'à la rivière de Zaïn à environ 130 lieues vers l'ouest; le second s'avance de près de 240 lieues à l'occident de cette rivière, et se termine aux montagnes de Trara. Leur largeur [1], qui est à peu près la même, est de 120 à 130 lieues.

Toute la partie méridionale du royaume de Tunis, si l'on en excepte les environs du désert, n'est, pour ainsi dire, qu'une immense plaine sablonneuse et aride, où l'on ne trouve qu'un petit nombre de fontaines et de ruisseaux. Elle n'est guère cultivée que le long des bords de la mer, et l'olivier en fait la principale richesse. Celle du nord-ouest, au contraire, qui est parsemée de montagnes et de collines, est moins sablonneuse, plus arrosée et plus fertile : le territoire de l'ancienne Carthage, les bords du Mégerdah, les environs de Sbiba, de Testour, de Béja, de Tabarque, produisent chaque année d'abondantes moissons qui font un des principaux revenus de la régence. Dans presque toute l'étendue de ce royaume, la terre est imprégnée d'une si grande quantité de sel marin, que la plupart des sources y sont

---

[1] Du nord au sud.

saumâtres, et il n'est pas rare de voir, lorsque les chaleurs de l'été ont fait évaporer les eaux stagnantes dans les lieux bas, des espaces considérables de terrain couverts d'une croûte de ce sel qui avait été dissous et amassé par les pluies de l'hiver.

Le sol d'Alger, qui est composé presque partout d'une terre argileuse mêlée de sables et de débris de végétaux, est en général plus fécond que celui de Tunis. Les montagnes y sont plus élevées, et les pluies y tombent en plus grande abondance. Les plus riches cantons de ce royaume sont les environs de Constantine, de Bône, les plaines de la Mitija auprès d'Alger; celle de Mayané à 25 lieues au sud-ouest de cette ville, de Habra, de Mascara, de Tremesen près le royaume de Fez. Ce superbe pays est entrecoupé d'une multitude de ruisseaux qui descendent de l'Atlas; les plantes s'y renouvellent sans cesse dans toutes les saisons de l'année, et l'on y récolte les plus belles moissons de toute la Barbarie.

Le mont Atlas, qui traverse les royaumes de Tunis et d'Alger, est divisé en deux grandes chaînes principales qui courent d'orient en occident; l'une, qui est connue sous le nom de petit Atlas, commence près de Tabarque, sur les confins de la régence de Tunis, et se prolonge le long de la Méditerranée jusque dans le royaume de Maroc; l'autre, que quelques géographes ont nommée le grand Atlas, cotoie le désert parallèlement à la première, et en fixe les bornes du côté du nord. Suivant Marmol, celle-ci prend naissance à environ 80 lieues en-deçà de l'Egypte, et va finir à l'Océan occidental; ces deux grandes chaînes de montagnes, souvent réunies de distance en distance par des chaînons intermédiaires, opposent une barrière aux nuages qui sont presque toujours amenés par les vents du nord; ils s'y arrêtent, s'y condensent, s'y résolvent, et c'est sans doute à cette cause qu'il faut attribuer principalement la sécheresse qui règne pendant l'été dans la partie du Sahara, tandis que les contrées qui avoisinent la mer sont arrosées pendant l'hiver par des pluies bienfaisantes qui les tempèrent et les fertilisent.

Les montagnes qui bornent le désert sont arides, et ne produisent qu'un petit nombre de plantes et quelques arbustes. Elles sont plus élevées que celles qui avoisinent la mer, car les plus grandes rivières y prennent leur source. Les circonstances ne m'ont pas permis de mesurer la hauteur perpendiculaire, mais je doute néanmoins qu'elles aient plus de 12 à 15 cents toises d'élévation au-dessus du niveau de la mer; aucune de celles que j'ai vues pendant l'été n'avait de neige à son sommet.

Les plus grandes montagnes du petit Atlas, telles que le Jurjura sur le chemin d'Alger à Constantine, celles de Belide à 12 lieues au sud d'Alger, de Mayané, de Cericé à 25 lieues au sud-ouest de cette ville, ne conservent les neiges que jusqu'au commencement de mai. Celles-ci sont très fertiles, et les Arabes les cultivent jusqu'au sommet dans quelques endroits; mais presque partout elles sont couvertes d'épaisses forêts. Le lentisque, l'olivier sauvage, le pin de Jérusalem, le chêne aux glands doux, le liége, le peuplier blanc, le genévrier de Phénicie, sont les arbres qui y dominent. Le laurier rose y croît aussi en abondance, il se plaît dans les lieux humides, et pendant les plus fortes chaleurs de l'été, lorsque la surface de la terre est brûlée par le soleil, les fleurs de ce bel arbre brillent de tout leur éclat; il forme une bordure rose le long de tous les ruisseaux, et en dessine tous les contours depuis le sommet des montagnes jusque dans les vallées et dans les plaines.

Un grand nombre de rivières et de ruisseaux, qui prennent leur source dans les montagnes de l'Atlas, arrosent et fertilisent le territoire d'Alger. La direction de leur cours est en général du sud au nord; aucune de ces rivières n'est assez forte pour porter bateau pendant l'été, mais plusieurs deviennent très considérables lorsqu'elles ont été grossies par les pluies de l'hiver, et elles arrêtent quelquefois les voyageurs au passage pendant des mois entiers.

On jouit en Barbarie d'un très beau climat, particulièrement le long de la côte; il y gèle rarement même au plus fort de l'hiver, et le thermomètre de Réaumur se soutient ordinairement dans cette saison à huit ou dix degrés au-dessus de zéro.

Les pluies, qui commencent à tomber vers la fin d'octobre, continuent par intervalles jusqu'aux premiers jours de mai; une particularité qui mérite d'être observée, c'est qu'elles viennent toujours avec les vents du nord qui règnent ordinairement pendant l'hiver, tandis que les vents d'est et du midi, qui soufflent presque toujours en été, amènent constamment les beaux jours. Un missionnaire m'a assuré, d'après des observations qu'il avait faites à Alger pendant plusieurs années consécutives, qu'il y tombe 30 à 36 pouces d'eau par an [1].

Lorsque le ciel est bien pur et que les vents sont au sud, on jouit pendant l'hiver, sur la côte de Barbarie, d'une température presque aussi douce que dans nos beaux jours de mai. Dès le mois de janvier, la terre se couvre de verdure, les amandiers, les pêchers et les abricotiers fleurissent et, dans le courant de mars, tous les arbres se parent d'un nouveau feuillage. Les pluies cessent au commencement de mai, et le ciel est toujours pur jusqu'au retour de l'hiver. Les grandes chaleurs ne commencent à se faire sentir que dans le mois de juin, et elles continuent jusqu'à la fin de septembre; pendant ce temps le thermomètre se soutient presque toujours, à l'ombre au milieu du jour, depuis 26 jusqu'à 32 degrés; mais lorsque les vents soufflent de la partie du désert, une vapeur embrasée se répand quelquefois dans

---

[1] Voy. *Province de Constantine*, p. 136.

l'air, on se renferme dans les maisons et l'on a peine à y respirer. De l'autre côté de l'Atlas, c'est-à-dire à 100 ou 120 lieues au sud de la côte, on éprouve une température fort différente. Ces contrées brûlantes ne sont presque jamais rafraîchies par les pluies, et les sables sans cesse échauffés par l'ardeur du soleil, entretiennent une vive chaleur. Pendant les mois de janvier et de février 1784 que je passai dans le désert, le thermomètre se soutint, à l'ombre au milieu du jour, à 15 ou 16 degrés; il monta même jusqu'à 24. Les orges étaient en épis, et l'on en fit la récolte en mars. Les chaleurs y sont excessives pendant l'été, et les habitans abandonnent leurs maisons pour chercher la fraîcheur dans leurs jardins à l'ombre des dattiers. Les bords du Sahara jusqu'à 50 ou 60 lieues au sud du mont Atlas, quoique rarement arrosés par les pluies, sont néanmoins fertiles en beaucoup d'endroits; à la vérité on y récolte peu de blé, mais le dattier y croît en abondance. Cet arbre précieux tient lieu de moissons aux habitans de ces contrées, et fournit presqu'entièrement à leur subsistance. La fertilité de ce sol sablonneux et en apparence si aride, est due aux rivières et aux ruisseaux qui découlent des montagnes de l'Atlas, et se perdent dans les sables du désert, comme dans une vaste mer, pour reparaître en divers lieux, où ils forment même des lacs d'une étendue considérable. Dans toute la partie qui s'étend au nord du Sahara, on cultive plusieurs espèces de blés, tels que le froment, l'orge, le maïs, le sorgho, le millet à chandelles, etc. Nous ferons mention de ces différentes sortes de culture, et même de plusieurs autres qui sont en usage dans ces contrées.

C'est ordinairement dans le mois de novembre, lorsque les premières pluies ont arrosé la terre desséchée par les chaleurs de l'été, que l'on fait les premiers labours : il arrive néanmoins quelquefois qu'on ne sème les blés que dans le mois de décembre, ou même de janvier, lorsqu'il ne commence à pleuvoir que dans cette saison, car c'est toujours la chute des pluies qui fixe le temps du labourage.

On laboure avec des chevaux, des mules, des bœufs, ou même des chameaux. La charrue que l'on emploie est fort différente des nôtres ; elle n'a point de roues, et elle est composée seulement de cinq pièces principales. Un seul morceau coudé presque à angle droit en forme le corps : la branche postérieure qui sert de manche est simple ; la partie inférieure est destinée à recevoir le soc. Le timon est légèrement convexe, fendu à son extrémité inférieure, qui va s'insérer dans l'angle du corps de la charrue, où il est fixé et maintenu par un gros coin de bois. Il est percé vers sa partie antérieure de quatre trous, où l'on implante la cheville sur laquelle agit l'effort des bœufs ; selon qu'on avance ou qu'on recule cette cheville, la charrue laboure plus ou moins profondément. Le soc, ou la troisième pièce principale, est obtus, convexe, plus petit que celui de nos charrues ; il a la forme d'une large truelle. J'en ai vu dans quelques cantons qui ressemblaient à des coins. Enfin, la quatrième et la cinquième pièces consistent en deux morceaux de bois placés inférieurement, à angle aigu de chaque côté de la partie inférieure du corps de la charrue ; ils servent à renverser à droite et à gauche la terre que le soc a divisée.

Cette charrue est moins avantageuse que les nôtres ; elle ne fait pour ainsi dire qu'effleurer la terre, et je doute qu'elle laboure à plus de cinq à six doigts de profondeur. A chaque tour elle trace deux demi-sillons, et dans le milieu de chacun il reste toujours une langue de terre qui n'est pas divisée.

Les Maures et les Arabes choisissent le plus beau grain de l'année pour semence; au défaut, ils emploient celui de deux ans. Ils font ordinairement deux labours pour le froment, qu'ils sèment le premier de tous les blés. Lorsque la terre a été suffisamment humectée par les pluies, ils la retournent; et après l'avoir laissé reposer pendant une quinzaine de jours, ils y jettent le grain, et le recouvrent aussitôt avec la charrue, en coupant en travers les premiers sillons. L'orge se sème ordinairement douze à quinze jours plus tard que le froment, et on ne fait qu'un seul labour pour cette espèce de blé. Les cultivateurs ne sont pas dans l'usage, comme en France, de briser les mottes avec la pioche et la herse; ces soins paraissent inutiles; il faut avouer aussi que la terre, qui est légèrement sablonneuse, se divise plus facilement par l'action du soc de la charrue.

La richesse de la récolte dépend principalement de la quantité des pluies qui tombent pendant l'hiver; et quelqu'abondantes qu'elles soient, jamais elles ne sont nuisibles. Il est même nécessaire qu'elles continuent jusqu'au commencement de mai, pour que les récoltes de froment soient assurées; et l'on a souvent vu, lorsque les sécheresses commençaient à régner avant le temps, les plus belles moissons desséchées tout à coup, et les laboureurs trompés dans leurs espérances au moment où ils se préparaient à recueillir le fruit de leurs travaux.

De l'autre côté de l'Atlas, sur les bords du Sahara, où il ne tombe qu'une petite quantité de pluie, on arrose les blés en faisant des saignées aux rivières et aux ruisseaux : tous les champs sont partagés en petits carrés; ils communiquent avec des rigoles qui servent à conduire les eaux destinées à arroser la terre; elle est si sèche et si aride, qu'elle ne saurait produire sans ce secours. On donne ordinairement l'eau cinq à six fois aux blés, depuis le moment où ils commencent à pousser le chaume, jusqu'au temps où le grain est bien formé dans l'épi; à chaque fois on la laisse couvrir la surface de la terre pendant trois à quatre jours.

On ne cultive, sur les côtes de Barbarie,

qu'une seule espèce de froment, celle qui est connue en France sous le nom de blé dur, ou de blé barbu : c'est une variété très remarquable et facile à distinguer ; son chaume, d'après l'observation de M. l'abbé Tessier, est presque plein, et non fistuleux, comme dans un grand nombre de nos fromens. L'épi est aussi plus renflé, et le grain a une forme plus allongée en proportion de sa grosseur ; enfin, les produits qu'on en retire sont fort différens, ainsi que nous le verrons ci-après. L'orge à six côtés (*hordeum hexastychum*) est la seule que l'on cultive en Barbarie ; cette espèce est, comme l'on sait, d'un revenu considérable, et réussit très bien dans les pays chauds.

Le sol est si fertile sur les côtes d'Afrique, que, sans y mettre jamais d'engrais, il produit de très belles moissons. A la vérité, le nombre des habitans étant peu considérable relativement à l'étendue du pays, on est dans l'usage de laisser reposer les terres pendant plusieurs années. La grande quantité de sel marin qui s'y trouve mêlée en beaucoup d'endroits, ne serait-elle point aussi une des causes principales de la grande fécondité de ces contrées ? Les bonnes terres rendent souvent depuis douze jusqu'à vingt pour un, et l'on m'a assuré que dans quelques cantons elles donnaient jusqu'à cinquante et plus : ce produit est bien au-dessus de celui de nos meilleures terres, dont la culture exige tant de soins et de travaux.

Les blés tallent beaucoup en Barbarie, et il n'est pas rare d'en voir un seul grain produire un très grand nombre de tiges. Le docteur Shaw[1] rapporte qu'un khalif de la province de Tremessen apporta un jour à Alger une souche de froment, qui avait quatre-vingts chaumes provenus de la même semence, et que, dans une contestation survenue au sujet de la fécondité de l'Egypte et de la Barbarie, un émir avait envoyé au Caire cent vingt tiges sorties d'un seul grain de froment. Pendant mon séjour en Afrique, les Arabes m'ont cité plusieurs faits analogues à ceux que je viens de rapporter. Il paraît même que ces contrées étaient encore plus fertiles autrefois qu'elles ne le sont aujourd'hui, sans doute parce qu'elles étaient cultivées avec plus de soin. On trouve dans Pline plusieurs exemples frap-

---

[1] T. I, p. 285, tr. fr.

pans qui le prouvent, et qui méritent d'être connus. *E modio*, dit cet auteur... *in Byzacio africæ campo, centeni quinquageni modii redduntur. Misit ex eo loco Divo Augusto procurator ejus ex uno grano, vix credibile dictu! quadraginta paucis minus germina; misit et Neroni similiter trecenta et sexaginta stipulas ex uno grano; exstant de ea re epistolæ*[1].

Les fromens produisent de très beaux épis; j'en ai mesuré qui avaient jusqu'à cinq pouces de longueur, et Shaw raconte qu'il n'est pas rare d'en voir deux sur le même chaume. J'avouerai cependant qu'il m'a été impossible de vérifier cette observation.

Les blés sont sujets à la rouille et au charbon, comme en Europe. J'ai aussi observé en divers endroits plusieurs épis de froment attaqués de la carie : ces maladies ne m'ont rien offert de particulier. Les Maures et les Arabes n'emploient aucun moyen pour les prévenir.

Les grains sont encore quelquefois dévorés en terre par des vers, et, au rapport des habitans, les brouillards épais, qui règnent sou-

---

[1] Plin. lib. XVIII, ch. 21, ed. Hard.

vent en hiver le long de la côte du royaume d'Alger, dessèchent et brûlent fréquemment les moissons : mais les sauterelles sont un des plus redoutables fléaux qu'on ait à craindre. C'est vers le mois d'avril, lorsqu'elles sont encore en larves, qu'elles exercent leurs plus grands ravages. Dans certaines années, elles sont en si grand nombre, qu'elles couvrent la surface de la terre de plusieurs doigts d'épaisseur; elles dévorent jusqu'aux tiges des plantes, et ne laissent aucune trace de verdure sur leur passage. Il ne paraît pas qu'il soit possible de trouver aucun moyen de détruire ces insectes malfaisans, tant leur nombre est prodigieux; à peine peut-on en préserver quelques jardins, en apostant des hommes qui les écrasent avec de gros bâtons, ou autres moyens analogues. On en est assez promptement délivré lorsqu'une fois elles sont devenues insectes parfaits; les vents les dispersent alors et en écrasent une grande quantité contre les arbres, la terre et les rochers; souvent même elles sont emportées dans la mer. Une multitude d'oiseaux leur livrent une guerre continuelle. Les cigognes et surtout les rolliers en détruisent beaucoup pendant le printemps et l'été. Je suis aussi porté à croire, d'après le témoignage des gens du pays, que les étourneaux, dont on voit des vols si nombreux que le ciel en est quelquefois obscurci, ainsi que beaucoup d'autres oiseaux de passage, tels que les vaneaux, les pluviers, les bécassines, qui viennent en grandes troupes pendant l'hiver sur les côtes d'Afrique, et qui habitent principalement les marécages et les lieux humides, où ces sauterelles déposent leurs œufs, en dévorent une grande quantité, et mettent un obstacle à l'étonnante reproduction de ces insectes.

Les Arabes de l'intérieur des terres et particulièrement ceux du désert savent tirer parti de quelques espèces de sauterelles; ils en ramassent tous les ans de grandes provisions, les salent après les avoir fait sécher au soleil, et les mangent ainsi préparées. Cette coutume s'est conservée parmi ces peuples depuis bien des siècles.

Les moineaux font aussi beaucoup de ravage dans le temps de la moisson; ces oiseaux sont en si grand nombre dans certains cantons du royaume d'Alger, particulièrement du côté de Mayané, qu'ils couvrent quelquefois les plaines; ils mangent et font tomber à terre une quantité considérable de grains, quelques soins qu'on prenne pour les écarter. Les gerboises et une autre espèce de rat, connue sous le nom de gird, établissent leurs nombreux domiciles au milieu de champs ensemencés, et font aussi beaucoup de dégât.

Plusieurs plantes malfaisantes naissent parmi les blés et leur sont très nuisibles, soit en privant la terre des sucs destinés à leur nourriture, soit en les étouffant ou même en leur donnant un mauvais goût : tel est par exemple l'asphodèle blanc (*asphodelus ramosus*). Cette plante, très répandue dans les campagnes, fait beaucoup de tort aux moissons; ses racines, composées de gros tubercules charnus, pompent une quantité considérable de sucs; ses feuilles nombreuses et touffues, ainsi que ses tiges longues et rameuses qui se développent avant que les blés soient parvenus au terme de leur accroissement, les privent d'air et les empêchent de s'élever. L'asphodèle leur communique aussi un goût désagréable, et les habitans du pays m'ont assuré que les bestiaux refusent de manger la paille et l'herbe avec lesquels cette plante nuisible avait été mêlée.

La bisnagre (*daucus visnaga*) est aussi très préjudiciable aux moissons. Cette espèce de carotte croît abondamment dans presque toutes les plaines des environs de Tunis, et dans plusieurs autres cantons de la Barbarie. Plusieurs espèces de vesces s'attachent aux blés par leurs vrilles, les entourent de leurs tiges et les font verser. Dans quelques endroits de la province de l'ouest du royaume d'Alger croît une espèce particulière de réglisse dont les feuilles et les tiges exhalent une odeur très fétide qu'elle communique aux blés et aux fourrages, et qui répugne également aux hommes et aux bestiaux.

La folle avoine (*avena sterilis*) est aussi très répandue en Afrique, particulièrement dans la partie occidentale du royaume de Tunis. On sait combien cette plante, si difficile à détruire, à cause de la chute prématurée de ses graines, est pernicieuse aux blés en absorbant les sucs destinés à les nourrir, et en les suffoquant par le nombre de ses feuilles et de ses tiges. La folle avoine dévaste tellement les champs ensemencés, que l'on croyait anciennement que les blés se changeaient quelquefois en cette plante. Les Arabes arrachent les mauvaises herbes qui viennent parmi les moissons; c'est le seul moyen qu'ils emploient pour les détruire.

L'orge, de même qu'en Europe, est le premier grain que l'on récolte en Barbarie. Le long de la côte on la coupe vers la fin d'avril ou dans le commencement de mai. La moisson du froment se fait environ un mois plus tard; mais dans le désert, les récoltes d'orge se font dès le mois de mars.

La faucille dont on se sert pour couper le blé est différente de la nôtre; elle est plus petite, coudée dans sa partie moyenne, et ne tranche que depuis sa courbure jusqu'à la pointe.

On ne coupe que le tiers supérieur de la paille, et on amoncelle le blé lié par poignées auprès du lieu où l'on a dessein d'en faire sortir le grain.

On est dans l'usage de fouler les blés pour les égrener. Après les avoir étendus sur l'aire comme en Europe, on fait passer dessus des bêtes de charge à diverses reprises; on se sert aussi, pour le même objet, d'une sorte de table faite de deux ou trois planches unies ensemble et dont la surface inférieure est parsemée de clous, de lames de fer et de petites pierres tranchantes. On la fait traîner sur le blé par des mules, des bœufs et autres bêtes de charge. Ces moyens sont très expéditifs, et il se perd moins de grains que quand les blés sont frappés avec le fléau ; mais aussi la paille brisée en petits morceaux ne peut servir qu'à la nourriture des bestiaux : à la vérité ils la préfèrent à celle qui n'est point hachée.

L'avoine n'est point cultivée en Afrique : l'orge y supplée ; on en donne aux chevaux, aux mules, et même aux autres bestiaux pendant l'automne, lorsque les fourrages manquent.

Les Arabes ne vannent point les blés ; après en avoir séparé la paille, ils les jettent avec des pelles à l'opposé du vent, qui en emporte la poussière et les corps légers. Avant de les moudre, les femmes les étendent sur des tables et en séparent les pierres, le sable et autres corps pesans que l'action du vent n'avait pas enlevés.

Pour conserver les blés, on les enferme

dans de grandes fosses appelées matamores, creusées dans des lieux secs et élevés. Elles sont voûtées, très étroites à leur ouverture, et ordinairement assez vastes pour contenir 3 à 400 charges de blé. Lorsqu'elles sont pleines, on en ferme bien l'entrée avec une large pierre que l'on recouvre de terre. J'ai vu quelquefois deux ou trois cents matamores dans un même lieu; ce sont là les seuls greniers des Arabes; ils exigent peu de frais et ne demandent presque aucune réparation. Le blé qui est à la surface germe et forme une croûte d'environ un pouce d'épaisseur, tandis que, dans le centre, il se conserve pour l'ordinaire pendant long-temps sans prendre aucune mauvaise qualité. Un négociant français, établi depuis bien des années à Alger, m'a dit en avoir acheté qui avait été renfermé pendant vingt ans dans des matamores, sans qu'il eût souffert aucun dommage, et des Arabes m'ont assuré qu'ils en avaient conservé dans ces fosses pendant quarante années. Ces sortes de greniers sont très utiles dans un pays où le plus grand nombre des habitans vivent sous des tentes, et où l'on est peu dans l'usage de bâtir. Les matamores ont encore d'autres avantages : c'est que le blé n'y est jamais exposé aux différentes impressions de l'air, et que les insectes qui le mangent, et les animaux qui le gâtent avec leurs ordures dans nos greniers, n'y sauraient pénétrer pour peu que les fosses soient bien fermées. Il arrive néanmoins quelquefois que le blé prend un mauvais goût dans les matamores, lorsqu'on l'y renferme avant qu'il soit parfaitement sec, ou bien lorsque l'on a creusé ces fosses dans un terrain humide ou dans un sol d'où il se dégage quelques exhalaisons de mauvaise odeur.

Dans les années d'abondance, le blé est à très bon marché sur les côtes de Barbarie, particulièrement à Alger : le pain y vaut à peine six deniers la livre. La régence achète les blés à très bas prix aux Arabes, pour les revendre aux négocians chrétiens, sur lesquels elle gagne considérablement. On en charge tous les ans un grand nombre de bâtimens pour Marseille et l'Italie.

On moud le blé dans les villes avec des meules tournées par des chameaux ou par des mules : car l'usage des moulins à vent ou à eau est absolument inconnu en Barbarie. Chez les Arabes, les femmes sont chargées de ce genre de travail ; elles se servent de petites meules d'un à deux pieds de diamètre, qu'elles tournent avec la main.

Les fromens se réduisent par la mouture en semoule, en farine et en son. La semoule est composée de petits grains durs, jaunâtres et anguleux. C'est la partie du blé la plus nourrissante ; elle sert à faire le pain blanc, tandis que la farine, qui est naturellement blanche, se convertit en pain noir d'une qualité bien inférieure au premier.

Les Arabes séparent le son avec un crible fait de petites tiges de quelques graminées, dont les interstices donnent passage à la farine et à la semoule ; puis ils se servent d'un tamis de soie pour séparer la semoule de la farine.

Les produits du blé sont fort différens de ceux d'Europe, et ne sont pas même tout-à-fait semblables dans tous les cantons de la Barbarie. 80 livres de bon blé des environs de Constantine que j'ai fait moudre, ont donné 70 livres de semoule, 4 de farine et 6 de son ; 30 livres de cette semoule ont produit environ 40 livres de très bon pain blanc.

Les blés de la partie occidentale du royaume

d'Alger contiennent un peu plus de farine que ceux de Constantine, et par conséquent ils ont moins de valeur. 70 livres de beau blé des environs de Mascara ont rendu 43 livres 1/2 de semoule, 11 1/2 de farine et 14 de son. 29 livres de semoule ont produit 37 livres 1/2 de pain blanc.

Il est très vraisemblable qu'une température plus ou moins chaude, sèche ou humide, occasione, même d'une année à l'autre, des différences sensibles dans ces divers produits des grains.

Les Arabes ne mangent que rarement du pain; lorsqu'ils en font, ils n'y ajoutent point de levain, et ils le font cuire sous la braise. Ils préparent avec la semoule un mets qui est très en usage parmi eux. Pour le faire, ils mettent la semoule dans une bassine, et, après y avoir jeté un peu d'eau, ils la remuent avec les mains; plusieurs grains de cette substance se réunissent et s'arrondissent par le frottement : c'est ce qu'ils appellent *couscoussou*. Ils le font cuire à la vapeur de l'eau bouillante, dans un vase de terre dont le fond est percé comme un arrosoir; ils y ajoutent ensuite du beurre, du lait, de la viande même, et l'assaisonnent avec divers aromates, tels que le poivre, le gingembre, le safran, etc. Cet aliment est très nourrissant et très recherché des Arabes.

Les autres blés cultivés sur les côtes de Barbarie, tels que le maïs, le sorgho, la dreu ou millet à chandelles, se sèment dans le mois d'avril, de la même manière que le froment et l'orge, c'est-à-dire en jetant la semence sur la surface de la terre et en la recouvrant ensuite avec la charrue. On est obligé de les arroser souvent, depuis le moment où le grain a été mis en terre presque jusqu'au temps de la récolte, soit en pratiquant des conduits qui communiquent avec les rivières et les ruisseaux du voisinage, soit en creusant des puits auprès des champs ensemencés; ils en enlèvent l'eau avec de grands seaux de cuir attachés à l'extrémité d'une corde qui passe sur une poulie mobile suspendue dans l'angle que forment deux grosses perches placées obliquement de chaque côté du puits, et qui vont se croiser à quelques pieds au-dessus de son ouverture. Un chameau ou toute autre bête de somme, en s'éloignant et se rapprochant directement du puits, fait monter et descendre alternativement les seaux, qui versent l'eau dans un réservoir d'où elle se distribue au milieu des champs cultivés. Ils se servent aussi du chapelet pour le même objet; cette machine, qui est simple et très commode, est d'ailleurs si bien connue qu'il est inutile de la décrire.

Les grains dont nous venons de parler sont mûrs dans le mois d'août. La farine, que l'on mêle ordinairement avec celle de froment ou d'orge, est employée à la nourriture des hommes; les feuilles offrent un très bon fourrage pour les bestiaux, et sont très utiles dans une saison où la terre est absolument aride.

Le long de la petite Syrte, du côté de Sfax, on cultive le millet d'Italie (*panicum italicum*) et le coracan (*cynosurus coracanus*). Ces deux espèces de grains viennent bien dans les lieux secs et sablonneux; ils servent aux mêmes usages que ceux dont il vient d'être fait mention.

Dans les temps de disette, les pauvres mangent la racine d'*arum arisarum*, très commune en Barbarie. Ils lui font perdre son âcreté en l'exposant au soleil, ou bien en la réduisant en farine et en la mettant dans un pot percé qu'ils exposent, à deux ou trois reprises, à la vapeur de l'eau bouillante, comme le couscoussou. Ils mangent aussi, lorsque le blé manque, les racines et le cul de l'*atractylis gummifera*, les racines et les feuilles du *cardunculus*, enfin l'escariole, qui, dans tout autre temps, sert à nourrir la volaille, et dont on fait des chargemens pour l'Europe.

Le dattier, qui est d'une si grande ressource sur les côtes d'Afrique, croît presque indistinctement partout; mais on ne le cultive avec soin qu'au-delà de l'Atlas, parce que les chaleurs ne sont pas assez fortes le long de la côte pour en mûrir le fruit. Nous ne ferons point mention des caractères particuliers qui distinguent cet arbre si intéressant; il nous suffira de donner ici quelques observations sur la manière dont on le cultive et sur ses divers usages économiques.

Toute la partie du Sahara voisine de l'Atlas, et la seule de ce vaste désert qui soit habitée, ne produit que peu de blé : son sol sablonneux et brûlé par l'ardeur du soleil se refuse presque entièrement à cette culture. On n'y recueille qu'une petite quantité d'orge, de maïs et de sorgho. Le dattier fournit aux habitans de ces contrées presque toute leur subsistance. Ils ont des troupeaux de moutons ; mais comme ils sont peu nombreux, ils les conservent pour en avoir des laines. D'ailleurs, la chair des animaux est un aliment malsain dans les pays excessivement chauds, et ces peuples, quoique grossiers, ont probablement été conduits par l'expérience à connaître qu'il leur était salutaire de s'en abstenir.

Les dattiers sont plantés sans ordre à douze ou quinze pieds de distance les uns des autres, dans le voisinage des rivières et des ruisseaux qui sortent des sables. On en voit çà et là des forêts, dont quelques-unes ont plusieurs lieues de circonférence. L'étendue des plantations dépend ordinairement de la quantité d'eau qu'on peut employer pour les arroser, car les dattiers aiment beaucoup l'humidité. Toutes ces forêts sont entremêlées d'orangers, d'amandiers, de vignes qui grimpent le long des troncs de dattiers ; la chaleur est assez forte pour en mûrir les fruits, quoiqu'ils soient rarement exposés aux rayons du soleil. On construit de distance en distance des digues pour arrêter le cours des eaux, et pour qu'elles puissent se distribuer facilement au milieu des dattiers, au moyen de rigoles qui les y conduisent. Le nombre des canaux d'arrosage est fixé pour chaque particulier, et, dans plusieurs cantons, pour y avoir droit, les propriétaires sont tenus de payer une somme annuelle en raison du nombre et de l'étendue de leurs plantations.

On a soin de bien cultiver la terre, et d'élever une bordure autour de chaque pied de dattier, pour que l'eau puisse y séjourner en plus grande quantité, et pendant un espace de temps plus considérable. On arrose les dattiers de temps en temps dans toutes les saisons, mais particulièrement pendant les fortes chaleurs.

C'est ordinairement en hiver que l'on fait de nouvelles plantations de dattiers; pour cet effet, on prend des rejetons de ceux qui produisent les meilleures dattes, et on les plante à peu de distance les uns des autres. Au bout de trois à quatre ans, si ces rejetons sont bien soignés, ils commencent à porter des fruits, mais ces fruits sont encore secs, peu sucrés et sans noyaux; ce n'est que vers la quinzième ou la vingtième année qu'ils atteignent le degré de perfection dont ils sont susceptibles.

Les dattiers venus de semences ne produisent jamais d'aussi bonnes dattes que ceux qui sont provignés, comme nous venons de le dire; elles sont toujours maigres et d'un mauvais goût; ce n'est sans doute qu'à force de culture, et après plusieurs générations, qu'elles deviennent de bonne qualité.

Les dattiers qui ont été semés primitivement croissent avec rapidité, et l'on m'a assuré qu'ils portaient du fruit dès la quatrième ou cinquième année. Ces arbres sont néanmoins très long-temps avant d'atteindre le dernier terme de leur développement. On a soin de couper les feuilles inférieures des dattiers à mesure qu'ils s'élèvent, et on laisse toujours un bout du pétiole de quelques pouces de longueur, ce qui donne un moyen facile de grimper jusqu'au sommet. Il y a des dattiers qui ont jusqu'à quarante-cinq pieds d'élévation; ces arbres vivent très long-temps au rapport des Arabes, et, pour le prouver, ils disent que lorsqu'ils ont atteint le terme de leur accroissement, on n'y aperçoit aucun changement dans l'espace de trois générations humaines. Le tronc de cet arbre est une colonné régulière terminée par un bouquet d'environ cinquante feuilles, dont l'intérieur est composé de fibres parallèles longitudinales. Le nombre des femelles que l'on cultive est beaucoup plus considérable que celui des mâles, parce qu'elles sont plus profitables. Les organes sexuels des dattiers naissent, comme l'on sait, sur des pieds différens, et ces arbres sont en fleur dans les mois d'avril ou de mai; les Arabes vont alors couper des rameaux mâles pour féconder les femelles. Ils font une incision dans le tronc de chaque rameau qui doit donner du fruit, et y implantent une tige de fleurs mâles. Sans cette précaution, les dattiers ne produiraient que des fruits avortés. Dans quelques cantons, on secoue seulement les rameaux mâles sur les femelles. L'usage de féconder ainsi les dattiers est fort ancien; on le trouve décrit avec beaucoup d'exactitude dans Pline[1].

Il n'est presque aucune partie du dattier qui n'ait son utilité. Le bois, quoique d'un tissu assez lâche, se conserve pendant un si grand nombre d'années, que les gens du pays

---

[1] L. XIII, c. 7, ed. Hard.

le disent incorruptible; ils en font des poutres, des solives, des instrumens de labourage, etc. Il brûle lentement et ne donne presque point de flammes; mais les charbons qui en résultent sont très ardens et produisent une forte chaleur.

Les Arabes enlèvent l'écorce et les parties fibreuses des jeunes dattiers, et mangent la moelle qui est dans le centre. Cette moelle est placée dans l'intervalle des fibres, qui vont toujours en se serrant du centre à la circonférence, en sens contraire des autres arbres, et elles ne sont pas placées par couches, comme j'ai eu mille fois occasion de l'observer sur des troncs coupés. Cette moelle, d'une couleur blanche, est nourrissante et d'un goût sucré : les Arabes mangent aussi les feuilles lorsqu'elles sont encore tendres, assaisonnées avec le suc du citron. Les anciennes sont mises à sécher; elles servent à faire des tapis et autres ouvrages de sparterie, qui sont d'un usage très fréquent, et dont on fait un commerce considérable dans l'intérieur du pays. Des côtés du pétiole, dans l'endroit où il s'unit au tronc, il se détache un grand nombre de filamens déliés avec lesquels on fabrique des cordes, et que l'on pourrait convertir en toile.

On retire aussi du dattier une liqueur blanche connue sous le nom de lait; pour l'obtenir, on coupe toutes les branches du sommet de ces arbres, et, après y avoir fait plusieurs incisions, on le couvre de feuilles pour qu'il ne soit pas desséché par l'ardeur du soleil. Le suc découle dans un vase adapté convenablement à une rainure circulaire pratiquée au-dessous de ces incisions pour le recevoir. Le lait du dattier a un goût sucré et agréable lorsqu'il est frais; il est rafraîchissant, et on le donne à boire même aux malades; mais il s'aigrit ordinairement au bout de vingt-quatre heures. On choisit, pour cette opération, de vieux dattiers, parce que la coupe des branches et la grande quantité de sucs qui découlent de l'arbre l'épuisent et le font souvent périr.

Les fleurs mâles du dattier entrent aussi dans l'usage économique; on les mange lorsqu'elles sont encore tendres, en y mêlant un peu de jus de citron; elles passent pour aphrodisiaques. L'odeur virile qu'elles exhalent est peut-être cause qu'on leur a attribué cette propriété.

Les dattiers sont d'un grand revenu pour les habitans du Sahara; il y en a qui produisent jusqu'à vingt grappes de dattes; mais on a toujours soin d'en retrancher une partie, afin que celles qui restent puissent grossir davantage. On n'en laisse jamais plus de dix à douze sur les arbres les plus vigoureux. Il y a des grappes qui pèsent jusqu'à trente-six livres; elles se vendent quelquefois six francs la pièce, lorsque les dattes sont d'une bonne qualité; mais, pour l'ordinaire, elles ne valent que quarante à cinquante sous. On estime qu'un bon dattier rapporte, année courante, douze à treize francs au propriétaire. Il se fait un grand commerce de dattes dans l'intérieur du pays; on en envoie aussi une grande quantité en France et en Italie : c'est à la fin de novembre que l'on en fait la récolte. Lorsque les grappes sont séparées de l'arbre, on les suspend dans des lieux bien secs où elles sont à l'abri des insectes. Celles du Beledulgerid, dans le royaume de Tunis, sont les plus estimées de toute la Barbarie.

La datte est un aliment sain, nourrissant et d'un goût très agréable, surtout lorsqu'elle est fraîche. En séchant, elle devient dure et difficile à digérer pour ceux qui ont l'estomac faible ou qui n'y sont pas accoutumés. Les dattes peuvent se conserver pendant plusieurs années, pourvu que l'on ait soin de les préserver de l'humidité. Les Arabes les mangent pour l'ordinaire sans assaisonnement. Dans quelques endroits, ils y mêlent le fruit d'une espèce de thérébinthe, qu'ils appellent *thoum;* son goût acide uni à celui de la datte en fait un mets agréable et d'une digestion facile.

Les Arabes du désert mettent aussi des dattes sécher et durcir au soleil pour les réduire en farine, qu'ils mangent délayée avec un peu d'eau sans la faire cuire; ils en font provision pour les voyages de long cours. Cet aliment, qui n'exige aucune préparation, suffit pour les nourrir pendant long-temps; quelquefois ils y ajoutent un peu de farine de froment ou d'orge.

Les habitans du Sahara retirent encore des dattes une sorte de miel d'une saveur douce et sucrée. Pour cet effet, ils choisissent celles dont la pulpe est la plus molle; ils en remplissent une jarre percée d'un trou vers la base, puis ils les compriment en les surchargeant d'un poids. La substance la plus fluide qui sort par le trou de la jarre est le miel des dattes.

Les noyaux, quoique d'une substance très dure, ne sont pas inutiles ; on les donne à manger aux chameaux et aux moutons après les avoir broyés ou mis ramollir dans l'eau.

Les dattiers, ainsi que tous les arbres cultivés, offrent une grande variété de fruit quant à la forme, la grosseur, la qualité, la couleur même ; on en compte au moins vingt sortes différentes. Les meilleures dattes sont d'une consistance ferme, d'une couleur jaune et transparente ; elles sont sujettes à la piqûre des vers, et se gâtent promptement dans les temps humides et pluvieux.

On voit, d'après ce que je viens d'exposer, qu'il est peu d'arbres dans la nature qui offrent des usages aussi précieux et aussi multipliés que le dattier.

L'olivier tient le second rang parmi les arbres utiles que l'on cultive en Barbarie : il est une des plus grandes sources de richesse dans le royaume de Tunis. J'en ai vu de superbes plantations le long des bords de la mer, depuis Bizerte jusqu'aux environs de la petite Syrte, dans une étendue de près de 100 lieues en longueur. Ces arbres, qui sont beaucoup plus grands en Afrique que dans nos provinces méridionales, produisent chaque année d'abondantes récoltes d'olives. L'huile qu'on en retire est fort grasse et d'une qualité bien inférieure à celle de Provence, sans doute parce que les Africains ignorent l'art de la perfectionner. On en fait un commerce considérable avec les étrangers. Les négocians français en envoient tous les ans plusieurs chargemens pour les manufactures de savons à Marseille. On en embarque aussi beaucoup pour Livourne, Candie et autres lieux. L'huile la plus estimée de toute la Barbarie est celle de Suse, de Hammamet et d'Africa. Les Maures fabriquent des savons d'une consistance molle, qui conservent la couleur verte de l'olive. Il y a des olives douces que l'on mange sans être assaisonnées.

La culture de l'olivier est fort négligée à Alger; on en voit néanmoins de belles plantations aux environs de Bône, de Bougie, de Belide et de Tremessen.

La plupart des montagnes du petit Atlas sont couvertes d'oliviers sauvages ; j'en ai vu de très beaux en plusieurs endroits ; ils produisent d'excellentes olives, que les gens du pays préfèrent même aux fruits des oliviers cultivés. Ces arbres fleurissent en mai, et on en recueille les fruits vers le commencement de l'hiver. Les Maures ont soin de bien labourer la terre au pied des oliviers, et de les arroser souvent dans le printemps. L'arrosage leur donne plus de vigueur et les dispose à porter de plus beaux fruits. C'est presque là que se bornent les soins qu'ils prennent de leur culture.

Le long de la côte on se sert de pressoirs pour extraire l'huile des olives ; mais dans l'intérieur du pays, et particulièrement dans quelques cantons du désert, les Arabes se contentent de les écraser sur une pierre plate, en faisant rouler dessus un tronçon de colonne ou quelqu'autre corps pesant de forme cylindrique ; ils mettent le marc dans de grandes jarres remplies d'eau, puis, en le comprimant avec les mains, ils en expriment le plus d'huile qu'il est possible, et la ramassent sur la surface de l'eau où elle surnage ; mais une si légère compression n'en saurait faire sortir qu'une assez petite quantité, et de plus, ils perdent toute celle qui est miscible à l'eau. Ceci fait voir, pour le dire en passant, combien ces peuples sont peu avancés, même dans les arts de première nécessité.

Depuis plusieurs années on commence à cultiver le coton et l'indigo à Tunis. J'en ai vu de belles cultures du côté de Bizerte. On n'en récolte cependant pas encore assez pour en exporter à l'étranger. Ils passent d'ailleurs pour être d'une qualité bien inférieure à ceux de l'Egypte et de la Syrie. Du côté de Testour, dans la partie occidentale du royaume de Tunis, plusieurs familles maures, descendant d'anciens Andalous chassés autrefois d'Espagne, cultivent aussi du safran et des mûriers blancs avec lesquels ils élèvent des vers à soie. Dans quelques cantons on sème le pavot à opium (*papaver somniferum*) dont on retire le suc par incision, comme dans l'Orient. On sait que cette substance est très en usage chez les Turcs, ils la mangent pour se procurer une sorte d'ivresse qui leur est agréable.

Le *nicotiana tabacum* et le *nicotiana rustica* sont aussi cultivés sur les côtes d'Afrique. La seconde espèce est la plus commune et la plus estimée ; on sème le tabac vers le mois d'avril dans les terres grasses et humides : il s'en fait une grande consommation dans toute l'étendue du pays.

La canne à sucre réussit très bien à Alger et à Tunis, mais elle n'y est qu'un objet de curiosité, on ne cherche point à la multiplier, et on ignore entièrement les moyens d'en extraire le sucre.

Les légumes, excepté le melouchier (*corchorus olitorius*) et le gombaut (*hibiscus esculentus*), sont les mêmes en Barbarie qu'en Europe. On mange les feuilles du premier bouillies et apprêtées à peu près comme nos épinards; les fruits du gombaut, quoique d'un goût fade, se mangent assaisonnés avec les viandes.

Les Maures sèment en novembre et décembre beaucoup de pois chiches, de lentilles et de fèves. Les négocians chrétiens en achètent tous les ans de grandes provisions qu'ils envoient à Marseille et sur les côtes d'Italie.

La Barbarie produit en outre un grand nombre de fruits particuliers aux climats chauds, de grenades, d'oranges, de limons aigres et doux, de figues, de jujubes, de pistaches, de raisins, de pastèques et d'excellens melons. Les oranges d'Alger le disputent à celles de Candie et de Malte. A Tunis elles sont d'une qualité inférieure.

Les melons et les pastèques croissent presque sans culture dans les terres sablonneuses; ces fruits offrent un grand nombre de variétés et sont infiniment meilleurs que ceux qu'on cultive en Europe avec beaucoup de soins.

Les vignes viennent très bien le long des bords de la mer, sur les coteaux sablonneux et exposés à l'ardeur du soleil; elles produisent de très bons raisins. L'espèce la plus commune est le muscat blanc; on n'en retire point de vin (l'usage de cette liqueur est défendu par la religion et par les lois), mais on en sèche tous les ans une grande quantité dont on fait commerce au dehors et dans l'intérieur du pays.

Quelques-uns de nos arbres fruitiers, tels que les pommiers et les poiriers qui ont été transportés en Afrique y ont dégénéré, ce qui vient sans doute du peu de soin que l'on prend de les greffer et de les cultiver convenablement.

Les Maures qui habitent les villes aiment

beaucoup les fleurs ; leurs jardins plantés de myrthes, de lentisques, de jasmins, de grenadiers, d'orangers, de hennés offrent un mélange qui plaît par son irrégularité même. Les eaux, qui y sont conduites et distribuées avec art, y font naître beaucoup de tapis de verdure sur lesquels ils vont se reposer et respirer le frais pendant les fortes chaleurs de l'été. Dans le printemps, les orangers fleuris répandent une odeur délicieuse. Le rouge éclatant des grenades et les couleurs variées des fleurs, font le plus beau contraste avec le vert foncé des lentisques, des orangers et des myrtes. Une multitude d'oiseaux, attirés par la fraîcheur de ces ombrages, les embellissent encore par la diversité de leur plumage et les animent par leurs chants.

X.

Observations sur le chêne à gland doux, sur le lotos et sur l'arbre à mastic.

Les productions du règne végétal dont la société peut retirer des avantages sont celles qui méritent particulièrement l'attention des botanistes, et qu'ils doivent s'appliquer à décrire avec exactitude, afin qu'on puisse les reconnaître et en faire usage dans tous les temps. De ce nombre sont 1° une espèce de chêne, connu sur les côtes de Barbarie sous le nom de ballote, dont les glands, aussi doux que la châtaigne, servent de nourriture pendant l'hiver à un grand nombre d'habitans du mont Atlas; 2° le lotos si souvent mentionné dans les écrivains de l'antiquité, et qui avait fait donner à un peuple de Libye le nom de lotophages; 3° enfin l'arbre qui produit cette espèce de résine transparente, agréable au goût, et qui est connue sous le nom de mastic.

Du chêne ballote. — Pline paraît avoir eu connaissance du chêne à gland doux. « Il est « certain, dit cet auteur, qu'il y a des glands « qui font la principale richesse de plusieurs « nations même pendant la paix; ces glands, « torréfiés et réduits en farine, servent à faire « du pain dans les temps de disette [1]. » Plusieurs botanistes modernes ont pareillement fait mention du chêne à gland doux, mais aucun de ceux que j'ai consultés ne l'a décrit avec exactitude, c'est ce qui m'a déterminé à publier les observations que j'ai faites sur cet arbre intéressant pendant mon séjour en Barbarie.

Je l'ai nommé et désigné ainsi : *quercus Ballota, foliis ellipticis, perennantibus, denticulatis integrisve, subtus tomentosis, fructu longissimo.*

Le tronc du chêne à gland doux peut avoir un ou deux pieds de diamètre sur trente ou quarante pieds d'élévation. Ses rameaux, qui sont raboteux, forment une tête ovale ou quel-

[1] Plin. XVI, 6, éd. Hard.

quefois sphérique. L'écorce est sillonnée d'une couleur brune tirant sur le gris. Les jeunes pousses sont blanches, cotonneuses, légèrement cannelées.

Les feuilles sont persistantes, elliptiques, plus ou moins allongées, ordinairement arrondies au sommet, vertes et glabres en dessus, blanches et cotonneuses en dessous, entières ou légèrement dentées, un peu roides, longues d'un à deux pouces, larges de six à dix lignes, moins piquantes et moins ondées que celles de l'yeuse, *quercus ilex*, Lin. Le pétiole a environ deux lignes de longueur.

Les fleurs sont monoïques comme dans toutes les espèces de chênes. Les fleurs mâles ont leurs chatons grêles, pendans, cotonneux. Elles viennent tantôt solitaires, tantôt réunies aux aisselles des feuilles, et forment de petits groupes rapprochés le long de l'axe du chaton. Le calice, membraneux et de très petite dimension, renferme cinq à six divisions profondes, obtuses, inégales. Chaque fleur a sept étamines à filets capillaires, un peu plus longues que le calice. L'anthère se compose de deux loges à peu près sphériques, renfermant des poussières jaunes.

Les fleurs femelles naissent comme les mâles, seules ou réunies en paquets aux aisselles des feuilles, mais toujours sur les plus jeunes rameaux. Leur calice est persistant, composé de petites écailles ovoïdes étroitement serrées. Il n'y a point de corolle.

Le style est très court, divisé en trois ou quatre parties qui débordent le calice ; l'embryon est ovoïde.

Le fruit est sessile ou porté sur un pédicule d'une à deux lignes. Le gland a d'un pouce et demi à deux pouces de longueur sur cinq à six lignes de diamètre. Il est entouré à sa base d'une coque hémisphérique, composée d'un grand nombre de petites écailles obtuses, cotonneuses, très rapprochées les unes contre les autres ; cette coque ressemble beaucoup à celle des glands de l'yeuse.

On voit, d'après cette description, que le chêne ballote a de grands rapports avec l'yeuse. Il en diffère principalement par ses feuilles recouvertes en dessous d'une substance cotonneuse, blanche et très épaisse, par ses fruits beaucoup plus allongés en proportion de leur grosseur, enfin par leur saveur douce et approchant de celle de la châtaigne. Le ballote s'élève à une plus grande hauteur que l'yeuse, et il a un aspect si différent qu'on les distingue facilement l'un de l'autre, même à une grande distance, lorsqu'ils croissent dans les mêmes lieux.

Le ballote a aussi quelque ressemblance avec le liége, mais son écorce n'est jamais fongueuse comme celle de ce dernier. Les glands du liége sont plus courts, plus grêles, d'une saveur amère et astringente, et ses feuilles ne sont point blanches et cotonneuses en dessous comme celles du ballote.

J'ai observé deux variétés bien saillantes de chêne à gland doux : l'une à feuilles orbiculaires dont le diamètre n'était que de cinq à six lignes ; les feuilles de la seconde variété étaient très allongées et terminées en pointe. Ces différences peuvent venir de l'âge de l'arbre, de son exposition, de l'élévation ou de la nature du sol où il croît. Il fleurit en mai, et ses fruits sont mûrs dans le mois de novembre.

Je suis porté à croire que ce chêne est le même que l'*ilex major*, CLUS. RAR., p. 22, dont les feuilles sont pareillement cotonneuses en dessous, et qui porte des glands doux que l'on mange dans plusieurs cantons de l'Espagne. Néanmoins, la description qu'en fait l'auteur est si abrégée que je n'oserais l'assurer bien positivement, quoique tout ce qu'il en dit, ainsi que la figure qu'il en donne, se rapporte assez bien au chêne ballote du grand Atlas. M. de Lamarck, dans l'Encyclopédie méthodique, a parlé d'une espèce de chêne à gland doux originaire d'Espagne, qu'il a nommé chêne à feuilles rondes. Cette espèce, dont j'ai vu plusieurs individus à la vérité encore très jeunes, m'a paru très différente de celle du mont Atlas. D'après cela, il est possible qu'il existe deux espèces de chênes à gland doux.

Le ballote croît en grande abondance dans les royaumes d'Alger et de Maroc. J'en ai vu de vastes forêts sur les montagnes de Bélida, de Mascara et de Tremessen. On les rencontre quelquefois dans les plaines, mais toujours en petite quantité. On en vend les glands dans les marchés publics. Les Maures les mangent crus ou grillés sous la cendre ; ils sont très nourrissans et n'ont aucune amertume. On m'a assuré que, dans quelques cantons de la Barbarie, on en exprimait une huile très douce qui le disputait à celle de l'olive. Le bois du chêne ballote est dur, compacte et fort pesant; il est excellent pour le chauffage. On pourrait l'employer utilement à des ouvrages de charronage et de menuiserie. Je suis persuadé qu'on s'en servirait aussi avec avantage dans les constructions navales.

Il serait facile et en même temps très utile d'acclimater en France cet arbre précieux; il réussirait sur les montagnes de nos provinces méridionales, dont la température approche de celle des lieux où il croît naturellement. On le trouve le plus ordinairement sur celles dont les neiges disparaissent vers le commencement d'avril. Les glands que j'ai rapportés, et ceux que j'ai fait venir depuis mon retour des côtes de Barbarie, ont levé dans plusieurs jardins de la capitale. J'ignore encore si ceux que j'ai distribués à plusieurs cultivateurs de Provence ont réussi dans cette contrée.

Du lotos de Libye. — Les naturalistes anciens avaient donné le nom de lotos à diverses espèces de plantes économiques, parmi lesquelles il en est deux qui ont eu la plus grande célébrité.

L'une, particulière à l'Egypte, croissait dans les canaux qui servaient à conduire les eaux du Nil pour arroser et fertiliser les campagnes : c'est le nénuphar des Arabes, connu des botanistes modernes sous le nom de *nymphœa lotus*, Linn., dont Prosper Alpin nous a laissé une histoire très exacte et très détaillée [1]. Cette plante, remarquable par la beauté de ses fleurs, qui ressemblent beaucoup à celles de notre volet blanc, *nymphœa alba*, Linn., est décrite dans les ouvrages de Théophraste et de Pline sous le nom de *lotos* d'Egypte [2]. Ses semences et ses racines étaient employées autrefois, et le sont encore aujourd'hi, à la nourriture des hommes [3].

---

[1] Alpin, *Exot.* p. 213. (*Note de Desfontaines.*)

[2] Plin. XXIV, 2; XV, 34, éd. Hard. Theophr. *Hist. plant.* IV, 10.

[3] On voit aussi sur d'anciennes médailles, sur des pierres gravées et sur des monumens égyptiens, le fruit d'une autre espèce de lotos, qui est évasé comme un ciboire, et percé de trous ronds à son extrémité. Ce fruit appartient au *nymphœa nelumbo*, Linn. Il paraît que c'est la fleur de cette plante qu'un poëte présenta comme une merveille à Hadrien, sous le nom de *lotos antinoïen*. Elle est représentée sur plusieurs monumens anciens, servant de siége à un enfant que Plutarque dit être le crépuscule, à cause de la couleur rose de la fleur du *nelumbo*. (*Hist. de l'acad. des inscr. et belles-lettres*, t. III, p. 184, éd. in-4°.) (*Note de Desfontaines.*)

L'autre espèce de *lotos* qui va faire le sujet de cette notice, aussi célèbre mais beaucoup moins connue que la précédente, croissait naturellement sur les côtes de la Libye, et avait donné son nom à un peuple nombreux de ces contrées auquel elle servait de principale nourriture.

La plupart des naturalistes et des historiens anciens ne nous en ont laissé que des descriptions très imparfaites, et d'après lesquelles il est difficile de s'en former une idée juste : aussi leurs interprètes et leurs commentateurs ont-ils fait des efforts inutiles pour le reconnaître, et rarement même s'accordent-ils entre eux. Les uns ont dit que c'était l'alizier, *cratagus torminalis*, Linn.; d'autres l'ont pris pour le micocoulier, *celtis australis*, Linn.; quelques-uns ont pensé que c'était une espèce de plaqueminier, *diospyros lotus*, Linn. Mais en lisant attentivement les descriptions du lotos que Théophraste, Pline et Polybe nous ont transmises, et en les comparant avec les arbres dont il vient d'être fait mention, on voit qu'elles ne peuvent s'y rapporter; et, pour réfuter plus sûrement encore toutes ces conjectures, il me suffira d'assurer qu'aucun de ces arbres ne se trouve dans le pays des anciens Lotophages, où j'ai séjourné pendant long-temps, et que j'ai visité avec beaucoup de soin.

Il est hors de doute que ces peuples habitaient particulièrement dans le voisinage du golfe qui portait le nom de petite Syrte, sur les confins de la partie méridionale du royaume de Tunis, où se trouve l'île *Gerba*, connue des anciens sous le nom de *Lotophagitis*, parce qu'elle produisait abondamment du *lotos*.

Strabon désigne le pays des Lotophages de manière à ne nous laisser aucun doute sur sa position : « A l'entrée de la petite Syrte, dit « ce géographe célèbre, est une île oblongue, « d'une moyenne étendue, nommée *Cercinna*; tout près on en trouve une plus petite nommée *Circinnitis*[1]. Là, ajoute le « même auteur, commence la petite Syrte « des Lotophages; sa circonférence est d'en« viron 1600 stades, et sa largeur de 600.

---

[1] Ces deux îles, situées exactement comme le dit Strabon, ont conservé leur ancien nom. (*Note de Desfontaines.*)

« Vis-à-vis les deux promontoires qui forment
« l'entrée du golfe, sont deux îles voisines du
« continent: l'une est celle de *Cercinna*, qui
« vient d'être citée; l'autre se nomme *Meninx*,
« que l'on croit être le pays des Lotophages
« dont Homère a parlé, parce que le *lotos*,
« dont le fruit a une saveur très agréable, y
« croît en abondance. »

Pline confirme exactement ce que dit Strabon sur la situation de ce pays célèbre:
« La partie de l'Afrique qui regarde l'Italie
« produit un arbre remarquable connu sous
« le nom de *lotos*; il vient en grande quantité
« aux environs des Syrtes..... Son fruit a un
« goût si délicieux qu'il a donné son nom
« à un peuple nombreux, et à toute l'éten-
« due du pays où il croît naturellement. »

C'est donc dans la partie méridionale du royaume de Tunis, et particulièrement aux environs de la petite Syrte, qu'il faut rechercher le *lotos*. Il est presque impossible qu'un végétal qui y fut autrefois assez abondant pour servir de nourriture aux hommes, et pour fournir, comme le dit Pline, à la subsistance des armées romaines lorsqu'elles traversaient l'Afrique, ne se soit pas conservé dans ces contrées.

Le *lotos* de Libye était un arbre et non une herbe comme celui d'Egypte : c'est un fait attesté par tous les naturalistes anciens qui en ont parlé et que l'on ne peut révoquer en doute, comme nous le verrons ci-après. Pendant le séjour que j'ai fait sur les côtes de Barbarie et dans les lieux mêmes où croissait anciennement le *lotos*, je n'ai rien négligé pour découvrir un végétal aussi intéressant. J'avais lu avec attention les descriptions qu'en ont laissées les anciens, et entre autres celles de Théophraste, de Pline, et surtout de Polybe, qui avait observé lui-même le *lotos*.

Les recherches que j'ai faites m'ont conduit à croire que c'était une espèce de jujubier sauvage, qui est encore aujourd'hui très répandue dans toute la partie méridionale du royaume de Tunis, sur les bords du désert et aux environs de la petite Syrte.

Le docteur Shaw[1] avait le premier embrassé cette opinion, sans cependant qu'il l'ait ap-

---

[1] T. I, p. 292, 293, tr. fr.

puyée sur des preuves aussi fortes que celles que je vais offrir. D'ailleurs il n'en a donné qu'une description très imparfaite à la fin du catalogue des plantes imprimé à la suite de ses voyages[1], avec une figure qui n'en représente ni les fleurs ni les fruits, et d'après laquelle il est très difficile, pour ne pas dire impossible, de le reconnaître. Il le nomme *ziziphus sylvestris inst. rei herb.*, dénomination qui manque d'exactitude, puisque Tournefort désigne, par cette phrase, une plante différente de celle qui est en question.

Le jujubier, décrit par Linné sous le nom de *rhamnus lotus*, paraît bien être l'arbrisseau dont j'offre ici l'histoire; mais il faut avouer en même temps que les caractères qui le distinguent ont échappé à ce célèbre naturaliste; il paraît même qu'il n'en a parlé que d'après le docteur Shaw. Je vais en donner une description abrégée, et je discuterai ensuite les passages de quelques auteurs anciens où il est fait mention du *lotos*, et d'après lesquels il me paraît évident qu'il n'y a que l'arbrisseau en

---

[1] T. II, p. 121, 122, et planche

question qui puisse raisonnablement s'y rapporter.

Le *rhamnus lotus* s'élève à la hauteur de quatre à cinq pieds. Ses rameaux, nombreux et recourbés vers la terre, sont garnis d'épines qui naissent deux à deux, et dont l'une est droite et l'autre courbe, comme celles du jujubier cultivé.

Ses feuilles tombent pendant l'hiver; elles sont alternes, ovales, obtuses, légèrement crénelées, larges de trois à quatre lignes, et marquées de trois nervures longitudinales.

Les fleurs naissent en petits groupes aux aisselles des feuilles, quelquefois elles sont solitaires.

Le calice est à cinq divisions ovoïdes ouvertes, partagées longitudinalement par une petite ligne saillante.

La corolle est composée de cinq pétales, plus courts que le calice et creusés en forme de demi-entonnoir.

Les étamines, au nombre de cinq, sont opposées aux pétales, et les deux styles sont courts et rapprochés.

Le fruit est un drupe pulpeux à peu près

sphérique, de la grosseur d'une prunelle sauvage, renfermant un noyau osseux à une seule loge ; en mûrissant, il prend une couleur rousse approchant de celle de la jujube.

Le rhamnus lotus fleurit en mai, et ses fruits sont mûrs dans le courant d'août et de septembre : leur goût approche de celui de la jujube, mais il est plus agréable.

Il est évident, d'après ce que je viens de dire, que cet arbrisseau a de grands rapports avec le jujubier cultivé, dont il diffère surtout par la forme de son fruit, qui est sphérique, et au moins une fois plus petit que la jujube. Ses feuilles sont aussi moins allongées proportionnellement à la largeur. Le jujubier s'élève à la hauteur de vingt à vingt-cinq pieds ; le *rhamnus lotus* forme toujours un buisson. Il se trouve abondamment dans presque toutes les plaines sablonneuses et arides du royaume de Tunis, particulièrement sur les bords du désert et aux environs de la petite Syrte.

Je vais maintenant rapporter les passages des auteurs anciens, où il est question du *lotos*, afin de les comparer avec mes observations, et d'établir les raisons qui me portent à croire que le jujubier que je viens de décrire est bien véritablement le *lotos* de Libye.

Hérodote dit que le fruit du *lotos* a la forme des graines du lentisque; qu'il a une saveur aussi agréable que la datte; qu'il sert d'aliment aux Lotophages, et qu'ils en font du vin. Ce récit ne nous donne à la vérité que peu de connaissances sur le *lotos;* mais du moins la comparaison que l'auteur fait de son fruit avec la semence du lentisque est exacte et conforme à ce que j'ai dit de celle du jujubier, que je regarde comme le *lotos :* elles ont l'une et l'autre une figure à peu près sphérique, et elles ne diffèrent sensiblement que par la grosseur.

Selon Théophraste[1], le *lotos*, qu'il nomme *celtis*, est à peu près de la grandeur du poirier; ses feuilles sont découpées et ressemblent à celles de l'*ilex*. Le fruit est de la grosseur de la fève d'Egypte (ou colocase); il mûrit comme les raisins, en changeant de couleur, et naît, comme le fruit du myrte, sur les deux côtés des tiges qui sont nombreuses et touffues... Sa saveur est douce; il ne fait aucun mal. Celui qui est sans noyau[1] est préféré à l'autre; on en

---

[1] *Hist. plant.* IV, 4.

[2] Les noyaux des pêches, des cerises, des prunes, etc.,

fait du vin, et l'arbre produit une grande quantité de fruits.

Pline[1] parle du *lotos* à peu près dans les mêmes termes que Théophraste ; il le compare au *celtis* d'Italie ; mais il dit que le climat l'a fait changer, qu'il est de la grandeur d'un poirier, quoique cependant Cornélius Népos assure qu'il a moins d'élévation. Ses rameaux sont touffus comme ceux du myrte. La couleur du fruit, qui imite celle du safran, change souvent avant la maturité, comme dans les raisins. Si ces deux descriptions ne sont ni aussi précises, ni aussi détaillées qu'on pourrait le désirer, du moins elles renferment plusieurs caractères qui conviennent mieux à notre jujubier qu'à aucun autre arbre du pays des anciens Lotophages. Ce que Théophraste et Pline disent de la forme du fruit, de sa grosseur, de son goût, de sa couleur, de la manière dont il naît sur des rameaux touffus comme ceux du myrte, etc., se rapporte par-

---

s'oblitèrent quelquefois par la culture. (Duham. *Traité des arbres fruitiers.*) (*Note de Desfontaines.*)

[1] XIII, 32, éd. Hard.

faitement à l'arbrisseau dont je viens de parler. Il ne me paraît pas d'ailleurs que ces deux auteurs aient eu des notions bien précises sur le *lotos;* aucun d'eux ne dit l'avoir observé, et l'on voit qu'ils n'en parlent que sur la foi d'autrui : il n'est donc pas étonnant que leurs descriptions manquent d'exactitude.

Théophraste raconte que le *lotos* était si commun dans l'île Lotophagite et sur le continent adjacent, que l'armée d'Ophellus ayant manqué de vivres en traversant l'Afrique pour se rendre à Carthage, se nourrit des fruits de ces arbres pendant plusieurs jours ; et précisément la plupart des plaines arides et incultes, qui conduisent de la partie méridionale du royaume de Tunis vers les ruines de l'ancienne Carthage, sont encore aujourd'hui couvertes en beaucoup d'endroits de l'espèce de jujubier que je prends pour le *lotos;* je n'y ai observé aucun autre arbre ou arbrisseau avec lequel on puisse le confondre.

Si nous consultons Polybe, qui avait vu le *lotos* en Libye, cet historien nous offrira encore des rapprochemens plus frappans que ceux que je viens de rapporter.

« Le *lotos*, dit cet auteur[1], est un arbris-
« seau rude et armé d'épines; ses feuilles sont
« petites, vertes, semblables à celles du
« *rhamnus*, mais plus larges et plus épaisses.
« Les fruits encore tendres ressemblent aux
« baies du myrte : lorsqu'ils sont mûrs, ils
« se teignent d'une couleur de pourpre; ils
« égalent alors en grosseur les olives rondes,
« et chacun renferme un noyau osseux dans
« son intérieur. »

On voit que ces observations sont parfaitement d'accord avec la description que j'ai donnée du *rhamnus lotus*. Je sais que quelques commentateurs regardent le *lotos* de Polybe comme une espèce différente de celle de Théophraste et de Pline; mais il me semble que c'est sans fondement; car les descriptions de ces deux naturalistes ont plus de rapport avec le jujubier que j'ai indiqué pour le *lotos*, et qui est le même que celui de Polybe, qu'avec aucun autre arbre qui croisse sur les côtes de Barbarie.

Polybe ne s'est pas seulement borné à le dé-

---

[1] Apud Athenæum, XIV, 65, ed. Schweig. Strasbourg, 1805.

crire, il nous apprend aussi la manière dont on le préparait autrefois [1], et ce qu'il en dit servira encore à confirmer l'opinion que j'ai embrassée.

« Lorsque le *lotos* est mûr, les Lotophages
« le recueillent, le broient et le renferment
« dans des vases. Ils ne font aucun choix des
« fruits qu'ils destinent à la nourriture des es-
« claves, mais ils choisissent ceux qui sont de
« meilleure qualité pour les hommes libres.
« Ils les mangent préparés de cette manière...
« leur saveur approche de celle des figues ou
« des dattes. On en fait aussi du vin, en les
« écrasant et en les mêlant avec de l'eau. Cette
« liqueur est très bonne à boire, mais elle ne
« se conserve pas au-delà de dix jours; c'est
« pourquoi ils n'en font qu'à mesure qu'ils en
« ont besoin. »

Pline [2] dit la même chose que Polybe sur la préparation du *lotos*, ce qui me porte d'autant plus à croire que c'est le même arbrisseau dont ils ont parlé l'un et l'autre; il ajoute seulement que le bois était recherché pour faire

---

[1] Apud Athenæum, l. c.
[2] XIII, 32 ed. Hard.

des instrumens à vent et divers autres ouvrages.

Aujourd'hui les habitans des bords de la petite Syrte et du voisinage du désert recueillent encore les fruits du jujubier que je prends pour le *lotos;* ils les vendent dans les marchés publics, les mangent comme autrefois et en nourrissent même leurs bestiaux. Ils en font aussi de la liqueur en les mêlant et en les triturant avec de l'eau. Il y a plus, c'est que la tradition que ces fruits servaient anciennement de nourriture aux hommes s'est même conservée parmi eux.

D'après toutes ces considérations, il me paraît évident que c'est le jujubier que je viens de décrire qui est le véritable *lotos* des Lotophages. Il est le seul végétal des contrées qu'ils habitaient autrefois qui puisse s'accorder avec ce qu'en ont dit les anciens et surtout Polybe qui l'avait observé lui-même.

Il est vraisemblable que c'est ce même *lotos* dont Homère a parlé, mais son imagination féconde l'avait entraîné au-delà de la vérité en lui faisant dire [1] que « les fruits de cet ar-

---

[1] Odyss. IX, vers 97.

« brisseau avaient un goût si délicieux, qu'ils
« faisaient perdre aux étrangers le souvenir
« de leur patrie. »

SUR UNE NOUVELLE ESPÈCE D'ARBRE A MASTIC.
— Le mastic est, comme l'on sait, une sorte de
résine un peu transparente, de couleur jaune
pâle, d'une odeur et d'un goût assez agréables,
que l'on recueille surtout dans l'île de Scio.
On croit généralement que c'est le lentisque
(*pistacia lentiscus* ou *lentiscus vulgaris*) qui
produit cette substance. Tournefort a établi
cette opinion dans son *Voyage au Levant*, et
la plupart des botanistes l'ont embrassée.

J'avais cru d'abord devoir m'en écarter,
car j'avais trouvé dans la régence de Tunis un
arbrisseau qui, produisant du mastic tout-à-fait
semblable à celui qu'on recueille dans l'île de
Scio, différait pourtant essentiellement du
lentisque vulgaire. Mais ayant fait demander
à Scio des fruits et des branches de l'arbre à
mastic qui croît dans cette île, afin de les comparer avec ceux de Tunis, j'ai dû me ranger
à l'opinion de Tournefort, et reconnaître qu'à
Scio le mastic est bien réellement le produit
du lentisque.

Les observations que je vais présenter ici

n'en sont pas moins utiles ; elles feront connaître un arbre nouveau qui produit une substance semblable au mastic et que l'on pourrait employer aux mêmes usages. J'ai nommé cet arbrisseau *Pistacia atlantica foliis deciduis impari-pinnatis, foliolis lanceolatis, subundulatis, petiolis alatis.*

Il s'élève à la hauteur de quinze ou vingt mètres ; le tronc est court et gros, j'en ai vu qui avaient jusqu'à trois pieds de diamètre ; les branches, qui sont très nombreuses, forment une tête large et arrondie. L'écorce est épaisse, gercée sur le tronc et sur les vieux rameaux, lisse et de couleur grise sur les plus jeunes.

Les feuilles tombent pendant l'hiver ; elles sont alternes, pinnées avec une impaire, composées de neuf à onze folioles lisses, minces, glabres, entières, presque opposées, quelquefois légèrement sinuées sur les bords, amincies vers les extrémités, longues d'environ un pouce sur trois à quatre lignes de largeur. Le pétiole commun est grêle et un peu ailé sur les côtés. Les fleurs sont dioïques comme dans tous les pistachiers ; elles paraissent avant les feuilles vers le commencement de mars.

Les fleurs mâles naissent en grappes vers l'extrémité des rameaux ; elles sont pendantes, amoncelées en petits groupes d'un rouge foncé ; chaque petit rameau est accompagné à sa base d'une squammule ovoïde, sèche, qui tombe presque aussitôt après l'épanouissement de la fleur.

Le calice est composé de trois à cinq folioles aiguës qui sèchent et se détachent promptement. Il n'y a point de corolles. J'ai compté ordinairement cinq étamines dans chaque fleur ; il y en a quelquefois jusqu'à sept ; chacune est soutenue par un filet très court. Les anthères sont petites, oblongues, obtuses, teintes d'un rouge noir ; lorsqu'elles sont au terme de la maturité, elles répandent une très grande quantité de poussière jaune.

Les fleurs femelles naissent comme les mâles en petites grappes à l'extrémité des jeunes tiges ; elles en diffèrent en ce qu'elles sont un peu plus grêles et en plus petit nombre. Les squammules qui soutiennent chaque rameau sont aussi un peu plus aiguës que dans les fleurs mâles. Il n'y a point de corolles, et le calice est ordinairement partagé en trois ou cinq petites feuilles aiguës, presque ovales. Chaque fleur renferme trois styles courts, rouges, abaissés, souvent inégaux. Le stigmate est velouté et un peu épais.

Le germe qui est fort petit devient un fruit sphérique, charnu, d'un jaune tirant sur le pourpre; il renferme une coque osseuse. Son diamètre est d'environ deux lignes.

L'arbre femelle offre un aspect un peu différent de celui du mâle, ce que j'ai toujours observé dans les plantes dioïques.

Les botanistes connaîtront facilement, d'après cette description, que notre arbre est une espèce de pistachier, qu'il a même de grands rapports avec le lentisque, mais qu'en même temps il en diffère par des caractères très distincts et très faciles à saisir; il devient beaucoup plus gros que le lentisque; sa tête s'étend aussi davantage. Les feuilles du lentisque sont plus raides, elles ne tombent point pendant l'hiver; celles de l'arbre que j'indique se détachent en automne, et se renouvellent vers le commencement d'avril. Les folioles de ce dernier sont toujours en nombre impair, tandis que celles du lentisque sont en nombre pair. Ce caractère est essentiel et suffisant pour distinguer ces deux arbres de manière à ne jamais les confondre. Les fruits de l'arbre que je viens de décrire viennent à peu près comme ceux du lentisque, mais ils en diffèrent beaucoup par leur grosseur; ils sont au moins une fois plus gros. Il est donc bien démontré que l'arbre en question est une espèce fort différente du lentisque ordinaire (*pistacia lentiscus*).

Exposons maintenant les raisons qui me portaient à croire que l'arbre décrit ci-dessus était celui qui produisait le mastic. Je l'observai pour la première fois en voyageant avec le camp du bey de Tunis, dans de grandes plaines situées au nord de Cafsa. Depuis lors j'en ai découvert en plusieurs autres lieux, mais toujours dans la partie méridionale du royaume. Ces arbres, pour la plupart, étaient fort vieux; dans beaucoup d'endroits ils étaient plantés en bosquets et alignés dans quelques autres, ce qui semblerait prouver qu'on les avait cultivés anciennement. Les gens du camp couraient vers ces arbres d'aussi loin qu'ils les apercevaient pour en ramasser le mastic, qu'ils regardent absolument comme le même que celui qui vient du Levant : ils lui donnent le même nom, l'emploient au même usage. Je m'en procurai une assez bonne quantité, et, à mon retour, je le comparai à celui de Scio. Je puis assurer que je n'y trouvai aucune différence : il avait la même couleur, le même goût, la même odeur[1].

Une remarque singulière, c'est que le lentisque qui produit le mastic dans l'île de Scio n'en donne point sur les côtes de Barbarie. J'ai pris les informations les plus exactes pour savoir si le lentisque ne produit pas de mastic en Afrique; tous ceux à qui je l'ai demandé m'ont assuré qu'ils ne l'avaient jamais observé. J'ai recherché avec l'attention la plus scrupuleuse en différens temps, en différens lieux, sur les lentisques que l'on cultive pour l'ornement des

---

[1] Le suc résineux du pistachier atlantique sort des gerçures de l'écorce, des fentes qui s'y font naturellement, de l'extrémité des branches qui ont été brisées, des endroits qui ont reçu quelque contusion. Il se réunit en petites masses irrégulières, de la grosseur du bout du doigt ou même du pouce. Quelquefois il forme un enduit le long des rameaux, souvent il en tombe jusqu'à terre; c'est surtout dans le printemps, lorsque la sève est le plus en action, que cette substance découle en plus grande abondance.

jardins, sur ceux qui croissent naturellement sur les montagnes et dans les plaines, sans pouvoir en découvrir; j'ai brisé dans toutes les saisons de l'année des branches de lentisques; j'ai fait des incisions au tronc et aux rameaux, sans jamais avoir pu obtenir de mastic. Les fruits du pistachier atlantique ont un goût légèrement acide; les Arabes le nomment *thoum;* ils le mêlent aux dattes après les avoir broyées, et les mangent.

Cet arbre est très commun dans les plaines sablonneuses et incultes voisines de Cafsa. Dans plusieurs saisons, et surtout en été, il découle de l'écorce de son tronc et de ses branches un suc résineux, se durcissant à l'air, d'un jaune pâle, d'une odeur et d'une saveur aromatiques assez agréables, différant à peine de celles du mastic du Levant, et nommé également *heulc* par les Maures; il se condense en lames qui entourent les branches, où en globules irréguliers de dimensions et de formes diverses, souvent de la grosseur du doigt ou du pouce; souvent la terre est jonchée de ceux qui tombent de l'arbre. Les Arabes ramassent cette substance en automne et en hiver. Elle est employée au même usage que le mastic de Scio ; ils la mâchent pour donner une odeur agréable à leur bouche et de la blancheur à leurs dents.

J'ai observé le *pistacia atlantica*, au pied des montagnes près de Mayané, à Tremessen et ailleurs. Il y devient très grand, et c'est le plus gros de ceux qui croissent dans l'Atlas ; mais le suc résineux qui suinte de l'écorce est plus mou, d'une saveur et d'une odeur moins agréables, et enfin d'une nature différente que celui que l'on recueille sur les arbres du désert ; ce qu'il faut attribuer à un climat moins chaud et à un terrain plus gras et plus humide. On voit souvent sur les feuilles des noix de galle épaisses, rondes, rougeâtres, ressemblant à des baies[1].

[1] Ces deux derniers alinéas sont traduits de la *Flore atlantique*.

APPENDICE.

Notice sur la ville de Constantine [1].

Constantine, appelée par les Arabes *Kesentina*, est située sur un vaste rocher dont les

---

[1] Cette pièce intéressante, à laquelle l'occupation de Constantine par les troupes françaises ajoute encore un nouveau prix, nous a été communiquée par M. Horace Vernet, qui lui-même la tient de M. le maréchal comte Vallée. Depuis elle a été insérée dans le *Toulonnais* et reproduite par le *Constitutionnel*. (Suppl., 7 janvier 1838.) Nous n'hésitons pas néanmoins à la réimprimer ici, parce que les curieux détails qu'elle renferme ont droit à une publicité plus durable que celle des feuilles quotidiennes. Le nom et la qualité de l'auteur de cette note nous sont inconnus. Nous voyons seulement qu'il a vu et visité en détail Constantine, après la malheureuse tentative de M. le maréchal Clausel, et avant l'expédition qui a eu pour résultat la prise de la ville.

pointes les plus élevées font saillie, en quelques endroits, dans l'intérieur de la ville. Ce rocher est baigné, à l'est et au nord, par les eaux de l'Oued-Rummel, tandis qu'à l'ouest, il est séparé du terrain qui l'avoisine par un profond ravin.

Le point culminant de la ville, à une hauteur absolue d'environ 1,400 mètres [1] au-dessus du niveau de la mer, est sous la Casbah à l'ouest. De là, le terrain, descendant en amphithéâtre vers l'est, se raccorde, au sud, avec l'extrémité d'un des chaînons de la montagne Chattaba. Le col de raccordement est

---

[1] Nous ignorons encore les résultats des observations barométriques qui ont dû être faites à Constantine; mais nous sommes persuadé qu'elles ne confirmeront pas l'évaluation de l'auteur anonyme. Dans l'ouvrage intitulé *Province de Constantine*, p. 140, nous avons estimé à 300 toises ou 584 mètres la hauteur absolue du plateau de Constantine. Notre opinion se basait sur la nature des productions du sol, et elle doit se rapprocher sensiblement de la vérité. Notre auteur dit lui-même plus bas que les orangers et les citronniers viennent dans les jardins de la ville, ce qui ne pourrait se concevoir si elle avait, au-dessus du niveau de la mer, une hauteur égale à celle du Puy-de-Dôme ou du village de Gavarnie.

auprès de l'isthme ou espèce de pont de terre qui est le seul endroit par où le rocher soit accessible. De ce col naissent deux ravins dont la profondeur va grandissant à mesure qu'ils s'éloignent de leur origine pour s'approcher de la rivière où ils se terminent sur deux poins opposés : ils embrassent ainsi la ville des deux côtés où elle n'est pas baignée par la rivière. C'est par ce col que s'avance, presque comme une chaussée, la route qui conduit de Koudiat-Aty[1] à la ville.

Le précipice dans lequel coule l'Oued-Rummel, précipice nommé par les Arabes El-Houa, forme un fossé dont la largeur varie de 40 à 50 mètres, et sur lequel il n'existe, pour tout passage, qu'un pont bâti sur le point où le précipice a le moins de largeur. Les parois du fossé, formées d'assises de roches calcaires, sont, pour ainsi dire, verticales. A l'est et à l'ouest, des sentiers trop difficiles pour s'y hasarder si l'on n'en connaît depuis long-temps la trace, descendent du haut de la ville au fond du ravin.

[1] Koudiat-Aty est une colline de peu d'élévation, sur laquelle sont bâtis les tombeaux de divers grands personnages, entre autres ceux des beys.

Au-dessous de Kef-Chkara, point où le rocher forme, près de la Casbah, un pic assez élevé d'où l'on précipite, comme de la roche Tarpeïenne, les femmes adultères, un sentier descend à Dar er Kham sur le bord de la rivière; ce chemin taillé dans le roc, a reçu le nom de Mderj ou l'Escalier; il est assez facile pour qu'on puisse le suivre sans danger.

D'après la configuration du terrain, le lit du Rummel acquiert plus de profondeur à mesure qu'il s'avance sous la ville. Ainsi, au sud, on le traverse facilement; sous le pont, il n'a encore que 100 mètres (300 pieds) de profondeur, et sous le Kef-Chkara il n'a pas moins de 150 mètres (450 pieds).

La ville est dominée au nord, à une portée de pistolet, par la colline de Msid, contrefort de la chaîne de El Ouahsel, sur laquelle sont bâtis les tombeaux des Juifs. A l'est, elle est commandée par le Sata Mansoura (le Plateau de la Victoire), qui s'élève à une hauteur moindre pourtant que celle de la Casbah. Au sud, les collines de Mcella et de Koudiat-Aty voient et dominent la partie inférieure de la ville. La Casbah commande elle-même tout le terrain à l'ouest nommé Akhbets el Semmara (la montée des Maréchaux).

On ne découvre Constantine que par la vallée du Bou Merzoug, lorsqu'on est déjà fort près de la ville. Le terrain qui l'environne est calcaire ; on exploite le gypse dans la montagne Sebassa (la Plâtrière) qui fait partie de la chaîne de Chattaba. Le plateau de Sata Mansoura a des carrières de pierres calcaires que l'on cuit dans les fours du ravin Chabtz el Ressas. Le bassin de l'Oued Rummel, ainsi que celui du Bou Merzoug, appartiennent au terrain dit Sera ou Tsel. L'Oued Rummel reçoit, fort près de la ville, les eaux du Bou Merzoug, entre Quaria et Dar el Acquonès. Au-dessous du confluent de ces deux rivières, on traverse le Rummel au gué de Mjez el Ghanem (des Troupeaux), toujours praticable, excepté après les fortes averses de l'hiver, et au moment de la fonte des neiges. L'Oued Rummel forme une première cascade avant de passer sous le pont ; c'est celle qu'on appelle Cherschar Choukka. Après avoir passé le pont, la rivière disparaît sous une grotte naturelle nommée Gorra, qui a environ cent mètres de longueur et 50 à 60 de largeur. Son intérieur, que les Arabes nomment Deleïmets (le Passage obscur), peut être parcouru en prenant quelques précautions. Là le lit de la rivière est d'un beau marbre blanc et on le nomme Dar el Kham (la Maison de Marbre) jusqu'au passage de El Ouitsbets, où la rivière a aussi une portée de fusil de largeur. Un peu au-delà de la sortie du souterrain, la rivière forme une nouvelle cascade, c'est le Cherschar Chekkeba. A quelque distance au-dessous de ce point est une seconde grotte ou passage dit El-Ouitsbets. Celui-ci n'est praticable que pour ceux qui se hasardent à sauter de roche en roche sur des pointes en saillie, au milieu de la rivière assez profonde en cet endroit. C'est là que l'on pêche les anguilles, les truites, les écrevisses. Plus bas encore, et à peu de distance, l'Oued Rummel fait tourner une vingtaine de moulins.

Cette rivière reçoit le tribut des eaux de quelques sources qui sourdent aux environs de la ville, telles que les Sept-Fontaines (Seba-Aïoun), la source de Oumed-Dieb, sur la colline de Mcella. Les eaux de Aïn-el-Ghadir, qui s'échappant des parois du précipice aux environs de Sidi-Rached, à l'angle sud-est de la ville, tombent dans la rivière d'une hauteur de trente mètres. Les autres affluens du Rummel sont le Aïn-el-Laouzet, sur la rive droite, entre le gué de Mjez-el-Ghanem et le pont; les fontaines de Sidy-Mabrouck, sur le plateau de Sata-Mansoura; la source de Safsaf (du Peuplier), que le bey actuel a fait diriger par des conduits souterrains et réunir à celles de Aïn-el-Azab, dans un bassin près du pont, pour les besoins de la consommation; enfin les eaux de Aïn-el-Youd, qui s'échappent du milieu du cimetière des Juifs, sur le Msid. Sous la Casbah, au fond du ravin, à une profondeur d'environ 200 mètres, une source thermale sourd sous une voûte taillée jadis par les Romains dans le roc; c'est aujourd'hui le tombeau de Sidy-Meymoun, où l'on descend par une quinzaine de marches. Au fond de cette grotte une piscine ovale, longue de 16 pieds sur 3 de profondeur, reçoit les eaux ferrugineuses de la source. On les emploie pour guérir les douleurs rhumatismales et cicatriser les plaies. C'est au bassin de la porte du Pont, et au gué de Mjez-el-Ghanem, que les 500 porteurs d'eau vont puiser pour approvisionner la ville.

Le bey, qui a compris tout l'intérêt que les Français auront à enlever aux habitans cette ressource, vient de bâtir un mur en avant de celui d'enceinte, pour conduire par une espèce de caponnière (kaninscha) de la porte de la ville nommée Jebia à la source dite Aïn-el-Ghadir[1].

Dans l'intérieur de la ville on trouve à peine quelques sources. Près de la Casbah, à Sata-el-Mejen, les Romains avaient construit de vastes citernes, où l'on précipite aujourd'hui ceux dont la mort doit demeurer secrète. C'était dans ces citernes que l'on amenait les eaux de la montagne de Fesguia, par un aqueduc dont on voit encore des vestiges à moins d'une portée de canon de la porte El-Jebia, près le confluent du Bou-Mezroug et du Rummel, et au-delà dans la direction de Fesguia.

L'air, à Constantine, est vif et piquant; le

---

[1] Ce passage indique évidemment l'époque où la notice a été composée. Nous ferons remarquer en passant, que les deux journaux qui l'ont publiée, ont remanié cet alinéa et quelques autres, de manière à faire regarder la notice comme postérieure à la prise de Constantine.

thermomètre descend souvent, en hiver, jusqu'à plusieurs degrés au-dessous de zéro. Dans les mois de février et de mars, la neige tombe en assez grande quantité; elle est apportée par les vents d'ouest. Le vent du sud amène la pluie. Les vents d'est soufflent avec tant de violence, qu'ils renversent souvent des maisons dans le quartier haut de la ville. Le vent du nord dissipe les nuages et donne le beau temps.

Le climat est sain; les maladies qu'on remarque proviennent de l'abus qu'on fait des fruits verts. Toutefois, l'air qu'on respire à Constantine est trop vif pour les poitrinaires. Le sang est fort beau dans cette ville; les femmes passent pour être les plus belles de la régence d'Alger. On prétend qu'elles sont moins réservées qu'ailleurs : aussi les hommes poussent-ils la jalousie jusqu'à l'excès.

Une grande partie des terres qui avoisinent Constantine appartiennent au domaine public; on les nomme Azel[1]. Elles sont données en apanage aux grands dignitaires de l'État, et les Arabes qui les exploitent reçoivent le cin-

---

[1] Voy. *Prov. de Constantine*, p. 173.

quième du produit. Leur travail est suffisamment payé, car le sol est si fertile qu'il rapporte communément trente pour un.

Les bêtes à corne sont moins abondantes près de Constantine qu'aux environs de Bône; mais les moutons y sont plus communs. La viande de bœuf, qu'on ne mange qu'au printemps, vaut, étant désossée, 12 sous le poids de 14 livres. Le mouton à large queue, dont la viande se mange en hiver, se vend à raison de 24 sous le quart de l'animal, et de 4 francs 16 sous le mouton tout entier. Les poules coûtent 12 à 15 sous. Le blé vaut dix francs le sac [1] et l'orge cinq.

On ne trouve pas de boulangers à Constantine, car dans cette ville, comme dans toute la régence, les habitans ne préparent le pain que comme les autres alimens, dans la maison et au moment du repas : c'est le soin réservé aux mères de famille. Ce pain, du reste, n'a presque rien de commun avec le nôtre, soit pour la forme, soit pour la matière; c'est, à peu de chose près, ce qu'on appelle chez nous de la galette. On y fait quelquefois entrer, avec

---

[1] Le sac équivaut à 1 hectol. 25 litr.

la farine, du beurre, des œufs, de la graisse, du safran et d'autres ingrédiens. On ne les cuit guère que sur l'âtre chaud, sur des pierres ou dans une grande tourtière en terre. Cependant quelquefois les femmes pétrissent un pain sans levain lourd et compacte, et le font porter à des fours banaux. Ces fours à Constantine sont au nombre de dix-huit. Ce sont ceux de :

Ziet.	Rahbats el Souf.
Bab el Jebia.	Ben Hhadjar.
Sarradj.	Abder Rahmann ben Wataf.
El Mogef.	
El Driba.	Esch Cherzâ el Outania.
Ghédir ben Ghazarts.	
Squaq el Blat.	Zallega.
Bey Djédida.	El Battah Sidy Chukh.
Bil Berg Houtsi.	Dar Khelil.
El Jibs.	Arbain Scherif.

Chacun de ces fours peut recevoir 100 pains de deux rations. Le gouvernement y fait pétrir et cuire, sous la surveillance du syndic des boulangers (emin kouekh), le biscuit nécessaire à ses troupes, et alors les fours sont chauffés avec le bois que les tribus de la montagne Chattaba sont tenues d'apporter comme contribution.

Vingt-deux moulins à eau, dont dix près de Sidy Meymoun, deux près de Sidy Ibrahim et dix à Ras el Hamma peuvent moudre, dans toutes les saisons, vingt-deux sacs de blé chacun par jour, ensemble 484 sacs ou 605 hectolitres. La ville a de plus dans son intérieur 5 moulins à manége, savoir : un à Rakhbets-Essouf, deux à Haoumts el Youd (au quartier des Juifs) et deux dans la maison du caïd. Ils peuvent moudre chacun 10 sacs par jour, ensemble 50 sacs ou 62 hectolitres.

La ville de Constantine est riche et compte un grand nombre de marchands et d'artisans. La principale industrie de ses habitans est la fabrication de selles de toute espèce, de bottes, de souliers et de guêtres à la mode arabe. Toute la rue du Schat (ou du bord du Précipice) est occupée par des tanneurs; ils préparent les cuirs avec l'écorce nommée delbragh, qui leur donne une couleur rouge et une odeur assez semblable à celle des cuirs de Russie.

Mais ce qui fait surtout la richesse des habitans c'est la culture de leurs terres, c'est encore leur commerce avec l'intérieur de l'Afrique d'où les caravanes apportent de la poudre d'or de Tibar, quelques esclaves nègres, des plumes d'autruche, des tapis, des couvertures de lit, des haïks en soie et en laine de diverses qualités. Il part tous les deux mois, pour Tunis, une caravane de 150 à 200 mulets qui y porte les produits agricoles et industriels que le bey vendait autrefois à la Compagnie française de la Calle, et en rapporte les marchandises que cette Compagnie lui fournissait jadis, et qui maintenant viennent en partie de l'Angleterre. On vend, à Constantine, des draps grossiers, fabriqués avec la laine du pays filée par les femmes.

Quelques forgerons fabriquent, avec le fer acheté à Tunis, des instrumens aratoires, des mords de bride, des étriers et des fers pour les chevaux et les mulets [1]. Les armes viennent de la montagne des Beni Abbes [2] où on les fa-

---

[1] L'usage de ferrer les chevaux n'est pas bien ancien dans l'Afrique septentrionale; il n'y était pas encore introduit en 1786. Voy. Poiret, *Voyag. en Barbarie*, t. I, p. 160, 252.

[2] Tribu puissante dans le Jurjura. Voy. Shaw, t. I, p. 127, tr. fr. *Province de Constantine*, p. 181 et suiv.

brique. La poudre du gouvernement se fait dans la maison de Mahmoud, fils de Chayr-Bey, près de la Casbah; une vingtaine d'hommes y sont employés. Dans un grand nombre de tribus, les Arabes fabriquent eux-mêmes la poudre dont ils se servent.

Les femmes, outre les travaux domestiques auxquels elles se livrent dans l'intérieur, filent la laine qu'elles vendent au marché dit Soug el Azel, aux fabricans de haïks : elles-mêmes tissent des bernous qui ne sont pas les moins estimés.

Les habitudes et les mœurs des Maures ne permettent pas que nos soldats s'établissent avec eux dans leurs maisons; mais la ville offre assez de ressources pour abriter la plus grande partie de l'armée. On peut loger dans la maison dite Dar Rakhbets et Jemel, propriété de Hadj Ahmed Bey, au-dessous de la porte Bab el Oued, mille hommes, ci. 1,000

Dans le fondou ou caravenserail de
  Souk el Asr ou Schera 1,000
Dans celui de Ben Sassi 200
Dans celui de Beni Abbes 200

A reporter. 2,400

Report.	2,400
Dans celui de Béni Nouissa	300
Dans celui de Ben Namoun	500
Dans celui de Beni Myab	500
Dans celui de Béni Moquef	200
Dans la maison du khalife Emin Kodja qui domine toute la ville, près la Casbah	1,000
Dans la maison de Kobets Bschir, près la Casbah	500
Dans la maison de Mahmoud ben Chayr bey	1,000
Dans la maison du bey Ahmed, occupée par le khalife à Bab el Jedid	500
Dans le palais du bey	5,000
Dans la maison de Maadjouba (propriété de l'Etat)	500
Dans l'ancien palais du bey (Dar el Gedima)	1,500
Dans la maison dite Driba	2,000
Dans le Oacht el Kaouets ed Delben (caserne des Turcs célibataires)	1,000
A Dar el Agha, ancienne caserne des Turcs à la Casbah	1,000
Total dix-sept mille neuf cents hommes, ci	17,900

Près de la porte Bab el Oued, il y a de très grands magasins où l'on peut déposer tous les approvisionnemens de l'armée, et la ville est, en grande partie, bâtie sur des souterrains voûtés dont on peut tirer parti, et qu'il sera prudent d'examiner après avoir pénétré dans Constantine.

La ville a, suivant les Arabes, la forme d'un bernous déployé; la Casbah en forme le capuchon. Les rues sont en pente raide de la Casbah vers le pont, elles sont pavées et étroites. Les maisons sont assez hautes; la plupart ont deux étages au-dessus du rez-de-chaussée; elles sont couvertes en tuiles de diverses couleurs, bâties généralement à l'extérieur en briques cuites, et à l'intérieur en briques séchées au soleil. Les chambres sont plafonnées et les escaliers très étroits. Les maisons, au nombre de neuf mille, suffisent à peine aux besoins de la population, qu'on peut évaluer à quarante mille ames[1]. Quelques maisons, entre autres celles du bey et de l'émir kodja, renferment de petits jardins où

---

[1] A ce compte il n'y aurait pourtant pas cinq personnes dans chaque maison.

sont plantés des orangers, des citronniers et des ifs.

Le palais du bey n'est qu'un amas informe de huit maisons environ, dont il s'est emparé, et où il a percé des communications de l'une à l'autre[1].

Constantine a trois petites places : Rakhbets Essouf (le marché aux Laines), Rakhbets el Jemel (la place aux Chameaux), Schera ou

---

[1] Ici les deux journaux ont ajouté quelques renseignemens recueillis après la prise de la ville : « Toutes les galeries intérieures sont soutenues par des colonnades en marbre. Les pavés des chambres, corridors, escaliers, etc., sont également en marbre blanc ; les murs intérieurs sont décorés de faïences peintes et de décorations de peintures grossières, mais variées à l'infini, et dont les couleurs vives et mélangées donnent, au premier coup d'œil, une idée magnifique de la richesse du palais. A la prise de la ville, on y trouva une quantité prodigieuse de tapis turcs et français, des étoffes de toute espèce, et du linge en grande quantité. Le bey Achmet y avait laissé, en partant, dans les appartemens destinés au sérail, environ 250 femmes, dont 5 ou 6 seulement étaient jeunes et jolies ; les autres n'étaient que des négresses ou des femmes arabes tatouées généralement, et qui étaient sans doute destinées au service des favorites. »

Souk el Asr (le marché de l'Après-Midi). Le bey Salah, dont le règne est cité comme une époque heureuse, a fait bâtir cette dernière place; il y a élevé un caravensérail, un café et plusieurs belles maisons.

Le même bey a aussi bâti la mosquée de Sidi el Kitani, et restauré le pont en 1793[1]. Il a employé à ce dernier travail un architecte et des maçons de Mahon, les mêmes qui venaient de terminer, à Bône, la mosquée du bey, sur la place. Les matériaux du pont de Constantine, préparés à Mahon, étaient débarqués à Stora, et on les portait de là, à dos de chameau, à Constantine. Cependant ce moyen étant trop dispendieux, on y renonça, et les pierres furent taillées dans la carrière

---

[1] Quelques journaux mal informés ont prétendu que la première construction du pont de Constantine ne remontait qu'à l'an 1793. Cette erreur est suffisamment réfutée par les témoignages des voyageurs qui l'ont vu et décrit long-temps avant cette époque. C'est aussi sur la foi d'un journal mal instruit que nous avons annoncé que le même pont avait été détruit par Achmed-Bey, après l'expédition de novembre 1836. (Voy. *Prov. de Constantine*, p. 43, note.) Ce pont existe toujours.

de Sata Mansoura. Le pont a deux arches, s'élevant environ de trente mètres au-dessus du lit du Rummel. Une maçonnerie pleine s'élève au-dessus jusqu'au niveau du bas de la ville[1]. Des pierres formant saillie sur ce point permettent de descendre du tablier du pont jusques sous la voûte des arches, où l'on trouve encore les cintres en charpente qui ont servi aux réparations.

Constantine possède treize mosquées principales, dont voici les noms :

Djéma el Kibir.
Sidy Abd el Rhaman.
Sidy Abd el Kader.
Sidy Jesmin.
Djéma el Bey.
Djéma Sidy el Kiteni.
Djéma Souk el Souf.
Djéma el Casbah.
Sidy Abd el Rasched.
Djéma Bab el Kantara.

[1] Ce massif de maçonnerie a remplacé les deux rangs d'arcades qui s'élevaient jadis sur les deux arches formant la base de l'édifice. Voy. le dessin de Peyssonnel, et ci-dessus, p. 216.

Djéma Sidy bou Enneba (à la porte Jebia).
Djéma Sidy bou Lunneba (près la Casbah).
Djéma Sidy Kazi.

On trouve en outre dans la ville un grand nombre de petites chapelles.

Constantina est entourée de murs assez élevés et bâtis avec les débris de monumens romains. La muraille du front accessible est la plus solidement construite; elle a près d'un mètre cinquante centimètres d'épaisseur. Derrière elle se trouvent des casemates dans lesquelles on enferme les agrès et les munitions de l'artillerie. Sur les voûtes de ces casemates règne une terrasse formant comme le terreplein du rempart, où sont les plateformes pour les pièces de canon qui battent le terrain vers Koudiat Aty. En quelques points, cette terrasse soutient des maisons dont la façade extérieure fait corps avec le mur d'enceinte.

Le mur du front accessible est percé de trois portes : celle de l'est se nomme Bab el Jebia; celle du centre Bab el Rakhbah ou Bab el Oued (la porte du Marché ou de l'Eau); celle de l'ouest Bab el Jedid (la porte Neuve).

Cette muraille, qui fait un angle saillant assez prononcé vers son milieu, a environ

800 mètres de longueur. Entre l'angle sud-est de la ville et la mosquée de Sidy Rasched, une batterie peut recevoir deux pièces de canon. Entre la porte Jebia et la porte El Rakhbah, la muraille porte le nom de Sour el Mahoula; elle est percée de soixante-dix embrasures environ, séparées par des créneaux. Vingt-neuf pièces de différens calibres y sont en batterie ou sur chantier. Entre la porte El Rakhbah et la porte Jedid, les maisons du khalife et de Ben Ayssa sont à fleur du mur extérieur et percées de crénaux. Au-dessus, près de la porte Jedid, une autre batterie, dite Ksar esch Schuab, peut recevoir deux canons. Enfin, à la porte du Pont, une batterie, élevée au-dessus de la porte même et nommée Tobbana el Kantara, peut recevoir deux pièces; au-dessus, des embrasures percées dans les maisons de Ben Zayota et du marabout El Arbi, peuvent encore recevoir deux pièces.

A l'ouest et au sommet de la ville, la Casbah, bien plus grande que celle de Bône, se distingue à peine aujourd'hui des maisons particulières, au milieu desquelles elle se trouve enclavée. Près de là, on a placé une pièce en batterie, au lieu dit Oum Mejez (le quartier des Citernes). Depuis l'attaque des Français, en novembre 1836, le bey Ahmed a fait bâtir, en avant des portes et pour les préserver, une traverse de 3 mètres d'épaisseur. La porte du pont a été restaurée et ouverte faisant face d'un autre côté. Il a fait raser entièrement le faubourg en avant du front accessible, et a fait là une vaste place d'armes entourée d'un fossé, en arrière duquel il a élevé un parapet en terre. Enfin, sur la hauteur de Koudiat Aty, l'on assure qu'il a élevé, en ce moment, une batterie en maçonnerie.

Entre la rive gauche du Rummel et Koudiat Aty, sont de vastes écuries nommées le Bardo, qui ne sont point encore démolies, et où l'on pourrait loger 7 à 800 chevaux.

FIN DU TOME SECOND.

TABLE

DES LETTRES

CONTENUES DANS LE PREMIER VOLUME.

—

Pages.

Préface. vij — xxxvij

Lettre I. — A M. l'abbé Bignon, conseiller d'état. 1

Lettre II. — A M. l'abbé Bignon, conseiller d'état; contenant la description géographique du royaume de Tunis, du côté du levant. 18

Lettre III. — A M. l'abbé Bignon, conseiller d'état; contenant diverses relations sur divers sujets, et principalement sur le pays pétrifié qui se trouve dans le royaume de Tripoli, en Barbarie. 46

Lettre IV. — A M. l'abbé Bignon, conseiller d'état; contenant le gouvernement et l'état présent du royaume de Tunis, l'habillement, la manière de vivre, le commerce, le génie et les mœurs des habitans. 56

Lettre V. — A M. l'abbé Bignon, conseiller d'état; contenant la suite de la description géographique du royaume de Tunis (intérieur). 85

Lettre VI. — A M. l'abbé Bignon, conseiller d'état; contenant la suite de la description géographique du royaume de Tunis (tour du royaume). 104

Lettre VII. — A M. Delisle, géographe du Roi et pensionnaire de l'Académie royale des sciences; contenant des observations géographiques sur le royaume de Tunis, autrefois la Mauritanie proconsulaire. 146

Lettre VIII. — A M. l'abbé Bignon, conseiller d'état; contenant la description de l'isthme du cap Bon, et les coutumes des Maures andaloux établis dans le royaume de Tunis. 166

Lettre IX. — A M. Chirac, surintendant du Jardin royal des Plantes de Paris, premier médecin de S. A. R. monseigneur le duc d'Orléans, et membre de l'Académie des sceinces; touchant le génie, les mœurs, les coutumes, la manière de vivre, la médecine et l'habillement des Arabes bédouins de la Barbarie. 201

Lettre X. — A M. l'abbé Bignon, conseiller d'état; contenant la suite de la description géographique du royaume de Tunis, du côté de l'ouest. .231

Lettre XI. — A M. l'abbé Bignon, conseiller d'état; contenant la relation d'un voyage fait dans la Numidie nou-

velle ou la province de Constantine,
partie du royaume d'Alger. 267

Lettre XII. — A M. l'abbé Bignon ; contenant la relation d'un voyage fait dans la Numidie, depuis la ville de Bône jusqu'à celle d'Alger 314

Lettre XIII. — A M. l'abbé Bignon, conseiller d'état; contenant la description du gouvernement d'Alger. 383

Lettre XIV. — A M. l'abbé Bignon, conseiller d'état ; contenant la description d'Alger et des lieux maritimes du royaume, depuis Alger jusqu'à Bône. 441

TABLE

DES CHAPITRES

CONTENUS DANS LE SECOND VOLUME.

Pages.

Préface. vij

Eloge historique de Desfontaines. xvij

I. Tunis et ses environs. — Population et gouvernement du pays. — Mœurs et coutumes des habitans. — Productions du sol. 1

II. Première lettre à M. Lemonnier, contenant la relation d'un voyage de Tunis à Cafsa. 58

III. Deuxième lettre de M. Desfontaines à M. Lemonnier, de l'Académie des sciences (Description de l'intérieur de la régence de Tunis). 82

IV. Journal d'un voyage fait le long de la côte de la mer, depuis Tunis jusqu'à Sfax, sur les bords de la petite Syrte. 98

V. Journal d'un voyage d'Alger à Mascara, à Tlemsen et dans toute la partie occidentale de la régence d'Alger. 136

VI. Journal d'un voyage d'Alger à Constantine et à Bône. 197

VII. La Calle. — Etangs insalubres. — Pêche du corail. 224

VIII. Mémoire sur l'état présent de l'île de Tabarque, sur son commerce et sur l'avantage qu'elle procurerait à la France, si elle s'en rendait maîtresse, etc., etc, 233

IX. Observations sur les plantes économiques qui croissent dans les royaumes de Tunis et d'Alger. 258

X. Observations sur le chêne à gland doux, sur le lotos et sur l'arbre à mastic. 301

APPENDICE. Notice sur la ville de Constantine. 330

TABLE ALPHABÉTIQUE

DES NOMS DE VILLES, VILLAGES, MONTAGNES, PLAINES, FORÊTS,
RIVIÈRES, ETC., CONTENUS DANS LES DEUX VOLUMES.

N. B. Lorsqu'un nom propre de montagne, de rivière ou de tribu ne se trouve point à son initiale, il faut chercher aux noms génériques Gibel ou Djebel, *montagne ;* Oued, *rivière;* Ben ou Beni, *fils de.*

A.

Abid, rivière, la même que Oued el Abeyde.
Acholu, ville ancienne, II, 134.
Adouse, rivière, I, 469; II, 206.
Adrumetum, ancienne ville, I, 151, 157. Voy. Hammamet, Herklah.
Afia. Voy. Al Aphi.
Africa, ville, I, 19, 105, 108, 152, 158; II, 115, 134, 295.
Ager Souda, ruines, I, 344.
Aghad, plaine, I, 394, 398 et suiv.
Aïn el Azab, source, II, 336.
Aïn el Fouah, ruines; les mêmes que Fouga.
Aïn el Ghadir, source, II, 335, 337.
Aïn el Laouzet, source, II, 336.
Aïn el Youd, source, II, 336.
Aïn Hattar, fontaine intermittente, II, 164.
Aïn Megar, source, I, 349, 361.
Aïn Querbe, source, I, 332.
Aïn Séquénie, source, I, 277, 288.
Aïn Sultan, source, I, 334.
Aïn Taca, source, I, 341.
Aïne Louet, source intermittente, I, 296, 358.
Aïsch, pays, II, 68.

Al Aphi, île, I, 470, 484.

Alger, I, 389 et suiv., 441 et suiv.; II, 197 et suiv., 241, 255, 299. — (Golfe d'), II, 197. — (Régence d'). I, 267 et suiv.; II, 258 et suiv., 280, 298, 306.

Alligah, ruines, I, 327.

Altaya, montagnes, I, 284, 309.

Amedous, tribu arabe, I, 247.

Amoula Sénab, plaine, I, 341.

Amouraba, ville, I, 96, 154.

Ampsa. Voy. Hamza.

Ampsagas, fleuve, I, 302, 472.

Anenchas. Voy. Henneicha.

Anesse (montagne de l'), I, 367.

Anglais (fort des), I, 447.

Announa ou Anoune, ruines, I, 285 et suiv., 327.

— (Montagne d'), I, 284.

Aouin Sahalin, village, II, 134.

Aphrodisium, ville ancienne, II, 105.

Apollinis (promontorium), I, 15, 150, 153, 235.

Aptunga, I, 86.

Aquæ Calidæ, ville ancienne, I, 189, 443.

Aquæ Tibilitanæ, I, 282, 283.

Aquilaria, ville ancienne, I, 195.

Arach (l'), rivière, I, 382, 446; II, 140, 199.

Aradem, plaine et château ruiné, I, 359.

Archeou, rivière, II, 154.

Are ou *Ære*, défilé, I, 375.

Argent (rivière d'), II, 152.

Arkuet ou Arquet, montagne, I, 334, 344.

Armua, rivière, I, 276.

Arreges on Arregis, village, I, 109.

Artyah, montagnes; les mêmes qu'Altaya.
Arzew, ville, II, 171.
— (Golfe d'), *Ibid*.
— (Ruines d'), II, 172.
Ascour, ville, I, 282.
Ascurus, ancienne ville, I, 282.
Aseph, village, I, 110.
Aspidis (mons), I, 44, 91, 153, 189.
Atlas (l'), II, 260 et suiv., 296, 301.
Aucha, village, I, 233, 236.
Audus. Voy. Adouse.
Augen. Voy. El-Jem.
Auras, *Aurasius mons*, I, 296, 346.
Auzia, ville ancienne, I, 381.
Avèges, ruines, I, 345, 361.
Ayla, province, I, 274.
Azel, ruines, II, 212.
Azel, terres du domaine, II, 338.
Azouagues, tribu arabe, I, 211, 379.
— (Montagne des), I, 379, 381.

B.

Babacurus, ville ancienne, I, 328.
Bagaï, ville, I, 268, 296, 357.
Bagradas. Voy. Mejerdah.
Bains (rivières des), I, 284.
Bardo (le), écuries, II, 351.
Basil-el-Bab, village, I, 142, 164, 168, 252.
Bastion de France (le), I, 270, 313; II, 224.
Bazer, ruines, I, 286.
Bebo. Voy. Basil-el-Bab.

Bége ou Béja, ville, I, 227, 247, 248 et suiv.; II, 259.
Bégéma, rivière; la même que la Boudjemah.
Beled Aneb, nom arabe de Bône, I, 278, 280.
Beledulgérid. Voy. Gérid.
Belhini, rivière, II, 202.
— Tribu arabe, *ibid.*
Belida, ville, II, 141, 295.
— (Montagne de), II, 147, 262, 306.
Ben Echech, tribu arabe, II, 210.
Ben Gazi, ville, I, 51.
Ben Haiga, tribu arabe, II, 201.
Ben Haroun, II, 202.
Benezert ou Ben Shert, nom arabe de Bizerte, I, 240.
Beni Ebbess ou Abess, tribu arabe, I, 291; II, 210, 342.
Beni Mansour, tribu arabe, I, 378; II, 206.
Beni Ourtou, tribu arabe, II, 210.
Benia Beid, tribu arabe; la même que Beni Ebbess.
Benimened, tribu arabe, II, 145.
Beniquitania, ruines, I, 200.
Berice. Voy. Djebel Bericie.
Biben. Voy. Portes de fer.
Binoa, ruines, I, 330.
Birtange ou Birstall, source, I, 287.
Biscara, ville, I, 458.
Bizerte ou Bizerti, I, 19, 48, 233, 238, 242; II, 92, 229.
— (Cap de), I, 13 et suiv., 49, 238, 240 et suiv.
— (Golfe de), I, 19, 148, 233, 238, 242; II, 92, 229.
— (Étangs ou lacs de), I, 237, 241, 242 et suiv., 254, 255; II, 92 et suiv., 297.
Boakelouen, forteresse, II, 145.
Bon (cap), I, 14, 19, 30, 149, 153.

Bon Marchand (étang du), I, 272.
Bonassa ou Bononasse, ville ruinée, I, 328 et suiv., 365.
Bône, ville, I, 184, 209, 278 et suiv., 315; II, 219 et suiv., 229, 339.
— (Plaine de), I, 276; II, 220, 221, 260, 295.
— (Rade de), II, 220.
— (Golfe de), II, 231.
Borgani, montagnes, I, 181.
Bou a Jear, village et ruines, II, 134.
Boubias (plaine et rivière de), I, 276, 321.
Bouchatir, ruines, I, 234.
Boudjemah (la), rivière, I, 277, 281; II, 222.
Bougiarone (cap), I, 469, 472, 473.
Bougie, I, 389, 466 et suiv.; II, 295.
Bougie (cap de), I, 466, 468.
— (Rivière de), I, 468; II, 204, 206.
Boumarzouk ou Bou Merzoug, rivière, I, 301; II, 334, 337.
Bourg el Menarah. Voy. Menarah.
Bourgia, village, II, 195.
Bouzodière, plaine; la même que Busdera.
Bratta, village, II, 134.
Brest, hameau, I, 192.
Burgaon, montagne, I, 181.
Burulh. Voy. Djebel Bericie.
Busdera, plaine, I, 251.
Buzir, rivière, I, 190, 191.
Byzacena, ancienne province, I, 203, 268.

C.

Cafsa, ville, II, 63, 64, 65 et suiv., 326, 328.
Caïrouan, ville, I, 113, 160, 208; II, 59 et suiv.
Calama, ville ancienne, I, 284.
Caleah, village, II, 159, 195.
Calle (la), ville, I, 20, 270 et suiv., 313, 324; II, 222, 223, 225 et suiv.
Calpis, évêché, I, 16.
Caltha, ville, I, 108, 157.
Candidum (promontorium), I, 14, 15, 150.
Cani (les), îles, I, 13, 15, 148, 150, 238.
Cantara, rivière, I, 244, 246.
Capoudia ou *Caput Vada.* Voy. Capoule.
Capoule, tour, I, 110, 158; II, 134.
Carpis, ancienne ville, I, 194.
Carthage (cap), I, 16, 20, 152, 153, 238, 239.
— (Ville et ruines de), I, 19, 29, 154, 208, 209; II, 2, 87, 88.
— (Territoire de), II, 259.
— (Aquéducs de), I, 89, 92, 103; II, 94.
Cassar Bezzeg. Voy. Bazer.
Cassir Aseite. Voy. Czar el Zeit.
Cassir Attyre, lieu habité, II, 211.
Castellum Fabatianum, I, 285.
Casula, ancienne ville, I, 168.
Catada, rivière, I, 167. Voy. Miliana.
Cavallo (ile), I, 470.
Caxin (cap), II, 197.
Cazarelouze, ruines, I, 188.
Cazercir, ruines, I, 330.

Cerca, I, 362.
Cercinna et Cercinnitis, îles, II, 310.
Cerisi ou Cericé, montagnes, II, 152 et suiv., 262.
Chabon, château, I, 180.
Chabtz el Ressas, ravin, II, 334.
Chattaba, montagne, II, 331, 334, 340.
Chebbah, village, I, 110.
Chelfa, rivière, II, 143.
Chélif (le), rivière, II, 148, 155, 195.
Chemacher, ruines, I, 182.
Chenini, lieu habité, II, 135.
Cherba, ruines, II, 153.
Cherchel, ville, I, 443 ; II, 198.
— (Montagnes de), II, 200.
Cherschar Chekkeba, cascade, II, 335.
Cherschar Choukka, cascade, II, 334.
Chevaux (île des). Voy. Cavallo.
Chiens (les), écueils, II, 93. Voy. Cani.
Chradara, montagne, II, 200.
Cigisa, ville, I, 92 et suiv., 154.
Cirta, ville ancienne, I, 268.
Cléonant, village, II, 195.
Coléah, village, II, 143.
Collo (le), ville, I, 473 et suiv.; II, 228 et suiv.
Colombaire (la). Voy. Kroumbalia.
Comires, tribu arabe, I, 211, 260.
Constantine, I, 298 et suiv.; II, 214 et suiv., 330 et suiv.
— (Territoire de), I, 308 ; II, 211, 260, 281.
— (Province de), I, 268, 269, 401 ; II, 241.
Corbus, village ; le même que Gurbos.
Couco, montagne, I, 380, 381.

Cowda. Voy. Ekouda.
Crombalia. Voy. Kroumbalia.
Cseir Mêlec, ruines, II, 214.
Cullu, ancien évêché, I, 473.
Cyra, pays pétrifié, I, 53.
Cyrénaïque, I, 268.
Czar el Zeit, ruines, II, 100, 133.

D.

Dackhul, district, I, 199.
Dar el Acquonès, II, 334.
Dar el Kham, II, 333, 335.
Dascala (la), district, I, 199.
Deleïmets, souterrain, II, 335.
Dellys ou Tedelles (cap), I, 466.
Dern, ville, I, 51.
Désert (le). Voy. Sahara.
Diana, ville ancienne, I, 384 et suiv.
Dimess, ruines, II, 114, 134.
Djebel Ayave, II, 210.
Djebel Balarak, montagne, I, 276.
Djebel Béricie, montagne, I, 368.
Djebel Corbos, montagne, I, 189, 192.
Djebel Erressas, montagne, I, 185.
Djebel Iskell, montagne, I, 242, 254.
Djebel Mégreise, I, 368.
Djebel Terdi, montagnes, II, 169.
Doui, montagne, II, 150.
Dracontia, écueils, II, 93.
Duala, hameau, I, 192.
Dugga. Voy. Tugga.

E.

Ekouda, ruines, II, 110, 134.
El Aleah, village ; le même que la Halia.
El Alleig, rivière, II, 143.
El Callah. Voy. Caleah.
El Gem. Voy. El Jem.
El Hamma, petit pays, II, 69.
El Hammet, montagne, II, 201.
El Harria, ruines, I, 327.
El Horia. Voy. El Harria.
El Jem ou El Jemme, village, I, 37 et suiv., 48, 111, 113, 158 ; II, 118, 134.
El Mehedia. Voy. Africa.
El Ouahsel, chaîne de montagnes, II, 333.
El Ouitsbets, souterrain, II, 335.
Elalia, ruines, II, 134.
Elatia, village ; le même que la Halia.
Elmesherka, ville, I, 93.
Emmamelreyra, bains chauds, I, 91.
Emmelif ou Emmamelif. Voy. Hammam el Enf.
Empereur (château de l'), I, 450, 451, 452.
Erbett, montagne, II, 181.
Ergula. Voy. Herklah.
Escaud, rivière, I, 327.
Estorax. Voy. Stora.
Etoile (fort de l'), I, 451.

F.

Faz (les). Voy. Sfax.
Feddah. Voy. Oued el Fadda.

Felice, montagnes, II, 203.
Fer (cap de), I, 469, 473, 485.
Ferrat (cap), II, 171.
Fervats, tribu arabe, I, 292.
Fesguia, source, II, 337.
Fetzara, étang, I, 276.
Flisa. Voy. Felice.
Foguera (la), tombeau, I, 187.
Fostumgran, village, I, 198.
Fouga, ruines, I, 329.

G.

Gâbes, ville frontière, II, 132, 135.
Gaddara, rivière, II, 200.
Galipoli; la même ville que Kalibia.
Galite (la), île, II, 232.
Gar el Mailah ou Gar el Meleh, nom turc de Porto-Farina, I, 235; II, 90.
Gardes de Bizerti (cap des), I, 13, 15, 148; II, 224.
Garia, hameau, I, 195.
Gazaufula, ville ancienne, I, 284.
Gegim, village, II, 135.
Gellah, village, I, 232, 234.
Gelma. Voy. Guelma.
Gelmemour, plaine, I, 332, 368.
Geloula. Voy. Jelloulah.
Gemellæ, ville ancienne, I, 368.
Génois (fort), II, 224.
Geoula, village; le même que Gellah.
Gerbi ou Gerba, ville et îles, I, 19, 159; II, 127, 132, 258, 310.

Gerbi (golfe de), I, 111, 151.
Geres, ville ruinée, I, 194.
Gérid (le), province, I, 203; II, 68, 69 et suiv., 71 et suiv., 241, 292.
Gibel Esquel, montagne; la même que Djebel Iskell.
Gibel Gergera. Voy. Jurjura.
Gibiniana, village, II, 130, 135.
Gidida, village, I, 102.
Gigel. Voy. Iger, Igilgilis.
Gigery, ville, I, 471. Voy. Igilgilis.
Gimel, village, I, 35.
Gimili; le même que Jimmilah.
Girfah, tribu arabe, I, 283, 292, 327.
Giuf, village, I, 189.
Gorra, grotte, II, 334.
Goulette (baie de la), I, 16, 20, 151.
—(Forteresse de la), I, 16, 19, 20, 152; II, 3 et suiv., 88.
— (Lac de la), I, 22.
Gramela. Voy. Gar el Mailah.
Grassigibel, village; le même que Ras el Djebel.
Grassilouet. Voy. Grich el Oued.
Grich el Oued, village, I, 145, 168, 252.
Guatel, douar, I, 193.
Guelma, ville, I, 284.
Guierphes. Voy. Girfah.
Gurbos ou Gurba, village, I, 189, 191; II, 87.

H.

Habra, plaine, II, 173, 260.
Habrah, rivière. Voy. Oued el Hammam.
Hadromon, village, I, 168.

Halia (la), village, I, 169, 237.

Hammam, bains chauds et ruines, II, 135.

Hammam, village, II, 110, 134.

Hammam Altaf, source chaude, II, 152.

Hammam Berda, sources chaudes, I, 282.

Hammam Caser Teyre, ruisseau, II, 211.

Hammam el Enf, I, 44, 105, 156, 167, 238; II, 83, 91, 94, 99, 133.

Hammam Krous, douars, II, 213.

Hammam Meraga, I, 443.

Hammam Meskoutin. Voy. Meskoutin.

Hammamet, ville, I, 19, 43; II, 101 et suiv., 133, 295.

—. (Golfe de), I, 31, 151; II, 103.

— (Bois de), I, 43, 105, 156, 159.

Hamza ou Sour Guzlan, ville, I, 381; II, 204.

Hangar el Siagitana, II, 101.

Hanis, village, I, 107, 157.

Henneicha, tribu arabe, I, 292, 293.

Herklah, ville, I, 19, 42, 105, 157; II, 107, 133.

Hinsir Cigisa. Voy. Cigisa.

Hippóne, I, 209, 277, 280; II, 220.

Hipporegius, ville ancienne, I, 268, 277, 280.

Hippozaritos, ancien nom de Bizerte, I, 240.

Hirkaut, montagne; la même que Arkuet.

Horrea Cœlia, ancienne ville, I, 157. Voy. Herklah.

Hramis, lieu de marché, II, 200.

Huexda, rivière, I, 395.

I.

Iadoc ou Iadog, rivière, I, 277.

Iger, village, II, 212.

Igilgilis, ville ancienne, I, 471.
Inchilla, I, 110; II, 129, 135.
Iol. Voy. *Julia Cæsarea.*
Izana; la même ville que Zaïnah.

J.

Jelloulah, ruines, I, 114, 160, 208.
Jerjera. Voy. Jurjura.
Jeudi (rivière du). Voy. Oued Hramis.
Jimmilah, ville ruinée, I, 367.
Julia Cæsarea, ville ancienne, I, 442 et suiv.
Jumelle, douar, I, 369.
Jurjura, chaîne de montagnes, I, 379; II, 203, 205, 262.

K.

Kabayles, I, 347, 380, 475 et suiv.; II, 204, 205.
Kadara. Voy. Gaddara.
Kaïrowan; la même ville que Caïrouan.
Kalibia, ville, I, 19, 30, 198.
Kalma, ville; la même que Guelma.
Karept ou Keraba. Voy. Aïn Querbe.
Kef Chkara, II, 333.
Keff, ville, I, 122 et suiv.; 163; II, 78.
Kerkines, îles, I, 19, 110, 111, 158; II, 123, 127 et suiv.
Kisser, I, 116.
Koudiah. Voy. Ekouda.
Koudiat Aty, colline, II, 332, 333, 349, 351.

Kroumbalia, ville, I, 44, 105, 166, 181 et suiv.; II, 99, 133.
Krounis, village, II, 134.

L.

Labdia, ville, I, 443.
Labiad, ruines, II, 103, 133.
Laïa Tefla, II, 148 et suiv.
Laibidy. Voy. Oribe.
Lamasba, ville ancienne. Voy. Lamaza.
Lamaza, ville, I, 333.
Lamba, ville ruinée, I, 350 et suiv.
Lambasa, ville ancienne. V. Lamba.
Languets, tribu arabe, II, 170, 177.
Laouhariah, village, I, 195.
Lataff, tribu arabe, II, 152.
Lauza ou Lausa, ruines, I, 328.
Lempta, ville, I, 107, 157; II, 113, 134.
Leptis minor ou *Leptis parva*. Voy. Lempta.
Libya palus, lac, II, 70.
Lotophages, ancienne peuplade, II, 130, 310, 316 et suiv., 320.
Lotophagitis (île), II, 310, 318.
Loudian, pays, II, 71.
Lougrin, village, I, 198.

M.

Maclin ou Metelin, village, I, 238; II, 94.
Madurus. Voy. Materense oppidum.
Maffrag (la), rivière, I, 276.
Mafresch, montagnes, II, 169.

Mahammara, matamores, II, 213.
Mahomète. Voy. Hammamet.
Maigers, tribu arabe, II, 76.
Makalta. Voy. Caltha.
Malca, ville, I, 191.
Malin ou Mallin, village ; le même que Maclin.
Mamelif (la). Voy. Hammam el Enf.
Manaire (la), tour, I, 105, 156. Voy. Menarah.
Maneïs, tribu arabe, II, 206.
Mansoure ou Mansous, ruines, I, 115, 116.
Mensula, ruines, I, 200.
Marazana, ville, I, 115, 116, 121, 151, 159, 161.
Marnaque (port de la), I, 193.
Marques (lac des), II, 70.
Marsa Corbos, ville, I, 189.
Marse (la), terroir, II, 89.
Marzaquibir. Voy. Mers el Kebir.
Mascara, ville, II, 174, 185 et suiv.
— (Plaine de), II, 175, 260, 282.
Masoule (la), nation, I, 318, 321, 322.
— (Etang de la), I, 275, 332.
Mater ou Matera, ville, I, 242, 254 ; II, 92.
— (Rivière de), I, 244, 254.
Materense Oppidum, I, 242.
Matifou (cap), I, 444, 445, 446 ; II, 197.
Matlin. Voy. Maclin.
Mauritanies, I, 268.
Mazula ou *Mazula*, ville, I, 189, 190 et suiv.
Mayané, ville, II, 148, 274.
— (Plaine de), II, 149, 151, 260.
— (Montagne de), II, 149, 262, 329.

Mazaffran, rivière, II, 143.
Mazana ou Mazaouna, II, 156.
Mcella, colline, II, 333, 335.
Méaune (montagne de), I, 284, 309.
Medea. Voy. Mendia.
Mediah ou Madiah. Voy. Africa.
Medini, ancienne tribu africaine, I, 247.
Medjaja, village, II, 153.
Médraschem, mausolée, I, 343.
Mégala. Voy. Menlou.
Mège, ruines, I, 368.
Mcgenah ou Mejanah, contrée, II, 210, 211.
Meger; la même chose que Aïn Megar.
Megerdas. Voy. Mejerdah.
Méheress, village, II, 135.
Méjana, I, 374.
Mejerdah, rivière, I, 96, 98, 122, 138, 142, 155, 204, 227, 232, 235, 277; II, 79, 89 et suiv., 259.
Meliana, ville, I, 443.
Meliane, rivière. Voy. Miliana.
Melounich ou Melounuch, village, I, 110.
Melunzi. Voy. Melounich.
Menainesch, village, II, 135.
Menarah (la), tour et tombeau, I, 187; II, 104, 133.
Mendia, ville, II, 146.
Méninx, île, II, 311.
Menlou, montagnes, I, 116.
Mensulalem, ruines, I, 192.
Mentzel, village, II, 135.
Merdjay, ruines; les mêmes que Lauza.
Merjejah. Voy. Medjaja.

Mers el Kebir, I, 389.

Mersa, forteresse, I, 193.

Mesherga, ville, I, 93.

Meskoutin, sources chaudes, I, 284, 308 et suiv.; II, 219.

Metacasem. Voy. Médraschem.

Métouinia, village, II, 135.

Mezelgelmin, village, I, 168, 237.

Mezengelbeb, village ; le même que Basil-el-Bab.

Mézoutin. Voy. Meskoutin.

Milah, ville, I, 330 ; II, 214.

Milevis, ville ancienne, I, 268. Voy. Milah.

Miliana, rivière, I, 86, 92, 154, 167, 204.

Miliana, ville. Voy. Mayané.

Misica, ville ruinée, I, 365.

Misua, ancienne ville, I, 194.

Mitija, plaine, I, 382, 391, 460, 479 ; II, 138 et suiv., 199 et suiv., 260.

Mjez el Ghanem, gué, II, 334, 336.

Mnestir, ville, I, 19, 34, 105 et suiv., 151 ; II, 112 et suiv., 134.

— (Golfe de), II, 113.

Mogodis ou Mogody, tribu arabe, I, 246.

Moineaux (rivière des), I, 328, 365.

Mokaina, tribu arabe, II, 210.

Momara, nation arabe, I, 358.

Monastir ou Monestier. Voy. Mnestir.

Mons ferratus, I, 379, 469.

Moraïsah, ville, I, 189.

Mornaquita, ruines, I, 200.

Mostaganem ou Mostaganim, I, 443 ; II, 171.

Moyonie, I, 362.
Msid, colline, II, 333, 336.
Musti, ville, I, 124, 125, 163.

N.

Nabel ou Nabal, village, I, 189, 191.
Nadis, tribu arabe, II, 225 et suiv.
— (Lac des), II, 227.
Nefta, ville, II, 69, 70.
Nègre (cap), I, 19, 246, 247, 255 et suiv., 324; II, 232, 233, 248, 249.
Nevesins, tribu arabe. Voy. Nifigeni.
Niare, village, I, 189.
Nifigeni, tribu arabe, I, 258.
Nobos Fusciani, ancienne ville, I, 329, 330.
Nova Cæsarea, ville ancienne, I, 159.
Numidie, I, 267, 268.

O.

Ojammel. Voy. Gimel.
Oled Mansou, I, 468. Voy. Beni Mansour.
Oliviers (rivière des). Voy. Oued Zeitoun.
Ongéla, ville, I, 54.
Or (rivière d'). Voy. Oued el Dsahab.
Oran, I, 389, 447; II, 179, 180, 188.
Oribe, ville, I, 110.
Ouadi el Kermez, rivière, II, 141.
Ouadi el Susellim. Voy. Oued el Seels.
Ouâger ou Ouedjer, rivière, II, 143.
Ouan Oura, tribu, II, 210.
Ouarégli, pays des Nègres, II, 73.

Oudenat, ruines, II, 97.
Oued Biben, rivière, II, 210.
Oued Bougeia. Voy. Bougie.
Oued Boumalah, lac, II, 227.
Oued el Abeyde, rivière, I, 194.
Oued el Berd, rivière, II, 160.
Oued el Carmours. Voy. Ouadi el Kermez.
Oued el Cherba, ruisseau, II, 153.
Oued el Dsahab, rivière, I, 368.
Oued el Fadda, rivière, II, 152.
Oued el Hammam, rivière, II, 173, 175.
Oued el Hean, rivière, II, 155.
Oued el Meleh, rivière, II, 177, 179.
Oued el Mina, II, 158, 195.
Oued el Rouinia, rivière, II, 151.
Oued el Seels, rivière, II, 154.
Oued el Selt, rivière, II, 143.
Oued el Zeine, rivière, I, 260.
Oued Engarah, lac, II, 227.
Oued Hammam, rivière, I, 284; II, 173, 175.
Oued Hramis, rivière, II, 200.
Oued Isser, rivière, II, 160, 176.
Oued Leurg (lac), II, 227.
Oued Makhera ou Mekerra, rivière, II, 192.
Oued Madou, rivière, I, 301.
Oued Oudes, rivière, I, 368.
Oued Serkah, ruisseau, I, 344, 346.
Oued Tafua, rivière, II, 176.
Oued Tessela, rivière, II, 192.
Oued Zeitoun, rivière, I, 381, 466, 480; II, 176, 202.

Ouedali, tribu arabe, II, 78.
Ouel Sedet, rivière, I, 472.
Ouelt Serga. Voy. Oued Serkah.
Oujedah, ville, II, 177.
Ouled Abdenour, tribu arabe, I, 330, 332, 365, 367.
Ouled Ayea, tribu arabe, I, 373.
Ouled ben Cassem, Kabayles, I, 347.
Ouled beni Fouda, tribu arabe, I, 368.
Ouled Bouchouch, tribu arabe, I, 369.
Ouled Darix, tribu arabe, I, 272.
Ouled Ouxeis, tribu arabe, II, 154.
Oulige, rivière, I, 260.
Oumed Dieb, source, II, 335.
Ousela. Voy. Uselett.
Ouseletti, tribu arabe, I, 211.
Ouseph, plaine et ruines, I, 121, 162.

P.

Paix (île de la). Voy. Al Aphi.
Pescade (pointe de la), I, 445, 447, 450; II, 197.
Peuplier (source du), II, 336.
Pharamond (mer de), II, 71.
Phradise, ruines, II, 105 et suiv., 133.
— Montagnes de, II, 106.
Pierre noire. Voy. Ager Souda.
Pilau ou Pilloe, île, I, 15, 150.
Piombo (monte); le même que le Djebel Erressas et la montagne de Plomb.
Plane (île), I, 14, 15, 149, 150.
Plâtrière (la), montagne. Voy. Sebassa.

Plomb (montagne de), I, 17, 45, 153.
Port Génois, ville, I, 312.
Porte de Fer, défilé, I, 291, 374, 376 et suiv., 469 ;
II, 207 et suiv.
Porto Farina, ville, I, 15, 16, 19, 155, 233, 235 et
suiv., 238; II, 90.
— (Golfe de), I, 239; II, 90, 91.
— (Promontoire de), II, 91.
Præsidium, ville ancienne, I, 458.
Pulput, ancienne ville, I, 151. Voy. Hammamet.
Punta di Pescata. Voy. Pescade.

Q.

Quaria, II, 334.
Quelvia, ruines, I, 185.
Querquéni. Voy. Kerkines.

R.

Ras el Djebel, village, I, 168, 238; II, 94.
Ras el Hamma, moulins, II, 341.
Ras el Hamrah. Voy. cap Rouge.
Ras Sem, pays pétrifié, I, 51, 52.
Roi (château du), ruines. Voy. Cseir Mêlek.
Roi (fontaine du). Voy. Aïn Sultan.
Rosa (cap), I, 313; II, 220, 224.
Rouge (cap), I, 265; II, 224.
Roumi (cap), II, 143, 171, 198.
Roux (cap), I, 269.
Rummel, rivière, I, 301 et suiv.; II, 331, 332 et suiv.,
334, 337.

Rusgunia, ruines, I, 444.
Rusicade, ville ancienne, I, 484.
Rusucurru, ville ancienne, I, 443, 444.

S.

Saba, village, I, 110.
Safsaf, source, II, 336.
Sahara, désert, I, 269, 357 et suiv.; II, 71, 72, 261, 265, 269, 274, 285.
Saieba, village, II, 134.
Saint-Jean (lac), II, 227.
Saint-Louis (fort), II, 68.
Saïquet, pays, II, 68.
Saldœ, ancien évêché, I, 466.
Salinœ Nuborenses, sources salées, I, 375.
Sallecto. Voy. Solecto.
Sarabey, ruines, I, 199.
Sata Mansoura, plateau, II, 333, 336, 348.
Sava, ancienne ville, I, 373.
Sbahé, tribu arabe, II, 156.
Sbiba, ruines, II, 77, 259.
Schibkah el Lowdiah. Voy. Lac des Marques.
Seba Aïoun. Voy. Les Sept Fontaines.
Sebassa, montagne, II, 334.
Sec (le). Voy. Keff.
Sée, plaine, II, 174.
Seibouse (la), rivière, I, 277; II, 218, 221.
— Montagne, I, 284.
Seida, village, I, 102.
Seiliane, rivière, I, 122, 138, 162, 204.

Selarta. Voy. Solecto.

Selougia. Voy. Slouguia.

Sénages ou Senadjah, tribu arabe, I, 317.

Sept Fontaines (les), source, II, 335.

Séquénie, montagne ; la même que Ziganeah.

— (Plaine de), I, 289, 362.

Sequins (rivière des), I, 368, 472.

Sétif. Voy. *Sitifi*.

Sfax, ville, I, 19, 110, 111, 158, 159 ; II, 122 et suiv., 135, 241, 284.

Siagitana, ville ancienne, II, 100.

Sicca Venerea, I, 163. Voy. Keff.

Sidy Abd el Abus, ou Sidy Abdelabou, marabout et ruines, I, 124, 125.

Sidy Abid ou Sidy Abdy, marabout, II, 155.

Sidy Adelata, marabout, I, 145.

Sidy Agad, marabout et ruines, I, 142.

Sidy Berenis ou Brenis, douar, I, 283, 327.

Sidy Bouaga ou Bouage, marabout, I, 373.

Sidy Bouseïd, village, II, 87.

Sidy Braham ou Ibraham, ruines, II, 212.

Sidy Busieri, marabout, I, 184.

Sidy Doude, marabout, I, 194.

Sidy Ferruche, forteresse, II, 197.

Sidi Ibrahim, II, 341.

Sidy Mabrouc, ermitage, I, 327 ; II, 336.

Sidy Mimon ou Meymoun, eaux chaudes, I, 304 ; II, 336, 341.

Sidy Mosaet, marabout ou oratoire, I, 98, 155.

Sidy Nazer, marabout, I, 113.

Sigus (ruines de), I, 288, 362.

Sitifi, ville ancienne, I, 369 et suiv., 466 ; II, 211.
Slouguia, village, I, 143 et suiv., 164, 168, 252.
Socac, village, I, 198.
Solecto, tour ruinée, I, 109, 158 ; II, 134.
Soliman (golfe de), I, 16.
— (Ville de), I, 16, 44, 168 et suiv. ; II, 86 et suiv., 99, 133.
Somêta (les), tribu arabe, II, 145.
Souc (lac de), II, 223, 227, 228.
Souf Neurours, ruisseau, II, 176.
Sour Guzlan. Voy. Hamza.
Soursef. Voy. Surseph.
Spaihy. Voy. Sbahé.
Spaïtla, ville, I, 208 ; II, 74 et suiv. Voy. Suffetula.
Srama, sources chaudes, II, 213.
Stora (golfe de), I, 473.
— (Ville de), 1, 484.
Sufes, ville ancienne, II, 77.
Suffetula, ville, I, 119 et suiv., 151, 161. Voy. Spaïtla.
Summata. Voy. Somêta.
Surseph ou Surseff, village, I, 109 ; II, 134.
Suse, ville, I, 19, 31 et suiv., 105, 157 ; II, 110 et suiv., 134, 295.
— (Golfe de), II, 112.
Suthul, ville ancienne, I, 284.
Syrte (la petite), *Syrtis minor*, golfe, 1, 151 ; II, 125, 259, 284, 310, 321.

T.

Tabarque, I, 19, 269 ; II, 243, 259, 261.
— (île de), I, 261 et suiv. ; II, 233 et suiv

Tabarque (ports de), II, 251 et suiv.
Tabin, ruines, I, 199.
Tabourse. Voy. Tubersoke.
Tabraca, ville ancienne, I, 259, 260 et suiv., 268.
Tabur, ville ruinée, I, 192.
Taburnoc; la même ville que Tubernok.
Taca. Voy. Aïn Taca.
Tacatua ou Taracata, ancienne ville, I, 485.
Tagaste, ville ancienne, I, 155, 268.
Tannica. Voy. Tunga.
Tapsus, I, 151; II, 114, 134. Voy. Mnestir, Dimess.
Tarent (port), I, 475.
Tastour, village, I, 138, 155, 164, 168, 252; II, 259, 297.
Taxes, montagne, I, 359.
Tébestes, ville ancienne, I, 268.
Tedelles ou Dellys (cap), I, 466, 469, 475, 480.
— (Montagnes de), II, 200.
Telf, montagnes, I, 319.
Temlouca, plaine, I, 286.
Tenæ ou *Thenæ*. Voy. Sfax et Tina.
Tennez, ville, I, 393, 443.
Terre (fontaine de la), I, 286.
Tessela, montagnes, II, 192.
Testor ou Testour. Voy. Tastour.
Tezzoute ou Texouda, ruines, I, 350.
Thaine ou Thaini. Voy. Tina.
Thignica. Voy. Tunga.
Thimida, ancienne ville, I, 242.
Thugga; la même chose que Tugga.
Thysdrus, I, 37; II, 118.

Tibilis, ville ancienne, I, 268.

Tibilis, sources chaudes, I, 282.

Tigisis, ville ancienne, I, 287.

Tigissi, ancienne ville, I, 391, 443.

Tigisti, ville ancienne, I, 268.

Tina, ruines, II, 129, 135.

Tingia, ruines, I, 242, 255.

Tipasa, ancienne ville, I, 285, 443.

Tises, tribu arabe, I, 292.

Tlemsen ou Tlemsan. Voy. Tremessen.

Tobulba, village, I, 107, 108, 155, 157; II, 113, 134.

Toelsen, plaine et ruines, I, 121, 162.

Touboulbe. Voy. Tobulba.

Touille, ruines, I, 287.

Tozer, ville, II, 69.

Trara (montagnes de), II, 170, 176, 177.

Tremessen ou Tremesen, I, 394 et suiv.; II, 161 et suiv., 329.

— (Plaine de), II, 176, 260, 295.

— (Montagnes de), II, 306.

Tritonis lacus, II, 71.

Troupeaux (gué des). Voy. Mjez el Ghanem.

Tubernok, ville, I, 186.

Tubersoke, ville, I, 132 et suiv., 164.

Tubourbe, ville; la même que Tuburbo.

Tuburbo, I, 43, 99, 102, 155, 156, 168, 252. Voyez Tobulba.

Tubursica, ville; la même que Tubersoke.

Tucca. Voy. Tugga.

Tucca ou *Tucca Fines*, ville ancienne, I, 473.

Tugga, ville, I, 125 et suiv., 163.

Tunga, ville, I, 135, 155, 164.
Tunis, I, 19, 20, 23 et suiv., 79, 152, 239 ; II, 7 et suiv., 10 et suiv., 299.
— (Régence de), I, 18, 19, 56 et suiv., 202 et suiv., 399 ; II, 31, 258 et suiv., 294, 298.
— (Lac de), II, 56, 88.
— (Rade de), II, 87.
Turki ou Turqui, village, I, 189 ; II, 99, 133.

U.

Usar, fleuve, I, 469.
Uselett, montagnes, I, 114, 116, 160, 346.
Utchoure, tribu arabe, I, 369.
Utique (ruines d'), I, 155, 232 et suiv. ; II, 90.
— (Plaine d'), I, 102, 232.
— (Golfe de), I, 151.
Uxeire, tribu arabe, II, 154.
Uzan, montagne, I, 153.

V.

Vacca, ancien nom de Béja, I, 247.
Vaga, ville ancienne, I, 345.
Vegéséla, ville, I, 160. Voy. Vescetra.
Véli, village, I, 189.
Vescetra, ville, I, 120, 162, 268.
Victoire (plateau de la). Voy. Sata Mansoura.
Vicus Augusti, ancienne ville, II, 60.
Visemorica, ruines, I, 200.

W.

Wodran, rivière, II, 135.

X.

Xiba, village, II, 134.

Y.

Yaccoute. Voy. Aïn Tacca,

Z.

Zada, ruines, I, 373.
Zaguiera, village, I, 198.
Zaïn, rivière, II, 259.
Zainah, ville, I, 334 et suiv.
Zama, ville, I, 268.
Zamoure ou Zammourah, I, 373.
Zarat, village, II, 135.
Zawan (montagne de), I, 44, 45, 85, 87, 113, 153, 154, 160, 162, 164, 238, 239; II, 96.
— (Village et sources de), I, 87 et suiv., 168; II, 94 et suiv.
Zeibu, village, I, 107, 167.
Zélingue. Voy. Inchilla.
Zeugitanie, I, 268.
Ziara, village, II, 135.
Ziganeah, montagne, I, 288, 362.
Zimbres, îles, I, 14, 30, 149, 238.
Zizibe (cap), I, 13, 15, 148, 149, 238.
Zouaoua, tribu arabe, II, 210.
Zuggar, ruines, II, 97.

www.ingramcontent.com/pod-product-compliance
Lightning Source LLC
Chambersburg PA
CBHW071225300426
44116CB00008B/911